U0937702

一般均衡与结构动态研究：新结构经济学视角

General Equilibrium and Structural Dynamics: Perspectives of New Structural Economics

李　武　著

中国财经出版传媒集团

国家社科基金后期资助项目
出版说明

后期资助项目是国家社科基金设立的一类重要项目，旨在鼓励广大社科研究者潜心治学，支持基础研究多出优秀成果。它是经过严格评审，从接近完成的科研成果中遴选立项的。为扩大后期资助项目的影响，更好地推动学术发展，促进成果转化，全国哲学社会科学工作办公室按照“统一设计、统一标识、统一版式、形成系列”的总体要求，组织出版国家社科基金后期资助项目成果。

全国哲学社会科学工作办公室

前　言

新结构经济学强调对经济结构的一般均衡分析与动态分析的有机融合。本书根据这一思想致力于在一般均衡和经济结构动态分析领域作一些探索性理论研究，并基于本书提出的结构均衡模型和结构动态模型对这些领域的一些相关概念、定理、命题等进行梳理及重新阐述。

本书的主要内容包括：

(1) 提出了单位需求矩阵和单位供给矩阵的概念，这些矩阵可以包含效用、价格、汇率等因素，可以被视为投入系数矩阵和产出系数矩阵的扩展。

(2) 以单位需求矩阵和单位供给矩阵为基础对冯·诺依曼（von Neumann）均衡模型进行了扩展，建立了一系列矩阵形式的动态的一般均衡模型，本书称这类模型为结构均衡模型。结构均衡模型可以包含生产、消费、固定资产、税、股息、货币、增长率等因素。本书还利用结构均衡模型分析了一些经济理论问题。

(3) 提出了在非竞争性经济、多国经济等背景下建立结构均衡模型的一些方法，研究了利用这类模型分析相关经济问题的方法。

(4) 提出了一种交易函数来描述价格固定的非均衡交易过程（亦即基于市场机制的非均衡资源配置过程），进而基于交易函数构建了一类动态交易模型来描述和分析动态的纯交换经济。

(5) 基于交易函数建立了一种包含市场型资源配置过程的离散时间动态经济模型（即结构动态模型，或称结构增长模型），并研究了利用这类模型分析经济问题的方法。

(6) 提出了将货币整合到结构均衡模型的一种方法，进而基于这类货币型结构均衡模型提出了一种均衡汇率的计算方法。

(7) 提出了一种基于结构动态经济模型的一般均衡计算方法，编写了相应的Matlab语言和R语言程序。

(8) 构建了数十个算例来对本书提出的结构均衡模型、结构动态模型、一般均衡计算方法及交易函数进行说明，编写了相应的计算程序。读者可通过（自动回复的）电邮 econprog@126.com 获取本书的程序。

(9) 基于单位需求矩阵、单位供给矩阵、结构均衡模型和结构动态模型梳理、重新阐述或扩展了与动态均衡分析、非均衡分析相关的一些概念、定理、命题、结论、证明等。

其中(1)至(7)体现了本书的主要创新。

在本书的研究过程中笔者受到国家社会科学基金、上海市教育委员会、国际投入产出学会、上海大学等机构的资助。笔者曾将本书的部分内容在上海大学、里尔科技大学、悉尼大学、山东大学威海分校、早稻田大学、京都大学等高校举办的学术会议、研讨会上作过报告。在此对以上机构、大学及相关人士表示诚挚的感谢！

笔者才疏学浅，本书的研究领域又富于挑战性，因此本书的研究主要是探索性的，以期对其他研究者有所启发，达到抛砖引玉的效果。本书中的疏漏之处想必不少，恳请各位学界同仁予以批评指正！

目　录

第1章　基本概念

1.1　商品与经济主体

1.1.1　商品

1.1.1.1 商品的类别

商品与经济主体（economic agent，包括厂商、消费者等）是构成经济系统的两种主要元素。

（广义的）**商品**指可交易的、直接或间接对生产或消费过程有用的货物和服务。商品包括谷物、机器、劳动、土地等**实物商品**（real commodity）和货币、债券、股票、税票（即完税凭证，如印花税票）等**金融工具**。厂商的生产过程和消费者的消费过程需要直接使用实物商品，而金融工具则不直接在生产过程和消费过程中出现，而是在经济中间接地发挥作用。与金融工具相比，实物商品在经济中的作用更为基础和重要，因此在经济分析中一般先研究只具有实物商品的模型，然后再将金融工具整合到这些模型中。

根据供给数量是外生变量还是内生变量，可将实物商品分为初级要素（primary factor）和产品。**初级要素**指供给量外生的劳动力（或劳动）、土地、矿藏、水利、气候、海洋等各种资源，这些资源并非生产过程的产物。例如，就劳动而言，一个国家或经济体内的劳动供给量主要由其人口规模决定，而经济模型一般不解释人口规模，因此可以视劳动供给量为外生变量。土地及其他自然资源也是如此，其供给数量在较长时期内一般相对稳定。

而**产品**则指生产过程的产物，如谷物、机器等。产品的供给数量主要受供需关系的调节，在较长的时期内可能发生较大变动，是经济模型的解释对象，应视为内生变量。在短期的均衡分析中，可以把生产周期较长的、短期内供给量基本保持不变的产品（如铁路等大型基础设施）也看作初级要素。在消费中使用的产品为**消费品**（consumer goods，或称消费资料），在生产中使用的产品为**生产品**（producer goods，或称生产资料）。一种产品有可能既充当消费品又充当生产品。

在均衡分析[①]中通常假定（法定）货币、债券、股票、税票等金融工具的供给量为外生变量，在这一点上金融工具与初级要素是相同的。但金融工具与初级要素的本质区别在于金融工具不直接在生产过程和消费过程中出现，或者说不直接影响厂商的生产和消费者的偏好。下文把初级要素和金融工具合称为**要素**。

均衡分析中一般假定初级要素和金融工具均由消费者拥有和供给，而产品均由厂商供给。

1.1.1.2 数量和价格

数量和价格（即单价）是商品的两个重要属性。尽管现实中一些商品的数量只能取整数值，但为了简单起见，经济分析中常常假设所有商品数量可以取任意的非负实数，换句话说，即假设所有商品是连续可分的（continuously divisible）。

在本书中一般假设经济中有n种商品、m类经济主体。一定数量的n种商品可以构成一个**商品束**（commodity bundle），该商品束可用一个n维非负列向量[②]来表示。用于消费的商品束称为**消费束**，用于生产的商品束称为**投入束**，生产出的商品束称为**产出束**。类似地可以定义需求束、供给束等。

而n种商品的价格也可以用一个n维列向量$\mathbf{p}$表示。价格是反映两种物品交换比例的实数。对于初级要素（如土地）和金融工具（如货币）而言，其所有者往往既可以出售其所有权以获得一次性的收入，也可以反复出售其一定时期的使用权以获得多笔租金（或称利息等）。相应地，初级要素和金融工具往往具有两种价格，即出售所有权时的价格和出售使用权时的价格（即**单位租金**）。本书一般假定所有者会出租而非出售其拥有的要素，相应地，要素价格一般指单位要素的租金，即单位租金。

无论从理论或现实的角度看价格都可以取正值、负值和零。不过一般

[①]除非另有说明，本书中的均衡分析均指一般均衡分析。

[②]在本书中，$\mathbf{x} \geqslant \mathbf{y}$表示向量$\mathbf{x}$的每个分量大于或等于向量$\mathbf{y}$的相应分量。若$\mathbf{x} \geqslant \mathbf{0}$则称$\mathbf{x}$为**非负向量**；类似地可以定义**非负矩阵**。$\mathbf{x} > \mathbf{y}$表示向量$\mathbf{x}$的每个分量大于或等于向量$\mathbf{y}$的相应分量，且至少有一个分量大于$\mathbf{y}$的相应分量。若$\mathbf{x} > \mathbf{0}$则称$\mathbf{x}$为**半正向量**；类似地可以定义**半正矩阵**。$\mathbf{x} \gg \mathbf{y}$表示向量$\mathbf{x}$的每个分量大于向量$\mathbf{y}$的相应分量。若$\mathbf{x} \gg \mathbf{0}$则称$\mathbf{x}$为**正向量**；类似地可以定义**正矩阵**。

来说在经济分析中将具有负价格的物品转化为具有正价格的物品来处理更为方便一些。例如，现实中一些生产过程或消费过程产出废气、污水、生活垃圾等负价格物品，在经济模型中可以将其处理为对具有正价格的环境资源的消耗，即通过将环境成本添加到生产成本或消费支出中来处理，从而避免负价格、负产值可能带来的分析上的不便。而价格全为零的情况在经济分析中一般也没有什么意义，因此下文一般假定价格向量为半正向量，即假定 $\mathbf{p} > \mathbf{0}$ 成立。

价格向量具有两个方面的特征。一方面是价格的总体水平（general price level）特征，可以通过价格向量各分量的加权平均数等指标来反映。总体水平的动态变动可以通过价格指数来反映。另一方面是价格的结构特征，即价格**结构**（price structure）或者说相对价格，可以通过归一化的价格向量来反映，即$\mathbf{p}/(\mathbf{1}^T\mathbf{p})$，或记作$\langle\mathbf{p}\rangle$。对于半正向量$\mathbf{x}$，下文称$\langle\mathbf{x}\rangle$为其结构。

一个商品束$\mathbf{x}$与一个价格向量$\mathbf{p}$的内积$\mathbf{p}^T\mathbf{x}$即为这一商品束在这一价格向量下的总价或价值。

1.1.2 经济主体

追求利润最大化的厂商（或称生产者）和追求效用最大化的消费者是均衡分析中最基本的两类经济主体。此外经济中还可能有政府、海关等其他经济主体。

在市场经济中，经济主体通过参与市场交易彼此之间联系在一起。主体将拥有的商品在市场上出售，在市场上购买商品满足自身需求。各个经济主体根据市场信号（如市场价格、供需情况等）独立地作出决策。

在一般的动态经济分析中通常假定经济主体具有固定的行为模式，并且只根据近期的经济变量进行决策。在更复杂的动态经济模型中还可以假定经济主体具有适应性（adaptability），即在经济运行过程不断地“学习”或“积累经验”，根据学到的经验改变自身的行为模式。适应性主体显然更为接近现实，但也使得经济模型更为复杂、更难分析，下文不考虑这种情况。

1.1.2.1 厂商

厂商是为了获取利润而从事生产活动的经济主体。厂商在生产过程中投入一定量的商品（称为投入品），经过一段时间后产出相应数量的产品。当不考虑股息因素时，厂商将出售产品的全部销售收入用于购买投入品；当考虑股息因素时，厂商需要将部分销售收入作为股息发放给股东用于消费。均衡分析中一般假定厂商不拥有要素，生产所需的要素均从消费者处购买或租赁。在本书中租赁和借贷这两个用语没有实质区别。

在经济分析中一般将厂商视为“黑箱”，只考察其投入和产出而忽略其内部的管理方法、决策流程和资源配置机制等因素。对于这些因素的分析属于管理学的领域。

1.1.2.2 消费者

消费者拥有劳动力、土地等初级要素，还可能拥有货币、股票等金融工具。消费者的收入一般来自出租要素获得的租金，例如出租劳动力（或者说出售劳动）获得的工资、出租土地获得的地租、出租货币获得的利息、出租资本获得的股息等，消费者用其收入购买商品进行消费。经济模型中的一个消费者也可以代表由若干消费者构成的一个家庭。

均衡分析中一般假定所有产品均由厂商供给，而所有要素均由消费者供给。一个消费者拥有的要素数量称为他的**禀赋**。下文一般假定每位消费者的禀赋固定不变。一个经济中的要素数量称为这一经济的禀赋，经济中的禀赋可能因消费者人口数量的变动而变动。经济中各经济主体对于要素的拥有状况称为**产权安排**，要素在经济主体间的重新分配称为**产权调整**。

1.1.2.3 用向量和矩阵表示经济变量

涉及n种商品或m个经济主体的经济变量可以用n维向量或m维向量来表示，例如，反映商品价格的价格向量、反映商品供给量的供给向量等。

同时涉及n种商品和m个经济主体的经济变量可以用$n \times m$的矩阵来表示。例如，某一期中所有经济主体对各种商品的使用量可以用一个$n \times m$的**投入矩阵X**表示，其中第(i, j)个元素表示这一期中主体j在生产或消费过程中使用的商品i的数量。类似地，可以用**供给矩阵S**表示所有经济主体对各种商品的供给量。

用向量和矩阵的形式表示经济变量不仅使得许多公式变得更为简洁明了，而且为利用线性代数和矩阵理论中的各种分析工具提供了便利。

1.2 动态经济模型

1.2.1 离散时间模型

1.2.1.1 动态模型

现实中的经济包含时间维度，是一个状态随时间变化的动态系统。若要对经济进行动态分析，自然需要使用包含时间维度的**动态模型**。

动态模型中的时间变量t可以在连续的实数区间上取值，也可以取离散的值（如取整数值）。相应地，前一种动态模型称为**连续时间模型**，常常用**微分方程**（differential equation）描述[①]；后一种动态模型称为**离散时间模型**，常常用以下的**差分方程**（difference equation）描述：

$$\mathbf{x}^{(t+1)} = G(\mathbf{x}^{(t)}) \tag{1.1}$$

其中，t一般取非负整数，表示某个时间段（称为期，period）的数量，这一时间段可以是小时、天、月、年等等。

向量$\mathbf{x}^{(t)}$表示离散时间动态系统在第t期中（或者说时刻t）系统的状态，称之为**状态向量**（state vector）。虽然名义上$\mathbf{x}^{(t)}$表示第t期中系统的状态，但实际上也可以增加$\mathbf{x}^{(t)}$的维数、把第t期之前若干期的系统状态包括到$\mathbf{x}^{(t)}$中。所有状态向量构成的集合称为**状态空间**（state space）或**相空间**（phase space）。在经济分析中一般假定状态向量是半正的。

离散时间动态系统中各期的状态向量构成的序列$\{x^{(t)}\}_{t=0}^{\infty}$即为系统的一条**路径**（path）（或称轨道，trajectory，orbit）。差分方程描述了系统在状态空间中一步一步的移动过程。若指定初始时间和初始位置，就可以构造出系统的一条路径。当然，若选择不同的初始时间或初始位置，或者选择不同的参数值，则同一个系统会在状态空间中产生不同的路径。

对于式(1.1)所示的离散时间动态经济模型而言，函数$G(\mathbf{x})$反映了经济状态的演进方式，称之为**（经济）变迁函数**（transition function）。下文中如无特别声明，一般假定$G(\mathbf{x})$为定义在半正向量集合上的连续函数，即$G:\mathbb{R}_+^n\setminus\{\mathbf{0}\}\to\mathbb{R}_+^n\setminus\{\mathbf{0}\}$。式(1.1)表示的动态系统的演进过程也就是函数$G$的**迭代过程**，这一过程又可写为

$$\mathbf{x}^{(t+1)} = G^{t+1}(\mathbf{x}^{(0)})$$

在经济分析中使用离散时间模型相对于连续时间模型有如下优点[②]：

(1) 现实性。现实中的经济数据一般是离散时间的，每隔固定时间段（如月、季度、年等）采集一次数据。现实中一个经济主体的各种经济活动（如生产、交易、发放股息等）常常是依次发生的，用离散时间模型描述更为自然。而且现实物理世界中的时间本身是离散的，最小时间间隔为所谓普朗克（Planck）时间，时间的连续性假设是对现实的一种近似。

[①]对于微分方程形式的经济模型的介绍可以参见龚六堂, 苗建军（2014），张衔（2009）等。

[②]参见相关文献（Day，1994，第44-45页）。

(2) 简单。动态系统中的基本概念都可以用离散时间模型阐述，且形式比连续时间模型更为简单。

(3) 便于计算机仿真。计算机本身是离散时间系统，差分方程的形式适合于计算机仿真。

(4) 描述能力强。离散时间模型与相应的连续时间模型相比，常常可以描述更为复杂的动态行为。连续时间模型的路径是状态空间中的连续曲线，这些曲线不会彼此交叉。因此一维的连续时间模型只能向一个方向运动（即单调的增长或下降）或静止不动，不可能有周期路径或非周期性波动，而一维的离散时间模型则不然。一维离散时间模型中的一些复杂的行为模式一般在三维及三维以上的连续时间模型中才会出现，而较高的维度对于分析及图形表示带来了困难。

1.2.1.2 线性与非线性动态经济模型

动态经济模型(1.1)中的函数$G(\mathbf{x})$如果具有$\mathbf{Ax}+\mathbf{b}$的形式，其中$\mathbf{A}$为矩阵，则称该经济模型是一个**线性动态经济模型**。反之，则称其为**非线性动态经济模型**。

线性模型比非线性模型形式简单、更容易分析。很自然，构建和分析动态经济模型时一般会从线性模型开始，然后再将线性模型扩展为非线性模型。对于非线性模型的分析有时也需要借助于线性化方法，即在一定的条件下把非线性模型近似地作为线性模型来处理。

1.2.1.3 动态经济模型中的资源配置过程

在离散时间的动态经济模型中，每一期开始时刻经济中可供使用的各种商品构成这一期的**资源**。每一期的资源在各经济主体间的分配过程即为**资源配置**过程。资源配置过程结束后各经济主体利用获得的商品进行生产或消费。也就是说动态经济模型(1.1)一般可以写为如下形式：

$$\mathbf{x}'^{(t+1)} = A\left(\mathbf{x}^{(t)}\right) \tag{1.2}$$

$$\mathbf{x}^{(t+1)} = Y\left(\mathbf{x}'^{(t+1)}\right) \tag{1.3}$$

其中式(1.2)表示资源配置过程，式(1.3)表示生产和消费过程。第t期期末、第$t+1$期期初的经济状态$\mathbf{x}^{(t)}$经过资源配置过程后变为$\mathbf{x}'^{(t+1)}$，再经过生产和消费过程后变为$\mathbf{x}^{(t+1)}$。

资源配置过程(1.2)所采用的配置方式大致可以分为三类，即**计划型配置方式**（或称行政型配置方式）、**市场型配置方式**和**混合型配置方式**。市场型配置方式是建立在各经济主体对资源的私有产权、各经济主体间的自愿交易和市场价格信号等因素之上的资源配置方式。计划型配置方式一般是基于政府的行政命令的资源配置方式，常常不使用价格信号。混合型配置方式则是以上两种配置方式的结合，例如对于某些商品使用市场型配置方式而对另一些商品使用计划型配置方式。

根据经济中使用的资源配置方式可以将其划分为**计划经济**、**市场经济**和**混合经济**。经济现实中的资源配置方法一般是混合型的，一般来说对于大部分资源使用市场型配置方式，对于少部分资源（如基础教育、基本医疗服务等）使用计划型配置方式。

1.2.1.4 耐用品与非耐用品

在离散时间的经济中，根据产品在生产或消费过程中可以使用的期数可将其划分为耐用品（durable goods）和非耐用品（nondurable goods）。**非耐用品**在生产或消费过程只能被使用一期，而**耐用品**则可以被使用多期。

生产过程中使用的非耐用品即为**中间品**（intermediate goods），例如原料、能源、辅助材料（如维护机器设备用的润滑油和防锈剂）、包装材料、半成品等；而耐用品即为（经济学意义上的）**固定资产**（或称**资本品**，capital goods），例如厂房、机器、设备、工具等。消费过程中使用的耐用品即为**耐用消费品**，如住宅、家用电器、家具等。

1.2.2 不动点、周期路径与平衡增长路径

1.2.2.1 不动点和周期路径

当时间趋于无穷时，式(1.1)所示的动态模型的路径可能出现以下几种情况：

(1) 收敛于状态空间中的某个点。

(2) 收敛于某条周期路径。

(3) 混沌的有界路径。即在一个有限的区域内沿一条混沌路径运动，粗略地说即是在一个有限的区域内无规律性的运动。一般而言，混沌是指确定性的系统中出现的类似于具有随机性的路径①。混沌路径是确定的，但由于任意小的初值变动或者迭代计算中任意小的误差均会导致未来系统状态的很大变动，所以无法利用数值迭代的计算方法对于一条混沌路径作长期预测，即使是粗略的预测也是不可能的（Day，1994，第47页）。这也就是所谓“蝴蝶效应”、“失之毫厘，谬以千里”的现象②。

(4) 无界路径。即趋于无穷远处，或者一个子序列趋于无穷远处；此

---

①对于混沌的具体定义和分析可参见相关文献（Day，1994，第28页）。

②混沌路径的一个简单例子是所谓虫口模型的某些路径：$x^{(t+1)}=4x^{(t)}(1-x^{(t)}), 0<x^{(t)}<1$（参见Day，1994，第86页；肖恩，2005）。

时路径中的状态向量构成的集合是无界的。

如果这一动态模型代表一个经济的话，那么收敛于某个点也就意味着趋于均衡，收敛于一条周期路径也就意味着经济中出现经济周期。

定义 1.1 若有$\mathbf{x}^*$使得

$$G(\mathbf{x}^*) = \mathbf{x}^* \tag{1.4}$$

成立，则称$\mathbf{x}^*$为该函数的**不动点**，并称其为$G(\mathbf{x})$所对应的动态模型的**不动点均衡**、**静态均衡**或**定态**（stationary state）。由不动点构成的路径即是**不动点均衡路径**；称式(1.4)为一个**不动点均衡模型**。

下面是周期路径的定义。

定义 1.2 令$\{\mathbf{x}^{(i)}\}_{i=1}^{k}$ $(k \geqslant 2)$为动态模型(1.1)的k个彼此不同的状态向量构成的序列。若有$\mathbf{x}^{(i)} = G(\mathbf{x}^{(i-1)}),\ i = 2,\cdots,k$和$\mathbf{x}^{(1)} = G(\mathbf{x}^{(k)})$成立，则称这一序列为该模型的一条**周期路径**，并称该周期路径的**周期**为k。

不动点和周期路径可以用有限个状态向量描述，合称为简单路径。

1.2.2.2 特征向量与平衡增长路径

定义齐次函数如下。

定义 1.3 如果函数$G(\mathbf{x})$对于任意$\xi > 0$有$G(\xi\mathbf{x}) = \xi^k G(\mathbf{x})$成立，则称该函数是**齐次的**或 **$k$次齐次的**。将自变量的分量划分为两部分，即令$\mathbf{x} = (\mathbf{x}';\mathbf{x}'')$；将因变量也相应地划分为两部分，即有$(\mathbf{y}';\mathbf{y}'') = G\big((\mathbf{x}';\mathbf{x}'')\big)$；若对于任意$\xi > 0$有

$$G\big((\mathbf{x}';\xi\mathbf{x}'')\big) = (\mathbf{y}';\xi^k\mathbf{y}'')$$

成立，则称该函数对于$\mathbf{x}''$是**齐次的**或**k次齐次的**。

也就是说当把函数的自变量乘以一个实数时，如果此时的因变量等于原先的函数值乘以这个实数的幂，则该函数是齐次的；当把自变量的一部分乘以一个实数时，如果此时的因变量的相应部分等于原先的函数值乘以这个实数的幂，而因变量的其余部分保持不变，则该函数对于自变量的这一部分是齐次的。

对于一次齐次函数可以定义其特征值和特征向量。

定义 1.4 对于一次齐次函数$G: \mathbb{R}_+^n \backslash \{\mathbf{0}\} \to \mathbb{R}_+^n \backslash \{\mathbf{0}\}$，若有$\lambda > 0$和$\mathbf{x}^*$使得$G(\mathbf{x}^*) = \lambda\mathbf{x}^*$成立，则称$\lambda$为该函数的**特征值**，称$\mathbf{x}^*$为该函数的**特征向量**及该函数对应的动态模型的**稳态**（steady state）（参见Day，1994，第3页）。

可见，特征向量是映射之后结构不变的向量。而一个函数的不动点也是其特征向量，相应的特征值为1。

如果λ和$\mathbf{x}^*$分别是一次齐次函数$G(\mathbf{x})$的特征值和相应的特征向量，那么显然$\{\lambda^i\mathbf{x}^*\}_{i=0}^{\infty}$是$G(\mathbf{x})$对应的动态模型的一条路径，称之为**特征路径**，其增长率为$\lambda-1$。不动点构成的路径即是增长率为0的特征路径。特征路径是一种简单的平衡增长路径。

对于具有特征值λ的函数$G(\mathbf{x})$，如果定义函数$G'(\mathbf{x}):=G(\mathbf{x})/\lambda$，则函数$G(\mathbf{x})$的对应于特征值$\lambda$的特征向量也就是函数$G'(\mathbf{x})$的不动点。可以把$1/\lambda$看作一个**折现因子**（即某个变量现在的值与未来的值之比）。于是可见通过对原先的函数作一次折现，即可把特征向量转换为不动点。在经济分析中特征向量与不动点之间常常没有实质的区别。

经济系统沿着特征路径和平衡增长路径运行的最简单的例子即$x^{(t+1)}=(1+\gamma)x^{(t)},\ \gamma>0,\ x^{(0)}>0$，其中$\gamma$为增长率，相应的折现因子为$\rho:=\frac{1}{1+\gamma}$。

1.2.2.3 均衡向量与平衡增长路径

在动态经济系统的某些路径中可能出现部分变量始终保持不变而其他变量以某个恒定的速率扩张的情况。这种情况下的状态变量既具有不动点的特征，又具有特征向量的特征。为此作以下定义。

定义 1.5 对于定义在$\mathbb{R}_+^n\backslash\{\mathbf{0}\}$上的函数$(\mathbf{y}';\mathbf{y}'')=G\big((\mathbf{x}';\mathbf{x}'')\big)$，假设该函数对于$\mathbf{x}''$是一次齐次的。若有$\lambda>0$和$\mathbf{x}^*\equiv(\mathbf{x}'^*;\mathbf{x}''^*)$使得

$$G\big((\mathbf{x}'^*;\mathbf{x}''^*)\big)=(\mathbf{x}'^*;\lambda\mathbf{x}''^*) \tag{1.5}$$

成立，则称λ为该函数的**均衡值**，称$\mathbf{x}^*$为该函数的**均衡向量**及该函数对应的动态模型的**均衡**（equilibrium）或**平衡增长均衡**。$\mathbf{x}'^*$和$\mathbf{x}''^*$分别称为**均衡向量的不变部分**和**均衡向量的增长部分**。称式(1.5)为一个**均衡模型**。

一般来说均衡向量的不变部分常常包含价格等变量，而增长部分则常常包含产量等变量。

如果λ和$(\mathbf{x}'^*;\mathbf{x}''^*)$分别是函数$G(\mathbf{x})$的均衡值和相应的均衡向量，那么显然

$$\{(\mathbf{x}'^*;\lambda^i\mathbf{x}''^*)\}_{i=0}^{\infty}$$

是$G(\mathbf{x})$对应的动态模型的一条路径，称之为**平衡增长路径**或**均衡路径**，其增长率为$\lambda-1$。不致引起混淆时均衡路径也可以简称为均衡。如果动态模型的一条平衡增长路径中某一期的状态向量为$\mathbf{x}^*$，则称该路径为$\mathbf{x}^*$对应的平衡增长路径。于是可知离散时间的动态经济模型的均衡路径即是该模型的变迁函数的均衡向量对应的平衡增长路径。

而不动点构成的路径相当于一条增长速度为0的平衡增长路径，因此不动点均衡又称为**零增长均衡**，而增长率大于0的平衡增长均衡称为**正增长均衡**。动态模型的路径中除均衡路径外的其他路径即为**非均衡路径**（disequilibrium path）。

动态模型(1.1)和均衡模型(1.5)有密切的联系，在某种意义上后者是前者的一个组成部分；动态模型相对比较复杂，而均衡模型则相对比较简单。动态模型描述了经济的演进过程，既可以描述经济沿均衡路径的运行过程，又可以描述经济沿非均衡路径的运行过程。而均衡模型则常常由刻画均衡状态的一组公式构成，借助这些公式可以求解均衡或分析均衡的性质。均衡模型的分析重点在于均衡的存在性、唯一性、最优性等问题。当分析经济是否有趋于均衡的倾向、是否会收敛于均衡或者是否会围绕均衡波动时，则需要借助于动态模型。无论是均衡模型还是动态模型，一般都把消费者的禀赋和偏好、厂商的技术作为外生因素，而把产品的产量、商品的价格等作为内生变量、解释对象。

阿罗（Arrow，1989）指出，对于平衡增长均衡的研究可以追溯到马克思（Marx，1885，第21章）的扩大再生产模型，之后的研究有卡塞尔（Cassel，1923）、冯·诺依曼（von Neumann，1945）等。而对于零增长均衡概念的较为系统的阐述则可以追溯到魁奈（Quesnay，1759）的经济表（Tieben，2012，第135页）。

1.3 厂商的生产过程

1.3.1 生产

一个厂商在一期中的生产过程可用一个n维非负向量对$(\mathbf{x},\mathbf{y})$来表示，其中$\mathbf{x}$为投入束（或称需求束），$\mathbf{y}$为产出束（或称供给束）。在一个生产过程中，一种商品可能既是产品又是投入品，例如，小麦的生产过程需要投入小麦，机器的生产过程可能需要投入机器。

投入束中的中间品即为**中间投入**。中间投入在生产过程中被完全消耗，而投入束中的固定资产可以在多个生产过程中重复使用。

厂商从事的生产活动可能只产出一种产品，这种情况称为**单一生产**（single production）；也可能同时产出多种产品，这种情况称为**联合生产**（joint production）。例如，养羊这一生产活动产出羊毛与羊肉两种产品，这即是联合生产；又如，生产活动开始时投入新机器和原材料，生产活动结束时得到产品和经历磨损的旧机器，这一生产过程也可视为联合生产。

生产过程中未完全消耗的固定资产、排放的污染物等均可视为联合生产过程中的产品。

对于厂商i而言所有技术上可行、制度上允许的生产过程构成的集合称为它的**生产集**，记为Y_i。即生产集是由可行的生产过程构成的集合。[①]

1.3.2 （全局）规模收益

1.3.2.1 生产函数的规模收益

当一个厂商的生产集给定时，如果对于任意的投入束，相应的最大产出束总是唯一的，那么一般来说该厂商所有可能采取的生产过程（或者说其生产集）可以用一个如下的**生产函数**来描述：

$$\mathbf{y} = F(\mathbf{x}), \quad \mathbf{x}, \mathbf{y} \in \mathbb{R}_+^n \tag{1.6}$$

其中，$\mathbf{x}$为投入束，$\mathbf{y}$为相应的最大产出束。在单一生产的情况下生产函数也可写为

$$y = f(\mathbf{x}), \quad \mathbf{x} \in \mathbb{R}_+^n, y \in \mathbb{R}_+ \tag{1.7}$$

其中，y表示唯一一种产品的产量。

对于生产函数$\mathbf{y} = F(\mathbf{x})$，规模收益可以定义如下：

(1) 如果对于任意$\alpha \geqslant 0$有$F(\alpha\mathbf{x}) = \alpha F(\mathbf{x})$成立，则称生产函数 $F(\mathbf{x})$ 是**规模收益不变的**。亦即生产函数是一次齐次函数。

(2) 如果当$F(\mathbf{x}) > \mathbf{0}$时对于任意$\alpha > 1$有$F(\alpha\mathbf{x}) > \alpha F(\mathbf{x})$成立，则称生产函数 $F(\mathbf{x})$ 是**规模收益递增的**。即投入增加到原先的α倍时所有产品的产量至少增长到原先的α倍，且至少有一种产品的产量增加到原先产量的α倍以上。

(3) 如果当$F(\mathbf{x}) > \mathbf{0}$时对于任意$\alpha > 1$有$F(\alpha\mathbf{x}) < \alpha F(\mathbf{x})$成立，则称生产函数 $F(\mathbf{x})$ 是**规模收益递减的**。即投入增加到原先的α倍时所有产品的产量至多增长到原先的α倍，且至少有一种产品的产量小于原先产量的α倍。

1.3.2.2 生产集的规模收益

当厂商的生产集无法用生产函数来表示时，需要针对生产集来定义规模收益。

对于生产集Y，如果对任意$(\mathbf{x}, \mathbf{y}) \in \mathsf{Y}$和任意$\alpha \geqslant 0$有$(\alpha\mathbf{x}, \alpha\mathbf{y}) \in \mathsf{Y}$成立，则称其是**规模收益不变的**。

[①] 在不考虑增长、税收和股息等因素的均衡分析中，也可使用由**超额产出束**$\mathbf{y} - \mathbf{x}$构成的生产集（参见本书第3.4.3小节）。

一个厂商如果拥有规模收益不变的生产集，那么当其生产过程中的投入变为原先的若干倍时，其产出也可以变动相同的倍数。

如果对任意$(\mathbf{x},\mathbf{y}) \in \mathrm{Y}$和任意$0 \leqslant \alpha \leqslant 1$有$(\alpha\mathbf{x},\alpha\mathbf{y}) \in \mathrm{Y}$成立，则称生产集Y是**规模收益非递增的**。也就是说，这种情形下通过降低一个可行的生产过程的生产水平，得到的生产过程仍然是可行的；或者说可行的生产过程均可以以更小的规模来运作。[①]

如果对于任意$\alpha > 1$，$(\mathbf{x},\mathbf{y}) \in \mathrm{Y}(\mathbf{y} > \mathbf{0})$和$(\alpha\mathbf{x},\bar{\mathbf{y}}) \in \mathrm{Y}$，有$\bar{\mathbf{y}} < \alpha\mathbf{y}$成立，则称生产集Y是**规模收益递减的**。也就是说，当一个厂商拥有规模收益递减的生产集时，若现在的投入增长到原先的若干倍且原先的产出不为零，则现在的产出必然小于原先产出的相应倍数。

需要注意的是，规模收益非递增的生产集可能既不是规模收益不变的，也不是规模收益递减的，而是两者的某种"混合"。例如，生产集可能在原点附近是规模收益不变的，在其余区域是规模收益递减的。在这种情况下需要定义和考察局部的规模收益（参见本书第9.5.1小节）。

如果对任意$(\mathbf{x},\mathbf{y}) \in \mathrm{Y}$和任意$\alpha \geqslant 1$有$(\alpha\mathbf{x},\alpha\mathbf{y}) \in \mathrm{Y}$，则称生产集 Y 是**规模收益非递减的**。也就是说，此时任意可行的生产过程均可以以更大的规模来运行。

1.3.2.3 规模收益递减转换为规模收益不变

规模收益不变相对于规模收益递减在数学形式上更为简单。通过将规模收益递减转变为规模收益不变可以简化均衡分析。

对于规模收益不变的生产函数，如果将其中一种投入品的数量固定，则该生产函数即变为一个规模收益递减的生产函数。例如，对于生产函数$f(x_1,x_2) = \sqrt{x_1x_2}$，令其中第2种投入品的投入量固定为1，即得到一个规模收益递减的生产函数$f(x_1) = \sqrt{x_1}$。在这种变换中投入品的种类减少了。

这就启示我们可以反其道而行之，通过对于规模收益递减的生产函数$f(\mathbf{x})$引入一种新的投入品使其变为规模收益不变（McKenzie，1959），可以认为这种新的投入品隐含在原先的生产函数中，称之为**隐含要素**[②]。具体地说，对于规模收益递减的生产函数$f(\mathbf{x})$，可引入一种投入品并且记其投入量为ξ，定义一个新的生产函数

$$g(\mathbf{x},\xi) := \xi f\left(\frac{\mathbf{x}}{\xi}\right) \tag{1.8}$$

[①] 如果一个生产集Y是包含$(\mathbf{0},\mathbf{0})$的凸集，那么显然该生产集是规模收益非递增的。

[②] 麦肯齐（McKenzie，2002，第216页）称该要素为企业家要素（entrepreneurial factor）。

注意到$g(\mathbf{x},\xi)$表现出不变的规模收益。当新引入的投入品的数量ξ等于1时，$g(\mathbf{x},1)$就相当于原先的生产函数。因此$f(\mathbf{x})$的规模收益递减可以看作规模收益不变时由于$\xi=1$而对生产函数的一种限制。

例如，规模收益递减的生产函数$f(x)=\ln(1+x)$经过转换即为

$$g(x,\xi)=\xi\ln(1+x/\xi)$$

通过这种变换，原先规模收益递减的厂商变为规模收益不变，而经济中多了一种供给量为1的初级要素，该初级要素只供该厂商使用。原先厂商的利润中有一部分即是该隐含要素的租金。

下面讨论更一般的情况。

设生产集Y是规模收益非递增但不是规模收益不变的，即可通过以下的方法将其转化为规模收益不变：定义新的生产集

$$\mathsf{Y}'=\{((\alpha\mathbf{x},\alpha),(\alpha\mathbf{y},0))|(\mathbf{x},\mathbf{y})\in\mathsf{Y},\alpha\geqslant 0\}$$

此即为一个规模收益不变的生产集；当$\alpha=1$时（即隐含的投入品的量固定在1时）新生产集即为原先的生产集。

在均衡分析中把规模收益非递增（或规模收益递减）转换为规模收益不变有以下好处：

(1) 通过这一转换减少了一类规模收益，并且转换之后的规模收益不变比原先的规模收益递减在形式上更为简单，便于分析。

(2) 在均衡中初级要素一般会为其所有者带来租金收入，在转换之前隐含要素的租金包含在厂商的利润之中，而通过转换则可将其从利润中分离出来单独进行核算，从而使得核算过程更为明晰。

(3) 在转换之前相当于一个规模收益不变的厂商从属于某个要素所有者（亦即消费者），该消费者除了作消费决策外还要作生产决策（即决定厂商的产量以最大化自己的要素收入），这意味着厂商的所有权和经营权不分离；在转换后则生产决策由厂商进行，要素所有者只作消费决策，而要素价格、要素所有者的收入由市场决定，所有权和经营权实现了分离，这与现代的公司制度是一致的。

而规模收益递增的情况是无法转换为规模收益不变的。因此在经济分析中就主要需要考虑两种规模收益，即规模收益不变和规模收益递增。

1.3.3 对生产集的假设

基于上一小节的讨论，下文中一般假定任一厂商i的生产集Y_i满足以下假设：

假设P1 生产集Y_i是凸集。

假设P2 生产集Y_i包含$(\mathbf{0},\mathbf{0})$。即允许**停产**（inaction）。

假设P3 生产集Y_i是闭集。

假设P4 生产集Y_i具有不变的规模收益。即对于任意$\xi \geqslant 0$，若$(\mathbf{x},\mathbf{y}) \in \mathsf{Y}_i$则$(\xi\mathbf{x},\xi\mathbf{y}) \in \mathsf{Y}_i$。[①]

对于规模收益非递增的情形可以通过上一小节阐述的方法转换为规模收益不变。

初级要素（或者说初级要素的使用权）是不可生产的商品，其供给量是外生的，因此生产过程的产出束中不应出现初级要素。另外，经济现实中的生产过程一般总要使用某种初级要素（如劳动或土地）。因此除非另有声明，下文对生产集施加以下假设：

假设P5 生产集Y_i中每个生产过程的产出束中不包含初级要素，并且若一个生产过程的产出束为半正，则其投入束至少包含一种初级要素。[②]

假设P5蕴含了一般均衡分析中对生产集常用的两个假设：

(1) **无免费午餐假设**[③]，即当投入束为$\mathbf{0}$时产出束也为$\mathbf{0}$。

(2) 不可逆假设。即任一有半正产出束的可行生产过程不可逆，换句话说，将投入束和产出束位置互换后得不到一个可行的生产过程。

在后文中如无特别说明，一般假定生产集满足假设P1至假设P4。当后文分析既包含厂商又包含消费者、初级要素的经济时，总是假定生产集满足假设P5；在分析忽略初级要素和消费的**纯生产经济**[④]时，将以无免费午餐假设代替假设P5。

[①]假设P1至假设P4相当于假设每个厂商的生产集是$\mathbb{R}_+^{2n}$中以原点为顶点的闭凸锥。假设P4蕴含假设P2；因为有些情况下的讨论并不使用假设P4，所以在此把假设P2单独列出。

[②]均衡分析中常常假设厂商为了得到产出必须投入抽象劳动或某种具体劳动。当模型中只包含一种劳动时该劳动即为**抽象劳动**；当模型中包含多种劳动（如脑力劳动和体力劳动）时每种劳动均为**具体劳动**。

[③]在均衡分析中除了对生产过程施加无免费午餐假设外，对交易过程、投资过程等均可施加无免费午餐假设，也称**无套利假设**（no arbitrage assumption），该假设在均衡分析中被广泛使用，它要求均衡中任一经济主体不可能无成本地获得收益。由于该假设在经济理论中的基础地位和普遍适用性，它也被称为**无套利原理**。无套利原理的一个推论是**一价律**（law of one price），即在一条均衡路径的任一期中一种商品只有一个价格。

[④]**纯生产经济**（或模型）只包含厂商而不包含消费者，其分析的焦点在于经济中的产量及产品价格等（参见Solow, Samuelson，1953）。在动态的纯生产模型中，状态向量可以只包含产量，而劳动、土地等初级要素的数量可能以模型参数的形式出现。

规模收益不变的多个厂商可以合并为一个厂商，此时新厂商的生产集是原先各厂商的生产集的和集[①]。当经济中所有厂商合并为一个厂商时，称这一厂商为**总厂商**，相应的生产集为**总生产集**。每个厂商的生产集是总生产集的一个子集。

1.3.4 技术与活动水平

在规模收益不变的假设下，对于所有具有相同结构的（非停产的）生产过程，可以在其中任意选择一个生产过程，称之为这些生产过程使用的**技术**；在单一生产的情况下，一般选择产量为1的生产过程作为技术。厂商i的所有技术构成其**技术集**T_i。

对于一项技术$(\mathbf{x},\mathbf{y})$，称生产过程$(\xi\mathbf{x},\xi\mathbf{y})$（其中$\xi\geqslant 0$）使用了技术$(\mathbf{x},\mathbf{y})$，并称$\xi$为该生产过程的**生产水平**或**活动水平**[②]。于是当一个厂商拥有一项技术$(\mathbf{x},\mathbf{y})$时，$\mathbf{x}$为该厂商在单位生产水平下的需求束（或称投入束），称其为**单位需求束**；而$\mathbf{y}$为该厂商在单位生产水平下的供给束（或称产出束），称$\mathbf{y}$为**单位供给束**。在单一生产的情况下，厂商生产1单位产品时的需求束即为单位需求束。

当经济中有m个厂商和n种商品、某一期中每个厂商使用一项技术进行生产时，这些技术中的投入束可构成一个$n\times m$的**投入系数矩阵**（或称**单位需求矩阵**），记为$\mathbf{A}$；这些技术中的产出束可构成一个$n\times m$的**产出系数矩阵**（或称**单位供给矩阵**），记为$\mathbf{B}$。下面是一个包含3个厂商、2种商品的经济中的投入系数矩阵和产出系数矩阵的例子：

$$\mathbf{A}=\begin{bmatrix}0.4 & 0.3 & 0.2\\ 0.5 & 0.6 & 0.7\end{bmatrix},\quad \mathbf{B}=\begin{bmatrix}1 & 1 & 0.2\\ 0 & 0.2 & 1\end{bmatrix} \tag{1.9}$$

m个厂商的活动水平可以构成一个活动水平向量$\mathbf{z}$，而这一活动水平向量下所有厂商的投入和产出可以分别用一个$n\times m$矩阵来表示，分别称为**投入矩阵**和**产出矩阵**。例如，当活动水平向量为$\mathbf{z}=(0.5,1,2)^T$而投入和产出系数矩阵如式(1.9)所示时，投入矩阵和产出矩阵分别为

$$\mathbf{X}=\mathbf{A}\hat{\mathbf{z}}=[\mathbf{a}_{\bullet 1}z_1\ \cdots\ \mathbf{a}_{\bullet n}z_n]=\begin{bmatrix}0.2 & 0.3 & 0.4\\ 0.25 & 0.6 & 1.4\end{bmatrix}$$

[①]维数相同的向量构成的集合S_i，$i=1,\cdots,k$的和集（sumset）是指$\left\{\sum_{i=1}^{k}\mathbf{x}^{(i)}:\mathbf{x}^{(i)}\in\mathsf{S}_i,i=1,\cdots,k\right\}$。

[②]停产对应的活动水平为0，可以认为使用了任意一项技术。

和

$$\mathbf{Y}=\mathbf{B}\hat{\mathbf{z}}=[\mathbf{b}_{\bullet 1}z_1\ \cdots\ \mathbf{b}_{\bullet n}z_n]=\begin{bmatrix}0.5 & 1 & 0.4\\ 0 & 0.2 & 2\end{bmatrix}$$

其中，$\mathbf{a}_{\bullet i}$和$\mathbf{b}_{\bullet i}$分别表示矩阵$\mathbf{A}$和矩阵$\mathbf{B}$的第i列；$\hat{\mathbf{z}}$表示以向量$\mathbf{z}$为主对角线的对角方阵，在这一例子中即有

$$\hat{\mathbf{z}}=\begin{bmatrix}0.5 & 0 & 0\\ 0 & 1 & 0\\ 0 & 0 & 2\end{bmatrix}$$

而反映所有生产过程中使用的投入品总量的**投入向量**为

$$\mathbf{x}=\mathbf{A}\mathbf{z}=\mathbf{a}_{\bullet 1}z_1+\cdots+\mathbf{a}_{\bullet n}z_n=(0.9,2.25)^T$$

反映所有生产过程的总产出的**产出向量**为

$$\mathbf{y}=\mathbf{B}\mathbf{z}=\mathbf{b}_{\bullet 1}z_1+\cdots+\mathbf{b}_{\bullet n}z_n=(1.9,2.2)^T$$

显然，如果产出系数矩阵$\mathbf{B}$是单位阵，那么活动水平向量也就等于产出向量。

1.3.5 最大化利润

1.3.5.1 名义利润与超额利润

定义 1.6 对于价格向量$\mathbf{p}$下的非停产的生产过程$(\mathbf{x},\mathbf{y})$，作以下定义：

(1) 称投入束的价值$\mathbf{p}^T\mathbf{x}$为（生产）**成本**。

(2) 称产出束的价值$\mathbf{p}^T\mathbf{y}$为**产值**。

(3) 称成本与产值之比$\frac{\mathbf{p}^T\mathbf{x}}{\mathbf{p}^T\mathbf{y}}$为**成本率**。

(4) 称产值与成本之差$\mathbf{p}^T(\mathbf{y}-\mathbf{x})$（即价格向量与超额产出束的内积）为**生产利润**。

(5) 称$\frac{\mathbf{p}^T\mathbf{y}}{\mathbf{p}^T\mathbf{x}}-1$（即成本率的倒数减1）为**生产利润率**。

某一期中一个厂商的投资支出除了生产成本外还可能有管理费用、财务费用、税金支出等等，所有的投资支出构成该厂商这一期的**投资额**（或称**营业总成本**）。厂商的期末的收入与期初的投资额之差称为**名义利润**，不致引起混淆时也称为**利润**；期末的收入与期初的投资额之比减 1 称为**名义利润率**，不致引起混淆时也称为**利润率**。当厂商的投资额等于生产成本时，名义利润也就等于生产利润，名义利润率也就等于生产利润率。

当市场利率为$r>0$时，因为生产过程的投入和产出之间有时滞（即所谓生产周期），所以厂商在作投资决策时需要考虑到利率所反映的融资成本和机会成本。厂商停产时可以将资本借出以获得收益率为r的回报，因此r即为厂商停产时的收益率。称名义利润率与r之差为**超额利润率**。显然，只有当生产过程对应的超额利润率大于等于0（亦即名义利润率大于等于r）时厂商才有可能进行生产。也就是说当某些非停产的生产过程有正的名义利润，但如果相应的利润率小于r，则相对于使用这些生产过程进行生产，停产对于厂商而言是更好的选择。

在价格向量$\mathbf{p}$下厂商使用生产过程$(\mathbf{x},\mathbf{y})$时获得的**超额利润**即为$\mathbf{p}^T\mathbf{y}-(1+r)\mathbf{p}^T\mathbf{x}$，而超额利润率即为$\frac{\mathbf{p}^T\mathbf{y}}{\mathbf{p}^T\mathbf{x}}-(1+r)$。当利率为正时超额利润和超额利润率分别小于名义利润和名义利润率。

对于规模收益不变的厂商而言，如果价格向量给定时可以在生产集中自由地选择生产过程，则可以把这一选择过程分作两步：首先在技术集中选择利润率最大的技术，然后选择产量或生产水平。注意到技术集并不包括停产，因此厂商选择的利润率最大的技术所对应的利润率有可能小于市场利率r。具体来说，厂商在给定价格向量下选择的技术可能出现以下3种情况：

(1) 技术的利润率大于市场利率r（即具有正的超额利润率）。此时从理论上来说厂商应选择无穷大的产量或生产水平。①

(2) 技术的利润率等于r（即超额利润为0）。此时厂商应选择任意的非负产量或生产水平。

(3) 技术的利润率小于r。此时厂商应选择 0 产量或生产水平，即选择停产。

可见厂商选择生产过程时的关键环节在于技术的选择。

1.3.5.2 单一生产的厂商的技术选择

在规模收益不变、单一生产的情况下，技术中的产品产量为1（即对于任意一个生产产品i的技术，其产出束$\mathbf{y}$中$y_i=1$而其他分量为0），此时在给定的价格下产值固定不变（即等于产品价格p_i），显然利润率最大的技术也就是成本最小（即投入束价值最小）的技术，即厂商i的技术选择过程可概括为$\min\limits_{(\mathbf{x},\mathbf{y})\in\mathsf{T}_i}\mathbf{p}^T\mathbf{x}$。当厂商的生产函数为$y=f(\mathbf{x})$时，技术选择过程即相

①如果假定厂商可利用的资源是有限的，那么应当在给定的约束条件下选择最大的产量或生产水平。

当于求解下面的成本最小化问题：

$$\min_{\mathbf{x}\in\mathbb{R}^n_+} \mathbf{p}^T\mathbf{x} \quad \text{s.t.} \quad f(\mathbf{x})=1$$

解得的在价格向量$\mathbf{p}$下的成本最小的单位需求束记为$\mathbf{a}(\mathbf{p})$。当在任意价格向量下成本最小的单位需求束均只有一个时，$\mathbf{a}(\mathbf{p})$即是价格向量的函数；当在某些价格向量下有多个成本最小的单位需求束时，$\mathbf{a}(\mathbf{p})$即是价格向量的**对应**（correspondence，或称多值函数、集值函数）[①]。

当$\mathbf{a}(\mathbf{p})$为函数时，若在任意正价格向量下商品i的价格上升会导致单位需求束中商品i的数量减少（于是至少有一种其他商品的数量增加），则称商品i对于该厂商而言是**可替代的**。

因为假设规模收益不变，所以在价格向量$\mathbf{p}$下厂商生产y单位产品所需要的投入束即为$\mathbf{x}(\mathbf{p},y):=y\mathbf{a}(\mathbf{p})$。$c(\mathbf{p},y):=\mathbf{p}^T\mathbf{x}(\mathbf{p},y)$即为**成本函数**。

在假设P1至假设P4下，生产函数、需求束$\mathbf{x}(\mathbf{p},y)$、单位需求束$\mathbf{a}(\mathbf{p})$、成本函数包含的信息是相同的，从其中任一个可以推导出其余三个。[②]

1.3.5.3 有效率的生产过程

对于一个厂商的一个生产过程，若在该厂商的生产集中不存在投入束与之相同但有更大产出束的生产过程，也不存在产出束与之相同但有更小投入束的生产过程，则称该生产过程是**有效率的生产过程**。有效率的生产过程对应的技术即为**有效率的技术**。为了简化分析，下文假设在均衡中厂商只采用有效率的生产过程和技术。这一假设不会对分析产生实质影响。如果经济中没有**免费品**（即价格为0的商品），那么假设厂商追求利润最大化也就蕴含了这一假设。

1.4　列昂惕夫型、C-D型和CES型厂商

列昂惕夫（Leontief）型（或称固定结构型）函数、C-D型函数和CES型函数是生产函数和效用函数的3种常见形式，具有这3种生产函数或效用函数的经济主体分别称为**列昂惕夫型主体**（或称固定结构型主体）、C-D型

[①] 函数将一个点映射到另一个点，而对应则将一个点映射到一个点集。对应的定义如下：令2^{T}代表集合T的幂集，即集合T中所有的子集（包括全集和空集）构成的集族；一个从集合S到集合T的**对应**是一个从S到2^{T}的函数，记为$\mathscr{F}:\mathsf{S}\rightarrow\rightarrow\mathsf{T}$。对于对应$\mathscr{F}(x)$和某个向量$\mathbf{x}^*$，本书用$\mathscr{F}(\mathbf{x}^*)\geqslant\mathbf{0}$或$\exists\mathscr{F}(\mathbf{x}^*)\geqslant\mathbf{0}$表示$\mathscr{F}(\mathbf{x}^*)$中至少有一个向量大于等于$\mathbf{0}$，用$\forall\mathscr{F}(\mathbf{x}^*)\geqslant\mathbf{0}$表示$\mathscr{F}(\mathbf{x}^*)$中所有向量大于等于$\mathbf{0}$。

[②] 参见相关文献（Varian，1992，第6章）。

主体和CES 型主体。如果一个经济中所有主体均是列昂惕夫型的，则称其为**列昂惕夫型经济**。类似地可以定义**C-D型经济**和**CES型经济**。

这3种函数各有特点：列昂惕夫型函数形式最简单，便于作数学分析；而C-D型函数性质最良好，C-D型经济中的均衡往往是唯一的、稳定的；CES型函数则参数较多而形式更灵活，有利于拟合经济现实，并且包含前两种函数为其极限形式。

1.4.1 列昂惕夫型厂商

1.4.1.1 列昂惕夫型生产函数

列昂惕夫型函数的形式为

$$f(\mathbf{x}) = \min\left\{\frac{x_1}{a_1}, \frac{x_2}{a_2}, \cdots, \frac{x_n}{a_n}\right\} \tag{1.10}$$

具有列昂惕夫型生产函数的厂商（即列昂惕夫型厂商）生产1单位商品所需要的投入束（即列昂惕夫型单位需求束）为

$$\mathbf{a}(\mathbf{p}) = \mathbf{a} = (a_1, a_2, \cdots, a_n)^T$$

在价格向量$\mathbf{p}$下生产y单位产品需要的投入束即为

$$\mathbf{x}(\mathbf{p}, y) = y(a_1, a_2, \cdots, a_n)^T$$

可见列昂惕夫型厂商在生产中投入的各种商品的数量之间有固定的比例关系；换句话说，列昂惕夫型厂商实际上只有一项有效率的技术，因此其使用的技术不会随价格的变动而改变。

1.4.1.2 列昂惕夫型投入系数矩阵和单位成本函数

当经济中的m个厂商均为列昂惕夫型时，这些厂商的单位需求束可以构成一个如下的（列昂惕夫型）投入系数矩阵（或称单位需求矩阵）：

$$\mathbf{A} = [a_{\bullet 1} \cdots a_{\bullet m}] = \begin{bmatrix} a_{11} & \dots & a_{1m} \\ \vdots & \ddots & \vdots \\ a_{n1} & \cdots & a_{nm} \end{bmatrix}$$

其中，第i列为厂商i的单位需求束。该矩阵反映了所有厂商在单位产量下的需求情况。

单位成本函数（unit cost function）指每单位产量或每单位活动水平对应的生产成本，也就是单位需求束$\mathbf{a}(\mathbf{p})$的价值，即$c(\mathbf{p}) := \mathbf{p}^T\mathbf{a}(\mathbf{p})$。

一个列昂惕夫型的厂商的单位成本函数即为$c(\mathbf{p}) := \mathbf{p}^T\mathbf{a} = \mathbf{a}^T\mathbf{p}$，其中$\mathbf{a}$为单位需求束，此即**列昂惕夫型单位成本函数**。

所有m个厂商的单位成本构成**单位成本向量**。当m个厂商均为列昂惕夫型时，单位成本向量即为$\mathbf{c}(\mathbf{p}) := \mathbf{A}^T\mathbf{p}$。类似地可定义**单位产值向量**为$\mathbf{B}^T\mathbf{p}$，亦即单位活动水平下的产值。

所有厂商的成本率构成成本率向量，即$\widehat{\mathbf{B}^T\mathbf{p}}^{-1}\mathbf{A}^T\mathbf{p}$。若产出系数矩阵$\mathbf{B}$为单位阵则单位产值向量等于价格向量$\mathbf{p}$，而成本率向量即为$\widehat{\mathbf{p}}^{-1}\mathbf{A}^T\mathbf{p}$。所有厂商的利润率构成利润率向量，即$\widehat{\mathbf{A}^T\mathbf{p}}^{-1}\mathbf{B}^T\mathbf{p}-\mathbf{1}$。

1.4.2　C-D型厂商

1.4.2.1 C-D型生产函数

规模收益不变的C-D（即Cobb-Douglas）型生产函数具有如下形式：

$$f(\mathbf{x}) = \alpha x_1^{\beta_1}x_2^{\beta_2}\cdots x_n^{\beta_n}, \quad 0 \leqslant \beta_i \leqslant 1(i=1,2,\cdots,n), \quad \sum_{i=1}^{n}\beta_i = 1$$

可以看到，C-D型生产函数类似于几何平均的公式。

此时的单位需求束即是如下优化问题的解：

$$\min_{\mathbf{x}\in\mathbb{R}_+^n} \mathbf{p}^T\mathbf{x} \quad \text{s.t.} \quad \alpha x_1^{\beta_1}x_2^{\beta_2}\cdots x_n^{\beta_n} = 1$$

解得C-D型单位需求束$\mathbf{a}(\mathbf{p})$的第i个分量为

$$a_i = \frac{1}{\alpha}\frac{\beta_i}{p_i}\prod_{k=1}^{n}\left(\frac{p_k}{\beta_k}\right)^{\beta_k} = \frac{1}{\alpha}\left(\frac{\beta_i}{p_i}\right)^{1-\beta_i}\prod_{k\neq i}\left(\frac{p_k}{\beta_k}\right)^{\beta_k} \tag{1.11}$$

从上式可以看出，当第i种投入品价格趋于0而其他投入品的价格保持不变时，单位需求束中第i种投入品的量趋于无穷大，而其他投入品的量趋于0。另外，任意两种投入品的数量之比与这两种投入品的价格之比之间是一一对应的函数关系，换句话说，当两种投入品的价格确定时这两种投入品的投入量之比就确定了，这一比例不受其他商品的价格的影响。

算例 1.1 当生产函数为$x_1^{\beta_1}x_2^{\beta_2}, 0<\beta_1<1, \beta_1+\beta_2=1$时，单位需求束为

$$\mathbf{a}(\mathbf{p}) = \left(\left(\frac{\beta_1 p_2}{p_1\beta_2}\right)^{\beta_2}, \left(\frac{p_1\beta_2}{\beta_1 p_2}\right)^{\beta_1}\right)^T \tag{1.12}$$

当$\beta_1=\beta_2=0.5$时即为

$$\mathbf{a}(\mathbf{p}) = \left(\left(\frac{p_2}{p_1}\right)^{0.5}, \left(\frac{p_1}{p_2}\right)^{0.5}\right)^T \tag{1.13}$$

□

1.4.2.2 C-D型投入系数矩阵和单位成本函数

若经济中有m个C-D型厂商，则它们的单位需求束可构成一个$n\times m$的C-D型投入系数阵$\mathbf{A}(\mathbf{p})$。一个C-D 型厂商拥有无穷多种有效率的技术，会随着价格变动调整其所使用的技术，因此与列昂惕夫型投入系数阵不同的是，C-D型投入系数阵为价格向量$\mathbf{p}$的函数。

C-D**型单位成本函数**即为

$$c(\mathbf{p})=\mathbf{p}^T\mathbf{a}(\mathbf{p})=\frac{1}{\alpha}\prod_{k=1}^{n}\left(\frac{p_k}{\beta_k}\right)^{\beta_k} \tag{1.14}$$

可见该函数仍然是一个C-D型函数。显然当任一投入品价格趋于0时单位成本趋于0，当任一投入品价格等于0时单位成本等于0。

m个C-D型厂商的单位成本构成C-D型单位成本向量$\mathbf{c}(\mathbf{p}):=\mathbf{A}^T(\mathbf{p})\mathbf{p}$，其中第$j$个分量即为厂商$j$的单位成本函数。

1.4.3 CES型厂商

1.4.3.1 CES型生产函数

C-D型生产函数由于其良好的性质在理论研究中被广泛使用，但C-D型生产函数对应的单位需求束中任一种投入品的数量均可趋于0，就是说实质上每种投入品都不是必不可少的，这与现实中许多常见的生产过程并不一致。例如对于小麦的种植过程而言，生产一吨的小麦至少需要投入十几千克的小麦种子，投入种子数量过少时即使投入的其他商品（如劳动、土地等）的数量再多也无法生产出一吨小麦；需要的土地数量同样有正的下限。因此使用C-D型生产函数来描述小麦的生产过程并不合适。而一些参数下的CES型函数则没有C-D型函数的这一缺点。

CES型函数具有如下形式:

$$f(\mathbf{x})=\alpha\left(\sum_{i=1}^{n}\beta_i x_i^{\sigma}\right)^{1/\sigma},\quad \sigma<1,\quad \sigma\neq 0 \tag{1.15}$$

可以令上式中的所有β系数之和为1，否则可以去掉上式中的α系数。

CES型生产函数具有以下特点:

(1) 当$\sigma>0$时只要有一种生产所需的投入品的数量为正，产量即为正。

(2) 当$\sigma<0$时，如果生产所需的一种投入品的数量趋于0，那么无论其他投入品的数量如何变化，产量均趋于0。于是可见，当$\sigma<0$时对于生产所需的每种投入品，单位产出对应的需求量均有正的下限。

(3) 当σ趋于负无穷时CES型函数会趋于列昂惕夫型函数；当σ趋于0时CES型函数会趋于C-D型函数。也就是说列昂惕夫型函数和C-D型函数是CES型函数的极限形式。

(4) 显然，调和平均即是一种CES型函数。

1.4.3.2 CES型投入系数矩阵和单位成本函数

与求解C-D型单位需求束类似，对于CES型生产函数可以求得价格向量$\mathbf{p}$下的CES型单位需求束$\mathbf{a}(\mathbf{p})$，其第i个分量为

$$a_i(\mathbf{p}) = \alpha^{-1}\left(\frac{\beta_i}{p_i}\right)^{1/(1-\sigma)}\left(\sum_{k=1}^{n}\beta_k^{\frac{1}{1-\sigma}}p_k{}^{\frac{\sigma}{\sigma-1}}\right)^{-1/\sigma} \tag{1.16}$$

从上式可以看出，任意两种投入品的数量之比与这两种投入品的价格之比之间是一一对应的函数关系。

若经济中所有m个厂商均为CES型，则所有厂商的单位需求束可以构成一个CES型投入系数矩阵$\mathbf{A}(\mathbf{p})$。

CES型单位成本函数为

$$\begin{aligned} c(\mathbf{p}) = \mathbf{p}^T\mathbf{a}(\mathbf{p}) &= \alpha^{-1}\sum_{i=1}^{n}\left(\left(\frac{\beta_i}{p_i}\right)^{\frac{1}{1-\sigma}}p_i\right)\left(\sum_{i=1}^{n}\beta_i^{\frac{1}{1-\sigma}}p_i{}^{\frac{\sigma}{\sigma-1}}\right)^{-\frac{1}{\sigma}} \\ &= \alpha^{-1}\sum_{i=1}^{n}\left(\beta_i^{\frac{1}{1-\sigma}}p_i^{\frac{\sigma}{\sigma-1}}\right)\left(\sum_{i=1}^{n}\beta_i^{\frac{1}{1-\sigma}}p_i{}^{\frac{\sigma}{\sigma-1}}\right)^{-\frac{1}{\sigma}} \\ &= \alpha^{-1}\left(\sum_{i=1}^{n}\beta_i^{\frac{1}{1-\sigma}}p_i{}^{\frac{\sigma}{\sigma-1}}\right)^{\frac{\sigma-1}{\sigma}} \end{aligned} \tag{1.17}$$

从上式可以看出：

(1) CES型生产函数对应的单位成本函数仍是CES型函数。

(2) 若$\sigma < 0$，当一种投入品价格等于0时单位成本一般不会等于0。

1.4.4 单位需求束中的替代弹性

单位需求束中任意两种投入品间可以相互替代的程度可用替代弹性来衡量。这一指标值与计量单位的选择无关，或者说是一个单位无关（unit-free）的指标。

不妨称两种投入品分别为投入品1和投入品2，记两种投入品价格之比为$\theta := p_1/p_2$，这也就是以投入品2作为计价商品时的投入品1的价格。假设单位需求束中投入品2与投入品1的数量之比$\xi := \frac{a_2}{a_1}$仅受θ的影响而与其

他投入品的价格无关。于是单位需求束中投入品2与投入品1的价值之比（亦即厂商在两种投入品上的支出之比）即为$\frac{\xi}{\theta}$，其中 ξ 为θ的函数。将支出之比对θ求导[①]得到

$$D_\theta\left(\frac{\xi}{\theta}\right)=\frac{D_\theta\xi}{\theta}-\frac{\xi}{\theta^2}=\frac{\xi}{\theta^2}\left(D_\theta(\xi)\frac{\theta}{\xi}-1\right) \tag{1.18}$$

定义投入品1对投入品2的**替代弹性**为两种投入品的投入量之比对价格之比的弹性，即为

$$D_\theta(\xi)\frac{\theta}{\xi}=\frac{D_\theta\ln(\xi)}{D_\theta\ln(\theta)}=\frac{D_\theta\ln(1/\xi)}{D_\theta\ln(1/\theta)} \tag{1.19}$$

从上式可见，投入品2对投入品1的替代弹性等于投入品1对投入品2的替代弹性。根据式(1.18)可知:

(1) 替代弹性大于1时，投入品1的价格上升会导致投入品1和投入品2上的支出之比下降，这是因为投入品间可替代性强，就数量而言较多的投入品1被投入品2所替代。

(2) 替代弹性小于1时，投入品1的价格上升会导致投入品1和投入品2上的支出之比上升，这是因为就数量而言较少的投入品1被投入品2所替代。

(3) 替代弹性等于1时，投入品1的价格上升时投入品1和投入品2上的支出之比不变。

在推导替代弹性时假设了单位需求束中这两种投入品的数量之比仅受其价格比的影响。一般来说，两种投入品的数量之比还可能受其他投入品的价格的影响，也就是说就一般情况而言替代弹性可能受到其他投入品的价格的影响。但对于常见的3种生产函数，可以看出其替代弹性与其他投入品的价格无关:

(1) 根据替代弹性的定义式(1.19)可知列昂惕夫型生产函数下的替代弹性为0。

(2) 由式(1.11)所示的C-D型单位需求束可知有

$$\frac{a_2(\mathbf{p})}{a_1(\mathbf{p})}=\frac{\beta_2}{p_2}\frac{p_1}{\beta_1}=\frac{\beta_2}{\beta_1}\theta$$

于是根据式(1.19)可知C-D型生产函数下的替代弹性为

$$\frac{\beta_2}{\beta_1}\frac{\theta}{\frac{\beta_2}{\beta_1}\theta}=1$$

① 函数$f(x)$对x求导可记作$D_xf(x)$或$Df(x)$。

(3) 由式(1.16)所示的CES型单位需求束可知有

$$\frac{a_2(\mathbf{p})}{a_1(\mathbf{p})}=\left(\frac{\beta_2}{p_2}\frac{p_1}{\beta_1}\right)^{1/(1-\sigma)}=\left(\frac{\beta_2}{\beta_1}\theta\right)^{1/(1-\sigma)}$$

于是根据式(1.19)可知CES型生产函数下的替代弹性为

$$\frac{1}{1-\sigma}\left(\frac{\beta_2}{\beta_1}\theta\right)^{1/(1-\sigma)-1}\frac{\beta_2}{\beta_1}\frac{\theta}{\left(\frac{\beta_2}{\beta_1}\theta\right)^{1/(1-\sigma)}}=\frac{1}{1-\sigma}$$

替代弹性的大小有时会影响动态经济系统的稳定性。当替代弹性较大（比如远大于1）时，价格的较小变动会引起厂商需求结构的较大变动，这反过来可能会进一步加剧价格波动，在经济系统中形成正反馈，这对于经济稳定是不利的。

1.4.5 包络定理与单位成本函数

包络定理针对的是优化问题中的值函数与参数的关系，即考察参数变化对值函数的影响。考虑下面的带参数的优化问题：

$$f^*(\boldsymbol{\alpha})=\max_{\mathbf{x}} f(\mathbf{x},\boldsymbol{\alpha}) \quad \text{s.t.} \quad \mathbf{g}(\mathbf{x},\boldsymbol{\alpha})=\mathbf{0} \tag{1.20}$$

这里目标函数$f(\mathbf{x},\boldsymbol{\alpha})$和约束条件依赖于参数$\boldsymbol{\alpha}$；$f^*(\boldsymbol{\alpha})$为值函数。

这一问题的拉格朗日（Lagrange）函数为

$$L(\mathbf{x},\boldsymbol{\alpha})=f(\mathbf{x},\boldsymbol{\alpha})-\boldsymbol{\lambda}^T\mathbf{g}(\mathbf{x},\boldsymbol{\alpha})$$

其中，$\boldsymbol{\lambda}=(\lambda_1,\cdots,\lambda_n)^T$，$\mathbf{g}(\mathbf{x},\boldsymbol{\alpha})=(g_1(\mathbf{x},\boldsymbol{\alpha}),\cdots,g_n(\mathbf{x},\boldsymbol{\alpha}))^T$。

函数$F:\mathbb{R}^n\to\mathbb{R}^m$的**雅可比（Jacobi）矩阵**为

$$D_{\mathbf{x}}F(\mathbf{x}):=\begin{bmatrix}\frac{\partial F_1}{\partial x_1} & \cdots & \frac{\partial F_1}{\partial x_n}\\ \vdots & \ddots & \vdots\\ \frac{\partial F_m}{\partial x_1} & \cdots & \frac{\partial F_m}{\partial x_n}\end{bmatrix}$$

$D_{\mathbf{x}}F(\mathbf{x})$也可写为$DF(\mathbf{x})$或$D_{\mathbf{x}}F$。$m=1$时的雅可比矩阵也称为梯度。下文也称雅可比矩阵为导数。包络定理给出了优化问题中值函数对参数的导数的公式。

定理 1.1 (包络定理) 对于优化问题(1.20)的值函数$f^*(\boldsymbol{\alpha})$和拉格朗日函数$L(\mathbf{x},\boldsymbol{\alpha})$有下式成立：

$$D_{\boldsymbol{\alpha}}f^*=D_{\boldsymbol{\alpha}}L|_{\mathbf{x}=\mathbf{x}^*(\boldsymbol{\alpha}),\ \boldsymbol{\lambda}=\boldsymbol{\lambda}(\boldsymbol{\alpha})} \tag{1.21}$$

要注意在对拉格朗日函数求导时须把拉格朗日乘子$\boldsymbol{\lambda}$作为常数处理，然后再将$\boldsymbol{\lambda}$的值以参数的函数值来替代（Varian，1992）。

若优化问题(1.20)中无约束条件或参数$\boldsymbol{\alpha}$不出现在约束条件中，则包络定理的式(1.21)即变为

$$D_{\boldsymbol{\alpha}} f^* = D_{\boldsymbol{\alpha}} \left(f(\mathbf{x}, \boldsymbol{\alpha}) - \boldsymbol{\lambda}^T \mathbf{g}(\mathbf{x}) \right) |_{\mathbf{x}=\mathbf{x}^*(\boldsymbol{\alpha})} = D_{\boldsymbol{\alpha}} f|_{\mathbf{x}=\mathbf{x}^*(\boldsymbol{\alpha})} \tag{1.22}$$

即此时值函数对参数的导数等于目标函数对参数的导数。

根据包络定理可以得到以下的谢泼德（Shephard）引理。为了方便读者起见，下面一并给出一种证明。

引理 1.1 (Shephard引理) 对于厂商的投入束$\mathbf{x}(\mathbf{p}, y)$和可微的成本函数$c(\mathbf{p}, y) := \mathbf{p}^T \mathbf{x}(\mathbf{p}, y)$，有$\mathbf{x}(\mathbf{p}, y) = D_{\mathbf{p}} c(\mathbf{p}, y)$成立。

证明 成本函数是带参数$\mathbf{p}$的优化问题

$$\min_{\mathbf{x} \in \mathbb{R}_+^n} \mathbf{p}^T \mathbf{x} \quad \text{s.t.} \quad f(\mathbf{x}) = y$$

的值函数，注意到这一优化问题的约束条件中不包含作为参数的价格向量$\mathbf{p}$，于是根据式(1.22)可知作为值函数的成本函数对价格向量的导数等于目标函数$\mathbf{p}^T \mathbf{x}$对价格向量的导数，亦即优化问题的解$\mathbf{x}(\mathbf{p}, y)$。 □

于是可知对于单位成本函数求导即可得到（行向量形式的）单位需求束。而对于由各厂商的单位成本函数构成的向量（即单位成本向量），其雅可比矩阵的各行即是（行向量形式的）各厂商的单位需求束，亦即其雅可比矩阵的转置即是投入系数矩阵。用公式表示即是

$$D\mathbf{c}(\mathbf{p}) = \mathbf{A}^T(\mathbf{p})$$

因为单位成本向量$\mathbf{c}(\mathbf{p})$满足$\mathbf{c}(\mathbf{p}) \equiv \mathbf{A}^T(\mathbf{p})\mathbf{p}$，于是又可知有$D\left(\mathbf{A}^T(\mathbf{p})\mathbf{p}\right) = \mathbf{A}^T(\mathbf{p})$成立。

1.5 效用函数与消费过程

1.5.1 效用函数与社会福利函数

效用函数表示了消费者的偏好，常常具有与生产函数相似的数学形式，列昂惕夫型、C-D型和CES型函数也是3种常见的效用函数形式。除非另有说明，下文将假定效用函数$u(\mathbf{x})$满足以下假设①：

①对这些假设的讨论可参见相关文献（Ginsburgh，Keyzer，2002，第2.2.2小节）。

假设C1 $u:\mathbb{R}_+^n\to\mathbb{R}_+$连续且满足$u(\mathbf{0})=0$。

假设C2 对于所有非负向量$\mathbf{x}$，集合$\{\mathbf{x}'|u(\mathbf{x}')\geqslant u(\mathbf{x})\}$是凸的，亦即偏好是凸的。

假设C3 若$\mathbf{x}\gg\mathbf{x}'$则$u(\mathbf{x})>u(\mathbf{x}')$，即满足弱单调性。①

下文称一个既包含厂商又包含消费者、满足假设P1至假设P5、假设C1至假设C3的经济为**常规经济**。

经济中所有消费者的效用水平构成了效用向量，记为$\mathbf{u}$。对于效用向量可以用一个值为标量的社会福利函数（social welfare function）$f(\mathbf{u})$来评价其优劣，这一函数对各种效用向量指定了社会效用水平（或称社会福利水平），在一定程度上反映了对于社会状态、收入分配方式等的偏好。因为效用函数具有序数性质，在作正单调变换后反映的偏好关系不变，所以在构建社会福利函数时一般需要选择合适的效用函数性质，使其具有一定的基数意义。例如可以在算得经济中的均衡后根据均衡价格等调整效用函数，使得效用水平反映收入水平或资源消费量等。社会福利函数$f(\mathbf{u})$仍然可以采取列昂惕夫型、C-D型或CES型等函数形式。例如，当经济中有k位具有一次齐次效用函数的消费者且均衡效用向量为$\mathbf{u}^*$时，可以定义一个社会福利函数

$$f(\mathbf{u})=\min\left\{\frac{u_1}{u_1^*},\frac{u_2}{u_2^*},\cdots,\frac{u_k}{u_k^*}\right\}\tag{1.23}$$

社会福利函数也可以写为$\bar{f}(\mathbf{X})$的形式，其中$\mathbf{X}$为所有消费者的消费束构成的矩阵。根据$\bar{f}(\mathbf{X})$可以算出给定总消费束$\mathbf{x}$时该总消费束在消费者间的最优分配方式及相应的最大效用水平，进而可以得到一个效用函数$u(\mathbf{x})$。可见，社会福利函数相当于把经济中所有的消费者加总为一位或一类反映社会偏好的总消费者，该函数实际上也就是总消费者的效用函数，或者说是社会的效用函数。当然，如果经济模型中本来就只有一类消费者，那么其效用函数也就可以作为这一模型中的社会福利函数。在本书中假定效用向量变大则社会效用水平上升，或者说福利水平上升；效用向量变小则社会效用水平下降，或者说福利水平下降。

一个社会福利函数实际上蕴含了一种分配方式，或者说蕴含了禀赋的一种产权安排。尽管每位消费者都可以有自己的社会福利函数，但显然在经济分析中一般只需要考虑经济政策制订者的社会福利函数。

①弱单调性蕴含非餍足性（即效用函数没有局部极大值）。

1.5.2 支出最小化与效用最大化

当给定价格向量$\mathbf{p}$和收入水平w时，一位消费者买得起的商品束构成他的**预算集**。每位消费者会在其预算集中选择效用最大的商品束，也就是说消费者的选择行为相当于在求解有约束的效用最大化问题。消费者选择的商品束可记为$\mathbf{x}(\mathbf{p},w)$，此即消费者的**需求函数**或**需求对应**。

当假设消费者的收入完全来自其禀赋时，因为消费者的禀赋是外生变量，所以其收入是价格向量的函数，当价格向量给定时其收入也就确定了。在这种情况下$\mathbf{x}(\mathbf{p},w)$也可以写为$\mathbf{x}(\mathbf{p})$，此即消费者在价格向量 $\mathbf{p}$ 下最大化效用的消费束。

当给定价格向量$\mathbf{p}$和消费者的效用水平u时，消费者会选择效用水平等于u的商品束中价值最小的商品束，也就是最便宜的商品束。这种情形下消费者的选择行为相当于求解有约束的支出最小化问题。记消费者选择的商品束为$\mathbf{x}^h(\mathbf{p},u)$，此即**补偿需求函数**（compensated demand function，或称Hicks需求函数）或**补偿需求对应**，不致引起混淆时也记为$\mathbf{x}(\mathbf{p},u)$。

支出最小化问题总是有解的。而当追求效用最大化的消费者所需求的商品价格均为0时效用最大化问题无解，此时从理论上说消费者可以用有限的收入购买无限多的商品。当支出最小化问题和效用最大化问题的解均存在时，追求支出最小化与追求效用最大化是等价的[①]，也就是说消费者在给定价格向量和收入时的需求束与在给定价格和效用时的需求束是相同的，即有：

$$\mathbf{x}^h\Big(\mathbf{p},u\big(\mathbf{x}(\mathbf{p},w)\big)\Big) \equiv \mathbf{x}(\mathbf{p},w)$$
$$\mathbf{x}\big(\mathbf{p},\mathbf{p}^T\mathbf{x}^h(\mathbf{p},u)\big) \equiv \mathbf{x}^h(\mathbf{p},u)$$

于是可知在分析中使用需求函数或补偿需求函数没有实质的区别。下文主要使用补偿需求函数，一般将其记作$\mathbf{x}(\mathbf{p},u)$。

消费者追求支出最小化与（单一生产的）厂商追求成本最小化具有类似的数学形式，消费者的补偿需求函数$\mathbf{x}(\mathbf{p},u)$与厂商的需求束$\mathbf{x}(\mathbf{p},y)$具有类似的数学形式和性质。就数学形式而言，消费者从消费过程中获得效用与厂商从生产过程中获得产品是类似的。

[①]参见相关文献（Varian，1992，第106、113页；Mas-Colell，Whinston，Green，1995，命题3.E.1）。

1.5.3 位似偏好

如果效用函数是一次齐次的，那么类似规模收益不变的生产函数下的情况，有$\mathbf{x}(\mathbf{p},u)\equiv u\mathbf{x}(\mathbf{p},1)$，即消费者的需求结构不随效用水平变化，其中$\mathbf{x}(\mathbf{p},1)$即是效用为1时的消费束。

在不涉及不确定性、效用的跨期折现等问题时[①]，效用函数是所谓序数效用函数，此时效用函数的一个（正）单调变换也是一个反映相同偏好关系的效用函数，因此一些非一次齐次的效用函数也可能和一次齐次效用函数反映相同的偏好关系。如果一个函数能够经过单调变换转换为一次齐次函数，则称其是**位似的**（homothetic）。也就是说，称函数$f(\mathbf{x})$是位似的，当且仅当它可以表示成$f(\mathbf{x})=g\big(h(\mathbf{x})\big)$，其中$h(\mathbf{x})$为一次齐次函数，$g(x)$为单调函数。

若消费者具有位似效用函数（即具有**位似偏好**），则其需求结构不随效用水平变化，而在非位似偏好下则不然。例如，下式即是一个简单的非位似效用函数：

$$\min\{x_1,\sqrt{x_2}\} \tag{1.24}$$

给定正的价格向量和效用水平u时，对应的需求束即为$(u,u^2)^T$，可见随着效用水平的增加，消费结构在不断变化。

在经济现实中，消费者的需求结构显然会随收入水平、效用水平的提高发生变动，因此非位似的效用函数更具有现实性。不过为了简化分析，下文还是主要使用位似偏好和一次齐次效用函数。

1.5.4 均衡中消费过程与生产过程的相似性

消费者拥有某些要素（如劳动、土地、货币等），用从这些要素中得到的收入来购买商品。在均衡中消费者消耗一定数量的商品而供给一定数量的要素，这与厂商的消耗一定数量的商品而供给一定数量的产品的生产过程在形式上是相似的，可以被视为投入商品“生产”出要素的过程。

以劳动者为例，均衡中劳动者的消费过程从其自身的角度来看，是一个消费商品获得效用的过程；而从其他经济主体的角度来看，是一个投入商品产出劳动的过程，因此其他经济主体并不关心劳动者的效用水平的高低，只关心其需求和供给。在这一视角下所有同质的劳动者可以被视为一个厂商，均衡中一位劳动者的消费束即是一个单位需求束，其供给束即是

[①]动态随机一般均衡（DSGE）模型一般假定消费者进行跨期优化，这种假定会使得模型较为复杂（参见刘斌，2010；张卫平，2012）。

一个单位供给束，劳动者人数即是活动水平。

当劳动者的效用函数为式(1.24)而均衡效用水平为u^*时，其消费束即为$(u^*, u^{*2})^T$。若一位劳动者每期供给1单位劳动，则意味着“生产”1单位劳动所需要的投入束为$(u^*, u^{*2})^T$，或者说$(u^*, u^{*2})^T$即是生产1单位劳动的单位需求束，正如厂商使用一个单位需求束生产出1单位商品一样。

从这种相似性可知，在一般均衡分析中消费者和厂商可以用相似的数学形式来处理，从而使一般均衡方程变得简单。

1.5.5 补偿需求定律

对于任意$\mathbf{p} \gg \mathbf{0}$，令$\mathbf{x}(\mathbf{p}, u)$为给定效用水平$u$下价值最小的消费束。于是有

$$\mathbf{p}'^T \mathbf{x}(\mathbf{p}', u) \leqslant \mathbf{p}'^T \mathbf{x}(\mathbf{p}, u)$$

$$\mathbf{p}^T \mathbf{x}(\mathbf{p}', u) \geqslant \mathbf{p}^T \mathbf{x}(\mathbf{p}, u)$$

将两个不等式相减即得到如下的**补偿需求定律**[①]：

$$(\mathbf{p}'^T - \mathbf{p}^T)\left(\mathbf{x}(\mathbf{p}', u) - \mathbf{x}(\mathbf{p}, u)\right) \leqslant 0 \tag{1.25}$$

从以上公式可见，若商品i的价格变动而其他商品价格不变，则有

$$(p_i'^T - p_i^T)\left(x_i(\mathbf{p}', u) - x_i(\mathbf{p}, u)\right) \leqslant 0$$

也就是说若商品i的价格变动时消费者对于该商品的需求将不变或与价格反向变动。

若上式中不等号严格成立，即消费者对于该商品的需求量与价格反向变动，则称对于该消费者而言商品i是**可替代的**；这种情况下商品i价格的上升显然会使得消费者增加对另外某种商品的需求量。

根据补偿需求定律可以得到以下命题：

命题 1.1 假设一个消费者具有一次齐次效用函数且只消费两种商品，这两种商品的价格之比记为p。假设任意正的价格向量下消费者对两种商品的需求数量之比是唯一的[②]，记为$\theta(p)$。则有：

(1) $\theta(p)$是p的减函数；

(2) 两种商品可替代时$\theta(p)$是p的严格减函数；

[①]参见相关文献（Mas-Colell，Whinston，Green，1995，命题3.E.4）。

[②]因为消费者具有位似偏好，所以对两种商品的需求数量之比不受效用水平的影响。

(3) 若$\theta(p') < \theta(p)$则$p' > p$。

因为消费者的需求束与单一生产的厂商的需求束具有相似的形式，所以以上的讨论也可以应用于单一生产的厂商，这时只需要将以上讨论中的效用水平换为产量、效用函数换为生产函数即可。

1.6 常规经济中的均衡配置与最优配置

1.6.1 均衡配置

1.6.1.1 竞争性的市场经济

竞争性的市场经济具有以下特点：

(1) 经济中只有两类经济主体，即追求利润最大化的厂商和追求效用最大化的消费者。①

(2) 厂商将包括利润在内的所有的销售收入用于购买生产所需的实物商品并将其用于接下来的生产过程；消费者将所有收入用于消费。②

(3) 交易过程的结果将决定随后的商品价格变动方向。当某种商品的价格为正且在交易过程供大于求时，该商品的价格将下降；当某种商品的价格为0且在交易过程供大于求时，该商品的价格将保持不变；当某种商品在交易过程供不应求时，该商品的价格将上升；当某种商品在交易过程供给等于需求时，该商品的价格将保持不变。③

(4) 长期来看，每个厂商可以自由地进入或退出各个生产行业，可以使用其他厂商的技术，也就是说所有的技术对于每个厂商都是可以自由使用的，或者说所有技术都是公共技术。于是可知在竞争性的市场经济的均衡中未停产的所有厂商具有相同的利润率，该利润率为外生的非负值，记为γ。由于厂商将所有的销售收入用于购买实物商品并投入生产，所以可知在均衡中每个厂商的利润率等于其产量（或活动水平）的增长率。于是可知在这类经济中的均衡中所有产品的供给量的增长率均等于γ。④

竞争性的动态市场经济中的均衡是厂商实现了利润最大化、消费者实

①非竞争性经济常常包含政府这种经济主体。在非竞争性经济中厂商的决策可能受政府的影响或控制，未必是追求利润最大化的独立决策单位。

②在非竞争性经济中厂商可能将一部分销售收入用于支付利息、缴纳税收、发放股息等。消费者也可能将一部分收入用于支付利息、缴纳税收、向厂商提供融资等。

③在非竞争性经济中，政府或某些厂商、消费者可能会控制某些商品中的价格。

④在非竞争性经济中某些厂商可能凭借拥有的专有技术获得超额利润。

现了效用最大化的平衡增长路径，在这一路径中各种商品的价格保持不变而供给则以恒定的速率γ增长，而所有未停产的厂商的利润率也均等于γ。

1.6.1.2 配置

在一个离散时间的经济中，某一期中各经济主体的投入束和消费束构成投入矩阵$\mathbf{X}$。在均衡路径中每位经济主体的需求均可以得到满足，不会有商品供不应求的情况，此时每位经济主体的需求量和使用量相等，因此均衡路径中的投入矩阵也就是**需求矩阵**。

与这一期中的投入矩阵$\mathbf{X}$相对应的（下一期的）各经济主体的供给束构成供给矩阵$\mathbf{S}$。称二元组$(\mathbf{X},\mathbf{S})$为一个**配置**。若在常规经济的一个配置下所有消费者的效用水平均为0，则称该配置是**平凡的**，否则称其为**非平凡的**；若在纯生产经济的一个配置下所有产品的产量均为0，则称该配置是**平凡的**，否则称其为**非平凡的**。

如无特别说明，下文假设配置中的投入矩阵和供给矩阵满足以下两个条件：

假设S1 消费者只供给要素，且供给数量（或称禀赋数量）是外生的，每期的供给量的（外生的）增长速度为$\gamma \geqslant 0$。

假设S2 厂商只供给产品，且每个厂商的投入束和供给束构成一个其生产集中的生产过程。

1.6.1.3 均衡的收支平衡条件

对于市场经济的均衡路径，其每期的资源配置过程（或者说交易过程）满足两个方面的平衡，即每个经济主体的收支平衡和每种商品的供需平衡。相应地，刻画一期中的均衡状态的均衡公式可以分为两部分，即一组收支平衡公式和一组供需平衡公式。

均衡的**收支平衡条件**意味着各经济主体本期的支出等于本期的销售收入。由于在下一期中各主体（或各类主体）的收入和支出将增长到本期的$1+\gamma$倍，所以本期的支出等于下一期收入的$\rho := \frac{1}{1+\gamma}$倍（即折现后的下一期收入）。

在均衡中，当价格向量为$\mathbf{p}$时本期各主体的支出为$\mathbf{p}^T\mathbf{X}$，下一期各主体的收入为$\mathbf{p}^T\mathbf{S}$，本期各主体的收入为$\rho\mathbf{p}^T\mathbf{S}$，**收支平衡条件**（或称**收支平衡公式**）即为

$$\mathbf{p}^T\mathbf{X} = \rho\mathbf{p}^T\mathbf{S} \tag{1.26}$$

1.6.1.4 均衡的供需平衡条件

均衡的**供需平衡条件**意味着除免费品外各种商品本期的需求等于本期的供给，亦即等于下一期供给的ρ倍（即折现后的下一期供给）。

在均衡路径的某一期中各种商品的总的使用量（亦即需求量）可用向量$\mathbf{X1}$（亦即对矩阵$\mathbf{X}$各行求和得到的向量）表示，下一期各种商品的供给量可用向量$\mathbf{S1}$表示，本期各种商品的供给量为$\rho\mathbf{S1}$。若本期中每种商品的投入量小于等于供给量，即满足**供需平衡条件**（或称**供需平衡公式**）

$$\mathbf{X1} \leqslant \rho\mathbf{S1} \tag{1.27}$$

则称二元组$(\mathbf{X},\mathbf{S})$为一个**可行配置**。也就是说可行配置是在给定的禀赋和生产技术的约束下可以实现增长率给定的平衡增长的生产和消费安排。

对收支平衡公式(1.26)两侧右乘以$\mathbf{1}$，得到

$$\mathbf{p}^T\mathbf{X1} = \rho\mathbf{p}^T\mathbf{S1} \tag{1.28}$$

即总收入等于总支出。

对供需平衡公式(1.27)两侧左乘以$\mathbf{p}^T$，得到

$$\mathbf{p}^T\mathbf{X1} \leqslant \rho\mathbf{p}^T\mathbf{S1} \tag{1.29}$$

显然，如果商品i的需求小于供给且其价格为正，即$(\mathbf{X1})_i < (\rho\mathbf{S1})_i$且$p_i > 0$，那么必然有$\mathbf{p}^T\mathbf{X1} < \rho\mathbf{p}^T\mathbf{S1}$成立，这与式(1.28)矛盾。于是可知当收支平衡公式 (1.26) 和供需平衡公式(1.27)均满足时，需求小于供给的商品的价格均为0（即为免费品），这也就意味着除了免费品外其他商品的需求均等于供给。

供需平衡条件中允许免费品供大于求，这相当于对这些商品采取了**免费处置假设**（free-disposal assumption），即在经济系统中这些免费品的供大于求的部分可以无成本地销毁掉。

当经济中没有免费品或者要求供大于求的商品必须由某些经济主体进行处置时供需平衡条件即为

$$\mathbf{X1} = \rho\mathbf{S1} \tag{1.30}$$

1.6.1.5 竞争性均衡

若半正价格向量$\mathbf{p}$和可行配置$(\mathbf{X},\mathbf{S})$满足以下条件则称 $(\mathbf{p},\mathbf{X},\mathbf{S})$为一个**竞争性均衡**:

均衡条件E1 每个厂商在半正价格向量$\mathbf{p}$下实现了（超额）利润最大化。[①]

[①]亦即这一可行配置中每个厂商的生产过程均是其在价格向量$\mathbf{p}$下最大化利润的生产过程。这就意味着在均衡中每个厂商的超额利润为0。

均衡条件E2 每位消费者在半正价格向量$\mathbf{p}$和相应的收入下实现了效用最大化。[①]

均衡条件E3 每个主体实现了收支平衡，即满足收支平衡条件。

均衡条件E4 每种商品实现了供需平衡，即满足供需平衡条件。

而$\mathbf{p}$和$(\mathbf{X},\mathbf{S})$分别称为**竞争性均衡价格向量**和**竞争性均衡配置**。每位消费者从竞争性均衡配置中配置给自己的消费束中获得的效用即为其**竞争性均衡效用**。下文中不致引起混淆时竞争性均衡也被称为均衡。竞争性均衡是一种基本的一般均衡，不涉及垄断行为、规模收益递增、税、股息、利息、信贷、交易障碍、价格管制等因素；而涉及这些因素的均衡即为**非竞争性均衡**。当经济中存在价格管制（如政府规定了最低工资标准）时，相应的均衡就可能不满足供需平衡条件，此时均衡中价格为正的商品也可能出现供大于求的情形；当经济中存在信贷时，相应的均衡就可能不满足原先意义上的收支平衡条件，即经济主体的支出可能不再等于其销售收入。

把以上的竞争性均衡定义中的均衡条件E2换为“至少有一种产品的产量为正”后，这一定义即可适用于纯生产经济。删除均衡条件E1后竞争性均衡定义即可适用于**纯交换经济**[②]。

算例 1.2 (竞争性均衡) 假设经济中有两种商品，即小麦和劳动，分别由小麦生产者（即厂商）和劳动者供给。劳动者始终拥有和供给100单位劳动，且只消费小麦。厂商每投入1单位劳动可生产出1单位小麦，假定这是厂商拥有的唯一技术。显然，以下为唯一的（竞争性）均衡配置：

$$(\mathbf{X},\mathbf{S})=\left(\begin{bmatrix}0 & 100\\ 100 & 0\end{bmatrix},\begin{bmatrix}100 & 0\\ 0 & 100\end{bmatrix}\right)$$

可以使用表格来表示均衡配置，如表1.1所示，这样的均衡配置表也可称为投入产出表。

以小麦为计价商品时$(1,1)^T$为唯一的（竞争性）均衡价格向量。 □

1.6.1.6 竞争性拟均衡

若将均衡条件E2换为以下条件，则均衡将变为**拟均衡**（quasi-equilibrium）：

[①] 亦即这一可行配置中每位消费者的消费束均是其在价格向量$\mathbf{p}$下最大化效用的消费束。

[②] 与纯生产经济相对，纯交换经济（或模型）只包含消费者而不包含厂商，其分析的焦点在于消费者间的交易过程。

表 1.1　均衡配置（增长率为0）

	小麦生产者	劳动者	总需求
小麦需求	0	100	100
劳动需求	100	0	100
供给	100	100	

均衡条件E2′ 每位消费者在其均衡效用水平和半正价格向量**p**下实现了支出最小化。

对于拟均衡中收入大于0的消费者而言，由均衡的收支平衡条件可知其支出也大于0，即其需求的商品价格不会全为0，该消费者必然实现了效用最大化。

拟均衡中如果存在收入为0的消费者，则由于此时效用最大化问题可能无解，所以这些消费者未必实现了效用的最大化。例如，当拟均衡中一位消费者收入、效用水平为0，消费束为零向量，消费者需求的商品的价格也均为 0 时，该消费者实现了支出最小化，但因为他需求的商品价格为0，所以其可以购买无穷多的商品，也就是说此时效用最大化问题无解，该消费者并没有实现效用的最大化。

如果拟均衡中没有收入为0的消费者或者收入为0的消费者也实现了效用最大化（如当其需求的商品有正的价格时），则这种拟均衡也是均衡。于是有以下命题：

命题 1.2 对于拟均衡有以下论断成立：

(1) 拟均衡中收入大于0的消费者均实现了效用最大化[①]；

(2) 若一个拟均衡中所有消费者收入大于0，则该拟均衡是一个均衡；

(3) 若一个拟均衡中所有收入为0的消费者均实现了效用最大化，则该拟均衡是一个均衡。

消费者收入为0意味着其拥有的要素均为免费品。如果忽略掉收入为0的消费者是否实现了效用最大化，那么拟均衡就与均衡没有区别。也就是说将收入为0的消费者从经济中删除而将其要素分配给其他消费者，拟均衡将转变为均衡。

[①] 参见相关文献（Varian，1992，第113页）。

1.6.2 帕累托最优配置

对于常规经济中的配置而言，除了竞争性均衡配置外，帕累托（Pareto）最优配置是另一个关注焦点。

定义 1.7 对于一个常规经济的两个可行配置A和A'，记其对应的效用向量为$\mathbf{u}$和$\mathbf{u}'$。则：

(1) 若$\mathbf{u} \geqslant \mathbf{u}'$，则称$A$**帕累托占优**于$A'$。

(2) 若$\mathbf{u} > \mathbf{u}'$，则称A**严格帕累托占优**于A'，或称A比A'有更高的**经济效率**；并称A是对A'的一个**帕累托改进**。

(3) 若一个可行配置不被其他可行配置帕累托严格占优，则称该可行配置是**帕累托最优的**，不致引起混淆时也称为**最优的**。

假设两种商品对于某位消费者而言可相互替代，并且在效用水平给定、其他商品的消费数量给定时，消费者对于这两种商品的需求数量间的关系可用一个可导的函数$x_1 = f(x_2)$表示，则$-D_{x_2}f(x_2)$为第二种商品对于第一种商品的**边际替代率**。对于厂商而言，令产出束保持不变，可以类似地定义两种投入品间的边际替代率（或称边际技术替代率）。在给定价格向量下，显然任一经济主体选择的需求束中两种商品的边际替代率会等于其价格之比（或称相对价格）。

而帕累托最优配置具有以下性质：

命题 1.3 在帕累托最优配置中，所有经济主体的每对商品间的边际替代率（如果存在的话）均相等。[①]

1.7 支出结构向量与生产函数参数的确定

1.7.1 支出结构向量

在价格向量给定时，一个经济主体的支出结构指其在各种商品上的支出比重，亦即对于各种商品的需求价值的比重。支出结构可以用一个**支出结构向量**表示，支出结构向量的分量之和等于1。对于厂商而言，若不存在税、股息、利息等方面的支出，所有支出均用于购买投入品，则其支出结构向量亦即其**成本结构向量**。

下面讨论3种常见函数下的支出结构向量。

① 参见相关文献（Mas-Colell，Whinston，Green，1995，第16.F节）。

1.7.1.1 列昂惕夫型支出结构向量

对于拥有式(1.10)所示的列昂惕夫型生产函数或效用函数的经济主体，显然支出结构向量即为

$$\hat{\mathbf{p}}\mathbf{a}/(\mathbf{p}^T\mathbf{a})$$

亦即$\langle\hat{\mathbf{p}}\mathbf{a}\rangle$，其中$\mathbf{a}=(a_1,a_2,\cdots,a_n)^T$。

1.7.1.2 C-D型支出结构向量

当经济主体具有一次齐次的C-D型生产函数或效用函数时，根据式(1.11)可以算得C-D型支出结构向量为

$$\langle\hat{\mathbf{p}}\mathbf{a}(\mathbf{p})\rangle=(\beta_1,\beta_2,\cdots,\beta_n)^T \tag{1.31}$$

于是可知当经济主体的收入为w时对第i种商品的需求量为

$$x_i(\mathbf{p},w)=w\beta_i/p_i$$

此即C-D型需求函数。

1.7.1.3 CES型支出结构向量

当经济主体具有式(1.15)所示的CES型生产函数或效用函数时，根据式(1.16)所示的单位需求束可知在商品i上的支出为

$$p_ia_i(\mathbf{p})=\alpha^{-1}\beta_i^{\frac{1}{1-\sigma}}p_i^{\frac{\sigma}{\sigma-1}}\left(\sum_{k=1}^{n}\beta_k^{\frac{1}{1-\sigma}}p_k^{\frac{\sigma}{\sigma-1}}\right)^{-\frac{1}{\sigma}}$$

于是支出结构向量的第i个分量即为

$$\frac{p_ia_i(\mathbf{p})}{\sum\limits_{k=1}^{n}p_ka_k(\mathbf{p})}=\frac{\beta_i^{\frac{1}{1-\sigma}}p_i^{\frac{\sigma}{\sigma-1}}}{\sum\limits_{k=1}^{n}\beta_k^{\frac{1}{1-\sigma}}p_k^{\frac{\sigma}{\sigma-1}}}$$

亦即支出结构向量为

$$\bar{\mathbf{c}}=\left\langle\left(\beta_1^{\frac{1}{1-\sigma}}p_1^{\frac{\sigma}{\sigma-1}},\cdots,\beta_n^{\frac{1}{1-\sigma}}p_n^{\frac{\sigma}{\sigma-1}}\right)\right\rangle \tag{1.32}$$

从CES型支出结构向量可见：

(1) 当$\sigma=0$时CES型支出结构向量即变为C-D型支出结构向量。

(2) 在两种商品上的支出之比取决于两种商品的价格之比而不受其他商品的价格变动的影响。

(3) 当$\sigma > 0$（即替代弹性大于1）时，一种有需求的商品（即相应的β系数大于0的商品）的价格增加会导致其支出比例减小，其他有需求的各种商品的支出比例增大；当$\sigma < 0$（即替代弹性小于1）时，一种有需求的商品的价格增加会导致其支出比例增加，其他有需求的各种商品的支出比例减小。

(4) 收入为w时对第i种商品的需求量为

$$x_i(\mathbf{p}, w) = \frac{w\beta_i^{\frac{1}{1-\sigma}} p_i^{\frac{1}{\sigma-1}}}{\sum_{k=1}^{n} (\beta_k^{\frac{1}{1-\sigma}} p_k^{\frac{\sigma}{\sigma-1}})} \tag{1.33}$$

此即**CES型需求函数**。可见，若对于某种商品有需求，则当这种商品的价格为0时对其需求量为无穷大；这一点与C-D型需求函数是类似的。

1.7.2 函数参数的确定

支出结构向量与厂商的技术、消费者的偏好联系密切，并且不受商品的计量单位变动的影响。当经济中的生产函数和效用函数是3种常见形式时，如果能够根据经济数据推算出各部门（包含消费者部门）的支出结构向量，就比较容易确定各部门的生产函数（或效用函数）的参数。[①]下面通过一个算例来说明这一点。

算例 1.3 假设某个厂商（或部门）在均衡中使用两种投入品，其价值分别为36元和64元，产值为100元，即支出结构向量为$\bar{\mathbf{c}} = (0.36, 0.64)^T$。

首先考虑价格未知的情况。这时可作一个计量单位的变换，令价值1元的商品对应的数量作为计量单位，在此计量单位下各种商品的价格全部为1。对于3种常见函数形式有：

(1) 若函数形式是列昂惕夫型，那么显然函数形式即为

$$\min\{x_1/0.36, x_2/0.64\}$$

(2) 若函数形式是C-D型，则显然函数形式为$y = \alpha x_1^{0.36} x_2^{0.64}$，根据$\alpha 36^{0.36} 64^{0.64} = 100$ 可解得$\alpha \approx 1.9221$。

(3) 若函数形式是CES型则需要知道σ的值才能确定其余参数的值，σ的值一般需要从文献中获得或借助其他方法估算。根据式(1.32)可知价格全为1时支出结构向量即为$\bar{\mathbf{c}} = \langle(\beta_1^{\frac{1}{1-\sigma}}, \cdots, \beta_n^{\frac{1}{1-\sigma}})\rangle$。于是可见，可以

[①] 一般均衡模型中参数的确定常常使用校准（calibration）方法（参见赵永, 王劲峰, 2008）。

令$\beta_i^{\frac{1}{1-\sigma}}=\bar{c}_i$来解得一组$\beta$参数值，即有$\beta_i=\bar{c}_i^{1-\sigma}$。由于生产1单位产品需要投入$\bar{c}_i$单位投入品$i$，于是根据CES型生产函数得到以下方程：

$$\alpha\left(\sum_{i=1}^{n}\bar{c}_i^{1-\sigma}\bar{c}_i^{\sigma}\right)^{1/\sigma}=1 \tag{1.34}$$

从上式中解得相应的α系数为1。在这个例子中，假设$\sigma=0.5$（即替代弹性等于2）时可算得$\beta_1=0.6$和$\beta_2=0.8$，即生产函数的形式为

$$y=(0.6x_1^{0.5}+0.8x_2^{0.5})^2 \tag{1.35}$$

如果已经知道现实经济中各种商品的价格，则对于上面得到的生产函数作一个计量单位的变换即可得到对应于现实中的计量单位的函数形式。

例如，之前假设上例中的各种商品的价格全为1，若已知现实中两种投入品的价格分别为2元每单位和5元每单位，产品的价格为3元每单位，那么可见现实中的计量单位相对较小，相应地现实中价格水平较高。将$x_1=2\bar{x}_1$、$x_2=5\bar{x}_2$、$y=3\bar{y}$代入原先的CES型生产函数(1.35)中得到使用现实中的计量单位的CES型生产函数$\bar{y}=\frac{1}{3}(0.6(2\bar{x}_1)^{0.5}+0.8(5\bar{x}_2)^{0.5})^2$。 □

在以上的讨论中没有考虑到经济增长的因素。由于折现因子和增长率的大小会影响到均衡价格，所以如果存在经济增长时这些因素会影响到列昂惕夫型和CES型的支出结构向量。

1.8 本章小结

本章介绍、梳理了本书的经济分析中要用到的一些基本概念和基础知识。

现实中的经济（或称经济系统）十分庞杂，在研究时需要对其作一定的抽象和简化，得到较为简单的经济系统，并建立经济模型来描述它。这些模型只描绘出我们所感兴趣的主要因素及这些因素之间的关系，是我们理解和分析现实经济的主要工具。

构建经济模型会涉及商品和经济主体这两种实体，前者为客体而后者为主体。商品的属性较为简单，与之相比，经济主体的属性则复杂得多，微观经济学中的厂商理论和消费者理论阐释了厂商和消费者这两类经济主体的行为模式。

商品

（广义的）商品指可交易的、直接或间接对生产或消费过程有用的货物和服务。一般而言，商品的价格是非负的。而与商品相反，有些物品不但对于生产或消费过程没有正面的作用和功效，反而具有负面的作用和功效，例如生产或消费过程中产生的污水、废气、生活垃圾等污染物即是如此，这些物品可能具有负的价格。本书第5章将对污染物作一简要的分析。

商品可以分为实物商品和金融工具。实物商品对于生产或消费过程具有直接的作用和功效，而金融工具对于生产或消费过程具有间接的作用和功效。在一般均衡分析中一般先研究只具有实物商品的模型，然后再将金融工具整合到这些模型中。

实物商品可以分为初级要素和产品。在一般均衡模型中，初级要素的供给量一般是外生变量，而产品的供给量一般是内生变量。劳动和土地是两种最常见的初级要素。在短期的均衡分析中，可以把生产周期较长的、短期内供给量基本保持不变的产品也看作初级要素。本书中一般假定初级要素的供给量固定不变或以某个外生给定的恒定速率γ增长。

经济主体

经济系统中的经济主体一般有厂商（或者称为企业）、消费者、政府等，在市场经济中这些经济主体根据价格信号等相对独立地作出决策，经济主体之间主要通过市场发生相互作用。

厂商是为了获取利润而从事生产活动的经济主体。在离散时间经济中，厂商在生产过程中投入一定量的商品（称为投入品），经过一段时间后产出相应数量的产品。在本书的一般均衡分析中，当不考虑股息因素时，厂商一般将出售产品的全部销售收入用于购买投入品；当考虑股息因素时，厂商需要将部分销售收入作为股息发放给股东用于消费。

均衡分析中一般假定厂商不拥有要素，生产所需的要素均从消费者处购买或租赁；相应地，厂商将一些产品出售给消费者用于消费。

与厂商相反，消费者拥有劳动力、土地等初级要素，还可能拥有货币、股票等金融工具。也就是说消费者往往是劳动者、土地所有者、货币所有者或股票所有者（或者说厂商的股东）等。消费者的收入一般来自出租要素获得的租金。根据要素的不同，这些租金可能是工资、地租、利息、股息等。经济模型中的一个消费者也可以代表由若干消费者构成的一个家庭。

基础性的一般均衡模型往往只包含厂商和消费者这两类经济主体，甚至只包含厂商或只包含消费者，例如，纯生产模型只包含厂商而纯交换模型只包含消费者。而当研究税收、公共物品生产、经济政策等问题时则需要进一步引入政府这一经济主体。在经济模型中，政府一般代表征税者、公共物品提供者、经济政策（包括货币政策、财政政策和产业政策等）的实施者等。

在对厂商和消费者建模时既要考虑到模型的现实性，也要考虑到易处理性（或者说简洁性）。对于厂商的生产过程可以使用生产集、投入产出对应或者生产函数来刻画；而对于消费者的偏好可以使用偏好关系或效用函数来刻画。生产函数相对于生产集而言局限性较强，特别是生产函数难以处理联合生产的情况。而由于存在效用函数的前提条件较弱，因此使用效用函数来刻画消费者偏好较为适宜。在本书的分析中一般使用生产集和效用函数，而在算例中常常使用生产函数；并且一般假设消费者的消费量为0时效用水平为0。

尽管一般来说消费者和厂商的行为模式有很大的不同，但在均衡状态下消费者和厂商却在形式上有某种相似性，消费者的消费商品、供给初级要素的过程类似于厂商投入商品、供给产品的过程。也就是说均衡中的消费者可以被视为投入消费品“生产”出要素的“厂商”。从这种相似性可知，在一般均衡分析中消费者和厂商可以用相似的数学形式来处理，从而使一般均衡方程变得简单。

动态经济模型

动态（dynamics）是指事物如何随着时间的推移而发生变化。一个模型如果与时间无关，则该模型就是一个静态模型。尽管现实中的经济是一个动态系统，但为了简单起见在对经济的初步讨论中往往使用静态模型。不过一个完整而成熟的经济理论当然应当以动态模型而非静态模型为其核心。

动态经济模型既可以用微分方程来描述，也可以用差分方程来描述，前者为连续时间模型，后者为离散时间模型，本书中使用后者。相对于连续时间模型，离散时间模型的一个重要优点在于便于计算机仿真。

由于经济系统的复杂性，为了解释某种经济现象或研究某个经济问题往往需要一系列复杂程度不同的经济模型。在建立经济模型系列时可以采取由简单到复杂的方式，也可以采取由复杂到简单的方式。由简单到复杂的方式即是先建立较为简单的模型，再通过逐次引入新的因素而逐步得到较为复杂的模型。由复杂到简单的方式则相反，先建立包含尽可能多的因素的复杂模型，然后再对其逐步简化得到一系列较为简单的模型。在计算机仿真方法被广泛应用之前，建立经济模型系列时主要采取由简单到复杂的方式。而计算机仿真方法的广泛应用、计算经济学和基于主体建模（agent-based modelling）的发展使得可以通过建立包含成千上万变量的大型的仿真程序来模拟经济的运行过程，推动了由复杂到简单的建模方式的发展。

本书只关注确定性的离散时间经济模型，在这类模型中某一期之前各期的经济状态给定后，这一期的经济状态一般是唯一确定的；换句话说，只要给定相同的模型参数和初始值，算得的路径总是相同的。

一般而言，一个动态经济模型的均衡是指其不动点（或者说由不动点构成的路径、不动点路径）或平衡增长路径。由于在不动点路径中经济状态不随时间的推移而发生变化，因此对于这一路径的描述往往可以忽略时间因素，也就是说相应的不动点均衡模型可以视为一种静态模型，这一模型中所有变量对应着同一时间。而（离散时间的）平衡增长均衡模型则是一种动态模型，其中投入和产出之间往往有一期的时间间隔。

动态经济模型中的路径可能迅速地收敛到均衡路径；也可能在均衡路径周围持续波动；还有可能逐渐地远离均衡路径，这一般意味着经济趋于崩溃。

生产集的规模收益

一个生产集中的有效率的生产过程无法作出改进，也就是说投入不变时产出无法增加，产出不变时投入无法减少。

对于一般的生产集而言，如果其中两个有效率的生产过程合并（即相加）得到的新的生产过程不再是有效率的，那么这个生产集就具有（局部的）规模收益递增的特征，或者说这个生产集包含递增的规模收益；反之，如果不存在这种情形，那么生产集就是规模收益非递增的。由于存在递增的规模收益时厂商的行为模式及相应的一般均衡分析较为复杂，并且这时可能出现不存在一般均衡的情况，因此本书的一般均衡分析和动态分析主要考虑规模收益非递增这种易于处理的情况，而只在第4.3.2小节和第9.5节对于规模收益递增作一些初步的讨论。

与规模收益递增的情况相反，如果生产集中两个有效率的生产过程合并得到的新的生产过程不属于这个生产集，换句话说，这两个生产过程无法联合使用，那么这个生产集就具有（局部的）规模收益递减的特征，或者说这个生产集包含递减的规模收益。而规模收益不变的生产集既不包含递增的规模收益，也不包含递减的规模收益。

生产过程不能联合使用这一假设不符合经济现实，因此一般来说没有必要假设生产集包含递减的规模收益。而且通过引入隐含要素，一般可以把包括递减的规模收益且不包括递增的规模收益的生产集转换为规模收益不变的生产集，因此从一般均衡理论分析的角度来看可以不考虑递减的规模收益这种情况，而主要分析规模收益不变的生产集。本书一般假定厂商具有规模收益不变的生产集。

在引入隐含要素时需要相应地引入一类消费者作为该隐含要素的所有者，并假定该类消费者拥有数量固定的该隐含要素。如果厂商的生产集包含递减的规模收益，那么在均衡中厂商就可能有（超额）利润，这些利润实际上是隐含要素的租金。

均衡配置

在一个离散时间的动态经济系统中，每一期中所有的商品供给构成该期的资源，这些资源将基于市场机制或其他机制在所有经济主体间分配，分配的结果可以用一个$n \times m$的投入矩阵$\mathbf{X}$表示，该矩阵的每行和每列分别对应一种商品和一类（或一个）经济主体。假定在分配过程中可以无成本地丢弃掉某些过剩的商品（即采取免费处置假设），于是所有经济主体分配得到的某种商品的总量可能小于该商品的供给量。各经济主体将分配得到的商品投入生产或消费，进而得到下一期的供给，这些供给可以用一个$n \times m$的供给矩阵$\mathbf{S}$表示。这两个矩阵构成的二元组$(\mathbf{X},\mathbf{S})$即为一个配置。

对于离散时间的动态经济模型而言，均衡路径是该模型的平衡增长路径。不致引起混淆时均衡路径也可以简称为均衡。在平衡增长路径中可能有些变量保持不变（如价格），而其他变量（如产量）以某个恒定的速率增长。零增长均衡（或称不动点均衡）即是增长率为零的均衡；正增长均衡即是增长率为正的均衡。对于零增长均衡而言，各期的供给矩阵是相同的，各期的投入矩阵也是相同的。而对于正增长均衡而言，各期的供给矩阵和投入矩阵均以某个恒定的速率增长。

经济分析中重点关注两类配置，即能够最大化消费者效用的最优配置和（市场机制下的）均衡配置。均衡配置是平衡增长路径（或者说均衡路径）中的配置。一般认为长期来看现实中的市场经济倾向于围绕平衡增长路径波动，相应的配置倾向于在均衡配置附近波动，因此均衡配置是经济分析关注的一个焦点。而经济系统中的最优配置及最优（增长）路径对应着在资源和技术条件的约束下最有效率、最能满足人类需要的资源配置方式，自然也是经济分析关注的一个焦点。

均衡模型刻画了均衡配置所应当满足的条件，这些条件中最主要的是供需平衡条件和收支平衡条件。供需平衡条件要求每种商品的需求小于等于供给。在存在联合生产的均衡中，一些生产过程产出的副产品可能会供过于求；某些初级要素（如盐碱地、沙地等劣质土地）也可能在均衡中供过于求。收支平衡条件要求各经济主体的支出等于其收入。

第2章 动态产量模型与纯生产经济

2.1 动态产量模型概述

2.1.1 （正向）产量模型

2.1.1.1 动态产量模型

动态经济模型$\mathbf{x}^{(t+1)} = G(\mathbf{x}^{(t)})$中的状态向量$\mathbf{x}^{(t)}$中可能包含产量、价格、禀赋、效用、收入等变量。在分析的初始阶段可以先从较简单的情况着手，例如，可以先研究状态向量中只包含产量（或人均产量）而省略掉其他变量的模型，称这类模型为**动态产量模型**，简称**产量模型**（von Neumann，1945；Solow, Samuelson，1953；Sraffa，1960；Hua，1984；华罗庚，1987）。[①]

令$\mathbf{y}^{(t)}$和$\mathbf{y}^{(t+1)}$分别表示第t期和第$t+1$期的产出向量，假设两者之间存在函数关系。若第$t+1$期的产量是第t期的产量的函数，那么即有如下产量模型：

$$\mathbf{y}^{(t+1)} = H(\mathbf{y}^{(t)}), \quad t = 0, 1, \cdots, \infty \tag{2.1}$$

式(2.1)为一个**正向产量模型**。反之，若模型中第t期的产量是第$t+1$期的产量的函数，则称之为**逆向产量模型**。称$H(\mathbf{y})$为**产量函数**（或产量变迁函数）；除非另有说明，下文假设产量函数是连续的。

根据对于初级要素和消费的处理方式可以将产量模型大致分为纯生产的产量模型和隐含消费的产量模型。

2.1.1.2 纯生产的产量模型

纯生产的产量模型假设厂商的生产只需要投入产品而不需要投入初级

[①] 一般均衡的分析可以从分析纯生产经济或者纯交换经济开始，而从纯生产经济开始的优点在于对纯生产经济的分析中会涉及经济增长，这使得分析从一开始就是一种动态分析。

要素，完全忽略掉所有初级要素和消费过程。有时名义上经济中除普通产品外还包含劳动，但劳动被作为一种普通产品来处理，即假设只要投入更多的商品，就可以生产出更多的劳动（Solow, Samuelson，1953）。这也就是假设劳动的供给量由消费量决定、与消费量成正比。在这类经济中产量函数$H(\mathbf{y})$一般为一次齐次函数；如无特别说明，下文中均采取这一假设。

产量模型中的均衡路径一般被定义为平衡增长路径（von Neumann，1945，Solow, Samuelson，1953）。对于纯生产的产量模型，当且仅当一个半正的产出向量$\mathbf{y}$满足下式时称其为均衡产出向量：

$$\mathbf{y} = \rho H(\mathbf{y}), \quad \rho > 0, \quad \mathbf{y} > \mathbf{0} \tag{2.2}$$

亦即这一模型的均衡产出向量为函数$H(\mathbf{y})$的对应于特征值$1/\rho$的特征向量。把$\mathbf{y}$视为第t期的产出向量，那么$H(\mathbf{y})$即是第$t+1$期的产出向量；也就是说均衡产出向量可以使得相邻两期的产出向量只相差一个常数因子（即折现因子ρ）。在纯生产经济中（均衡）折现因子ρ和相应的均衡增长率$\gamma := \frac{1}{\rho} - 1$一般为内生变量。

根据函数$H(\mathbf{y})$的一次齐次性可知式(2.2)等价于下式：

$$\langle \mathbf{y} \rangle = \langle H(\langle \mathbf{y} \rangle) \rangle, \quad \mathbf{y} > \mathbf{0}$$

即归一化的均衡产出向量$\langle \mathbf{y} \rangle$是归一化的产量函数$\langle H(\mathbf{y}) \rangle$的一个不动点。

2.1.1.3 隐含消费的产量模型

隐含消费的产量模型假设初级要素的外生供给量作为经济系统的参数出现。每期的产出和初级要素经过某种资源配置过程在各经济主体（厂商、消费者、政府等）间进行分配，厂商将得到的资源投入生产得到下一期的产出向量。这类模型相当于假定资源配置过程只取决于产出，即经济中的其他经济变量（如消费者效用水平、价格等）完全由产量决定，可以根据各期的产出向量或人均产出向量计算得到[①]，因此这些经济变量不需要出现在状态向量中。这种情况下$H(\mathbf{y})$一般不是一次齐次函数。这类模型中的均衡一般定义为产量函数$H(\mathbf{y})$的不动点，即均衡产出向量满足$\mathbf{y} = H(\mathbf{y})$。

[①] 动态经济模型的状态向量中有些变量可能是其他变量的函数，称这些变量为**衍生变量**。例如，厂商的产值是厂商的产量与产品价格的函数。衍生变量可以不出现在状态向量中。与衍生变量相对的是**基础变量**。当然，有的情况下基础变量和衍生变量的位置可以互换。在隐含消费的产量模型中产出向量为基础变量，而消费者的消费量、效用水平等为衍生变量。

由此可见，在产量模型中，初级要素、消费者的消费过程和效用水平要么被完全忽略，要么只是间接地、隐含地存在于模型之中。尽管用产量模型分析经济现实可能有不足之处，但其数学结构比较简单，便于进行理论分析，并且仍然在一定程度上能够反映经济现实。此外，对于这类模型的讨论有助于理解其他数学结构更为复杂的模型。

2.1.1.4 产量函数与生产函数的区别

产量函数$\mathbf{y}' = H(\mathbf{y})$反映了整个经济的产出变动规律。产量函数与生产函数的相同之处在于自变量和因变量均是商品数量，而区别在于：

(1) 一个生产函数反映了一个厂商的生产过程，而一个产量函数则反映了一个经济中整体的产量变动情况。

(2) 生产函数的自变量代表生产中的投入，而产量函数的自变量$\mathbf{y}$代表经济中某一期的产出，未必等于随后的生产过程中的投入。对于纯生产的产量模型中的产量函数，$\mathbf{y}$代表的产出中的一部分有可能被闲置或销毁[①]（参见算例2.5），即资源可能没有得到充分利用，在这种情况下随后的生产过程中的投入可能小于$\mathbf{y}$；而当资源被充分利用时随后的生产过程中的投入等于$\mathbf{y}$。除非另有说明，下文将假设在纯生产的产量模型中资源总会被充分利用。对于隐含消费的产量模型，$\mathbf{y}$中的一部分可能被用于消费或其他方面，也就是说随后的生产过程中的投入一般小于 $\mathbf{y}$ （参见算例2.6）。

(3) 产量函数中隐含着厂商间的某种资源配置过程，而生产函数则不然。

(4) 产量函数一般定义在$\mathbb{R}^n_{++}$上，即要求每期中每种产品的产量均为正；而生产函数一般定义在 $\mathbb{R}^n_+$ 上，即生产中某些商品的投入量可以为0。

2.1.2 逆向产量模型

逆向的产量模型可写为以下形式：

$$\mathbf{y}^{(t-1)} = G(\mathbf{y}^{(t)}), \quad t = 0, -1, \cdots, -\infty \tag{2.3}$$

与正向的经济模型相反，逆向的经济模型中第t期的状态向量是第$t+1$期的状态向量的函数，并且随着产量函数的迭代，时间在不断地向过去追溯。

为了保持动态模型形式上的统一、使得t取非负值，可以令模型中的时间t对应到经济时间（即真实时间）的$-t$，即令$\mathbf{y}^{(t)}$和$\mathbf{y}^{(t+1)}$分别表示第$-t$期

[①]在经济现实中为了维持产品价格而销毁农产品的现象不时发生。

和第$-(t+1)$期的产出向量。通过这种简单的时间变换，可将逆向的产量模型写为

$$\mathbf{y}^{(t+1)} = G(\mathbf{y}^{(t)}), \quad t = 0, 1, \cdots, \infty \tag{2.4}$$

这样正向、逆向产量模型就具有了相同的形式，便于数学分析。

如果一个经济模型中每个主体只供给一种商品、每种商品只由一个主体供给，则其中主体的数量和商品的种类数量相同，每个主体可视为一个经济部门的代表，称这类模型为**多部门模型**，相应的经济为**多部门经济**。其中生产者对应的部门称为**生产部门**，消费者对应的部门称为**消费部门**。

对于列昂惕夫型n部门纯生产经济，所有部门的技术可以用一个$n \times n$的投入系数矩阵$\mathbf{A} = [a_{ij}]$来表示。当产出向量为$\mathbf{y}$时，相应的投入矩阵即为$\mathbf{A}\hat{\mathbf{y}}$，相应的投入向量即为$\mathbf{A}\mathbf{y}$。例如，当投入系数矩阵为 $\mathbf{A} = \begin{bmatrix} 0.5 & 0.06 \\ 2 & 0.4 \end{bmatrix}$ 而产出向量为$\mathbf{y} = (100, 500)^T$时，相应的投入矩阵即为$\mathbf{A}\hat{\mathbf{y}} = \begin{bmatrix} 50 & 30 \\ 200 & 200 \end{bmatrix}$，相应的投入向量即为$\mathbf{A}\mathbf{y} = (80, 400)^T$。

在列昂惕夫型n部门纯生产经济中，每期的投入全部转化为下一期的产出，也就是说每期的投入向量等于上一期的产出向量。此时（纯生产的）逆向产量模型即为

$$\mathbf{y}^{(t+1)} = \mathbf{A}\mathbf{y}^{(t)}, \quad t = 0, 1, \cdots, \infty \tag{2.5}$$

若$\mathbf{A}$可逆，则正向产量模型即为

$$\mathbf{y}^{(t+1)} = \mathbf{A}^{-1}\mathbf{y}^{(t)}, \quad t = 0, 1, \cdots, \infty \tag{2.6}$$

2.1.3 资源配置过程

（正向）产量模型(2.1)抽象地描述了第t期的产出向量转化为第$t+1$期的产出向量的过程，其中没有显式地包含资源配置过程。如果更具体地描述这一转化过程，可以把它分为两个阶段，即：

(1) 资源配置过程。即第t期的产出按照某种规则在各个经济主体间进行配置。各经济主体得到的资源数量可以用一个投入矩阵$\mathbf{X}$表示，其中x_{ij}代表经济主体j得到的商品i的数量。于是配置过程可以用如下**配置函数**来表示：

$$\mathbf{X} = A(\mathbf{y}) \tag{2.7}$$

对于纯生产的产量模型，每期的全部产出被用于生产，投入矩阵$\mathbf{X}$的各行之和构成的向量即为产出向量，亦即$\mathbf{X1} = \mathbf{y}$成立。对于隐含消费的产

量模型，投入矩阵$\mathbf{X}$中还包含初级要素及各消费者的消费数量。

(2) 生产过程。即各厂商把获得的资源投入生产，在下一期得到相应的产出。这些生产过程可以用一个生产函数$\mathbf{y}=Y(\mathbf{X})$表示。

这时正向的产量模型可以写为以下形式：

$$\mathbf{X}^{(t+1)}=A(\mathbf{y}^{(t)}) \tag{2.8}$$

$$\mathbf{y}^{(t+1)}=Y(\mathbf{X}^{(t+1)}) \tag{2.9}$$

如果将以上两式合并，则有

$$\mathbf{y}^{(t+1)}=Y(A(\mathbf{y}^{(t)})) \tag{2.10}$$

在正向的线性产量模型(2.6)中，当某期的产出向量为$\mathbf{y}$时，下一期的产出向量为$\mathbf{A}^{-1}\mathbf{y}$，显然相应的投入矩阵即为$\mathbf{A}\widehat{\mathbf{A}^{-1}\mathbf{y}}$。也就是说列昂惕夫型多部门纯生产经济的正向产量模型蕴含的配置函数(2.7)的具体形式即为

$$\mathbf{X}=\mathbf{A}\widehat{\mathbf{A}^{-1}\mathbf{y}} \tag{2.11}$$

这一配置函数不涉及价格，属于计划型资源配置方式。

2.1.4　劳动供给的内生性与外生性

2.1.4.1 劳动者人口

相对于现代社会，历史上生产力水平较低的时期的人口出生率较高。按照马尔萨斯（Malthus）的估计，如果没有资源短缺、自然和社会的抑制因素时人口大约每 25 年增长一倍（Day，1994，第64页）。这种情形下劳动者人口具有以下特点：

(1) 人口出生率一般会超过经济的承受能力，导致劳动一般会供大于求，即劳动者人口中失业率较高。

(2) 较高的失业率和社会福利政策的缺失导致劳动者效用水平处于勉强维持生存的水平附近。

(3) 经济形势对劳动者人口数量有很强的影响力，也就是说在经济系统中劳动者人口有较强的内生性。[①]当经济衰退时，劳动者死亡率较高，劳动人口会相对减少；当经济繁荣时，劳动者死亡率较低，劳动人口会相对增加。这种人口的波动机制即所谓马尔萨斯式人口调节过程。[②]

[①]参见相关文献（Solow，2000，第11页）。

[②]参见相关文献（Solow，2000，第12页）。

这种情形下劳动者也成为一种投入一定商品即可生产出的产品，因此早期的经济模型中时常假设劳动者的人口为内生变量。而在现代社会中由于社会福利水平的升高和生育观念的变化，人口增长率较少受到经济形势的影响，可视为外生变量。

2.1.4.2 人力资本

人力资本是劳动者与知识、技能的结合（Lucas，1988； Acemoglu，2009，第85页），或者说是拥有知识和技能的劳动者。为了论述简便，下文将知识和技能统称为知识。

如果假定生产中使用劳动时本质上在于使用劳动者拥有的知识而非其体能，那么可以认为所有劳动者所能供给的劳动总量与其拥有的知识总量成正比，或者说劳动的供给量取决于人力资本的数量而非劳动者人口数量。劳动者可以通过接受教育、培训等获得知识，这些教育、培训可能由劳动者购买，也可能由政府或厂商购买。令l_p表示劳动者人口或者劳动者供给的总劳动时间，l_k表示所有劳动者通过接受教育、培训等获得的知识总量，并假设劳动者先天地拥有1单位知识。于是人力资本数量和劳动供给总量为

$$l = (l_k + 1)l_p \tag{2.12}$$

记$h := l_k + 1$，称为**劳动复杂度**或**劳动力复杂度**，于是劳动供给总量为$l = hl_p$。

从式(2.12)可见，当劳动者不接受教育时的劳动供给量为l_p，称为劳动的外生供给部分；通过教育和培训产生的劳动供给的增加数量为l_kl_p，称为劳动的内生供给部分。于是可见当劳动者多拥有1单位知识时，单位劳动时间提供的劳动数量会增加1单位。此时劳动者就具有了生产者的性质，劳动者获取知识的过程就是人力资本的生产过程。这时劳动的供给量也就成为内生变量，劳动本质上也成为一种产品。

尽管在现实中知识需要与劳动者结合起来形成人力资本才能发挥作用，不过在建立一般均衡模型时为了简便起见可以将知识视为一种生产品，即可生产的、生产中使用的商品[①]，将其与劳动时间分开处理，这样做并不会对分析产生实质性的影响。在这种处理方式下，知识的均衡产量l_k^*与其他产品的均衡产量一样是内生变量。根据一般均衡模型解得知识的均衡产量后，就可以算得人力资本的均衡数量。

[①]根据在知识发挥效能的长短（或者说知识的更新速度）的不同，建模时既可以将知识视为资本品，也可以将知识视为中间品。

在以上的讨论中假设拥有不同知识量的劳动者提供的劳动仅有数量差异而没有质的区别，即采取**同质劳动假设**。在同质劳动假设下，1小时的复杂度为h的劳动与h小时的复杂度为1的劳动是可以完全替代的[①]。

与同质劳动假设相对的即是**异质劳动假设**，即拥有不同知识量的劳动者提供的劳动（即复杂度不同的劳动）属于不同种类，是不可相互替代的劳动，例如，在大桥的建设中无论多少体力劳动者也无法替代工程师的角色。

从经济现实的角度来看两种假设都具有现实性。同质劳动假设使得分析较为简单。不过现代经济分工程度非常高，在这种背景下异质劳动假设的适用范围似乎更广些。异质劳动假设也可以为各国的经济发展程度的持续差异性提供一种解释：低收入国家的劳动者由于收入低而难以获得足够的教育，因此只能提供复杂度较低的劳动，而无法提供经济发展所需要的高复杂度劳动，这反过来又使得低收入国家无法发展经济、提高人均收入水平，从而陷入一种恶性循环；而高收入国家的情形正好相反。

2.2 列昂惕夫型多部门纯生产经济的均衡

2.2.1 投入系数矩阵的不可分解性和本原性

考虑列昂惕夫型n部门纯生产经济。该经济中各部门的技术可以用一个n阶投入系数矩阵$\mathbf{A}$来表示。若$\mathbf{A}$的某个元素a_{ij}为正，则说明第j个部门的生产中需要使用第i个部门的产品，或者简单地说，部门j对部门i有需求。若a_{ij}为0，则说明部门j对部门i没有需求。

如果n个部门可以被分为（非空的）两组，其序号集合分别为I和J，使得$a_{ij}=0(\forall i\in I,\forall j\in J)$成立，亦即第二组中的每个部门均对第一组中的部门没有需求，则称该投入系数矩阵是**可分解的**；否则称其为**不可分解的**。

当投入系数矩阵可分解时，第二组中的部门完全不需要第一组中的部门，它们可以构成一个规模较小的独立的子经济，在分析这一子经济时完全不需要考虑第一组中的部门，因此在分析这一经济时可以先分析这一子经济。下文中一般假设投入系数矩阵是不可分解的。

[①] 在一个经济中若存在某个实数$\xi>0$，使得任一生产过程的投入束中和任一效用函数中1单位的某种商品被ξ单位的另一种商品替代后产出束和效用水平不变，则称在该经济中这两种商品具有**完全可替代性**。作一个计量单位的变换后，这两种商品在模型中可以被处理为一种商品。

下面是几个投入系数矩阵的例子：

$$\mathbf{A}=\begin{bmatrix}0.7&0\\0&0.8\end{bmatrix},\ \mathbf{A}=\begin{bmatrix}0.7&0.1\\0&0.8\end{bmatrix},\ \mathbf{A}=\begin{bmatrix}0.7&0\\0.1&0.8\end{bmatrix}$$

$$\mathbf{A}=\begin{bmatrix}0.7&0.1\\0.1&0.8\end{bmatrix},\ \mathbf{A}=\begin{bmatrix}0&0.1\\0.1&0\end{bmatrix}$$

可以将这些投入系数矩阵理解为生产小麦和铁的两部门纯生产经济中的投入系数矩阵。这些矩阵中前三个是可分解的，其余的不可分解。

2.2.1.1 部门的重新编号

如果一个非负方阵是可分解的，那么通过行列置换该方阵可以变为如下形式：

$$\begin{bmatrix}\mathbf{A}_{11}&\mathbf{A}_{12}\\\mathbf{0}&\mathbf{A}_{22}\end{bmatrix}\tag{2.13}$$

下面来讨论这一点。

对矩阵作行列置换即是对其乘以置换矩阵。对矩阵右乘置换矩阵为列置换，左乘置换矩阵为行置换。置换矩阵的定义如下：

定义 2.1 **置换矩阵**是每行和每列只有一个元素为1，其他元素均为0的方阵。

显然，置换矩阵的乘积仍是置换矩阵。可以验证置换矩阵的转置即为其逆矩阵。

对于某个方阵右乘以置换矩阵，同时左乘以该置换矩阵的逆矩阵，即进行了行列置换。如果置换矩阵的第(i,j)个元素为1，则相应的行列置换将方阵的第i列置换到第j列，第i行置换到第j行。这也就相当于将原先编号为i的部门和商品重新编号为j。

算例 2.1 (部门的重新编号) 考虑如下的投入系数矩阵$\mathbf{A}$的行列置换：

$$\mathbf{A}=\begin{bmatrix}a_{11}&a_{12}&a_{13}\\a_{21}&a_{22}&a_{23}\\a_{31}&a_{32}&a_{33}\end{bmatrix},\quad \mathbf{P}=[p_{ij}]=\begin{bmatrix}0&0&1\\1&0&0\\0&1&0\end{bmatrix}$$

$$\mathbf{P}^{-1}=\begin{bmatrix}0&1&0\\0&0&1\\1&0&0\end{bmatrix},\quad \mathbf{P}^{-1}\mathbf{A}\mathbf{P}=\begin{bmatrix}a_{22}&a_{23}&a_{21}\\a_{32}&a_{33}&a_{31}\\a_{12}&a_{13}&a_{11}\end{bmatrix}$$

置换矩阵$\mathbf{P}$中$p_{13}=1, p_{21}=1, p_{32}=1$，也就是说将原先的部门1重新编号为部门3，部门2重新编号为部门1，部门3重新编号为部门2。商品的编号也作相应的改变。 □

部门的重新编号显然对经济并无实质影响，不会实质性地影响均衡价格结构、均衡产出结构和均衡增长率。但这种重新编号有时会使得投入系数矩阵可以更清楚地显示出各部门间的相互依赖关系。

2.2.1.2 非负方阵的不可分解性和本原性

基于方阵的行列置换，可以对非负方阵的可分解性作如下定义，可以看出这一定义与之前的定义是等价的。

定义 2.2 若n阶非负方阵$\mathbf{A}$满足以下任一条件，则称其是**可分解的**（decomposable）：

(1) $n=1$且$\mathbf{A}=\mathbf{0}$;

(2) $n \geqslant 2$，且存在n阶置换方阵$\mathbf{P}$使得

$$\mathbf{P}^{-1}\mathbf{A}\mathbf{P}=\begin{bmatrix}\mathbf{A}_{11} & \mathbf{A}_{12}\\ \mathbf{0} & \mathbf{A}_{22}\end{bmatrix} \tag{2.14}$$

其中，$\mathbf{A}_{11}$为$k(1 \leqslant k \leqslant n-1)$阶方阵，$\mathbf{A}_{22}$为$n-k$阶方阵，$\mathbf{0}$为零矩阵。如果还有$\mathbf{A}_{12}=\mathbf{0}$成立，则称$\mathbf{A}$是**完全可分解的**。如果非负方阵$\mathbf{A}$不是可分解的，则称其是**不可分解的**(indecomposable)。

从以上的定义可以看到，当n阶投入系数矩阵可分解时，说明其对应的n部门经济中存在一个规模较小的独立的子经济；当投入系数矩阵完全可分解时，n部门经济可以被分解为两个相互独立的规模较小的子经济。投入系数矩阵是完全可分解的，那么也就是可分解的，但反之不然。

以下的定理提供了一种判断非负方阵是否可分解的简便方法。

定理 2.1 $n(\geqslant 2)$阶非负方阵$\mathbf{A}$是不可分解的，当且仅当$(\mathbf{I}+\mathbf{A})^{n-1} \gg \mathbf{0}$成立。[①]

不可分解性还可以被进一步加强为本原性。

定义 2.3 如果n阶非负方阵$\mathbf{A}$的任意正整数次幂均是不可分解的，则称$\mathbf{A}$为**本原矩阵**（primitive matrix）。[②]

①对于矩阵理论的详细阐述可参见相关文献（陈公宁，1990； Horn，Johnson，2012）。

②本原矩阵又被称为素矩阵。

从以上的本原矩阵的定义可以看出，本原性是对不可分解性的进一步强化，蕴含着不可分解性。

利用以下的定理，可以容易地判断一个非负方阵是否是本原的（参见陈公宁，1990，第 282 页；Horn，Johnson，2012, 第520页）。

定理 2.2 令$\mathbf{A}$为n阶非负方阵，以下两个条件均为$\mathbf{A}$是本原矩阵的充要条件：

(1) 存在正整数l使得$\mathbf{A}^l \gg \mathbf{0}$成立；

(2) $\mathbf{A}^{n^2-2n+2} \gg \mathbf{0}$。

而以下定理则说明，对于一个不可分解的投入系数矩阵，如果其中某个部门使用自己的产品作为投入品，那么这个投入系数矩阵是本原的。

定理 2.3 令$\mathbf{A}$为n阶不可分解非负方阵，若$\mathbf{A}$有一个主对角线上的元素为正，则$\mathbf{A}$为本原矩阵。

从以上这些讨论可以看出有以下命题成立：

命题 2.1 一个非负方阵$\mathbf{A}$是可分解的，当且仅当其转置矩阵$\mathbf{A}^T$是可分解的；是本原的，当且仅当其转置矩阵$\mathbf{A}^T$是本原的。

对于一个多部门经济而言，如果每一个非平凡的可行配置中每种商品的供给量均大于0，则称该多部门经济是**不可分解的**。显然，对于列昂惕夫型多部门纯生产经济而言，投入系数矩阵的不可分解性是经济不可分解性的充要条件。除非另有说明，在下文的讨论中均假设多部门经济是不可分解的。

2.2.2 均衡与佩龙－弗罗贝尼乌斯定理

2.2.2.1 均衡、特征值与左右特征向量

对于隐含竞争性市场型资源配置过程的列昂惕夫型多部门纯生产经济而言，均衡路径具有以下特点：

(1) 产出结构和价格始终保持不变。记均衡价格向量为$\mathbf{p}^*$。

(2) 所有产出均用于生产，因此每一期的产出向量亦即是随后的生产过程的投入向量。于是可知，均衡路径中各期的产出向量$\mathbf{y}$与投入向量$\mathbf{Ay}$有相同的结构。

(3) 各部门的成本率相同且始终不变，即$\widehat{\mathbf{p}^*}^{-1}\mathbf{p}^{*T}\mathbf{A}$的各分量相同，其中$\mathbf{p}^{*T}\mathbf{A}$为各部门的（行向量形式的）单位成本向量。亦即$\mathbf{p}^*$和 $\mathbf{p}^{*T}\mathbf{A}$有相同的结构。

根据以上讨论作以下定义：

定义 2.4 对于半正的投入系数矩阵$\mathbf{A}$，若有正实数λ、半正向量$\mathbf{y}$和$\mathbf{p}$使得$\mathbf{Ay} = \lambda\mathbf{y}$和$\mathbf{p}^T\mathbf{A} = \lambda\mathbf{p}^T$成立，则称$\mathbf{y}$和$\mathbf{p}$为$\mathbf{A}$对应的均衡产出向量与均衡价格向量。

也就是说，均衡产出向量与相应的投入向量有相同的结构；均衡价格向量与相应的单位成本向量有相同的结构。λ为均衡折现因子（亦即成本率）；$1/\lambda$称为**均衡扩张率**。

定义 2.5 令$\mathbf{A}$是n阶方阵，$\mathbf{x}$是非零的n维向量，λ是数（实数或者复数）。若$\mathbf{Ax} = \lambda\mathbf{x}$成立，则称$\lambda$是$\mathbf{A}$的**特征值**（eigenvalue），$\mathbf{x}$是$\mathbf{A}$对应于特征值$\lambda$的**特征向量**或**右特征向量**。若$\mathbf{x}^T\mathbf{A} = \lambda\mathbf{x}^T$成立，则称$\mathbf{x}$是$\mathbf{A}$对应于特征值$\lambda$的**左特征向量**。

显然，$\mathbf{A}^T$的特征向量即为$\mathbf{A}$的左特征向量。

例如，矩阵$\mathbf{A} = \begin{bmatrix} 0.5 & 0.06 \\ 2 & 0.4 \end{bmatrix}$的一个特征值为0.8，一个相应的左特征向量为$(1,0.15)^T$，一个相应的右特征向量为$(100,500)^T$。

2.2.2.2 佩龙－弗罗贝尼乌斯定理

佩龙－弗罗贝尼乌斯（Perron-Frobenius）定理（P-F定理）在线性经济模型分析中具有重要作用，可以用来证明一些线性经济模型中均衡的存在性。这一定理与不动点定理联系密切，可以借助布劳威尔（Brouwer）不动点定理来证明这一定理中的部分结论。

定理 2.4 (布劳威尔不动点定理) 若D是$\mathbb{R}^n$的一个有界、闭、凸的非空子集，F是从D到自身的连续函数，则存在$\mathbf{x}^* \in \mathrm{D}$满足$\mathbf{x}^* = F(\mathbf{x}^*)$。

在经济分析中，一般均衡存在性的证明需要借助不动点定理或其衍生出的一些定理（Uzawa，1962）。常用的不动点定理有布劳威尔不动点定理和角谷（Kakutani）不动点定理。而证明均衡存在性时使用的P-F定理、GND引理[①]等可视为不动点定理的推论。

下面是P-F定理及其一种证明，这一证明显示了P-F定理和布劳威尔不动点定理之间的关系。

定理 2.5 (佩龙－弗罗贝尼乌斯定理，Perron-Frobenius定理，P-F定理) 若$\mathbf{A}$是不可分解非负方阵，则

(1) $\mathbf{A}$存在一个正的特征值（称其为$\mathbf{A}$的**P-F特征值**），该特征值对应的左、右特征向量可取为正的（称其为$\mathbf{A}$的左、右**P-F特征向量**），且归一

[①] 参见本书第7.9节。

化的左、右正特征向量是唯一的（或者说不计常数因子时左、右正特征向量是唯一的）；

(2) 不存在对应于$\mathbf{A}$的其他特征值的非负特征向量。

证明 (1) 假设$\mathbf{A}$是n阶方阵。由不可分解性的定义知$\mathbf{A}$的每列是半正的，于是对于半正向量$\mathbf{x}$，$\mathbf{Ax}$也是半正的。

现在令$\mathbf{x}$为归一化的半正向量，考察函数$\langle\mathbf{Ax}\rangle$，该连续函数把$n-1$维单位单纯形$\Delta$（即所有归一化的$n$维半正向量构成的集合）映入自身。因此根据布劳威尔不动点定理2.4可知存在$\mathbf{x}^*\in\Delta$满足$\mathbf{x}^*=\langle\mathbf{Ax}^*\rangle$，即$\mathbf{Ax}^*=\rho\mathbf{x}^*$。对该式两侧左乘$\mathbf{1}^T$（即对该式两侧的向量的各分量求和）得到$\mathbf{1}^T\mathbf{Ax}^*=\rho$，即$\rho$等于$\mathbf{Ax}^*$的各分量的和。

下面利用$\mathbf{A}$的不可分解性证明$\mathbf{x}^*$是正的（参见 Debreu， Herstein，1953）。

如果$\mathbf{x}^*$中有零分量，不妨假定$\mathbf{x}^*=(\boldsymbol{\xi};\mathbf{0}),\boldsymbol{\xi}\gg\mathbf{0}$。相应地对$\mathbf{A}$分块。根据$\mathbf{Ax}^*=\rho\mathbf{x}^*$可知有

$$\begin{bmatrix}\mathbf{A}_{11} & \mathbf{A}_{12}\\ \mathbf{A}_{21} & \mathbf{A}_{22}\end{bmatrix}\begin{pmatrix}\boldsymbol{\xi}\\ \mathbf{0}\end{pmatrix}=\begin{pmatrix}\rho\boldsymbol{\xi}\\ \mathbf{0}\end{pmatrix}$$

于是有$\mathbf{A}_{21}\boldsymbol{\xi}=\mathbf{0}$成立，也就是说$\mathbf{A}_{21}=\mathbf{0}$，这与$\mathbf{A}$不可分解矛盾。

(2) 下面证明不计常数因子时$\mathbf{x}^*$是$\mathbf{A}$的唯一的非负特征向量。[①]

根据(1)中的论证，显然$\mathbf{A}$还有一个正的左特征向量满足$\mathbf{p}^T\mathbf{A}=\rho\mathbf{p}^T$。

如果$\lambda(\neq\rho)$也是$\mathbf{A}$的特征值，其对应的特征向量为$\bar{\mathbf{x}}$，即有$\mathbf{A}\bar{\mathbf{x}}=\lambda\bar{\mathbf{x}}$，那么有$\lambda\mathbf{p}^T\bar{\mathbf{x}}=\mathbf{p}^T\mathbf{A}\bar{\mathbf{x}}=\rho\mathbf{p}^T\bar{\mathbf{x}}$，因而有$\mathbf{p}^T\bar{\mathbf{x}}=0$。由$\mathbf{p}^T$为正向量可知$\bar{\mathbf{x}}$一定不是非负向量。

下面考虑$\lambda=\rho$而$\langle\mathbf{x}^*\rangle\neq\langle\bar{\mathbf{x}}\rangle$的情况。这种情形下，显然$\mathbf{x}^*-\alpha\bar{\mathbf{x}}$也是对应于特征值$\rho$的特征向量，其中$\alpha$为任意实数。令$\bar{\alpha}$是使$\bar{\bar{\mathbf{x}}}:=\mathbf{x}^*-\bar{\alpha}\bar{\mathbf{x}}\geqslant\mathbf{0}$成立且$\bar{\bar{\mathbf{x}}}$中包含零分量的最小的正数，不妨假定$\bar{\bar{\mathbf{x}}}=(\boldsymbol{\xi};\mathbf{0}),\boldsymbol{\xi}\gg\mathbf{0}$，于是根据(1)中的推导可知$\mathbf{A}$是可分解的，与$\mathbf{A}$不可分解这一假设矛盾。 □

对于一个具有不可分解投入系数矩阵$\mathbf{A}$的、竞争性的列昂惕夫型多部门纯生产经济，P-F定理有以下经济含义：

(1) 该经济的均衡产出向量的结构是唯一的，均衡价格向量的结构也是唯一的，或者说归一化的均衡产出向量和均衡价格向量均是唯一的。

(2) 该经济唯一的均衡成本率（即折现因子）为$\rho(\mathbf{A})$；唯一的均衡扩张率为$1/\rho(\mathbf{A})$。均衡利润率和均衡增长率也就是$1/\rho(\mathbf{A})-1$。

---

① 参见华罗庚（1987）。

(3) $\rho(\mathbf{A})$反映了该经济的生产率高低，$\rho(\mathbf{A})$越小则生产率越高，$\rho(\mathbf{A})$越大则生产率越低。

而当投入系数矩阵$\mathbf{A}$可逆时，均衡路径或者说平衡增长过程可以表示如下：

$$\mathbf{y}^{(t+1)} = \mathbf{A}^{-1}\mathbf{y}^{(t)}, \quad t = 0, \cdots, \infty$$

其中每一期的产出向量$\mathbf{y}$均是$\mathbf{A}$的特征向量（于是也是$\mathbf{A}^{-1}$的特征向量）。

显然，上式又可写为

$$\mathbf{y}^{(t+1)} = \rho(\mathbf{A})^{-1}\mathbf{y}^{(t)}, \quad t = 0, \cdots, \infty$$

2.2.2.3 本原矩阵的幂

以下定理给出了本原矩阵的幂具有的一个重要性质。

定理 2.6 令$\mathbf{A}$为n阶非负本原方阵，$\mathbf{p}$和$\mathbf{y}$分别为$\mathbf{A}$的左、右P-F特征向量且满足$\mathbf{p}^T\mathbf{y} = 1$，则$\lim\limits_{k\to\infty}\left(\frac{\mathbf{A}}{\rho(\mathbf{A})}\right)^k = \mathbf{y}\mathbf{p}^T$（参见Horn，Johnson，2012，第516页）。

于是可知当k很大时，本原矩阵的k次幂的各行即为其左P-F特征向量的近似值，各列即为其右P-F特征向量的近似值，也就是说可以通过幂运算求得本原矩阵的P-F特征向量和特征值。

当$\mathbf{A}$为n阶不可分解非负方阵但非本原时，令$\mathbf{y}$为$\mathbf{A}$的右P-F特征向量，根据定理 2.3 可知$\mathbf{A}+\mathbf{I}$为本原矩阵。注意到$(\mathbf{A}+\mathbf{I})\mathbf{y} = \left(\rho(\mathbf{A})+1\right)\mathbf{y}$，即$\mathbf{A}+\mathbf{I}$与$\mathbf{A}$具有相同的特征向量，而前者的特征值减去1即是后者的特征值。因此可先通过幂运算求得$\mathbf{A}+\mathbf{I}$的P-F特征值和特征向量，然后就可以得到$\mathbf{A}$的P-F特征值和特征向量。

2.2.3 生产性与盈利性

对于一个列昂惕夫型多部门纯生产经济，假设其投入系数矩阵为$\mathbf{A}$，当这个经济的产出向量为$\mathbf{y}$时，投入向量即为$\mathbf{A}\mathbf{y}$，**净产出向量**（即产品的产出向量减去产品的投入向量，亦即产品的超额产出构成的向量）即为$\mathbf{y}-\mathbf{A}\mathbf{y}$。

定义 2.6 对于n阶不可分解的投入系数矩阵$\mathbf{A}$，如果存在一个正的产出向量$\mathbf{y}$使得净产出向量非负（即$\mathbf{A}\mathbf{y} \leqslant \mathbf{y}$），则称$\mathbf{A}$为**生产性的** (productive)；如果存在一个正的产出向量$\mathbf{y}$使得净产出向量为半正（即$\mathbf{A}\mathbf{y} < \mathbf{y}$），则称$\mathbf{A}$为**严格生产性的** (strictly productive)。

另外，假设这一经济是一个市场经济，价格是经济中资源配置的关键，这时可以考察这个经济中各部门的获利能力。当市场价格向量为$\mathbf{p}$时，该向量即为每个部门的单位产值（即生产并销售1单位产品的收入）；而由各部门的单位成本（即生产1单位产品的成本）构成的单位成本向量即为$\mathbf{p}^T\mathbf{A}$，单位利润向量即为$\mathbf{p}-\mathbf{p}^T\mathbf{A}$。

定义 2.7 对于n阶不可分解的投入系数矩阵$\mathbf{A}$，如果存在一个正的价格向量$\mathbf{p}$使得 $\mathbf{p}^T\mathbf{A}\leqslant\mathbf{p}^T$ （即单位利润向量非负），则称$\mathbf{A}$为**盈利性的** (profitable)；如果存在一个正的价格向量$\mathbf{p}$使得$\mathbf{p}^T\mathbf{A}<\mathbf{p}^T$，则称$\mathbf{A}$为**严格盈利性的** (strictly profitable)。

以下的命题2.2和命题2.3显示，不可分解的投入系数矩阵的生产性、盈利性与其P-F特征值有密切联系；这些命题是投入产出分析中的经典结论。为了方便读者起见，下面一并给出证明。

命题 2.2 对于n阶不可分解非负投入系数矩阵$\mathbf{A}$，以下各论断等价：

(1) $\mathbf{A}$是生产性的。

(2) $\rho(\mathbf{A})\leqslant 1$。

(3) $\mathbf{A}$是盈利性的。

证明 首先，证明(1)蕴含(2)。假设$\mathbf{A}$为生产性的，那么有一个半正向量$\mathbf{x}$使得$\mathbf{A}\mathbf{x}\leqslant\mathbf{x}$，在该式两边左乘以 $\mathbf{A}$ 的一个左P-F特征向量，即可得到$\rho(\mathbf{A})\leqslant 1$。

其次，证明(2)蕴含(3)。假设$\rho(\mathbf{A})\leqslant 1$成立，那么由佩龙－弗罗贝尼乌斯定理知存在一正向量$\mathbf{p}^T$使得$\mathbf{p}^T\mathbf{A}=\rho(\mathbf{A})\mathbf{p}^T$。于是有$\mathbf{p}^T\mathbf{A}\leqslant\mathbf{p}^T$，即$\mathbf{A}$是盈利性的。

最后，假设(3)成立。于是可知$\rho(\mathbf{A})\leqslant 1$。那么由佩龙－弗罗贝尼乌斯定理显然$\mathbf{A}$是生产性的。 □

类似地，可以证明严格生产性和严格盈利性是等价的，即有以下命题：

命题 2.3 对于n阶不可分解非负投入系数矩阵$\mathbf{A}$，以下各论断等价：

(1) $\mathbf{A}$是严格生产性的。

(2) $\mathbf{A}$是严格盈利性的。

(3) $\rho(\mathbf{A})<1$。

从命题2.2和命题2.3可见：

(1) 如果$\mathbf{A}$是生产性或盈利性的，那么该经济至少可以保持零增长。

(2) 如果**A**是严格生产性的或严格盈利性的，那么**A**的P-F特征值小于1，该经济可以有正的均衡增长速度。

(3) $\rho(\mathbf{A})$的大小衡量了投入系数矩阵**A**的生产效率和获利能力。

2.2.4　投入系数矩阵的P-F特征值与生产率

定义 2.8　设**A**是n阶方阵，称其特征值的集合$\{\lambda_i, i=1,2,\cdots,n\}$为矩阵**A**的谱(spectrum)，称$\rho(\mathbf{A}) := \max\{|\lambda_i|, i=1,2,\cdots,n\}$为**A**的谱半径。

即矩阵**A**的谱半径等于矩阵**A**的模最大的特征值的模[①]。谱半径在某种意义上衡量了矩阵元素的平均大小。

而不可分解方阵的谱半径有以下性质：

定理 2.7　设**A**是不可分解非负方阵，则：

(1) **A**的P-F特征值等于其谱半径$\rho(\mathbf{A})$。

(2) 若将$\rho(\mathbf{A})$视为**A**的所有元素的函数，则$\rho(\mathbf{A})$是连续的严格增函数。[②]

(3) 当**A**的一个元素趋于无穷大而其他元素保持不变时$\rho(\mathbf{M})$将趋于无穷大。

不可分解投入系数矩阵**A**的P-F特征值$\rho(\mathbf{A})$为经济的均衡折现因子，P-F特征值越大则经济中的生产率越低，P-F特征值越小则经济中的生产率越高。由于**A**中的每个元素代表了生产单位产品需要的投入，根据经济常识可知当某些元素的值增加（也就是生产单位产品的投入需要增加，相当于发生技术退步）时经济的生产率会下降。而定理2.7则证实了这一点。

令**A**为n阶非负投入系数矩阵而产出向量为**y**，则投入向量为**Ay**，净产出向量为$\mathbf{d} := \mathbf{y} - \mathbf{Ay} = (\mathbf{I} - \mathbf{A})\mathbf{y}$。

如果$(\mathbf{I} - \mathbf{A})$可逆，那么就有$\mathbf{y} = (\mathbf{I} - \mathbf{A})^{-1}\mathbf{d}$。而以下定理表明，$(\mathbf{I} - \mathbf{A})$可逆的充要条件是**A**的谱半径小于1。

定理 2.8 (**非奇异M-矩阵定理**)　给定正实数s和非负方阵**A**，以下陈述是等价的：

(1) **A**的谱半径小于s。

(2) 存在$\mathbf{x} > \mathbf{0}$使得$\mathbf{Ax} \ll s\mathbf{x}$成立。

(3) 存在$\mathbf{x} > \mathbf{0}$使得$\mathbf{xA} \ll s\mathbf{x}$成立。

[①] 对于复数$z = a + bi(a, b \in \mathbb{R})$，它的模为$|z| = \sqrt{a^2 + b^2}$。

[②] 即若$\mathbf{A} < \mathbf{A}'$则$\rho(\mathbf{A}) < \rho(\mathbf{A}')$。

(4) 存在$\mathbf{x} \geqslant \mathbf{0}$使得$\mathbf{Ax} \ll s\mathbf{x}$成立。

(5) 存在$\mathbf{x} \geqslant \mathbf{0}$使得$\mathbf{xA} \ll s\mathbf{x}$成立。

(6) $s\mathbf{I}-\mathbf{A}$是非奇异矩阵(称为**非奇异M-矩阵**)。

(7) $(s\mathbf{I}-\mathbf{A})^{-1}$存在且为半正矩阵。

(8) $(s\mathbf{I}-\mathbf{A})^{-1}$存在且等于$\dfrac{\mathbf{I}+\sum_{k=1}^{\infty}(\mathbf{A}/s)^k}{s}$。

若$\mathbf{A}$不可分解，则根据非奇异M-矩阵定理2.8和定理2.7可知，当且仅当$\mathbf{A}$的P-F 特征值小于1时，$(\mathbf{I}-\mathbf{A})$可逆；此时对于任一非负的净产出向量$\mathbf{d}$可以计算出唯一的非负的产出向量。

2.3 非列昂惕夫型多部门纯生产经济的均衡

在多部门纯生产的市场经济中，当有些厂商的生产函数不是列昂惕夫型时投入系数矩阵$\mathbf{A}(\mathbf{p})$为价格的函数，此时的竞争性均衡方程为

$$\mathbf{p}^T\mathbf{A}(\mathbf{p}) = \rho\mathbf{p}^T \tag{2.15}$$

$$\mathbf{A}(\mathbf{p})\mathbf{y} = \rho\mathbf{y} \tag{2.16}$$

收支平衡方程(2.15)表明，均衡价格向量$\mathbf{p}^{*T}$是均衡投入系数矩阵$\mathbf{A}(\mathbf{p}^*)$的左P-F特征向量。因为单位成本向量为$\mathbf{c}(\mathbf{p}) = \mathbf{p}^T\mathbf{A}(\mathbf{p})$，所以以上收支均衡方程亦可写作

$$\mathbf{c}(\mathbf{p}) = \rho\mathbf{p} \tag{2.17}$$

亦即均衡价格向量是单位成本向量函数的特征向量。

而供需平衡方程(2.16)表明，均衡产出向量$\mathbf{y}^*$是均衡投入系数矩阵$\mathbf{A}(\mathbf{p}^*)$的右P-F特征向量。

算例 2.2 (**C-D型多部门纯生产经济的均衡**) 考虑一个包含3种商品和3个C-D型厂商的多部门纯生产经济。生产函数如下：

厂商1　$5x_1^{0.6}x_2^{0.1}x_3^{0.3}$

厂商2　$3x_1^{0.4}x_2^{0.4}x_3^{0.2}$

厂商3　$x_1^{0.2}x_2^{0.7}x_3^{0.1}$

投入系数矩阵为

$$\mathbf{A}(\mathbf{p}) = \left[\mathbf{a}^{(1)}(\mathbf{p}) \quad \mathbf{a}^{(2)}(\mathbf{p}) \quad \mathbf{a}^{(3)}(\mathbf{p})\right] \tag{2.18}$$

其中

$$\mathbf{a}^{(1)}(\mathbf{p})=\begin{pmatrix}\frac{1}{5}\left(\frac{0.6}{p_1}\right)^{0.4}\left(\frac{p_2}{0.1}\right)^{0.1}\left(\frac{p_3}{0.3}\right)^{0.3}\\ \frac{1}{5}\left(\frac{p_1}{0.6}\right)^{0.6}\left(\frac{0.1}{p_2}\right)^{0.9}\left(\frac{p_3}{0.3}\right)^{0.3}\\ \frac{1}{5}\left(\frac{p_1}{0.6}\right)^{0.6}\left(\frac{p_2}{0.1}\right)^{0.1}\left(\frac{0.3}{p_3}\right)^{0.7}\end{pmatrix} \tag{2.19}$$

$$\mathbf{a}^{(2)}(\mathbf{p})=\begin{pmatrix}\frac{1}{3}\left(\frac{0.4}{p_1}\right)^{0.6}\left(\frac{p_2}{0.4}\right)^{0.4}\left(\frac{p_3}{0.2}\right)^{0.2}\\ \frac{1}{3}\left(\frac{p_1}{0.4}\right)^{0.4}\left(\frac{0.4}{p_2}\right)^{0.6}\left(\frac{p_3}{0.2}\right)^{0.2}\\ \frac{1}{3}\left(\frac{p_1}{0.4}\right)^{0.4}\left(\frac{p_2}{0.4}\right)^{0.4}\left(\frac{0.2}{p_3}\right)^{0.8}\end{pmatrix} \tag{2.20}$$

$$\mathbf{a}^{(3)}(\mathbf{p})=\begin{pmatrix}\left(\frac{0.2}{p_1}\right)^{0.8}\left(\frac{p_2}{0.7}\right)^{0.7}\left(\frac{p_3}{0.1}\right)^{0.1}\\ \left(\frac{p_1}{0.2}\right)^{0.2}\left(\frac{0.7}{p_2}\right)^{0.3}\left(\frac{p_3}{0.1}\right)^{0.1}\\ \left(\frac{p_1}{0.2}\right)^{0.2}\left(\frac{p_2}{0.7}\right)^{0.7}\left(\frac{0.1}{p_3}\right)^{0.9}\end{pmatrix} \tag{2.21}$$

通过求解收支平衡方程(2.15)[①]，算得唯一的归一化的均衡价格向量为

$$\mathbf{p}^*=(0.1231,0.2535,0.6234)^T$$

均衡投入系数矩阵为

$$\mathbf{A}(\mathbf{p}^*)=\begin{bmatrix}0.5151 & 0.7071 & 0.8695\\ 0.0417 & 0.3434 & 1.4780\\ 0.0509 & 0.0698 & 0.0858\end{bmatrix}$$

均衡价格向量$\mathbf{p}^{*T}$为均衡投入系数矩阵$\mathbf{A}(\mathbf{p}^*)$的左P-F特征向量，相应的P-F特征值为$\rho\approx 0.8585$，而均衡增长率为$1/\rho-1\approx 0.1649$。

若商品3的初始供给量为100单位，则通过计算$\mathbf{A}(\mathbf{p}^*)$的右P-F特征向量（即求解供需平衡方程(2.16)）可知均衡路径中初始的均衡配置（即生产过程）如表2.1所示。 □

2.4 冯·诺依曼型经济的均衡

2.4.1 冯·诺依曼均衡模型

列昂惕夫型多部门纯生产经济中既未考虑联合生产，也未考虑生产同

① 也可以使用第9章介绍的方法求均衡方程的数值解。

表 2.1 均衡配置（增长率约为0.1649）

	厂商1	厂商2	厂商3	总投入
商品1投入	607.72	303.86	101.29	1012.9
商品2投入	49.19	147.57	172.17	368.93
商品3投入	60	30	10	100
产出	1179.8	429.75	116.49	

种产品间的厂商间的竞争，而**冯·诺依曼**（von Neumann）**型经济**则在这两方面进行了扩展。

冯·诺依曼型经济是指具有如下特征的经济（von Neumann，1945）：

(1) 经济为纯生产经济。

(2) 经济中包含n种商品、m个厂商，厂商数一般与商品种类数不相等，即这是一种多厂商经济而非多部门经济。

(3) 生产集满足假设P1至假设P4和无免费午餐假设，允许联合生产，每个厂商只拥有一项技术。

(4) 经济是竞争性的市场经济。

这一经济中生产同一种商品的生产者可能有多个，这些厂商可能有不同的技术，它们之间存在竞争，竞争的结果是均衡中利润率低于均衡利润率的厂商被迫停产，称这些厂商为**劣势厂商**（inferior firm）。同时，联合生产的存在可能导致某些产品供大于求，例如，某个厂商使用的生产过程以1 : 2的比例产出两种产品，而经济中对于两种产品的需求比例为1 : 1，这就可能导致第2种产品供大于求。均衡中供大于求的商品的价格为0，即为免费品。

冯·诺依曼型经济中的均衡路径是价格不变的平衡增长路径，增长率记为γ，在这一模型中增长率为内生变量；$\rho := \frac{1}{1+\gamma}$即是相应的折现因子。由于该经济是竞争性的市场经济，所以均衡中每个没有停产的厂商的利润率均相等，否则利润率较低的厂商可以通过改变投资领域来获取更高利润，或者把资本借贷给更高利润率的厂商来获取更高利润（借入、借出的厂商均可获得更多利润）。这个利润率即为均衡利润率。利润率小于均衡利润率的厂商将停产。

由于该经济是纯生产经济，所以所有厂商的利润均用于再生产，于是每个从事生产的厂商的产出的增长率均等于均衡利润率，进而均衡路径中所有产品的产量的增长率等于均衡利润率，因此均衡利润率等于均衡增长率γ。达不到均衡利润率的厂商停产；供大于求的产品的价格为0。

下面是**冯·诺依曼均衡模型**的一种简化形式[①]：

$$\mathbf{p}^T\mathbf{A} \geqslant \rho\mathbf{p}^T\mathbf{B} \tag{2.22}$$

$$\mathbf{Az} \leqslant \rho\mathbf{Bz} \tag{2.23}$$

其中，$\mathbf{p}$为n维半正价格向量。$\mathbf{z}$为m维半正活动水平向量（或称生产水平向量）。$\mathbf{A}$为$n\times m$的投入系数矩阵，反映了各厂商的需求结构；$\mathbf{B}$为$n\times m$的产出系数矩阵，反映了各厂商的供给结构。

收支平衡公式(2.22)的含义是每个厂商的单位成本大于等于折现后的单位收入（即单位产品或单位活动水平带来的收入）。

供需平衡公式(2.23)的含义是每种商品的需求量小于等于折现后的供给量。

在冯·诺依曼型经济中，从开始生产到获得产出有一期的时间间隔，或者说期初开始生产，期末得到产品。在期初核算时，对于期末的收入要进行折现。期末的1元收入或1吨小麦，相当于期初的ρ元钱或ρ吨小麦。

$\mathbf{p}^T\mathbf{A}$是各主体的单位成本向量，$\rho\mathbf{p}^T\mathbf{B}$是各主体折现后的单位收入向量（单位产值产量）；单位成本向量不小于折现后的单位收入向量，就是说所有厂商不会有超额利润。$\mathbf{Az}$是各种商品的投入向量，$\rho\mathbf{Bz}$是各种商品折现后的产出向量；投入向量不大于折现后的产出向量，就是说产出足以维持增长率为$\gamma=1/\rho-1$的平衡增长。

基于冯·诺依曼均衡模型可以解得均衡的价格向量、活动水平向量和增长率。

算例 2.3 (冯·诺依曼型经济的均衡) 考虑一个包含3个厂商、2种商品（即小麦和铁）的纯生产经济，投入和产出系数矩阵如下：

$$\mathbf{A}=\begin{bmatrix}0.8 & 0.5 & 0.06\\ 2 & 2 & 0.4\end{bmatrix},\quad \mathbf{B}=\begin{bmatrix}1 & 1 & 0\\ 0 & 0 & 1\end{bmatrix}$$

可见厂商1和厂商2均生产商品小麦，有相互竞争的关系。显然在任意正的价格向量下，厂商1的单位成本大于厂商2，在与厂商2的竞争中处于劣势。

均衡公式即为冯·诺依曼均衡模型(2.22)–(2.23)。

[①]对于冯·诺依曼均衡模型的介绍，可参见藤森赖明，李帮喜（2014）；夏明，张红霞（2013）；高山晟（2009）；麦肯齐（McKenzie，2002）；李楚霖，林少宫（1985）；等等。

解得以小麦计价的均衡价格向量为$\mathbf{p}^* = (1,0.15)^T$，一个均衡活动水平向量为$\mathbf{z}^* = (0,100,500)^T$，均衡折现因子为$\rho = 0.8$，均衡增长率为$1/\rho - 1 = 0.25$。将这些值代入两个均衡公式得到

$$\begin{aligned}(1.1,0.8,0.12)^T &\geqslant 0.8(1,1,0.15)^T \\ &= (0.8,0.8,0.12)^T \\ (80,400)^T &\leqslant 0.8(100,500)^T \\ &= (80,400)^T\end{aligned}$$

在一个竞争性均衡中，所有从事生产的厂商有相同的利润率和增长率。此例的均衡中厂商1的超额成本大于0，为劣势厂商，因而被迫停产。 □

2.4.2 对冯·诺依曼均衡模型的进一步讨论

2.4.2.1 均衡模型中的互补松弛关系

对于两个向量可以定义如下的互补松弛（complementary slackness）关系。

定义 2.9 两个n维向量$\mathbf{x} \geqslant 0$（或$\mathbf{x} \leqslant \mathbf{0}$）和$\mathbf{y} \geqslant \mathbf{0}$如果满足$\mathbf{x}^T\mathbf{y} = \mathbf{0}$（亦即$x_iy_i = 0,\ i = 1,\cdots,n$），则称这两个向量有**互补松弛关系**，记作$\mathbf{x} \geqslant \mathbf{0}\ [\mathbf{y}]$（或$\mathbf{x} \leqslant \mathbf{0}\ [\mathbf{y}]$）。

也就是说当两个向量有互补松弛关系时，这两个向量的第$i(i = 1,\cdots,n)$个分量至少有一个为0。当向量$\mathbf{x}-\mathbf{z}$与向量 $\mathbf{y}$ 有互补松弛关系时，$\mathbf{x}-\mathbf{z} \geqslant \mathbf{0}\ [\mathbf{y}]$ 也可写作$\mathbf{x} \geqslant \mathbf{z}\ [\mathbf{y}]$；$\mathbf{x}-\mathbf{z} \leqslant \mathbf{0}\ [\mathbf{y}]$ 也可写作$\mathbf{x} \leqslant \mathbf{z}\ [\mathbf{y}]$。

对于均衡公式(2.22)–(2.23)分别右乘$\mathbf{z}$和左乘$\mathbf{p}^T$，可得到

$$\mathbf{p}^T\mathbf{A}\mathbf{z} \geqslant \rho\mathbf{p}^T\mathbf{B}\mathbf{z} \tag{2.24}$$

$$\mathbf{p}^T\mathbf{A}\mathbf{z} \leqslant \rho\mathbf{p}^T\mathbf{B}\mathbf{z} \tag{2.25}$$

亦即

$$\mathbf{p}^T\mathbf{A}\mathbf{z} = \rho\mathbf{p}^T\mathbf{B}\mathbf{z} \tag{2.26}$$

上式的含义是说经过折现后的下一期的总供给的价值等于本期的总需求的价值，亦即本期的总供给的价值等于本期的总需求的价值。

将式(2.26)分别与均衡公式(2.22)–(2.23)结合起来，可发现均衡公式中隐含着一组互补松弛条件，均衡公式可写作

$$\mathbf{p}^T\mathbf{A} \geqslant \rho\mathbf{p}^T\mathbf{B} \qquad [\mathbf{z}] \tag{2.27}$$

$$\mathbf{A}\mathbf{z} \leqslant \rho\mathbf{B}\mathbf{z} \qquad [\mathbf{p}] \tag{2.28}$$

亦即在均衡中**超额单位利润向量**$\mathbf{p}^T(\rho\mathbf{B}-\mathbf{A})$小于等于$\mathbf{0}$，且和活动水平向量$\mathbf{z}$有互补松弛关系。即如果第$i$个收支平衡价格方程取严格不等式（即第$i$个厂商的超额利润小于0），则第$i$个厂商的活动水平为0（即第$i$个厂商不生产）。**超额需求向量**$(\mathbf{A}-\rho\mathbf{B})\mathbf{z}$小于等于$\mathbf{0}$，和价格向量$\mathbf{p}$有互补松弛关系。如果第$i$个供需平衡方程取严格不等式（即第$i$种商品的超额需求小于0），则第$i$种商品的价格为0。

均衡方程隐含的互补松弛条件反映了一般均衡状态或路径满足以下两个基本条件：

互补松弛条件1　均衡中亏损（即超额利润为负）的厂商必然停产，即活动水平为0；而均衡中未停产的厂商的超额利润均为0。

互补松弛条件2　均衡中供大于求（即超额需求为负）的商品必然免费，即价格为0。[①]

2.4.2.2　冯·诺依曼均衡模型的特例与扩展

当冯·诺依曼型经济是多部门经济时，产出系数矩阵为$\mathbf{B}$为单位阵，这种情形下的均衡方程变为

$$\mathbf{p}^T\mathbf{A} \geqslant \rho\mathbf{p}^T$$
$$\mathbf{A}\mathbf{z} \leqslant \rho\mathbf{z}$$

如果投入系数矩阵$\mathbf{A}$还是不可分解的，那么根据不可分解非负方阵的性质，可知以上均衡公式中的不等号可以替换为等号，即均衡公式为

$$\mathbf{p}^T\mathbf{A} = \rho\mathbf{p}^T$$
$$\mathbf{A}\mathbf{z} = \rho\mathbf{z}$$

冯·诺依曼型经济中每个厂商只拥有一项技术的假设可以放松，可以假设每个厂商使用的技术是价格向量的函数，相应地，投入系数矩阵和产出系数矩阵是价格的函数，此时的均衡公式为

$$\mathbf{p}^T\mathbf{A}(\mathbf{p}) \geqslant \rho\mathbf{p}^T\mathbf{B}(\mathbf{p}) \tag{2.29}$$

$$\mathbf{A}(\mathbf{p})\mathbf{z} \leqslant \rho\mathbf{B}(\mathbf{p})\mathbf{z} \tag{2.30}$$

2.4.2.3　平衡条件的两种形式的等价性

对于冯·诺依曼型经济而言，冯·诺依曼均衡模型中的这一组平衡条件(2.22)和(2.23)（下文称为第一种形式的平衡条件）与平衡条

[①] 不过反之不然，即一种商品为免费商品时未必供大于求；这种情况常见于联合生产的情形，例如算例6.1即是一例。

件(1.26)和(1.27)（下文称为第二种形式的平衡条件）是等价的。下面来论证这一点。

(1) 由于式(2.23)中$\mathbf{Az}$即为需求向量，而$\rho\mathbf{Bz}$即为同一期的供给向量，于是可见这两个供给平衡条件(2.23)和(1.27)实质上是相同的。

(2) 当供需平衡条件成立时，式(2.22)蕴含式(1.26)。论证如下：

由于$\mathbf{X} \equiv \mathbf{A}\hat{\mathbf{z}}$，$\mathbf{S} \equiv \mathbf{B}\hat{\mathbf{z}}$，于是在式(2.22)（即$\mathbf{p}^T\mathbf{A} \geqslant \rho\mathbf{p}^T\mathbf{B}$）的两侧右乘以$\hat{\mathbf{z}}$即得到，$\mathbf{p}^T\mathbf{X} \geqslant \rho\mathbf{p}^T\mathbf{S}$。如果 $\mathbf{p}^T\mathbf{X} > \rho\mathbf{p}^T\mathbf{S}$ 成立，则显然有 $\mathbf{p}^T\mathbf{X1} > \rho\mathbf{p}^T\mathbf{S1}$ 成立。由于 $\mathbf{X1} \equiv \mathbf{Az}$，$\mathbf{S1} \equiv \mathbf{Bz}$，于是有 $\mathbf{p}^T\mathbf{Az} > \rho\mathbf{p}^T\mathbf{Bz}$ 成立，这与第一种形式的平衡条件所蕴含的式(2.26)（即$\mathbf{p}^T\mathbf{Az} = \rho\mathbf{p}^T\mathbf{Bz}$，本期的总供给的价值等于本期的总需求的价值）矛盾。于是可知有$\mathbf{p}^T\mathbf{X} \geqslant \rho\mathbf{p}^T\mathbf{S}$成立且 $\mathbf{p}^T\mathbf{X} > \rho\mathbf{p}^T\mathbf{S}$ 不成立，亦即$\mathbf{p}^T\mathbf{X} = \rho\mathbf{p}^T\mathbf{S}$成立，这也就是式(1.26)。

(3) 当供需平衡条件成立且厂商追求利润的最大化时，式(1.26)蕴含式(2.22)。论证如下：收支平衡条件(1.26)（即$\mathbf{p}^T\mathbf{X} = \rho\mathbf{p}^T\mathbf{S}$）可以写为

$$\mathbf{p}^T\mathbf{A}\hat{\mathbf{z}} = \rho\mathbf{p}^T\mathbf{B}\hat{\mathbf{z}}$$

亦即

$$(\mathbf{p}^T\mathbf{A})_i z_i = \rho(\mathbf{p}^T\mathbf{B})_i z_i, i = 1, \cdots, n \tag{2.31}$$

当式(1.26)成立时，如果式(2.22)（即$\mathbf{p}^T\mathbf{A} \geqslant \rho\mathbf{p}^T\mathbf{B}$）不成立，即有某个$i$使得

$$(\mathbf{p}^T\mathbf{A})_i < \rho(\mathbf{p}^T\mathbf{B})_i$$

成立，即厂商i可以获得超额利润，则必然有$z_i > 0$成立，于是有

$$(\mathbf{p}^T\mathbf{A})_i z_i < \rho(\mathbf{p}^T\mathbf{B})_i z_i$$

与式(2.31)矛盾。

2.5 计量单位变换与投入品密集度

2.5.1 计量单位变换

不同国家对于同一种商品的计量单位常常不同，因此在一些经济分析中可能会涉及计量单位的变换。下面简单分析一下计量单位变换的影响。

对于一个n部门列昂惕夫型纯生产经济，若投入系数矩阵为$\mathbf{A}$，则可以知道经过计量单位变换后，新的投入系数矩阵是原先投入系数矩阵的相似矩阵。相似矩阵的定义如下。

定义 2.10 令$\mathbf{A}$、$\bar{\mathbf{A}}$均为n阶方阵，若有可逆矩阵$\mathbf{P}$，使得$\mathbf{P}^{-1}\mathbf{A}\mathbf{P}=\bar{\mathbf{A}}$成立，则称$\bar{\mathbf{A}}$是$\mathbf{A}$的**相似矩阵**，或者说矩阵$\mathbf{A}$与$\bar{\mathbf{A}}$相似。称$\mathbf{P}^{-1}\mathbf{A}\mathbf{P}$为对$\mathbf{A}$进行**相似变换**，称可逆矩阵$\mathbf{P}$为把$\mathbf{A}$变成$\bar{\mathbf{A}}$的**相似变换矩阵**。

可以知道经过相似变换后矩阵的特征值是不变的。

可以用一个向量$\mathbf{m}$来反映两组计量单位间的关系，其中m_i的值表示变换后的新计量单位下的1单位的第i种商品的数量等价于变换前m_i单位的第i种商品的数量。例如，第i种商品的计量单位由千克变换为吨时，m_i即等于1000，即当前1000千克等于变换后的1吨；即当前数量为x_i的第i种商品，经过计量单位变换后数量变为x_i/m_i。一个商品束$\mathbf{x}$，经过计量单位变换后即为$\hat{\mathbf{m}}^{-1}\mathbf{x}$。

对于生产函数$\mathbf{y}=F(\mathbf{x})$，若商品的计量单位变换向量为$\mathbf{m}$，则变换后产出束和投入束分别为$\bar{\mathbf{y}}=\hat{\mathbf{m}}^{-1}\mathbf{y}$和$\bar{\mathbf{x}}=\hat{\mathbf{m}}^{-1}\mathbf{x}$，即有$\hat{\mathbf{m}}\bar{\mathbf{y}}=F(\hat{\mathbf{m}}\bar{\mathbf{x}})$成立，即变换后的生产函数形式为$\bar{\mathbf{y}}=\hat{\mathbf{m}}^{-1}F(\hat{\mathbf{m}}\bar{\mathbf{x}})$。

投入系数阵$\mathbf{A}$经过计量单位的变换后即变为$\hat{\mathbf{m}}^{-1}\mathbf{A}\hat{\mathbf{m}}$。若$\mathbf{p}^T$和$\mathbf{y}$为$\mathbf{A}$的左右特征向量，则易知$\mathbf{p}^T\hat{\mathbf{m}}$和$\hat{\mathbf{m}}^{-1}\mathbf{y}$即为$\hat{\mathbf{m}}^{-1}\mathbf{A}\hat{\mathbf{m}}$的左右特征向量。下面看一个算例。

算例 2.4 考虑一个生产小麦和铁的两部门纯生产经济，假设其中的投入系数矩阵如下：

$$\mathbf{A}=\begin{bmatrix}0.5 & 0.3\\0.4 & 0.6\end{bmatrix}$$

假设小麦的计量单位为千克而铁的计量单位为克。若小麦的计量单位变为吨而铁的计量单位不变，即$\mathbf{m}=(1000,1)^T$，则有

$$\bar{\mathbf{A}}=\hat{\mathbf{m}}^{-1}\mathbf{A}\hat{\mathbf{m}}=\begin{bmatrix}0.5 & 0.0003\\400 & 0.6\end{bmatrix}$$

若小麦的计量单位变为吨而铁的计量单位变为百克，则有$\mathbf{m}=(1000,100)^T$和

$$\bar{\mathbf{A}}=\hat{\mathbf{m}}^{-1}\mathbf{A}\hat{\mathbf{m}}=\begin{bmatrix}0.5 & 0.03\\4 & 0.6\end{bmatrix}$$

□

2.5.2 投入品密集度

如果生产1单位产品1需要的投入品i和j的数量分别为a_{i1}和a_{j1}，生产1单位产品2需要的投入品i和j的数量分别为a_{i2}和a_{j2}，那么可以看出，

尽管生产两种产品的两种投入品的**投入品密集度**[①]（即 $\theta_1 := a_{i1}/a_{j1}$ 与 $\theta_2 := a_{i2}/a_{j2}$）与计量单位的选择有关，但它们的比值$\theta_1/\theta_2$与计量单位的选择无关，当然它们的大小关系也与计量单位的选择无关。

例如，在算例2.4中计量单位变换前两种投入品的投入品密集度之比为$\frac{0.5/0.4}{0.3/0.6} = 2.5$，基于$\mathbf{m} = (1000, 100)^T$作计量单位变换后两种投入品的投入密集度之比为$\frac{0.5/4}{0.03/0.6} = 2.5$。从2.5这个数字可以看出小麦的生产是小麦密集的而铁的生产是铁密集的。

在生产函数不是列昂惕夫型的情况下，投入系数受价格的影响。这时作如下定义。

定义 2.11 对于规模收益不变的单一生产的经济中的两种产品，假设生产1单位产品1需要的投入品i和j的数量之比为$\theta_1(\mathbf{p})$，生产1单位产品2需要的投入品i和j的数量之比为$\theta_2(\mathbf{p})$。若在某个价格向量$\bar{\mathbf{p}}$下有$\theta_1(\bar{\mathbf{p}}) > \theta_2(\bar{\mathbf{p}})$，则称在价格向量$\bar{\mathbf{p}}$下**产品1是投入品$i$密集的而产品2是投入品$j$密集的**。也可以说在价格向量$\bar{\mathbf{p}}$下产品1比产品2更密集地使用了投入品$i$而产品2比产品1更密集地使用了投入品$j$。

例如，如果生产铁投入的劳动与土地数量之比大于生产小麦投入的劳动与土地数量之比，那么铁相对于小麦为劳动密集型产品，小麦相对于铁为土地密集型产品。

2.5.3 两产品两初级要素经济的均衡

考虑一个具有外生的均衡利润率r的多部门经济，将其中产品价格构成的向量记为$\bar{\mathbf{p}}$，要素价格构成的向量记为$\mathbf{w}$。$\mathbf{c}(\bar{\mathbf{p}}, \mathbf{w})$为各生产部门的单位成本向量。当要素价格向量$\mathbf{w}$给定时，称满足以下**生产价格方程**的产品价格向量为$\mathbf{w}$对应的**生产价格向量**：

$$(1+r)\mathbf{c}(\bar{\mathbf{p}}, \mathbf{w}) = \bar{\mathbf{p}} \tag{2.32}$$

若给定的要素价格向量$\mathbf{w}$为均衡的要素价格向量，且均衡中所有产品均有生产，则对应的生产价格向量即为均衡的产品价格向量；若均衡中有的部门停产，则可知其产品的均衡价格可能小于其生产价格，即其利润率可能小于r。

现在进一步假定经济中包含两种产品（即有两个厂商，且满足假设P1至假设P5）和两种初级要素，还假定这一经济满足以下假设：

[①] 当投入品为初级要素时即为**要素密集度**。

A1. 生产中只使用初级要素，此时式(2.32)变为

$$(1+r)\mathbf{c}(\mathbf{w})=\bar{\mathbf{p}} \tag{2.33}$$

A2. 在任意正的价格向量和正的产量下每个厂商的需求束是唯一的；[①]

A3. 在任意正的要素价格向量下产品1是要素1密集的而产品2是要素2密集的。记投入系数矩阵为$\mathbf{A}(\mathbf{w})=[a_{ij}(\mathbf{w})]$，即有

$$\frac{a_{11}(\mathbf{w})}{a_{21}(\mathbf{w})}>\frac{a_{12}(\mathbf{w})}{a_{22}(\mathbf{w})} \tag{2.34}$$

亦即$a_{11}(\mathbf{w})a_{22}(\mathbf{w})>a_{12}(\mathbf{w})a_{21}(\mathbf{w})$。

2.5.3.1 斯托尔珀一萨缪尔森（Stolper-Samuelson）定理

这一经典定理阐述了要素价格之比与生产价格之比间的关系。为了方便读者起见，下面一并给出一种证明。

定理 2.9 (斯托尔珀一萨缪尔森定理) 对于上述的两产品两要素经济，若要素1与要素2的价格之比上升，则产品1与产品2的生产价格之比（亦即单位成本之比）将上升；亦即两种价格比是同向变动的。

证明 [②] 令$\theta=w_2/w_1$。由于单位成本函数是价格的一次齐次函数，于是有

$$\frac{c_2(\mathbf{w})}{c_1(\mathbf{w})}=\frac{w_1c_2(1,\theta)}{w_1c_1(1,\theta)}=\frac{c_2(1,\theta)}{c_1(1,\theta)}=\frac{a_{12}(1,\theta)+a_{22}(1,\theta)\theta}{a_{11}(1,\theta)+a_{21}(1,\theta)\theta}$$

进一步，根据谢泼德引理1.1可知有

$$\begin{aligned}&D_\theta\frac{c_2(1,\theta)}{c_1(1,\theta)}\\=&\frac{a_{22}(1,\theta)c_1(1,\theta)-c_2(1,\theta)a_{21}(1,\theta)}{\big(c_1(1,\theta)\big)^2}\\=&\frac{a_{22}(1,\theta)\big(a_{11}(1,\theta)+a_{21}(1,\theta)\theta\big)-\big(a_{12}(1,\theta)+a_{22}(1,\theta)\theta\big)a_{21}(1,\theta)}{\big(c_1(1,\theta)\big)^2}\\=&\frac{a_{11}(1,\theta)a_{22}(1,\theta)-a_{12}(1,\theta)a_{21}(1,\theta)}{\big(c_1(1,\theta)\big)^2}\end{aligned}$$

①在这一假设下每个厂商的单位成本函数是可微的（参见Mas-Colell, Whinston, Green，1995，命题5.C.2）。

②参见相关文献（Nikaido，1968，第359页）。

在要素密集度假设(2.34)下，上式大于0，即产品2与产品1的生产价格之比为θ的严格增函数。 □

当以上经济中要素2的供给量下降而要素1的供给量不变时，根据补偿需求定律可知此时要素2与要素1的均衡价格之比将不变或上升。进一步假设要素2对于两个厂商而言是可替代的，那么要素均衡价格之比将上升。若新、旧均衡中两种产品均有生产，那么这两个均衡中产品的均衡价格均等于其生产价格，根据以上定理可知这种情况下产品2与产品1的均衡价格之比将上升。

2.5.3.2 要素价格均等化

根据斯托尔珀－萨缪尔森定理2.9可得以下命题。

命题 2.4 对于前述的两产品两要素经济，当生产价格向量$\bar{\mathbf{p}}$给定时，根据式(2.33)至多可以解得一组要素价格。

证明 反证法。假设给定$\bar{\mathbf{p}}$时式(2.33)有两组解$\mathbf{w}'$和$\mathbf{w}''$。分以下两种情况讨论：

(1) 两组解的要素价格比相同，即$\frac{w_2'}{w_1'} = \frac{w_2''}{w_1''}$。这时一组解中的两种要素价格均高于另一组解中的相应要素价格，不妨设$\mathbf{w}' \gg \mathbf{w}''$成立，于是有$\mathbf{c}(\mathbf{w}') \gg \mathbf{c}(\mathbf{w}'')$，这与式(2.33)矛盾。

(2) 两组解的要素价格比不同，即$\frac{w_2'}{w_1'} \neq \frac{w_2''}{w_1''}$。根据斯托尔珀－萨缪尔森定理2.9可知要素价格比不同时生产价格比也必然不同，于是又与式(2.33) 矛盾。 □

考虑一个由两个前述的两产品两要素经济构成的两国经济，假设：

(1) 产品在国际间可自由贸易而要素不可贸易；

(2) 均衡中两个国家均生产两种产品；

(3) 两个国家具有相同的技术。

因为两国的要素存量、偏好等因素可能不同，所以在封闭条件下（即不允许国际贸易时）两国的要素价格向量的结构可能不同，产品价格向量的结构也可能不同。但在开放条件下，因为产品在国际间可贸易，两个国家的产品价格是相同的，所以根据命题2.4可知两个国家的要素价格必然相同，尽管两国的要素存量、偏好等因素可能不同。也就是说在这一经济中，产品的国际贸易导致了两个国家的要素价格的均等化。

2.6 线性产量模型的稳定性

2.6.1 动态系统的稳定性与李雅普诺夫函数

2.6.1.1 稳定性

不动点和周期路径是动态系统中性质简单的路径。如果一条路径既不是不动点也不是周期路径，但随着时间的推移这条路径越来越接近于不动点（或周期路径），那么从长期来看这条路径性质也是比较简单的，而分析路径是否具有这类性质的理论即是稳定性理论。

对于不动点的稳定性可以作如下定义：

定义 2.12 对于连续函数$G(\mathbf{x})$对应的动态系统$\mathbf{x}^{(t+1)} = G(\mathbf{x}^{(t)})$，$\mathbf{x}^*$为其不动点。若对于任意的$\varepsilon > 0$，存在某个实数$\delta \in (0, \varepsilon]$使得

$$\left\|\mathbf{x}^{(0)} - \mathbf{x}^*\right\| < \delta \Rightarrow \forall t \geqslant 0, \left\|\mathbf{x}^{(t)} - \mathbf{x}^*\right\| < \varepsilon$$

成立，则称$\mathbf{x}^*$是（Lyapunov）**稳定的**[①]。一个不动点如果不是稳定的，则称其是**不稳定的**。

也就是说，任取一个半径为ε的不动点的邻域，若$\mathbf{x}^*$是稳定的，则可以在这一邻域内找到某个半径为δ的不动点的邻域，使得从较小邻域中出发的任意路径都始终包含在较大的邻域之内。换句话说，如果不动点是稳定的，那么通过控制初始状态到不动点的距离，可以使得任意时刻的模型状态始终位于不动点周围任意给定的范围之内。

稳定性的概念还可以进一步加强为以下渐近稳定性的概念。

定义 2.13 对于连续函数$G(\mathbf{x})$对应的动态系统$\mathbf{x}^{(t+1)} = G(\mathbf{x}^{(t)})$，$\mathbf{x}^*$为其不动点。若存在某个实数 $\delta > 0$ 使得

$$\left\|\mathbf{x}^{(0)} - \mathbf{x}^*\right\| < \delta \Rightarrow \lim_{t \to \infty} \left\|\mathbf{x}^{(t)} - \mathbf{x}^*\right\| = 0$$

成立，则称$\mathbf{x}^*$是**渐近稳定的**。

也就是说，若不动点是渐近稳定的，那么从充分接近于不动点的位置出发的任一条路径最终会收敛于不动点。

[①] 类似地可以定义（周期）路径的稳定性（Day，1994，第92页）。对于动态系统的某条路径和任意给定的一个正数，如果可以通过控制动态系统初始状态到该路径的距离，使得任一时刻的模型状态到该路径的距离小于该正数，则称这条路径是稳定的。不过下文主要关注不动点的稳定性。

渐近稳定性的概念还可以进一步加强为以下的整体渐近稳定性的概念。

定义 2.14 若动态系统$\mathbf{x}^{(t+1)} = G(\mathbf{x}^{(t)})$的每一条路径均收敛于唯一的不动点$\mathbf{x}^*$，则称该动态系统（以及不动点$\mathbf{x}^*$）是**整体渐近稳定的**。

2.6.1.2 结构收敛性

对于状态空间是半正向量集合的动态模型

$$\mathbf{x}^{(t+1)} = G(\mathbf{x}^{(t)}) \tag{2.35}$$

可将其每期的状态向量归一化，得到一个新的动态模型

$$\mathbf{x}^{(t+1)} = \langle G(\mathbf{x}^{(t)}) \rangle \tag{2.36}$$

这一新的动态模型的状态空间为归一化的半正向量集合Δ。若动态模型(2.36)具有整体渐近稳定的不动点$\mathbf{x}^*$，则称动态模型(2.35)是**结构收敛的**。

2.6.1.3 李雅普诺夫函数

李雅普诺夫（Lyapunov）函数是判断动态系统（或者说其不动点）的稳定性或整体渐近稳定性的一个有力的工具。

定义 2.15 假设$\mathbf{x}^*$是给定动态系统的一个不动点，Ω是状态空间中包含$\mathbf{x}^*$的一个区域，称满足以下三个性质的函数$V: \Omega \to \mathbb{R}$为该系统的关于不动点$\mathbf{x}^*$的**李雅普诺夫函数**：

(1) V是连续的；

(2) 相对于Ω中的所有其他点，V在$\mathbf{x}^*$有唯一的极小值；

(3) **非扩张性**：沿着Ω中的任一路径，V的值不会增加。

李雅普诺夫函数其实反映了Ω中的状态向量到不动点的某种距离。非扩张性意味着系统运行在Ω这一区域中时状态向量到不动点的距离不会随时间增长。

李雅普诺夫函数的概念既适用于离散时间系统也适用于连续时间系统，虽然两种情况下形式稍微不同。在此只关注离散时间系统$\mathbf{x}^{(t+1)} = G(\mathbf{x}^{(t)})$的李雅普诺夫函数。假定该系统有一个不动点$\mathbf{x}^*$且函数$G(\mathbf{x})$是连续的。如果在时刻$t$系统的状态等于$\mathbf{x}$，则在$t+1$时刻系统状态将是$G(\mathbf{x})$。因此，这两个时刻的李雅普诺夫函数值为$V(\mathbf{x})$和$V(G(\mathbf{x}))$。根据李雅普诺夫函数的非扩张性可知，对于Ω中任一个点$\mathbf{x}$有$V(G(\mathbf{x})) \leqslant V(\mathbf{x})$成立。

下面的定理表明，如果存在李雅普诺夫函数V，那么相应的不动点必定是稳定的；如果V的值随时间不断减小，那么V必趋于它的极小值，从而系统必然趋于不动点。[①]

定理 2.10 (离散时间的李雅普诺夫定理) 设离散时间动态系统$\mathbf{x}^{(t+1)} = G(\mathbf{x}^{(t)})$有一个不动点$\mathbf{x}^*$且函数$G(\mathbf{x})$是连续的。如果在$\mathbf{x}^*$的邻域内存在一个李雅普诺夫函数$V$，则不动点$\mathbf{x}^*$是稳定的。如果对于邻域内除$\mathbf{x}^*$之外的每一点$\mathbf{x}$还有$V(G(\mathbf{x})) < V(\mathbf{x})$（称$V$满足**收缩条件**），则不动点$\mathbf{x}^*$还是渐近稳定的。

即若系统沿任一路径李雅普诺夫函数是严格减小的，则系统是渐近稳定的。

以下是关于整体渐近稳定性的定理。

定理 2.11 设V是关于离散时间动态系统$\mathbf{x}^{(t+1)} = G(\mathbf{x}^{(t)})$和不动点$\mathbf{x}^*$的李雅普诺夫函数。函数$G(\mathbf{x})$是连续的。另外还假设：

(1) V定义在整个状态空间上；

(2) 对于任意的$\mathbf{x} \neq \mathbf{x}^*$，$V(G(\mathbf{x})) < V(\mathbf{x})$；

(3) 当$\mathbf{x}$的任一分量的绝对值趋于无穷大时，$V(\mathbf{x})$趋于无穷大；

则$\mathbf{x}^*$是整体渐近稳定的。

定理2.11中假设(2)保证了只有一个不动点；如果还有另外一个不动点的话，那么从这个点开始的路径会停留于这个点，相应的李雅普诺夫函数值会保持不变，与假设(2)矛盾。

定理2.11中假设(3)和李雅普诺夫函数的非扩张性进一步保证了每一条路径不会趋于无穷远处。于是任意一条路径只能趋于不动点。

一般来说，对于一个稳定的非线性系统并没有寻找李雅普诺夫函数的通用的简便方法，需要在借鉴已有的各种李雅普诺夫函数的基础上具体问题具体分析。

2.6.2 逆向线性产量模型的稳定性

2.6.2.1 逆向线性产量模型的整体渐近稳定性

令投入系数矩阵$\mathbf{A}$为n阶不可分解非负方阵，且其P-F特征值ρ小于1；逆向线性产量模型如下：

$$\mathbf{y}^{(t+1)} = \mathbf{A}\mathbf{y}^{(t)}, \mathbf{y}^{(0)} \geqslant \mathbf{0} \tag{2.37}$$

---

① 参见相关文献（Luenberger，1979）。

下面来论证这一模型是整体渐近稳定的。[①]

令$\mathbf{p}^T$是$\mathbf{A}$的一个左P-F特征向量，并定义

$$V(\mathbf{y}) := \mathbf{p}^T\mathbf{y}, \quad \mathbf{y} \in \mathbb{R}^n_+$$

因为$\mathbf{p}^T$为正向量，于是对任意$\mathbf{y} > \mathbf{0}$有$V(\mathbf{y}) > 0$成立。注意到$V(\mathbf{0}) = \mathbf{0}$，于是函数$V$在$\mathbb{R}^n_+$中有一个极小值点$\mathbf{y} = \mathbf{0}$。此外，对于任意$\mathbf{y}^{(t)} > \mathbf{0}$有

$$V\left(\mathbf{y}^{(t+1)}\right) = \mathbf{p}^T\mathbf{A}\mathbf{y}^{(t)} = \rho\mathbf{p}^T\mathbf{y}^{(t)} = \rho V\left(\mathbf{y}^{(t)}\right) < V\left(\mathbf{y}^{(t)}\right)$$

因为V随t的增加而严格递减，所以V是一个李雅普诺夫函数。于是显然该模型是整体渐近稳定的，将收敛于原点。

2.6.2.2 逆向线性产量模型的结构收敛性

对于线性产量模型(2.37)，如果只关注其中的产量结构而忽略掉产出向量的总体水平，那么可以得到一个归一化的线性产量模型。

令状态空间为归一化的半正向量的集合Δ，$\mathbf{A}$是不可分解非负方阵，归一化的逆向线性产量模型如下：

$$\mathbf{y}^{(t+1)} = \left\langle \mathbf{A}\mathbf{y}^{(t)} \right\rangle, \quad t = 0, 1, \cdots, \infty \tag{2.38}$$

该迭代过程相当于在追溯投入向量的结构。显然模型(2.38)又可写为

$$\mathbf{y}^{(t+1)} = \left\langle \mathbf{A}^t\mathbf{y}^{(0)} \right\rangle, \quad t = 0, 1, \cdots, \infty \tag{2.39}$$

对于以上的动态模型(2.38)，若$\mathbf{A}$是本原矩阵则该动态模型是整体渐近稳定的，会收敛到$\mathbf{A}$的归一化的右P-F特征向量，这是该模型的唯一的不动点。论证如下：令$\mathbf{y}^*$为该模型的不动点，即$\mathbf{y}^* = \langle \mathbf{A}\mathbf{y}^* \rangle$，于是有$\lambda\mathbf{y}^* = \mathbf{A}\mathbf{y}^*$，可知$\mathbf{y}^*$为$\mathbf{A}$的归一化的右P-F特征向量。令$\mathbf{p}$和$\mathbf{y}$分别为$\mathbf{A}$的左、右P-F特征向量且满足$\mathbf{p}^T\mathbf{y} = 1$，根据定理2.6有

$$\lim_{t\to\infty}\mathbf{y}^{(t)} = \lim_{t\to\infty}\left\langle \mathbf{A}^t\mathbf{y}^{(0)} \right\rangle = \lim_{t\to\infty}\left\langle \frac{\mathbf{A}^t}{(\rho(\mathbf{A}))^t}\mathbf{y}^{(0)} \right\rangle = \left\langle \mathbf{y}\mathbf{p}^T\mathbf{y}^{(0)} \right\rangle = \langle \mathbf{y} \rangle = \mathbf{y}^*$$

即$\mathbf{y}^{(t)}$趋向于$\mathbf{A}$的归一化的右P-F特征向量。于是可知该模型是整体渐近稳定的。

当$\mathbf{A}$是不可分解非负方阵但不是本原矩阵时这一动态模型可能趋于周期路径，或者说呈现周期波动。例如，当$\mathbf{A} = \begin{bmatrix} 0 & 1 \\ 1 & 0 \end{bmatrix}$，$\mathbf{y}^{(0)} = (1, 2)^T$时即是如此。

---

① 参见相关文献（Luenberger，1979）。

从以上的讨论可以看到，整体渐近稳定的模型未必是结构收敛的，例如模型$\mathbf{x}^{(t+1)} = \mathbf{A}\mathbf{x}^{(t)}$，其中$\mathbf{A} = \begin{bmatrix} 0 & 0.5 \\ 0.5 & 0 \end{bmatrix}$，这一非负不可分解方阵的谱半径小于1但不是本原阵。结构收敛的模型也未必是整体渐近稳定的，例如模型$\mathbf{x}^{(t+1)} = \mathbf{A}\mathbf{x}^{(t)}$，其中$\mathbf{A} = \begin{bmatrix} 1 & 1 \\ 1 & 1 \end{bmatrix}$，这一本原方阵的谱半径大于1。

2.6.2.3 有消费的逆向产量模型的整体渐近稳定性

对逆向的线性产量模型的讨论稍加修改之后即可适用于有消费的逆向线性产量模型，这类模型中可以包含消费，但消费量并不出现在状态向量中。

仍然令投入系数矩阵$\mathbf{A}$为n阶不可分解非负方阵，且其P-F特征值ρ小于1。下面是一个有消费的逆向线性产量模型：

$$\mathbf{y}^{(t+1)} = \mathbf{A}\mathbf{y}^{(t)} + \mathbf{d} \tag{2.40}$$

在这个动态模型所描述的经济中，每期产出的一部分被用于当期消费，其余部分投入再生产。具体来说，$\mathbf{y}^{(t)}$表示第$-t$期的产出；因为产出和投入间有一期的时滞，所以相应的投入发生在第$-(t+1)$期，投入向量为$\mathbf{A}\mathbf{y}^{(t)}$。$\mathbf{y}^{(t+1)}$表示第$-(t+1)$期的产出，它的一部分（即商品束$\mathbf{d}$）被用于消费，其余部分（即$\mathbf{A}\mathbf{y}^{(t)}$）用于生产。

可以看出系统有唯一的不动点$\mathbf{y}^* = (\mathbf{I} - \mathbf{A})^{-1}\mathbf{d}$，该不动点即是一个均衡产出向量。下面来讨论该模型的整体渐近稳定性。

令$\mathbf{p}^T$是$\mathbf{A}$的一个左P-F特征向量。现在定义

$$V(\mathbf{x}) := \mathbf{p}^T |\mathbf{x} - \mathbf{y}^*|$$

其中，$|\mathbf{x} - \mathbf{y}^*|$是$\mathbf{x} - \mathbf{y}^*$的相应分量取绝对值得到的向量。

显然，$V(\mathbf{x})$在$\mathbf{x} = \mathbf{y}^*$时达到极小值。此外，对于$\mathbf{y}^{(t)} \neq \mathbf{y}^*$有

$$\begin{aligned} V\left(\mathbf{y}^{(t+1)}\right) &= \mathbf{p}^T \left|\mathbf{y}^{(t+1)} - \mathbf{y}^*\right| = \mathbf{p}^T \left|\mathbf{A}\mathbf{x}^{(t)} + \mathbf{d} - \mathbf{A}\mathbf{y}^* - \mathbf{d}\right| \\ &\leqslant \mathbf{p}^T\mathbf{A} \left|\mathbf{y}^{(t)} - \mathbf{y}^*\right| = \rho\mathbf{p}^T \left|\mathbf{y}^{(t)} - \mathbf{y}^*\right| \\ &< V\left(\mathbf{y}^{(t)}\right) \end{aligned}$$

可见V也是一个李雅普诺夫函数。根据定理2.11可知模型(2.40)是整体渐近稳定的。

2.6.3 正向线性产量模型的稳定性

令$\mathbf{A}$为可逆、非负、本原的投入系数矩阵，考虑如下的正向线性产量模型：

$$\mathbf{y}^{(t+1)} = \mathbf{A}^{-1}\mathbf{y}^{(t)}, \quad t = 0, 1, \cdots, \infty \tag{2.41}$$

这一模型又可写为

$$\mathbf{y}^{(t)} = \mathbf{A}^{-t}\mathbf{y}^{(0)}, \quad t = 0, 1, \cdots, \infty \tag{2.42}$$

下面的定理（Hua，1984；华罗庚，1987）指出，如果$\mathbf{y}^{(0)}$不是$\mathbf{A}$的右P-F特征向量，则以上模型表示的经济就一定会崩溃。

定理 2.12 对于正向线性产量模型(2.41)，令$\mathbf{A}$为n阶可逆的非负本原方阵，$\mathbf{y}^{(0)}$为正向量。若$\mathbf{y}^{(0)}$不是$\mathbf{A}$的右P-F特征向量，则必有正整数t_0使得对于任意$t \geqslant t_0$，$\mathbf{y}^{(t)}$既有正分量也有负分量。

因此一般来说，正向纯生产线性产量模型不稳定且会趋于崩溃。以上的结论还可以推广到$\mathbf{A}$不可逆及包含消费的情形（黄钧，1987）。这一定理从一个侧面表明了平衡增长的重要性。

下面用一个算例来说明这一点。

算例 2.5 **(正向纯生产线性产量模型)** 假设有两种商品（即小麦和铁）和两个厂商（即小麦生产者和铁生产者），每个厂商只拥有一项技术。投入系数矩阵为

$$\mathbf{A} = \begin{bmatrix} 0.5 & 0.06 \\ 2 & 0.4 \end{bmatrix}$$

产出系数矩阵为$\mathbf{B} = \mathbf{I}$。可以算得一个均衡产出向量为$\mathbf{y} = (100, 500)^T$，相应的生产过程（即均衡配置）如表2.2所示。

表 2.2 均衡配置（增长率为0.25）

	小麦生产者	铁生产者	总投入
小麦投入	50	30	80
铁投入	200	200	400
产出	100	500	

假定经济中隐含的资源配置过程要求每期的产出在下一期被充分利用，即每期的投入向量正好是下一期的产出向量。注意到这里$\mathbf{A}$是非奇异的，因此每期的投入和产出向量可以容易地根据初始期的产出向量算出。

假设初始产出向量为$\mathbf{y}^{(0)}=(80,500)^T$，初始投入向量为$\mathbf{A}\mathbf{y}^{(0)}=(70,360)^T$，表2.3显示了部分计算结果。

表 2.3 第−2期到第2期的投入和产出

	第−2期	第−1期	第0期	第1期	第2期
投入	$\begin{pmatrix}45.34\\226.8\end{pmatrix}$	$\begin{pmatrix}56.6\\284\end{pmatrix}$	$\begin{pmatrix}70\\360\end{pmatrix}$	$\begin{pmatrix}80\\500\end{pmatrix}$	$\begin{pmatrix}25\\1125\end{pmatrix}$
产出	$\begin{pmatrix}56.6\\284\end{pmatrix}$	$\begin{pmatrix}70\\360\end{pmatrix}$	$\begin{pmatrix}80\\500\end{pmatrix}$	$\begin{pmatrix}25\\1125\end{pmatrix}$	$\begin{pmatrix}-718.75\\6406.2\end{pmatrix}$

可见第2期的产出向量包含负分量。 □

从以上的讨论可知，在资源充分利用的条件下，对于模型(2.41)所描述的纯生产经济而言只有平衡增长路径是可行的。因此这一条件下这一纯生产经济中的均衡路径只能是平衡增长路径，均衡产出向量$\mathbf{y}^*$必然是$\mathbf{A}$的右P-F特征向量。且均衡增长率$\gamma\equiv 1/\rho-1$，其中ρ为$\mathbf{A}$的P-F特征值。

如果这一经济的初始状态不是一个均衡产出向量，那么为了保障经济的顺利运行，必然需要使用某种未充分利用资源的配置方式，也就是说为了调整经济结构需要闲置部分产出。

2.7 一次齐次产量模型的结构收敛性

第2.6.2小节的讨论表明基于本原方阵的线性动态系统是结构收敛的，并且会结构收敛到该本原矩阵的P-F特征向量。那么一个自然的问题是：线性动态系统的这种特征是否有可能推广到非线性动态系统？下文的讨论将表明，在一定条件下非线性动态系统$\mathbf{x}^{(t+1)}=F(\mathbf{x}^{(t)})$也可能结构收敛到非线性函数$F:\mathbb{R}^n_+\to\mathbb{R}^n_+$的特征向量。这方面的详细讨论可参见相关文献（Lemmens，Nussbaum，2012），在此只梳理和讨论一些基本的概念、命题和证明等。

2.7.1 非线性函数的单调性和本原性

下面讨论函数$F:\mathbb{R}^n_+\to\mathbb{R}^n_+$或$F:\mathbb{R}^n_{++}\to\mathbb{R}^n_{++}$的单调性和本原性。

定义 2.16 对于函数F，若对任意的$\mathbf{x}\geqslant\mathbf{y}$有$F(\mathbf{x})\geqslant F(\mathbf{y})$成立，则称其是**单调的**；若对于任意的$\mathbf{x}>\mathbf{y}$有$F(\mathbf{x})\gg F(\mathbf{y})$成立，则称其是**强单调的**。

对于模型(2.1)中的产量函数H而言，强单调性也就意味着当一种产品的产量增加而其他产品的产量保持不变时，下一期每种产品的产量均会增加。如果产品的种类划分较为粗略、产品间的互补性较强，那么单调性或强单调性的假设就相对合理。反之，如果产品种类分得很细、某些产品间的替代性较强，那么由于经济现实中这些产品间有竞争关系，当一种产品的产量增加时，下一期中某些与该产品替代性较强的产品的产量可能会减少，这时就不适合采取单调性或强单调性假设。

分析一次齐次函数的迭代收敛性时需要使用到以下本原性的概念。

定义 2.17 假设函数$F(\mathbf{x})$是连续的，如果存在正整数l使得$F^l(\mathbf{x})$是强单调的（即$\mathbf{x} > \mathbf{y} \Rightarrow F^l(\mathbf{x}) \gg F^l(\mathbf{y})$），则称$F$是**本原的**。

显然，连续函数的强单调性蕴含本原性，但本原性并不蕴含强单调性，甚至并不蕴含单调性，可见本原性是一个相对较弱的条件。

对于线性函数$F(\mathbf{x}) := \mathbf{A}\mathbf{x}$，以上条件即等价于如下条件：存在某个正整数$l$使得$\mathbf{x}-\mathbf{y} > \mathbf{0} \Rightarrow \mathbf{A}^l(\mathbf{x}-\mathbf{y}) \gg \mathbf{0}$成立，这也就是要求矩阵$\mathbf{A}^l$的元素全为正；根据定理2.2，这也就是要求$\mathbf{A}$是本原矩阵。因此可见以上定义是对方阵的本原性的一种推广。

实际上，对于函数$F(\mathbf{x})$可以用以下方式定义一个矩阵$\mathbf{M} = [m_{ij}]$：若自变量中第i个分量的增加总会导致因变量中第j个分量的增加，则令$m_{ij} = 1$，否则令$m_{ij} = 0$。显然，如果$\mathbf{M}$是本原方阵，那么函数F是本原的。

2.7.2 结构收敛性

2.7.2.1 F^l的不动点

函数F的不动点和函数F^l的不动点有如下关系：

命题 2.5 对于函数F和正整数l，F的不动点必然是F^l的不动点；而如果F^l仅有一个不动点，那么该不动点也是F的不动点。

证明 命题的前半部分是显然的。后半部分用反证法论证如下：

假定F^l仅有一个不动点$\mathbf{x}^*$，并且该不动点不是F的不动点，即$F(\mathbf{x}^*) \neq \mathbf{x}^*$。那么因为$F^l(F(\mathbf{x}^*)) = F^{l+1}(\mathbf{x}^*) = F(F^l(\mathbf{x}^*)) = F(\mathbf{x}^*)$，所以$F(\mathbf{x}^*)$是$F^l$的一个不同于$\mathbf{x}^*$的不动点，这与$F^l$仅有一个不动点的假设矛盾。 □

2.7.2.2 希尔伯特距离

动态的经济系统收敛到均衡，也就意味着随着经济系统的运行，状态向量$\mathbf{x}^{(t)}$距离均衡路径或均衡点的距离趋向于0。因此需要一些度量当前经济系统状态到均衡路径或均衡点距离的方法，或者说需要寻找李雅普诺夫函数或距离函数。以下的希尔伯特（Hibert）距离（或称度量）是一种常用的度量距离的方法。

定义 2.18 对于$\mathbf{x},\mathbf{y}\in\mathbb{R}^n_{++}$，作以下定义[①]：

(1) 定义M函数为$M(\mathbf{x}/\mathbf{y}):=\max\limits_i\{\frac{x_i}{y_i}\}$，即两个向量对应分量相除得到的$n$个值中的最大值。

(2) 定义$m(\mathbf{x}/\mathbf{y}):=\min\limits_i\{\frac{x_i}{y_i}\}=\frac{1}{M(\mathbf{y}/\mathbf{x})}$，即两个向量对应分量相除得到的$n$个值中的最小值。

(3) $\mathbf{x}$和$\mathbf{y}$之间的**希尔伯特距离**为

$$d_H(\mathbf{x},\mathbf{y}):=\log\big(M(\mathbf{x}/\mathbf{y})M(\mathbf{y}/\mathbf{x})\big) \tag{2.43}$$

亦即$d_H(\mathbf{x},\mathbf{y}):=\log\left(\frac{M(\mathbf{x}/\mathbf{y})}{m(\mathbf{x}/\mathbf{y})}\right)$。

根据希尔伯特距离的定义可知，当且仅当两个正向量的结构相同（即这两个向量分别为$\mathbf{x}$和$\xi\mathbf{x},\xi>0$）时它们的希尔伯特距离等于0；而任一个正向量到$\mathbf{x}$和$\xi\mathbf{x}$的距离是相等的。也就是说希尔伯特距离衡量的其实是两个向量的结构间的距离，关注的焦点是向量的结构差异而非总体水平差异，这类似于两个向量间的夹角的概念。因为在平衡增长路径（亦即均衡路径）中产量结构（即归一化的产出向量）不变，所以希尔伯特距离可以用来度量产出向量到均衡产出向量的距离。

2.7.2.3 结构收敛性定理

定义 2.19[②] 对于函数$F:\mathbb{R}^n_{++}\to\mathbb{R}^n_{++}$和距离函数$d$，称函数$F$在距离函数$d$下是：

(1) **非扩张的**(non-expansive)，如果对于任意 $\mathbf{x},\mathbf{y}\in\mathbb{R}^n_{++}$ 有

$$d(F(\mathbf{x}),F(\mathbf{y}))\leqslant d(\mathbf{x},\mathbf{y})$$

(2) **收缩的**，如果对于任意$\mathbf{x},\mathbf{y}\in\mathbb{R}^n_{++}$，$\mathbf{x}\neq\mathbf{y}$，有

$$d(F(\mathbf{x}),F(\mathbf{y}))<d(\mathbf{x},\mathbf{y})$$

(3) **利普希茨（Lipschitz）收缩的**，如果存在$c\in[0,1)$使得对于任意$\mathbf{x},\mathbf{y}\in\mathbb{R}^n_{++}$有

$$d(F(\mathbf{x}),F(\mathbf{y}))\leqslant cd(\mathbf{x},\mathbf{y})$$

当归一化的产量函数$\langle H\rangle$有一个不动点$\mathbf{y}^*$时，$\mathbf{y}^*$即为产量函数H的一个特征向量，相应的纯生产经济即存在均衡路径。如果函数$\langle H\rangle$是非扩张的，

---

①参见相关文献（Lemmens，Nussbaum，2013）。

②参见相关文献（Lemmens，Nussbaum，2012，第31页）。

那么对于任意产出向量$\mathbf{y} \in \mathbb{R}^n_{++}$有$d(\langle H(\mathbf{y})\rangle, \mathbf{y}^*) \leqslant d(\mathbf{y}, \mathbf{y}^*)$成立，即归一化的产量模型的任意一条路径无法远离均衡点，或者说产量模型中的产量结构无法远离均衡产量结构，也就是说就产量结构而言该纯生产经济的任意一条路径只能围绕均衡产量结构波动或者收敛于均衡产量结构。

如果函数$\langle H\rangle$是连续的、收缩的，那么对于任意产出向量$\mathbf{y} \in \mathbb{R}^n_{++}$有

$$d(\langle H(\mathbf{y})\rangle, \mathbf{y}^*) < d(\mathbf{y}, \mathbf{y}^*)$$

成立，根据李雅普诺夫定理2.10可知归一化的产量模型的任意一条路径会趋于不动点，或者说产量模型是结构收敛的。

如果函数$\langle H\rangle$是利普希茨收缩的，那么无论H和$\langle H\rangle$是否连续，显然产量模型都是结构收敛的。

以下引理和定理则阐释了一次齐次函数的非扩张性与单调性间的密切联系。

引理 2.1 (M函数引理) 令$F: \mathbb{R}^n_{++} \to \mathbb{R}^n_{++}$为一次齐次函数，$\mathbf{x}, \mathbf{y} \in \mathbb{R}^n_{++}$，有以下论断：

(1) 若$F(\mathbf{x})$是单调的，则有

$$M(F(\mathbf{x})/F(\mathbf{y})) \leqslant M(\mathbf{x}/\mathbf{y}) \tag{2.44}$$

和

$$m(F(\mathbf{x})/F(\mathbf{y})) \geqslant m(\mathbf{x}/\mathbf{y}) \tag{2.45}$$

成立。进一步，对于正整数k，有

$$M(F^{k+1}(\mathbf{x})/F^k(\mathbf{x})) \leqslant M(F(\mathbf{x})/\mathbf{x}) \tag{2.46}$$

和

$$m(F^{k+1}(\mathbf{x})/F^k(\mathbf{x})) \geqslant m(F(\mathbf{x})/\mathbf{x}) \tag{2.47}$$

成立。

(2) 若$F(\mathbf{x})$是强单调的且$\langle \mathbf{x}\rangle \neq \langle \mathbf{y}\rangle$，则有

$$M(F(\mathbf{x})/F(\mathbf{y})) < M(\mathbf{x}/\mathbf{y}) \tag{2.48}$$

和

$$m(F(\mathbf{x})/F(\mathbf{y})) > m(\mathbf{x}/\mathbf{y}) \tag{2.49}$$

成立。 进一步，对于正整数k，有

$$M(F^{k+1}(\mathbf{x})/F^k(\mathbf{x})) < M(F(\mathbf{x})/\mathbf{x}) \tag{2.50}$$

和

$$m(F^{k+1}(\mathbf{x})/F^k(\mathbf{x})) > m(F(\mathbf{x})/\mathbf{x}) \tag{2.51}$$

成立。

证明 (1) 根据M函数的定义可知有$\mathbf{x} \leqslant M(\mathbf{x}/\mathbf{y})\mathbf{y}$成立。再根据 $F(\mathbf{x})$ 的单调性和一次齐次性可以得到$F(\mathbf{x}) \leqslant F\big(M(\mathbf{x}/\mathbf{y})\mathbf{y}\big)$和$F(\mathbf{x}) \leqslant M(\mathbf{x}/\mathbf{y})F(\mathbf{y})$。于是可知式(2.44)成立。

注意到式(2.44)等价于$m(F(\mathbf{y})/F(\mathbf{x})) \geqslant m(\mathbf{y}/\mathbf{x})$，于是由$\mathbf{x}$和$\mathbf{y}$的任意性可知式(2.45)成立。

其余两式显然成立。

(2) 如果$\langle\mathbf{x}\rangle \neq \langle\mathbf{y}\rangle$，那么显然有$\mathbf{x} < M(\mathbf{x}/\mathbf{y})\mathbf{y}$，进而根据$F(\mathbf{x})$的强单调性和一次齐次性可以得到 $F(\mathbf{x}) \ll F\big(M(\mathbf{x}/\mathbf{y})\mathbf{y}\big)$和 $F(\mathbf{x}) \ll M(\mathbf{x}/\mathbf{y})F(\mathbf{y})$。于是可知式(2.48)成立，进而可知式(2.49)成立。

其余两式显然成立。 □

由引理2.1可以得到如下定理。

定理 2.13 [①] 令$F:\mathbb{R}^n_{++} \to \mathbb{R}^n_{++}$为一次齐次函数，有：

(1) 若$F(\mathbf{x})$是单调的，则$F(\mathbf{x})$在希尔伯特距离下是非扩张的。

(2) 若$F(\mathbf{x})$是强单调的，则$F(\mathbf{x})$在希尔伯特距离下是收缩的。

证明 对于单调的一次齐次函数$F(\mathbf{x})$有

$$\begin{aligned} d_H(F(\mathbf{x}),F(\mathbf{y})) &= \log\big(M(F(\mathbf{x})/F(\mathbf{y}))M(F(\mathbf{y})/F(\mathbf{x}))\big) \\ &\leqslant \log\big(M(\mathbf{x}/\mathbf{y})M(\mathbf{y}/\mathbf{x})\big) \\ &= d_H(\mathbf{x},\mathbf{y}) \end{aligned}$$

对于强单调的一次齐次函数$F(\mathbf{x})$上式中的不等号严格成立。 □

定理 2.14 **(一次齐次函数迭代的结构收敛性定理)** 若$F:\mathbb{R}^n_{++} \to \mathbb{R}^n_{++}$为连续的一次齐次函数，具有本原性（即对于某个正整数l有$\mathbf{x} > \mathbf{y} \Rightarrow F^l(\mathbf{x}) \gg F^l(\mathbf{y})$），并且具有一个特征向量$\mathbf{x}^*$（即有$F(\mathbf{x}^*) = \rho\mathbf{x}^*, \rho > 0$），则以下论断成立：

(1) 不计常数因子时$\mathbf{x}^*$是$F(\mathbf{x})$唯一的特征向量，且$F(\mathbf{x})$的迭代过程结构收敛于$\mathbf{x}^*$，即 $F(\mathbf{x})$ 是结构收敛的；换言之，$\langle\mathbf{x}^*\rangle$是$\langle F(\mathbf{x})\rangle$（即将$F$归一

---

① 参见相关文献（Lemmens，Nussbaum，2012，第31页）。该文献未讨论收缩性，因为该文献将距离定义在非负象限上，而本书将距离定义在正象限上。定义在非负象限上会导致M函数的取值可能为0或无穷大，这样就不能保证定理中的收缩性成立。

化后得到的函数）的唯一的不动点，且$\langle F(\mathbf{x})\rangle$的迭代过程收敛于$\langle \mathbf{x}^* \rangle$。

(2) 当$\mathbf{x}$与$\mathbf{x}^*$结构不同时，序列

$$\left\{M\left(F^{kl+1}(\mathbf{x})/F^{kl}(\mathbf{x})\right)\right\}_{k=1}^{\infty}$$

是严格递减的且收敛于ρ；序列

$$\left\{m\left(F^{kl+1}(\mathbf{x})/F^{kl}(\mathbf{x})\right)\right\}_{k=1}^{\infty}$$

是严格递增的且收敛于ρ。

(3) $m(F(\mathbf{x})/\mathbf{x}) \leqslant \rho \leqslant M(F(\mathbf{x})/\mathbf{x})$，且等号仅当$\mathbf{x}$与$\mathbf{x}^*$结构相同时成立。

(4) 若存在$\mathbf{x}$使得$F(\mathbf{x}) > \alpha\mathbf{x}$成立则$\rho > \alpha$；若存在$\mathbf{x}$使得 $F(\mathbf{x}) < \alpha\mathbf{x}$ 成立则$\rho < \alpha$。

证明 ① (1) 首先，如果函数$F(\mathbf{x})$具有强单调性，那么注意到希尔伯特距离是一个李雅普诺夫函数，根据定理2.13(2)和李雅普诺夫定理2.10可知该函数是结构收敛的。

当函数$F(\mathbf{x})$不具有强单调性但是具有本原性时，根据本原性的定义2.17可知存在正整数l使得$F^l(\mathbf{x})$是强单调的，于是根据以上结论知$\langle F^l(\mathbf{x})\rangle$ 收敛于唯一的不动点$\langle \mathbf{x}^* \rangle$。由$F(\mathbf{x})$的一次齐次性知$\langle F^l(\mathbf{x})\rangle \equiv \langle F(\mathbf{x})\rangle^l$。即有$\langle F(\mathbf{x})\rangle^l$的迭代过程收敛于唯一的不动点$\langle \mathbf{x}^* \rangle$。于是根据命题2.5可知 $\langle F(\mathbf{x})\rangle$ 的迭代过程收敛于唯一的不动点$\langle \mathbf{x}^* \rangle$。

(2) 论断(2)、(3)和(4)，根据M函数引理2.1及论断(1)显然成立。 □

由以上定理可知，当产量函数为连续、本原的一次齐次函数时，若式(2.1)所示的产量模型存在均衡路径（亦即平衡增长路径），则该模型会收敛于均衡路径，换句话说，该经济是结构收敛的。

2.7.2.4 竞争性纯生产经济的均衡价格的迭代计算方法

定理2.14（即一次齐次函数迭代的结构收敛性定理）除了可以用来分析动态产量模型外，也可以用来分析动态价格模型。**动态价格模型**是指状态向量中仅包含价格向量的动态模型。

令$\mathbf{p}$表示竞争性纯生产多部门经济中的产品价格向量，$\mathbf{c}(\mathbf{p})$表示各厂商（即生产部门）的单位成本向量函数。假设单位成本向量函数是一次齐次、本原的，且存在价格向量$\mathbf{p}^*$和实数$r > -1$满足$\mathbf{p}^* = (1+r)\mathbf{c}(\mathbf{p}^*)$。$\mathbf{p}^*$即为均衡价格向量，$r$即为内生的均衡利润率。

① 参见相关文献（Rath，1986）。

若厂商在对其产品进行定价时使用**成本定价法**[①]，即采取产品单位成本作为产品价格，则有如下的动态价格模型，称之为**成本—价格迭代过程**:

$$\mathbf{p}^{(t+1)} = \mathbf{c}\left(\mathbf{p}^{(t)}\right) \tag{2.52}$$

根据定理2.14（即一次齐次函数迭代的结构收敛性定理），以上的成本—价格迭代过程是结构收敛的；换句话说，迭代过程$\mathbf{p}^{(t+1)} = \left\langle \mathbf{c}\left(\mathbf{p}^{(t)}\right)\right\rangle$会收敛于归一化的均衡价格向量$\langle \mathbf{p}^* \rangle$。

2.8 下齐次产量模型的稳定性

本节主要基于研究下齐次函数的相关文献（Lemmens，Nussbaum，2012）梳理和讨论与下齐次产量模型相关的一些概念、命题和证明等。

2.8.1 函数的下齐次性

产量函数与生产函数有一个共同点：均是把一个商品束映射为另一个商品束。因此规模收益的概念也可应用于产量函数。

定义 2.20 对于函数$F:\mathbb{R}_+^n \to \mathbb{R}_+^n$，如果对于任意的$\mathbf{x} \in \mathbb{R}_+^n$和$0 < \lambda < 1$有

$$\lambda F(\mathbf{x}) \leqslant F(\lambda \mathbf{x})$$

成立，则称其是**下齐次的**（subhomogenous）；如果对于任意的$\mathbf{x} \in \mathbb{R}_+^n \backslash \{\mathbf{0}\}$和 $0 < \lambda < 1$ 有

$$\lambda F(\mathbf{x}) \ll F(\lambda \mathbf{x})$$

成立，则称其是**严格下齐次的**。

显然，一次齐次函数是一种下齐次函数。

命题 2.6 (严格下齐次性与规模收益递减) 当且仅当函数$F:\mathbb{R}_+^n \to \mathbb{R}_+^n$满足以下条件时它是严格下齐次的：对于任意的$\mathbf{x} \in \mathbb{R}_+^n \backslash \{\mathbf{0}\}$和$\alpha > 1$有$F(\alpha \mathbf{x}) \ll \alpha F(\mathbf{x})$成立。

[①] 成本定价法可扩展为成本加成定价法，即采取产品单位成本加上对应于某个利润率$r' > -1$的利润作为产品价格。

证明 令$\lambda := 1/\alpha$，$\bar{\mathbf{x}} := \lambda\mathbf{x}$。由于

$$\begin{aligned}&\lambda F(\mathbf{x}) \ll F(\lambda\mathbf{x})\\ \Leftrightarrow&\lambda F(\bar{\mathbf{x}}/\lambda) \ll F(\bar{\mathbf{x}})\\ \Leftrightarrow&F(\alpha\bar{\mathbf{x}}) \ll F(\bar{\mathbf{x}})/\lambda\\ \Leftrightarrow&F(\alpha\bar{\mathbf{x}}) \ll \alpha F(\bar{\mathbf{x}})\end{aligned}$$

于是根据严格下齐次性的定义可知命题成立。 □

于是可见生产函数的严格下齐次性蕴含规模收益递减。在规模收益递减的情况下可能仅有部分产品产量随着生产规模的扩大而相对减少，而严格下齐次性意味着所有产品的产量相对减少，因此严格下齐次性相比规模收益递减是一个更强的条件，可称为**规模收益强递减**。而一个下齐次的生产函数必然是规模收益非递增的。具体来说，它可能是规模收益不变的，也可能是规模收益递减的，也可能在某个区域是规模收益不变、在其他区域是规模收益递减的。

对于单调的一次齐次函数$F: \mathbb{R}^n_+ \to \mathbb{R}^n_+$，令$\mathbf{x}$的某个分量（如第一个分量）固定不变时（相当于引入一种供给量外生的要素），即得到了一个低一维的函数，该函数即是下齐次的。论证如下：令$\mathbf{x} = (\xi;\bar{\mathbf{x}})$，$0 < \lambda < 1$，由$\lambda F(\xi,\bar{\mathbf{x}}) = F(\lambda\xi,\lambda\bar{\mathbf{x}}) \leqslant F(\xi,\lambda\bar{\mathbf{x}})$可知函数$F$是下齐次的。

类似地，对于强单调的一次齐次函数$F: \mathbb{R}^n_+ \to \mathbb{R}^n_+$，令$\mathbf{x}$的某个分量（如第一个分量）固定不变时即得到了一个低一维的严格下齐次的函数。论证如下：令$\mathbf{x} = (\xi;\bar{\mathbf{x}})$，$0 < \lambda < 1$，由$\lambda F(\xi,\bar{\mathbf{x}}) = F(\lambda\xi,\lambda\bar{\mathbf{x}}) \ll F(\xi,\lambda\bar{\mathbf{x}})$可知函数$F$是严格下齐次的。

2.8.2 下齐次产量函数的不动点的存在性

定义 2.21 如果函数$F: \mathbb{R}^n_{++} \to \mathbb{R}^n_{++}$把一个区间[1]$I \in \mathbb{R}^n_{++}$映射到自身之内，即$F(I) \subseteq I$，则称$I$为该函数的一个**非扩张区间**。

如果产量函数$H(\mathbf{y})$有一个非扩张区间$[\mathbf{y}',\mathbf{y}'']$，也就意味着对于任意$\mathbf{y}(\mathbf{y}' \leqslant \mathbf{y} \leqslant \mathbf{y}'')$有$\mathbf{y}' \leqslant H(\mathbf{y}) \leqslant \mathbf{y}''$成立。于是有$H(\mathbf{y}') \geqslant \mathbf{y}'$和$H(\mathbf{y}'') \leqslant \mathbf{y}''$成立，也就是说当某一期各种产品的产量均达到下限时，下一期的产量不会再减小；当某一期各种产品的产量均达到上限时，下一期的产量不会再增加。

注意到区间是凸集。因此由布劳威尔不动点定理2.4可知，在一个连续

[1] **区间**是介于某两个向量间的所有向量构成的集合。

函数的有界闭的非扩张区间$I=[\mathbf{a},\mathbf{b}]$（即$I=\{\mathbf{x}\in\mathbb{R}^n_{++}|\mathbf{a}\leqslant\mathbf{x}\leqslant\mathbf{b}\}$）内存在至少一个不动点。于是显然有：

命题 2.7 如果产量函数$H:\mathbb{R}^n_{++}\to\mathbb{R}^n_{++}$连续且有一个有界、闭的非扩张区间，则它至少有一个不动点，亦即相应的经济有至少一个均衡。

根据塔斯基（Tarski）不动点定理（参见Carter，2001），单调函数的有界闭的非扩张区间内至少有一个不动点，这里并不要求该函数连续。于是有以下命题：

命题 2.8 若产量函数$H:\mathbb{R}^n_{++}\to\mathbb{R}^n_{++}$是单调的（即若$\mathbf{x}\leqslant\mathbf{x}'$则$H(\mathbf{x})\leqslant H(\mathbf{x}')$）且有一个有界、闭的非扩张区间，则它至少有一个不动点，亦即相应的经济有至少一个均衡。

注意到以上两个命题中前一个要求连续性而后一个要求单调性；连续性似乎总是一个合理的假设。从经济现实的角度来看，如果商品分类较细从而种类很多时，单调性就不太合理，因为有些商品随着经济的发展其需求量和产量可能下降。反之，当商品种类较少时，单调性也是一个较为合理的假设。

根据塔斯基不动点定理可知，如果单调的产量函数的非扩张区间$[\mathbf{y}',\mathbf{y}'']$ 中的一个点$\bar{\mathbf{y}}$满足$H(\mathbf{y})\leqslant\mathbf{y}$或$H(\mathbf{y})\geqslant\mathbf{y}$，则每一条从$\mathbf{y}$出发的路径均会收敛于不动点。特别地，从$\mathbf{y}'$或$\mathbf{y}''$出发的路径会收敛到不动点。当单调的产量函数为定义在$\mathbb{R}_{++}$上的一元函数时，显然从有界闭的非扩张区间内出发的每条路径均会收敛到不动点。

2.8.3 整体渐近稳定性

类似于一次齐次动态模型稳定性分析中的希尔伯特距离，在下齐次动态模型稳定性分析中需要使用如下的汤普森（Thompson）距离：

定义 2.22 对于$\mathbf{x},\mathbf{y}\in\mathbb{R}^n_{++}$，定义$\mathbf{x}$和$\mathbf{y}$之间的**汤普森距离**为

$$d_T(\mathbf{x},\mathbf{y}):=\log\max\{M(\mathbf{x}/\mathbf{y}),M(\mathbf{y}/\mathbf{x})\}\tag{2.53}$$

亦即

$$d_T(\mathbf{x},\mathbf{y}):=\max\{\log M(\mathbf{x}/\mathbf{y}),\log M(\mathbf{y}/\mathbf{x})\}\tag{2.54}$$

根据汤普森距离的定义可知，当且仅当两个正向量相同时它们的汤普森距离等于0。

引理 2.2 [①]对于单调函数$F:\mathbb{R}^n_{++}\to\mathbb{R}^n_{++}$，以下论断成立：

(1) 当且仅当$F(\mathbf{x})$是下齐次时，它在汤普森距离下是非扩张的。

(2) 当$F(\mathbf{x})$是严格下齐次时，它在汤普森距离下是收缩的。

证明 (1) 令$\lambda:=\max\{M(\mathbf{x}/\mathbf{y}),M(\mathbf{y}/\mathbf{x})\}$，可知有 $d_T(\mathbf{x},\mathbf{y})=\log\lambda$，$\lambda\geqslant 1$，$\lambda^{-1}\mathbf{x}\leqslant\mathbf{y}$ 和 $\lambda^{-1}\mathbf{y}\leqslant\mathbf{x}$。进而根据单调性得到 $F(\lambda^{-1}\mathbf{x})\leqslant F(\mathbf{y})$ 和 $F(\lambda^{-1}\mathbf{y})\leqslant F(\mathbf{x})$。再结合下齐次性的定义进一步得到 $\lambda^{-1}F(\mathbf{x})\leqslant F(\mathbf{y})$ 和 $\lambda^{-1}F(\mathbf{y})\leqslant F(\mathbf{x})$。于是可知

$$\max\{M(F(\mathbf{x})/F(\mathbf{y})),M(F(\mathbf{y})/F(\mathbf{x}))\}\leqslant\lambda$$

即有$d_T(F(\mathbf{x}),F(\mathbf{y}))\leqslant d_T(\mathbf{x},\mathbf{y})$。

接下来证明另一个方向的蕴含关系。假设$F(\mathbf{x})$在汤普森距离下是非扩张的。对于$\mathbf{x}\in\mathbb{R}^n_{++}$，$\lambda\geqslant 1$，$\mathbf{y}:=\lambda^{-1}\mathbf{x}$有$d_T(\mathbf{x},\mathbf{y})=\log\lambda$。于是根据$F(\mathbf{x})$的非扩张性可知有

$$\log M(F(\mathbf{x})/F(\mathbf{y}))\leqslant d_T(F(\mathbf{x}),F(\mathbf{y}))\leqslant d_T(\mathbf{x},\mathbf{y})=\log\lambda$$

于是有

$$F(\mathbf{x})\leqslant\lambda F(\mathbf{y})$$

进而有$\lambda^{-1}F(\mathbf{x})\leqslant F(\lambda^{-1}\mathbf{x})$，于是$F(\mathbf{x})$是下齐次的。

(2) 对于$\mathbf{x},\mathbf{y}\in\mathbb{R}^n_{++}$，$\mathbf{x}\neq\mathbf{y}$，令$\lambda:=\max\{M(\mathbf{x}/\mathbf{y}),M(\mathbf{y}/\mathbf{x})\}$，可知有$d_T(\mathbf{x},\mathbf{y})=\log\lambda$，$\lambda>1$，$\lambda^{-1}\mathbf{x}\leqslant\mathbf{y}$ 和 $\lambda^{-1}\mathbf{y}\leqslant\mathbf{x}$。由于$F(\mathbf{x})$单调且严格下齐次，于是有

$$\lambda^{-1}F(\mathbf{x})\ll F(\lambda^{-1}\mathbf{x})\leqslant F(\mathbf{y})$$

和

$$\lambda^{-1}F(\mathbf{y})\ll F(\lambda^{-1}\mathbf{y})\leqslant F(\mathbf{x})$$

于是可知

$$\max\{M(F(\mathbf{x})/F(\mathbf{y})),M(F(\mathbf{y})/F(\mathbf{x}))\}<\lambda$$

即有$d_T(F(\mathbf{x}),F(\mathbf{y}))<d_T(\mathbf{x},\mathbf{y})$。 □

从以上引理和李雅普诺夫定理2.10直接可以得到如下结论：

定理 2.15 (下齐次函数迭代收敛性定理) 若函数$F:\mathbb{R}^n_{++}\to\mathbb{R}^n_{++}$是连续、单调、严格下齐次的，且有一个不动点$\mathbf{x}^*$，则该函数的迭代过程收敛于$\mathbf{x}^*$，且$\mathbf{x}^*$是该函数的唯一不动点。

[①]对此引理的详细讨论可参见相关文献（Lemmens，Nussbaum，2012，第33页）。

从下齐次函数迭代收敛性定理2.15可知，对于具有连续、单调、严格下齐次（即规模收益强递减）产量函数及一个均衡（即不动点）的产量模型而言，这一均衡是唯一的且该动态模型会收敛到这个唯一的均衡。但因为产量模型中的资源配置方式未必是市场型的，所以这一均衡未必会使得净产出达到最大；也就是说，这一均衡配置未必会使得隐含的消费者的效用水平达到最大，即这一均衡配置未必是帕累托最优的（参见算例2.6）。

如果经济中的资源配置机制能够保证产量增加时每个部门得到的每种产品的数量不会减少，那么就可以保证单调性。于是可知有以下命题：

命题 2.9 如果一个动态产量模型满足以下条件：

(1) 具有连续、严格下齐次的产量函数；

(2) 具有至少一个均衡（即不动点）；

(3) 任一种产品的产量增加时配置给每个部门的该产品数量不会减少[①]；

那么其均衡是唯一的且该动态产量模型会收敛到这一均衡。

一般来说在市场经济中以上的条件(3)未必能够得到满足。

算例 2.6 (整体渐近稳定的计划型经济) 考虑一个具有计划型资源配置过程的经济的稳定性。该经济包含3种商品（小麦、铁和劳动）和3个主体（2个厂商和劳动者）。劳动的供给量始终为100单位。生产函数和效用函数如下：

厂商1 $f(\mathbf{x}) = 5x_1^{0.6}x_2^{0.1}x_3^{0.3}$

厂商2 $g(\mathbf{x}) = 3x_1^{0.4}x_2^{0.4}x_3^{0.2}$

劳动者 x_1

亦即劳动者只消费小麦。假设经济中采用以下资源配置方式：每期小麦产量的一半被用于消费（即小麦的投资率为0.5），另一半的小麦及全部的铁和劳动在两个厂商间平均分配（即各取一半），即铁的投资率为1。也就是说每个厂商得到25%的小麦产量、50%的铁产量和50%的劳动（即50单位的劳动）用于生产。于是产量函数如下：

$$H(\mathbf{y}) = \begin{pmatrix} f(y_1/4, y_2/2, 50) \\ g(y_1/4, y_2/2, 50) \end{pmatrix}$$

根据下齐次函数迭代收敛性定理2.15可知可以通过产量函数$H(\mathbf{y})$的迭代过程搜寻不动点，且若不动点存在则它是唯一的。令迭代的初始值

[①] 例如，每种产品按照固定比例分配给各部门的配置方式即满足这一条件。

为$\mathbf{y}^{(0)} = (1,1)^T$，经过迭代计算发现迭代过程收敛于不动点，该不动点约为$(478.4, 351.6)^T$。当然，由于资源配置方式是计划型而不是市场型的，这并不是一个竞争性均衡。在竞争性均衡中小麦和铁的产量分别约为2592单位和226.4单位。 □

2.8.4 谷物经济中的投资率

只有一种产品的多部门常规经济称为**谷物经济**，其中的产品一般用小麦代表；相应的模型即为**谷物模型**（corn model）。假定小麦既用于生产又用于消费。每期中可利用的小麦中的一部分用于消费，其余部分分配给小麦生产者用于生产。用于生产的这部分小麦的数量即为谷物经济中这一期的投资量。一期中的小麦的投资量与可利用的小麦数量（即供给量）两者之比称为谷物经济中这一期的**投资率**。

对于满足命题2.9中的假设的谷物经济，只要其投资量不随产量的上升而下降（例如，当各期的投资率固定时即满足这一条件），即投资量是产量的非减函数，根据命题2.9可知该经济会收敛于均衡。

当投资率固定时，以上的谷物经济会收敛于均衡。但如果这一投资率不是竞争性均衡中的投资率，则这一均衡就不会是竞争性均衡，其中的投资量和产量就可能不是最优投资量和最优产量。也就是说当且仅当固定的投资率等于竞争性均衡投资率时以上的谷物经济中的产量会收敛于竞争性均衡产量。

例如，当小麦生产者具有规模收益不变的C-D型生产函数且小麦对应的β系数为β_1时，根据C-D型函数的性质可知在任一价格向量下最大化利润的小麦生产者在小麦上的支出占总支出的比例为β_1，换句话说，小麦生产者将会把小麦产量中比例为β_1的部分用于生产。于是可知竞争性均衡中的投资率必然为β_1。因此当在这一谷物经济中使用投资率固定的资源配置方式时，只有当该投资率等于β_1时该经济中的产量才会收敛于竞争性均衡产量。

2.8.5 无替代定理与下齐次动态价格模型

考虑包含一种初级要素（即劳动）的多部门竞争性常规经济，假设该经济中存在均衡且均衡中每个部门均未停产，记均衡劳动价格为$w > 0$；当选择劳动为计价商品时即有$w = 1$。那么均衡的产品价格向量$\bar{\mathbf{p}}^*$满足$\bar{\mathbf{p}}^* = (1+r)\mathbf{c}(\bar{\mathbf{p}}^*, w)$，其中$r$为外生的均衡利润率，$\mathbf{c}(\bar{\mathbf{p}}^*, w)$为各生产部门的单位成本向量。

由于单位成本函数是$\bar{\mathbf{p}}$和w的单调的一次齐次函数，于是对任意$\alpha > 1$有

$$\mathbf{c}(\alpha\bar{\mathbf{p}}, w) \ll \mathbf{c}(\alpha\bar{\mathbf{p}}, \alpha w) = \alpha\mathbf{c}(\bar{\mathbf{p}}, w) \tag{2.55}$$

上式中$\ll$的成立是因为根据假设P5，除停产外每个生产过程都需要使用劳动。于是根据命题2.6知当劳动价格固定时单位成本向量是$\bar{\mathbf{p}}$的严格下齐次函数。

于是根据下齐次函数迭代收敛性定理2.15可知有以下命题。

定理 2.16 (无替代定理，non-substitution theorem) 如果只包含一种初级要素（即劳动）的多部门竞争性常规经济中存在均衡且每种产品的均衡产量为正，那么：

(1) 均衡价格结构是唯一的；

(2) 当给定工资率$w > 0$和均衡利润率r时以下的成本－价格迭代过程会收敛于均衡的产品价格向量：

$$\bar{\mathbf{p}}^{(t+1)} = (1+r)\mathbf{c}\left(\bar{\mathbf{p}}^{(t)}, w\right) \tag{2.56}$$

(3) 均衡价格结构与消费者偏好和初级要素的数量无关。

从以上定理可知，可以利用成本－价格迭代过程来搜寻均衡价格向量。迭代时一般假设$w = 1$，即以劳动作为计价商品。由于以上的成本－价格迭代过程完全没有涉及最终需求和劳动者的效用函数，于是可知在这一经济中消费者效用函数的变化不影响均衡价格，均衡价格完全由外生的利润率和厂商的生产技术决定。于是消费者偏好的变动也不会导致厂商变更、替代其所使用的技术，此即该定理名称的由来。当然，此时消费者偏好一般仍然会影响均衡产出。[①]

当多部门经济中除劳动外还有其他要素时，情况是类似的，此时将式(2.56)中的工资率换为给定的各种要素的价格向量$\mathbf{w}$即可。生产价格可以使用如下的成本－价格迭代过程计算：

$$\bar{\mathbf{p}}^{(t+1)} = (1+r)\mathbf{c}\left(\bar{\mathbf{p}}^{(t)}, \mathbf{w}\right) \tag{2.57}$$

[①] 无替代定理是均衡分析的一个经典定理。对于单一生产下的无替代定理的早期研究有萨缪尔森（Samuelson，1951）、阿罗（Arrow，1951）、库普曼斯（Koopmans，1951）等。当经济中有固定资产时无替代定理仍然成立；对于有固定资产的无替代定理的研究有莫里斯（Mirrlees，1969）、斯蒂格利茨（Stiglitz，1970）等。但对于一般性的联合生产情形这一定理不成立。

这也就是说，如果在多部门经济的均衡价格计算中能够先算得均衡的要素价格向量（一般来说这一点并不容易做到），那么就可以很容易地通过迭代过程计算出均衡的产品价格向量。

2.8.6 技术变动与均衡价格

在多部门经济中当某些生产部门发生技术变动时均衡价格向量一般也会随之发生变动。迪森巴赫（Dietzenbacher，1988）对于列昂惕夫型多部门经济中这种现象的规律作了分析，下面的讨论将其部分结论扩展到了非列昂惕夫型的多部门经济。

考虑一个折现因子为ρ的不可分解的多部门经济。假设其中部分生产部门由于技术变动导致成本函数发生了变动，而有些生产部门的技术和成本函数没有发生变动。任选一个没有发生技术变动的生产部门，不妨设其为部门i，记其成本函数为$c(p,\mathbf{w})$，其中$\mathbf{w}$为其他商品的价格构成的向量。

假设发生技术变动前部门i生产的产品（即商品i）的均衡价格为p^*，则有$c(p^*,\mathbf{w})=\rho p^*$成立，其中$\mathbf{w}$为发生技术变动前其他商品的均衡价格向量。假设发生技术变动后其他商品的均衡价格向量由$\mathbf{w}$变为$\mathbf{w}'$，而商品i的均衡价格变为αp^* $(\alpha>0)$，则有$c(\alpha p^*,\mathbf{w}')=\rho\alpha p^*$成立，亦即有$c(p^*,\mathbf{w}'/\alpha)=\rho p^*$。由经济的不可分解性和成本函数的单调性可知不可能出现$\mathbf{w}>\mathbf{w}'/\alpha$和 $\mathbf{w}<\mathbf{w}'/\alpha$ 的情况。也就是说必然有$\alpha\leqslant M(\mathbf{w}'/\mathbf{w})$和$\alpha\geqslant m(\mathbf{w}'/\mathbf{w})$成立。亦即商品$i$均衡价格的变动倍数必然在其他商品均衡价格的最大变动倍数和最小变动倍数之间。

由于部门i是从没有发生技术变动的生产部门任选的一个部门，于是可知所有没有技术变动的生产部门对应的均衡价格的最大变动幅度介于其他部门（亦即发生技术变动的生产部门和可能有的消费部门）价格变动的最大幅度和最小幅度之间；没有技术变动的生产部门对应的均衡价格的最小变动幅度也介于其他部门（即发生技术变动的生产部门和可能有的消费部门）价格变动的最大幅度和最小幅度之间。换句话说，必然有一个发生技术进步的生产部门或者有一个消费部门具有最大的价格变动幅度，并且有一个发生技术进步的生产部门或者有一个消费部门具有最小的价格变动幅度。

类似可知，当要素的价格由于供给变动或价格管制等原因发生变动而各生产部门的技术不变时，每个生产部门的价格变动幅度不会大于要素价格变动的最大幅度，也不会小于要素价格变动的最小幅度。

2.9　本章小结

动态产量模型

（动态）产量模型的状态向量中只包含产量（或人均产量）而省略掉了价格、禀赋、效用、收入等其他变量，是一种结构较为简单的动态经济模型。产量模型用产量函数刻画了不同时间的产出向量之间的依赖关系。产量函数一般是连续函数，但未必是可逆函数。

根据产量模型中时间的推移方向，可以将其分为正向产量模型和逆向产量模型。在正向产量模型中第$t+1$期的产量是第t期的产量的函数，而在逆向产量模型中第t期的产量是第$t+1$期的产量的函数。

纯生产的产量模型和隐含消费的产量模型是两类主要的产量模型。纯生产的产量模型完全忽略掉所有初级要素和消费过程，将经济抽象为一个仅由厂商构成的、能够自我维持或自我扩张的生产系统。也可以认为这类模型假设劳动、土地等初级要素的供给量是无限的，因此在分析时可以忽略这些初级要素。纯生产模型中的产量函数一般为一次齐次函数，均衡路径一般为增长率内生的平衡增长路径。

隐含消费的产量模型中包含初级要素、消费者和消费过程，并且假定消费过程完全由产量决定，因此在分析中只需要重点考察产量即可。这类模型中的产量函数一般不是一次齐次函数，均衡一般定义为产量函数的不动点。

在市场经济中，价格是影响资源配置的主要因素，而产量模型完全忽略了价格因素。尽管产量模型所描述的经济与现实中的经济差距很大，但由于这类模型的数学结构比较简单，便于进行理论分析，对于这类模型的讨论有助于理解其他数学结构更为复杂的模型，因此产量模型仍然具有较高的理论价值。

冯·诺依曼均衡模型与结构均衡模型

冯·诺依曼均衡模型又被称为冯·诺依曼扩张经济模型、冯·诺依曼增长模型等，由冯·诺依曼在1932年提出、1937年发表，在1945年译为英文再次发表（von Neumann，1945）。这一模型是一个典型的动态的、纯生产的均衡模型。冯·诺依曼在这篇论文中以不动点定理证明了该模型的解的存在性，并且事实上给出了角谷不动点定理的一个最早的证明。在之后其他学者对于均衡存在性的证明中，角谷不动点定理仍然是最有力的数学工具。

本书中提出的一系列的均衡模型（本书称之为**结构均衡模型**）可以视

为在以下方面对这一模型的修改和扩展：

(1) 放松了基本技术个数有限这一假设，通过将单位需求矩阵或投入系数矩阵表示为价格的函数使得经济中可以有无限多个基本技术。所谓基本技术是指不能表示为其他技术的非负线性组合的技术，也就是说不能表示为其他技术各自乘上一个非负实数后再相加。

(2) 通过将投入系数矩阵表示为效用的函数而将其扩展为单位需求矩阵，从而使得扩展后的模型可以包含消费者和初级要素。这时的增长率由原先的内生变量变为外生变量。

(3) 放松了生产过程具有不变的规模收益这一假设，通过引入隐含要素或将单位需求矩阵、投入系数矩阵表示为活动水平的函数，使得模型可以处理递减的或递增的规模收益。

(4) 引入了货币、税票、股票等金融工具，得到的模型可以用来分析具有金融工具的经济的均衡，例如，可以用来计算均衡汇率。

(5) 原先的冯·诺依曼均衡模型在供需平衡方程中和收支平衡方程中使用了不同的折现因子，这两个折现因子分别对应于产量的增长率和厂商的利润率。当假设厂商将（留存）利润全部投入再生产时，显然这两个折现因子是相等的。而本书即采取这一假设，因此本书在冯·诺依曼均衡模型及结构均衡模型中对于供需平衡方程和收支平衡方程使用了同一个折现因子。

就一般形式而言，结构均衡模型保持了冯·诺依曼均衡模型的不等式形式和动态特征，可以将冯·诺依曼均衡模型视为其特例。就一般情况而言，一般均衡模型采取等式形式是错误的，可能导致解得的某些商品的数量和价格为负值；在一些特殊情况下，例如，均衡中没有免费商品和停产厂商时，均衡模型可以采取等式形式。

冯·诺依曼均衡模型隐含了两个互补松弛条件，这两个条件在结构均衡模型中仍然成立。互补松弛条件1指出均衡中亏损（即超额利润为负）的厂商必然停产，即活动水平为0；而均衡中未停产的厂商的超额利润均为0。互补松弛条件2指出均衡中供大于求（即超额需求为负）的商品必然免费，即价格为0。

产量模型的稳定性

经济系统中均衡的稳定性、渐近稳定性和整体渐近稳定性是三个由弱到强的概念。

如果均衡是稳定的，那么当把（确定性的）经济系统调控到均衡附近、然后不再干预时，经济不会远离均衡。这也就是说只需要对经济进行一次调控即可保证经济此后永远位于均衡的附近。

如果均衡是渐近稳定的，那么当把经济系统调控到均衡附近、然后不再干预时，经济会自动地趋于均衡。这也就是说只需要在经济远离均衡时对经济进行一次调控即可保证经济收敛于均衡。

如果均衡是整体渐近稳定的，那么经济系统总会自动地趋于均衡，这种情况下无论经济处于何种状态都完全不需要对经济进行干预。

而当均衡不稳定时，为了使得经济趋于均衡或位于均衡附近，可能需要持续不断地干预经济。

而模型的结构收敛性则是指其趋于增长率不为0的平衡增长路径的性质。

从本章的讨论可见，由于产量模型的形式较为简单，因此对其施加一些较弱的限制就可以保证其具有整体渐近稳定性或结构收敛性。

产量模型中均衡的存在性

在一般均衡分析中，通常直接或间接使用不动点定理（例如布劳威尔不动点定理和角谷不动点定理）来证明均衡的存在性，对于产量模型而言也是如此。

隐含消费的产量模型的均衡状态向量一般定义为产量函数的不动点，因此证明其存在性时可以直接应用不动点定理。

纯生产的产量模型的均衡状态向量则一般定义为产量函数的半正的特征向量。由于一次齐次函数的半正的特征向量是将函数归一化后得到的新函数的不动点，因此当证明一次齐次函数的半正的特征向量的存在性时就可以借助不动点定理。

第3章　常规经济的均衡

3.1　谷物经济的均衡

3.1.1　常规经济与谷物经济

第2章的均衡的讨论中没有涉及消费者偏好，本章则将讨论考虑消费者偏好的常规经济。

可以根据均衡中的增长率将常规经济分为两类。若常规经济中没有技术进步且初级要素供给量固定不变，则称这一经济为**零增长经济**；相反，存在技术进步或者初级要素供给量增长的常规经济称为**正增长经济**。

在常规经济中，消费者通过出租劳动力、土地、生产品（或称生产资料）等换取消费品，相应地消费者可以分为劳动者、土地所有者、股东（即厂商的所有者）等类型，其收入分别为工资、地租和股息等。资源或收入可以被用于消费，也可以被用于生产或其他目的，后一种用途即为投资（或称储蓄）。对于劳动者和土地所有者，本章假定其将所有收入用于消费；而对于股东，本章假定其将所有收入用于投资，在这种情况下股东可以被忽略、不需要考虑股东的消费过程，而只需要关注厂商的生产决策即可。

租赁（或借贷）的期限可以是一期，也可以是多期，称前者为短期租赁（或短期借贷），后者为长期租赁（或长期借贷）。短期租赁（或短期借贷）的借入和偿还分别发生在一期的期初和期末。本书一般假定租赁均采取短期租赁的形式。

谷物经济（或者说谷物模型）是常规经济（或者说常规经济模型）的一种简单的特例。谷物经济是一种多部门经济，只包含一个生产者、一种产品，可能包含一种或多种要素。其中唯一的生产者可以被视为现实中各种厂商的加总，而唯一的产品可以被视为现实中所有产品的加总。一般假设这种产品既可以作为消费品也可以作为生产品，并且以谷物或小麦作为代表。

最简单的谷物模型中一般包含小麦和劳动两种商品、厂商和劳动者（亦即消费者）两类主体，亦即两部门谷物模型。复杂些的谷物模型中还可能包含土地等其他初级要素。谷物模型中也可能包含货币、股票等金融工具。本节主要讨论两部门谷物模型。

3.1.2　列昂惕夫型两部门谷物经济

假设经济中有两种商品，即小麦和劳动，分别由小麦生产者（即厂商）和劳动者（即消费者）供给，其生产函数和效用函数如下：

小麦生产者　$\min\{x_1/\alpha, x_2\}$，$0<\alpha<1$

劳动者　x_1

从以上的生产函数可见，生产1单位小麦恰好需要投入1单位劳动。对于不满足这一条件的列昂惕夫型生产函数可以通过计量单位的变换使之满足这一条件。在此假设劳动者不消费劳动；当劳动者消费劳动时分析是类似的。

假定劳动者是同质的，每位劳动者每期供给1单位劳动。于是当劳动者数量不变时劳动供给量始终不变；当劳动者数量增长时劳动供给量以相同的速度增长。在此假定劳动的初始供给量为100单位并以速度$\gamma \geqslant 0$增长[①]。

各主体的需求状况可以利用一个如下包含效用参数的单位需求矩阵来反映：

$$\mathbf{A}(u)=\begin{bmatrix}\alpha & u\\ 1 & 0\end{bmatrix},\quad 0<\alpha<1$$

以上矩阵的第一列反映了追求利润最大化的厂商获得1单位产出时的需求，第二列反映了追求支出最小化（或效用最大化）的每位劳动者获得u单位效用时的需求。第二列亦即劳动者的补偿需求函数[②]。一般来说，常规经济中的单位需求矩阵的对应于厂商的列为厂商的单位需求束，对应于一类消费者的列为一位该类消费者的补偿需求函数。

单位需求矩阵中的α反映了单位产出对应的生产品投入量。因为在谷物模型中厂商的产出和投入的产品均为小麦，所以α也就等于厂商为获得单位产值而投入的生产品价值，称为资本投入系数[③]。

[①] 从理论分析的角度来看，增长率的取值范围也可以扩展到$(-1,+\infty)$。

[②] 也可使用需求函数，这种情况下单位需求矩阵中的效用参数变为收入参数。

[③] 资本投入系数指资本与产值之比。严格来说α是租金后付制度下的资本投入系数，

单位供给矩阵**B**为2阶单位阵，其第一列表示厂商单位生产水平下的产量和供给量为1，第二列表示每位劳动者供给1单位劳动。

接下来分别考虑零增长和正增长情况下的均衡。

3.1.2.1 零增长的情形

假设劳动的供给始终为100单位且无技术进步，因此这一经济中的均衡增长率必然为0。

首先来考虑收支平衡。对于若干同质的消费者（即一类消费者），称其中每位消费者的收入为该类消费者的单位收入，称其中每位消费者的支出为该类消费者的单位支出。对于一位厂商，称其在单位生产水平下的收入为其单位收入，称其在单位生产水平下的支出为其单位支出。在不考虑税收等因素时，厂商的单位支出即为单位成本。各类经济主体的单位收入构成**单位收入向量**，单位支出构成**单位支出向量**。显然在均衡路径的每一期中各类经济主体的单位收入等于单位支出。

在这一谷物经济中，当均衡路径中的价格向量为**p**时，p_1即为厂商出售1单位小麦的收入，即厂商的单位收入；由于假设每位劳动者供给1单位劳动，于是p_2即为每位劳动者的收入，即劳动者的单位收入。也就是说**p**即为单位收入向量。而单位支出向量为$\mathbf{p}^T\mathbf{A}(u)$，其第一个分量为厂商的单位成本，而第二个分量为每位劳动者在效用水平u下的支出。在均衡路径的每一期中应当有$\mathbf{p}^T\mathbf{A}(u)=\mathbf{p}^T$成立，此即收支平衡条件。

接来下考虑供需平衡。在包含m类经济主体的常规经济中定义**活动水平向量z**如下：若第i类主体为厂商则令z_i为其生产水平，若第i类主体为消费者则令z_i为该类消费者的人数；当每期中消费者的人数增长时期末人数大于期初人数，这种情形下z_i为期末人数（亦即下一期的期初人数）。在这一谷物经济中活动水平向量为$\mathbf{z}:=(z_1,100)^T$，其中z_1表示厂商的生产水平，亦即小麦产量；$z_2=100$表示劳动者人数和劳动供给量。在这一谷物经济的均衡路径中**z**也反映了各种商品的供给量。

而向量$\mathbf{A}(u)\mathbf{z}$反映了各种商品的需求状况，其第一个分量反映了对小麦的需求量，第二个分量反映了对劳动的需求量。在均衡路径的每一期中应当有$\mathbf{A}(u)\mathbf{z}=\mathbf{z}$成立，此即供需平衡条件。

在资本预付制度下这一经济中的资本还包括预付工资。而资本产出比一般指资本与净产值之比或固定资本的价值与净产值之比，有时也指资本投入系数。

于是这一经济的结构均衡模型即为

$$\mathbf{p}^T\mathbf{A}(u)=\mathbf{p}^T \tag{3.1}$$

$$\mathbf{A}(u)\mathbf{z}=\mathbf{z} \tag{3.2}$$

其中$\mathbf{z}=(z_1,100)^T$。

根据这一模型可以解得均衡价格向量$\mathbf{p}^*$、均衡小麦产量z_1^*和均衡效用水平u^*。由均衡方程可知$\mathbf{A}(u^*)$的P-F特征值为1，即$\mathbf{A}(u^*)-\mathbf{I}$的行列式为0，据此可以算得$u^*=1-\alpha$。均衡中的单位需求矩阵（即**均衡单位需求矩阵**）为

$$\mathbf{A}(u^*)=\begin{bmatrix}\alpha & 1-\alpha\\ 1 & 0\end{bmatrix}$$

即均衡中每位劳动者消费$1-\alpha$单位小麦、供给1单位劳动，于是可以认为在均衡中投入$1-\alpha$单位小麦可以“生产”1单位劳动。

进一步，$\mathbf{A}(u^*)$的一个左P-F特征向量为$(1,1-\alpha)^T$，此即以小麦计价的均衡价格向量；一个右P-F特征向量为$\mathbf{z}^*=(100,100)^T$。而均衡路径中的生产和消费过程（即均衡配置）如表3.1所示，该表即是一个实物型的投入产出表。

表 3.1　均衡配置（增长率为0）

	小麦生产者	劳动者	总需求
小麦需求	100α	$100(1-\alpha)$	100
劳动需求	100	0	100
供给	100	100	

3.1.2.2　正增长的情形

现在假设劳动人口和劳动供给的外生增长率为γ，即本期期末、下一期期初的劳动者人数会增长到本期期初的$1+\gamma$倍，相应的折现因子为$\rho:=\frac{1}{1+\gamma}$。由于在动态经济中经济主体的支出（可视为投资）和相应的收入之间有一期的时间间隔，投入（即需求）和相应的产出（即供给）之间有一期的时间间隔，于是需要对收入和供给进行折现，即通过将下一期的收入和供给乘以折现因子，计算出本期的收入和供给，然后令其分别等

于本期的支出和需求。[①]此时的结构均衡模型为

$$\mathbf{p}^T\mathbf{A}(u) = \rho\mathbf{p}^T \tag{3.3}$$

$$\mathbf{A}(u)\mathbf{z} = \rho\mathbf{z} \tag{3.4}$$

当本期（期初）的劳动者人数为100时有$\mathbf{z} = (z_1, 100/\rho)^T$，其中$z_1$为下一期（或者说下一期期初、本期期末）的小麦产量，$100/\rho$为下一期的劳动者人数。

从均衡方程可见均衡中的单位需求矩阵$\mathbf{A}(u^*)$的P-F特征值为ρ，此时矩阵$\rho\mathbf{I}-\mathbf{A}(u^*)$的行列式为0，可用这一方程求解均衡效用水平，解得

$$u^* = \rho^2 - \rho\alpha \tag{3.5}$$

根据上式可知，为了保证每位劳动者的均衡小麦消费量（亦即均衡效用水平）u^*大于等于0，必须有$\rho \geqslant \alpha$成立，于是可知该经济所能达到的最小折现因子为α，换句话说，该经济所能达到的最大增长率为$1/\alpha-1$。从另一个角度来看，即使小麦生产不需要劳动，由于生产1单位小麦需要投入α单位小麦，于是小麦产量的最大增长率也只能为$1/\alpha-1$，即整个经济的均衡增长率不可能超过这一值。而如果**生存效用水平**为$\underline{u} \geqslant 0$，即劳动者效用水平（在此例中也等于工资水平）大于该值时才能生存，则根据式(3.5)和$u^* > \underline{u}$可算得该经济所能达到的最小折现因子为$\alpha/2+(\alpha^2+4\underline{u})^{0.5}/2$。

进一步，$\mathbf{A}(u^*)$的一个左P-F特征向量为$\mathbf{p}^* = (1, \rho-\alpha)^T$，此即以小麦计价的均衡价格向量。可见随着折现因子的减小（即增长率的增加）以小麦计价的均衡工资水平下降。

注意到每位劳动者的效用水平为工资的ρ倍，亦即工资为其效用水平的$1+\gamma$倍，这是因为模型中隐含地假设每位劳动者需要养育γ个新增人口，也就是说每期之中分享劳动收入、参与消费的人数是期初劳动供给量的$1+\gamma$倍。这些新增人口将在本期期末（亦即下一期期初）开始供给劳动，亦即本期期末的劳动者人数是期初的$1+\gamma$倍。[②]

$\mathbf{A}(u^*)$的一个右P-F特征向量为$\mathbf{z}^* = (100, 100+100\gamma)^T = (100, 100/\rho)^T$，这也就是当本期的劳动者人数为100、劳动供给量为100单位时的本期的均衡活动水平向量，在这个例子中也等于下一期的供给向量，其中100(1+

[①]对于折现问题的详细讨论见本书第3.4.1小节。

[②]对于人口增长的进一步讨论见本书第3.4.1小节。

$\gamma) = 100/\rho$为本期末、下期初的人口数量。相应的均衡配置如表3.2所示，注意表中的供给与需求之间有一期的时间间隔。

表 3.2　劳动者期初人数为100时的均衡配置
（增长率为γ；$\rho := \frac{1}{1+\gamma}$）

	小麦生产者	劳动者	总需求
小麦需求	100α	$100(\rho-\alpha)$	100ρ
劳动需求	100	0	100
下一期供给	100	$100/\rho$	

3.1.2.3　人口增长率

根据以上的讨论可以总结出以下结论，这些结论在更一般的情况下也是成立的：

(1) 经济所能承受的人口增长率一般存在一个由生产集决定的理论上限，这一上限相当于劳动无限供给、劳动价格为0时经济的最大增长率。当经济增长达到这一上限时，一般来说会将全部产出用于投资（或者说再生产），而没有剩余产品可供消费。当然，从经济现实的角度来看，经济中需要保留相当一部分产品用于维持劳动者的生存需要，并且土地、环境资源等其他初级要素也会制约经济增长，因此现实中经济可承受的最大人口增长率可能远低于这一理论上限。

(2) 根据式(3.3)和定理2.7可知，当人口增长率γ下降（即折现因子ρ增加）时，均衡效用水平将上升。也就是说，人口增长率较低时，均衡的增长率和投资增长率较低，相对较小比例的净产出将被用于投资、较大比例的净产出被用于消费，因此社会福利水平相对较高。也就说如果没有技术进步时人口增长率与均衡效用水平是此消彼长的关系。在这一模型中从$\frac{du^*}{d\rho} = 2\rho - \alpha > 0$也可以看到这一点。

(3) 如果劳动供给的（相对）增加不是由于人口增长，而是由于劳动节约型的技术进步（参见本书第3.2.3小节），那么显然增长率越大、折现因子ρ越小对于劳动者越有利。

3.1.3　非列昂惕夫型两部门谷物经济

当消费者具有非位似效用函数时，结构均衡模型的形式并不会有实质的变化。下面通过一个算例来说明这一点。

算例 3.1 (**具有非位似效用函数的两部门谷物经济**) 考虑一个两部门谷物经济，假设生产函数和效用函数如下：

小麦生产者 $\min\{2x_1, x_2\}$

劳动者 $\min\{\sqrt{x_1}, x_2\}$

则劳动者效用水平为u时相应的消费束为$(u^2, u)^T$。

假定有100位劳动者，每位劳动者每期供给1单位劳动，即劳动的供给量始终为100单位，亦即有$\gamma = 0$和$\mathbf{z}^* = (z_1^*, 100)^T$。单位需求矩阵为

$$\mathbf{A}(u) = \begin{bmatrix} 0.5 & u^2 \\ 1 & u \end{bmatrix}$$

结构均衡模型仍为式(3.1)–(3.2)。以小麦为计价商品，解得均衡价格向量为$\mathbf{p}^* = (1, 0.5)^T$，均衡效用水平为$u^* = 0.5$，均衡活动水平向量为$\mathbf{z}^* = (50, 100)^T$，均衡配置如表3.3所示。[①]

表 3.3 均衡配置（增长率为0）

	小麦生产者	劳动者	总需求
小麦需求	25	25	50
劳动需求	50	50	100
供给	50	100	

注：劳动者具有非位似效用函数。

若劳动的初始供给量为100单位并以20%的速度增长。亦即$\gamma = 0.20$，则可算得均衡效用水平、均衡价格向量和初期的均衡活动水平向量为

$$u^* = 0.3861,\ \mathbf{p}^* = (1, 1/3)^T,\ \mathbf{z}^* = (53.67, 120)^T$$

可见劳动供给的增长率会影响均衡效用、均衡价格和均衡产出。

第1期的均衡配置如表3.4所示，注意表中的供给与需求有一期的时间间隔。 □

在C-D型或CES型生产函数和效用函数下，单位需求矩阵是价格的函数。除了这一点外，结构均衡模型与列昂惕夫型经济中的均衡方程相同。下面来看一个算例。

[①] 劳动者消费的劳动可以理解为购买的服务（即劳动者相互间的服务），也可以理解为劳动者自己对自己的服务（如家务劳动）或享受的**闲暇**（leisure）。如果将均衡配置中劳动者消费的劳动视为其自己对自己的服务或享受的闲暇，那么可以认为劳动者实际的劳动供给量为50单位。当经济模型中存在多种劳动者时，闲暇即是一类劳动者对自身劳动的消费。劳动和其他要素的区别在于，劳动者供给劳动（或者说从事劳动）常常为其带来身体或精神疲劳等负面感受，因此劳动者常常对自身供给的劳动（即闲暇）有需求，或者说闲暇常常出现在劳动者的效用函数中。

表 3.4 初始的均衡配置(增长率为0.2)

	小麦生产者	劳动者	总需求
小麦需求	26.83	17.89	44.72
劳动需求	53.67	46.33	100
下一期供给	53.67	120	

注：劳动者具有非位似效用函数。

算例 3.2 (**C-D型两部门谷物经济**) 考虑一个两部门谷物经济，假设生产函数和效用函数如下：

小麦生产者 $x_1^{\beta_1}x_2^{1-\beta_1}$ $(0<\beta_1<1)$

劳动者 $x_1^{1-\beta_2}x_2^{\beta_2}$ $(0<\beta_2<1)$

假设每位劳动者每期供给1单位劳动，初期的劳动者人口为100，每期劳动者人口的增长率(亦即劳动供给量的增长率)为γ。

单位需求矩阵为

$$\mathbf{A}(\mathbf{p},u)=\begin{bmatrix}\left(\frac{\beta_1 p_2}{p_1(1-\beta_1)}\right)^{1-\beta_1} & u\left(\frac{p_2(1-\beta_2)}{\beta_2 p_1}\right)^{\beta_2}\\ \left(\frac{p_1(1-\beta_1)}{\beta_1 p_2}\right)^{\beta_1} & u\left(\frac{\beta_2 p_1}{p_2(1-\beta_2)}\right)^{1-\beta_2}\end{bmatrix} \tag{3.6}$$

结构均衡模型为

$$\mathbf{p}^T\mathbf{A}(\mathbf{p},u)=\rho\mathbf{p}^T \tag{3.7}$$

$$\mathbf{A}(\mathbf{p},u)\mathbf{z}=\rho\mathbf{z} \tag{3.8}$$

以小麦为计价商品(即$p_1^*=1$)，从收支平衡公式中解得均衡价格向量和均衡效用水平分别为

$$\mathbf{p}^*=\left(1,(1+\gamma)^{\frac{1}{\beta_1-1}}\beta_1^{\frac{\beta_1}{1-\beta_1}}(1-\beta_1)\right)^T,u^*=(1+\gamma)^{-1}\left(p_2^*(1-\beta_2)\right)^{1-\beta_2}\beta_2^{\beta_2}$$

于是有以下结论：

(1) 在均衡价格向量中并未出现消费者效用函数的参数β_2，这是因为根据无替代定理2.16，这一经济中消费者效用函数的变化并不影响均衡价格。

(2) 将均衡价格代入单位需求矩阵(3.6)可得均衡的资本投入系数为$\rho\beta_1$，也就是说在均衡中生产1单位小麦时投入$\rho\beta_1$单位小麦。另外，根据C-D型函数的性质可知小麦生产者在小麦上的支出占总支出的比重为β_1，由于以小麦为计价商品时均衡中生产1单位小麦的成本为ρ，于是亦可知均衡中生产1单位小麦时投入的小麦数量和价值均为$\rho\beta_1$。

(3) 在这一经济中当增长率趋于无穷时劳动者的（以小麦计价的）工资水平和效用水平会趋于0；但从经济现实的角度看消费者为了维持生存所需要的消费品数量不可能太接近于0，也就是说对于消费者而言可能存在一个正的效用水平的下限$\underline{u}$，即正的生存效用水平。而生存效用水平$\underline{u}$对应的增长率即为经济的最大增长率，亦即经济所能承受的最大人口增长率。

当$\beta_1=0.5$、$\beta_2=0.6$、劳动者人口增长率为$\gamma=0$时，以小麦计价的均衡工资率为0.25，均衡效用水平为$u^*\approx 0.2930$。均衡单位需求矩阵为

$$\mathbf{A}(\mathbf{p}^*,u^*)=\begin{bmatrix}0.5 & 0.1\\ 2 & 0.6\end{bmatrix}$$

均衡配置如表3.5所示。

表 3.5 均衡配置（增长率为0）

	小麦生产者	劳动者	总需求
小麦需求	10	10	20
劳动需求	40	60	100
供给	20	100	

当$\beta_1=0.5$、$\beta_2=0.6$、劳动者人口和劳动供给量的增长率为$\gamma=0.25$时，以小麦计价的均衡工资率为4/25，均衡效用水平为$u^*\approx 0.1961$，均衡单位需求矩阵为

$$\mathbf{A}(\mathbf{p}^*,u^*)=\begin{bmatrix}0.4 & 0.0512\\ 2.5 & 0.48\end{bmatrix}$$

□

3.1.4 投资与储蓄

在本书的均衡分析中储蓄与投资这两个概念并无实质区别。对于消费者收入中用于投资或储蓄的部分一般使用储蓄一词，而在其他情况下（例如讨论整个经济中的投资或储蓄）一般使用投资一词。当经济中存在借贷时消费者可以通过借贷使得其每期的消费支出超过其收入，这类行为即为负储蓄（dissaving）[①]；如无特别说明，本书不考虑这种情况。需要注意的是由于购买住宅、汽车等耐用消费品的行为既有消费的因素在内，也有投资的因素在内，由此导致的支出大于收入的情形一般不是负储蓄。[②]

[①] 参见本书第7.7节。

[②] 参见本书第5.1.1小节。

3.1.4.1 增加值与净产值

一个厂商（在一定时期内）生产出的新产品的价值（即产值）是以下几项的和：

(1) 中间投入价值，如原材料成本；

(2) 投入的初级要素的价值，如工资、地租等；

(3) 固定资产折旧；

(4) 利润。

而其（在一定时期内的）**增加值**是指其产值与中间投入价值之差，亦即以上四项中的后三项之和。对于一个国家而言其国内的所有厂商（在一定时期内）的增加值之和即为该国的**国内生产总值**（GDP）。

从增加值中扣除固定资产折旧即为**净产值**（有时称为**净增加值**）。相应地，从国内生产总值中扣除固定资产折旧即得到**国内生产净值**（NDP）。

当衡量一个处于均衡状态的经济的生产规模时，国内生产总值这一指标优于总产值，而国内生产净值又优于国内生产总值。下面用一个算例来说明这一点。

算例 3.3 **(总产值、增加值与净产值)** 在第3.1.2小节讨论的零增长的列昂惕夫型谷物模型中，当资本投入系数为$\alpha = 0.5$时，以小麦计价（即令小麦价格为1元）的均衡价格向量为$(1, 0.5)^T$。均衡配置如表3.6所示。每一期中产品的总产值为100元，增加值（即GDP）和净产值为50元。

表 3.6 均衡配置（增长率为0）

	小麦生产者	劳动者	总需求
小麦需求	50	50	100
劳动需求	100	0	100
供给	100	100	

现在假设小麦生产者的生产过程分为两步，即首先利用小麦生产出某种中间品，然后再利用这种中间品生产出小麦。假设投入1单位小麦和1单位劳动生产出1单位中间品，投入0.5单位中间品和0.5单位劳动生产出1单位小麦。那么当这两步由两个厂商完成时，以小麦计价的均衡价格向量为$(1.5, 1, 0.5)^T$，其中1.5为中间品的均衡价格。均衡配置如表3.7所示。每一期的产品的总产值为175，增加值和净产值为50。可以看到，厂商的拆分或兼并可能影响到经济的总产值，但不会影响增加值和净产值，因此总

产值并不适合用来度量经济的生产规模。

表 3.7 均衡配置（增长率为0）

	中间品生产者	小麦生产者	劳动者	总需求
中间品需求	0	50	0	50
小麦需求	50	0	50	100
劳动需求	50	50	0	100
供给	50	100	100	

现在考虑表3.6中的均衡，假设生产中投入的小麦属于固定资产而非中间投入，在生产中不被完全消耗，而只消耗使用量的$0<\delta<1$倍，那么投入50单位小麦时经过折旧还剩余$50(1-\delta)$单位的小麦。将这部分小麦价值从100元的小麦总供给价值中扣除即为小麦产值，即小麦产值为$100-50(1-\delta)=50+50\delta$。因为此时没有中间投入，所以这也就是增加值（即GDP）。而净产值（NDP）为50元。小麦生产者供给的100元的小麦中50元用于消费，50δ元用于投资，其余部分为剩余的固定资产。增加值中用于投资的比例为$\frac{50\delta}{50+50\delta}=\frac{\delta}{1+\delta}$。

进一步，如果投入的小麦中比重为θ的部分是固定资产，其余是中间投入，则价值100元的小麦供给中$100-50(1-\theta)-50\theta(1-\delta)=50+50\theta\delta$元（即净产值加折旧）为增加值。而净产值（NDP）为50元。GDP中用于投资的比例为$\frac{\theta\delta}{1+\theta\delta}$。可见，厂商所使用的生产技术如果发生以上这种形式上的变化，可能会影响到GDP，但不会影响到NDP。 □

3.1.4.2 离散时间经济模型中的投资率

考虑一个离散时间的经济，假定每期（如每天、每周或每月）中所有经济主体进行一次交易，交易过程结束后每个厂商进行生产、每位消费者进行消费。

资产是指可以为其所有者带来多期收益的商品或商品束。**生产资产**是厂商在每一期的生产经营中使用的、可以直接产生利润的资产。

对于一个厂商而言，在交易过程结束、生产过程开始的时刻拥有的固定资产、中间投入、待销售的产品、土地使用权、购得的劳动（或者说劳动力使用权）等构成该厂商这一时刻的（生产）资产（或称资产存量），其价值即是该厂商这一时刻的**资本**（或称资本存量）。也就是说厂商的资产是厂商为了获取利润而持有的商品束，资本即是该商品束的价值。而一个厂商的资产相对前一期的变动量即为该厂商本期的**净投资束**。厂商的净投资束的价值即为**净投资**。也就是说净投资即为资本的变动量。

初级要素的租金（如地租、工资等）可以在使用初级要素之前支付，也可以在使用初级要素之后支付，前者称为**租金预付制度**，后者称为**租金后付制度**。例如，工资预付时劳动者先得到工资后从事生产；工资后付时劳动者先从事生产后得到工资。显然工资预付对于厂商不利而对于劳动者有利，工资后付则相反。在经济现实中工资后付可能导致拖欠工资，即劳动者承担一部分厂商的经营风险，对于劳动者而言更为不利。本书一般假定采取租金预付制度。

如果假定采取租金后付制度，那么厂商的资本存量就不包括尚未支付租金的初级要素。

下面对上述离散时间经济中的投资作一更具体的讨论。

(1) 在以上的离散时间经济中，将某一期的交易过程中（或者说资源配置的时刻）可供利用的所有资源在给定的价格向量下的价值记为V_1。V_1等于初级要素的一期的租金和所有可用的产品（包括使用过但未折旧完的固定资产、新生产的产品、待销售的产品存货等）的价值之和。经过资源配置后一部分被用于消费，其余的价值为I_1的部分被用于投资。[①]I_1等于租金预付制度下所有厂商一期的投资总额。V_1可视为总供给的价值，称I_1/V_1为供给投资率。

(2) 从V_1的价值中扣除初级要素的租金，得到其中产品的价值，记为V_2；相应地，记用于投资的产品总价值为I_2，此即资本存量，该值等于租金后付的制度下所有厂商一期的投资总额。[②]称I_2/V_2为总投资率。

(3) 从产品总价值V_2和相应的投资额I_2中扣除使用过的、未折旧完的固定资产的价值及积压产品（或称非意愿存货）的价值，得到总产值（即新产品总价值）V_3和总产值中的投资额I_3，I_3/V_3即总产值投资率。

(4) 从新产品总价值V_3和相应的I_3中扣除用于补偿上一期的中间投入

[①]这里的投资额I_1既包括可以带来收益的**有效投资**，也包括由于商品未能出售、出租而导致无法带来收益的**无效投资**（如撂荒的土地、窖藏的货币、闲置的固定资产、积压的产品等可利用而未利用的资源）。在竞争性均衡中一般不存在无效投资、闲置资源。无效投资对于经济主体而言可能是非意愿投资（unintended investment），例如，厂商在产品销售不畅时可能被迫闲置部分产能；也可能是意愿投资，例如，要素垄断者可能会通过主动地闲置部分要素来提高要素价格。

[②]在这种情况下需要注意工资预付和工资后付这两种工资制度的差异尽管对经济均衡没有实质性的影响，但会影响到一些经济指标。在一个增长率和利润率为γ的经济中，若工资预付时的工资率为w，那么工资后付时工资率即为$w(1+\gamma)$；工资后付时厂商投入的资本比工资预付时少w，总收入少$w(1+\gamma)$，利润则少$w\gamma$。下文除非特别说明，一律假定工资是预付的。

的部分，即得到增加值（即GDP）V_4和增加值中的投资额I_4。I_4为非负实数，可以等于0。I_4/V_4即增加值投资率（或称GDP投资率）。

(5) 从增加值V_4和相应的投资额I_4中扣除固定资产折旧价值后得到净产值V_5（即NDP）和**净投资**I_5。当I_4的值较小时，净投资就可能为负。净投资与净产值之比I_5/V_5即为**净投资率**。在增长率大于等于0的均衡中，净投资的值也大于等于0；但在非均衡中，净投资的值有可能为负。

表3.8总结了以上讨论的各种投资率。

表 3.8 离散时间经济中的各种投资率

	总额		投资额	投资率
V_1	资源（供给）的总价值	I_1	用于投资的资源价值	供给投资率
V_2	产品的总价值	I_2	用于投资的产品价值	总投资率
V_3	总产值（即新产品总价值）	I_3	用于投资的新产品价值	总产值投资率
V_4	增加值（GDP）	I_4	用于投资的增加值	增加值投资率
V_5	净产值（NDP）	I_5	用于投资的净产值（即净投资）	净投资率

3.1.4.3 谷物经济中的投资

下面以谷物经济为例对离散时间经济中的各种投资率作一说明。

假设增长率为γ（相应的折现因子为ρ）的谷物经济的均衡中的资本投入系数为α，即投入α元的小麦生产出1元的小麦。假设某一期期初厂商得到的小麦产量为y；以小麦为计价商品，其收入亦为y。厂商将收入y全部用于投资，于是下一次的生产过程的产量和收入为y/ρ，可见本期的收入中$y\alpha/\rho$用于购买小麦，$y(1-\alpha/\rho)$用于购买劳动；劳动者的收入为$y(1-\alpha/\rho)$，全部用于消费。假设生产中投入的小麦中固定资产的比重为θ，中间投入的比重为$1-\theta$，固定资产的折旧率为δ_d。则各种投资指标如下:

(1) 这一期经济中的总供给价值由y元的小麦和$y(1-\alpha/\rho)$元的劳动构成，即$V_1=y(2-\alpha/\rho)$。其中的投资额为$I_1=y$，此即厂商本期的生产成本。供给投资率为$I_1/V_1=\frac{1}{2-\alpha/\rho}=\frac{1}{2-\alpha(1+\gamma)}$。

(2) 产品的供给价值为$V_2=y$，用于投资的产品价值为$I_2=y\alpha/\rho=y\alpha(1+\gamma)$，总投资率为$I_2/V_2=\alpha/\rho=\alpha(1+\gamma)$。

(3) 未折旧完的固定资产价值为$y\alpha\theta(1-\delta_d)$，从产品供给价值 V_2 和产品投资 I_2 中扣除这一部分后得到$V_3=y-y\alpha\theta(1-\delta_d)$和$I_3=y\alpha(1+\gamma)-$

$y\alpha\theta(1-\delta_d)$，总产值投资率为$I_3/V_3=\frac{\alpha(1+\gamma)-\alpha\theta(1-\delta_d)}{1-\alpha\theta(1-\delta_d)}$。如果这一经济中不存在固定资产（即$\theta=0$），则总投资率与总产值投资率是相等的。

(4) 上一期中间投入为$y\alpha(1-\theta)$，从V_3和I_3中扣除这一部分后得到增加值（即国内生产总值）$V_4=y-y\alpha+y\alpha\theta\delta_d$和$I_4=y\alpha(\gamma+\theta\delta_d)$，增加值投资率为$I_4/V_4=\frac{\alpha(\gamma+\theta\delta_d)}{1-\alpha+\alpha\theta\delta_d}$。

(5) 上一期的固定资产折旧为$y\alpha\theta\delta_d$。扣除后得到净增加值（即国内生产净值）$V_5=y-y\alpha$和净投资$I_5=y\alpha\gamma$，净投资率为$I_5/V_5=\frac{\alpha\gamma}{1-\alpha}$。也就是说净投资率不受固定资产比重 θ 的影响。在一个零增长的经济中净投资率为0。如果这一经济中不存在固定资产（即$\theta=0$），则增加值投资率与净投资率是相等的。

下面再从经济主体的收入角度来考察投资。

(1) 这一期经济中厂商（或者说其股东）的总销售收入为y元，劳动者总收入为$y(1-\alpha/\rho)$元，之和为$V_1=y(2-\alpha/\rho)$。厂商将全部收入用于投资，劳动者将全部收入用于消费，于是投资额为$I_1=y$，供给投资率为$I_1/V_1=\frac{1}{2-\alpha/\rho}$。

(2) 厂商用于购买初级要素的收入为$y(1-\alpha/\rho)$，扣除后厂商的投资额为$y\alpha/\rho=y(1+\gamma)$，此即所有主体用于购买产品用于投资的收入I_2。从V_1中作相同的扣除后得到用于购买产品的收入为$V_2=y$，总投资率为$I_2/V_2=\alpha/\rho\equiv\alpha(1+\gamma)$。

(3) 折旧后的固定资产的价值为$y\alpha\theta(1-\delta_d)$，厂商新生产的产品价值为$V_3=y-y\alpha\theta(1-\delta_d)$，新产品中的投资额为$I_3=y\alpha(1+\gamma)-y\alpha\theta(1-\delta_d)$，总产值投资率为$I_3/V_3=\frac{\alpha(1+\gamma)-\alpha\theta(1-\delta_d)}{1-\alpha\theta(1-\delta_d)}$。

(4) 厂商的增加值等于销售收入减去中间投入、加上固定资产折旧，即$V_4=y-y\alpha+y\alpha\theta\delta_d$，相应的投资为新增投资加上补偿固定资产折旧的部分，即$I_4=y\alpha(\gamma+\theta\delta_d)$，增加值投资率为$I_4/V_4=\frac{\alpha(\gamma+\theta\delta_d)}{1-\alpha+\alpha\theta\delta_d}$。

(5) 厂商的净收入为增加值减去固定资产折旧，即$V_5=y-y\alpha$，净投资即为新增投资$I_5=y\alpha\gamma$，其中用于固定资产的净投资为$y\alpha\gamma\theta$，用于中间投入的投资为$y\alpha\gamma(1-\theta)$。净投资率为$I_5/V_5=\frac{\alpha\gamma}{1-\alpha}$。

从以上的讨论中可以看到，投资额和投资率可以有多种多样的定义。除了以上这些投资率的定义外，净投资与产品总产值之比I_5/V_2也可定义为一种投资率，在以上的谷物模型中这一值等于$\alpha\gamma$，即资本投入系数与增长率之积。净投资与增加值之比$I_5/V_4=\frac{\alpha\gamma}{1-\alpha+\alpha\theta\delta_d}$为增加值净投资率。

从以上算得的各种投资率的公式可见，谷物经济中的均衡投资率由均衡资本投入系数、均衡增长率、固定资产比重和固定资产折旧率决定。当增长率增加而其他因素不变时各种投资率会随之增加，并且增长率的较小变化可能导致净投资率的较大变化，例如，当$\alpha=0.9$、增长率增加到原先的2倍时，净投资率将增加到原先的9倍。

3.1.4.4 经济主体的储蓄率

以上对于投资率的定义都是针对整个经济而言的。对于一个经济主体而言，其收入（或者其拥有的商品价值）中用于投资的比例即是其个体的投资率，或者称为**储蓄率**。对于厂商或者其股东而言，储蓄率可以分为总储蓄率和净储蓄率两种。

假设厂商（或者说其股东）在每一期投资后可以通过出售产品、资产等收回所有的投资本金并得到利润。对于一个厂商而言，总收入（包括上一期投资的本金和得到的利润）中用于再投资的比重称为**总储蓄率**。如果该厂商将总收入全部用于投资而不发放股息供股东用于消费，那么总储蓄率为1；当厂商将总收入中的一部分发放股息供股东用于消费时[①]，厂商的储蓄率会低于1；如果厂商将全部收入用于发放股息，那么总储蓄率为0。

因为在均衡中厂商各期的投资额一般保持不变或以固定速度增长而不会出现减小的情况，所以在均衡分析中也可以认为厂商永远不会向股东返还投资本金，每期中只对利润进行分配，将利润中的一部分用于投资而其余部分用于发放股息。这种情形下称利润中用于投资的比例为厂商（或者说其股东）的**净储蓄率**，而利润即为厂商的净收入，不致引起混淆时也称为收入。

对于出租土地等初级要素的消费者，当消费者出售其初级要素（或者说出售其初级要素的所有权）时可以类似地定义其总储蓄率和净储蓄率。考虑零增长经济中一位拥有1单位土地的土地所有者的例子。假设均衡中该土地所有者每期出租1单位土地得到的（期初支付的）租金为p_r元。假设土地所有者也可以出售其土地的所有权。本书将土地等资产的**所有权**定义为从下一期开始的所有各期的使用权。假定土地所有权的价格为p。对于该土地所有者可以：

(1) 出售土地所有权及本期的使用权，得到$p+p_r$元，并将其全部用于消费，此时的总储蓄率和净储蓄率均为0；

(2) 仅出售土地的本期的使用权，保留土地所有权，并将p_r元的地租收入用于投资（如用于购买另外的土地），此时的总储蓄率和净储蓄率均为1；

[①] 本书假设股东将所有股息用于消费。

(3) 仅出售土地的本期的使用权，保留土地所有权，并将p_r元的地租收入用于消费，此时的总储蓄率为$\frac{p}{p_r+p}$，净储蓄率为0。

当然，土地所有者可以考虑出售部分土地所有权等其他选择。

因为本书的均衡分析中一般假设消费者出租而非出售其拥有的要素，所以在下文中如无特别说明，消费者和厂商的储蓄率均指其净储蓄率，而消费者的收入则指其地租、工资、股息、利息等租金收入。

3.1.4.5 谷物经济中的储蓄率

考虑两部门市场型谷物经济，以小麦作为计价商品。

在工资后付制度下，每期小麦产量即是该经济中的总收入，一部分被作为后付的工资支付给劳动者，其余部分归厂商所有。当厂商（或者说其股东）的总储蓄率和消费者的储蓄率均为外生变量时，用两类消费者的收入（即分得的小麦数量）作为权数对其储蓄率加权平均即是谷物经济中的（总）投资率（即小麦产量用于投资的比例）。也就是说谷物经济中的投资率介于两类主体的储蓄率之间。于是可见投资率既受各经济主体的储蓄率的影响，也受总收入在各经济主体间的分配比例的影响，当所有经济主体的储蓄率上升但收入分配发生变动时，投资率仍然有可能下降。

因为均衡中的厂商收入和消费者收入均为内生变量，所以谷物经济中的均衡投资率仍为内生变量。不过由于厂商的总储蓄率和消费者的储蓄率均为外生变量，因此一般来说谷物经济中的均衡未必是竞争性均衡，也就是说均衡总投资率未必是帕累托最优的。例如，当厂商的总储蓄率和消费者的储蓄率均很低时，由于谷物经济中的投资率介于这两个储蓄率之间，于是投资率就会很低，可能低于帕累托最优配置所要求的最优投资率，从而导致经济中出现**投资不足**的状况，无法达到帕累托最优配置。反之，当厂商的总储蓄率和消费者的储蓄率均很高时，谷物经济中的投资率就会很高，可能高于最优投资率，从而导致经济中出现**过度投资**的状况，同样无法达到帕累托最优配置。因此在均衡分析中时常采取以下假设：

极端储蓄率假设[①] 厂商的总储蓄率为1（即不发放股息供其股东消费），劳动者的储蓄率为0。

在这一假设下，厂商的股东不消费而劳动者不储蓄，这样就可以保证通过适当的收入分配使得经济中的总投资率可以等于最优投资率，从而使得帕累托最优配置有可能是该经济中的一个均衡配置。

当谷物经济处在非均衡路径中时，市场机制会对投资率提供趋向均衡

[①]萨缪尔森（Samuelson，1989）称之为卡莱斯基－马克思（Kalecki-Marx）假设。

投资率的向心力。当谷物经济中的投资率低于均衡值时，投资不足导致产品产量较低、供不应求，从而价格上升、利润率上升、厂商与劳动者的收入比上升，使得经济中的投资率升高；反之，当投资率高于均衡值时，过度投资导致产品产量较高、供大于求，从而价格下降、利润率下降、厂商与劳动者的收入比下降，使得经济中的投资率降低。也就是说市场经济中各类经济主体具有固定的有差异的储蓄率时，市场机制会通过调节各类经济主体的收入比重来调节经济中的投资率。如果各类经济主体具有固定的相同的储蓄率，市场机制就无法调节经济中的投资率。

3.2 单要素多部门经济的均衡

3.2.1 均衡效用水平与折现因子

单要素多部门经济包含多个生产部门和一个消费部门，其结构均衡模型与模型(3.7)–(3.8)相同。这一消费部门可以视为由同质的消费者（即劳动者）构成，这时消费部门的投入束即为消费者的消费束；也可以视为由消费者、政府和进出口部门等构成，这时消费部门的投入束包括消费者和政府的消费束及出口商品束，而产出束则包括进口商品束。下文一般假定单要素多部门经济中的消费部门由同质的劳动者构成。

收支平衡方程(3.7)又可以写为

$$\mathbf{c}(\mathbf{p},u)=\rho\mathbf{p} \tag{3.9}$$

其中，$\mathbf{c}(\mathbf{p},u):=\mathbf{p}^T\mathbf{A}(\mathbf{p},u)$为单位支出向量（函数），$u>0$为参数。这一向量由各生产部门的单位成本及一位劳动者在效用水平u和价格向量$\mathbf{p}$下的支出构成。[①]假设在任意正的效用水平u下该向量作为价格向量的函数具有本原性，亦即$\mathbf{A}(\mathbf{p},u)$ $(u>0)$为本原阵，此时称该多部门经济为本原的多部门经济。

若$\mathbf{p}^*$和u^*满足以上方程，则显然对于$u'>u^*$有$\mathbf{c}(\mathbf{p}^*,u')>\mathbf{c}(\mathbf{p}^*,u^*)=\rho\mathbf{p}^*$成立。于是根据定理2.14（即一次齐次函数迭代的结构收敛性定理）可知，$\mathbf{c}(\mathbf{p},u')$的特征值若存在则大于$\rho$，可见均衡效用水平与均衡折现因子是同向变动的。也就是说有以下命题：

[①]当一位劳动者每期供给1单位劳动时，这一支出可以视为在给定效用水平和价格向量下“生产”1单位劳动的成本。

命题 3.1 在本原的单要素多部门常规经济中，当均衡折现因子减小（即均衡增长率增大）时，如果变动前后的均衡效用水平均大于0，则均衡效用水平将下降。

当每位劳动者供给的劳动量固定不变时，这一经济的均衡增长率即等于劳动者数量的增长率。从以上命题可见，这一经济中劳动者的均衡效用水平与劳动者数量的增长率反向变动。

3.2.2 列昂惕夫型单要素多部门经济

不可分解的列昂惕夫型单要素n部门常规经济形式简单、容易分析和求解，在理论上和应用上都具有重要的意义。对于这类经济，时常假设劳动者不消费劳动[①]，此时单位需求矩阵可写为如下形式：

$$\mathbf{A}(u) = \begin{bmatrix} \bar{\mathbf{A}} & u\mathbf{d} \\ \bar{\mathbf{l}}^T & 0 \end{bmatrix} \tag{3.10}$$

其中，$\bar{\mathbf{A}}$为$(n-1)\times(n-1)$**中间投入系数矩阵**，反映了厂商在单位产量下使用的中间投入的数量；$\bar{\mathbf{l}}$为**劳动投入系数向量**，根据假设P5可知其为正向量；$\mathbf{d}$为每位消费者在效用水平为1时的需求束。

劳动的外生增长率为γ时，结构均衡模型为式(3.3)–(3.4)；劳动的外生增长率为0时，结构均衡模型为式(3.1)–(3.2)。

令工资率为1，价格向量为$\mathbf{p} = (\bar{\mathbf{p}};1)$，其中$(n-1)$维向量$\bar{\mathbf{p}}$为产品价格向量，反映了各种产品的价格。

根据式(3.3)可知生产价格方程$\mathbf{c}(\bar{\mathbf{p}},1) = \rho\bar{\mathbf{p}}$可写为以下形式：

$$(\bar{\mathbf{p}}^T\bar{\mathbf{A}} + \bar{\mathbf{l}}^T) = \rho\bar{\mathbf{p}}^T \tag{3.11}$$

上式又可写为

$$\bar{\mathbf{p}}^T(\rho\mathbf{I} - \bar{\mathbf{A}}) = \bar{\mathbf{l}}^T \tag{3.12}$$

根据非奇异M-矩阵定理2.8可知，当且当$\bar{\mathbf{A}}$的谱半径小于ρ时上式有如下非负解：

$$\bar{\mathbf{p}}^* = (\rho\mathbf{I} - \bar{\mathbf{A}}^T)^{-1}\bar{\mathbf{l}} \tag{3.13}$$

这也就是不可分解的列昂惕夫型单要素n部门常规经济中的均衡产品价格向量。

[①]当劳动者消费劳动时，可以将其消费的劳动另作为一种商品，从而将原先的经济转换为一个多了一种商品但劳动者不消费劳动的经济。

对于非列昂惕夫型经济，一般不易求得生产价格方程的解析解，可利用式(2.56)来求得数值解。

当每位劳动者每期供给1单位劳动、收入为1时，均衡效用水平即为

$$u^* = \frac{1}{\bar{\mathbf{p}}^{*T}\mathbf{d}} = \frac{1}{\bar{\mathbf{l}}^T(\rho\mathbf{I}-\bar{\mathbf{A}})^{-1}\mathbf{d}} \tag{3.14}$$

记均衡中某一期期末的产品产出向量（亦即下一期的产品供给向量）为$\bar{\mathbf{y}}$，期末劳动者数量为ω。于是这一期期初的产品供给向量为$\rho\bar{\mathbf{y}}$，这一期的生产过程的产品投入向量为$\bar{\mathbf{A}}\bar{\mathbf{y}}$。

这一期期末有ω位劳动者也就意味着这一期参与消费的人数为ω，这些消费者的总消费束即为$\omega u^*\mathbf{d}$。

于是根据供需平衡条件可知有下式成立：

$$\bar{\mathbf{A}}\bar{\mathbf{y}} + \omega u^*\mathbf{d} = \rho\bar{\mathbf{y}}$$

从上式解得这一期期末的产品的均衡产出向量为

$$\bar{\mathbf{y}}^* = (\rho\mathbf{I}-\bar{\mathbf{A}})^{-1}\omega u^*\mathbf{d} \tag{3.15}$$

而期初的产品的均衡供给向量即为$\rho\bar{\mathbf{y}}^*$。

算例 3.4 (列昂惕夫型单要素三部门经济) 考虑一个列昂惕夫型单要素三部门经济，其中劳动的供给量始终为100单位，生产函数和效用函数如下：

小麦生产者	$\min\{\frac{x_2}{0.5}, \frac{x_3}{0.3}\}$
铁生产者	$\min\{\frac{x_1}{0.4}, \frac{x_3}{0.4}\}$
劳动者	x_1

单位需求矩阵为

$$\mathbf{A}(u) = \begin{bmatrix} 0 & 0.4 & u \\ 0.5 & 0 & 0 \\ 0.3 & 0.4 & 0 \end{bmatrix}$$

结构均衡模型同式(3.1)–(3.2)。以劳动为计价商品，根据式 (3.1) 或式 (3.13) 均可算得均衡价格为

$$\mathbf{p}^* = (0.625, 0.65, 1)^T$$

均衡配置如表3.9所示。 □

表 3.9 列昂惕夫型三部门经济的均衡配置（增长率为0）

	小麦生产者	铁生产者	劳动者	总需求
小麦需求	0	40	160	200
铁需求	100	0	0	100
劳动需求	60	40	0	100
供给	200	100	100	

3.2.3 技术进步

3.2.3.1 三种类型的技术进步

从均衡分析的角度来看，技术进步是指可以使得消费者均衡效用水平上升（即均衡效用向量增加）的生产技术创新。本小节对技术进步对于均衡的影响作一些初步的分析。

有些技术进步会涉及新产品的发明和经济中商品种类的增加（如蒸汽机、电气设备或计算机的发明），这种技术进步称为**产品创新型技术进步**；而有的技术进步只涉及生产工艺、生产组织方式等生产过程方面的创新，经济中的商品种类保持不变，这种技术进步称为**过程创新型技术进步**（Acemoglu，2009，第411页）。现实经济中重大的技术进步往往属于产品创新型技术，这类技术进步的影响范围大，一个部门发生的这类技术进步可能会引发其他部门连锁性的技术进步。过程创新型技术进步则影响范围较小。当然，以上两类技术进步的界限并不是绝对的，现实中的产品创新型技术进步在商品分类较粗的经济模型中也可能表现为过程创新型技术进步。由于过程创新型技术进步更易于分析，下文只考虑这种情形。

对于一个规模收益不变的单一生产的厂商而言，当发明了某种新技术、使得生产1单位产品所需要的商品投入量减少时，该厂商即发生了技术进步。[①]下面定义三种形式较为简单的技术进步类型。

定义 3.1 假设单一生产的厂商具有规模收益不变的生产函数$f(\bar{\mathbf{x}},\omega)$，其中向量$\bar{\mathbf{x}}$反映中间投入的数量，而向量$\omega$反映投入的初级要素数量，则：

(1) 当生产函数变为$f(\bar{\mathbf{x}},\omega/\eta)$ $(0<\eta<1)$时，称发生了**要素节约型技术进步**。当投入品中只有劳动这一种要素时，即为**劳动节约型技术进步**。

(2) 当生产函数变为$f(\bar{\mathbf{x}}/\eta,\omega)$ $(0<\eta<1)$时，称发生了**资本节约型技术进步**。

[①] 这种技术进步称为节约型的技术进步。如果某项技术进步使得生产1单位产品所需要的一些商品投入量减小、另一些商品投入量增加，则称之为非节约型的技术进步。

(3) 当生产函数变为$f(\bar{\mathbf{x}}/\eta,\omega/\eta)$ $(0<\eta<1)$时，称发生了**中性技术进步**。

称η为**技术进步系数**，称$\gamma_t := 1/\eta-1$为**技术进步率**。

算例 3.5 (列昂惕夫型谷物经济中的技术进步) 考虑一个列昂惕夫型谷物经济，生产函数和效用函数如下：

小麦生产者　$\min\{x_1/\alpha,x_2/\beta\}$，$0<\alpha<1$

劳动者　x_1

假定经济中有l位劳动者，每位劳动者每期供给1单位劳动，即劳动的供给量始终为l单位。

以小麦为计价商品，设工资率为w，则均衡中有$\alpha+\beta w=1$，即均衡工资率为$w^*=\frac{1-\alpha}{\beta}$；由于消费者只购买小麦而小麦价格为1，于是这一数值也就是每位消费者消费小麦的数量。而由于均衡中所有劳动会投入生产，因此小麦的均衡产量即为l/β。均衡中厂商在小麦和劳动上的支出之比为$\alpha/(1-\alpha)$，换句话说，厂商的**支出结构向量**为$(\alpha,1-\alpha)^T$。

对于这一经济中的小麦生产者而言，生产函数中α或β的值的减小都会导致技术进步；α减小为资本节约型技术进步，β减小为劳动节约型技术进步，两者以相同的比例减小为中性技术进步。表3.10显示了三种类型的技术进步带来的经济后果。 □

表 3.10 列昂惕夫型两部门谷物经济中的技术进步对均衡的影响

技术进步类型	生产函数系数①	工资率②	产量	总投资率	人均投资
劳动节约型	$\alpha,\ \eta\beta$	$(1-\alpha)/(\eta\beta)$	$l/(\eta\beta)$	α	$\alpha/(\eta\beta)$
资本节约型	$\eta\alpha,\ \beta$	$(1-\eta\alpha)/\beta$	l/β	$\eta\alpha$	$\eta\alpha/\beta$
中性	$\eta\alpha,\ \eta\beta$	$(1/\eta-\alpha)/\beta$	$l/(\eta\beta)$	$\eta\alpha$	α/β

注：① $0<\eta<1$。
② 以小麦为计价商品。

3.2.3.2 等幅的要素节约型技术进步

当常规经济中各厂商发生等幅的（即技术进步率相同的）要素节约型的技术进步时，这种技术进步对均衡的影响相对比较简单。而现实中的技术进步也主要是要素节约型的。

假设消费者具有一次齐次的效用函数且不消费初级要素，则在发生等幅的要素节约型技术进步时，只需要对原先的均衡配置和均衡价格作以下调整就可以得到新的均衡：

(1) 对于原先的均衡配置，将每个厂商的投入束和产出束、消费者的消费束中的产品数量扩大到原先的$1/\eta$倍。显然这会导致对所有产品的供给和需求均增加到原先的$1/\eta$倍，因此产品的供需仍然平衡。在没有技术进步时这种调整会导致对于要素的需求扩大到原先的$1/\eta$倍，而由于技术进步的发生，恰好会使得对于要素的需求不变，于是要素也仍然保持供需平衡。

(2) 对于原先的均衡价格，将要素的价格调整到原先的$1/\eta$倍而产品价格不变。由于消费者的消费束已经扩大到原先的$1/\eta$倍，于是其收入和支出仍然相等；而由于产品价格不变，于是消费者也不会调整支出结构。对于厂商而言，收支仍然相等。对于一个厂商的技术选择过程来说，原先的任一投入束$(\bar{\mathbf{x}},\omega)$在价格向量$(\bar{\mathbf{p}},\mathbf{w})$下的成本与技术进步后相应的投入束$(\bar{\mathbf{x}},\omega/\eta)$在价格向量$(\bar{\mathbf{p}},\eta\mathbf{w})$下的成本相同，因此这种价格调整不会导致发生实质性的技术替代，即若厂商在原先的均衡价格下使用投入束$(\bar{\mathbf{x}},\omega)$，则价格调整后会使用投入束$(\bar{\mathbf{x}},\omega/\eta)$。于是可知作了这种调整后收支平衡条件仍然满足。

于是可知有以下命题：

命题 3.2 对于消费者具有一次齐次效用函数的常规经济，假设消费者不消费初级要素；以某种均衡价格不为0的产品为计价商品。则当各厂商发生了等幅的要素节约型的技术进步且技术进步率为$1/\eta-1(0<\eta<1)$（即每项技术中的要素投入量变为原先的η倍）时，对于技术进步前后的均衡有以下论断成立：

(1) 各种产品的均衡价格不变，各种要素的价格增长为原先的 $1/\eta$ 倍。

(2) 消费者的收入和效用水平增长为原先的$1/\eta$倍。

(3) 各厂商和消费者的均衡支出结构不变。

(4) 每种产品的均衡产量和产值增长为原先的$1/\eta$倍。

(5) 每种产品用于生产和用于消费的比例不变，产品总产值中用于生产的比例不变。

(6) 人均资产、人均资本、人均产出束、人均产值、人均净投资束和每位消费者的消费束增长为原先的$1/\eta$倍。

从以上命题可见，当经济中的利润、利息、股息与资本存量成正比时，发生等幅的要素节约型的技术进步时利润、利息、股息、工资、地租等的比例关系不会发生变化。

如果对于这种技术进步后的均衡配置中的每种要素作一个计量单位的变换，使得变换之前的η单位要素等于变换之后的1单位要素，则要素的供给量增加到原先的$1/\eta$倍，而要素的价格将恢复为技术进步前的价格。此时的均衡配置与未发生技术进步而发生要素供给增长时的均衡配置相比，除了要素的计量单位的差别外其余均相同。由此可见要素节约型技术进步的经济效果与要素供给量增加的经济效果是类似的。因此在本书的均衡分析中将主要考虑要素供给量增加的情况，而较少考虑技术进步。

如果要素数量不变而每期中均发生等幅的要素节约型技术进步且技术进步率均为γ_t，那么人均产出就将以速率γ_t增长。若外生的劳动者人口、劳动和其他要素供给量以速率γ_s增长，那么由于产出等于人均产出乘以人口，所以均衡增长率γ满足下式：

$$1+\gamma=(1+\gamma_t)(1+\gamma_s) \tag{3.16}$$

这一由人口增长率和技术进步率决定的均衡增长率有时被称为自然增长率。

3.2.3.3 外生增长模型与内生增长模型

当一个经济或模型中的均衡增长率γ满足式(3.16)，一般称其具有**外生增长**；当均衡增长率大于由要素节约型技术进步的技术进步率和要素供给增长率决定的总增长率时，一般称其具有**内生增长**（Solow，2000，第145页）。

导致内生增长的因素有递增的规模收益、人力资本（或者说劳动的可生产性）、产品种类数量的无限性[①]等等。一般均衡理论考察的一个重点是没有技术进步、初级要素供给量保持不变的经济。如果这样的经济可以持续地以某个正的速率增长，也就意味着人均产出、人均消费可以趋于无穷，亦即这一经济中不存在帕累托最优配置，这也就意味着一般均衡分析的常用假设中有一些不再被满足。对于内生增长的详细讨论可参见相关文

[①] 参见相关文献（Solow，2000，第148页；Romer，1990）。举例如下：假设经济中只有一种要素（即劳动），每期的供给量均为1；有无穷多种产品，各种产品对于劳动者的消费而言是完全可替代的；生产过程具有不变的规模收益，且投入$k\geqslant 0$种产品各1单位和1单位劳动时可以生产出$k+1$种产品各2单位。那么当劳动者每期消费掉产出的一半而将另一半投入生产时，随着时间的推移生产出的产品种类数、产品数量之和、劳动者的消费总量会趋于无穷。

献（Aghion，Howitt，1998）。

3.2.3.4 资本节约型和中性技术进步

一般来说，资本节约型技术进步的经济后果是相当复杂的。当发生资本节约型技术进步时，产品的均衡价格结构一般会发生变动。例如，对于劳动者不消费劳动的列昂惕夫型单要素n部门模型，从式(3.13)中可见，当中间投入系数矩阵变为原先的$\eta(0<\eta<1)$倍时，均衡的产品价格向量的结构一般会发生变动，这会进一步导致各部门的均衡支出结构也发生变化，整个经济结构都可能改变。因此在单要素多部门经济中资本节约型技术进步的经济后果比要素节约型技术进步的经济后果要复杂得多。

中性技术进步相当于资本节约型和要素节约型两种技术进步的复合。由于要素节约型的技术进步不改变总投资率和支出结构，于是中性技术进步下的总投资率与支出结构与资本节约型的技术进步下相同。

算例 3.6 (CES型谷物经济中的资本节约型技术进步) 考虑一个零增长的CES型谷物经济。假设小麦生产者具有式(1.15)所示的CES型生产函数。不失一般性，通过调整α和β_1的值，可以使得生产函数具有以下形式：

$$f(\mathbf{x})=\alpha(\beta_1 x_1^\sigma+x_2^\sigma)^{1/\sigma},\quad \sigma<1,\quad \sigma\neq 0 \tag{3.17}$$

以小麦为计价商品，记小麦生产者的单位成本为$c(\mathbf{p})$，根据式(1.16)和式(1.17)可知生产1单位小麦需要投入的小麦数量为

$$\begin{aligned}a_1(\mathbf{p})&=\alpha^{-1}\beta_1^{\frac{1}{1-\sigma}}(\alpha c(\mathbf{p}))^{\frac{1}{1-\sigma}}\\&=\alpha^{\frac{\sigma}{1-\sigma}}\beta_1^{\frac{1}{1-\sigma}}c(\mathbf{p})^{\frac{1}{1-\sigma}}\end{aligned}$$

由于小麦价格为1，于是在零增长的均衡中生产1单位小麦的成本为1。于是可知均衡中生产1单位小麦需要投入的小麦数量（亦即均衡的资本投入系数和总投资率）为

$$a_1=\alpha^{\frac{\sigma}{1-\sigma}}\beta_1^{\frac{1}{1-\sigma}} \tag{3.18}$$

根据资本节约型技术进步的定义，当发生资本节约型技术进步时β_1将变为$\beta_1\eta^{-\sigma}$ $(0<\eta<1)$，上式变为

$$a_1=\alpha^{\frac{\sigma}{1-\sigma}}\beta_1^{\frac{1}{1-\sigma}}\eta^{\frac{\sigma}{\sigma-1}},\ 0<\eta<1 \tag{3.19}$$

于是可见，当生产品和劳动间的替代弹性小于1（即$\sigma<0$，这种情形较为接近现实）时，资本节约型技术进步导致资本投入系数和总投资率下降；而在经济现实中人均资产有持续增加的趋势，资本投入系数（在此即

为总投资率）基本稳定（Kaldor，1957），也就是说现实中的技术进步主要是劳动节约型的。

当替代弹性大于1（即$0<\sigma<1$）时，资本节约型技术进步导致资本投入系数和总投资率上升。当替代弹性等于1（即$\sigma=0$）时，资本节约型技术进步不会导致资本投入系数和总投资率的变化，这种情况下生产函数即变为C-D型，从函数形式上易知此时三种类型的技术进步是等价的。 □

后文将主要关注要素节约型技术进步，并将假定技术进步率和要素增长率是外生的，于是均衡增长率是外生的。

3.3 支出结构矩阵与C-D型多部门经济

3.3.1 支出结构矩阵

所有主体的支出结构向量可以构成一个**支出结构矩阵**$\mathbf{C}(\mathbf{p})$，该矩阵的第i列反映了主体i在各种商品上的支出比重，其各列之和等于1。

如果所有主体的生产函数或效用函数均为一次齐次C-D型函数，那么根据式(1.31)可知此时的支出结构矩阵由所有主体的C-D型生产函数或效用函数的β系数构成，即这一矩阵不依赖于价格。

在多部门经济中，支出结构矩阵是方阵。由于支出结构矩阵的各列之和等于1，于是有$\mathbf{1}^T\mathbf{C}(\mathbf{p})=\mathbf{1}^T$成立，可见若支出结构矩阵不可分解，则其P-F特征值为1，而分量全为1的行向量是其一个左P-F特征向量。

令$\mathbf{w}$为由交易过程中各部门的收入构成的收入向量。向量$\mathbf{C}(\mathbf{p})\mathbf{w}$的第$i$个分量反映了交易过程中所有部门在商品$i$上的支出之和，亦即第$i$个部门的收入，于是有

$$\mathbf{C}(\mathbf{p})\mathbf{w}=\mathbf{w} \tag{3.20}$$

而**支出矩阵**$\mathbf{C}(\mathbf{p})\hat{\mathbf{w}}$反映了各部门在各种商品上的支出额。

对于C-D型多部门经济，根据上式可以得到如下命题：

命题 3.3 令$\mathbf{C}$为C-D型多部门经济中的支出结构矩阵，若支出结构矩阵$\mathbf{C}$不可分解，则有：

(1) 每个均衡收入向量均是$\mathbf{C}$的右P-F特征向量，$\mathbf{C}$的每个右P-F特征向量均是均衡收入向量[①]。

[①]均衡收入向量指在某一均衡价格向量和某一均衡配置下各经济主体的销售收入（即供给价值）构成的向量。

(2) 令$\mathbf{w}$为$\mathbf{C}$的任一右P-F特征向量，则$\mathbf{X}^\circ := \mathbf{C}\hat{\mathbf{w}}$是一个**均衡支出矩阵**，其第$(i,j)$个元素反映了在某个均衡向量价格下经济部门$j$在商品$i$上的均衡支出额。

均衡支出矩阵$\mathbf{X}^\circ \equiv \mathbf{C}\hat{\mathbf{w}}$的第$i$行反映了均衡中各经济部门在商品$i$上的支出比例，显然这意味着该矩阵的第$i$行也反映了商品$i$在各部门间的均衡配置比例。

算例 3.7 (**C-D型经济中的均衡支出**) 考虑一个三部门C-D型经济。其中生产部门和消费部门的数量不会影响下面的讨论。如果3个部门均是生产部门，则该经济是一个纯生产经济；若均是消费部门（或者说消费者），则该经济是一个纯交换经济。

假设3个部门的C-D型生产函数和效用函数中的β指数构成如下的支出结构矩阵：

$$\mathbf{C} = \begin{bmatrix} 0.6 & 0.4 & 0.2 \\ 0.1 & 0.4 & 0.7 \\ 0.3 & 0.2 & 0.1 \end{bmatrix} \tag{3.21}$$

该矩阵的一个右P-F特征向量为$\mathbf{w} = (4,3,2)^T$，一个均衡支出矩阵即为

$$\mathbf{C}\widehat{\mathbf{w}} = \begin{bmatrix} 2.4 & 1.2 & 0.4 \\ 0.4 & 1.2 & 1.4 \\ 1.2 & 0.6 & 0.2 \end{bmatrix} \tag{3.22}$$

其第3行表明均衡中各部门在商品3上的支出比例为$1.2:0.6:0.2$，亦即$6:3:1$，这也就是各部门使用的商品3的比例关系。这一比例关系不受其他商品的供给量的影响。因此如果商品3为劳动，其总供给量为100单位，那么均衡中3个部门会分别使用60单位、30单位和10单位的劳动。 □

3.3.2 三部门C-D型经济算例

下面来看一个单要素三部门C-D型经济的算例和一个双要素三部门C-D型经济的算例。

算例 3.8 (**单要素三部门C-D型经济**) 考虑具有如下生产函数和效用函数和C-D型三部门经济：

厂商1	$5x_1^{0.6}x_2^{0.1}x_3^{0.3}$
厂商2	$3x_1^{0.4}x_2^{0.4}x_3^{0.2}$
劳动者	$x_1^{0.2}x_2^{0.7}x_3^{0.1}$

单位需求矩阵如下：

$$\mathbf{A}(\mathbf{p},u)=\begin{bmatrix}\mathbf{a}^{(1)}(\mathbf{p}) & \mathbf{a}^{(2)}(\mathbf{p}) & u\mathbf{a}^{(3)}(\mathbf{p})\end{bmatrix}$$

其中，$\mathbf{a}^{(1)}(\mathbf{p})$、$\mathbf{a}^{(2)}(\mathbf{p})$和$\mathbf{a}^{(3)}(\mathbf{p})$如式(2.19)–(2.21)所示。

结构均衡模型同式(3.7)–(3.8)。这里由于单位需求矩阵不可分解且生产函数和效用函数为C-D型，于是不会出现厂商停产和商品过剩，两个均衡公式中均可使用等号。

假设劳动的供给量始终为100单位（即$\gamma=0$），可以解得唯一的归一化的均衡价格向量为$\mathbf{p}^*=(0.0866,0.1652,0.7482)^T$，均衡效用水平为$u^*=1.9872$，相应的均衡单位需求矩阵为

$$\mathbf{A}(\mathbf{p}^*,u^*)=\begin{bmatrix}0.6 & 0.7631 & 1.7279\\ 0.0524 & 0.4 & 3.1699\\ 0.0347 & 0.0442 & 0.1\end{bmatrix}$$

通过计算$\mathbf{A}(\mathbf{p}^*,u^*)$的右P-F特征向量可知均衡活动水平向量为

$$\mathbf{z}^*=(1728,679.3,100)^T$$

均衡配置如表3.11所示。其中每位劳动者消费1.728单位商品1、3.170单位商品2、0.1单位劳动，效用水平为1.987。

表 3.11 均衡配置（增长率为0）

	厂商1	厂商2	劳动者	总需求
商品1需求	1037	518.4	172.8	1728
商品2需求	90.57	271.7	317.0	679.3
劳动需求	60	30	10	100
供给	1728	679.3	100	

当劳动供给量以每期5%的外生增长率增长（即$\gamma=0.05$）时，可以算得唯一的归一化的均衡价格向量为$\mathbf{p}^*=(0.0977,0.1909,0.7114)^T$，均衡效用水平为$u^*=1.5954$。此时若劳动的初始供给量为100单位，则均衡路径中初始的配置如表3.12所示。其中每位劳动者消费1.3873单位商品1、2.4837单位商品2、0.0952单位劳动，效用水平为1.5954。 □

当多部门经济中有两种要素（如劳动和土地，或者两种类型的劳动）或更多种类要素时，均衡会有以下变化：

表 3.12　初始的均衡配置（增长率为0.05）

	厂商1	厂商2	劳动者	总需求
商品1需求	873.97	436.99	145.66	1456.6
商品2需求	74.511	223.53	260.79	558.83
劳动需求	60	30	10	100
下一期供给	1529.5	586.77	105	

(1) 由无替代定理知，单要素的情况下消费者偏好不影响均衡价格，而在多要素的情况下任一类消费者偏好的变化一般会影响均衡价格。

(2) 单要素情况下可以令要素为计价商品，即要素价格为1，然后利用迭代计算方法式(2.57)求得均衡价格向量；而在多要素情况下，因为要素之间的价格比例无法容易地确定，所以这一迭代方法难以使用。

(3) 多要素情况下各种要素供给量的比例变化一般会影响均衡价格，在单要素情况下没有这一问题。

(4) 单要素情况下均衡价格不受要素供给量等因素的影响，可以只使用收支平衡公式解得均衡价格；而在多要素情况下无法做到这一点，求解均衡价格时要同时利用收支平衡公式和供需平衡公式。

算例 3.9 (**双要素C-D型谷物经济**) 考虑一个三部门C-D型经济，其中有一个厂商（即小麦生产者）、一些同质的土地所有者和一些同质的劳动者。每个土地所有者每期供给1单位土地使用权[①]，即出租1单位土地，收取相应的**地租**。获得土地使用权的主体可以在本期中使用该土地。称单位土地的地租为**地租率**。

假设初期的土地所有者和劳动者的人数分别为60和100，这也是土地和劳动的初期的供给量；随后土地所有者和劳动者的人数、土地和劳动供给量以外生增长率$\gamma \geqslant 0$增长。假设生产函数和效用函数如下：

小麦生产者　$5x_1^{0.6}x_2^{0.1}x_3^{0.3}$

土地所有者　$3x_1^{0.4}x_2^{0.4}x_3^{0.2}$

劳动者　$x_1^{0.2}x_2^{0.7}x_3^{0.1}$

于是单位需求矩阵为

$$\mathbf{A}(\mathbf{p},\mathbf{u}) = \begin{bmatrix} \mathbf{a}^{(1)}(\mathbf{p}) & u_1\mathbf{a}^{(2)}(\mathbf{p}) & u_2\mathbf{a}^{(3)}(\mathbf{p}) \end{bmatrix}$$

其中，$\mathbf{a}^{(1)}(\mathbf{p})$、$\mathbf{a}^{(2)}(\mathbf{p})$和$\mathbf{a}^{(3)}(\mathbf{p})$如式(2.19)–(2.21)所示。

---

①不致引起混淆时，也可称供给1单位土地。

结构均衡模型为

$$\mathbf{p}^T\mathbf{A}(\mathbf{p},\mathbf{u}) = \rho\mathbf{p}^T \tag{3.23}$$

$$\mathbf{A}(\mathbf{p},\mathbf{u})\mathbf{z} = \rho\mathbf{z} \tag{3.24}$$

当$\gamma = 0$、折现因子为1时，均衡活动水平向量为$\mathbf{z}^* = (z_1^*, 60, 100)$。根据结构均衡模型可算得唯一的归一化均衡价格向量为

$$\mathbf{p}^* = (0.0572, 0.6734, 0.2694)^T$$

土地所有者和劳动者的效用水平分别为3.365和0.3220。[①]

均衡配置如表3.13所示。

表 3.13 均衡配置（增长率为0）

	小麦生产者	土地所有者	劳动者	总需求
小麦需求	565.18	282.59	94.197	941.97
土地需求	8	24	28	60
劳动需求	60	30	10	100
供给	941.97	60	100	

当每个土地所有者的效用函数为$x_1^{0.2}x_2^{0.7}x_3^{0.1}$而非$3x_1^{0.4}x_2^{0.4}x_3^{0.2}$且其他条件保持不变时，唯一的归一化均衡价格向量计算为

$$\mathbf{p}^* = (0.0404,0.7997,0.1599)^T$$

可见这一经济中的均衡价格向量受土地所有者偏好的影响。现在地租率和工资率的均衡比例为5。

均衡配置如表3.14所示。

现在回到初始的例子，并假设外生的增长率γ为5%。算得唯一的归一化均衡价格向量为$\mathbf{p}^* = (0.0641, 0.6685, 0.2674)^T$。且均衡路径中初期配置如表3.15所示。 □

①注意到土地和劳动的均衡总价值比例为3/2，而土地和劳动供给数量分别为60单位和100单位，因此地租率与工资率的均衡比例必然为$\left(\frac{3}{60}\right)/\left(\frac{2}{100}\right)$，即2.5，该值不受外生增长率$\gamma$的影响。

表 3.14　均衡配置（增长率为0）

	小麦生产者	土地所有者	劳动者	总需求
小麦需求	475.26	237.63	79.21	792.1
土地需求	4	42	14	60
劳动需求	60	30	10	100
供给	792.1	60	100	

表 3.15　初始的均衡配置（增长率为0.05）

	小麦生产者	土地所有者	劳动者	总需求
小麦需求	500.28	250.14	83.381	833.81
土地需求	8	24	28	60
劳动需求	60	30	10	100
下一期供给	875.5	63	105	

3.4　一般常规经济的结构均衡模型

3.4.1　结构均衡模型

本章之前的分析主要关注多部门的竞争性常规经济中的均衡，本节考虑包含n种商品、m类主体的一般的竞争性常规经济中的均衡，假定其中没有技术进步，初级要素的供给量以速度γ增长或保持不变（即$\gamma=0$）。①γ对应的折现因子为$\rho := \frac{1}{1+\gamma}$。

一类主体是指完全同质的若干主体。对于同质的厂商（亦即生产集相同的厂商），可以将它们合并为一个厂商，合并后的厂商具有与原先厂商相同的生产集，这种合并即为横向合并。显然在规模收益不变的假设下厂商的横向合并不会对经济产生实质性的影响。而对于同质的消费者，当具有位似偏好（或者说效用函数为位似函数）时，也可以合并为一个消费者；但在非位似偏好的情况下，n个同质的消费者的需求一般并不等于一个消费者的收入增加到原先的n倍时的需求，因此不可合并。

在这样的经济中一种商品可能由多个拥有不同技术的相互竞争的厂商生产，一种要素可能由偏好不同的多个消费者供给。而一个厂商也可能同

①初级要素供给量的增长可以理解为由于技术进步而导致的初级要素供给量的相对增长，即由于发生技术时生产函数的形式发生变动，生产单位产品需要的初级要素数量减少，然后通过计量单位的变换使得技术进步发生前后生产函数的形式保持不变，此时在新的计量单位下的初级要素的供给量会增加。

时生产多种产品，一类消费者可能同时供给多种要素。

3.4.1.1 厂商的收支平衡

令$\mathbf{A}'(\mathbf{p})$为厂商的单位需求矩阵，该矩阵为$n \times m$的非负矩阵。当第i类经济主体为厂商时，其第i列为该厂商在单位生产水平下的需求束；当第i类经济主体为消费者时，其第i列为$\mathbf{0}$。

类似地，令$\mathbf{B}'(\mathbf{p})$为厂商的单位供给矩阵。当第i类经济主体为厂商时，其第i列为该厂商在单位生产水平下的供给（即产出）束；当第i类经济主体为消费者时，其第i列为$\mathbf{0}$。

于是有以下（单位）收支平衡公式:

$$\mathbf{p}^T\mathbf{A}'(\mathbf{p}) \geqslant \rho\mathbf{p}^T\mathbf{B}'(\mathbf{p}) \tag{3.25}$$

上式左侧为厂商的单位成本向量，右侧为厂商的折现后的单位收入向量;厂商的每个生产过程对应的支出和收入在时间上相差一期。由于在均衡中每个厂商没有正的超额利润，因此各期中每个厂商的单位成本不小于折现后的单位收入。下文的分析将表明，均衡中单位成本大于折现后的单位收入的厂商会停产。于是对于未停产的厂商而言，其单位活动水平对应的收入（即单位收入）是其单位活动水平对应的成本（即单位成本）的$1+\gamma$倍，这样恰好能够使得厂商的活动水平以速率γ增长。

3.4.1.2 消费者的收支平衡

令$\mathbf{A}''(\mathbf{p},\mathbf{u})$为消费者的单位需求矩阵，该矩阵为$n \times m$的非负矩阵。当第$i$类经济主体为消费者时，其第$i$列$\mathbf{a}''_{\bullet i}(\mathbf{p},u_i)$为该类每一位消费者在给定的价格向量和效用水平下的需求束（亦即补偿需求函数）；当第i类经济主体为厂商时，其第i列为$\mathbf{0}$。

类似地，令$\mathbf{B}''(\mathbf{p},\mathbf{u})$为消费者的单位供给矩阵。当第$i$类经济主体为消费者时，其第$i$列$\mathbf{b}''_{\bullet i}(\mathbf{p},u_i)$为该类每一位消费者在给定的价格向量和效用水平下的供给束；当第i类经济主体为厂商时，其第i列为$\mathbf{0}$。

在均衡路径中每个第i类消费者的自身的消费支出为$\mathbf{p}^T\mathbf{a}''_{\bullet i}(\mathbf{p},u_i)$，而（家庭的整体）收入为$\mathbf{p}^T\mathbf{b}''_{\bullet i}(\mathbf{p},u_i)$。由于假设每位消费者每期养育$\gamma$个新增人口（或者说子女），人口在交易过程结束后、消费过程开始时增加，于是消费者收入中用于养育子女的比重为$\frac{\gamma}{1+\gamma}$，用于自身消费的比重（即个体收入占家庭的整体收入的比重）为$\rho=\frac{1}{1+\gamma}$。即每个第i类消费者的（整体）收入中用于自身消费的部分（即个体收入）为$\rho\mathbf{p}^T\mathbf{b}''_{\bullet i}(\mathbf{p},u_i)$。[①] 于是可

① 考虑一个具有单一要素（即劳动）的经济，在其中劳动人口有两种可能的增长模

知有下式成立：

$$\mathbf{p}^T \mathbf{a}''_{\bullet i}(\mathbf{p}, u_i) = \rho \mathbf{p}^T \mathbf{b}''_{\bullet i}(\mathbf{p}, u_i)$$

即每位消费者的支出等于其个体收入。

于是可知在均衡路径中对于消费者而言有以下收支平衡公式成立：

$$\mathbf{p}^T \mathbf{A}''(\mathbf{p}, \mathbf{u}) = \rho \mathbf{p}^T \mathbf{B}''(\mathbf{p}, \mathbf{u}) \tag{3.26}$$

3.4.1.3 厂商和消费者的收支平衡

将厂商的单位需求矩阵和消费者的单位需求矩阵相加即可得到整个经济的单位需求矩阵$\mathbf{A}(\mathbf{p}, \mathbf{u})$，即有$\mathbf{A}(\mathbf{p}, \mathbf{u}) := \mathbf{A}'(\mathbf{p}) + \mathbf{A}''(\mathbf{p}, \mathbf{u})$。类似地，整个经济的单位供给矩阵为$\mathbf{B}(\mathbf{p}, \mathbf{u}) = \mathbf{B}'(\mathbf{p}) + \mathbf{B}''(\mathbf{p}, \mathbf{u})$。

于是可见，单位需求矩阵和单位供给矩阵均为$n \times m$矩阵。当第i类主体为厂商时，单位需求矩阵和单位供给矩阵的第i列为该厂商的单位需求束和单位供给束（即在单位生产水平下的投入束和产出束）。当第i类主体为消费者时，单位需求矩阵和单位供给矩阵的第i列为一位此类消费者（如一位劳动者）的需求束和供给束。[①]

根据式(3.25)和式(3.26)可知均衡中有以下收支平衡公式成立[②]：

$$\mathbf{p}^T \mathbf{A}(\mathbf{p}, \mathbf{u}) \geqslant \rho \mathbf{p}^T \mathbf{B}(\mathbf{p}, \mathbf{u}) \tag{3.27}$$

3.4.1.4 商品的供需平衡

令均衡路径中某一期的活动水平向量为$\mathbf{z} := \mathbf{z}' + \mathbf{z}''$，其中$\mathbf{z}'$为厂商的生产水平向量，该向量反映了各厂商在这一期的生产水平（或称活动水平）；

式：(1) 引进模式。当生产中需要额外的劳动者时从经济体外部或国外引进劳动人口，新增的劳动人口先参与当期的交易和生产，然后再进行消费。(2) 自然增长模式。每期的人口在当期的交易和生产结束后、消费过程开始时增加，即新增加的人口先消费（类似于未成年人的消费），然后再参与下一期的交易和生产。这种情形下原有的劳动者需要和新增加的人口共同分享工资（类似于抚养子女）。相对于引进模式，自然增长模式中增加了人口的养育成本；当人口增长率为正时，这一模式下每期参加生产的人数小于参与消费的人数，均衡的人均收入水平较低，相当于引进模式下的均衡人均收入乘以折现因子ρ。本书采取第二种处理方式，即自然增长模式。在这种处理方式下消费者先参与一期消费，然后才在下一期供给劳动等初级要素。这两种处理方式并无本质的区别，只是均衡要素价格水平相差一个折现因子ρ，即自然增长模式下的均衡要素价格水平折现后即为引进模式下的均衡要素价格水平。

① 单位需求束、单位供给束、需求束和供给束也可能是对应（即多值函数）。

② 从均衡公式中的互补松弛关系可知，将式(3.26)中的等号换为大于等于号不会有任何影响。

$\mathbf{z}''$反映了各类消费者在这一期的（期末）人数，称为消费者的活动水平向量，并假设这一向量为正向量。

可见，当第i类主体为厂商时，活动水平向量的第i个分量代表该厂商在本期的生产水平，为内生变量；当第i类主体为一类消费者时，其第i个分量代表该类消费者在本期的（期末）人数，为外生变量。对于正增长的经济，假设每一期的人口在本期的交易过程结束后、消费过程开始时增加，因此本期的参与消费的人口数量是参与交易的人口数量的$1+\gamma$倍，期末的人口数量是期初的$1+\gamma$倍，而本期的人口数量指本期的参与消费的人口数量，亦即期末人口数量。

这一期中所有厂商对于各种商品的需求向量为$\mathbf{A}'(\mathbf{p})\mathbf{z}'$，下一期中所有厂商对于各种商品的供给向量为$\mathbf{B}'(\mathbf{p})\mathbf{z}'$；这一期中所有消费者对于各种商品的需求向量为$\mathbf{A}''(\mathbf{p},\mathbf{u})\mathbf{z}''$，下一期中所有消费者对于各种商品的供给向量为$\mathbf{B}''(\mathbf{p},\mathbf{u})\mathbf{z}''$。

而本期中所有厂商和消费者对于各种商品的总的需求向量即为

$$\mathbf{A}(\mathbf{p},\mathbf{u})\mathbf{z}=\mathbf{A}'(\mathbf{p})\mathbf{z}'+\mathbf{A}''(\mathbf{p},\mathbf{u})\mathbf{z}''$$

下一期中所有厂商和消费者对于各种商品的供给向量为

$$\mathbf{B}(\mathbf{p},\mathbf{u})\mathbf{z}=\mathbf{B}'(\mathbf{p})\mathbf{z}'+\mathbf{B}''(\mathbf{p},\mathbf{u})\mathbf{z}''$$

本期中所有厂商和消费者对于各种商品的供给向量为$\rho\mathbf{B}(\mathbf{p},\mathbf{u})\mathbf{z}$。在均衡路径的每一期中每种商品的需求量小于等于其供给量，即有以下供需平衡公式成立:

$$\mathbf{A}(\mathbf{p},\mathbf{u})\mathbf{z}\leqslant\rho\mathbf{B}(\mathbf{p},\mathbf{u})\mathbf{z} \tag{3.28}$$

式(3.27)和式(3.28)构成了一个描述动态经济中一般均衡的模型，此即**结构均衡模型**的基本形式。

3.4.2 对模型的进一步解释

3.4.2.1 互补松弛关系

结构均衡模型(3.27)–(3.28)中仍然包含着本书第2.4节所讨论的互补松弛关系，亦即这两个均衡公式又可写为

$$\mathbf{p}^T\mathbf{A}(\mathbf{p},\mathbf{u})\geqslant\rho\mathbf{p}^T\mathbf{B}(\mathbf{p},\mathbf{u}) \qquad [\mathbf{z}] \tag{3.29}$$

$$\mathbf{A}(\mathbf{p},\mathbf{u})\mathbf{z}\leqslant\rho\mathbf{B}(\mathbf{p},\mathbf{u})\mathbf{z} \qquad [\mathbf{p}] \tag{3.30}$$

收支平衡公式中$\mathbf{p}^T\mathbf{A}(\mathbf{p},\mathbf{u})$为**单位支出向量**。对于厂商而言，其单位支出即是单位成本，即单位生产水平下的成本。对于一类消费者而言，单位支出指的是每位该类消费者的支出。

收支平衡公式中$\mathbf{p}^T\mathbf{B}(\mathbf{p},\mathbf{u})$为（下一期的）**单位收入向量**。对于厂商而言，其单位收入即单位活动水平下的收入。对于一类消费者而言，单位收入指的是每位该类消费者的收入。

供需平衡公式中$\mathbf{A}(\mathbf{p},\mathbf{u})\mathbf{z}$为**需求向量**，$\mathbf{B}(\mathbf{p},\mathbf{u})\mathbf{z}$为（下一期的）**供给向量**。

收支平衡公式左侧的单位支出向量与右侧的单位收入向量之间在时间上相差一期，供需平衡公式左侧的需求向量与右侧的供给向量之间在时间上也是相差一期，均衡中每期的收入和供给分别是下一期的收入和供给的ρ倍，因此两个公式右侧的折现因子均可以理解为对下一期的收入和供给进行折现，折现之后即为本期的收入和供给，然后与本期的支出和需求进行比较。

称$\rho\mathbf{p}^T\mathbf{B}(\mathbf{p},\mathbf{u})-\mathbf{p}^T\mathbf{A}(\mathbf{p},\mathbf{u})$为**单位超额收入向量**。对于厂商而言，超额收入即为超额利润。收支平衡公式表明，均衡中所有厂商的超额利润小于等于0。根据互补松弛条件，均衡中单位超额收入向量与活动水平向量有互补松弛关系，即超额利润为负的厂商必然停产。由于消费者对应的活动水平（即消费者人数）为正，于是由互补松弛关系可知消费者对应的单位超额收入必然为0，也就是说对于消费者而言收支平衡公式中的不等号也可换为等号。

称$\mathbf{A}(\mathbf{p},\mathbf{u})\mathbf{z}-\rho\mathbf{B}(\mathbf{p},\mathbf{u})\mathbf{z}$为**超额需求向量**。供需平衡公式表明，均衡中所有商品的超额需求小于等于0。根据互补松弛条件可知，均衡中供大于求（即超额需求为负）的商品为免费品。

3.4.2.2 结构均衡模型的特例

在可能存在停产的劣势厂商或免费商品等情况下，均衡公式为不等式而非等式。若均衡中没有劣势厂商，收支平衡公式中的不等号可换为等号；若均衡中没有免费商品，供需平衡公式中的不等号可换为等号。在多部门经济中这两点时常同时成立。这两点均成立时的结构均衡模型即为

$$\mathbf{p}^T\mathbf{A}(\mathbf{p},\mathbf{u})=\rho\mathbf{p}^T\mathbf{B}(\mathbf{p},\mathbf{u}) \tag{3.31}$$

$$\mathbf{A}(\mathbf{p},\mathbf{u})\mathbf{z}=\rho\mathbf{B}(\mathbf{p},\mathbf{u})\mathbf{z} \tag{3.32}$$

进一步，在均衡中没有劣势厂商和免费商品、每位消费者只供给一种要素的多部门常规经济中，单位供给矩阵为单位阵，此时的均衡方程即为

式(3.23)–(3.24)。

3.4.2.3 算例

下面来看一个简单的算例。

算例 3.10 (三要素列昂惕夫型谷物经济) 考虑一个列昂惕夫型常规经济。假设经济中有4种商品（即小麦、劳动、优质土地和劣质土地）、5个经济主体，各经济主体的生产函数和效用函数如下：

小麦生产者1	$\min\{2x_2, 2x_3\}$
小麦生产者2	$\min\{x_2, x_4\}$
劳动者	x_1
优质土地所有者	x_1
劣质土地所有者	x_1

即小麦生产者1使用优质土地和劳动，而小麦生产者2使用劣质土地和劳动。

假设每位消费者供给1单位要素，劳动供给量恒为30单位，优质土地供给量和劣质土地供给量均恒为20单位，即均衡增长率为$\gamma=0$，相应的折现因子为$\rho=1$。

单位需求矩阵和单位供给矩阵为

$$\mathbf{A}(\mathbf{u})=\begin{bmatrix}0 & 0 & u_1 & u_2 & u_3\\ 0.5 & 1 & 0 & 0 & 0\\ 0.5 & 0 & 0 & 0 & 0\\ 0 & 1 & 0 & 0 & 0\end{bmatrix},\quad \mathbf{B}=\begin{bmatrix}1 & 1 & 0 & 0 & 0\\ 0 & 0 & 1 & 0 & 0\\ 0 & 0 & 0 & 1 & 0\\ 0 & 0 & 0 & 0 & 1\end{bmatrix}$$

结构均衡模型为式(3.27)–(3.28)。注意到对劳动和土地的需求比例为1 : 1，由于劳动的供给量为30单位，两种土地的总供给量为40单位，于是均衡中土地相对过剩。优质土地只有20单位，显然不可能过剩，而劣质土地将过剩10单位，因此劣质土地的均衡租金必然为0。

以小麦为计价商品。根据结构均衡模型可解得均衡价格向量、均衡活动水平向量、均衡效用向量为

$$\mathbf{p}^*=(1,1,1,0)^T,\quad \mathbf{z}^*=(40,10,30,20,20)^T,\quad \mathbf{u}^*=(1,1,0)^T$$

均衡配置如表3.16所示。 □

3.4.3 正增长经济与零增长经济的对应关系

在结构均衡模型(3.27)–(3.28)中可以把折现因子ρ放到单位供给矩阵

表 3.16 均衡配置（增长率为0）

	小麦生产者1	小麦生产者2	劳动者	土地所有者1	土地所有者2	总需求
小麦需求	0	0	30	20	0	50
劳动需求	20	10	0	0	0	30
优质土地需求	20	0	0	0	0	20
劣质土地需求	0	10	0	0	0	10
供给	40	10	30	20	20	

$\mathbf{B}(\mathbf{p},\mathbf{u})$ 中，即令$\mathbf{B}^{\circ}:=\rho\mathbf{B}$，从而使得$\rho$不再单独出现在结构均衡模型中：

$$\mathbf{p}^T\mathbf{A}(\mathbf{p},\mathbf{u})\geqslant\mathbf{p}^T\mathbf{B}^{\circ}(\mathbf{p},\mathbf{u}) \tag{3.33}$$

$$\mathbf{A}(\mathbf{p},\mathbf{u})\mathbf{z}\leqslant\mathbf{B}^{\circ}(\mathbf{p},\mathbf{u})\mathbf{z} \tag{3.34}$$

以上公式即为一个零增长经济的结构均衡模型。

于是可见一个增长率为$\gamma>0$的正增长常规经济可以通过以下方法转化为一个零增长经济，并使得转换后的经济中的均衡价格向量和均衡活动水平向量保持不变：

(1) 将每个厂商的每项技术$(\mathbf{x},\mathbf{y})$转换为$(\mathbf{x},\rho\mathbf{y})$，其中$\rho:=\frac{1}{1+\gamma}$，即相当于对产出进行折现；对于生产函数而言这相当于对原先的生产函数乘以ρ；

(2) 将每位消费者拥有的禀赋向量转换为原先的ρ倍，即相当于对消费者的供给进行折现。

转化后经济的均衡活动水平向量不变，但由于技术的变动，每种产品的均衡产量变为原先的ρ倍。

由于这种对应性的存在，对于零增长经济的论证只要通过适当的转换一般都可以适用于正增长经济。

进一步，定义单位超额需求矩阵为$\bar{\mathbf{A}}(\mathbf{p},\mathbf{u}):=\mathbf{A}(\mathbf{p},\mathbf{u})-\mathbf{B}^{\circ}(\mathbf{p},\mathbf{u})$，则以上公式又可写为

$$\mathbf{p}^T\bar{\mathbf{A}}(\mathbf{p},\mathbf{u})\geqslant\mathbf{0} \tag{3.35}$$

$$\bar{\mathbf{A}}(\mathbf{p},\mathbf{u})\mathbf{z}\leqslant\mathbf{0} \tag{3.36}$$

从以上公式可见，当一个生产过程中商品i即有投入又有产出、数量分别为$x_i>0$和$y_i>0$时，若生产过程中商品i的投入量 x_i 和产出量y_i发生变化，但ρy_i-x_i的值保持不变，则这一变动不会影响到均衡价格和均衡活动水

平。不过当经济中存在税收或股息时，一般来说这一结论就不再成立，因为这种情形下税收额或股息额可能由投入价值决定，投入价值的变动会影响厂商的税负。

下面来看一个算例。

算例 3.11 (正增长经济与零增长经济的对应关系) 考虑算例3.1中的具有非位似效用函数的两部门谷物经济，生产函数和效用函数如下：

小麦生产者 $\min\{2x_1, x_2\}$

劳动者 $\min\{\sqrt{x_1}, x_2\}$

假设劳动者人口以20%的速度增长，每位劳动者每期供给1单位劳动。折现因子即为$\rho = 1/1.2$。

以上这一正增长经济与具有以下生产函数和效用函数的零增长经济有相同的均衡价格和均衡活动水平向量：

小麦生产者 $\rho\min\{2x_1, x_2\}$

劳动者 $\min\{\sqrt{x_1}, x_2\}$

该经济中劳动者人口数量始终保持不变，每位劳动者每期供给ρ单位劳动。

进一步，以上零增长经济中厂商的技术为$((0.5,1)^T,(\rho,0)^T)$，其中小麦的投入量为0.5、产量为ρ、净产量为$\rho - 0.5 = \frac{1}{3}$。若将该技术转换为$((0,1)^T,(\frac{1}{3},0)^T)$，则均衡价格和均衡活动水平不变。 □

3.5 规模收益递减下的结构均衡模型

如本书第1.3.2小节所述，若一个经济中存在规模收益递减的厂商，可以先将其转化为规模收益不变的厂商，然后再求解均衡。在求解均衡时作这种转化有以下优点：

(1) 通过转化，对于规模收益递减和不变的情形可以使用统一的、形式简洁的结构均衡模型(3.27)–(3.28)。

(2) 由于均衡公式统一，于是可以使用统一的方法求解。对于较简单的问题，可以使用有符号运算功能的软件（如Maple、Matlab等）求得解析解；对于较复杂的问题，可以使用数值方法求得数值解。本书的一般均衡算例均可以使用本书第9章介绍的方法求得数值解。

下面利用这种转化方法来求解张金水（2008，第134页）给出的一个例子。

算例 3.12（规模收益递减转化为规模收益不变） 考虑一个包含3种商品（两种产品和劳动）、3类主体（两个厂商和劳动者）的经济。2个厂商生产不同的产品，均具有规模收益递减的生产函数。生产函数和效用函数如下：

厂商1　$\sqrt{x_3}$

厂商2　$2\sqrt{x_3}$

劳动者　$u(\mathbf{x})=\begin{cases} x_1^{1/4}x_2^{1/4}(x_3-0.4)^{1/4} & x_3\geqslant 0.4 \\ 0 & x_3<0.4 \end{cases}$

可见劳动者具有非位似的效用函数。假定劳动者人数和劳动的供给量始终为10000单位；以劳动为计价商品，即劳动的价格为1；厂商的利润由劳动者享有。

首先将生产函数转化为如下的规模收益不变的形式：

厂商1　$\sqrt{x_3x_4}$

厂商2　$2\sqrt{x_3x_5}$

转换后经济中增加了两种初级要素，即厂商1的隐含要素和厂商2的隐含要素，其外生的供给数量均为1单位。假定这些隐含要素由10000位劳动者等量地持有。于是每位消费者（即劳动者）每期供给1单位劳动、1/10000单位厂商1的隐含要素和1/10000单位厂商2的隐含要素。

根据效用函数可算得给定价格水平和效用水平时消费者的消费束为

$$\mathbf{x}^h(\mathbf{p},u)=\left(u^{4/3}p_1^{-2/3}p_2^{1/3},u^{4/3}p_1^{1/3}p_2^{-2/3},0.4+u^{4/3}p_1^{1/3}p_2^{1/3},0,0\right)^T$$

根据效用函数可算得给定价格水平和收入水平时消费者的消费束为

$$\mathbf{x}(\mathbf{p},w)=\left(\frac{w-0.4}{3p_1},\frac{w-0.4}{3p_2},0.4+\frac{w-0.4}{3p_3},0,0\right)^T$$

单位需求矩阵和单位供给矩阵为

$$\mathbf{A}(\mathbf{p},u)=\begin{bmatrix} 0 & 0 & u^{4/3}p_1^{-2/3}p_2^{1/3} \\ 0 & 0 & u^{4/3}p_1^{1/3}p_2^{-2/3} \\ \left(\frac{p_4}{p_3}\right)^{0.5} & 0.5\left(\frac{p_5}{p_3}\right)^{0.5} & 0.4+u^{4/3}p_1^{1/3}p_2^{1/3} \\ \left(\frac{p_3}{p_4}\right)^{0.5} & 0 & 0 \\ 0 & 0.5\left(\frac{p_3}{p_5}\right)^{0.5} & 0 \end{bmatrix}$$

$$\mathbf{B}=\begin{bmatrix}1 & 0 & 0\\0 & 1 & 0\\0 & 0 & 1\\0 & 0 & 1/10000\\0 & 0 & 1/10000\end{bmatrix}$$

结构均衡模型为[①]

$$\mathbf{p}^T\mathbf{A}(\mathbf{p},u)=\mathbf{p}^T\mathbf{B}$$
$$\mathbf{A}(\mathbf{p},u)\mathbf{z}=\mathbf{B}\mathbf{z}$$

利用符号运算软件可解得均衡为

$$\mathbf{p}^*=(20\sqrt{15},10\sqrt{15},1,1500,1500)^T$$

$$\mathbf{z}^*=(10\sqrt{15},20\sqrt{15},10000)^T,u^*\approx 0.05477$$

可以看到，通过这种转化，均衡问题的求解过程变为一种结构清晰、步骤固定的程序化处理过程。 □

3.6 均衡的福利性质

3.6.1 第一福利定理

第一福利定理和第二福利定理揭示了常规经济中竞争性均衡配置和最优配置的关系。

定理 3.1 (第一福利定理) [②] 对于常规经济和纯交换经济，每个竞争性均衡配置均是帕累托最优配置。

从第一福利定理可见，无论禀赋在消费者间如何分配，都不会影响到竞争性均衡配置的帕累托最优性；换句话说，禀赋在消费者的重新分配并不会导致经济效率的损失。

---

①均衡方程中也可以使用需求函数$\mathbf{x}(\mathbf{p},w)$，这种情况下均衡方程中的$\mathbf{A}(\mathbf{p},u)$换为$\mathbf{A}(\mathbf{p},w)$即可。

②第一福利定理和第二福利定理也称福利经济学第一、第二基本定理。这里陈述的两个定理中的前提假设还可以放松。对这两个定理的详细讨论可参见相关文献（Mas-Colell，Whinston，Green，1995，第16章）。

帕累托最优配置只考虑效率而不考虑公平，因此可能有些不公平的帕累托最优配置从道德伦理的角度看是无法接受的。例如，对于一个土地稀缺而劳动充裕的经济，均衡配置中可能出现少数土地所有者不劳而获、占有大部分产出而多数劳动者只能凭借少部分产出勉强维持生存的情形。而分配的不公平性可以通过经济主体间收入的再分配（即**转移支付**）或者对经济中的禀赋（包括初级要素和金融工具）的产权调整来克服，例如，可以将土地划拨给劳动者所有。

对于部分消费者收入等于0的拟均衡，如果不考虑其中收入为0的消费者，那么拟均衡配置也是帕累托最优的；换句话说，对于收入为正的这些消费者而言，提高其中一位消费者的效用水平必然会降低其他一些消费者的效用水平。这是因为只要把收入为0的消费者删除，把其禀赋（在拟均衡价格下这些禀赋的价值为0）分配给其他消费者，原先的拟均衡配置就会变为均衡配置。

3.6.2 第二福利定理

第二福利定理表明，在一定条件下每个帕累托最优配置都是某种产权安排下的（即禀赋重新分配后的）竞争性均衡。它可以粗略地视为第一福利定理的逆命题。[①]

最优配置与禀赋的产权安排没有直接关系，而均衡配置则与产权安排有密切联系。每一个均衡配置对应着一种或多种特定的产权安排，每一种产权安排也往往对应着一个或多个均衡配置。在一个禀赋和产权安排给定的常规经济或纯交换经济中，当禀赋在消费者之间作了某种重新分配（或者说转移）之后，或者说当作了产权调整之后，竞争性均衡会发生相应的变化，这种情况下的均衡称为**有转移的均衡**（equilibrium with transfer）。[②]类似地可以定义**有转移的拟均衡**等。

定理 3.2 (第二福利定理) 对于常规经济和纯交换经济，每个帕累托最优配置均是有转移的竞争性拟均衡配置。

以上定理表明，帕累托最优配置可能只对应到拟均衡而不能对应到均衡。这其实也就是说在某些产权安排下均衡不存在。下面通过一个算例来说明这一点（参见Hammond，1998）。

算例 3.13 (帕累托最优配置与拟均衡) 考虑一个包含两种商品和两个

[①] 参见相关文献（Mas-Colell，Whinston，Green，1995，命题16.D.1）。

[②] 参见相关文献（Mas-Colell，Whinston，Green，1995，第16章）。

消费者的纯交换经济，其中两种商品的供给量均为正，以商品2为计价商品。假设消费者1的效用函数为$x_1+\sqrt{x_2}$，即拥有一个所谓的拟线性效用函数（Varian，1992，第164页），在这一效用函数下只有当消费者1的收入为0时才对商品2没有需求。假设消费者2只消费商品2，效用函数为x_2。

若将所有的商品1分配给消费者1而所有的商品2分配给消费者2，则这显然是一个帕累托最优配置。于是拟均衡中消费者1的收入必然为0，即拟均衡价格为$(0,1)^T$，但这会导致消费者1对于商品1的需求量为无穷大，即这一拟均衡中消费者1实现了支出最小化，但并未实现效用最大化。可见这一帕累托最优配置只能对应到一个拟均衡，而并不能对应到一个竞争性均衡。

从以上的讨论可知，这一经济中消费者1供给商品1而消费者2供给商品2时不存在竞争性均衡。 □

从命题1.2知，如果拟均衡中所有消费者的收入大于0，那么该拟均衡也就是均衡。

对于不包含金融工具的竞争性常规经济或纯交换经济，若其中的每个拟均衡均是均衡，则称该经济为一个**正规经济**（normal economy）。

于是根据两个福利定理可知，正规经济的均衡配置集合与帕累托最优配置集合是相同的。

3.7 常规经济转化为纯交换经济

3.7.1 禀赋效用函数与禀赋交易过程

一个没有股息、金融工具的常规经济一般可以转化为一个消费者间交换初级要素的纯交换经济（Mas-Colell，1991），通过这种转换可以使一些问题的分析变得较为简单。

由于没有股息，厂商的所有者并不能从厂商的产权中获利，于是厂商的产权重新分配、厂商的合并和分拆[①] 均不会对均衡产生实质性的影响。因此可以假定每位消费者拥有一个厂商，该厂商的生产集为总生产集，每个消费者消费的产品均由自己拥有的厂商生产。这时各个拥有厂商的消费者之间不需要交易产品，每位消费者只需要根据自身偏好购买（或者说交易）初级要素、然后安排生产，借助于自己的厂商生产出自己需要的产

[①]厂商的分拆过程即是厂商的合并过程的逆过程。横向分拆（或者说复制）即是横向合并的逆过程，即将一个厂商复制为生产集相同的多个厂商。

品，以期最大化效用。这样的一个经济中的均衡配置与原先的经济的均衡配置实质上是相同的。

一位消费者利用一个给定的禀赋束$\boldsymbol{\omega}$，通过合理安排生产活动、生产出产品用于自身消费时，所能达到的最大效用水平称为该禀赋束对应的效用水平，记为$\bar{u}(\boldsymbol{\omega})$，此即为一个定义在禀赋束集合上的效用函数，称为**禀赋效用函数**。①

消费者之间将会互换禀赋（一般为初级要素）以最大化其效用，即原先的常规经济被转化为具有如下特征的一个纯交换经济：

(1) 纯交换经济中的经济主体为原先的常规经济中的消费者。

(2) 纯交换经济中每位消费者的效用函数为上述的禀赋效用函数。

(3) 纯交换经济中每位消费者供给其原先的禀赋。

算例 3.14 (常规经济转化为纯交换经济) 考虑算例3.9中的双要素C-D型谷物经济，这一经济是一个常规经济。假设土地和劳动的供给量分别始终为60单位和100单位。生产函数和效用函数如下所示：

小麦生产者	$5x_1^{0.6}x_2^{0.1}x_3^{0.3}$
土地所有者	$3x_1^{0.4}x_2^{0.4}x_3^{0.2}$
劳动者	$x_1^{0.2}x_2^{0.7}x_3^{0.1}$

从土地所有者效用函数的β系数可知，土地所有者将收入（即地租）的40%用于购买小麦，40%用于租借土地，20% 用于购买劳动。

在消费者自己从事生产的情况下，土地所有者原先比重为40%的在小麦上的支出将被用于购买生产小麦所需要的土地和劳动。根据小麦生产者的生产函数可知，小麦生产者在土地和劳动上的支出比例为1 : 3，也就是说土地所有者的40%的支出中有$\frac{1}{4}$（即地租收入的10%）将用于购买生产小麦所需的土地，$\frac{3}{4}$（即地租的30%）将用于购买生产小麦所需的劳动。于是可知，土地所有者现在将收入的50%用于购买土地，其余50% 用于购买劳动。根据C-D型效用函数的性质可知土地所有者具有如下形式的禀赋效用函数：$\alpha_1 x_2^{0.5}x_3^{0.5}, \alpha_1 > 0$。由于$\alpha_1$的值不影响均衡价格和均衡配置，于是在计算均衡时不妨令其为1。

类似地，劳动者的禀赋效用函数为$\alpha_2 x_2^{0.75}x_3^{0.25}, \alpha_2 > 0$，在计算均衡时可令$\alpha_2 = 1$。

通过以上转换，原先的既有厂商又有消费者的常规经济被转换为一

①在此假定禀赋束只包含要素；当禀赋束也包含一部分产品时对于分析也不会有实质性的影响。

个土地所有者和劳动者之间的纯交换经济，该经济中土地和劳动的供给量分别为60单位和100单位，效用函数为以上两个禀赋效用函数。以劳动为计价商品，可以算得均衡地租率为2.5。而小麦的均衡价格可以利用式(2.57)所示的成本－价格迭代过程算得。

要素纯交换经济的均衡配置如表3.17所示。 □

表 3.17 要素纯交换经济的均衡配置

	土地所有者	劳动者	总需求
土地需求	30	30	60
劳动需求	75	25	100
供给	60	100	0

由以上算例可见，一个C-D型的常规经济可以转化为一个C-D型的纯交换经济。

3.7.2 产品包含的要素数量

对于零增长多部门经济的均衡配置$(\mathbf{X},\mathbf{S})$，可以将其分解为生产部门的**生产配置**$(\mathbf{X}',\mathbf{S}')$和消费部门的**消费配置**$(\mathbf{X}'',\mathbf{S}'')$两部分。生产配置和消费配置分别表示了均衡中的生产过程和消费过程。生产配置中消费部门对应的列为$\mathbf{0}$，消费配置中生产部门对应的列为$\mathbf{0}$，有$(\mathbf{X},\mathbf{S})=(\mathbf{X}',\mathbf{S}')+(\mathbf{X}'',\mathbf{S}'')$成立。

零增长的多部门经济中各生产部门都是单一生产的，因此可以进一步将其均衡生产配置$(\mathbf{X}',\mathbf{S}')$分解为若干个满足以下条件的子生产配置：

(1) 每个子生产配置中只有一种产品有净产出（即总产出大于总投入），其他产品的总投入等于总产出。

(2) 每个子生产配置中的生产过程都属于相应厂商的生产集，也就是说是相应厂商的可行的生产过程。

(3) 子生产配置的个数等于产品种类数。

(4) 所有子生产配置之和等于生产配置$(\mathbf{X}',\mathbf{S}')$。

这些子生产配置反映了均衡中为了得到一种产品的净产出所需要运作的所有生产过程，称这些子配置为**单一生产配置**。均衡的单一生产配置中所使用的要素数量与净产出的数量之比称为该产品的**要素完全投入系数**。一种产品的要素完全投入系数反映了在使用均衡中的生产技术时为得到1单位该产品的净产出所需要投入的要素的数量。

令$\mathbf{A}' = \begin{bmatrix} \bar{\mathbf{A}} \\ \bar{\bar{\mathbf{A}}} \end{bmatrix}$表示均衡中各生产部门使用的技术，其中$\bar{\mathbf{A}}$为中间投入系数矩阵，表示生产1单位各种产品所需要的中间品的数量；$\bar{\bar{\mathbf{A}}}$为要素投入系数矩阵，表示生产1单位各种产品所需要的要素的数量。

令$\bar{\mathbf{y}}$表示均衡的产品产出向量，于是均衡中产品的投入向量即为$\bar{\mathbf{A}}\bar{\mathbf{y}}$，要素的投入向量即为$\bar{\bar{\mathbf{A}}}\bar{\mathbf{y}}$，产品的净产出向量为$\mathbf{d} := \bar{\mathbf{y}} - \bar{\mathbf{A}}\bar{\mathbf{y}}$，于是有

$$\bar{\mathbf{y}} = (\mathbf{I} - \bar{\mathbf{A}})^{-1}\bar{\mathbf{d}} \tag{3.37}$$

由上式可知，$(\mathbf{I} - \bar{\mathbf{A}})^{-1}$的第$i$列反映了当第$i$种商品的净产出为1单位、其他产品的净产出为0时各种产品的均衡产量，该矩阵称为**列昂惕夫**（Leontief）**逆矩阵**。$(\mathbf{I} - \bar{\mathbf{A}})^{-1} - \mathbf{I}$的第$i$列则反映了当第$i$种商品的净产出为1单位、其他产品的净产出为0时各种产品的投入量，该矩阵称为**完全消耗系数矩阵**。

于是可知均衡中要素的投入向量为

$$\bar{\bar{\mathbf{A}}}\bar{\mathbf{y}} = \bar{\bar{\mathbf{A}}}(\mathbf{I} - \bar{\mathbf{A}})^{-1}\bar{\mathbf{d}} \tag{3.38}$$

定义**要素完全投入系数矩阵**如下：[①]

$$\mathbf{A}^{\circ} := \bar{\bar{\mathbf{A}}}(\mathbf{I} - \bar{\mathbf{A}})^{-1} \tag{3.39}$$

该矩阵的第i列反映了当第i种商品的净产出为1单位、其他产品的净产出为0时各种要素的投入量。也可以说$\mathbf{A}^{\circ}$的第i列反映了1单位第i种商品包含的各种要素的数量。

算例 3.15 (算例3.9中的要素完全投入系数) 考虑算例3.9中的零增长的情形。根据表3.13可知均衡中生产部门（即小麦生产者）使用的技术为：

$$\mathbf{A}' = \begin{bmatrix} \bar{\mathbf{A}} \\ \bar{\bar{\mathbf{A}}} \end{bmatrix} = \begin{bmatrix} 0.6 \\ 0.008493 \\ 0.06370 \end{bmatrix}, \quad \bar{\mathbf{A}} = \begin{bmatrix} 0.6 \end{bmatrix}, \quad \bar{\bar{\mathbf{A}}} = \begin{bmatrix} 0.008493 \\ 0.06370 \end{bmatrix}$$

于是有

$$\mathbf{A}^{\circ} := \bar{\bar{\mathbf{A}}}(\mathbf{I} - \bar{\mathbf{A}})^{-1} = \begin{bmatrix} 0.008493 \\ 0.06370 \end{bmatrix} \frac{1}{1 - 0.6} = \begin{bmatrix} 0.02123 \\ 0.1592 \end{bmatrix}$$

① 参见夏明，张红霞（2013，第8.3.1小节）。

根据表3.13可知均衡中土地所有者消费的小麦数量为282.59，其中包含的土地数量和劳动数量为

$$282.59\mathbf{A}^{\circ} = \begin{bmatrix} 6 \\ 45 \end{bmatrix}$$

均衡中土地所有者还直接消费了24单位土地、30单位劳动。于是均衡中土地所有者相当于总共消费了30单位土地、75单位劳动，这与表3.17的计算结果是一致的。 □

在零增长多部门经济的均衡中，生产部门的产出总价值等于投入的总价值。从生产部门的产出总价值中扣除中间投入的价值，即得到净产品的价值；从生产部门的投入总价值中扣除中间投入的价值，即得到投入的要素的价值。于是可知净产品的价值等于投入的要素的价值。也就是说，当要素的价格向量为$\mathbf{w}$时，产品的价格向量即为$\mathbf{w}^T\mathbf{A}^{\circ}$。

当$\bar{\bar{\mathbf{A}}}$中各列具有相同的结构时，记该结构为$\mathbf{a}$，则根据矩阵乘法的性质可知对$\bar{\bar{\mathbf{A}}}$右乘以一个半正的列向量时得到的向量的结构仍然为$\mathbf{a}$，进而可知$\mathbf{A}^{\circ}$的各列的结构仍然为$\mathbf{a}$。此时根据$\mathbf{A}^{\circ}$的各列之间的比例关系就立即可以得到各种产品的价格之比。

算例 3.16 (双要素零增长多部门经济中的要素完全投入系数) 考虑一个双要素零增长多部门经济，假设其中有4种商品（即小麦、铁、劳动和土地）。均衡中各生产部门使用的技术如下所示：

$$\mathbf{A}' = \begin{bmatrix} \bar{\mathbf{A}} \\ \bar{\bar{\mathbf{A}}} \end{bmatrix} = \begin{bmatrix} 0.5 & 0.5 \\ 0.2 & 0.6 \\ 0.4 & 0.4 \\ 0.5 & 0.5 \end{bmatrix}, \bar{\mathbf{A}} = \begin{bmatrix} 0.5 & 0.5 \\ 0.2 & 0.6 \end{bmatrix}, \bar{\bar{\mathbf{A}}} = \begin{bmatrix} 0.4 & 0.4 \\ 0.5 & 0.5 \end{bmatrix}$$

列昂惕夫逆矩阵为$(\mathbf{I}-\bar{\mathbf{A}})^{-1} = \begin{bmatrix} 4 & 5 \\ 2 & 5 \end{bmatrix}$。可见小麦净产量为1时小麦和铁的产量分别为4和2，相应的两个生产部门的投入矩阵为

$$\mathbf{X}' = \begin{bmatrix} 2 & 1 \\ 0.8 & 1.2 \\ 1.6 & 0.8 \\ 2 & 1 \end{bmatrix}$$

完全消耗系数矩阵为 $(\mathbf{I}-\bar{\mathbf{A}})^{-1}-\mathbf{I} = \begin{bmatrix} 3 & 5 \\ 2 & 4 \end{bmatrix}$。可见小麦净产量为1时小麦和铁的投入量分别为3和2。

要素完全投入系数矩阵为 $\mathbf{A}^{\circ}=\begin{bmatrix}2.4 & 4\\ 3 & 5\end{bmatrix}$。可见1单位小麦包含的劳动量和土地量分别为2.4和3，1单位铁包含的劳动量和土地量分别为4和5。由于这个例子中$\bar{\bar{\mathbf{A}}}$各列具有相同的结构，于是$\mathbf{A}^{\circ}$的各列也具有相同的结构。由于1单位小麦包含的劳动量是1单位铁包含的劳动量的0.6倍，1单位小麦包含的土地量也是1单位铁包含的土地量的0.6倍，于是可知以铁计价时小麦的均衡价格为0.6。

投入矩阵$\mathbf{X}'$的头两行的行和即为完全消耗系数矩阵中的第一列；$\mathbf{X}'$的末两行的行和即为要素完全投入系数矩阵中的第一列。

当均衡中各生产部门使用的技术为

$$\mathbf{A}'=\begin{bmatrix}0.5 & 0\\ 0.2 & 0\\ 0.4 & 0.5\\ 0.5 & 0.5\end{bmatrix}$$

时，可算得要素完全投入系数矩阵为$\mathbf{A}^{\circ}=\begin{bmatrix}1 & 0.5\\ 1.2 & 0.5\end{bmatrix}$，可见在这个例子中1单位小麦包含的劳动量和土地量分别为1和1.2，1单位铁包含的劳动量和土地量均为0.5。可知以铁计价时小麦的均衡价格介于2至2.4之间。 □

3.8 本章小结

常规经济

常规经济既包含厂商又包含消费者，是与纯生产经济、纯交换经济相对的概念。在本书中的离散时间的市场型常规经济中，每期中依次发生以下经济活动：

(1) 在期初（即本期开始、上一期结束的时刻，亦即上一期的期末），上一期开始的生产过程完成并得到相应的产出。这些产出和本期的要素等构成本期的供给。这些供给通过一个交易过程（亦即市场型资源配置过程）在各经济主体间分配。

(2) 各厂商将得到的商品投入生产过程，这些生产过程将在本期期末、下一期期初结束。各消费者将得到的商品用于消费。在消费过程开始时，每位消费者将生育γ个子女，并且与其子女具有相同的效用函数。这里γ为外生的人口增长率。在本书的均衡分析中一般假定人口增长率等于要素供给量的增长率，因此要素供给量的增长率也等于γ。由于假设不存在技术进步，因此这也就是这一经济的外生的均衡增长率。每位成年消费者将与其γ个子女（未成年消费者）共同消费该成年消费者本期购得的消费品，于是每位成年消费者消费的消费束为其得到的消费束的$\rho := \frac{1}{1+\gamma}$倍。

在每期期末，初级要素的数量和各类消费者的数量会增加到期初的$1+\gamma$倍。

常规经济的均衡增长率

常规经济的均衡增长率一般由技术进步率和要素增长率决定。零增长的常规经济中没有技术进步且要素供给量固定不变，其均衡路径为不动点路径，均衡增长率为0。在正增长的常规经济中存在技术进步或者要素供给量的增长，一般将其均衡路径定义为平衡增长路径。

就一般的正增长经济而言，技术进步的影响是相当复杂的，可能会导致价格结构发生变动，因此此时一般并不存在价格保持不变的平衡增长路径，也就是说不存在通常意义上的均衡路径。这种情况下可以考虑将均衡路径定义为价格可以变动的、能够实现收支平衡和供给平衡的路径，或者将分析的焦点集中在一次性发生的技术进步将如何导致经济从一条平衡增长路径切换到另外一条平衡增长路径，或者说技术进步导致的经济变轨问题，这也就是一种比较均衡分析（comparative equilibrium analysis）。对于零增长经济的比较均衡分析也就是比较静态分析（comparative static analysis）。

对于没有技术进步而有要素增长的正增长经济而言，同一期中各种要素的增长幅度不同或者各期之间的增长幅度不同都可能导致平衡增长路径（或者说通常意义上的均衡路径）不存在。

于是可见，对于正增长经济需要施加较强的假设才能够保证平衡增长路径或者说均衡路径的存在性。本书在分析正增长经济的均衡时一般假设没有技术进步且所有要素的数量以外生的恒定的速率增长，而人均拥有要素数量保持不变。

正增长常规经济和零增长常规经济间存在着对应关系。具体来说，可以通过对正增长常规经济中的技术集和每位消费者拥有的禀赋向量作变换来将正增长常规经济转换为零增长常规经济。转换后的经济中的均衡价格向量和均衡活动水平向量保持不变，而每种产品的均衡产量则会发生变化。由于这种对应性的存在，对于零增长经济的论证只要通过适当的转换一般都可以适用于正增长经济。

要素供给量的增长与经济增长

本书的常规经济均衡分析中一般假定人均拥有要素数量保持不变，而人口以外生的恒定的速率增长，也就是说均衡中的经济增长完全由要素供给量的增长引起。在这种情形下，当外生的人口增长率上升时，消费者的均衡效用水平将下降；反之，外生的人口增长率下降时，消费者的均衡效用水平将上升。

对于在生产中需要投入产品的常规经济，生产技术一般会对经济的最高均衡增长率产生限制，或者说存在一个均衡增长率上限。对于这样的常规经济，将其中的消费者和要素全部删除即可以得到一个纯生产经济，这意味着忽略掉厂商生产所需要的要素，而只考虑厂商生产所需要的产品。该常规经济的均衡增长率不会超过这一纯生产经济的（内生的）均衡增长率$\bar{\gamma}$。在谷物经济中$\bar{\gamma}$即为资本投入系数的倒数减去1。在常规经济中，当要素供给量的增长率小于$\bar{\gamma}$时，均衡增长率等于要素供给量的增长率；当要素供给量的增长率大于等于$\bar{\gamma}$时，均衡增长率等于$\bar{\gamma}$。

当人口和要素的增长率接近$\bar{\gamma}$时，常规经济的均衡中的大部分产品就会被用于投资以维持产出的增长，而用于消费的产品比重会很低，这会导致消费者的均衡效用水平很低。因为消费者的效用水平不能低到无法维持生存的地步，所以经济所能承受的人口增长率不会太接近于$\bar{\gamma}$。

本书的均衡分析中的土地、劳动力等要素的数量增长一般被视为由拓荒、人口增长等原因引起的实质性增长；不过也可以被视为由于要素节约型技术进步和计量单位的变换引起的形式性增长，这并不会对分析产生实质性的影响。要素数量的形式性增长也可以视为是要素股数的增长。当发生持续的要素节约型技术进步时，要素相对于产品的均衡价格会不断升高。这时可以将要素拆分成若干股，当要素价格增长时令股数以相同的比例增长，这相当于对要素作计量单位的变换。这种情形下每股要素的价格就始终保持不变，而要素的股数（亦即要素的数量）会不断增长。

投资与储蓄

对于本书中的常规经济的每一期中的资源或收入而言，其一部分被用于消费，其余部分被用于生产或其他目的，后一种用途即为投资（或称储蓄）。投资所占的比重即为投资率。在本书的分析中储蓄与投资这两个概念并无实质区别，一般对于各经济主体使用储蓄一词，而对于整个经济则使用投资一词。当一位消费者在某期中通过借入资金用于消费、使得其当期的消费额超过其收入时，其当期的储蓄额即为负值。

整个经济中的投资可以被划分为有效投资和无效投资两部分。有效投资有助于提高经济效率，优化资源配置，而积压产品、闲置要素等无效投资的存在则会导致经济效率的相对降低。在竞争性均衡中一般不存在无效投资。而在非竞争性均衡中则可能会出现某些要素的垄断者闲置部分要素的情况。当然，现实中的经济一般处于非均衡状态，无效投资的情况广泛存在。

除非另有说明，本书的均衡分析中一般只考虑消费者出租要素的行为，而不考虑消费者出售要素的行为，因此消费者的收入一般指其地租、工资、股息、利息等租金收入。类似地，本书的均衡分析中一般假定在均衡路径中厂商的生产规模会扩大或保持不变，而不考虑厂商出售资产、缩小生产规模的情况，因此厂商的收入一般指其利润。相应地，消费者和厂商的储蓄率一般指其净储蓄率，即租金或利润中用于投资的比例。

在竞争性经济中，一般假设厂商（或者说其股东）的储蓄率为1而劳动者、土地所有者等消费者的储蓄率为0。即厂商将所有利润用于扩大生产规模而不发放股息。在这一假设下当产品价格相对较低而要素价格相对较高从而消费者的收入水平相对较高时经济中的（净）投资率就较低，甚至可以接近于0；当消费者的收入水平相对较低时经济中的投资率就较高，甚至可以接近于1。也就是说随着消费者收入水平的变动经济中的投资率就可以灵活地调节，从而经济中的投资率有可能等于最优投资率，这样才有可能保证均衡中的投资率为最优投资率、均衡配置为最优配置。

经济增长与技术进步

现实中经济的长期增长的主要原因是劳动节约型的技术进步。而劳动节约型的技术进步会导致均衡人均资本存量的增加，因此现实中的经济增长过程一般伴随着资本积累。

技术进步往往伴随着新产品的发明、经济中商品种类的增加，这也会导致生产分工（或称生产专业化）和劳动分工（或称劳动专业化）的深化。生产分工的深化表现为生产过程的增加、中间品种类的增加、生产部门和厂商的数量增加，以及部门间、厂商间生产协作的不断扩大等。生产分工的深化常常使得各种消费品或资本品的生产涉及更多的生产过程、生产部门、厂商数量，导致从事中间品生产的厂商的数量比重增加。劳动分工的深化则使得劳动力的种类增加。技术进步与生产分工、劳动分工之间是相互促进的。

常规经济的均衡模型

本书中的常规经济的结构均衡模型主要由一个收支平衡公式和一个供需平衡公式构成。根据这两个均衡公式还可以推导出均衡所满足的互补松弛关系。

收支平衡公式可以分解为厂商的收支平衡公式和消费者的收支平衡公式两部分。

厂商的收支平衡公式的含义是在每一期中每个厂商的生产过程的单位成本大于等于相应的单位收入的折现值。而由互补松弛关系可知均衡中单位成本大于折现后的单位收入的厂商必然停产。于是在增长率为γ的均衡中，对于未停产的厂商而言，其单位收入是其单位成本的$1+\gamma$倍，这样恰好能够使得厂商的活动水平以速率γ增长。

消费者的收支平衡公式的含义是在每一期中每位有收入的消费者（或者说成年消费者）自身的消费额（或者说消费支出）等于其收入乘以折现因子ρ，也就是说其收入是其消费额的$1+\gamma$倍。其消费额的γ倍用于养育子女（即未成年消费者）。每期中新增的未成年消费者参与消费而本身不供给要素、没有收入，将在下一期成为成年消费者并开始供给要素、得到收入。每期的人口增长率等于γ。

消费者的收支平衡公式使用了等号，而总的收支平衡公式则使用了大于等于号。由于消费者所对应的活动水平（亦即消费者人数）大于0，因此由互补松弛条件可知，由消费者的收支平衡公式的大于等于关系可以推导出等于关系，也就是说在这一均衡模型中对于消费者收入平衡公式使用大于等于号和等于号是等价的。

供需平衡公式的含义是均衡路径的每一期中每种商品的需求量小于等于其供给量。根据互补松弛条件可知，均衡中供大于求（即超额需求为负）的商品为免费品。

均衡配置与最优配置

在离散时间的动态经济分析中最优配置与均衡配置是最重要的两种配置。在一个规模收益不变的纯生产经济中，最优配置一般指能够实现最大平衡增长率的配置。而在常规经济中和纯交换经济中，最优配置是指最大化消费者效用向量的配置。

在竞争性的常规经济中，均衡配置一定是最优配置，这一类均衡配置即是竞争性均衡配置。但竞争性的常规经济中可能出现存在最优配置但不存在均衡配置的情形，这时最优配置是拟均衡配置，也就是说最优配置可能只是拟均衡配置而未必是均衡配置。而在正规经济中，拟均衡配置均是均衡配置，于是最优配置也均是（有转移的或者说经过产权调整的）均衡配置，也就是说此时最优配置集合和均衡配置集合是相同的。

当经济中存在垄断行为、规模收益递增、价格管制、税、股息、货币与利息、信贷等因素时，最优配置和均衡配置可能并不一致，这时的均衡配置即是非竞争性均衡配置。

一般而言，竞争性的常规经济中的均衡价格反映了各种商品对于社会福利水平的边际贡献的相对大小，或者说反映了在均衡社会福利水平下各种商品间的边际替代率。而在非竞争性的经济中，均衡价格一般没有这种功能。

竞争性常规经济蕴含的要素交易过程

在规模收益不变的假设下，经济中厂商的合并、分拆、复制不会对均衡产生实质性影响。于是对于包含k类消费者的常规经济，可以将其中的所有厂商复制k份，分别分配给k类消费者构成k个子经济。由于所有产品均可以使用总生产集中的技术在每个子经济内部生产，因此在均衡中每个子经济不需要购买其他子经济的产品，也就是说各个子经济之间不需要交换产品，只需要交换要素。

当一个子经济不允许与外界发生交易时，在给定的要素禀赋下可以算得该子经济的均衡配置及消费者的均衡效用水平。由于竞争性均衡配置也是最优配置，因此这也就是消费者在给定的禀赋和生产技术下所能达到的最大效用水平。该效用水平随着要素禀赋的变动而变动，这也就是说可视为禀赋束的函数，该函数即为消费者的禀赋效用函数。

应用禀赋效用函数可以将常规经济转换为各类消费者之间交换要素禀赋的纯交换经济。可以认为在均衡中各类消费者先交换要素禀赋，然后将得到的要素交给自己拥有的厂商生产出自己需要的产品用于消费。可见每个常规经济都蕴含一个这样的要素纯交换经济，或者说蕴含一个要素交易过程。

由禀赋效用函数可知消费者对于产品的消费可以被视为对要素禀赋的消费。而根据要素完全投入系数矩阵可以算得均衡中产品包含的要素数量。进而根据均衡中每类消费者消费的产品数量即可算得每类消费者消费的要素数量。将每类消费者消费的要素数量与其禀赋中包含的要素数量进行对比即可知道其在要素交易过程中出售和购买的要素数量。

第 4 章　非竞争性均衡

4.1　要素垄断行为

4.1.1　要素的非充分供给

竞争性经济中假定经济主体不会试图去影响、控制价格，即经济主体是价格的接受者（price taker）而不是制订者（price maker）。在这种情况下，消费者（亦即初级要素的所有者）会充分供给其拥有的（初级）要素，而不会试图通过将部分要素闲置的方法影响要素价格并从中获利，即任一消费者的供给等于其禀赋，每种要素均被充分供给。

当经济不是竞争性的、允许消费者通过选择要素的供给量影响价格时，对于一些消费者而言通过闲置部分要素、减少要素的供给量有可能导致要素价格的大幅上升，进而导致自身的收入和效用水平的提高。这种要素所有者将其拥有的一部分要素闲置以从中获利的行为即为**要素垄断行为**。根据定义可见，要素垄断行为是指以获利为目的的闲置要素的行为，是否存在要素垄断行为与产权安排并无直接关系。即使某种要素全部由一位消费者拥有，但只要被充分供给，该消费者就没有要素垄断行为。存在要素垄断行为的均衡即为**垄断性均衡**。

由于竞争性均衡是帕累托最优配置，于是当一类消费者从要素垄断行为中获益时必然会导致另一类消费者的效用水平的下降，也就是说只有当经济中存在两类或两类以上消费者时才有可能发生要素垄断行为，要素垄断行为实质上导致了不同类型的要素所有者间的收入再分配。当经济中只有一种初级要素、一类消费者时，消费者不会采取要素垄断行为，因为这种情况下的非充分供给只会损害自身的效用水平。

在一般均衡分析中一般假定产权安排是给定的。当放松这一假设、允许产权调整时，一些消费者可能会发现产权分散时无法通过要素垄断行为获利，而通过产权整合、串谋（如建立联盟、采取联合行动），可以更有力地控制供给、操纵价格，进而获利。

在有些情形下，无论产权如何调整，消费者均无法通过要素的非充分供给获利，下面通过一个算例来说明这一点。

算例 4.1 (要素的充分供给) 考虑包含3种商品（即小麦、土地和劳动）和3类经济主体（即小麦生产者、土地所有者和劳动者）的谷物经济。假设生产函数和效用函数如下：

小麦生产者 $x_2^{0.5}x_3^{0.5}$

劳动者 x_1

土地所有者 x_1

假设有100位劳动者，每位劳动者供给1单位劳动；有$\lambda(\geqslant 1)$位土地所有者，每位土地所有者供给1单位土地。于是劳动的供给量为100，土地充分供给时的供给量为λ。

单位需求矩阵为

$$\mathbf{A}(\mathbf{p},\mathbf{u}) = \begin{bmatrix} 0 & u_1 & u_2 \\ \sqrt{p_3/p_2} & 0 & 0 \\ \sqrt{p_2/p_3} & 0 & 0 \end{bmatrix}$$

单位供给矩阵为单位阵。

（竞争性）结构均衡模型如下：

$$\mathbf{p}^T\mathbf{A}(\mathbf{p},\mathbf{u}) = \mathbf{p}^T \tag{4.1}$$

$$\mathbf{A}(\mathbf{p},\mathbf{u})\mathbf{z} = \mathbf{z} \tag{4.2}$$

其中，$\mathbf{z} = (z_1, 100, \lambda)$。

以小麦作为计价商品。由于这个例子中消费者只消费小麦，并且每1单位小麦带来1单位效用，于是以小麦计价时每位消费者的效用水平等于其收入。

解得劳动者的均衡效用水平为$u_1^* = \sqrt{\lambda}/20$，土地所有者的均衡效用水平为$u_2^* = 5/\sqrt{\lambda}$，均衡价格向量和均衡活动水平向量为

$$\mathbf{p}^* = (1, u_1^*, u_2^*)^T = \left(1, \sqrt{\lambda}/20, 5/\sqrt{\lambda}\right)^T, \ \mathbf{z}^* = \left(10\sqrt{\lambda}, 100, \lambda\right)^T$$

均衡配置如表4.1所示。

可以看到随着土地所有者人数和土地供给量的增加，每个土地所有者的均衡效用水平会下降，而每个劳动者的均衡效用水平会上升。

表 **4.1** 竞争性均衡配置（增长率为0）

	小麦生产者	劳动者	土地所有者	总需求
小麦需求	0	$5\sqrt{\lambda}$	$5\sqrt{\lambda}$	$10\sqrt{\lambda}$
劳动需求	100	0	0	100
土地需求	λ	0	0	λ
供给	$10\sqrt{\lambda}$	100	λ	

假设有一位土地所有者试图控制其土地供给量，其选择的供给量为$x \in [0,1]$，则此时的土地总供给量为$\lambda-1+x$，均衡地租率为$5/\sqrt{\lambda-1+x}$，于是该土地所有者的收入和效用即为$5x/\sqrt{\lambda-1+x}$，对x求导后得到$2.5(2\lambda+2-x)(\lambda+1-x)^{-3/2}>0$，于是可知随着$x$的增加该土地所有者的效用会增加，他并不能从土地的非充分供给中获益。

那么，所有土地所有者能不能通过串谋并闲置部分土地获益呢？答案也是否定的。因为所有土地所有者的效用水平之和（也就是其总收入）为$5\sqrt{\lambda}$，是随着土地供给量的增加而增加的。就是说，控制供给量并不能改善土地所有者的总效用水平（亦即总收入），充分供给是最佳选择。

如果考虑地租率对土地总供给量的弹性，可以算得为

$$\frac{\lambda}{5/\sqrt{\lambda}}D_{\lambda}\left(5/\sqrt{\lambda}\right)=-\frac{1}{2}\frac{\lambda}{5/\sqrt{\lambda}}\frac{5}{\lambda\sqrt{\lambda}}=-0.5$$

其绝对值小于1，说明总供给量下降时，价格上升幅度较小，不足以弥补供给量下降带来的损失，同样可以得到无法通过控制土地供给量获利这一结论。 □

在以上的算例中小麦生产者具有C-D型的生产函数，对于小麦生产者而言劳动和土地之间的替代弹性等于1。

当商品之间的替代弹性较小时，经济主体的需求结构缺乏弹性，价格的较大变化对应于需求结构的较小变化，也就是说均衡价格对于均衡需求量（亦即均衡供给量）的弹性较大，当一种要素的供给量变动时其均衡价格会有较大幅度的变动。这就使得要素的供给者容易从减小要素供给量中获益。下面来看一个算例。

算例 4.2 (要素的非充分供给) 考虑包含3种商品（小麦、土地和劳动）和3类经济主体（小麦生产者、土地所有者和劳动者）的谷物经济。以小麦为计价商品。 假设生产函数和效用函数如下：

小麦生产者　$(x_2^{-1}+x_3^{-1})^{-1}$

劳动者 x_1

土地所有者 x_1

可见小麦生产者具有CES型生产函数，对其而言劳动和土地之间的替代弹性为0.5。

假设有100位劳动者，每位劳动者供给1单位劳动；有$\lambda(\geqslant 1)$位土地所有者，每位土地所有者供给1单位土地。于是劳动的供给量为100，土地充分供给时的供给量为λ。

单位需求矩阵为

$$\mathbf{A}(\mathbf{p},\mathbf{u}) = \begin{bmatrix} 0 & u_1 & u_2 \\ 1+\sqrt{p_3/p_2} & 0 & 0 \\ 1+\sqrt{p_2/p_3} & 0 & 0 \end{bmatrix}$$

单位供给矩阵为单位阵。

（竞争性）结构均衡模型同式(4.1)–(4.2)。解得劳动者和土地所有者的均衡效用水平分别为

$$u_1^* = \frac{\lambda^2}{(100+\lambda)^2} = \frac{1}{(100/\lambda+1)^2},\ u_2^* = \frac{10^4}{(100+\lambda)^2} \tag{4.3}$$

均衡价格向量和均衡活动水平向量为

$$\mathbf{p}^* = (1, u_1^*, u_2^*)^T = \left(1, \frac{1}{(100/\lambda+1)^2}, \frac{10^4}{(100+\lambda)^2}\right)^T$$

$$\mathbf{z}^* = \left(\frac{100\lambda}{100+\lambda}, 100, \lambda\right)^T$$

竞争性均衡配置如表4.2所示。

表 4.2 竞争性均衡配置（增长率为0）

	小麦生产者	劳动者	土地所有者	总需求
小麦需求	0	$\frac{100\lambda^2}{(100+\lambda)^2}$	$\frac{10^4\lambda}{(100+\lambda)^2}$	$\frac{100\lambda}{100+\lambda}$
劳动需求	100	0	0	100
土地需求	λ	0	0	λ
供给	$\frac{100\lambda}{100+\lambda}$	100	λ	

显然每个劳动者的效用水平随土地供给量的增加单调增加。而随着土地所有者人数和土地供给量的增加，每个土地所有者的均衡效用水平u_2^*在下降。

假设有一位土地所有者试图控制其土地供给量，其选择的供给量为$x\in[0,1]$，则此时的土地总供给量为$\lambda-1+x$，地租率为$\frac{10^4}{(100+\lambda-1+x)^2}$，于是该土地所有者的收入和效用水平即为$\frac{10^4x}{(100+\lambda-1+x)^2}$，对$x$求导后得到$10^4(99+\lambda-x)(99+\lambda+x)^{-3}>0$，于是可知该土地所有者并不能从土地的非充分供给中获益。

但所有土地所有者的以小麦计价的总收入，亦即效用水平之和，为$\frac{10^4\lambda}{(100+\lambda)^2}$，其导数为$\frac{10^4(100-\lambda)}{(100+\lambda)^3}$，可见当土地供给量为100时土地所有者的总效用水平达到最大值25。于是可知：

(1) 如果土地所有者拥有的土地总量小于或等于100，那么对串谋的土地所有者而言最优选择是充分供应。

(2) 当土地所有者拥有的土地总量大于100时，对串谋的土地所有者而言最优选择是非充分供给，将土地供给量定为100而闲置其余部分。这样做可以最大化土地所有者的总效用（即总收入），此时总效用水平为25，每个土地所有者的效用水平为$\frac{25}{\lambda}$。

可以算得地租率对土地总供给量的弹性为

$$D_\lambda(p_2^*)\lambda/p_2^*=\frac{-2}{100/\lambda+1}$$

当土地总存量小于100时，弹性的绝对值小于1；当土地总存量大于100时，弹性的绝对值大于1。这同样说明土地总存量小于100时不会出现要素垄断行为，而当土地总存量大于100时可能出现要素垄断行为。 □

4.1.2 经济效率的损失

因为非充分供给相当于减少了经济中的禀赋，所以一般会导致社会福利水平的下降。这也就是说要素垄断行为提高一部分要素所有者的效用水平时，不仅会导致另一些消费者的效用水平下降，而且从整体来看一般会损害整个经济的福利水平。

当不同种类的消费者具有相同的一次齐次效用函数时，可以用总效用水平来衡量整个社会的福利水平。在算例 4.2 中所有消费者的总效用水平（在这里等于小麦的产量）为

$$\frac{100\lambda}{100+\lambda}=\frac{10^4+100\lambda-10^4}{100+\lambda}=100-\frac{10^4}{100+\lambda}$$

显然随着土地供给量增加而增加。当土地供给量趋于无穷时整个社会的总效用趋于100、劳动者的总效用水平趋于100而土地所有者的总效用水平趋

于0。而当经济中的土地数量趋于无穷时土地所有者的垄断行为会导致整个社会的均衡总效用水平停留在50、劳动者和土地所有者的均衡效用水平均为25，即这种情况下整体的经济效率或者说福利水平损失了50%。

为了抑制要素的垄断行为（即非充分供给）、避免经济效率的损失、增加社会福利，政府可以使用转移支付、价格管制、产权分割等手段。例如，在算例4.2中当土地大于100单位且由一个消费者联盟拥有时，可以利用以下任一种政策避免经济效率的损失：

(1) 对于供给和价格的行政干预（或称管制）。政府可以通过行政手段直接干预要素的供给量或控制要素价格，例如立法禁止土地闲置或限定地租水平等。

(2) 产权分割。当一位消费者拥有的土地量占土地总量的比重为θ时，若其他消费者的供给量固定，总供给量对该消费者供给量的弹性即为θ，而地租率对该消费者供给量的弹性显然等于地租率对总供给量的弹性乘以总供给量对该消费者供给量的弹性，亦即当总供给量不变时地租率对该消费者供给量的弹性与θ成正比。因此可以通过产权分割、增加土地所有者的人数使得弹性的绝对值降低到1以下。

(3) 转移支付。通过转移支付手段，对劳动者征税以补贴土地所有者，可以激励其提高供给量。在不存在补贴、土地供给量大于100时地租率对总供给量的弹性的绝对值大于1，即增加土地供给时导致价格大幅下降；若对于100单位以上的每1单位土地供给给予一定的补贴，使得补贴后弹性绝对值下降到1以下，则土地所有者将充分供给土地。从表面上看对劳动者征税以补贴土地所有者对于劳动者不利，但其实并非如此，这种补贴使得产出得以增加、劳动者效用水平也得以提高。在算例4.2中，补贴数量使得以小麦计价的土地所有者的总收入大于无补贴时的最高收入25即可。例如，当土地总量和供给量均为400单位时以小麦计价的地租总额为16，则对于100单位以上的每单位土地供给给予高于$\frac{25-16}{300}=0.03$的补贴即可。

4.1.3 要素所有者间的博弈

当经济中多个要素所有者采取垄断行为时，因为每个所有者的供给量都可能影响到其他要素所有者的最优供给量，所以就可能出现复杂的博弈过程。在一个动态经济中，如果这类博弈行为的规模足够大，就可能导致原本收敛到均衡的经济陷入持续而复杂的波动。

下面来看一个两个土地所有者间博弈的例子。

算例 4.3　考虑包含3种商品（小麦、土地和劳动）和3类经济主体（小麦生产者、土地所有者和劳动者）的谷物经济。假设劳动供给量始终为100单位，生产函数和效用函数如下：

小麦生产者　$(x_2^{-1}+x_3^{-1})^{-1}$

劳动者　x_1

土地所有者　x_1

算例4.2中假设所有土地所有者拥有的土地数量相同，现在假设土地由2位土地所有者（A和B）拥有，他们可能拥有不同数量的土地，且各自独立地决定供给数量。

假设A和B的土地供给量分别为λ_A和λ_B，则根据算例4.2中的土地所有者的均衡效用水平(4.3)可知总效用水平为$\frac{10^4(\lambda_A+\lambda_B)}{(100+\lambda_A+\lambda_B)^2}$，$A$和$B$的均衡效用水平分别为

$$u_A^*=\frac{10^4\lambda_A}{(100+\lambda_A+\lambda_B)^2},\quad u_B^*=\frac{10^4\lambda_B}{(100+\lambda_A+\lambda_B)^2}$$

于是对于土地所有者B有

$$D_{\lambda_B}u_B^*=\frac{10^4(100+\lambda_A-\lambda_B)}{(100+\lambda_A+\lambda_B)^3}$$

可见对于土地所有者B的最优供给量有以下结论：

(1) 当土地所有者B拥有的土地数量大于小于$100+\lambda_A$时，其最优供给量即为$100+\lambda_A$。

(2) 若土地所有者B拥有的土地数量小于$100+\lambda_A$，最优供给量即为其土地拥有量。

土地所有者A的最优供给量类比可知。也就是说，每个主体的最优供给量是其拥有量与对方的供给量加100这两个值中的较小值。

于是可知：

(1) 当两个主体的土地拥有量之差小于100时，在均衡中双方均会充分供给。两个主体的拥有量之和小于等于100也属于这种情况。

(2) 当两个主体的土地拥有量相差大于等于100时，拥有量较少的主体在均衡中会充分供给，而拥有量较大的主体的供给量为对方的供给量加100。

在第一种情况（即两个主体的拥有量之差小于100）下，两位土地所有者能否通过串谋提高双方的效用水平呢？这里又分两种情况：

(1) 如果双方的拥有量之和小于等于100，那么无论串谋与否，土地都会充分供给，因此无法通过串谋提高双方的效用水平。

(2) 如果双方的拥有量之和大于100，则串谋时可将土地供给量控制在100单位，此时双方效用之和达到最大值25，而不串谋的情形下土地会充分供给，双方效用之和小于25。即双方应当通过串谋控制土地供给量。

对于第二种情况（即两个主体的拥有量相差大于等于100），显然不串谋时供给量大于100，劣于串谋时供给量等于100的结果，也就是说均衡中双方会串谋将供给量控制在100。 □

4.2 产品垄断行为

与要素所有者可能从控制要素供给量中获利类似，对某种产品（如烟草、出租汽车服务）具有专营权（或者生产许可）的厂商（或者说其股东）也有可能通过控制其产量获取超额利润。这种专营权可以为其所有者带来租金收入，这一点与初级要素是类似的，因此专营权也可以视为是一类初级要素。但与普通的初级要素不同的是，对于专营权的需求来自经济制度而非生产技术，也就是说，从生产技术的角度来看专营权并不是生产过程所必需的，因此可以称之为**人工要素**（artificial factor）。专营权的一个例子是出租汽车准运证。

假设一个厂商的股东拥有某类产品的专营权，厂商每生产1单位产品需要股东发放一份生产许可证。于是厂商对于产量的选择问题可以转化为股东对于生产许可证供给量的选择问题。这种情况下厂商的规模收益不变的生产函数$f(\mathbf{x})$即转化为

$$f'(\mathbf{x}, x_{n+1}) := \min\{f(\mathbf{x}), x_{n+1}\}$$

其中，x_{n+1}代表厂商获得的生产许可证数量。

从理论上说，人工要素的所有者可以无成本地供给无限多的人工要素。于是可见，出于获利目的对于人工要素供给量和产品产量的控制（即**产品垄断行为**）与对于要素的供给量的控制（即要素垄断行为）本质上是相同的，产品垄断行为相当于闲置了部分人工要素，一般来说也会导致经济效率的损失。

下面通过一个例子来说明这一点。

算例 4.4 (产品垄断行为与经济效率损失) 考虑一个包含2种商品（小麦和劳动）和2类经济主体（小麦生产者和劳动者）的经济。假设劳动的供给量始终为100单位。生产函数和效用函数如下：

小麦生产者 $\alpha x_1^{0.5} x_2^{0.5}$

劳动者 x_1

竞争性均衡配置如表4.3所示。

表 4.3 竞争性均衡配置

	小麦生产者	劳动者	总需求
小麦需求	$25\alpha^2$	$25\alpha^2$	$50\alpha^2$
劳动需求	100	0	100
供给	$50\alpha^2$	100	

现在假设经济中有第3类商品，即（小麦生产）许可证，和第3类经济主体，即拥有小麦专营权的一位消费者，称之为垄断者。假设垄断者的效用函数为x_1，即只消费小麦；厂商每生产1单位小麦必须向垄断者购买1份许可证，于是厂商的生产函数变为$\min\{\alpha x_1^{0.5}x_2^{0.5}, x_3\}$。

以小麦为计价商品（即$p_1=1$），记劳动价格为p_2，许可证价格为p_3。

单位需求矩阵为

$$\mathbf{A}(\mathbf{p},\mathbf{u})=\begin{bmatrix}\frac{1}{\alpha}\mathbf{a}(\bar{\mathbf{p}}) & (u_1;0) & (u_2;0)\\ 1 & 0 & 0\end{bmatrix}$$

其中，$\bar{\mathbf{p}}$表示小麦价格和劳动价格构成的向量，$\mathbf{a}(\bar{\mathbf{p}})$如式(1.13)所示。

结构均衡模型如下：

$$\mathbf{p}^T\mathbf{A}(\mathbf{p},\mathbf{u})=\mathbf{p}^T\mathbf{B} \tag{4.4}$$

$$\mathbf{A}(\mathbf{p},\mathbf{u})\mathbf{z}=\mathbf{B}\mathbf{z} \tag{4.5}$$

其中$\mathbf{z}=(y,100,1)^T$，y表示小麦产量和产值，显然这也就是垄断者发放的许可证数量。单位供给矩阵为

$$\mathbf{B}=\begin{bmatrix}1 & 0 & 0\\ 0 & 1 & 0\\ 0 & 0 & y\end{bmatrix}$$

可以算得均衡价格向量为

$$\mathbf{p}^*=\left(1,\frac{y^2}{10^4\alpha^2},1-\frac{y}{50\alpha^2}\right)^T$$

均衡效用向量为

$$\mathbf{u}^*=\left(\frac{y^2}{100\alpha^2},y-\frac{y^2}{50\alpha^2}\right)^T$$

显然小麦产量为$y=25\alpha^2$单位（即发放$25\alpha^2$张许可证）时垄断者的效用水平达到最大值$12.5\alpha^2$。此时的均衡价格向量为$\mathbf{p}^*=(1,0.0625\alpha^2,0.5)^T$，均衡配置如表4.4所示。

将表4.4中的垄断性均衡配置与表4.3中的竞争性均衡配置相比可见，有垄断时小麦的总消费量$18.75\alpha^2$为许可证充分供给（或者说不存在专营权）时的总消费量$25\alpha^2$的$\frac{3}{4}$，也就是说垄断性均衡配置与以下经济中的竞争性均衡配置（见表4.5）具有相同的福利水平：劳动供给量为75单位，25单位由劳动者占有，50单位通过产权调整划拨给垄断者。即这一垄断行为相当于导致了经济中的禀赋损失了25%，也就是说经济效率的损失程度为25%。 □

表 4.4 垄断者效用最大化的垄断性均衡配置

	小麦生产者	劳动者	垄断者	总需求
小麦需求	$6.25\alpha^2$	$6.25\alpha^2$	$12.5\alpha^2$	$25\alpha^2$
劳动需求	100	0	0	100
许可证需求	$25\alpha^2$	0	0	$25\alpha^2$
供给	$25\alpha^2$	100	$25\alpha^2$	

表 4.5 劳动供给量为75单位的竞争性均衡配置

	小麦生产者	劳动者	垄断者	总需求
小麦需求	$18.75\alpha^2$	$6.25\alpha^2$	$12.5\alpha^2$	$37.5\alpha^2$
劳动需求	75	0	0	75
供给	$37.5\alpha^2$	25	50	

4.3 规模收益递增

4.3.1 规模收益递增（IRS）下帕累托最优配置的存在性

4.3.1.1 无限的净产出

在一个无技术进步、禀赋固定的经济中，如果总厂商每期只能向消费者提供数量有限的产品，或者说总厂商各期向消费者提供的产品有上界，那么一般来说经济中就存在帕累托最优状态；反之，如果厂商向消费者提供的产品数量可以无限地增长，那么经济中就可能不存在帕累托最优状态。下面的例子表明当总厂商具有递增的规模收益时就可能出现这种情况。

算例 4.5 (**不存在帕累托最优配置的经济**) 假定两部门谷物经济中生产函数和效用函数如下：

小麦生产者　x_1x_2

劳动者　x_1

假设劳动供给量始终为2单位。在劳动被充分利用时，小麦生产者的生产函数为$2x_1$。显然这种情况下，小麦的投入量与净产量相等，不存在最大的小麦净产量，因此不存在帕累托最优配置。

从动态的角度看，若选择合适的政策函数，例如，每期消费小麦产量的40%而将其余用于生产，则劳动者消费的小麦数量将无限增加，同样可见这一经济中不存在帕累托最优配置。 □

4.3.1.2 有限的净产出

从以上的讨论可见，一般来说在无技术进步且禀赋固定的经济中，帕累托最优配置的存在以总厂商的净产出有限性为前提。

假定一个无技术进步且禀赋固定的经济中各种初级要素数量构成的向量为$\mathbf{r}$，那么在均衡中可能出现的生产过程所使用的初级要素数量不能大于禀赋向量$\mathbf{r}$。若一个生产集中每个生产过程使用的初级要素数量不大于禀赋向量$\mathbf{r}$，则称这一生产集满足禀赋约束$\mathbf{r}$。

命题 4.1 假设总生产集Y满足假设P1至假设P5。令$\mathbf{r}$为初级要素数量构成的一个禀赋向量。若Y的一个子集Y′满足禀赋约束$\mathbf{r}$，且其中的每个生产过程是**自足的**（即生产过程的每种产品的产量大于等于其投入量），则：

(1) Y′中所有产出束构成的集合有界。

(2) Y′中所有生产过程的净产出束[①]构成的集合有界。

证明 (1) 反证法。当命题不成立时，结合波尔查诺－维尔斯特拉斯（Bolzano - Weierstrass）定理[②]可知，必然存在一个在初级要素数量$\mathbf{r}$下自足的生产过程序列

$$\{(\mathbf{x},\mathbf{y})^{(k)}\}_{k=1}^{\infty}$$

满足：(i) 各种产品的产量均大于等于投入量（这一点是根据自足性的定义

[①]一个生产过程的**净产出束**即该生产过程的产出束减去该生产过程投入的产品束，亦即由产品的净产量构成的商品束。请注意净产出束和超额产出束的定义的区别。

[②]参见相关文献（Acemoglu，2009，第888页）。

得出的）；(ii) 当k趋于无穷时至少有一种产品的产量趋于无穷；(iii) 当k趋于无穷时归一化后的生产过程序列$\{\langle(\mathbf{x}^{(k)},\mathbf{y}^{(k)})\rangle\}_{k=1}^{\infty}$收敛于$(\bar{\mathbf{x}},\bar{\mathbf{y}})$，且$\bar{\mathbf{x}}$中初级要素对应的各分量为0、$\bar{\mathbf{y}}$为半正向量。

根据生产集的规模收益不变假设（即假设P4）可知，可行的生产过程归一化后仍为可行的生产过程；根据生产集的闭性假设（即假设P3）可知，可行生产过程序列的极限仍为可行的生产过程，于是可知$(\bar{\mathbf{x}},\bar{\mathbf{y}})$是一个可行的生产过程，而该生产过程未投入初级要素却有产出，这与假设P5矛盾。因此命题成立。

(2) 根据(1)，显然成立。 □

从以上命题可见，当总生产集Y满足假设P1至假设P5时，在给定的禀赋约束下所有自足的生产过程的净产出是有限的。由于每个可行配置中的生产过程之和满足禀赋约束而且是自足的，于是所有可行配置中的生产过程对应的净产出束构成的集合是有限的，也就是说所有可行配置中消费者消费的商品数量是有限的。

4.3.2 IRS均衡

4.3.2.1 IRS均衡

存在全局规模收益递增时，由于最大化利润的厂商在各种价格向量下通常会要么选择停产，要么选择无穷大的产量，于是这种情况下假设厂商追求利润最大化就不再合适。这种情形下将厂商的行为模式从无约束条件的利润最大化修改为如下的有约束条件的利润最大化：厂商在给定价格向量及总成本的约束下最大化其利润。

这种情况下若厂商具有位似的生产函数，则厂商对于生产过程的选择过程可以分两步：

(1) 在技术集中选择利润率最大的技术[①]；

(2) 在给定的总成本约束下选择最大的产量。

这相当于厂商只能自由地选择技术而丧失了对于产量的决策权。

仍然假设消费者最大化效用。此时满足收支平衡条件和供需平衡条件的状态称为**IRS均衡**。在IRS均衡中厂商在均衡价格下及均衡成本的约束下实现了利润最大化。

下文将看到，IRS均衡和帕累托最优状态间没有必然联系，IRS均衡未必是帕累托最优状态，帕累托最优状态也未必是IRS均衡。

[①] 无联合生产时相当于选择成本最低的技术。

4.3.2.2 IRS均衡配置与帕累托最优配置的关系

IRS均衡配置与帕累托最优配置既有可能相同，也有可能不同。下面将通过一些算例来说明这一点。在这些算例中将使用如下形式的规模收益递增生产函数：

$$g(\mathbf{x}) := \left(f(\mathbf{x})\right)^{\theta}, \theta > 1 \tag{4.6}$$

其中，$f(\mathbf{x})$为一次齐次生产函数。于是$g(\mathbf{x})$为θ次齐次函数。

在规模收益不变时，单一生产的厂商的单位需求束与产量水平无关，但对于规模收益递增的厂商而言，产量越大则生产1单位产品需要的平均投入越少。因此对于规模收益递增的厂商，定义其单位需求束为给定产量下生产1单位产品的平均需求束，即生产y单位产品时需要的投入束除以y。可见此时的单位需求束受产量的影响。

令$\mathbf{a}$为生产函数$f(\mathbf{x})$下的一个单位需求束，即$f(\mathbf{a}) = 1$。由下式可见在生产函数$g(\mathbf{x})$下产量y对应的投入束为$y^{1/\theta}\mathbf{a}$:

$$g(y^{1/\theta}\mathbf{a}) = \left(f(y^{1/\theta}\mathbf{a})\right)^{\theta} = \left(y^{1/\theta}f(\mathbf{a})\right)^{\theta} = y(f(\mathbf{a}))^{\theta} = y$$

于是生产函数$g(\mathbf{x})$下的一个单位需求束即为$y^{1/\theta-1}\mathbf{a}$。

算例 4.6 (IRS均衡配置与帕累托最优配置同一) 考虑一个两部门谷物经济，生产函数和效用函数如下：

小麦生产者	x_2^2
劳动者	x_1

假设劳动供给量始终为λ单位。以小麦为计价商品（即$p_1 = 1$）。

易知单位需求矩阵为

$$\mathbf{A}(\mathbf{p}, u, z_1) = \begin{bmatrix} 0 & u \\ z_1^{-0.5} & 0 \end{bmatrix}$$

其中，z_1为小麦生产者的活动水平（亦即小麦产量）。

IRS结构均衡模型为

$$\mathbf{p}^T\mathbf{A}(\mathbf{p}, u, z_1) = \mathbf{p}^T \tag{4.7}$$

$$\mathbf{A}(\mathbf{p}, u, z_1)\mathbf{z} = \mathbf{z} \tag{4.8}$$

其中，$\mathbf{p} = (1, p_2)^T$，$\mathbf{z} = (z_1, \lambda)^T$。

可以看出小麦的（规模收益递增）均衡产量为λ^2。均衡中λ单位劳动与λ^2单位小麦交换，即劳动的 IRS 均衡价格为λ。

当给定工资水平w时，小麦生产者在投入劳动数量x时的利润为$x^2 - wx$；如果没有约束条件则厂商将选择无穷大的产量。在给定成本λ^2时，厂商将选择产量λ^2。IRS均衡配置如表4.6所示，显然这一配置也是该经济中唯一的帕累托最优配置。 □

表 4.6 IRS均衡配置（增长率为0）

	小麦生产者	劳动者	总需求
小麦需求	0	λ^2	λ^2
劳动需求	λ	0	λ
供给	λ^2	λ	

算例 4.7 (IRS均衡配置不是帕累托最优配置) 考虑算例4.5的经济。这一经济没有帕累托最优配置，但存在IRS均衡。

以小麦为计价商品，令w为给定的正的工资率。由于生产函数为C-D型，于是厂商选择的技术在小麦和劳动上的支出将相等，即小麦和劳动的投入数量之比为w。 IRS均衡中厂商必然使用2单位劳动，于是将投入$2w$单位小麦，即IRS均衡配置如表4.7所示。

表 4.7 IRS均衡配置（增长率为0）

	小麦生产者	劳动者	总需求
小麦需求	$2w$	$2w$	$4w$
劳动需求	2	0	2
供给	$4w$	2	

即这个例子的IRS均衡中，工资率和小麦产量可以是任意正数。从这个例子可见IRS均衡配置未必是帕累托最优配置。 □

接下来考虑另一个例子，其中既存在IRS均衡，也存在帕累托最优状态，但IRS均衡不是帕累托最优状态，帕累托最优状态也不是IRS均衡。

算例 4.8 (IRS均衡配置与帕累托最优配置不同) 考虑一个两部门谷物经济，生产函数和效用函数如下：

$$\text{小麦生产者}\quad \left(x_1^{0.5}x_2^{0.5}\right)^{4/3}$$

$$\text{劳动者}\quad x_1$$

假设劳动供给量始终为100单位。以小麦为计价商品。

单位需求矩阵为

$$\mathbf{A}(\mathbf{p},u,z_1)=\begin{bmatrix} z_1^{-0.25}p_2^{0.5} & u \\ z_1^{-0.25}p_2^{-0.5} & 0 \end{bmatrix} \tag{4.9}$$

IRS结构均衡模型如式(4.7)–(4.8)所示。可算得IRS均衡工资率为$p_2^*=12.5$，IRS均衡配置表4.8所示。

表 4.8 IRS均衡配置（增长率为0）

	小麦生产者	劳动者	总需求
小麦需求	1250	1250	2500
劳动需求	100	0	100
供给	2500	100	

可以算得帕累托最优配置如表4.9所示，在这一配置中小麦净产量达到了最大值；这一均衡配置中劳动者用100单位劳动换得1481单位小麦，即以小麦计价的均衡工资率为14.81。相应的最优价值配置如表4.10所示。

表 4.9 IRS经济的最优配置（增长率为0）

	小麦生产者	劳动者	总需求
小麦需求	2963	1481	4444
劳动需求	100	0	100
供给	4444	100	

表 4.10 IRS经济的最优价值配置（增长率为0）

	小麦生产者	劳动者	总支出
小麦支出	2963	1481	4444
劳动支出	1481	0	1481
收入	4444	100	

可见这一配置不是一个IRS均衡配置，因为厂商的小麦支出与劳动支出不相等，即小麦生产者在给定的价格向量下没有选择成本最低的技术，或者说没有追求成本的最小化。对于厂商来说，如果在价格向量$(1,14.81)^T$、总成本4444下自由地选择生产过程最大化其利润，则应当将成本的一半用于购买小麦、另一半用于购买劳动，即在生产中使用2222单位小麦和$2222/14.81\approx150.0$单位劳动，生产出$(2222\times150.0)^{2/3}\approx$

4807单位小麦，获利约为$4807-4444=364$；但这一生产过程是无法实行的，因为劳动的供给量只有100单位。 □

以下算例则进一步表明，在规模收益递增的经济中厂商、消费者等经济主体按照价格信号进行决策未必是最优的选择。

算例 4.9 (价格信号与帕累托最优配置) 考虑一个两部门谷物经济，生产函数和效用函数如下：

小麦生产者 $\left(x_1^{0.5}x_2^{0.5}\right)^{4/3}$

劳动者 $x_1^{0.4}x_2^{0.6}$

假设劳动供给量始终为100。以小麦为计价商品。

单位需求矩阵为

$$\mathbf{A}(\mathbf{p},u,z_1)=\begin{bmatrix} z_1^{-0.25}p_2^{0.5} & u\left(\frac{2p_2}{3}\right)^{0.6} \\ z_1^{-0.25}p_2^{-0.5} & u\left(\frac{3}{2p_2}\right)^{0.4} \end{bmatrix}$$

IRS结构均衡模型如式(4.7)–(4.8)所示。

解得$p_2^*=5$。IRS均衡配置如表4.11所示。

表 4.11 IRS均衡配置（增长率为0）

	小麦生产者	劳动者	总需求
小麦需求	200	200	400
劳动需求	40	60	100
供给	400	100	

每位劳动者的效用水平为0.9711。

当小麦生产中投入的劳动量为x时，可以算得投入$\frac{8}{27}x^2$小麦可得到小麦的最大净产量$\frac{4}{27}x^2$，劳动者的效用水平即为$\left(\frac{4}{27}x^2\right)^{2/3}(100-x)^{2/3}$，可解得最大化劳动者效用水平的$x$的值为$400/7\approx57.14$，相应的每个劳动者效用水平为1.1299。这一帕累托最优配置如表4.12所示。以小麦为计价商品，这一配置对应的工资率约为$483.7/57.14\approx8.465$。

根据生产函数和效用函数可知，当厂商和消费者按照价格信号作决策时，厂商在两种商品的上支出比应为$1:1$，而消费者在两种商品上的支出比应为$2:3$，在IRS均衡中正中如此。但在帕累托最优配置中厂商在两种商品的上支出比为$2:1$，而消费者在两种商品上的支出比为$4:3$。 □

尽管IRS均衡配置与帕累托最优配置有可能不同，但原先的经济经过适当的转移支付后，IRS均衡配置即可以对应到帕累托最优配置（Tian,

表 4.12 帕累托最优配置（增长率为0）

	小麦生产者	劳动者	总需求
小麦需求	967.5	483.7	1451.2
劳动需求	57.14	42.86	100
供给	1451.2	100	

2010）。具体来说，在包含规模收益递增的厂商的经济中，IRS均衡下该厂商的产量可能小于帕累托最优配置中的产量水平，未能充分利用规模收益递增带来的利益（即规模经济）。这时通过对厂商进行补贴可以改进经济中的福利水平，使得该厂商的产量达到最优水平。

例如，在算例4.9中表4.12所示的帕累托最优配置中，对于厂商和消费者而言劳动对小麦的边际替代率[①]均为16.93，亦即以小麦计价的工资率为16.93。而按照这一价格交易时，厂商支付给消费者的483.7单位小麦只能换回28.57单位的劳动，为实际使用劳动量的一半。也就是说使用的另外一半劳动需要靠产权调整或者补贴无偿获得。产权调整后的IRS均衡配置如表4.13所示，这一配置与产权调整前的表4.12所示的帕累托最优配置本质上是相同的，相应的均衡价格向量为$(1, 16.93)^T$。

表 4.13 产权调整后的均衡配置（增长率为0）

	小麦生产者	劳动者	总需求
小麦需求	967.5	483.7	1451.2
劳动需求	57.14	42.86	100
小麦供给	1451.2	0	
劳动供给	28.57	71.43	

4.4 税收

4.4.1 结构均衡模型中税的处理方式

税收分析是一般均衡理论和模型的一个重要应用领域。[②]

[①]对于函数$f(\mathbf{x}) = x_1^{\beta_1} x_2^{\beta_2}$，第二种投入品对第一种投入品的边际替代率为$\frac{D_{x_2} f}{D_{x_1} f} = \frac{\beta_2}{\beta_1}\frac{x_1}{x_2}$。

[②]这方面的研究可参见相关文献（Shoven，Whalley，1984；凯乐，1996；张阳，2007；徐利，2010；王敬峰，2012）。

一般而言，政府征税（包括补贴）的主要目的无外乎提高经济效率和促进社会公平。

在竞争性的一般均衡分析中排除了垄断、交易障碍、公共物品、信息不完全[①]、非凸的生产集[②]等因素。当存在这些因素时均衡配置就可能不是帕累托最优配置，政府通过征税等手段干预经济就可能会提高经济效率和社会福利水平，甚至可能导致经济达到最优配置。这种能够导致均衡配置的帕累托改进的税称为**矫正税**（corrective tax）。

另外，最优配置未必符合社会公平的要求。政府可以将税收用于经济主体间的转移支付、收入再分配，以便达到促进社会公平、缩小贫富差距、救助困难人群、缓和社会矛盾等目的。

下面再对交易障碍和公共物品作一简单阐述。

4.4.1.1 交易障碍与征税

经济中某些商品（如污染物的排放权等）的交易可能存在自然的或人为的障碍，使得这些商品的交易无法正常进行。导致交易障碍的原因可能是由于不存在相应的市场或者交易费用过高，例如，可能尚未建立碳排放权或其他排污权的交易市场；或者是由于政府、垄断者等对于某些交易的限制，例如，政府限制某些商品的进出口，垄断者分割市场、禁止串货以便采取差别价格来获利等。

在竞争性的经济中对于某些商品设置交易障碍自然可能导致效率损失和某些消费者的均衡效用水平的变动。如果某种商品的交易障碍导致某些消费者的均衡效用水平相对下降，则称这一交易障碍对于这些消费者产生了负的外部性；反之，如果某种商品的交易障碍导致某些消费者的均衡效用水平相对上升，则称这一交易障碍对于这些消费者产生了正的外部性。例如，考虑一个包含厂商和消费者的竞争性经济。假设消费者拥有一定量的环境资源（或者说排污权），这些环境资源可以视为一种初级要素，而厂商和消费者均对环境资源有需求。当存在完善的环境资源交易市场时，在均衡配置（也是最优配置）中环境资源会在消费者和厂商间合理分配，

[①]信息不完全是指经济主体缺少作出最优决策所需要的某些信息。例如，当消费者对于其购买的某种商品的特性拥有不完全信息时，可能无法分辨生产成本较高的优质产品和生产成本较低的劣质产品的区别，这会导致优质产品和劣质产品的价格相同，进而导致劣质产品驱逐优质产品的现象。这种由于信息不完全导致的劣胜优汰即为逆向选择，这种情况下的均衡配置就未必是最优配置。

[②]生产集不是凸集的可能原因包括商品不具有连续可分性（例如，当商品的数量只能取整数时即是如此）或者存在递增的规模收益等因素。

这时消费者的效用水平相对较高。而当环境资源的交易（或者说市场化配置）存在障碍，例如，厂商可以以较低的成本或无成本地使用环境资源而消费者只能被动地使用剩余的环境资源，则在均衡配置中厂商就可能过度使用环境资源，环境资源难以得到合理配置，消费者的均衡效用水平可能会相对较低。在这种情况下环境资源的交易障碍对于消费者产生了负的外部性，损害了社会福利水平。这时对厂商使用的环境资源征税就有可能提高社会福利水平。

政府可以通过征税等手段调节某些具有外部性的产业的生产规模。例如，对具有负外部性的高污染、高能耗、高资源消耗型产业征税，而对农业、高科技产业进行补贴。政府也可以通过行政手段来进行干预，例如，要求钢铁厂、发电厂等安装除尘装置以减少污染气体的排放。

4.4.1.2 公共物品与税收

如果一种商品的供给者可以防止未购买该商品的经济主体使用该商品，则称该商品具有**排他性**（excludability）。而清洁的空气、路灯、国家安全等则不具有排他性，或者说具有非排他性。具有非排他性的商品难以像具有排他性的物品那样正常地进行交易，也就是说非排他性的商品具有交易障碍，其供给者难以将其正常地出售给购买者。具有非排他性的产品一旦被生产出来，会被经济主体免费地使用，这使得厂商没有生产该类产品的动力。

如果一定量的某种商品被一个经济主体使用时不能同时被其他经济主体使用，则称该种商品具有**竞争性**（rivalry）。而清洁的空气、国家安全及许多基础设施（如道路、互联网、图书馆、公园等）则具有非竞争性，这些设施在一定服务量范围内的总成本基本不变。不超过某个上限的任意数量的经济主体可以同时使用非竞争性商品而彼此间互不妨碍。也就是说以非竞争性商品作为投入生产出某种服务，当生产出的服务数量增加时投入的非竞争性商品却可以保持不变。于是可见，商品的非竞争性与生产的规模收益递增是相似的。

在竞争性经济中假设既不存在交易障碍，也不存在递增的规模收益，这也就意味着竞争性经济中所有商品均具有排他性和竞争性，换句话说，所有商品均为**私人物品**（private goods）。与私人物品相反，**公共物品**（public goods）具有非排他性和非竞争性。具有公共物品的经济的均衡配置一般不是最优配置，其中的公共物品的供给量一般小于最优配置中的供给量，因此需要政府干预。具体来说，一般需要政府计算公共物品的最优供给量并扮演其供给者的角色，而相应的费用则需要通过税收来弥补。

4.4.1.3 含税价格和不含税价格

纳税的经济主体可以是厂商，也可以是消费者，不过实质上厂商也归消费者（即厂商的股东）所有，因此税负的最终承担者必然是消费者，对于厂商征税相当于间接地对消费者征税。

对一个经济主体的收入征税，一般来说可以视为对其出售的商品征税；对一个经济主体的支出征税，一般来说可以视为对其购买的商品征税。

在交易环节对一种商品征税会导致该商品具有两种价格，即含税价格和不含税价格，含税价格等于不含税价格加上单位商品需要缴纳的税金。

无税的情况下，商品的购买价格（即为获得1单位商品所需支付的金额）和出售价格（即出售1单位商品获得的金额）是相同的；而有税时出售价格加上单位商品对应的税金等于购买价格，即购买价格为含税价格，出售价格为不含税价格。至于这一税收由买家直接缴纳或卖家代为缴纳显然无关紧要。当买家直接缴纳税金时相当于直接向买家征税；当卖家得到以购买价格计算的销售收入并缴纳相应的税金时相当于直接向卖家征税。也就是说当在交易环节对于商品征税（或发放补贴）时，向买家或卖家征税的经济效果是相同的。

不妨假定征税发生在交易过程结束之后。本书的结构均衡模型一般使用交易价格，亦即交易过程中使用的价格，该价格反映了出售单位商品时销售者得到的总收入。当对卖家征税时，交易价格即为含税价格；当对买家征税时，交易价格即为不含税价格。于是可知，当对一种商品的卖家征税时，结构均衡模型中的价格为该商品的含税价格；当对一种商品的买家征税时，结构均衡模型中的价格为该商品的不含税价格。

如果一个经济主体购买某种商品时需要纳税，那么该经济主体进行决策（如决定其对各种商品的需求比例或者需求量）时所依据的价格即为购买价格，亦即含税价格。

4.4.1.4 税票

一般来说，在经济分析中每种收入均可以视为出售或出租商品获得的收入。对于税收而言，也可以引入一种商品并将其视为出售这种商品获得的收入，称相应的要素为**税票**，例如，现实中的印花税票即是这样一种商品。税票也可被视为一种供给量外生的金融工具。

通过引入税票这种金融工具，可以使得有税的结构均衡模型与无税的结构均衡模型具有相同的形式，从而可以在现有的理论构架下分析税收问题，不需要改变分析方法和均衡计算方法，避免了引入新的数学结构而导致的复杂性。

算例 4.10 (通过税收调整产业结构) 考虑一个三部门经济，生产函数和效用函数如下：

小麦生产者	$5x_1^{0.6}x_2^{0.1}x_3^{0.3}$
铁生产者	$3x_1^{0.4}x_2^{0.4}x_3^{0.2}$
劳动者	$x_1^{0.2}x_2^{0.7}x_3^{0.1}$

假设劳动供给量始终为100单位。

假定政府希望扩大粮食生产规模，因此对铁生产者的产品征收税率为τ的从价税[①]用以补贴小麦生产者，即通过征税调整产业结构。引入税票后该经济包含4种商品，即小麦、铁、劳动和税票。

记铁的含税价格为p_2、税票价格为p_4，则铁的不含税价格为$\frac{p_2}{1+\tau}$，征税后1单位铁中包含的税金为$\frac{\tau p_2}{1+\tau}$，相应的税票数量即为$\frac{\tau}{1+\tau}\frac{p_2}{p_4}$。即相当于铁生产者的生产中需要投入税票。

假设对于小麦生产者的每单位产品补贴一张税票，即相当于小麦生产者除了供给小麦外还供给税票。

单位需求矩阵为

$$\mathbf{A}(\mathbf{p},u)=\begin{bmatrix}\mathbf{a}^{(1)}(\bar{\mathbf{p}}) & \mathbf{a}^{(2)}(\bar{\mathbf{p}}) & u\mathbf{a}^{(3)}(\bar{\mathbf{p}})\\ 0 & \frac{\tau}{1+\tau}\frac{p_2}{p_4} & 0\end{bmatrix}$$

其中，$\bar{\mathbf{p}}$为小麦价格、铁价格和工资率构成的向量；$\mathbf{a}^{(1)}(\bar{\mathbf{p}})$、$\mathbf{a}^{(2)}(\bar{\mathbf{p}})$和$\mathbf{a}^{(3)}(\bar{\mathbf{p}})$ 如式(2.19)–(2.21)所示；$\frac{\tau}{1+\tau}p_2$为铁生产者单位产出需要缴纳的税金，而$\frac{\tau}{1+\tau}\frac{p_2}{p_4}$ 即为单位产出需要投入的税票数量。

单位供给矩阵为

$$\mathbf{B}=\begin{bmatrix}1 & 0 & 0\\ 0 & 1 & 0\\ 0 & 0 & 1\\ 1 & 0 & 0\end{bmatrix}$$

以上矩阵的第一列显示小麦生产者1单位产出被补贴1单位税票。

[①] **从价税**（ad valorem tax）是指以征税对象的价格或者金额为计税依据，按照一定比例（即税率）征收的税。对于商品可以征收从价税，也可以征税从量税。**从量税**（per unit tax, specific tax）是指对每单位（如件、千克等）的商品征收某一固定税额。就均衡分析而言，对商品征收从价税和征收从量税并无实质区别。因此下文的均衡分析中只需要考虑从价税。

结构均衡模型为

$$\mathbf{p}^T\mathbf{A}(\mathbf{p},\mathbf{u})=\mathbf{p}^T\mathbf{B} \tag{4.10}$$

$$\mathbf{A}(\mathbf{p},\mathbf{u})\mathbf{z}=\mathbf{B}\mathbf{z} \tag{4.11}$$

令小麦作为计价商品，即小麦的价格为1元。

当税率为0.1时，解得的均衡价格向量、均衡活动水平向量和均衡效用水平为

$$\mathbf{p}^*=(1,2.345,9.956,0.0652),\mathbf{z}^*=(1991,609.3,100)^T,u^*=1.954$$

与算例3.8中的均衡活动水平向量$(1727.9,679.26,100)^T$和均衡效用水平为1.987相比，可见征税后小麦的产量上升而铁的产量下降了，消费者效用水平也下降了。

从均衡价格向量可见，在给定税率下每单位小麦（亦即每元小麦）获得的补贴金额为0.0652元，或者说补贴率为6.52%。在这个例子中税率是外生变量，而补贴率为内生变量；当补贴率为外生变量时，税率则变为内生变量。 □

4.4.2 征税的超额负担

4.4.2.1 超额负担

根据第一福利定理，无税的竞争性均衡配置是帕累托最优的。而存在税收时的均衡配置可能不是帕累托最优配置，也就是说可能与帕累托最优配置之间存在一定的经济效率的差距（或者说福利水平的差距），这种差距称为征税的**超额负担**（excess burden，deadweight loss）。不会产生超额负担的税制称为**无超额负担税制**。

第一福利定理表明，禀赋在消费者的重新分配并不会导致均衡配置发生经济效率的损失。因此如果征税对于均衡配置的影响可以等价于禀赋在消费者的重新分配，那么征税就不会导致效率损失（即超额负担）；否则就可能导致效率损失。

一个非帕累托最优配置一般等同于禀赋减少一定量后的某个帕累托最优配置，也就是说经济效率的损失或者说超额负担一般可以换算为禀赋的损失。这种度量经济效率损失的方法不直接涉及价格及效用函数，便于不同经济系统间的比较并且易于理解。

4.4.2.2 营业税

下面以营业税为例对征税可能导致的超额负担作一说明，讨论中使用本书第3.2.1小节中的单要素多部门常规经济模型。

在本书中**营业税**是指在每期中对厂商的营业总成本（亦即投资额）按一定比例征收的税。假设当营业税的税率为$\tau \geqslant 0$时，厂商每1元的不含税营业总成本需要缴纳τ元税金，这也就意味着1元（含税）营业总成本包含$\frac{\tau}{1+\tau}$元税金。

征收营业税一般会导致产品的均衡价格结构发生变动、带来超额负担。

考虑一个零增长的列昂惕夫型单要素多部门常规经济，以劳动为计价商品。记$\bar{\mathbf{p}}$为（含税的）产品价格向量，$\bar{\mathbf{A}}$为中间投入系数矩阵，$\bar{\mathbf{l}}$为劳动投入系数向量。类似于式(3.11)，各厂商（即各生产部门）的收支均衡方程即为

$$(1+\tau)(\bar{\mathbf{p}}^T\bar{\mathbf{A}}+\bar{\mathbf{l}}^T)=\bar{\mathbf{p}}^T \tag{4.12}$$

亦即

$$\bar{\mathbf{l}}^T=\bar{\mathbf{p}}^T\left(\frac{\mathbf{I}}{1+\tau}-\bar{\mathbf{A}}\right) \tag{4.13}$$

记$\bar{\mathbf{A}}$的谱半径为σ，当σ小于$\frac{1}{1+\tau}$时，或者说税率τ小于$1/\sigma-1$时，均衡产品价格向量即为

$$\bar{\mathbf{p}}^*=\left(\frac{\mathbf{I}}{1+\tau}-\bar{\mathbf{A}}^T\right)^{-1}\bar{\mathbf{l}} \tag{4.14}$$

无税时的均衡产品价格向量为

$$\bar{\mathbf{p}}^*=\left(\mathbf{I}-\bar{\mathbf{A}}^T\right)^{-1}\bar{\mathbf{l}} \tag{4.15}$$

从以上两式可以看到，一般来说征收营业税时的产品价格向量的结构与无税时的产品价格向量结构是不同的。因此当厂商具有非列昂惕夫型的生产函数时，征收营业税就可能导致厂商由于商品相对价格的变动而替换掉无税均衡中采用的技术，从而可能导致配置不再是帕累托最优配置，即导致超额负担。

算例 4.11 (营业税的超额负担) 考虑一个包含2种商品（即小麦和劳动）、3类经济主体（即小麦生产者和偏好不同的两类劳动者）的谷物经济，生产函数和效用函数如下：

小麦生产者	$x_1^{0.5}x_2^{0.5}$
劳动者1	$x_1^{0.5}x_2^{0.5}$
劳动者2	x_1

假定劳动者1（即第一类劳动者）和劳动者2（即第二类劳动者）的人口数量始终均为100，各供给100单位劳动。

以劳动计价，算得竞争性均衡价格向量为$\mathbf{p}^* = (4,1)^T$，均衡效用向量为$\mathbf{u}^* = (0.25,0.25)^T$，均衡配置如表 4.14 所示。

表 4.14 无税时的均衡配置

	小麦生产者	劳动者1	劳动者2	总需求
小麦需求	37.5	12.5	25	75
劳动需求	150	50	0	200
供给	75	100	100	

假设对厂商征收营业税，税率为$\tau = 100\%$，亦即厂商的一半收入用于纳税。记小麦的（含税）价格和工资率构成的向量为$\bar{\mathbf{p}} = (p_1, p_2)^T$，记税票的价格为$p_3$。价格向量即为$\mathbf{p} = (p_1, p_2, p_3)^T$。此时的单位需求矩阵为

$$\mathbf{A}(\mathbf{p},\mathbf{u}) = \begin{bmatrix} \mathbf{a}(\bar{\mathbf{p}}) & u_1\mathbf{a}(\bar{\mathbf{p}}) & (u_2;0) \\ \tau\bar{\mathbf{p}}^T\mathbf{a}(\bar{\mathbf{p}})/p_3 & 0 & 0 \end{bmatrix}$$

其中，$\mathbf{a}(\bar{\mathbf{p}})$如式(1.13)所示。在这个例子中厂商每生产1单位小麦的生产成本等于营业总成本，为$\bar{\mathbf{p}}^T\mathbf{a}(\bar{\mathbf{p}})$，需要缴纳的税金为$\tau\bar{\mathbf{p}}^T\mathbf{a}(\bar{\mathbf{p}})$，相应的税票数量即为$\tau\bar{\mathbf{p}}^T\mathbf{a}(\bar{\mathbf{p}})/p_3$。

假设每位第二类劳动者享受1单位税票的补贴。由于第二类劳动者的人数为100，于是税票的供给量为100单位。单位供给矩阵为

$$\mathbf{B} = \begin{bmatrix} 1 & 0 & 0 \\ 0 & 1 & 1 \\ 0 & 0 & 1 \end{bmatrix}$$

其中，第三列表示每位第二类劳动者供给1单位劳动和1单位税票。

结构均衡模型同式(4.10)–(4.11)，其中$z_2 = 100$，$z_3 = 100$，分别为两类劳动者的人数。

解得征收营业税时的均衡价格向量①、均衡活动水平向量和均衡效用水平向量如下：

$$\mathbf{p}^* = (16,1,3)^T, \mathbf{z}^* = (37.5,100,100)^T, \mathbf{u}^* = (0.125,0.25)^T$$

均衡配置如表4.15所示。

可以看到，征税后第二类消费者的效用水平并未得到提高，而第一类消费者的效用水平则下降了一半，即希望提高第二类消费者的效用水平这

①这里的小麦均衡价格为含税价格。

表 4.15　征收100%营业税时的均衡配置

	小麦生产者	劳动者1	劳动者2	总需求[总支出]
小麦需求 [支出]	9.375 [150]	3.125 [50]	25[400]	37.5 [600]
劳动需求 [支出]	150 [150]	50 [50]	0	200 [200]
税票需求 [支出]	100 [300]	0	0	100 [300]
小麦供给 [收入]	37.5 [600]	0	0	
劳动供给 [收入]	0	100 [100]	100 [100]	
税票供给 [收入]	0	0	100 [300]	

一征税目的完全没有达到。这是由于较高的营业税率带来了较高的超额负担，这种超额负担表现为以劳动计价的小麦价格的大幅提高，即由征税前的4变为征税后的16。而第二类劳动者承担的超额负担完全抵消了其享受的补贴。

表4.16显示了一种与征税后的经济有相同福利水平的配置，从中可以看到，征税相当于导致50单位的劳动损失。也可以用禀赋损失的比重来衡量超额负担的相对大小，称之为**超额负担率**。这一算例中的超额负担率为$\frac{50}{200}=25\%$。在本例中可以根据劳动供给量和征税前后的效用水平算得超额负担率。

表 4.16　较小劳动供给下的均衡配置

	小麦生产者	劳动者1	劳动者2	总需求
小麦需求	31.25	6.25	25	62.5
劳动需求	125	25	0	150
供给	62.5	50	100	

而如果将第一类劳动者的一半劳动直接分配给第二类劳动者，那么这种消费者间产权调整后的均衡配置不会有效率损失。这种情况下的均衡价格向量为$\mathbf{p}^*=(4,1)^T$，均衡效用向量为$\mathbf{u}^*=(0.125,0.375)^T$，均衡配置如表4.17所示。

表 4.17　产权调整后的均衡配置

	小麦生产者	劳动者1	劳动者2	总需求
小麦需求	43.75	6.25	37.5	87.5
劳动需求	175	25	0	200
供给	37.5	50	150	

而表4.17所示的这种无超额负担的均衡配置也可以通过对第一类劳动者的收入或支出征税以补贴第二类劳动者来实现。例如，对第一类劳动者的支出征收税率为$\tau = 100\%$的税（相当于其总支出或收入的一半用于缴税，即征收税率为50%的所得税）时，单位需求矩阵为

$$\mathbf{A}(\mathbf{p},\mathbf{u}) = \begin{bmatrix} \mathbf{a}^{(1)}(\bar{\mathbf{p}}) & u_1\mathbf{a}^{(2)}(\bar{\mathbf{p}}) & (u_2;0) \\ 0 & \frac{\bar{\mathbf{p}}\mathbf{a}^{(2)}(\bar{\mathbf{p}})\tau}{p_3} & 0 \end{bmatrix}$$

其中，$\mathbf{a}^{(1)}(\bar{\mathbf{p}})$和$\mathbf{a}^{(2)}(\bar{\mathbf{p}})$如式(1.13)所示。

算得均衡价格向量、均衡活动水平向量和均衡效用水平向量如下：

$$\mathbf{p}^* = (4,1,0.5)^T, \mathbf{z}^* = (87.5,100,100)^T, \mathbf{u}^* = (0.125,0.375)^T$$

均衡配置如表4.18所示。 □

表 4.18 对第一类劳动者征收50%所得税后的均衡配置

	小麦生产者	劳动者1	劳动者2	总需求
小麦需求	43.75	6.25	37.5	87.5
劳动需求	175	25	0	200
税票需求	0	100	0	100
小麦供给	37.5	0	0	
劳动供给	0	100	100	
税票供给	0	0	100	

4.4.2.3 多重价格与边际替代率

在一条竞争性均衡路径的任一期中任一种商品对于所有经济主体而言价格是相同的，也就是说一价律成立。而在有税的均衡中可能出现两位经济主体购买某两种商品的相对价格不同，即出现**多重价格**。也就是说各经济主体的购买价格结构可能不同。例如，对于农用柴油进行补贴会导致柴油具有多重价格，对居民用电进行补贴则导致多重电价（即工业用电价格和居民用电价格）。这种情况下政府对特定交易行为的限制（如不允许厂商购买居民用电）导致一价律不再成立。

因为经济主体的决策行为会使得边际替代率等于相对价格，所以多重价格的存在导致有税均衡中可能出现不同经济主体的边际替代率不同的情形。而命题1.3表明，在帕累托最优配置中任两种商品间的边际替代率对于所有经济主体而言是相同的，于是可知具有多重价格的均衡配置一般不是帕累托最优配置，换句话说，其中存在超额负担。因为列昂惕夫型的经济中不存在边际替代率，所以这类经济属于例外。

算例 4.12 (**多重价格与增值税的超额负担**) 考虑一个包含2种商品（即小麦和劳动）、3类经济主体（小麦生产者、劳动者和政府）的谷物经济。在此简单地把政府视为一个消费者，假设其供给为税票。生产函数和效用函数如下：

$$\begin{array}{rl} \text{小麦生产者} & x_1^{0.5}x_2^{0.5} \\ \text{劳动者} & x_1^{0.5}x_2^{0.5} \\ \text{政府} & x_1 \end{array}$$

假定劳动者的人口数量始终为200，每期供给200单位的劳动。

当政府不征税（或者说税率为0）时可将政府和税票从这一经济中删去，此时的均衡价格向量为$\mathbf{p}^* = (4,1)^T$，均衡配置如表4.19所示。

表 4.19 无税时的均衡配置

	小麦生产者	劳动者	总需求
小麦需求	25	25	50
劳动需求	100	100	200
供给	50	200	

现在假设对厂商购买的劳动征税以补贴政府，税率为$\tau = 100\%$，这相当于征收**增值税**，亦即对厂商的销售收入扣除中间投入的价值后得到的余额征税。

因为厂商购买劳动时需要纳税，而劳动者则不需要，所以厂商和劳动者对于劳动的购买价格是不同的。于是厂商与劳动者作决策时面对的价格结构不一致，亦即两类经济主体的购买价格结构不同，即发生了违反一价律的价格扭曲。当劳动者购买两种商品的价格向量为$\bar{\mathbf{p}} = (p_1, p_2)^T$时，厂商的购买价格向量为$\bar{\mathbf{p}}' = \big(p_1, p_2(1+\tau)\big)^T$。在这个例子中这种价格扭曲将导致均衡中厂商的小麦－劳动边际替代率与第一类劳动者的小麦－劳动边际替代率不同，于是会导致超额负担。

有税的单位需求矩阵为

$$\mathbf{A}(\mathbf{p},\mathbf{u}) = \begin{bmatrix} \mathbf{a}^{(1)}(\bar{\mathbf{p}}') & u_1\mathbf{a}^{(2)}(\bar{\mathbf{p}}) & (u_2;0) \\ \tau p_2 a_2^{(1)}(\bar{\mathbf{p}}')/p_3 & 0 & 0 \end{bmatrix}$$

其中，$\mathbf{a}^{(1)}(\bar{\mathbf{p}}')$和$\mathbf{a}^{(2)}(\bar{\mathbf{p}})$如式(1.13)所示，$p_2a_2^{(1)}(\bar{\mathbf{p}}')$为以不含税价格算得的厂商单位产出中投入的劳动价值，$\tau p_2a_2^{(1)}(\bar{\mathbf{p}}')$为单位产出需要缴纳的税金，$p_3$为税票价格，$\tau p_2a_2^{(1)}(\bar{\mathbf{p}}')/p_3$为单位产出需要投入的税票数量。

单位供给矩阵为

$$\mathbf{B} = \begin{bmatrix} 1 & 0 & 0 \\ 0 & 1 & 0 \\ 0 & 0 & 100 \end{bmatrix}$$

以上矩阵的第三列显示政府供给100单位税票。

结构均衡模型同式(4.10)–(4.11)，其中$z_2 = 100$，$z_3 = 1$，分别为劳动者和政府的数量。

解得有税时的均衡价格为$\mathbf{p}^* = (8,1,1)^T$，均衡配置如表4.20所示。此时每位劳动者的效用水平为0.1768。价值型均衡配置如表4.21所示。

表 4.20 征收100%增值税后的均衡配置

	小麦生产者	劳动者	政府	总需求
小麦需求	25	12.5	12.5	50
劳动需求	100	100	0	200
税票需求	100	0	0	100
供给	50	200	100	

表 4.21 征收100%增值税后的价值型均衡配置

	小麦生产者	劳动者	政府	总需求
小麦需求	200	100	100	400
劳动需求	100	100	0	200
税金	100	0	0	100
供给	400	200	100	

当把50单位劳动直接划拨给政府时，均衡配置如表4.22所示，这种情况下政府获得的小麦数量与征收100%增值税时是相同的，并且此时不存在无超额负担，每位劳动者的效用水平为0.1875，以劳动计价的小麦的均衡价格为4。 □

表 4.22 无超额负担下的均衡配置

	小麦生产者	劳动者	政府	总需求
小麦需求	31.25	18.75	12.5	62.5
劳动需求	125	75	0	200
供给	62.5	150	50	

4.4.2.4 市场分割与多重价格

除了征税可能导致多重价格外，垄断者的市场分割行为也会导致多重价格（或者说价格歧视）。例如，当土地所有者将土地划分为工业用地和居民用地并分别供给厂商和消费者，那么工业用地和居民用地就可能有不同的价格。这时在均衡分析中就需要将土地处理为两种要素，而土地所有者可以自由决定这两种要素的供给量的比例，而供给比例的变化会导致均衡配置的变化，这意味着土地所有者具有了在一定程度上选择均衡配置的权利。

这种人为的商品差异化、市场分割自然会带来经济效率的损失，而土地所有者则可能从中获利。例如，在算例3.9中，当土地所有者令工业用地供给量为12、居民用地供给量为48时，土地所有者的效用水平为3.393，相比无市场分割时的3.365有所上升。

4.4.2.5 无超额负担的增值税

算例4.12中征收增值税导致了超额负担，在这一算例中劳动者既消费产品又消费劳动。当消费者只消费产品而不直接消费初级要素时，征收增值税（即对厂商购买的初级要素征税）不会产生超额负担。下面来讨论这一点。

因为在交易环节对于买家或卖家征税具有相同的经济效果，所以对购买要素的厂商征收增值税等价于对出售要素的消费者征收所得税。而当消费者供给的要素数量固定不变时，对消费者的收入征税相当于把消费者拥有的部分要素划拨给其他消费者或政府，即相当于禀赋在消费者间的重新分配，并不会导致超额负担。

4.5　股息

4.5.1　融资成本与股息

之前的分析假定厂商的支出只用于购买生产中使用的投入品和缴税，而在经济现实中，厂商还可能需要支付股息或利息。下面来讨论这一问题。在讨论中将暂时不考虑税收。

厂商的经营资本的来源可以分为债权融资和股权融资两类。对于经营资本的债权融资部分，厂商可能要向债权人发放利息。对于经营资本的股权融资部分，厂商可能要向股东发放**股息**（dividend），也就是说在每一期中获得的部分利润发放给股东。利息与股息均为厂商的**融资成本**。对于不考虑风险的均衡分析而言，债权融资和股权融资没有实质性的区别。因此本书一般假定厂商只有股权融资而没有债权融资，并假定全部股息将被用于消费。

将一个厂商的所有股东本期获得的股息与本期这些股东的投资总额[①]的比率称为**股息率**。也就是说股息率等于该厂商在本期中每1元股权融资所支付的股息。均衡中一个厂商某一期中支付的股息等于该期的投资额与股息率之积。

在增长率为γ的均衡路径中，每一期股东投资总额为上一期的$1+\gamma$倍，于是股息与上一期的股东投资总额之比即为

$$r_{wd} := (1+\gamma)r_d \tag{4.16}$$

称之为**整体股息率**。

由于假定每个厂商的股东数量以速率γ增长，每位股东上一期的投资收益在本期中由包括其γ个子女在内的$1+\gamma$位股东分享，因此尽管厂商按照整体股息率支付股息，但每位股东本身享有的投资收益率为股息率。

每一期中厂商的收入减去营业总成本为利润。利润扣除发放股息的部分后即为**留存利润**（又称留存收益，retained earning）。厂商将留存利润用于扩大生产规模，也就是说留存利润是利润中被用于再生产的部分。定义**留存利润率**π_r为留存利润与上一期的营业总成本之比，于是利润率π即等于整体股息率与留存利润率之和，即有

$$\pi = r_{wd} + \pi_r = r_d(1+\gamma) + \pi_r \tag{4.17}$$

留存利润的规模决定了生产规模的扩张程度，显然均衡中的留存利润率等于经济的增长率γ。于是根据式(4.17)可知均衡利润率为

$$\pi = r_d(1+\gamma) + \gamma \tag{4.18}$$

股息的计算基于厂商在生产经营中投资额（亦即营业总成本）。本书的分析中一般假定采取租金预付制度，因此厂商的投资额既包括生产中使用的生产品的价值，也包括预付的工资、地租等。当采取租金后付制度时，厂商投入的资本就只包括生产中使用的生产品的价值。于是可见，当一个厂商使用较少的生产品和较多的劳动、土地而另一个厂商使用较多的

[①] 当一个厂商的资本全部来自股权融资时，均衡路径中每一期其股东的投资总额即为厂商这一期的投资额、营业总成本。

生产品和较少的劳动、土地时，当采取租金付制度时其支付的股息可能相同，而当采取租金后付制度时其支付的股息就会不同。可见当存在股息时租金支付制度可能对均衡配置产生实质性的影响。

4.5.2 零增长经济中的股息与效率损失

在没有债权融资的零增长经济的均衡中，全部利润被用于发放股息、留存利润为0，于是这种情况下的利润率等于股息率。

与税收类似，股息或利息的存在可能会导致经济效率的损失。股息其实相当于股东对厂商征收营业税。如果股东可以自由地决定股息率，那么与有超额负担的税制下的税率一样，可能存在一个对于股东而言最优的股息率。当股息率高于最优股息率时，由于较高的股息率导致了较高的经济效率的损失，股东的效用水平会随着整体股息率的上升而下降。

下面来看一个股息率导致经济效率损失的算例。

算例 4.13 (零增长经济中的整体股息率与效率损失) 考虑一个包含3种商品（即小麦、劳动和）、3类经济主体（即小麦生产者、劳动者和小麦生产者的股东）的C-D 型谷物经济。假设小麦生产者每期按照固定的股息率向股东发放股息。如前所述，在经济分析中每种收入一般均可以视为出售或出租商品获得的收入，而股息收入对应的商品即为代表生产中使用的资产（即生产资产）的所有权的股票，也就是说股息可视为向厂商出租股票（或者说出租生产资产）获得的租金。换句话说，厂商以借入股票并支付租金的形式支付股息。

假设生产函数和效用函数如下：

小麦生产者 $x_1^{0.5}x_2^{0.5}$

劳动者 x_1

股东 x_1

假设劳动者和股东人数均始终为100人。每期每位劳动者和每位股东分别供给1单位劳动和1单位股票。于是劳动的供给量、股票数量始终为100单位，经济的均衡增长率为0。假设外生的利润率和股息率为r。

单位需求矩阵为

$$\mathbf{A}(\mathbf{p},\mathbf{u}) = \begin{bmatrix} \mathbf{a}(\bar{\mathbf{p}}) & (u_1;0) & (u_2;0) \\ r\bar{\mathbf{p}}\mathbf{a}(\bar{\mathbf{p}})/p_3 & 0 & 0 \end{bmatrix}$$

其中，$\bar{\mathbf{p}}$表示小麦价格和劳动价格构成的向量，p_3为1单位股票的租金，或者说1单位股票所对应的资本的租金；$\mathbf{a}(\bar{\mathbf{p}})$如式(1.13)所示。$\bar{\mathbf{p}}\mathbf{a}(\bar{\mathbf{p}})$为

生产1单位小麦的成本，而$r\bar{\mathbf{p}}\mathbf{a}(\bar{\mathbf{p}})$为每生产1单位小麦需要支付的股息，$r\bar{\mathbf{p}}\mathbf{a}(\bar{\mathbf{p}})/p_3$即为每生产1单位小麦需要投入（即租借）的股票数量。单位供给矩阵为3阶单位阵。

结构均衡模型为

$$\mathbf{p}^T\mathbf{A}(\mathbf{p},\mathbf{u})=\mathbf{p}^T$$

$$\mathbf{A}(\mathbf{p},\mathbf{u})\mathbf{z}=\mathbf{z}$$

其中，$z_2=100$，$z_3=100$，分别为两类消费者的人数。

以小麦计价，记工资率为w。均衡中厂商销售1单位小麦得到的1元的收入中$\frac{r}{1+r}$用于发放股息，$\frac{1}{1+r}$用于购买生产品。根据C-D型函数的性质可知，厂商将$\frac{0.5}{1+r}$用于购买小麦，$\frac{0.5}{1+r}$用于购买劳动，即产出 1 单位小麦时投入的小麦量和劳动量分别为$\frac{0.5}{1+r}$和$\frac{0.5}{(1+r)w}$，小麦和劳动的投入比为w。

于是根据生产函数可算得工资率（亦即每位劳动者的效用水平、小麦消费量）为$w=\frac{0.25}{(1+r)^2}$。可知投入的单位劳动对应的小麦产量和产值为$w^{0.5}=\frac{0.5}{1+r}$，相应的股息（亦即每位股东的效用水平、小麦消费量）为$\frac{0.5r}{(1+r)^2}$。

通过一些简单计算可知：

(1) 当股息率上升时劳动者效用水平下降。

(2) 当股息率上升时股东效用水平先上升后下降；当股息率为1时股东效用水平最大。

(3) 当股息率上升时，投入的单位劳动对应的小麦产量和产值下降，即有股息时的小麦产量小于竞争性均衡产量。

(4) 小麦产量中比重$\frac{0.5}{1+r}$用于投资。当利润率上升时小麦产量中用于投资的比重下降。也就是说在无股息的竞争性均衡中小麦产量中的50%被用于投资，而有股息的均衡中出现了投资不足的情况。

(5) 每期中小麦的总消费量为$\frac{25+50r}{(1+r)^2}$，当股息率上升时该值下降。即有股息时的小麦消费量小于竞争性均衡消费量，利润和股息的存在导致了经济效率的损失；股息率越高，效率损失越大。

图4.1显示了效用水平和总消费量随股息率的变动情况。

当$r=0.25$时以劳动为计价商品的均衡价格向量为$\mathbf{p}^*=(6.25,1,0.5)^T$。即每单位股票每期的租金（即股息）为0.5元。均衡配置如表4.23所示，均衡价值配置如表4.24所示。 □

在以上的算例4.13中，给定不同的均衡股息率可以算得各种相应的均衡价格向量和均衡配置，于是可见均衡股息率在这一模型中是外生变量，

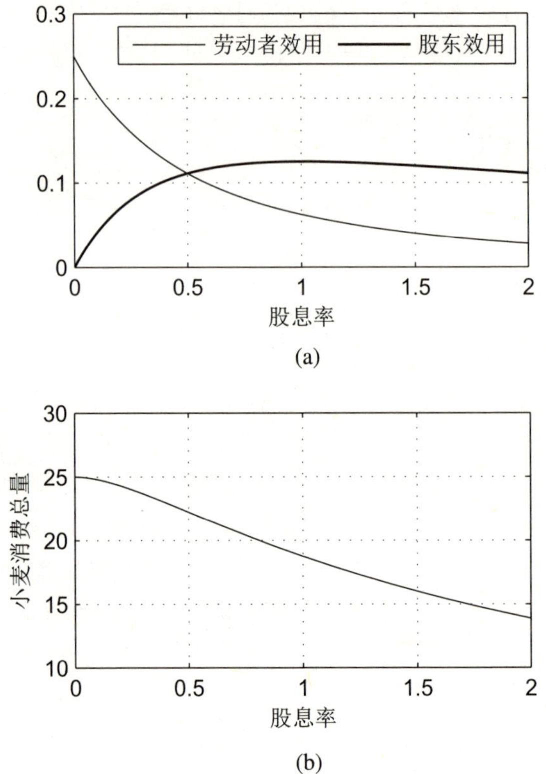

图 4.1 股息率对均衡效用水平和总消费量的影响

并不能由生产技术、偏好、禀赋这些因素决定。

由于此时的利润率等于股息率，于是均衡利润率也是外生变量。这种外生的均衡收益率又被称为**自然收益率**或**自然利率**（Wicksell，[1898] 1936）。在本书中收益率和利率这两个用语没有实质性的区别。在零增长经济的均衡中，股息率即等于自然收益率，自然收益率为0时厂商不发放股息。

4.5.3 资产与收益率

4.5.3.1 资产

如前所述，在离散时间经济中资产是可以为其所有者带来多期收益的商品或商品束。当为了获利而将资产出租时，得到的租金即为资产的**毛收益**。资产在使用中可能会有一定的损耗，例如，耕地在用于耕种之后可能会有肥力的损失等。在这种情况下如果资产的损耗补偿由租出者而非借入

表 **4.23** 有股息的C-D型谷物经济的均衡配置（$\gamma=0, r=0.25$）

	小麦生产者	劳动者	股东	总需求
小麦需求	16	16	8	40
劳动需求	100	0	0	100
股票需求	100	0	0	100
供给	40	100	100	

表 **4.24** 有股息的C-D型谷物经济的均衡价值配置（$\gamma=0$，$r=0.25$）

	小麦生产者	劳动者	股东	总支出
小麦支出	100	100	50	250
劳动支出	100	0	0	100
股息支出	50	0	0	50
收入	250	100	50	

者承担，那么资产的租金中的一部分需要用于补偿资产损耗，从毛收益中扣除这部分即得到资产的**净收益**。下文中资产的收益一般指其净收益。

在均衡中资产的损耗均会得到补偿。在本书讨论的增长率为γ的均衡中，每一类资产具有以下特点：

(1) 每一期中该类资产的数量和价值会增长到上一期的$1+\gamma$倍。

(2) 每一期中该类资产的所有者数量会增长到上一期的$1+\gamma$倍，人均拥有的资产数量和资产价值保持不变。

(3) 每一期中该类资产提供的收益会增长到上一期的$1+\gamma$倍，每位资产所有者得到的收益保持不变。

4.5.3.2 生产资产与股票

如前所述，在离散时间经济中生产资产是厂商在每一期的生产经营中使用的、可以直接产生利润的资产。生产资产一般由生产品、劳动（或者说劳动力的使用权）、租借来的土地（或者说土地使用权）、税票（或者说为了生产而缴纳的税金）等构成。在具有货币的经济（即货币型经济）中生产资产一般还包括借贷来的货币（或者说货币的使用权）。

一个厂商在某一期的生产过程开始时使用的生产资产的价值等于其本期的投资额。也就是说生产资产既包括生产中使用的投入品的价值，也包括为了生产而缴纳的税金及为了购买投入品而借入的货币的利息等。生产资产的所有权凭证即是股票，股票的股息也就是生产资产的租金。

在零增长经济中，任一厂商各期使用的生产资产是相同的。正增长经济中，每个正常生产的厂商会将一部分利润用于投资，这部分利润也就是留存利润。相应地，厂商使用的生产资产的数量会不断增长。在本书的分析中一般假定当一个厂商使用的生产资产的数量以速率γ增长时，相应的股票数量也以相同的速度增长，这种股票数量的增长也就是所谓的拆股（share split）。在这样的假定下，经济中每股股票对应的生产资产数量始终保持不变。

4.5.3.3 资产的净价与全价

在某一期中出售资产时可以只出售所有权，而所有权也就是从下一期开始的所有各期的使用权；也可以一并出售本期的使用权。只出售所有权时的资产价格即为资产的**净价**（clean price）；连同本期的使用权一并出售时的价格即为资产的**全价**（dirty price，又称含息价格）。

每一单位资产的全价等于净价与本期的租金之和。例如，当出售股票时如果将本期的股息收入一并出售，则价格为全价，否则价格为净价；当出售土地时如果将本期的地租收入一并出售，则价格为全价，否则价格为净价。如无特别说明，在本书中固定资产的价格一般指其在实物商品交易过程中的价格，在租金预付制度下这一价格即为其全价，而其他资产的价格一般指其净价。

在某一期中当资产尚未出租时，资产处于含息状态，如果这时出售资产那么一般以全价进行交易；当资产已经被出租时，资产处于除息状态，如果这时出售资产那么一般以净价进行交易。

对于生产资产而言，在均衡路径中每一期的生产过程开始时资产处于除息状态，其价格为净价。在生产过程结束时生产资产转换为产品形态，其价值包含生产过程中产生的利润，处于含息状态。这时经济中的生产资产数量增长到原先的$1+\gamma$倍，并且每单位生产资产的价格为全价，等于净价加上股息。在下一期中厂商会销售生产出的产品、购买投入品（包括缴税、支付货币借贷的利息）并发放股息，在发放股息之后生产资产又处于除息状态。

对于土地而言，在每一期开始时处于含息状态，被出租之后处于除息和被占用的状态，在下一期期初土地解除占用后又恢复为含息状态。

4.5.3.4 资产的收益率与整体收益率

资产的收益率一般指净价收益率，即每一期中的资产收益与资产净价之比。一项资产的**收益率**为r意味着一位投资者在本期购买1元该资产后可以在以后每期中得到r元的收益。而相应的全价收益率也就是$\delta=\frac{r}{1+r}$，亦即r对应的贴现率。也就是说如果以全价购买收益率为r的1元资产，那么从本期开始每期可以得到δ元的收益。

在增长率为γ、收益率为r^*的均衡中，生产资产、股票、土地等各类资产的数量均以速率γ增长。因为每类资产本期的收益与本期的该资产的价值（即总净价）之比为r^*，所以每期该类资产的总收益与上一期的资产价值之比为

$$r_w^* = (1+\gamma)r^* \tag{4.19}$$

这也就是该类资产的全体所有者的收益率，称为**整体收益率**。也就是说由于资产的规模的扩张，均衡中每类资产每期中带来的收益都是前一期的收益的$1+\gamma$倍。因为每期的资产的所有者人数也增长到前一期的$1+\gamma$倍，所以每位资产所有者每期得到的收益固定不变。

例如，在增长率为γ的均衡中某个厂商在某一期的生产中投入价值1元的投入品，生产结束后该厂商拥有的产品价值为$(1+\gamma)(1+r^*)$，股东人数、股票数量是生产前的$1+\gamma$倍。不妨假设在本期期初每位股东拥有1单位股票，那么在期末每位股东仍然拥有1单位股票，其价值为$1+r^*$，其中包含1元本金和r^*元股息。可见整体股息率也就是股票、生产资产的整体收益率。

4.5.3.5 均衡收益率与均衡股息率、均衡利润率

根据在经济中的配置方式，可以将资产分为**竞争性资产**和**非竞争性资产**。竞争性资产采取市场化配置方式，可以自由交易和租借，收益率由市场决定；非竞争性资产的交易、租借行为及收益率受到政府或其他经济主体管控，例如，政府持有的道路、桥梁、公园等即属于此类。如无特别说明，本书讨论的资产均为竞争性资产。

均衡收益率为r^*意味着在均衡中所有竞争性资产的收益率为r^*，否则即有套利机会。这也就是说所有竞争性资产每期带来的收益与该期的资产净价之比等于r^*。对于生产资产而言，这也就意味着均衡股息率等于均衡收益率。于是根据式(4.18)可知均衡利润率π与均衡收益率r^*、均衡增长率γ之间有以下关系：

$$\pi = (1+\gamma)(1+r^*) - 1 = (1+\gamma)r^* + \gamma \tag{4.20}$$

从上式可见：

(1) 厂商的1元投资额对应的利润中$(1+\gamma)r^*$元用于发放股息，γ元为留存利润（γ亦即留存利润率）。

(2) 随着均衡增长率的提高，均衡利润率也会相应地提高，以支付增长的股息并保障留存利润的增长。

(3) 在均衡的某一期中，如果一个厂商期初拥有价值为v元的生产资产，那么这一期该厂商的投资额为$\frac{v}{1+r^*}$元，发放的股息额为$\frac{vr^*}{1+r^*}$元，而下一期期初的资产的价值将增长到$(1+\gamma)v$元。

(4) 均衡中厂商本期的1元投资额在下一期应当带来$(1+\gamma)(1+r^*)$元收入。即厂商衡量成本和收入的折现因子为

$$\rho_\pi := \frac{1}{1+\pi} = \frac{1}{(1+\gamma)(1+r^*)} \equiv \rho\rho_{r^*} \tag{4.21}$$

对于厂商而言下一期的1元相当于本期的$\rho\rho_{r^*}$元。

无货币和税时厂商的投资额等于生产成本，这时厂商的生产利润率也就等于利润率。

4.5.3.6 资产价格的确定

生产资产的价格等于构成生产资产的商品的价格之和，因此生产资产的价格一般可以根据结构均衡模型直接求得。

对于土地等不可生产的、供给量外生的要素资产，可以根据结构均衡模型求得其每期的均衡收益（即均衡租金），然后再根据均衡收益和均衡收益率求得其均衡价格。由于均衡中收益率等于每一期中的资产收益与资产净价之比，因此资产净价也就等于每一期的资产收益与收益率之比。这也就是所谓收益资本化定价方法。

当土地的均衡单位租金为p_r时，土地的均衡净价（亦即资产价格）即为p_r/r^*，均衡全价即为

$$\frac{p_r}{\delta_{r^*}} = \frac{p_r}{r^*} + p_r$$

本书中一般假设资产所有者出租资产而非出售资产，因此主要关注资产的租金而非价格。

非竞争性资产的收益率可以高于或低于自然收益率，也可以为负值。收益率为负时每期的亏损由政府补贴来弥补。收益资本化定价方法不适用于非竞争性资产。

4.5.4 时间偏好

4.5.4.1 时间偏好与意愿收益率

在每一期中消费者可以将其拥有的财富全部用于消费，也可以将部分财富转化为资产，在未来将出售资产得到的收入或资产带来的收益用于消费。也就是说消费者可以通过购买资产（即投资）来推迟消费的时间。

消费者的时间偏好反映了相对于未来消费，其对当前消费的偏好程度。时间偏好越强，消费者越不愿意推迟消费，对推迟消费所要求的补偿越高。也就是说消费者时间偏好越强则越倾向于将财富立即用于消费而非用于投资（亦即储蓄）。消费者的时间偏好可以用下文定义的意愿收益率来反映。意愿收益率越高意味着消费者对投资的收益率要求越高、消费者的时间偏好越强。

一位消费者各期的消费额构成的序列称为**消费流**。假设消费者使用流量折现法来比较各种消费流的优劣，对于一位消费者而言，现值（present value）相同的消费流是偏好无差异的。在评价消费流、计算消费流现值时不同消费者使用的折现因子可能不同，每位消费者使用的折现因子ρ_{rq}称为其**意愿折现因子**，相应的收益率

$$r_{rq} := \frac{1}{\rho_{rq}} - 1 \tag{4.22}$$

称为其**意愿收益率**（或称必要收益率，required rate of return），相应的贴现率

$$\delta_{rq} := \frac{r_{rq}}{1 + r_{rq}} \tag{4.23}$$

称为其**意愿贴现率**。意愿贴现率可被看作将1元消费额从本期推迟到下一期时希望在本期得到的收益。意愿收益率可被看作将1元消费额从本期推迟到下一期时希望在下一期得到的收益。

如果一个消费流中各期的消费额均为v_c元，则称其为一个强度为v_c的消费流。对于意愿收益率为r_{rq}的消费者而言，本期的1元消费额与从下一期开始的强度为r_{rq}的消费流是偏好无差异的，与从本期开始的强度为δ_{rq}的消费流也是偏好无差异的。

4.5.4.2 两种时间偏好假设与自然收益率

为了简化分析起见可以对消费者的时间偏好采取以下较为简单的两种假设中的一种：

第一种时间偏好假设 每位消费者的意愿收益率均固定不变，亦即为常数；

第二种时间偏好假设 所有消费者具有相同的时间偏好，每位消费者的意愿收益率是收入水平的严格减函数，记为$r_{rq}(w)$，称为**意愿收益率函数**。当所有消费者具有相同的效用函数时，也可以假设意愿收益率是效用水平的函数。

一位消费者根据自己的意愿折现因子及一项资产所能带来的消费流可以算得自己购买该资产时的最高出价，称为该消费者对该资产的**保留价格**

（reservation price，indifference price）。当多个消费者评估、竞购同一项资产时，显然意愿收益率较低的消费者会有较高的保留价格，因此资产会由保留价格较高、意愿收益率较低的消费者购得、持有。当一项资产的收益率高于一位消费者的意愿收益率时，这位消费者会减少当期消费并购买该资产，而意愿收益率高的消费者会不断地将其资产卖给意愿收益率低的消费者。可见在均衡中所有资产均会由意愿收益率最低的消费者持有。

因此在第一种时间偏好假设下均衡收益率就等于所有消费者的外生的意愿收益率中的最小值，这一外生的均衡收益率即可被称为自然收益率。可见在第一种时间偏好假设下很容易确定均衡收益率。在本书的分析中如无特别说明一般采取第一种时间偏好假设，并简单地假定所有消费者具有相同的意愿收益率。

在第二种时间偏好假设下均衡收益率一般是内生的，这时也就不存在自然收益率。这种情形下均衡收益率受产权安排的影响。一般来说，当消费者人数固定时，如果均衡中所有消费者的收入水平相同，那么均衡收益率就会相对较高；否则均衡收益率就等于收入水平最高的消费者的收益率，在均衡中所有资产都会由收入水平最高、意愿收益率最低的消费者持有。也就是说在第二种时间偏好假设下资产有不断向收入水平最高的消费者手中集中的倾向。

在第二种时间偏好假设下均衡配置中的产权安排具有一定的内生性，需要使得（除政府外的）资产持有者具有相同的收入水平，并且资产持有者的均衡收入水平高于无资产者的均衡收入水平。当所有资产持有者拥有相同的禀赋或者所有资产均由一位消费者拥有时即可以保证资产持有者具有相同的收入水平。当无资产者只拥有（同质的）劳动而资产持有者既拥有劳动又拥有资产时即可以保证资产持有者的均衡收入水平高于无资产者的均衡收入水平。

在第二种时间偏好假设下可以计算出在给定收益率r下的均衡中的投资者收入水平，记为$w(r)$，称为投资者收入函数。于是均衡的投资者收入水平w^*和均衡收益率r^*可以根据投资者收入函数$w(r)$和意愿收益率函数$r_{rq}(w)$的函数图像的交点来确定，即满足$w^* = w(r^*)$和$r^* = r_{rq}(w^*)$。

当投资者较少、投资者可以在一定程度上控制资产的收益率时，投资者可能会将收益率设置在高于其意愿收益率的水平，这即是一种收益率垄断行为。

4.5.4.3 消费者的储蓄率

当均衡中一位消费者每期的收入完全来自一项收益率为r^*的资产时，

该消费者每期的消费支出与投资支出之比即为r^*，每期的消费支出占其本期的总支出（即投资支出与消费支出之和）的比例为δ_{r^*}。而其（总）储蓄率s_t即为每期的消费支出占其本期的总支出的比例，于是可知该投资者的均衡储蓄率为

$$s_t^* = \frac{1}{1+r^*} = \rho_{r^*} \tag{4.24}$$

从上式可见：

(1) 当投资者没有其他收入时均衡中投资者的储蓄率取决于均衡收益率，与经济增长速度无关。

(2) 当均衡收益率较高时在均衡中投资者具有较低的储蓄率，当均衡收益率较低时在均衡中投资者具有较高的储蓄率。

对于均衡中的一类消费者而言，当均衡收益率低于其意愿收益率时，该类消费者将不储蓄、不持有任何资产，即会扮演纯粹的劳动者的角色；当均衡收益率等于其意愿收益率时，该类消费者将可能持有资产。当消费者的全部收入来自资产收益时，其储蓄率即由资产收益率决定。当消费者既有资产收益又有劳动收入时，其储蓄率就会受到工资率的影响，亦即除了受到均衡收益率的影响外，还间接地受到生产技术、消费者偏好、禀赋、经济增长率这些因素的影响。

4.5.4.4 收益率的期限结构

在本书的分析中一般假定资产每期租借一次、租借期限为一期，忽略租借期限（或者说借贷期限）对于收益率的影响。当允许资产的租借期限多于一期时，不同租借期限下的资产的均衡收益率可能会有差异。所谓收益率的期限结构即是指租借期限与均衡收益率之间的关系。

对于资产的出租者（即投资者）而言，因为租借期限较短时资产在一定期限内有更多的出售机会，也就是说有更强的流动性，所以可以接受相对较低的收益率；借贷期限越长时，投资者要求的流动性补偿越高，意愿收益率会相应提高。也就是说投资者的意愿收益率会随着租借期限的加长而升高。

对于资产的租入方而言，资产租借时可能要承担一定的交易费用，例如对资产的检测费用、资产办理交接期间的闲置费用等。当资产的租借期限较长时，就可以节省一部分交易费用，因此也愿意支付相对较高的单位租金，使得投资者可以得到相对较高的收益率。

因此资产的收益率一般会随着租借期限的加长而升高。不过在本书的分析中为了简单起见一般不考虑这一点。

算例 4.14 (有股息的列昂惕夫型谷物模型) 考虑一个包含3种商品（即小麦、劳动和股票）、3类经济主体的谷物经济。生产函数和效用函数如下：

小麦生产者 $\min\{x_1/\alpha, x_2/\beta\}$，$0<\alpha<1$, $0<\beta$

劳动者 x_1

股东 x_1

假定每位劳动者每期供给1单位劳动，每位股东每期供给1单位股票；劳动和股票的初始供给量分别为l和1，并以速度 $\gamma \geqslant 0$ 增长，即经济的均衡增长率为γ。假定外生的均衡收益率为r，则均衡利润率π如式(4.20)所示。记三种折现因子分别为$\rho := \frac{1}{1+\gamma}$、$\rho_r := \frac{1}{1+r}$和$\rho_\pi := \frac{1}{1+\pi} = \rho\rho_r$。

以小麦为计价商品，记工资率为w。由于均衡中生产1单位小麦可获得1元的产值，其成本即为ρ_π，于是均衡中有$\alpha+\beta w=\rho_\pi$，即均衡工资率为$w=(\rho_\pi-\alpha)/\beta$。因为均衡工资率必须大于等于0，所以易知增长率和收益率需要满足$(1+\gamma)(1+r)<\frac{1}{\alpha}$。

1单位小麦的生产成本（亦即投资额）为ρ_π。当下一期供给1元小麦时本期小麦的供给量和销售额为ρ，即本期发放的股息为$\rho-\rho_\pi=\rho\delta_r$。

单位需求矩阵为

$$\mathbf{A}(\mathbf{p},\mathbf{u}) = \begin{bmatrix} \mathbf{a} & (u_1;0) & (u_2;0) \\ r\bar{\mathbf{p}}\mathbf{a}/p_3 & 0 & 0 \end{bmatrix}$$

其中，$\mathbf{a}=(\alpha,\beta)^T$，$\bar{\mathbf{p}}$为小麦价格和劳动价格构成的向量，$p_3$为1单位股票的租金，$\bar{\mathbf{p}}\mathbf{a}$为生产1单位小麦的成本。因为每期中小麦生产者支付的股息等于本期的小麦生产者的投资额乘以收益率，所以每期中生产1单位小麦需要支付的股息即为相应的投资额$\bar{\mathbf{p}}\mathbf{a}$与收益率$r$之积。每生产1单位小麦需要投入（即租借）的股票数量即为$r\bar{\mathbf{p}}\mathbf{a}/p_3$。单位供给矩阵为3阶单位阵。

结构均衡模型为式(3.23)–(3.24)，即

$$\mathbf{p}^T\mathbf{A}(\mathbf{p},\mathbf{u}) = \rho\mathbf{p}^T$$

$$\mathbf{A}(\mathbf{p},\mathbf{u})\mathbf{z} = \rho\mathbf{z}$$

算得初期的均衡配置如表4.25所示。

表4.26显示了这一经济中的一些经济指标。

从表4.25可见，下一期的小麦总产出为l/β，其中劳动者将消费$(1+\gamma)(\rho_\pi-\alpha)l/\beta=(\rho_r-(1+\gamma)\alpha)l/\beta$，股东将消费$\delta_r l/\beta$，用于投资的部分为$(1+\gamma)\alpha l/\beta$。即工资占小麦总产出的份额为$\rho_r-(1+\gamma)\alpha$，股息份额为$\delta_r$。

表 4.25 初期的均衡配置（增长率为γ）

	小麦生产者	劳动者	股东	总需求
小麦需求	$l\alpha/\beta$	$(\rho_\pi-\alpha)l/\beta$	$\rho\delta_r l/\beta$	$l\rho/\beta$
劳动需求	l	0	0	l
股票需求	1	0	0	1
下一期的供给	l/β	$l/\rho=l(1+\gamma)$	$1+\gamma$	

表 4.26 有股息的列昂惕夫型谷物模型中的经济指标

资本投入系数	工资率	劳动者人均产量	总投资率
α	$(\rho_\pi-\alpha)/\beta$	$1/\beta$	$\alpha(1+\gamma)$

劳动者人均投资	工资占小麦产值的份额	股息占小麦产值的份额
α/β	$\rho_r-(1+\gamma)\alpha$	δ_r

注：以小麦计价。

从表4.26中可以看到：

(1) 当经济中持续地发生劳动节约型的技术进步、β的值以固定比例减小时，工资率、人均产量和人均投资将持续上升，而资本投入系数、利润率等其他指标保持不变。这与卡尔多（Kaldor，1957，1963）所总结的现实中经济增长具有的特征（即所谓**Kaldor事实**）是一致的。现实中的技术进步主要是劳动节约型的，其一个主要的特征是人均投资及人均资本存量的持续上升，即所谓**资本深化**（Kaldor，1957； Acemoglu，2009）。

(2) 这一经济中的均衡总投资率与均衡收益率、消费者的时间偏好无关。

当$\alpha=0.5$、$\beta=1$、增长率为0、劳动供给量为100时，均衡配置如表4.27所示。在此只有一位股东，其均衡效用水平为$u_2^*=100(1-\rho_r)=\frac{100r}{1+r}$。

表 4.27 均衡配置（增长率为0，收益率为r）

	小麦生产者	劳动者	股东	总需求
小麦需求	50	$100(\rho_r-0.5)$	$100(1-\rho_r)$	100
劳动需求	100	0	0	100
股票需求	1	0	0	1
供给	100	100	1	

采取第二种时间偏好假设的例子

在以上的分析中采取了第一种时间偏好假设。现在考虑采取第二种时间偏好假设时表 4.27 中的均衡。在这个例子中所有消费者的效用函数相同，因此假定意愿收益率是效用水平的函数。假设消费者的效用水平为u时意愿收益率为$1/u$，于是均衡中股东的意愿收益率（亦即均衡收益率）为其效用水平的倒数，即有下式成立：

$$\frac{1}{u_2^*} \equiv \frac{1+r}{100r} = r$$

解得均衡收益率为$r^* \approx 0.1051$。均衡配置如表4.28所示。这时股东的收入水平和效用水平为9.51；每位劳动者的收入水平和效用水平为0.4049，劳动者的意愿收益率为2.470。 □

表 4.28　均衡配置（增长率为0，收益率为0.1051）

	小麦生产者	劳动者	股东	总需求
小麦需求	50	40.49	9.51	100
劳动需求	100	0	0	100
股票需求	1	0	0	1
供给	100	100	1	

4.5.5　均衡中的投资不足与过度投资

因为竞争性均衡是帕累托最优状态，所以其中的资本存量处于最优水平。而在非竞争性均衡（如存在股息的均衡）或非均衡路径中，经济中的资本存量可能低于或高于最优水平，这两种情形分别称为**投资不足**或**过度投资**，有时也分别称**积累不足**或**过度积累**。投资不足和过度投资都会损害经济效率。

4.5.5.1　投资不足

在竞争性均衡中厂商将出售产品的所有销售收入用于生产而不发放股息。当厂商将部分销售收入用于发放股息时，相应的经济均衡中就可能出现投资不足。下面以零增长的谷物模型来说明这一点，并假定其中小麦和劳动可以相互连续替代①。

①连续替代是指小麦和劳动的价格均为正时，两者的价格比的任何变动都会导致对两者需求比例的变动。

根据本书第3.2.1小节对单要素多部门均衡模型的讨论表明，对于不可分解的单要素多部门经济，若所有经济主体具有需求函数而非需求对应时，均衡配置均是唯一的。对于没有税、股息等金融因素的零增长谷物模型而言，也就意味着用于生产的小麦数量的均衡值是唯一的；根据第一福利定理，这也是最优的投资水平。

在包含劳动和股票两种要素、以小麦计价的零增长的谷物经济中，当股息从无到有时（即整体股息率从0变为某个正值时），根据第一福利定理，劳动者的效用水平和工资率必然下降。由于假定劳动和小麦可以相互连续替代，于是生产中使用的小麦数量和劳动数量之比会下降。由于劳动的供给量是外生的，在均衡中劳动会全部被使用，因此有股息的均衡中小麦的使用量必然低于无股息均衡中小麦的使用量，即出现投资不足。

4.5.5.2 过度投资

在竞争性均衡中假设所有初级要素的收入均用于消费而不用于储蓄（即投资）。若消费者将一部分初级要素的收入用于储蓄，则可能导致过度投资及经济效率的损失。①

考虑一个整体股息率为0的零增长经济中劳动者将部分工资用于储蓄的情况。如果在每一期中当部分劳动者进行储蓄时恰好有部分股东愿意转让股权，也就是说部分消费者进行储蓄（即正的净投资），部分消费者进行负储蓄（即负的净投资），当两者恰好抵消时，经济中的资本存量不变，整个经济不会有实质性的变动。例如，劳动者年轻时进行储蓄，年老时进行负储蓄，一生中净储蓄为0，即属于这种情况。

如果在每一期中当部分劳动者进行投资时，没有股东愿意转让股权，那么这意味着经济中资本存量的上升，可能导致出现过度投资现象。

一般来说，当经济中出现过度投资时产出会高于均衡水平，导致产品价格较低、厂商的利润率低于均衡利润率。当这种情形发生而厂商（或其股东）追求利润最大化时，厂商会主动地缩减投资规模。即使厂商不主动缩减投资规模，如果没有外部资金的持续注入，厂商的投资规模也会由于亏损而被动地减小，这种过度投资现象不可能长期持续。

因此当厂商追求利润最大化时过度投资一般只出现在非均衡路径中。例如，当厂商对于投资项目的市场前景过于乐观时可能过度投资。

换而言之，若要在均衡中出现过度投资的情况，则需要厂商不再追求利润的最大化，即宁愿收益较低也要维持过高的投资规模。而从经济现实

①参见本书第7.7节。

的角度来看，这一点并非不可能发生。在经济现实中厂商作投资决策时，有时尽管项目收益率低于自然收益率但厂商仍然会进行投资，导致这种情况的原因可能有：

(1) 企业所有权和经营权的分离。在企业的所有权和经营权分离的现代企业制度下，企业经营者出于自身利益的考虑，其经营目标时常会偏离股东的利益，利润最大化沦为次要目标。这时企业的管理层可能会追求企业规模的扩大以获取更高的薪酬而非利润的最大化，因为企业的规模往往与管理层的收入、社会地位、知名度等因素有正的相关性。

(2) 政府干预。对于政府拥有的企业（如铁路公司等），其首要经营目标并非营利，常常出于提供公共服务、促进经济增长和就业等因素而投资于低收益率的项目。

此外政府对于企业进行补贴也可能导致过度投资。

算例 4.15 (过度投资) 考虑一个谷物经济，假设生产函数和效用函数如下：

小麦生产者 $x_1^{0.5}x_2^{0.5}$

劳动者 x_1

假设劳动的供给量始终为100单位。竞争性均衡配置如表4.29所示。每位劳动者的均衡效用水平为0.25。

表 4.29 竞争性均衡配置

	小麦生产者	劳动者	总需求
小麦需求	25	25	50
劳动需求	100	0	100
供给	50	100	

当每位劳动者持续将3/4的工资以购买企业债券的形式用于投资时，过度投资下的均衡配置和均衡价值配置分别如表 4.30 和表 4.31 所示。以小麦计价的均衡价格向量为$\mathbf{p}^* = (1, 0.64)^T$。每位劳动者的均衡效用水平为0.16。

表 4.30 过度投资下的均衡配置

	小麦生产者	劳动者	总需求
小麦需求	64	16	80
劳动需求	100	0	100
供给	80	100	

表 4.31 过度投资下的均衡价值配置

	小麦生产者	劳动者	总支出
小麦支出	64	16	80
劳动支出	64	0	0
债券支出	–48	48	
收入	80	64	

可见此时小麦的非竞争均衡投资水平为64单位，大于竞争性均衡中的投资水平25单位。此时小麦生产者每期亏损48元，由劳动者的净投资（或者说转移支付）弥补。这一经济均衡中劳动者的名义储蓄余额在不断增加，但由于厂商的不断亏损，经济中的资本存量并未增长。

在以上的过度投资均衡中，厂商相当于每期中无偿拥有了75单位的劳动，从这一角度来看这种情形违反了竞争性均衡中规模收益不变的厂商不拥有初级要素的假设。而由于对这一假设的违反，导致了这一均衡配置不再是竞争性均衡配置和帕累托最优配置。 □

4.6 技术垄断行为

4.6.1 公共技术与非公共技术

除了要素垄断行为和产品垄断行为外，技术垄断是另一种常见的垄断行为。

生产技术可以分为公共技术（public technology）和非公共技术。**公共技术**是指产权归属整个社会公众、经济主体可以自由使用的技术，而**非公共技术**则恰好与之相反。非公共技术又可分为专利技术（patent technology）和专有技术（proprietary technology）。**专利技术**指已获得专利权、一定期限内受法律保护的技术。而**专有技术**是指未取得专利权的、未被公众所知的秘密技术。两者的关键区别在于专利技术过了专利期限后即成为公共技术，而专有技术则不然。

在竞争性经济中一般假定所有技术是公共技术，资本可以在各个生产部门之间自由转移，各个厂商可以自由地使用所有的生产技术。这种情形下各厂商的利润率有均等化倾向，均衡中所有未停产的厂商的利润率相等。而当某些厂商拥有非公共技术时，就可能利用这一技术优势获得比竞争性厂商更高的利润率，或者说可能获得垄断收益。

技术垄断行为和产品垄断行为有相似之处，均可以看作对某些生产过程的垄断行为。不过技术垄断面临着公共技术的竞争，也就是说相对于产品垄断者而言技术垄断者在优化垄断产量时多了一个约束条件，即要保证在垄断均衡中其使用公共技术的竞争厂商不能获得超额利润。

算例 4.16 (技术垄断者效用的最大化) 现在对算例4.4中的经济加以扩展。考虑一个包含3种商品、4类经济主体的零增长的C-D型谷物经济。4类经济主体分别为使用公共技术的小麦生产者（称为厂商1）、使用专有技术的小麦生产者（称为厂商2）、劳动者和专有技术的所有者（即垄断者）。经济中的3种商品分别为小麦、劳动和使用专有技术生产小麦的许可证。以小麦计价。

假设劳动者和垄断者人数分别始终为100人和1人。每期每位劳动者和垄断者分别供给1单位劳动和y单位许可证。于是劳动的供给量、许可证数量分别始终为100单位和y单位，经济的均衡增长率为0。

假设生产函数和效用函数如下：

厂商1 $x_1^{0.5}x_2^{0.5}$

厂商2 $\alpha x_1^{0.5}x_2^{0.5}, \alpha > 1$

劳动者 x_1

垄断者 x_1

假设厂商2每生产1单位小麦必须向垄断者购买1份许可证，于是厂商2的生产函数变为$\min\{\alpha x_1^{0.5}x_2^{0.5}, x_3\}$。

单位需求矩阵为

$$\mathbf{A}(\mathbf{p},\mathbf{u}) = \begin{bmatrix} \mathbf{a}(\bar{\mathbf{p}}) & \frac{1}{\alpha}\mathbf{a}(\bar{\mathbf{p}}) & (u_1;0) & (u_2;0) \\ 0 & 1 & 0 & 0 \end{bmatrix}$$

其中，$\bar{\mathbf{p}}$表示小麦价格和劳动价格构成的向量，$\mathbf{a}(\bar{\mathbf{p}})$如式(1.13)所示。

单位供给矩阵为

$$\mathbf{B} = \begin{bmatrix} 1 & 1 & 0 & 0 \\ 0 & 0 & 1 & 0 \\ 0 & 0 & 0 & y \end{bmatrix}$$

结构均衡模型为

$$\mathbf{p}^T\mathbf{A}(\mathbf{p},\mathbf{u}) \geqslant \mathbf{p}^T\mathbf{B}$$

$$\mathbf{A}(\mathbf{p},\mathbf{u})\mathbf{z} \leqslant \mathbf{B}\mathbf{z}$$

其中，$\mathbf{z} = (0, y, 100, 1)^T$，$y$表示厂商2的小麦产量和产值，这也就是垄断者发放的许可证数量。$z_3 = 100$，$z_4 = 1$，分别为两类消费者的人数。根据以上的均衡方程可以容易地解得均衡。

由算例4.4的分析可知均衡价格向量为

$$\mathbf{p}^* = \left(1, \frac{y^2}{10^4\alpha^2}, 1 - \frac{y}{50\alpha^2}\right)^T$$

垄断者的均衡效用水平为

$$u_2^* = y - \frac{y^2}{50\alpha^2}$$

于是均衡中厂商1的单位成本为$\frac{y}{50\alpha}$。均衡中厂商1不能有超额利润，其单位成本必须大于等于1（即小麦价格），即有

$$\frac{y}{50\alpha} \geqslant 1$$

于是可知在这一经济中，小麦的均衡产量为

$$y^* = \max\{50\alpha, 25\alpha^2\}$$

亦即

$$y^* = \begin{cases} 50\alpha & 1 < \alpha \leqslant 2 \\ 25\alpha^2 & \alpha > 2 \end{cases}$$

相应地，垄断者的均衡效用水平为

$$u_2^* = \begin{cases} 50(\alpha - 1) & 1 < \alpha \leqslant 2 \\ 12.5\alpha^2 & \alpha > 2 \end{cases}$$

当$\alpha = 2$时均衡配置如表4.32所示。 □

表 4.32 技术垄断均衡配置（增长率为0）

	厂商1	厂商2	劳动者	垄断者	总需求
小麦需求	0	25	25	50	100
劳动需求	0	100	0	0	100
许可证需求	0	100	0	0	100
供给	0	100	100	100	

4.6.2 掠夺性定价

在均衡中拥有专有技术的厂商可以凭借其技术垄断优势获得高于自然收益率的收益率，或者说可以获得垄断收益。不过技术垄断者面临公共技术的竞争。如算例4.16所示，公共技术的竞争可能会对技术垄断者形成实

质性的约束，也就是说公共技术的存在可能损害垄断者的利益。而技术垄断者可以利用掠夺性定价行为在一定程度上规避公共技术的竞争，挽回公共技术的存在对其垄断收益造成的损失。

所谓**掠夺性定价**（predatory pricing）是一种反竞争的企业行为，即在一段时期内通过压低产品价格使得竞争对手陷入亏损，从而将其驱离市场、占有其市场份额，然后提升价格。

对于技术垄断者而言，可以凭借技术优势提高产量以将产品价格压低到使得对方亏损而自己盈利的水平（这样的价格即为**掠夺性价格**），因此有能力使用掠夺性定价手段将拥有劣势技术的竞争对手驱逐出市场。如果竞争厂商一旦进入市场，技术垄断者就立即采取掠夺性定价，那么竞争厂商进入市场就只会遭受亏损，这样竞争厂商就会被阻吓在市场之外，即使使用公共技术进行生产时有超额利润也不敢进入市场。在这种情况下，技术垄断者就摆脱了公共技术的竞争，而可以像一个产品垄断者一样优化其垄断产量。

就国内市场而言，很难将这类掠夺性定价行为与正常的价格竞争区分开来，从而难以监管和制止这种国内市场上的掠夺性定价行为。在极端的情况下，掠夺性定价的威胁可能使得其他厂商不敢进入这一市场，从而垄断厂商的产品价格甚至可以高于产品的竞争性价格。也就是说此时利用公共技术生产可以获取超额利润，但可能发生的掠夺性定价行为阻吓了其他潜在的生产者。

如果拥有专有技术的厂商在国内已经垄断了市场，使用正常的价格销售产品，而在国外市场采取掠夺性定价，那么两个市场上的价格差异就容易被发现，这类垄断行为（即掠夺性倾销，predatory dumping）就相对容易监管和制止。

4.6.3 技术垄断与技术进步

技术垄断带来的垄断收益是激励经济主体进行技术创新的主要动力。从长期来看一项专有技术一般会逐渐扩散而变为公共技术，因此为了从技术垄断中持续地获取垄断收益，技术垄断者会倾向于持续地进行技术创新、追求技术进步。因为技术进步是现代经济增长的主要原因，所以可以说技术垄断收益是推动现代经济增长的主要动力。也就是说对于技术垄断收益的追逐是现代经济中技术进步持续发生、经济持续增长的主要原因（Acemoglu，2009，第421页）。

在经济现实中，厂商可以把所有资源用于生产，也可以把其中一部分用于研发新技术，以期借助可能发现的新技术获取垄断收益。一般来说在给定的研发投入下新技术的发现具有一定的不确定性，较高的研发投入会增加发现新技术的概率，从而增加厂商未来利润的期望值，但同时会降低当前的生产规模和利润，因此可能会存在一个最优的研发投入比重（参见Aghion, Howitt，1992；郭多祚，2012，第7.4节）。

4.7 本章小结

非竞争性均衡

当经济中存在垄断行为、规模收益递增、税、股息、利息、信贷、交易障碍、价格管制、信息不完全等因素时，均衡配置一般不再是最优配置，均衡价格向量会偏离不存在这些因素时的竞争性均衡价格向量，这类均衡即为非竞争性均衡，这些因素即为非竞争性因素。也就是说非竞争性因素的存在一般会导致价格的扭曲、经济效率的损失，使得市场经济中均衡配置偏离最优配置，这种情况即所谓市场失灵。与非竞争性因素相对应的各种经济行为（如征税、收取股息、设置交易障碍等）即为非竞争性经济行为。

在经济现实中非竞争性经济行为是十分普遍的，这就为政府调整均衡配置、实施政府管制（或称政府干预）提供了理由。当然，由于政府的能力有限以及政府可能因追求自身私利而偏离最大化社会福利水平的目标等原因，政府管制的作用可能有局限性，未必能够使得配置达到最优，甚至未必能够改进配置。而且实施政府管制也是有成本的。因此在某些情况下实施政府管制可能不但没有提高经济效率，反而导致进一步的效率损失，这种情况即所谓政府失灵。

垄断行为

垄断行为包括要素垄断行为、产品垄断行为、技术垄断行为，以及设置交易障碍、分割市场、价格歧视等。实施垄断行为的目的是获取垄断收益，而垄断收益最终总是由某些消费者占有，垄断者实质上总是消费者。

要素垄断行为导致了对自然存在的要素的闲置，而产品垄断行为和技术垄断行为则可以视为对人为创造的要素（即人工要素）的闲置。在其他条件不变时，一种要素的所有者如果能够在一定范围内选择其要素供给量，并且能够计算出自己在各种可行的供给量下的均衡效用水平，那么就可以选择最大化效用的供给量，即对要素所有者而言最优的供给量。这一最优供给量有可能等于其拥有的要素量，也可能小于其拥有的要素量，而在后一种情况下要素所有者就会有闲置要素的意愿。可见某个经济主体能够实施垄断行为也就意味着该经济主体具有在一定程度上选择均衡配置的权利。这些垄断行为直接导致在均衡中资源不能得到充分利用，这自然会导致效率损失、价格扭曲，使得价格不能反映资源的真实的稀缺程度。

价格歧视行为也是现实中常见的一种垄断行为，这种行为导致同一种商品具有多重均衡价格，这自然会导致均衡价格向量偏离竞争性均衡价格向量，带来经济效率的损失。为了实现价格歧视就需要在该商品的购买者之间设置交易障碍，或者说需要分割市场以防止可能发生的套利行为，以使得以多重价格中的较低价格买入该商品的经济主体无法将其以较高价格转售。

因为竞争性均衡配置是最优配置，所以当一类消费者因为采取垄断行为、获得垄断收益而导致均衡偏离竞争性均衡时，就会有另一类消费者的利益受到损害，而且从整体来看一般会损害整个经济的福利水平。即垄断行为的效果类似于有效率损失的产权调整。

当经济中允许产权调整时，一些消费者可能会发现产权分散时无法通过要素垄断行为获利，而通过产权整合、串谋（如建立联盟、采取联合行动），可以更有力地控制供给、操纵价格，进而获利。

产品垄断行为与技术垄断行为

与要素所有者可能从控制要素供给量中获利类似，对某种产品具有专营权（或者生产许可）的厂商（或者说其股东）也有可能通过控制其产量获取超额利润。这种专营权即为一种人工要素。人工要素也可以为其所有者带来租金收入，这一点与初级要素是类似的。但与普通的初级要素不同的是，对于专营权的需求是由经济制度而非生产技术决定的，也就是说，从生产技术的角度来看专营权并不是生产过程所必需的。

从理论上说，人工要素的所有者可以无成本地供给无限多的人工要素。于是可见，出于获利目的对于人工要素供给量和产品产量的控制（即产品垄断行为）与对于要素的供给量的控制（即要素垄断行为）本质上是相同的，产品垄断行为相当于闲置了部分人工要素，或者说人为地创造了一种稀缺性，一般来说也会导致经济效率的损失。

技术垄断行为和产品垄断行为有相似之处，均可以看作对某些生产过程的垄断行为。不过技术垄断面临着公共技术的竞争，也就是说相对于产品垄断者而言技术垄断者在优化垄断产量时多了一个约束条件，即要保证在垄断均衡中与其相竞争的使用公共技术的厂商不能获得超额利润。技术垄断者可以利用掠夺性定价行为在一定程度上规避公共技术的竞争、逼迫与其相竞争的厂商停产，挽回公共技术的存在对其垄断收益造成的损失。

技术垄断带来的垄断收益是激励经济主体进行技术创新的主要动力。因为技术进步是现代经济增长的主要原因，所以可以说技术垄断收益是推动现代经济增长的主要动力。也就是说对于技术垄断收益的追逐是现代经济中技术进步持续发生、经济持续增长的主要原因。

规模收益递增

在一个无技术进步、规模收益递增的动态经济中，递增的规模收益可以发挥类似于技术进步的作用。当产量升高时递增的规模收益导致生产效率的提高，而生产效率的提高则带来进一步的产量上升。因此递增的规模收益可能导致无技术进步、人均要素数量固定的动态经济中的产量、消费者的人均消费量随着时间的推移趋于无穷大，从而使得该经济中不存在最优配置。

由于最大化利润的规模收益递增的厂商在各种价格向量下通常会要么选择停产，要么选择无穷大的产量，从而导致难以存在有经济意义的均衡状态，于是在规模收益递增的经济中假设厂商追求利润最大化就不再合适。这种情形下可以将厂商的行为模式从无约束条件的利润最大化修改为如下的有约束条件的利润最大化：厂商在给定价格向量及总成本的约束下最大化其利润。这相当于厂商只能自由地选择技术而丧失了对于产量的决策权。此时满足收支平衡条件和供需平衡条件的状态称为IRS 均衡。在IRS均衡中厂商在均衡价格下及均衡成本的约束下实现了利润最大化。

IRS均衡和帕累托最优状态间没有必然联系，IRS均衡未必是帕累托最优状态，帕累托最优状态也未必是IRS均衡。然而，经过适当的转移支付后，IRS均衡即可以对应到帕累托最优配置。具体来说，在包含规模收益递增的厂商的经济中，IRS均衡下该厂商的产量可能小于帕累托最优配置中的产量水平，未能充分利用规模收益递增带来的利益（即规模经济）；这时通过对厂商进行补贴可以改进经济中的福利水平，使得该厂商的产量达到最优水平。

税收

政府征税的主要目的无外乎提高经济效率和促进社会公平。

就促进社会公平而言，因为均衡配置、最优配置未必符合社会的道德标准，所以可能需要政府利用税收手段加以调节。

就提高经济效率而言，现实中的经济在诸多方面（如垄断、交易障碍、外部性、公共物品、信息不完全、规模收益递增等）不符合竞争性经济的前提假设，因此现实中的经济即使达到均衡状态，相应的均衡配置也可能严重偏离最优配置，于是可能需要政府通过税收等手段进行干预。

在均衡模型中为了便于分析可以引入税票这种商品，将纳税视为购买税票，收税视为出售税票，这样即将纳税这一支付过程处理为商品交易过程，可以使得有税的结构均衡模型与无税的结构均衡模型具有相同的形式，从而可以在现有的理论框架下分析纳税问题，不需要改变分析方法和均衡计算方法，避免了引入新的数学结构而导致的复杂性。

在征税过程中，有些税制本身会带来一定的效率损失，亦即超额负担。如果征税对于均衡配置的影响可以等价于竞争性经济中禀赋在消费者间的重新分配（即产权调整），那么征税就不会导致效率损失（即超额负担）；否则就可能导致效率损失。征收营业税一般会导致超额负担，而征收增值税一般不会导致超额负担。当消费者供给的要素数量固定不变时，对消费者的收入征税（或对消费者的支出征税）也不会导致超额负担。为了度量超额负担的大小，可以将其换算为禀赋的损失。

征税及垄断者的市场分割行为可能导致一种商品具有多重价格（或称价格歧视），而多重价格一般伴随着经济效率的损失。

股息

厂商的经营资本的来源可以分为债权融资和股权融资两类。对于不考虑风险的均衡分析而言，债权融资和股权融资没有实质性的区别，因此在分析中只需要考虑股权融资即可。

在增长率为γ的均衡中，厂商每期发放的股息也以速率γ增长。不过因为假定股票以速率γ不断地拆股、股票数量和股东人数以速率γ增长，所以均衡中每位股东、每单位股票得到的股息始终保持不变。单位股票的股息与股票价格之比即是股息率。而整体股息率则是指股息与上一期的股东投资总额之比，亦即厂商发放的股息额与上一期的营业总成本（亦即投资额）之比。整体股息率反映了股东整体的收益率，而股息率反映了每位股东的收益率，整体股息率是股息率的$1+\gamma$倍。

在零增长均衡中，厂商将利润全部用于发放股息，这时利润率等于股息率，也等于整体股息率。在正增长均衡中，厂商将利润中的一部分用于发放股息，其余部分作为留存利润用于扩大生产规模，这时利润率等于整体股息率与留存利润率之和。因为留存利润率决定了厂商的投资额的增速，所以在均衡中留存利润率等于经济增长率。

从形式上看，股息相当于股东对厂商征收营业税。因此股息的存在一般会导致经济效率的损失。

均衡收益率

一般而言均衡中资产的收益率并不能由生产技术、消费者偏好、禀赋、增长速度这些因素决定，因此为了确定均衡收益率需要引入新的外生因素，如消费者的时间偏好等。

消费者的时间偏好反映了相对于未来消费，其对当前消费的偏好程度。消费者的时间偏好可以用意愿收益率来反映。意愿收益率越高意味着消费者对投资的收益率要求越高、时间偏好更强，即消费者更倾向于选择当前消费而非投资（亦即储蓄），或者说更倾向于选择当前消费而非未来消费。

对于消费者的时间偏好可以采取多种假设，相应地有多种确定均衡收益率的方法。采取第一种时间偏好假设相当于直接设定了均衡收益率的值，这样确定的均衡收益率也就是自然收益率。也可以采取像第二种时间偏好假设这样的较为复杂的假设来确定均衡收益率。

在正增长均衡中投资的总收益、各类消费者人数均以速率γ持续增长，因此每类投资者全体享有的收益持续增长，而其中每位投资者享有的收益保持不变。每位投资者享有的收益率即为均衡收益率，每类投资者全体享有的收益率为整体收益率。股票的整体收益率即为整体股息率。而利润率则等于整体股息率与留存利润率之和，亦即等于整体收益率与经济增长率之和。

如果假定消费者具有一次齐次的效用函数、在正增长均衡中消费者人数固定不变，那么均衡中每位消费者的效用水平就会不断升高，每位投资者享有的收益率即为整体收益率。

第5章　联合生产与固定资产

5.1　固定资产的损耗与建模

5.1.1　耐用消费品的购买与租赁

产品可以分为耐用品和非耐用品。耐用品在生产或消费过程中可以被使用多期。在生产过程中使用的耐用品即为（经济学意义上的）固定资产（或称资本品）。在消费过程中使用的耐用品即为耐用消费品。

尽管在经济现实中消费者常常购买耐用消费品，但在经济分析中一般假设消费者向厂商租入耐用消费品使用而非购买耐用消费品，并假设某些厂商经营耐用消费品租赁业务、购买耐用消费品后租赁给消费者使用。在这种情形下耐用消费品即是这些厂商使用的固定资产。采取消费者租赁耐用消费品的假设对于经济分析而言有以下优点：

(1) 这一假设使得在分析中只需要考虑固定资产而不再需要考虑耐用消费品。

(2) 消费者以自用为目的购买耐用消费品（如住宅、汽车等）的行为，既有消费的因素在内，也有投资的因素在内。也就是说购买耐用消费品用于出租的行为属于投资，租入耐用消费品供自己使用的行为属于消费，而购买耐用消费品供自己使用的行为则兼具两者，在这种情况下消费者实际上兼具厂商职能。采用租赁假设时投资行为和消费行为被分离开来，消费者的生产职能被分离出去，投资行为由厂商执行，消费行为由消费者执行，这样就可以对这两类性质不同的行为分别进行分析。

因此在下文中主要讨论固定资产，而不再单独考察耐用消费品。

5.1.2　固定资产的损耗方式

对于同时产出多种产品的联合生产过程，将其中每种产品称为这一生产过程的**联产品**（joint product）。固定资产可以被视为生产过程的联产品，也就是说可以把在生产中使用过的固定资产视为生产过程的一种产品，尽管这种产品一般并不用于出售。

一般来说，固定资产经过使用之后可能会发生以下几种情形：

(1) 可使用期限的减少；

(2) 数量的减少；

(3) 生产效率的降低；

将这几种情况统称为**损耗**（wear and tear）。以上三种损耗方式分别称为**役龄式损耗**、**挥发式损耗**和**效率式损耗**。下文主要考虑役龄式损耗和挥发式损耗，相对于效率式损耗而言这两种损耗方式易于建模处理。由损耗导致的固定资产价值的减少即为**折旧**。

新生产出的役龄式损耗的固定资产（如一台电子设备）可供使用的期数是有限的，这一期数称为其（使用）**寿命**（lifetime）。这类固定资产在使用过程中的磨损、老化等因素会导致其剩余寿命（即剩余的使用期限）的缩短和价值的减少，而固定资产的数量则保持不变。例如，一台电子设备使用一期后仍为一台电子设备，但其剩余寿命会缩短，价格会下降。役龄式损耗在现实中十分常见。

固定资产已被使用的期数称为**役龄**。在经济现实中不同役龄的固定资产的生产效率可能有差别，新固定资产比旧固定资产的生产效率常常高一些，这也就是说役龄式损耗时常与效率式损耗同时发生。不过为了简化分析，除非另有说明，下文在分析役龄式损耗时将假定各种役龄的固定资产在报废前具有相同的生产效率，也就是说在分析役龄式损耗时不考虑效率式损耗。在这一假设下，仅有役龄差异的固定资产在任一生产过程中就可以相互替代。

与役龄式损耗相反，在挥发式损耗下一定数量的固定资产使用一期后数量会减少，相应地固定资产的价值也会减少（即发生折旧），但固定资产的性质保持不变，单位固定资产的价格也不变。固定资产使用一期后数量减少的比例称为**挥发率**。挥发与折旧这两个概念的区别在于挥发指固定资产数量的减少，而折旧指固定资产价值的减少。

可见挥发式损耗下固定资产使用前后没有质的变化而只有量的变化，这种情况下就不需要考虑固定资产的役龄。挥发式损耗尽管在现实中较为少见，但因为建模相对简单、容易分析，所以在经济分析中时常假设固定资产的损耗形式属于这种类型。

与以上两种损耗方式相对应，在建立经济模型时对于固定资产的处理方式也有两种，即役龄式处理（vintage method）和挥发式处理

（evaporation method）。

对于役龄式损耗的固定资产的建模一般使用役龄式处理，在均衡分析中也可以使用挥发式处理。**役龄式处理**将不同役龄的固定资产视为不同种类的商品。当生产中使用役龄为k的某类固定资产时，若该固定资产使用后还未报废（即未达到使用寿命），则产出中将出现役龄为$k+1$的该类固定资产。而**挥发式处理**不考虑固定资产的役龄的差异，也就是说仅有役龄差异的固定资产被视为同一种商品。

对于役龄式损耗的固定资产的经济建模而言这两种处理方式各有优点。采用役龄式处理时经济模型中的商品种类相对较多，从而经济模型略显复杂，但这种处理方式较为直观，并且既适用于均衡分析，也适用于非均衡分析。挥发式处理则相反，会使得经济模型中的商品种类相对较少、模型的形式相对简单些，但这种处理方法适用范围较窄，一般来说仅适用于均衡分析。

对于挥发式损耗的固定资产而言，只能使用挥发式方式来处理。

5.1.3 役龄式处理

在役龄式的处理中，不同役龄的固定资产被视为不同的商品。也就是说如果某种机器总共可以使用k期，那么需要将该机器视为k种商品，即役龄分别为$0,1,\cdots,k-1$的机器。

显然役龄式损耗的固定资产的均衡价格会随着役龄的增加而逐渐下降。役龄增长导致的固定资产价值的减少量称为**折旧费**。

下面通过一个例子对役龄式处理作一说明。

算例 5.1 (纯生产经济中的固定资产) 考虑一个纯生产经济，其中有2种商品，即小麦和铁。假设小麦为中间投入而铁为固定资产。固定资产（即铁）可以使用3期，然后无残值地报废。假设小麦生产者每生产1单位小麦需要使用0.5单位小麦和0.6单位铁。铁生产者每生产1单位铁需要使用0.9单位小麦。

采取役龄式处理时，铁根据其役龄被处理为3种商品，即役龄分别为0、1和2的铁。于是现在经济中总共有4种商品，即小麦和3种铁。相应地，现在有3种生产小麦的技术，这3种技术分别使用役龄为0、1和2的铁。也可以将小麦生产者一分为三，即假设经济中有3个小麦生产者，分别使用一种技术进行生产。[①]于是现在经济中总共有4个厂商。可见役龄式处理

[①]这3个厂商也可视为一个小麦生产者下属的不同事业部。

将增加经济中的主体数量和商品数量。此时投入和产出系数矩阵为

$$\mathbf{A}=\begin{bmatrix}0.5 & 0.9 & 0.5 & 0.5\\0.6 & 0 & 0 & 0\\0 & 0 & 0.6 & 0\\0 & 0 & 0 & 0.6\end{bmatrix},\quad \mathbf{B}=\begin{bmatrix}1 & 0 & 1 & 1\\0 & 1 & 0 & 0\\0.6 & 0 & 0 & 0\\0 & 0 & 0.6 & 0\end{bmatrix}$$

矩阵的各行分别对应小麦和役龄为0、1和2的铁，各列分别对应使用役龄为0的铁的小麦生产者、铁生产者、使用役龄为1的铁的小麦生产者和使用役龄为2的铁的小麦生产者。

结构均衡模型为

$$\mathbf{p}^T\mathbf{A}\geqslant\frac{1}{1+\gamma}\mathbf{p}^T\mathbf{B} \tag{5.1}$$

$$\mathbf{Az}\leqslant\frac{1}{1+\gamma}\mathbf{Bz} \tag{5.2}$$

以小麦为计价商品，解得均衡价格向量为

$$\mathbf{p}^*=(1,1.1452,0.8509,0.4765)^T$$

即役龄为0、1、2的铁的价格分别为1.1452、0.8509和0.4765。

固定资产使用之前与使用之后的价值差即为当期的折旧费。可见1单位铁在其使用寿命的第1、2、3期的折旧费分别为0.2943、0.3744和0.4765。

解得均衡增长率为$\gamma=0.2725$，一个均衡活动水平向量为

$$\mathbf{z}^*=(1,0.7635,0.7859,0.6176)^T$$

即3个小麦生产者的生产水平分别为1、0.7859和0.6176，可见任一期中役龄为k和$k-1$的固定资产的存量之比为$1+\gamma=1.2725$。 □

从以上算例可见，使用役龄式处理可以直接计算出不同役龄的固定资产的价格。

5.1.4 役龄式损耗的固定资产的折旧

5.1.4.1 役龄式损耗的固定资产的均衡租金率

斯拉法（Sraffa，1960）分析了给定折现因子时不同役龄的固定资产的均衡价格间的关系。假设某厂商租借一台机器用于生产且这类机器报废前的生产效率始终不变，那么租借新机器或旧机器的租金必然相同，同一

台机器被租用多期时每期的租金也必然相同。记机器每期的租金为p_r。如果一台机器剩余的使用期限是k期（或者说还可以在生产中使用 k 次），那么各期的租金按照（外生的）均衡利润率π对应的折现因子折现后相加即为机器现在的价格p_k。也就是说各期的租金构成的租金流用利润率对应的折现因子折现得到的现值即是固定资产的价格。

根据式(4.20)可知均衡利润率π对应的折现因子为

$$\rho_\pi := \frac{1}{1+\pi} = \frac{1}{(1+\gamma)(1+r^*)} \tag{5.3}$$

$\delta_\pi = 1-\rho_\pi$为相应的贴现率。

当利润率为正、租金是期末支付（或者说使用后支付、后付）时即有

$$p_k = p_r(\rho_\pi + \rho_\pi^2 + \cdots + \rho_\pi^k) = p_r\frac{\rho_\pi - \rho_\pi^{k+1}}{1-\rho_\pi} = p_r\frac{1-\rho_\pi^k}{\pi} \tag{5.4}$$

当利润率为正、租金是期初支付（或者说使用前支付、预付）时，则有

$$p_k = p_r\left(1+\rho_\pi + \cdots + \rho_\pi^{k-1}\right) = p_r\frac{1-\rho_\pi^k}{1-\rho_\pi} = p_r\frac{1-\rho_\pi^k}{\delta_\pi} \tag{5.5}$$

当已知利润率和某一役龄的固定资产价格时，根据以上两个公式就可以容易地算出该类固定资产的租金及其他役龄的该类固定资产的价格。

当利润率为0时无论租金预付或租金后付，显然均有

$$p_k = kp_r \tag{5.6}$$

即利润率为0时的均衡**租金率**（即租金与价格之比）为$\frac{1}{k}$，即固定资产寿命的倒数。

当利润率为正时，役龄式损耗的固定资产的均衡后付租金率即为

$$\frac{\pi}{1-\rho_\pi^k} \tag{5.7}$$

由于租金的一部分要用来补偿固定资产的折旧，因此当利润率为正时后付租金率大于利润率。租金和租金率可以分别看作是出租固定资产的毛收益和毛收益率；从租金中扣除补偿固定资产的折旧的部分（即折旧费）后即为利润；再扣除用于扩大经营规模的留存利润后即为（净）收益。

当利润率为正时，役龄式损耗的固定资产的均衡预付租金率为

$$\frac{\delta_\pi}{1-\rho_\pi^k} \equiv \frac{\pi}{(1+\pi)(1-\rho_\pi^k)} \tag{5.8}$$

由于租金的一部分要用来补偿固定资产的折旧，因此当利润率为正时预付租金率大于利润率对应的贴现率。

从以上两个租金率公式(5.7)和(5.8)可见：

(1) 役龄式损耗的固定资产的租金率由均衡利润率决定，这也就是说租金率由均衡收益率和均衡增长率决定，而与生产技术、消费者偏好、禀赋等因素无关。

(2) 利润率越高则役龄式损耗的固定资产的租金率越高；固定资产的寿命越长则租金率越低。

除非另有说明，本书一般假定采取租金预付制度。

5.1.4.2 役龄式损耗的固定资产的折旧费

当租金在期末支付时，剩余寿命为k期的机器使用一期后的折旧费为

$$p_k - p_{k-1} = p_r \rho_\pi^k$$

而当租金在期初支付时，折旧费为

$$p_k - p_{k-1} = p_r \rho_\pi^{k-1}$$

从以上两个公式可见：

(1) 机器使用一期后的价值变动量（即折旧费）相当于最后一期的租金的现值。这是因为与剩余寿命为k的机器相比，剩余寿命为$k-1$的机器少了最后一期的租金。

(2) 当租金在期末支付时，最后一期的折旧费等于租金乘以折现因子。并且当折现因子小于1（亦即利润率大于0）时各期的租金均大于折旧费，这是因为租金除了补偿折旧费外还要为出租机器者投入的资本提供利润。

(3) 当租金在期初支付时，最后一期的折旧费等于租金。在算例5.1中租金即为0.4765。

(4) 相邻两期的折旧费相差一个折现因子。

(5) 折旧费随时间推移而增大，这是因为新机器价格高，旧机器价格低，因此新机器的租金中较大的比例用于提供利润，较小的比例用于补偿折旧，而旧机器则相反。例如，当出租一单位租金后付的固定资产时根据式(5.4)最左侧的等式可知有下式成立：

$$p_k(1+\pi) = p_{k-1} + p_r \tag{5.9}$$

其中，p_k为本期的投资额，$p_{k-1}+p_r$为下一期的收入。于是有

$$(p_k - p_{k-1}) + p_k\pi = p_r \tag{5.10}$$

该式意味着折旧费与利润之和等于租金。由于各期的租金相同，而随着役龄的增长固定资产的价格p_k持续减小，因此利润部分会持续减小而折旧费部分会持续增大。

5.1.4.3 役龄式损耗的固定资产的折旧比率

机器寿命剩余$k-1$期时的价格与机器寿命剩余k期时的价格之比为

$$\frac{p_{k-1}}{p_k} = \frac{1-\rho_\pi^{k-1}}{1-\rho_\pi^k} \tag{5.11}$$

该值与租金期初或期末支付无关。

定义机器寿命剩余k期时的**折旧比率**如下：

$$\delta_k := \frac{p_k - p_{k-1}}{p_k} = 1 - \frac{1-\rho_\pi^{k-1}}{1-\rho_\pi^k} = \frac{\pi}{(1+\pi)^k - 1} \tag{5.12}$$

即折旧比率δ_k等于剩余寿命为k期的机器使用一期后价值减小的比例。[①]

根据式(5.10)可知后付租金等于折旧费与利润之和，因此折旧比率与利润率之和即为后付租金率。

式(5.12)又可写为

$$\delta_k = \frac{1}{\sum\limits_{i=0}^{k-1}(1+\pi)^i} \tag{5.13}$$

式(5.13)是一种易于理解的形式，该式相当于把式(5.12)中的 p_k 和 p_{k-1} 均折算到未来的某个时刻（即k期之后），或者说均乘以一个折现因子，这显然不会改变折旧比率。假设剩余寿命为k期的机器每期期末带来1元收入，那么这些收入的终值之和即为该机器价格的终值，也就是式(5.13)的分母。假设另一台剩余寿命为$k-1$期的机器（即比前一台机器早报废一期），每期期末同样带来1元收入，那么折算到k期后的价值比前一台机器恰好少1，即少了最后一期的1元收入，于是两者之差（即公式中的分子）即为1，折旧比率即为式(5.13)。

当$\pi=0$时折旧比率为$\delta_k=\frac{1}{k}$，此时每期折旧费相同。

[①]这里定义的折旧比率不同于通常意义上的折旧率，后者是指折旧额与固定资产原始价值（如新机器的价格）的比率。

5.1.5 挥发式处理

对于役龄式损耗的固定资产，在均衡分析中既可以使用役龄式处理，也可以使用挥发式处理。

当已知固定资产的寿命时，如果使用挥发式处理方式，那么需要计算出相应的挥发率。而挥发率除了受固定资产的使用寿命的影响外，还受经济增长率的影响。

当经济的均衡增长率为γ而固定资产的寿命为k时，均衡中新固定资产的产量的增长率即为γ。于是对于每类固定资产而言，当均衡中剩余寿命为1的固定资产数量为x时，剩余寿命为2的固定资产数量即为$(1+\gamma)x$，剩余寿命为k的固定资产数量即为$(1+\gamma)^{k-1}x$。经过一期之后这类固定资产中报废的数量为x，报废的比例即为

$$\delta_v = \frac{1}{\sum\limits_{i=0}^{k-1}(1+\gamma)^i} \tag{5.14}$$

这也就是这类固定资产或者说这一固定资产组合的均衡挥发率。在纯生产经济中增长率是内生变量，因此需要根据均衡方程来一并求得均衡增长率和均衡挥发率。而在常规经济中增长率是外生变量，可以直接根据上式求得均衡挥发率。

下面通过一个算例来对役龄式损耗的固定资产的挥发式处理作进一步的说明。

算例 5.2 (固定资产的挥发式处理) 仍然考虑算例5.1中的纯生产经济，现在先假设固定资产每期挥发一个固定比例，如1/3。投入和产出系数矩阵分别为

$$\mathbf{A}=\begin{bmatrix}0.5 & 0.9\\ 0.6 & 0\end{bmatrix},\quad \mathbf{B}=\begin{bmatrix}1 & 0\\ 0.4 & 1\end{bmatrix}$$

矩阵的各行分别对应小麦和铁，各列分别对应小麦生产者和铁生产者。当小麦生产者在生产过程中投入0.6单位的铁时，生产中将消耗掉1/3，生产过程结束时还剩余0.4单位。

结构均衡模型同式(5.1)–(5.2)。这个算例的均衡中显然不会有劣势厂商和免费商品，因此两个均衡公式的不等号也可以换为等号。

以小麦为计价商品，解得均衡价格向量为$\mathbf{p}^*=(1,1.1136)^T$，均衡增长率为$\gamma=0.2374$，一个均衡活动水平向量为$\mathbf{z}^*=(1,0.3424)^T$，对应的均衡配置如表5.1所示。

表 5.1 均衡配置（增长率为0.2374）

	小麦生产者	铁生产者	总需求或总供给
小麦需求	0.5	0.3082	0.8082
铁需求	0.6	0	0.6
下一期的小麦供给	1	0	1
下一期的铁供给	0.4	0.3424	0.7424

以上计算结果与算例5.1的计算结果并不相同，也就是说当固定资产的寿命为3期而使用挥发式处理时相应的挥发率并不是1/3。下面来计算这一相应的挥发率。

当固定资产的寿命为3期而均衡增长率为γ时，均衡中新固定资产的数量的增长率即为γ，于是每期生产过程中使用的役龄为0、1和2的固定资产的数量比例为$(1+\gamma)^2:(1+\gamma):1$。这些固定资产使用一期后原先役龄为2的固定资产将报废，换句话说，每期生产过程结束后报废的固定资产数量等于本期生产中使用的役龄为2的固定资产数量，因此挥发率为$\frac{1}{(1+\gamma)^2+(1+\gamma)+1}$。

于是投入和产出系数矩阵为

$$\mathbf{A}=\begin{bmatrix}0.5 & 0.9\\ 0.6 & 0\end{bmatrix},\quad \mathbf{B}(\gamma)=\begin{bmatrix}1 & 0\\ 0.6\left(1-\frac{1}{(1+\gamma)^2+(1+\gamma)+1}\right) & 1\end{bmatrix}$$

结构均衡模型为

$$\mathbf{p}^T\mathbf{A}\geqslant\frac{1}{1+\gamma}\mathbf{p}^T\mathbf{B}(\gamma) \tag{5.15}$$

$$\mathbf{A}\mathbf{z}\leqslant\frac{1}{1+\gamma}\mathbf{B}(\gamma)\mathbf{z} \tag{5.16}$$

在这一算例中均衡公式中的不等号可以换为等号。

解得以小麦计价的均衡价格向量为$\mathbf{p}^*=(1,1.1452)^T$，均衡增长率为$\gamma=0.2725$，一个均衡活动水平向量为$\mathbf{z}^*=(1,0.3176)^T$。根据均衡增长率可算得均衡挥发率为0.2570。

这里算得的均衡铁价为新铁（即役龄为0的铁）的价格，也就是说在挥发式处理中经济中各种役龄的铁均被视为新铁。于是可见，当对役龄式损耗的固定资产建模时，相对于役龄式处理方法，挥发式处理方法高估了生产中使用的铁的价值，从而高估了小麦生产者的投资额，这是挥发式处理方法的一个缺陷。当经济中存在税收或股息、需要根据投资额计算税收额或股息额时，就需要对这种高估进行修正。

这里算得的均衡活动水平与役龄式处理方法的计算结果是一致的。算例5.1中役龄式处理方法下算得的新铁的产量为0.7635，小麦产量为$(1+0.7859+0.6176)$，两者之比为0.3176。 □

当经济的均衡增长率和均衡利润率相等（即$\gamma=\pi$）而一类固定资产的寿命为k时，该类固定资产的均衡挥发率为

$$\frac{1}{\sum_{i=0}^{k-1}(1+\gamma)^i}=\frac{1}{\sum_{i=0}^{k-1}(1+\pi)^i}$$

将上式与式(5.13)对比即可发现均衡挥发率恰好等于δ_k，即固定资产在第一次使用后的折旧比率。也就是说有以下命题：

命题 5.1 在增长率等于利润率的经济中，役龄式损耗的固定资产的均衡挥发率等于其在第一次使用中的均衡折旧比率，亦即新固定资产的折旧比率。

表5.2列出了在增长率等于利润率的经济中固定资产在一些增长率和使用期限下的均衡挥发率。

从以上的讨论可见，当对役龄式损耗的固定资产建模时，相对于役龄式处理方法，挥发式处理方法的优点在于模型中的商品种类和经济主体较少，而缺点在于有时一些计算结果需要进行修正。

5.2 常规经济中的固定资产

5.2.1 役龄式损耗的固定资产的挥发式处理

常规经济和纯生产经济中的役龄式损耗的固定资产的役龄式处理是相同的。对于役龄式损耗的固定资产的挥发式处理而言，因为在常规经济中增长率是外生变量，所以挥发率可以直接根据固定资产的寿命和外生增长率算得。而在纯生产经济中增长率是内生变量，因此在求得均衡之后才能计算出挥发率。

算例 5.3 (常规经济中的固定资产：挥发式处理) 首先考虑一个无固定资产的三部门经济，其中有3类主体：小麦生产者、铁生产者和劳动者，劳动供给量始终为100单位，即均衡增长率为$\gamma=0$。假设每个厂商只拥有

表 5.2　均衡挥发率（即新固定资产的折旧比率）

寿命	均衡增长率和均衡利润率										
	0	0.04	0.08	0.12	0.16	0.2	0.24	0.28	0.32	0.36	0.4
2	0.5	0.4902	0.4808	0.4717	0.463	0.4545	0.4464	0.4386	0.431	0.4237	0.4167
4	0.25	0.2355	0.2219	0.2092	0.1974	0.1863	0.1759	0.1662	0.1572	0.1487	0.1408
6	0.1667	0.1508	0.1363	0.1232	0.1114	0.1007	0.0911	0.0824	0.0746	0.0676	0.0613
8	0.125	0.1085	0.094	0.0813	0.0702	0.0606	0.0523	0.0451	0.0389	0.0336	0.0291
10	0.1	0.0833	0.069	0.057	0.0469	0.0385	0.0316	0.0259	0.0212	0.0174	0.0143
12	0.0833	0.0666	0.0527	0.0414	0.0324	0.0253	0.0196	0.0153	0.0119	0.0092	0.0072
14	0.0714	0.0547	0.0413	0.0309	0.0229	0.0169	0.0124	0.0091	0.0067	0.0049	0.0036
16	0.0625	0.0458	0.033	0.0234	0.0164	0.0114	0.0079	0.0055	0.0038	0.0026	0.0018
18	0.0556	0.039	0.0267	0.0179	0.0119	0.0078	0.0051	0.0033	0.0022	0.0014	0.0009
20	0.05	0.0336	0.0219	0.0139	0.0087	0.0054	0.0033	0.002	0.0012	0.0008	0.0005

一项（有效率的）技术，劳动者只消费小麦，单位需求矩阵和单位供给矩阵如下：

$$\mathbf{A}(u)=\begin{bmatrix}0.6 & 0.4 & u\\ 0.1 & 0.4 & 0\\ 0.3 & 0.2 & 0\end{bmatrix},\quad \mathbf{B}=\begin{bmatrix}1 & 0 & 0\\ 0 & 1 & 0\\ 0 & 0 & 1\end{bmatrix}$$

矩阵的各行分别对应小麦、铁和劳动，各列分别对应小麦生产者、铁生产者和劳动者。

结构均衡模型为

$$\mathbf{p}^T\mathbf{A}(u)\geqslant\frac{1}{1+\gamma}\mathbf{p}^T\mathbf{B} \tag{5.17}$$

$$\mathbf{A}(u)\mathbf{z}\leqslant\frac{1}{1+\gamma}\mathbf{B}\mathbf{z} \tag{5.18}$$

其中，$z_3=100$，代表劳动者人数；$\gamma=0$。在这个算例中均衡公式中的不等号可换为等号。

算得以小麦计价的均衡价格向量为$\mathbf{p}^*=(1,1,1)^T$。

均衡配置如表5.3所示。

表 5.3 均衡配置（增长率为0）

	小麦生产者	铁生产者	劳动者	总需求
小麦需求	180	20	100	300
铁需求	30	20	0	50
劳动需求	90	10	0	100
供给	300	50	100	

现在假设铁为固定资产，使用寿命为2期，劳动供给量仍始终为100单位。则铁的挥发率为$\delta_v:=\frac{1}{(1+\gamma)+1}=0.5$。此时单位需求矩阵和单位供给矩阵如下：

$$\mathbf{A}(u)=\begin{bmatrix}0.6 & 0.4 & u\\ 0.1 & 0.4 & 0\\ 0.3 & 0.2 & 0\end{bmatrix},\quad \mathbf{B}=\begin{bmatrix}1 & 0 & 0\\ 0.1(1-\delta_v) & 1+0.4(1-\delta_v) & 0\\ 0 & 0 & 1\end{bmatrix}$$

因为在这里增长率γ和挥发率δ_v为已知常数，所以单位供给矩阵不需要写为$\mathbf{B}(\gamma)$。结构均衡模型同式(5.17)–(5.18)。

算得以小麦计价的均衡价格向量为$\mathbf{p}^* = (1,0.8,1.2)^T$，均衡配置如表5.4所示。

表 5.4　均衡配置（增长率为0）

	小麦生产者	铁生产者	劳动者	总需求或总供给
小麦需求	192	8	120	320
铁需求	32	8	0	40
劳动需求	96	4	0	100
小麦供给	320	0	0	320
铁供给	16	20+4 ①	0	40
劳动供给	0	0	100	100

注：① 20单位为新生产出的铁，4单位为生产中使用过的铁。

当劳动供给的增长率（即经济的均衡增长率）为$\gamma = 10\%$时，铁的挥发率为$\delta_v = \frac{1}{(1+\gamma)+1} = 0.4762$。结构均衡模型同式(5.17)–(5.18)。

算得以小麦计价的均衡价格向量为$\mathbf{p}^* = (1,0.8251,0.8862)^T$，初期的均衡配置如表5.5所示。 □

表 5.5　初期的均衡配置（增长率为0.1）

	小麦生产者	铁生产者	劳动者	总需求或总供给
小麦需求	190.5	9.509	88.62	288.6
铁需求	31.75	9.509	0	41.26
劳动需求	95.25	4.754	0	100
下一期的小麦供给	317.5	0	0	317.5
下一期的铁供给	16.63	23.77+4.98	0	45.38
下一期的劳动供给	0	0	110	110

5.2.2　固定资产租赁

5.2.2.1　无股息经济中的固定资产租赁

在经济中厂商既可以购买固定资产，也可以租赁固定资产。下面来讨论厂商租赁固定资产的情形。在本书的分析中为了简单起见一般假定经营固定资产租赁的厂商在经营中只需要投入固定资产，而忽略这类厂商运营所需的劳动、土地等其他投入。在这一假设下，厂商选择购买或租赁固定资产并不会对均衡配置产生实质性的影响。

假定每种固定资产由一个厂商提供租赁服务，每期中该厂商在市场上购入固定资产后立即将其租赁出去（或者说出售固定资产的使用权）并收取到租金。[①]这也就是说租金是在使用前支付（即预付）。该厂商相当于投入固定资产而产出（或者说供给）固定资产的使用权。

在增长率为γ的均衡中，当某一期中该厂商投入的固定资产的数量为x时，本期供给的固定资产的使用权数量即为x，下一期供给的固定资产的使用权数量即为$(1+\gamma)x$。因为通常情况下生产过程的投入和产出之间有一期的时滞，所以为了保持形式上的一致，可以认为该厂商的生产过程为投入x单位的固定资产而产出$(1+\gamma)x$单位的固定资产的使用权，这样这一生产过程的投入和产出之间也有一期的时滞。于是这一生产过程中每产出1单位固定资产的使用权需要投入的固定资产的数量为$\rho=\frac{1}{1+\gamma}$。

算例 5.4 (固定资产的租赁：挥发式处理) 考虑一个经济，其中有4个主体：小麦生产者、铁生产者、劳动者和铁出租者。假设铁为固定资产，使用寿命为2期，小麦生产者和铁生产者均向铁出租者租赁铁以用于生产。

假设劳动的初期供给量为100单位，增长率为$\gamma=10\%$。于是铁的挥发率为$\delta_v=\frac{1}{(1+\gamma)+1}=0.4762$。

假设单位需求矩阵和单位供给矩阵如下：

$$\mathbf{A}(u)=\begin{bmatrix}0.6 & 0.4 & u & 0\\ 0 & 0 & 0 & \rho\\ 0.3 & 0.2 & 0 & 0\\ 0.1 & 0.4 & 0 & 0\end{bmatrix},\quad \mathbf{B}=\begin{bmatrix}1 & 0 & 0 & 0\\ 0 & 1 & 0 & (1-\delta_v)\rho\\ 0 & 0 & 1 & 0\\ 0 & 0 & 0 & 1\end{bmatrix}$$

矩阵的各行分别对应小麦、铁、劳动和铁的使用权，各列分别对应小麦生产者、铁生产者、劳动者和铁出租者。在这个算例中小麦厂商和铁生产者使用租赁的铁而非购买的铁，也就是说购买铁的使用权而非购买铁的所有权。

单位需求矩阵的最后一列表示铁出租者在单位活动水平下购买$\rho=\frac{1}{1+\gamma}$单位铁用于租赁；单位供给矩阵的最后一列表示经过一期使用后铁的剩余量为$(1-\delta_v)\rho$，而一期之后供给的铁的使用权的数量为1。

[①]如果假定出租固定资产的厂商本期购入固定资产而下一期将其租出，则固定资产从被生产出来到被使用之间隔了一期，也就是说被闲置了一期，这种闲置可能导致经济效率的损失。

结构均衡模型同式(5.17)–(5.18)。在求解初期的均衡配置时令$z_3 = 110$，表示这一期（期末）的劳动者人数为110；这一期期初的劳动者人数为100。

以小麦为计价商品，算得均衡价格为$\mathbf{p}^* = (1, 0.8251, 0.8862, 0.4322)^T$。初期的均衡配置如表5.6所示。这一均衡配置与表5.5中的配置实质上是相同的。

表 5.6　初期的均衡配置（增长率为0.1）

	小麦生产者	铁生产者	劳动者	铁出租者	总需求或总供给
小麦需求	190.5	9.509	88.62	0	288.6
铁需求	0	0	0	21.61+19.65	41.26
劳动需求	95.25	4.754	0	0	100
铁租赁需求	31.75	9.509	0	0	41.26
下一期的小麦供给	317.5	0	0	0	317.5
下一期的铁供给	0	23.77	0	21.61	45.38
下一期的劳动供给	0	0	110	0	110
下一期的铁租赁供给	0	0	0	45.38	45.38

由于这一经济中没有股息，于是经济中的均衡利润率与均衡增长率相等，即有$\pi = 0.1$。由于假设租金在期初支付，于是铁的价格0.8251、租金0.4322和利润率$\pi = 0.1$满足式(5.5)。

需要注意的一点是这个算例中固定资产出租者的生产过程不需要投入劳动，这与生产集的假设P5有冲突。不过如果把固定资产的出租者视为小麦生产者的从属厂商，把固定资产出租者的生产过程理解为小麦生产者的生产过程的一部分，将两者合并，这种冲突就不存在了。 □

5.2.2.2 有股息的经济中的固定资产租赁

当经济中存在股息（或者说股息率大于0）时，在均衡中固定资产的出租者需要按照外生的均衡股息率向其股东支付股息。从算例5.2的讨论可见，对于役龄式损耗的固定资产，在挥发式处理中各种役龄的固定资产均被视为新固定资产，因此挥发式处理可能高估厂商使用的固定资产价值和投资额，当经济中存在股息且使用挥发式处理时就需要对这种高估进行修正。而使用役龄式处理方式则不存在这一问题。

需要注意的是，当固定资产出租者购入价值为v的固定资产用于出租时，其投资额并不等于v。这是因为在租金预付的假定下，出租者可以立即得到这些固定资产一期的租金。因此固定资产出租者的实际支出额（即投资额）等于v减去固定资产一期的租金。

对于役龄式损耗的固定资产，如果固定资产出租者购入剩余寿命为一期的固定资产，那么由于该固定资产的租金等于其价格，而固定资产出租者可以立即得到该固定资产的租金，因此其投资额为0，相应的股息也为0。

算例 5.5 (股息与固定资产的租赁：役龄式处理) 考虑包含小麦、铁、劳动和股票的经济。假设铁为固定资产，其使用寿命为2期，小麦生产者和铁生产者均向铁出租者租赁铁以用于生产。假设有2个铁出租者，其中铁出租者1出租新铁（即役龄为0的铁），铁出租者2出租旧铁（即役龄为1的铁）。

假设劳动者供给劳动和股票，两者的初期供给量均为100单位，增长率为$\gamma = 0.1$。假设均衡收益率为$r^* = 0.1$，于是根据式(4.20)可知均衡利润率为$\pi = 0.21$。

假设单位需求矩阵和单位供给矩阵如下：

$$\mathbf{A}(\mathbf{p},u) = \begin{bmatrix} 0.6 & 0.4 & u & 0 & 0 \\ 0 & 0 & 0 & \rho & 0 \\ 0.3 & 0.2 & 0 & 0 & 0 \\ 0.1 & 0.4 & 0 & 0 & 0 \\ 0 & 0 & 0 & 0 & \rho \\ \frac{r^*\bar{\mathbf{p}}^T\mathbf{a}^{(1)}}{p_6} & \frac{r^*\bar{\mathbf{p}}^T\mathbf{a}^{(2)}}{p_6} & 0 & \frac{r^*(p_2-p_4)\rho}{p_6} & \frac{r^*(p_5-p_4)\rho}{p_6} \end{bmatrix}$$

$$\mathbf{B} = \begin{bmatrix} 1 & 0 & 0 & 0 & 0 \\ 0 & 1 & 0 & 0 & 0 \\ 0 & 0 & 1 & 0 & 0 \\ 0 & 0 & 0 & 1 & 1 \\ 0 & 0 & 1 & \rho & 0 \\ 0 & 0 & 1 & 0 & 0 \end{bmatrix}$$

矩阵的各行分别对应小麦、新铁、劳动、铁的使用权、旧铁和股票，各列分别对应小麦生产者、铁生产者、劳动者、铁出租者1和铁出租者2。

现在来说明单位需求矩阵的最后一行。$\bar{\mathbf{p}} := (p_1, \cdots, p_5)^T$表示实物商品价格构成的向量。$\mathbf{a}^{(1)}$表示$\mathbf{A}(\mathbf{p},u)$的第一列的前5个元素构成的向量。$\bar{\mathbf{p}}^T\mathbf{a}^{(1)}$即为生产1单位小麦的投资额，$r^*\bar{\mathbf{p}}^T\mathbf{a}^{(1)}$即为该投资额对应的当期的股息额，$\frac{r^*\bar{\mathbf{p}}^T\mathbf{a}^{(1)}}{p_6}$即为小麦生产者当期需要投入的股票数量。

类似地，$\frac{r^{*}\bar{\mathbf{p}}^{T}\mathbf{a}^{(2)}}{p_6}$为铁生产者当期需要投入的股票数量。

铁出租者1购买1单位新铁对应的投资额为p_2-p_4，即从新铁的价格中扣除立即得到的租金。于是其当期需要投入的股票数量即为$\frac{r^{*}(p_2-p_4)\rho}{p_6}$。铁出租者2的情形是类似的。

结构均衡模型为

$$\mathbf{p}^{T}\mathbf{A}(\mathbf{p},u)=\rho\mathbf{p}^{T}\mathbf{B} \tag{5.19}$$

$$\mathbf{A}(\mathbf{p},u)\mathbf{z}=\rho\mathbf{B}\mathbf{z} \tag{5.20}$$

算得以小麦计价的均衡价格向量为

$$\mathbf{p}^{*}=(1,0.8556,0.5987,0.4685,0.4685,0.2876)^{T}$$

即新铁的价格为0.8556；铁的租金和旧铁的价格为0.4685。初期的均衡配置如表5.7所示。

表 5.7 初期的均衡配置（役龄式处理，增长率为0.1）

	小麦生产者	铁生产者	劳动者	铁出租者1	铁出租者2	总需求或总供给
小麦需求	190.5	9.509	88.62	0	0	288.6
新铁需求	0	0	0	21.61	0	21.61
劳动需求	95.25	4.754	0	0	0	100
铁租赁需求	31.75	9.509	0	0	0	41.26
旧铁需求	0	0	0	0	19.65	19.65
股票需求	91.24	5.846	0	2.91	0	100
下一期的小麦供给	317.5	0	0	0	0	317.5
下一期的新铁供给	0	23.77	0	0	0	23.77
下一期的劳动供给	0	0	110	0	0	110
下一期的铁租赁供给	0	0	0	23.77	21.61	45.38
下一期的旧铁供给	0	0	0	21.61	0	21.61
下一期的股票供给	0	0	110	0	0	110

新铁的价格0.8556、租金0.4685和利润率$\pi=0.21$满足式(5.5)，即有

$$0.8556=0.4685+0.4685/1.21$$

成立。 □

5.2.2.3 无货币经济中挥发式损耗的固定资产的租金率

考虑增长率为γ的均衡路径中一类挥发率为$\delta_v(0 \leqslant \delta_v \leqslant 1)$的固定资产，记其均衡价格（即全价）为$p$，每单位固定资产的预付租金为$p_r$。该资产由一个厂商出租。

厂商该期出租一单位固定资产的成本为$p - p_r$，由式(4.20)所示的利润率可知下一期的产值为

$$(p - p_r)(1 + \pi) \equiv (p - p_r)(1 + \gamma)(1 + r^*)$$

该值也就等于损耗后剩余的$1 - \delta_v$单位固定资产的价格$p(1 - \delta_v)$，即有

$$(p - p_r)(1 + \pi) = p(1 - \delta_v)$$

于是可知有

$$p_r = p - \frac{p(1 - \delta_v)}{1 + \pi} = \frac{p(\pi + \delta_v)}{1 + \pi} \tag{5.21}$$

无货币经济中挥发式损耗的固定资产的均衡预付租金率即为

$$\frac{p_r}{p} = \frac{\pi + \delta_v}{1 + \pi} \tag{5.22}$$

由于这里的固定资产的价格是指全价，因此这里的预付租金率是全价租金率。

从式(5.22)可见：

(1) 当增长率为0、自然收益率为0时，利润率即为0，此时有$p_r = p\delta_v$，即租金只需要弥补资产的挥发部分即可。

(2) 由于挥发率小于等于1，因此租金率小于等于1。当挥发率为1时，固定资产变为非耐用品，有$p_r = p$、租金率等于1，即因为该商品只能出租一期，所以单位租金等于价格。

(3) 挥发率的升高会导致租金率的升高。

(4) 由于式(5.22)又可写为

$$\frac{p_r}{p} = 1 - \frac{1 - \delta_v}{1 + \pi} \tag{5.23}$$

可见当挥发率小于1时利润率的升高会导致租金率的升高。

式(5.22)又可写为

$$\begin{aligned}\frac{p_r}{p} &= \frac{r^*}{1 + r^*} + \frac{\delta_v}{1 + \pi} + \frac{\gamma}{1 + \pi} \\ &= \delta_{r^*} + \frac{\delta_v}{1 + \pi} + \frac{\gamma}{1 + \pi}\end{aligned} \tag{5.24}$$

可见挥发式损耗的固定资产的预付租金率由三部分构成：

(1) 由均衡收益率决定的资产的全价收益率，亦即自然贴现率，这也就是固定资产的收益率，是出租1元固定资产时在本期得到的租金中用于发放股息的金额；

(2) 用于补充固定资产损耗的部分；

(3) 用于扩大营业规模的部分。

土地等供给量外生的资产的均衡租金率不包含后两部分，因此其全价租金率即等于全价收益率，亦即自然贴现率δ_{r^*}。

而无货币经济中挥发式损耗的固定资产的均衡后付租金率即为均衡预付租金率的$1+\pi$倍，即

$$\frac{\bar{p}_r}{p} = \pi + \delta_v \tag{5.25}$$

即等于均衡利润率加上固定资产的挥发率。其中，$\bar{p}_r$为每单位固定资产的后付租金。

5.2.3 固定资产的生产效率与寿命

对于役龄式损耗的固定资产而言，其寿命是外生变量，在固定资产达到其寿命之前其生产效率始终不变。而对于效率式损耗的固定资产而言，随着役龄的增长其生产效率逐渐下降，生产单位产品时所需要的中间投入或劳动等等日益增长。在这种情况下固定资产的役龄越长，其价格和租金越低。当固定资产的役龄过长、生产效率过低时就可能导致使用该固定资产的成本过高、得不偿失。这种情形下这类固定资产的寿命（或称经济寿命、最优更新期限）就由其生产效率决定，成为内生变量（参见Solow，2000，第37页；Solow, Tobin, von Weizsacker, Yaari，1966）。下面用例子来说明计算其寿命的一种方法。

算例 5.6 (固定资产的生产效率：役龄式处理) 考虑一个包含3种商品（即小麦、铁和劳动）的零增长的常规经济，其中小麦为中间投入，铁为固定资产，劳动的供给量始终为 100 单位。假设铁每使用一期后由于生产效率的下降，使得单位产品的生产中需要投入的劳动量变为之前的两倍。在此考虑固定资产被使用1至3期的情况。单位需求矩阵和单位供给矩阵如

下：

$$\mathbf{A}(u)=\begin{bmatrix}0.5 & 0.9 & u & 0.5 & 0.5\\ 0.6 & 0 & 0 & 0 & 0\\ 0.2 & 0.1 & 0 & 0.4 & 0.8\\ 0 & 0 & 0 & 0.6 & 0\\ 0 & 0 & 0 & 0 & 0.6\end{bmatrix},\ \mathbf{B}=\begin{bmatrix}1 & 0 & 0 & 1 & 1\\ 0 & 1 & 0 & 0 & 0\\ 0 & 0 & 1 & 0 & 0\\ 0.6 & 0 & 0 & 0 & 0\\ 0 & 0 & 0 & 0.6 & 0.6\end{bmatrix}$$

其中，各行分别对应小麦、新的铁、劳动、役龄为1的铁和役龄为2的铁；各列分别对应小麦生产者1、铁生产者、劳动者、小麦生产者2和小麦生产者3。

单位供给矩阵中对于小麦生产者3作了一个截尾处理，也就是说本来的产出中是役龄为3的铁，但为了避免引入更多的新商品，在此将其换为役龄为2的铁。由于役龄为2的铁的价格高于役龄为3的铁，于是如果变换后的小麦生产者3在均衡中因亏损而停产，那么原先的小麦生产者3也必然在均衡中停产。如果变换后的小麦生产者3在均衡中产量为正，那么就需要再引入小麦生产者4并对其作截尾处理，然后再计算均衡。

结构均衡模型同式(5.17)–(5.18)。

算得以小麦为计价商品的均衡价格向量和均衡活动水平向量为

$$\mathbf{p}^*=(1,0.9697,0.6970,0.3687,0)^T,\ \mathbf{z}^*=(151.5,90.91,100,151.5,0)^T$$

从计算结果可见，小麦生产者3的单位成本超过了单位产值，因此停产了（即$z_5=0$）。于是可见铁的均衡寿命为2期。 □

5.2.4 固定资产对经济稳定性的影响

对于均衡路径中的某类役龄式损耗的固定资产而言，因为各种役龄的固定资产数量比例（以下称为**役龄结构**）是固定的，所以该类固定资产的挥发率也是固定的。

但在非均衡路径中，固定资产的役龄结构可能随时间变化，相应地，固定资产的挥发率也可能随时间变化。当固定资产的平均役龄较高、平均的剩余寿命较短时，接下来一段时期其挥发率就会较高，这会导致对新固定资产的需求量较大；相反，当固定资产的平均役龄很低时，接下来一段时期其挥发率就会较低，导致对新固定资产的需求量较小。

于是可见，当经济中的某一类固定资产的役龄相对集中时，由于固定资产的集中报废、更新，就可能导致在一段时期内对该类固定资产的需求量较大，而在另一段时期内对该类固定资产的需求量较小。也就是说固定资产的集中更新导致对固定资产的需求呈现出周期波动的特点，这可能导致经济的周期性波动。

另外，由于固定资产可以使用多期的特性，当厂商的产量发生波动时，厂商对于新固定资产的需求量可能会有更大的波动，这种现象即为**固定资产的加速数效应**（accelerator effect）。加速数效应导致GDP中固定资产投资的比重的波动性远大于消费等其他部分的比重的波动性（Fazzari，1997）。下面通过一个算例来说明这一点。

算例 5.7 (固定资产的加速数效应) 考虑一个零增长的经济。假设某厂商每期生产100单位的产品，生产中需要10单位的原材料和10单位的机器（即固定资产），机器的寿命为10期。于是均衡中每期报废1台，或者说机器每期的挥发率为10%。在均衡中厂商每期需要购买1台机器。但在非均衡路径中厂商对于机器的需求可能有大幅波动。

例如，当厂商由于经济不景气而削减产量时，可能会出现不需要购买机器的情况（如当各期的产量依次为100、90、80等等时）。而当经济复苏、厂商增加产量时，对机器的需求可能大幅增加。表5.8显示了当厂商的产量从100单位逐渐减少到80单位、再逐渐恢复到100单位时可能出现的一种情形。

表 5.8 非均衡路径中厂商对固定资产与原材料的需求（役龄式损耗）

	第一期	第二期	第三期	第四期	第五期	第六期
产量	100	90	80	80	90	100
生产中使用的机器数量	10	9	8	8	9	10
生产前旧机器存量	9	9	8	7	8	9
生产前购买的新机器数量	1	0	0	1	2	2
生产后报废的机器数量	1	1	1	1	1	1
原材料投入	10	9	8	8	9	10

假设表5.8中第一期是均衡状态，生产中厂商使用的10台机器中1台是新购置的，也就是说在生产前10台机器的役龄分别为0到9期，在随后几期中每期将有1台机器报废。在第二期、第三期中厂商削减了产量，这两期不需要购置机器。

可以看到，对于新机器的需求量的波动远大于对于原材料的需求的波动及产量的波动。例如，第二期的产量90单位相对于第一期的产量100单位下降了10%，但新机器的购买量却由1单位下降到0单位，下降了100%；第五期的产量90单位相对于第四期的产量80单位上升了12.5%，而对于新机器的购买量却从1单位上升到2单位，上升了100%。这种对于新机器需求的剧烈波动可能导致机器生产厂商的生产水平的剧烈波动，进而影响到其他厂商。从表5.8中的最后一行可以看到，对于原材料的需求没有发生这种剧烈波动。

当固定资产具有挥发式损耗方式时，固定资产的加速数效应仍然存在。假设在均衡中某厂商每期生产100单位的产品，生产中需要 40 单位的固定资产，机器的挥发率为10%，于是该厂商每期需要购买4单位固定资产。当该厂商产量发生变动时对于固定资产的需求可能发生更大的波动，如表5.9所示。从表5.9中可见当厂商的产量波动10%左右时，其对于固定资产的需求相对于上一期可能出现成倍的增加或减少。 □

表 5.9 非均衡路径中厂商对固定资产的需求（挥发式损耗）

	第一期	第二期	第三期	第四期	第五期	第六期
产量	100	90	80	80	90	100
生产中使用的固定资产数量	40	36	32	32	36	40
上一期剩余的固定资产存量	36	36	32.4	28.8	28.8	32.4
生产前购买的固定资产数量	4	0	−0.4	3.2	7.2	7.6

由于固定资产的加速数效应的存在，固定资产市场可能出现十分剧烈的需求波动，而这种波动反过来又会导致整个经济的不稳定（参见本书第9.4.3小节）。

5.3 污染物与环境资源

5.3.1 污染物

一般均衡模型在环境和能源研究领域有广泛的应用。[①]本节简单阐述

①这方面的研究可参见邓祥征（2011），孙林（2011），秦昌波（2014）等。

建立矩阵形式的动态一般均衡模型时污染物的两种处理方式。

在生产过程或消费过程中除了获得有用的产品或效用外，往往也同时产出一些污染物（如污水、废气、生活垃圾等）。生产过程产生的污染物可以视为生产过程的联产品，也就是说对于污染物的分析可以借助于联合生产这一工具（Lager，1998）。

商品是对生产或消费具有正面的作用、功效的物品或服务，而污染物与商品正相反，对于生产或消费具有负面的作用，属于所谓**负商品**（discommodity，bads）。厂商和消费者"出售"污染物等负商品时不但不会得到收入，反而可能需要向污染物的购买者支付一定费用，所以当不允许免费排放污染物时污染物可能有负的价格。

算例 5.8 (污染物) 考虑一个包含2个厂商（即小麦生产者和环保厂商）和劳动者的三部门经济，小麦生产者生产小麦和污染物，环保厂商处理污染物。假设劳动的供给量始终为3单位。单位需求矩阵和单位供给矩阵如下：

$$\mathbf{A}(u) = \begin{bmatrix} 0.5 & \alpha & u \\ 0 & 1 & 0 \\ 0.1 & 0.1 & 0 \end{bmatrix}, \quad \mathbf{B} = \begin{bmatrix} 1 & 0 & 0 \\ 0.5 & 0 & 0 \\ 0 & 0 & 1 \end{bmatrix}$$

矩阵的各行分别对应小麦、污染物和劳动，各列分别对应小麦生产者、环保厂商和劳动者。 可见，小麦生产者每生产1单位小麦将产出0.5单位污染物。环保厂商处理1单位污染物所需要投入的小麦数量为$0 < \alpha < 1$。

结构均衡模型为

$$\mathbf{p}^T\mathbf{A}(u) = \mathbf{p}^T\mathbf{B} \tag{5.26}$$

$$\mathbf{A}(u)\mathbf{z} = \mathbf{B}\mathbf{z} \tag{5.27}$$

其中，$z_3 = 3$，表示劳动者的人数。

解得以小麦计价的均衡价格向量为 $\mathbf{p}^* = \left(1, -\frac{1+2\alpha}{3}, \frac{10(1-\alpha)}{3}\right)^T$，可见污染物的价格为负；均衡活动水平向量为$\mathbf{z}^* = (20, 10, 3)^T$，均衡效用水平为$u^* = \frac{10(1-\alpha)}{3}$。均衡配置如表5.10所示。

可见，随着污染物的处理效率提高（即α减小），劳动者的均衡效用水平和工资率会提高，污染物价格的绝对值（即处理成本）会下降。 □

5.3.2 环境资源

在以上的分析中污染物被直接处理为一种可能有负价格的负商品，而负商品和负价格的存在时常会导致分析过程和对均衡的数值计算变得复

表 5.10 均衡配置（增长率为0）

	小麦生产者	环保厂商	劳动者	总需求或总供给
小麦需求	10	10α	$10(1-\alpha)$	20
污染物需求	0	10	0	10
劳动需求	2	1	0	3
小麦供给	20	0	0	20
污染物供给	10	0	0	10
劳动供给	0	0	3	3

杂，因此在建立包含污染物的均衡模型时可以考虑使用如下的间接处理方法：在经济中引入污染物的对立物，即环境资源，而非直接引入污染物。

在这种处理方式中，污染物的排放被视为对环境资源的消耗，原先作为联产品的污染物被作为投入品的环境资源代替，此时模型中可能不再涉及联合生产。而对于污染物的处理过程则被视为环境资源的生产过程。

算例 5.9 (环境资源：污染物的间接处理方式) 当对算例5.8中的经济采用以上的对于污染物的间接处理方式时，经济中包含3种商品，即小麦、环境资源和劳动，单位需求矩阵和单位供给矩阵如下：

$$\mathbf{A}(u)=\begin{bmatrix}0.5 & \alpha & u\\ 0.5 & 0 & 0\\ 0.1 & 0.1 & 0\end{bmatrix},\quad \mathbf{B}=\begin{bmatrix}1 & 0 & 0\\ 0 & 1 & 0\\ 0 & 0 & 1\end{bmatrix}$$

结构均衡模型仍为式(5.26)–(5.27)。

解得以小麦计价的均衡价格向量为 $\mathbf{p}^*=\left(1,\frac{1+2\alpha}{3},\frac{10(1-\alpha)}{3}\right)^T$，均衡活动水平向量和均衡效用水平不变，均衡配置如表5.11所示。 □

表 5.11 均衡配置（增长率为0）

	小麦生产者	环保厂商	劳动者	总需求或总供给
小麦需求	10	10α	$10(1-\alpha)$	20
环境资源需求	10	0	0	10
劳动需求	2	1	0	3
小麦供给	20	0	0	20
环境资源供给	0	10	0	10
劳动供给	0	0	3	3

5.3.3 最优污染水平

在以上的讨论中假定所有污染物必须被处理，并且污染物或环境资源没有出现在消费者的效用函数中。如果消费者的效用函数中包含环境资源，而环境资源的供需由市场调节，那么因为生产环境资源（亦即处理污染物）所需要的成本会降低消费者的均衡效用水平，而污染物的存在也会降低消费者的均衡效用水平，因此就需要在两者之间作权衡，此时可能存在一个使得消费者均衡效用水平达到最大的最优污染水平（亦即均衡污染水平）。

算例 5.10 **(最优污染水平)** 仍然考虑算例5.8中的经济，对于污染物使用间接处理方式。于是经济中包含3种商品，即小麦、环境资源和劳动。

现在假设每期中大自然提供的环境资源的数量为30单位，环境资源由劳动者拥有，即每位劳动者拥有10单位环境资源；劳动者消费小麦和环境资源，效用函数为$x_1^{0.5}x_2^{0.5}$；并假设生产1单位环境资源（或者说处理1单位污染物）需要投入0.1单位小麦（即$\alpha = 0.1$）和0.1单位劳动。则单位需求矩阵和单位供给矩阵如下：

$$\mathbf{A}(\mathbf{p},u) = \begin{bmatrix} 0.5 & 0.1 & u\left(\frac{p_2}{p_1}\right)^{0.5} \\ 0.5 & 0 & u\left(\frac{p_1}{p_2}\right)^{0.5} \\ 0.1 & 0.1 & 0 \end{bmatrix}, \quad \mathbf{B} = \begin{bmatrix} 1 & 0 & 0 \\ 0 & 1 & 10 \\ 0 & 0 & 1 \end{bmatrix}$$

这里的环境资源兼具初级要素和产品的特征，其部分供给量为外生变量，部分供给量为内生变量。

结构均衡模型为

$$\mathbf{p}^T\mathbf{A}(\mathbf{p},u) = \mathbf{p}^T\mathbf{B} \tag{5.28}$$

$$\mathbf{A}(\mathbf{p},u)\mathbf{z} = \mathbf{B}\mathbf{z} \tag{5.29}$$

解得以小麦计价的均衡价格向量为$\mathbf{p}^* = (1,0.4,3)^T$，均衡活动水平向量为$\mathbf{z}^* = (22.5,7.5,3)^T$。均衡配置如表5.12所示。

如果将30单位的环境资源理解为30天的洁净空气，而污染物是小麦生产者排放的废气，每单位废气造成1天的空气污染，那么以上的计算结果表明，在最优配置中小麦生产者将排放11.25单位废气，环保厂商将对其中的7.5单位进行处理，而消费者将享有$26.25(= 30 - 11.25 + 7.5)$天的洁净空气。

□

表 5.12 均衡配置（增长率为0）

	小麦生产者	环保厂商	劳动者	总需求或总供给
小麦需求	11.25	0.75	10.5	22.5
环境资源需求	11.25	0	26.25	37.5
劳动需求	2.25	0.75	0	3
小麦供给	22.5	0	0	22.5
环境资源供给	0	7.5	30	37.5
劳动供给	0	0	3	3

5.3.4 在消费者间具有非竞争性的环境资源

在以上的分析中把环境资源视为私人物品，没有考虑环境资源的特殊性。现实中的某些环境资源具有一定的非竞争性。对于一个区域内作为环境资源的清洁空气而言，可以假设每位消费者使用清洁空气时不会造成污染，不会妨碍其他消费者对于清洁空气的使用；而厂商使用清洁空气时由于废气排放会造成污染，会妨碍消费者对于清洁空气的使用。在这种情形下清洁空气在厂商和消费者之间就具有竞争性，而在消费者之间则具有非竞争性。

在包含k位同质的、效用函数为$u(\mathbf{x})$的消费者的经济中，令x_e为每位消费者分得的环境资源数量，亦即所有消费者得到的环境资源总量除以k；令$\bar{\mathbf{x}}$为每位消费者分得的私人物品数量构成的向量。于是当环境资源在消费者间具有非竞争性时，每位消费者实际消费kx_e单位环境资源，其效用水平为$u(kx_e,\bar{\mathbf{x}})$而非$u(x_e,\bar{\mathbf{x}})$。也就是说在这种情形下计算均衡时需要对消费者的效用函数加以修正。

当消费者具有C-D型效用函数时，对效用函数作这种修正相当于在效用函数前乘以一个常数，这也就意味着修正前后消费者的偏好并不会发生变化，因此这时计算均衡时就可以不作这种修正，只需要在根据均衡配置计算均衡效用水平时加以修正即可。例如，当环境资源在消费者间具有非竞争性时，在表5.12中3位消费者中每位消费者的效用水平为$\sqrt{10.5/3\times 26.25}\approx 9.585$。

在现实中由于环境资源的公共物品特性、消费者可能对环境资源具有不同的偏好程度等原因，利用市场型配置方式配置环境资源并不容易，而行政型配置方式相对使用较多，例如通过政府制订污染物排放标准、环境质量标准的方式来配置环境资源。

算例 5.11 (环境资源的市场型配置与行政型配置) 考虑包含3种商品（即小麦、环境资源和劳动）和2类经济主体（即小麦生产者和劳动者）的谷物经济。假设生产函数和效用函数如下：

小麦生产者 $x_2^{0.5}x_3^{0.5}$

劳动者 $x_1^{0.5}x_2^{0.5}$

假设有3位劳动者，每位劳动者供给10单位环境资源和1单位劳动。

单位需求矩阵和单位供给矩阵为

$$\mathbf{A}(\mathbf{p},u)=\begin{bmatrix}0 & u\sqrt{p_2/p_1}\\ \sqrt{p_3/p_2} & u\sqrt{p_1/p_2}\\ \sqrt{p_2/p_3} & 0\end{bmatrix},\quad \mathbf{B}=\begin{bmatrix}1 & 0\\ 0 & 10\\ 0 & 1\end{bmatrix}$$

结构均衡模型同式(5.28)–(5.29)。其中$\mathbf{z}=(z_1,3)$。

以劳动作为计价商品。解得均衡价格向量和均衡活动水平向量为

$$\mathbf{p}^*=(1.095,0.3,1)^T,\ \mathbf{z}^*=(5.477,3)^T$$

均衡配置如表5.13所示。

表 5.13 均衡配置（增长率为0）

	小麦生产者	劳动者	总需求或总供给
小麦需求	0	5.477	5.477
环境资源需求	10	20	30
劳动需求	3	0	3
小麦供给	5.477	0	5.477
环境资源供给	0	30	30
劳动供给	0	3	3

行政型配置的例子

当环境资源难以通过市场进行配置时，就可能需要使用行政型配置方式。现在假定环境资源在厂商和消费者间的分配由政府决定，两者的消费量分别为12单位和18单位。这时仍然可以利用结构均衡模型来计算在这一约束条件下的均衡配置。现在将环境资源处理为两种商品，即生产用环境资源和消费用环境资源，其供给量分别为12单位和18单位。

单位需求矩阵和单位供给矩阵为

$$\mathbf{A}(\mathbf{p},u)=\begin{bmatrix}0 & u\sqrt{p_4/p_1}\\ \sqrt{p_3/p_2} & 0\\ \sqrt{p_2/p_3} & 0\\ 0 & u\sqrt{p_1/p_4}\end{bmatrix},\quad \mathbf{B}=\begin{bmatrix}1 & 0\\ 0 & 4\\ 0 & 1\\ 0 & 6\end{bmatrix}$$

矩阵的各行分别对应小麦、生产用环境资源、劳动和消费用环境资源。

结构均衡模型同式(5.28)–(5.29)。其中$\mathbf{z}=(z_1,3)$。

以劳动作为计价商品。解得均衡价格向量和均衡活动水平向量为

$$\mathbf{p}^*=(1,0.25,1,0.3333)^T,\ \mathbf{z}^*=(6,3)^T$$

可以看到厂商使用的环境资源的均衡价格低于消费者使用的环境资源的均衡价格，即由于人为的市场分割导致实质上相同的商品具有不同的价格。这时的均衡配置在给定的约束条件下是最优配置，但相对于无约束条件时的均衡配置有经济效率的损失。

均衡配置如表5.14所示。 □

表 5.14 均衡配置（增长率为0）

	小麦生产者	劳动者	总需求或总供给
小麦需求	0	6	6
生产用环境资源需求	12	0	12
劳动需求	3	0	3
消费用环境资源需求	0	18	18
小麦供给	6	0	6
生产用环境资源供给	0	12	12
劳动供给	0	3	3
消费用环境资源供给	0	18	18

5.4 占用品、流动资本与固定资本

5.4.1 生产过程中的占用品

厂商生产过程的产出束中的某些商品（如固定资产、厂商自产自用的中间品等）可能并不外销，而是作为其下一期生产过程的投入品，也就是说厂商的投入束中某些商品可能并不需要外购。对于厂商的一个生产过程

而言，自产自用的商品称为该生产过程的**占用品**[①]（参见陈锡康, 杨翠红, 2011）。

例如，当厂商的生产中需要使用2台机器、机器的寿命为2期时，零增长的均衡中厂商的投入中包括1台新机器和1台旧机器，经过一期的生产后新机器变为旧机器，而原先的旧机器则报废掉，于是产出中有1台旧机器。这样厂商生产中使用的旧机器既不外购也不外销，是自产自用的占用品，而新机器则不是占用品。

虽然占用品会同时出现在生产过程的投入束和产出束中，但同时出现在生产过程的投入束和产出束中的商品未必是占用品，其原因可能是:

(1) 由于经济模型中的商品分类较粗，同时出现在生产过程的投入束和产出束中的商品其实不是现实中的同种商品。例如，有时经济模型中所有机器被作为一种商品，而某个生产过程的投入束中有1台机器、产出束中也有1台机器，但在经济现实中前者是车床，后者是发动机，这种情形下这台机器显然不属于占用品。

(2) 由于厂商是复合厂商（如代表一个部门）而非单一厂商，同时出现在生产过程的投入束和产出束中的商品其实可能是出现在不同的单一厂商的投入束和产出束中，这一商品仍然要通过市场销售和购买。例如，经济模型中的机器生产厂商可能是由所有生产机器的单一厂商复合而成，此时发动机和车床既出现在产出束中也出现在投入束中，但如果发动机和车床由不同的单一厂商生产，这些厂商仍然要外购和外销这些商品，因此发动机和车床仍然不是这一生产过程的占用品。

由此可见，对于一个生产过程和商品i而言，可能出现以下几种情况:

(1) 生产过程中商品i的投入量为0，产量为正。此时商品i是这一生产过程的用于外销的产品。

(2) 投入量为正，产量为0。此时商品i是这一生产过程的必须外购的投入品。

(3) 投入量x_i为正，产量大于投入量。即商品i既是这一生产过程的产品，也是这一生产过程的投入品。此时商品i有可能为占用品，占用量可能是0到x_i间的任一值。

(4) 投入量x_i为正，产量y_i为正但小于或等于投入量。则商品i有可能为占用品，占用量可能是0到y_i间的任一值。

(5) 投入量和产量均为0。即这一生产过程不涉及商品i。

[①]对于消费过程也可以类似地定义占用品。

5.4.2 固定资本与流动资本

厂商（或者说其股东）投入生产经营的所有资源（或者说资产）的总价值即是其投资的**资本**。在零增长的均衡中，当一个厂商使用的生产过程中有占用品时，占用品的价值即为**固定资本**。假定厂商每期进行一次交易（即销售产品、购买投入品），那么在零增长的均衡中每期的购买额必然等于销售额，该值即为**流动资本**，即资本额中的周转、流动的部分。当厂商在交易中需要使用货币时，显然厂商需要持有的货币量与流动资本的规模有密切的联系。

当一个厂商生产中使用的固定资产的寿命远长于其交易周期、自产自用的中间品相对较少时，厂商的固定资本就近似等于其固定资产的价值，而流动资本近似等于中间品投入价值与要素租金之和。

5.4.3 厂商的合并与加总

当两个厂商合并为一个厂商时，新厂商的每个生产过程是原先两个厂商的生产过程之和，新厂商的生产集是原先两个厂商的生产集的和集。

对于生产过程$(\mathbf{x},\mathbf{y})$，令$\mathbf{b}$表示其中的各种商品的占用量构成的向量，称为**占用束**，则$\bar{\mathbf{x}}=\mathbf{x}-\mathbf{b}$为**纯投入束**，$\bar{\mathbf{y}}=\mathbf{y}-\mathbf{b}$为**纯产出束**。如果原先的两个厂商中一个厂商购买另外一个厂商的产品，即一个厂商的某种产品是另一个厂商的投入品、两者有交易关系，那么合并后生产过程的占用束就会大于原先两个生产过程的占用束之和，纯投入束及纯产出束会分别小于原先的纯投入束之和及纯产出束之和，这种合并称为**纵向合并**。纵向合并后原先两个厂商间的交易过程就被新厂商的内部资源配置过程代替。如果交易过程和内部资源配置过程均会对厂商带来费用，那么厂商从纵向合并得到的收益就等于原先两个厂商间的交易费用与新厂商内部资源配置费用之差。常见的交易费用包括寻找交易对象的费用、中介费用、广告费用、价格谈判的费用、签约费用、产品质量检测费用及交易所需资金的财务费用等等。纵向合并带来的这种收益即为一种范围经济（economies of scope）。

与厂商的合并类似的情况是厂商的加总，即在经济模型中将现实中的若干个厂商加总为一个厂商（或部门），或者说用一个厂商代表多个现实中的厂商。这时加总厂商的每个生产过程也是原先多个厂商的生产过程之和，但是此时不会出现占用束增加、纯投入束和纯产出束减小的情况。

为了简化分析，除非另有说明，下文一般假定生产过程不存在占用品，即每期中所有产品（包括未折旧完的固定资产）将全部出售，所有投入品全部在市场上购买。

5.5 本章小结

固定资产与耐用消费品

厂商使用的耐用品为固定资产，而消费者使用的耐用品为耐用消费品。在均衡分析中为了简化分析起见，一般假设消费者从厂商租入耐用消费品供自己使用而非购买耐用消费品供自己使用，并假设某些厂商经营耐用消费品租赁业务、购买耐用消费品后租赁给消费者使用。在这种情形下耐用消费品即是这些厂商使用的固定资产，而消费者购买的则是耐用消费品的使用权，而耐用消费品的使用权可以视为一种非耐用的消费品。因此在均衡分析中一般只考察固定资产即可，不需要再单独考察耐用消费品。

固定资产的损耗与折旧

固定资产的损耗是指其物质方面的变化，而折旧是指其价值的变动。

固定资产常见的损耗方式有役龄式损耗、挥发式损耗和效率式损耗。在现实中使用一类固定资产时可能同时发生多种形式的损耗，不过为了简单起见在本书的分析中一般假设一类固定资产只发生一种形式的损耗。

在一般均衡分析中对固定资产建模时常常将在生产过程中使用过的、经历过损耗的固定资产视为这一生产过程的联产品，换句话说，时常使用联合生产的方式来处理固定资产。在这种处理方式下，对于固定资产的分析和对于非耐用品的分析就形式和方法而言基本相同。

就分析和建模的复杂性而言，挥发式损耗最为简单，役龄式损耗次之，而效率式损耗最为复杂。本书主要关注役龄式损耗和挥发式损耗。与这两种损耗方式相对应，在建立经济模型时对于固定资产的处理方式也有两种，即役龄式处理和挥发式处理。

役龄式损耗的固定资产的挥发式处理

对于役龄式损耗的固定资产建模时一般使用役龄式处理，即将不同役龄的固定资产视为不同种类的商品。当生产中使用役龄为k的某类固定资产时，若该固定资产使用后还未报废，则产出中将出现役龄为$k+1$的该类固定资产。

在均衡分析中对于役龄式损耗的固定资产也可以使用挥发式处理。在这种处理方式下不考虑固定资产的役龄的差异，也就是说仅有役龄差异的固定资产被视为同一种商品。均衡中各种役龄的固定资产按照特定的比例被组合起来，每期中报废一个固定的比例，并补充进新生产出的固定资产，这一报废比例即相当于挥发式损耗的固定资产的挥发率。采取这种处理方式可以使得经济模型中的商品种类相对较少、模型的形式相对简单一些。需要注意的是，当不断补充进来新固定资产时，这一固定资产组合的报废比例就可能始终保持不变；而如果没有新的固定资产补充，那么其报废比例会随着时间的推移变得越来越大，可见这一固定资产组合与挥发式损耗的固定资产有着本质区别。

对役龄式损耗的固定资产采取挥发式处理时实际上将各种役龄的固定资产均视为了新固定资产，因此一般会高估固定资产的总价值，这进而会导致对拥有这些固定资产的厂商的投资额的高估。在不包含金融工具的经济中，这种高估一般不会对均衡计算结果产生影响。而当经济中存在税收或股息、需要根据投资额计算税收额或股息额时，就需要对这种高估进行修正。

固定资产的租金率

在离散时间经济中，当（均衡）利润率为正时役龄式损耗的固定资产的（均衡）租金率（即租金与价格之比）由利润率和固定资产的寿命决定。由于均衡利润率由均衡收益率和均衡增长率决定，于是也可以说均衡租金率由均衡收益率、均衡增长率和固定资产的寿命决定，而与生产技术、消费者偏好、禀赋等因素无关。利润率越高则役龄式损耗的固定资产的租金率越高；固定资产的寿命越长则租金率越低。当利润率为正时后付租金率大于利润率，预付租金率大于利润率对应的贴现率。当固定资产的寿命趋于无穷时后付租金率趋于利润率，预付租金率趋于利润率对应的贴现率。

当利润率为0时役龄式损耗的固定资产的预付租金率和后付租金率均为固定资产寿命的倒数。

挥发式损耗的固定资产的租金中的一部分要用来补偿固定资产的挥发部分，因此其租金率除了受利润率影响外，还受挥发率的影响。挥发率的升高会导致租金率的升高。挥发率小于1时利润率的升高会导致租金率的升高。当挥发率趋于0时预付租金率趋于利润率对应的贴现率，后付租金率趋于利润率。

无论是役龄式损耗的固定资产还是挥发式损耗的固定资产，其预付租金率均等于后付租金率乘以利润率对应的折现因子。

由于一般来说固定资产租金既要提供投资收益，又要提供留存利润及补偿固定资产折旧，因此其租金率大于土地等初级要素资产的租金率。

初级要素资产的租金即为投资收益，预付租金率（亦即全价收益率）

即为均衡收益率对应的贴现率，后付租金率（亦即净价收益率）即为均衡收益率。

固定资产对经济稳定性的影响

当经济中的某一类固定资产的役龄相对集中时，由于固定资产的集中报废、更新，就可能导致在一段时期内对该类固定资产的需求量较大，而在另一段时期内对该固定资产的需求量较小。也就是说固定资产的集中更新导致对固定资产的需求呈现出周期波动的特点，这可能导致经济的周期性波动。

另外，由于固定资产可以使用多期的特性，当使用固定资产的一个厂商的产量发生波动时，该厂商对于新固定资产的需求量可能会有更大的波动，这种现象即为固定资产的加速数效应，该效应也有可能导致经济的周期性波动。

污染物与环境资源

生产过程产生的污染物可以视为生产过程的联产品，也就是说对于污染物的分析可以借助于联合生产这一工具。污染物属于所谓负商品，可以有负的均衡价格。而负价格的存在时常会导致分析过程变得复杂，因此在建立包含污染物的均衡模型时可以在经济中引入污染物的对立物，即环境资源，而非直接引入污染物。

在这种处理方式中，污染物的排放被视为对环境资源的消耗，原先作为联产品的污染物被作为投入品的环境资源代替，此时模型中可能不再涉及联合生产。而对于污染物的处理过程则被视为环境资源的生产过程。

占用品

占用品是指厂商的自产自用的商品，这些商品既不外购也不外销。例如，在经济现实中厂商使用过的旧固定资产只要没有报废，一般就会在以后的生产过程中继续使用。

因为某些经济变量受厂商的销售额或购买额的影响，所以这些变量就会受到厂商的投资额或产值中占用品的价值比重的影响。例如，当对产值固定的一个厂商的销售额征税时，如果厂商的产值中占用品价值比重较大那么销售额及相应的纳税额就相对较小；反之，如果厂商的的产值中占用品价值比重较小那么销售额及相应的纳税额就相对较大。又如，在货币型经济中厂商需要用货币购买投入品，如果一个厂商的投资额中占用品价值比重较大那么购买额和需要持有的货币量就相对较小；反之，如果占用品价值比重较小那么购买额和需要持有的货币量就相对较大。

厂商的占用品价值比重较大意味着厂商与其他经济主体的交易额相对

较小，可以相对节省交易费用，这些交易费用包括交易环节的税金、因交易而产生的财务费用等。因此厂商有提高占用品价值比重的倾向。

当两个有交易关系的厂商合并为一个厂商时，新厂商的占用品价值比重就会相对升高。因此交易费用的存在会促进厂商的合并。但厂商规模的扩大一般会带来管理费用的上升等问题，也就是说厂商的合并有利有弊。厂商需要权衡两方面的因素来确定最佳的企业边界。

第6章　国际均衡

6.1　多国经济

6.1.1　多国经济的特点

之前的分析所考察的经济体主要是封闭的单一国家经济，当多个单国经济彼此开放形成一个互相联系的多国经济后，与单国经济相比这一多国经济会有以下特点：

(1) 多国经济中每个经济主体具有国家属性，属于某个国家。从经济分析的角度来看，国家即是某些经济主体构成的集合。相应的，一个国家的经济主体供给的商品也具有了国家属性。

(2) 在多国经济中，由于关税等因素的存在，物理性质相同但国家属性不同的商品不再是完全可替代的，有时需要被视为不同种类的商品。也就是说，多国经济中产品和要素的跨国交易和流动可能会受到限制，这些限制条件通常被称为贸易政策（trade policy）。在这种情况下一个经济主体可能无法使用外国的某些商品。

(3) 不同的贸易政策和开放程度下，多国经济中的商品种类数量会发生变化。经济开放程度较低、只允许有限制的产品贸易时，一国的贸易政策可能只允许该国与其他国家进行产品贸易，并且产品贸易会受到关税等贸易壁垒的限制。这种情形下对于一个经济主体而言来自不同国家的物理性质相同的商品并不能完全相互替代，这些商品需要被视为不同种类的商品。开放程度较高、允许国际间产品的自由贸易、但资本和初级要素不能跨国流动时，对于一个经济主体而言来自不同国家的物理性质相同的产品是同种商品，但初级要素（如劳动）和金融工具（如股权）属于不同的商品，此时一个经济主体无法购买和使用其他国家的要素。当开放程度进一步提高、允许资本的跨国自由流动时，金融工具所有者的国家属性无关紧要，如一个厂商的股东不会因其国籍而受到区别对待；但此时劳动等初级要素的跨国流动仍然受到限制。开放程度最高时允许包括劳动力在内的所有要素的跨国流动，这就相当于现实了各国的经济一体化（或者说完全开放），这样的多国经济与单国经济没有实质区别。

(4) 当多个单国经济彼此开放形成一个互相联系的多国经济后，资源可以跨国配置，也就是说资源配置方式增加了。原先经济中的帕累托最优配置仍然是经济开放后的可行配置，所以开放经济后至少存在一个帕累托最优配置使得所有消费者的效用水平不低于开放前。对于正规性的竞争性经济而言，由于帕累托最优配置是有转移的均衡配置，于是通过合适的转移支付可以使得经济开放后所有消费者的均衡效用水平至少不下降，并且所有消费者的福利水平还有可能得到改善。也就是说在这类经济中只要进行合适的转移支付，经济开放对于所有消费者而言是有益无害的。不过在经济现实中进行适当的转移支付并不容易做到，并且现实中的经济也未必是竞争性经济，因此在经济现实中经济开放常常导致部分消费者的福利水平下降。

一般均衡理论和模型是分析多国经济的重要工具。[①]在不考虑货币时，包含多个国家的结构均衡模型的数学形式与具有多种初级要素的单国结构均衡模型是相同的，也就是说在分析方法上多国经济与单国经济并无实质区别。多国经济的结构均衡模型仍然为式(3.27)–(3.28)，即

$$\mathbf{p}^T\mathbf{A}(\mathbf{p},\mathbf{u}) \geqslant \rho\mathbf{p}^T\mathbf{B}(\mathbf{p},\mathbf{u}) \tag{6.1}$$

$$\mathbf{A}(\mathbf{p},\mathbf{u})\mathbf{z} \leqslant \rho\mathbf{B}(\mathbf{p},\mathbf{u})\mathbf{z} \tag{6.2}$$

多国经济中的一般均衡即为**国际均衡**。也就是说计算国际均衡时使用的结构均衡模型与计算构成各单国均衡时使用的结构均衡模型是相同的，区别仅在于单位需求矩阵和单位供给矩阵不同而已。因为均衡公式相同，所以无论是多国经济还是单国经济，对结构均衡模型求数值解的方法都是相同的，均可使用本书第9章介绍的方法。本章算例中的数值解一般使用该方法求得。

6.1.2 国际贸易的原因

多个封闭的单国经济开放贸易后发生国际贸易的直接原因是开放后可贸易的商品（以下称为**贸易品**）在封闭的各国经济中的均衡价格结构不同。如果在开放贸易后这种价格差异仍然存在，那么就违反了一价律，各

[①]这一领域的研究可参见相关文献（Dixit，Norman，1980； 苏振东，2008；张晓光，2009）。

经济主体可以利用两国间的价差套利，即经济开放后出现了通过国际贸易进行套利的机会，这种套利行为最终会使得价差消失，一价律得以实现。

在经济中只有两种产品且经济封闭的情况下，若国家1与国家2相比，其产品1的均衡价格相对较低而产品2的均衡价格相对较高，亦即国家1的产品1和产品2的均衡价格比低于国家2，则称国家1在产品1上具有**比较优势**，在产品2上具有**比较劣势**；国家2的情形正好相反。在国际贸易中各国会出口自身具有比较优势的产品。

在规模收益不变的前提下，如果在开放贸易前各国贸易品的价格结构相同，那么显然开放贸易后也不会发生国际贸易。例如，当两种产品是完全可替代的，那么显然其均衡价格比是固定的，因此即使两个国家的经济条件不同，这两种产品的价格比也必然相同，于是开放这两种产品的国际贸易时不会发生国际贸易。

既然从均衡分析的角度来看，国际贸易存在的直接原因是各国的贸易品的均衡价格结构（即相对价格）的差异，那么对均衡价格有影响的各种因素都可能间接地导致国际贸易的发生。从结构均衡模型(6.1)–(6.2)可以看到，生产技术、要素存量（即禀赋）、消费者偏好、增长率（折现因子）等外生因素均可能是国际贸易产生的原因。如果经济中还存在垄断、税收、股息、利息、技术进步、规模收益递增等因素，那么这些因素也均有可能对国际贸易产生影响。为了简化分析，本章只考虑零增长经济，即假设结构均衡模型中的折现因子ρ为1。

各个国家在不同商品上的进出口状态称为**贸易模式**。也就是说，贸易模式指各个国家出口、进口的商品种类。因为影响国际贸易的因素众多，所以除了一些特殊情形外在计算出国际均衡之前并不容易对贸易模式作出判断。

6.2　技术进步与贸易所得

6.2.1　技术进步

6.2.1.1　国际贸易与技术进步

对于多国经济中的每个国家而言，国际贸易与技术进步具有十分相似的经济效果。在多国经济中一个国家出口数量为x单位的产品1而进口数量为y单位的产品2，可看作该国使用了一个投入x单位产品1生产出y单位产品2的生产过程。也就是说，其他国家构成的经济体对于该国而言如同一个使用该生产过程的厂商。在封闭条件下国家1并不拥有这一生产过程，否则的话就没有必要进行国际贸易；因此对于国家1而言这一生产过程可以看作是通过开放贸易创造出的新的生产过程，相当于发生了技术进步。

6.2.1.2 技术创新与技术进步

之前对于单一生产经济中的技术进步作过一些讨论，下面则将在更为一般的前提下讨论技术进步。

随着科学技术、生产工艺和社会制度等因素的变动，经济中可能出现新的生产技术，于是经济中的总生产集对应的技术集合会随之扩大，这种现象即是**技术创新**。

显然，原先的经济（或称旧经济）中的可行配置（包括帕累托最优配置）在发生技术创新后的新的经济中仍然是可行配置。令 U' 表示新的帕累托最优配置对应的效用向量构成的集合，U表示旧的帕累托最优配置对应的效用向量的集合，那么显然有对于每个$\mathbf{u} \in U$，存在一个$\mathbf{u}' \in U'$使得$\mathbf{u}' \geqslant \mathbf{u}$成立。也就是说对于任一个旧的帕累托最优配置而言都存在一个新的帕累托最优配置帕累托占优于它。

由于正规经济的均衡配置集合与帕累托最优配置集合是相同的，于是可知有以下命题：

命题 6.1 正规经济中发生技术创新时，对于**旧经济**（即发生技术创新前的经济）中的每个均衡配置，**新经济**（即发生技术创新后的经济）中至少有一个有转移的均衡配置是帕累托占优的。

由命题6.1可知，通过适当的转移支付，在技术创新之后的均衡中每位消费者的效用水平不会下降；不过这种情况下技术创新也有可能使得每位消费者的效用水平没有上升。因此需要对技术创新前后的情况作进一步的考察。

发生技术创新后U'和U的关系可分为以下两种情况：

(1) $U' = U$。即新技术并未导致社会福利水平的上升。

(2) $U' \neq U$。这也就意味着有一个$\mathbf{u}' \in U'$和一个$\mathbf{u} \in U$使得 $\mathbf{u}' > \mathbf{u}$ 成立，即新技术的出现至少改进了一个旧的帕累托最优配置，换句话说，至少改善了某个消费者的福利水平，这时称该新技术为一项**技术进步**。也就是说，当且仅当一项新技术使得至少一个旧的帕累托最优配置不再是新经济中的帕累托最优配置时，该技术是一项技术进步。

发生技术进步的经济又可以分为两种情况：

(1) U'和U的交集不为空。在这种情况下，有些旧的帕累托最优配置在新经济中仍然是帕累托最优配置。例如，假设经济中有两个消费者和一个厂商，两个消费者供给同一种要素，厂商可以利用这种要素生产一种产品；消费者1只消费要素而消费者2只消费产品。那么将所有要素配置给消费者1用于消费是一个帕累托最优配置，此时消费者2没有消费任何产品而厂商处于停产状态，显然这种情况下无论发生何种技术进步这一配置均是一个帕累托最优配置。

(2) U'和U的交集为空。在这种情况下，所有旧的帕累托最优配置在新经济中均不再是帕累托最优配置，也就是说对于每个$\mathbf{u} \in \mathrm{U}$，存在一个$\mathbf{u}' \in \mathrm{U}'$使得$\mathbf{u}' > \mathbf{u}$成立。

另外，发生技术进步时可能仅有部分消费者能够获益而其他消费者无法获益，例如，当经济可以分解为两个相互独立的子经济时，一个子经济中发生技术进步不会影响到另一个子经济中的消费者。

6.2.1.3　技术进步与利润

对于零增长均衡中的厂商而言，一般来说可以带来超额利润（即正的利润）的新技术即是一项技术进步，反之亦然。即有以下命题：

命题 6.2　对于零增长的正规经济，有以下论断成立：

(1) 若在旧经济中某个均衡配置对应的所有均衡价格向量下，一项新技术均有正的利润，则该技术是一项技术进步。

(2) 若某项新技术是一项技术进步，则该技术在旧经济的某个均衡价格向量下有正的利润。

证明　(1)　反证法。假设经济中出现了一项新技术，在旧经济中某个均衡配置A对应的所有均衡价格向量下，该新技术均有正的利润，但该技术不是一项技术进步，即任一旧均衡配置在新经济中仍是帕累托最优的。于是根据第二福利定理，旧均衡配置A也是新经济中的一个均衡配置。记在新经济中均衡配置A对应的一个均衡价格向量为$\bar{\mathbf{p}}$，于是根据均衡配置的性质可知包括新技术在内的所有技术在该价格向量下没有正的利润。由于配置A中并不使用新技术，于是$\bar{\mathbf{p}}$必然也是旧经济中配置A对应的一个均衡价格向量，这意味着在旧经济中的均衡配置A对应的均衡价格向量$\bar{\mathbf{p}}$下，该新技术没有正的利润，这与假设矛盾。

(2)　反证法。假设该技术是一项技术进步且在旧经济的任何均衡价格向量下均没有正的利润，则每个旧的均衡配置仍然是新经济中的均衡配置。根据第一福利定理和第二福利定理，旧经济中的帕累托最优配置集合与均衡配置集合是相同的，新经济中也是如此，于是旧经济中的所有帕累托最优配置均是新经济中的帕累托最优配置，根据技术进步的定义可知该

新技术不是一项技术进步，这与假设矛盾。 □

以下算例说明，如果仅在零增长均衡配置对应的部分均衡价格下有正的利润时，新技术未必是技术进步。

算例 6.1 (技术进步与利润) 考虑一个包括一个厂商和若干同质的劳动者的两部门经济。假设劳动的供给量始终为100单位。假设厂商只有一项技术，即投入1单位劳动生产出各0.5单位的两种产品，这两种产品分别称为产品1和产品2。假设劳动者具有列昂惕夫型的效用函数，对两种产品的需求之比为1。

那么在唯一的均衡配置（也是唯一的帕累托最优配置）中，厂商将使用100单位劳动生产出各50单位的两种产品，消费者将消费掉所有产品。这一经济中有无限多个均衡价格向量。以劳动为计价商品，两种产品的均衡价格之和为1，即均衡价格向量为

$$(p_1^*, 1-p_1^*, 1)^T \ (0 \leqslant p_1^* \leqslant 1)$$

其中一个均衡价格向量为$(0.5, 0.5, 1)^T$。如果有一项新技术使得厂商投入100单位劳动生产出100单位产品1和50单位产品2，则在均衡价格向量

$$(p_1^*, 1-p_1^*, 1)^T \ (0 < p_1^* \leqslant 1)$$

下厂商均有正的利润，在均衡价格向量$(0,1,1)^T$下厂商仍然没有利润。而这一新技术显然并不能改善消费者的福利水平，并不是一项技术进步。出现该项新技术后经济的均衡价格向量为$(0,1,1)^T$。可见在这个例子中该新技术的出现使得均衡价格向量的数量减少了。 □

由命题6.2可知，当具有两种产品的两个国家开放贸易后，如果在国际均衡中这两个国家间有产品贸易，那么这两个国家会分别出口各自具有比较优势的产品，即相当于引入了使用较便宜的产品生产较贵的产品的技术，这类技术在本国原先的均衡价格向量下有正的利润。

开放国际贸易有可能导致**国际分工**（或称**专业化**，specialization），即一些国家放弃某些产品的生产而扩大另一些产品的生产规模。当多国经济中的每种产品均只由一个国家生产时称这一经济发生了**国际完全分工**。

算例 6.2 (列昂惕夫型两国经济) 考虑一个包含3种商品（即小麦、铁和劳动）、3类主体（即小麦生产者、铁生产者和劳动者）的列昂惕夫型单

国经济（称为国家1）。假设劳动的供给量始终为l，单位需求矩阵为

$$\mathbf{A}(u)=\begin{bmatrix}0 & 0 & d_1u\\ 0 & 0 & d_2u\\ l_1 & l_2 & 0\end{bmatrix} \tag{6.3}$$

其中，l_1、l_2、d_1和d_2均为正实数。称$\mathbf{l}:=(l_1,l_2)^T$为**劳动投入系数向量**，称$\mathbf{d}:=(d_1,d_2)^T$ 为**标准消费束**。单位供给矩阵为单位阵。

结构均衡模型为

$$\mathbf{p}^T\mathbf{A}(u)=\mathbf{p}^T \tag{6.4}$$

$$\mathbf{A}(u)\mathbf{z}=\mathbf{z} \tag{6.5}$$

如果以劳动为计价商品，显然小麦和铁的均衡价格即为l_1和l_2，均衡价格向量即为$\mathbf{p}^*=(l_1,l_2,1)$。不过在多国经济模型中一般选择可贸易商品为计价商品，所以在此选择以小麦为计价商品。可以算得均衡效用水平、均衡价格向量和均衡活动水平向量如下：

$$u^*=\frac{1}{l_1d_1+l_2d_2},\ \mathbf{p}^*=\left(1,\frac{l_2}{l_1},\frac{1}{l_1}\right)^T,\mathbf{z}^*=\left(\frac{ld_1}{l_1d_1+l_2d_2},\frac{ld_2}{l_1d_1+l_2d_2},l\right)^T$$

注意到以小麦计价的均衡价格向量是唯一的，只要两个部门均有生产，即使存在国际贸易该国的均衡价格也不会发生变化。

假设另一个国家（称为国家2）与国家1类似，其单位需求矩阵为

$$\mathbf{A}(u)=\begin{bmatrix}0 & 0 & d_1'u\\ 0 & 0 & d_2'u\\ l_1' & l_2' & 0\end{bmatrix} \tag{6.6}$$

假设国家2的劳动供给量也为l。当两个以上描述的国家构成一个开放产品贸易的零增长两国经济时，小麦和铁在两国间可自由贸易。此时两国的劳动虽然物理上同质，但在生产中不可相互替代，因此需要被处理为两种不同的商品，于是这一两国经济包含4种商品、6类主体，其单位需求矩阵和单位供给矩阵为

$$\mathbf{A}(\mathbf{u})=\begin{bmatrix}0 & 0 & d_1u_1 & 0 & 0 & d_1'u_2\\ 0 & 0 & d_2u_1 & 0 & 0 & d_2'u_2\\ l_1 & l_2 & 0 & 0 & 0 & 0\\ 0 & 0 & 0 & l_1' & l_2' & 0\end{bmatrix},\quad \mathbf{B}=\begin{bmatrix}1 & 0 & 0 & 1 & 0 & 0\\ 0 & 1 & 0 & 0 & 1 & 0\\ 0 & 0 & 1 & 0 & 0 & 0\\ 0 & 0 & 0 & 0 & 0 & 1\end{bmatrix} \tag{6.7}$$

结构均衡模型可写为

$$\mathbf{p}^T\mathbf{A}(\mathbf{u}) \geqslant \mathbf{p}^T\mathbf{B} \tag{6.8}$$

$$\mathbf{A}(\mathbf{u})\mathbf{z} \leqslant \mathbf{B}\mathbf{z} \tag{6.9}$$

因为有的生产部门可能停产（即发生国际分工），所以这里的收支平衡公式为不等式。显然这一经济中不会出现免费品，因此这里的供需平衡公式的不等号也可以换为等号。

以小麦计价的封闭条件下两国的铁价分别为l_2/l_1和l_2'/l_1'，两者的大小关系有三种情况：

(1) $l_2/l_1 > l_2'/l_1'$。即国家1的铁比国家2贵，国家1在小麦生产上具有比较优势而国家2在铁生产上具有比较优势。此时开放贸易后国家1将出口小麦而进口铁。

(2) $l_2/l_1 < l_2'/l_1'$。即国家1的铁比国家2便宜。国家1在铁生产上具有比较优势而国家2在小麦生产上具有比较优势。此时开放贸易后国家1将出口铁而进口小麦。

(3) $l_2/l_1 = l_2'/l_1'$。此时不存在比较优势，即使开放贸易两国间也不会有国际贸易。

求这一经济的结构均衡模型的解析解较为烦琐，在下文的算例中只针对一些具体情况求解数值解。 □

6.2.2 贸易所得与国内转移支付

6.2.2.1 贸易所得

贸易所得（gains from trade）是指开放国际贸易对于各国福利水平的影响，换句话说，也就是指对于各国消费者效用水平的影响。

在没有消费者间的转移支付的情形下，贸易的开放显然可能会损害某些消费者的福利。也就是说没有转移支付的情况下，开放国际贸易未必会导致帕累托改进。不过国际贸易理论的一个重要结论是：当各国经济为竞争性经济时，只要借助各国内部适当的转移支付（如税收和补贴），开放国际贸易就可以不降低所有消费者的均衡效用水平，并且常常还可以带来帕累托改进（参见Samuelson，1939；Kemp，1962；Grandmont，McFadden，1972；Cordella，Ventura，1992）。

首先来讨论各国内部适当的转移支付可以保证开放国际贸易时不降低所有消费者的效用水平这一点。

命题 6.3 当经济具有正规性时，封闭条件下的均衡配置被开放条件下的某个有国内转移的均衡配置帕累托占优。

以上命题是命题6.1的一个直接推论。这是因为国际均衡中一个国家相当于在使用一项用出口商品生产进口商品的新技术。

命题6.3表明，只要进行适当的国内转移支付，开放贸易前的每个均衡中的消费者的效用水平在开放贸易后都可以不下降。也就是说，即使一个国家各个产业的生产率均不如另一个国家，只要通过适当的国内转移支付就可以保证开放贸易不会对任何消费者的福利产生损害，而且有可能改善所有消费者的福利水平。

需要注意的是该命题要求经济是正规经济，而正规经济是竞争性经济。这也就是说对于存在垄断行为、规模收益递增、价格管制、税、股息、货币与利息、信贷等因素的非竞争性经济而言，开放贸易后可能出现一个国家的所有消费者的效用水平全都下降的情况。换句话说，对于非竞争性经济，开放贸易可能导致一国福利水平下降。

接下来讨论在何种情况下开放国际贸易会导致帕累托改进。

命题 6.4 假定经济满足正规性。对于若干个封闭的单国经济，如果不存在一个产品价格向量使得其中的价格是所有单国经济中产品的均衡价格，那么通过开放产品的国际贸易和各国内部的消费者间的转移支付，该多国经济中的均衡配置可以严格帕累托 占优于封闭条件下的均衡配置。

这一命题的论证如下：如果命题不成立，即这个封闭的多国经济开放产品贸易后不存在帕累托改进，那么在这一多国经济中封闭条件下的无贸易的均衡配置就是帕累托最优的，而根据第二福利定理和经济的正规性，帕累托最优配置一定是均衡配置，因此该多国经济存在一个（统一的）均衡价格向量，这与命题中的假设矛盾。于是可知多国经济中存在一个严格帕累托占优于封闭条件下的均衡配置的帕累托最优配置，该配置中有产品的国际贸易，且根据第二福利定理，这一配置是均衡配置，有相应的均衡价格。而根据命题6.3可知，只需要借助国内的转移支付而不必有国际间的转移支付即可实现帕累托改进。

对于命题6.4有一点需要注意，该命题只是说有些国家将获益，但各个国家从国际贸易中的受益程度可能大相径庭，甚至可能出现有的国家独占贸易所得而另一些国家未从国际贸易中受益的情况，也就是说未必开放国际贸易时每个国家都能够从中获益。下文将用算例说明这一点。

6.2.2.2 国内转移支付

尽管从理论上来说在国内进行适当的转移支付可以保证开放贸易后所有消费者的福利水平至少不下降，并且还可能都有所提升，但从现实的角度来看，以下原因导致进行转移支付的难度很大：

(1) 现实中一国的消费者、厂商和商品种类众多，开放贸易前后各类消费者福利水平的变动情况并不容易准确地衡量，从而难以制订相应的转移支付方案。

(2) 即便各类消费者的福利水平的变动情况可以准确地衡量，由于转移支付具有一定的经济成本和政治成本（如选票的丧失），政府也未必有动机或能力完全实施这种转移支付。

这种转移支付的缺失可能使得经济开放后某些消费者的福利水平大幅下降，导致其对开放国际贸易的反对。在这种国内转移支付难以实施的情况下，政府就可能希望通过限制某些产品的国际贸易来保护本国的某些劣势产业，特别是当这些产业涉及大量消费者时（如劳动密集型产业），虽然这种保护从整体来看会牺牲部分经济效率，但避免了某些消费者福利水平的大幅下降及其导致的政治成本。

6.3 两国单要素经济中的贸易所得

6.3.1 产能约束与大国－小国经济

考虑两个单国多部门经济，其中国家1的部门A和国家2的部门B生产同一种商品，开放产品贸易后会相互竞争。开放产品贸易后的均衡之中，部门A和部门B可能发生以下两种情况之一：

(1) 一个部门在竞争中处于劣势，由于亏损而被迫停产；而另一个国家的该生产部门继续生产。

(2) 部门A和部门B均继续生产。当部门A在技术上相对于部门B有绝对优势时[①]，如果由于本国初级要素数量的限制使得部门A的产能无法满足国际市场的需求，那么部门B也就会继续生产，这种现象称为**产能约束**（capacity constraint）（Ginsburgh, Keyzer，2002，第145页）。因为竞争性经济中所有生产者的利润率相同，所以这种情况下部门A使用的本国的某些

[①]将两国的物理性质相同的商品被视作同种商品时，如果对于相同的半正的产出束，部门A需要的投入束相对于部门B而言较小，则称部门A在技术上相对于部门B具有**绝对优势**。

初级要素的价格必然高于另一国。

相应地，在经济开放后的均衡之中，对一个国家而言可能发生以下两种情况之一：

(1) 实现专业化，部分生产部门被迫停产，即在国际竞争中被淘汰；而其余生产部门则继续生产。

(2) 未实现专业化，所有生产部门均继续生产。

对于一个两国经济，如果一个国家的均衡价格结构在开放贸易前后保持不变，则称该国为**大国**，否则称该国为**小国**。若两国经济中一个国家是大国而另一个是小国，则称这一两国经济为**大国－小国经济**。

一般来说，大国－小国经济有以下特点：

(1) 由于小国存在产能约束，于是即使大国的生产部门在技术上与小国的竞争对手相比处于劣势也不会在国际竞争中被淘汰，这种技术劣势会由小国初级要素的相对昂贵而得到弥补。而小国的某些生产部门即使在技术上处于优势也有可能被淘汰，这是因为生产者不仅要与国外的同类部门竞争，还要与国内的其他部门争抢本国的初级要素，可能出现本国的初级要素被本国优势更大的其他部门完全使用的情况。①

(2) 由于开放贸易前后大国的消费者面对的价格结构不变，于是其效用水平也不会发生变动，亦即大国在开放前后福利水平不变。于是可知如果开放贸易后有帕累托改进，或者说有贸易所得，那么贸易所得全部由小国占有。

在单要素的情况下，根据无替代定理2.16可知有以下命题成立：

命题 6.5 对于两个单要素的单国多部门经济，如果开放产品贸易后一个国家没有生产部门停产，那么两国经济中该国的均衡价格结构与封闭条件下的均衡价格结构相同，即该国是一个大国。

6.3.2 消费结构、完全分工与贸易所得

在一些多国经济中，消费者的偏好会影响到国际分工及贸易所得在各国之间的分配。

考虑一个两国两产品经济，假设两种产品为小麦和铁，并且国家1在小麦生产上具有比较优势而国家2在铁生产上具有比较优势。

---

①如果允许资本的跨国流动，那么小国的具有技术优势的部门将会在大国投资，以利用大国的初级要素，而大国处于技术劣势的部门会被淘汰；如果允许要素跨国流动，即允许移民或劳务输出，那么情况更是如此。不过本节不考虑资本和要素的跨国流动。

当这一经济实现了国际完全分工（即一国只生产一种产品）时，可以容易地根据各国的禀赋计算出两种产品的产量。如果这两种产品（即小麦和铁）的产量之比θ与两国消费者的需求结构不相容，那么可知在均衡中至少有一国不会实现专业化，也就是说均衡中该国必然生产两种产品。

现在假设两国消费者对于小麦和铁的需求比例相同，记该比例为ξ。则当$\theta > \xi$时小麦的供给过多而铁的供给不足，国家1除了生产具有比较优势的即小麦外还需要生产铁，此时国家1为大国，所有贸易所得由国家2占有；反之，当$\theta < \xi$时小麦的供给不足而铁的供给过多，国家2除了生产具有比较优势的即铁外还需要生产小麦，此时国家2为大国，所有贸易所得由国家1占有。由此可见，消费者的偏好的变动可能会改变贸易模式及贸易所得在各国之间的分配。

算例 6.3 (消费结构与贸易所得) 在算例6.2的经济中，假设两国的劳动供给量均为l，国家1在小麦生产上具有比较优势而国家2在铁生产上具有比较优势，且两国消费者的偏好相同。

于是当两个国家完全分工时，国家1将生产l/l_1单位小麦而国家2将生产l/l_2'单位铁，小麦和铁的供给比为l_2'/l_1。而对于小麦和铁的需求比为d_1/d_2。于是：

(1) 当$d_1/d_2 > l_2'/l_1$时小麦将供不应求，此时国家2必然也要生产小麦以补足小麦的供给缺口，于是均衡价格将与国家2的封闭均衡价格一致，国家2将不会从贸易中获益。

(2) 当$d_1/d_2 < l_2'/l_1$时情况正好相反，铁将供不应求，此时国家1必然也要生产铁以补足铁的供给缺口，于是均衡价格将与国家1的封闭均衡价格一致，国家1将不会从贸易中获益。

下面来看一个具体的数例。

假设两个国家的标准消费束均为$(1,1)^T$，即对小麦和铁的需求比为1；劳动投入系数向量分别为 $\mathbf{l} = (0.1, 0.4)$ 和 $\mathbf{l}' = (0.8, 0.2)$；劳动的供给量均为100。

于是有$d_1/d_2 = 1 < l_2'/l_1 = 2$，根据以上的分析可知开放经济中国家1将生产小麦和铁，而国家2将生产铁。

以小麦为计价商品。可以解得封闭条件下两国的均衡分别为

$$u^{*(1)} = 2, \quad \mathbf{p}^{*(1)} = (1, 4, 10)^T, \quad \mathbf{z}^{*(1)} = (200, 200, 100)^T$$

和

$$u^{*(2)} = 1, \quad \mathbf{p}^{*(2)} = (1, 0.25, 1.25)^T, \quad \mathbf{z}^{*(2)} = (100, 100, 100)^T$$

开放经济的均衡为

$$\mathbf{u}^* = (2,4)^T, \quad \mathbf{p}^* = (1,4,10,20)^T$$

$$\mathbf{z}^* = (600,100,100,0,500,100)^T$$

可见开放贸易后国家1的福利水平不变而国家2的福利水平上升了。算得均衡配置如表6.1所示。

表 6.1 均衡配置（增长率为0）

	国家1小麦生产者	国家1铁生产者	国家1劳动者	国家2铁生产者	国家2劳动者	总需求
小麦需求	0	0	200	0	400	600
铁需求	0	0	200	0	400	600
劳动1需求	60	40	0	0	0	100
劳动2需求	0	0	0	100	0	100
供给	600	100	100	500	100	

注：国家2的小麦生产者停产。

从表6.1中可以看出，国家1共投入200单位小麦和200单位铁，而生产了600单位小麦和100单位铁，即国家1出口400单位小麦并进口 100 单位铁。而国家2正相反，进口400单位小麦并出口100单位铁。 □

6.3.3 多重国际均衡

多国经济中可能存在多个国际均衡配置，因此贸易所得在各国之间的分配也可能具有多种方式。

在一个两国两产品单要素的经济中，当两个国家完全分工而所有消费者的偏好相同时，如果两种产品的供给比恰好与消费者对两种产品的需求比相同，那么这两种产品按照任意比例在两国的消费者间分配都是帕累托最优的。

因为是单要素经济，所以在国际均衡中两国消费者的均衡效用水平至少不低于封闭条件下的均衡效用水平。于是在所有的帕累托最优配置中满足这一条件的配置均有可能是国际均衡配置。

例如，在算例6.2中经济中，假设两国的劳动供给量均为l，且两国消费者的偏好相同，对于小麦和铁的需求比为d_1/d_2。当两个国家完全分工时小麦和铁的供给向量为$\mathbf{s} = (l/l_1, l/l_2')$，供给比为$l_2'/l_1$。于是当$d_1/d_2 =$

l_2'/l_1时将$\xi\mathbf{s}(0 \leqslant \xi \leqslant 1)$分配给国家1的消费者而将其余部分分配给国家2的消费者的配置均是帕累托最优配置。

不过考虑到开放贸易后国家1的消费者的效用水平不会低于封闭条件下的效用水平，即该国消费者对于小麦的消费量不会低于$\frac{ld_1}{l_1d_1+l_2d_2}$，因此可知可行的帕累托最优配置应满足$\xi \geqslant \frac{d_1}{d_1+l_2d_2/l_1} = \underline{\xi}$。对于国家2有同样的情况，于是还可以求得分配比例的上限$\bar{\xi}$。介于上限和下限之间的分配比例均可能在均衡配置中出现。

算例 6.4 (无限多个均衡) 在算例6.2的经济中，假设两个国家的标准消费束均为$(1,1)^T$，劳动投入系数向量分别为$\mathbf{l}^{(1)} = (0.1,0.4)$和$\mathbf{l}^{(2)} = (0.4,0.1)$。

开放国际贸易后，国家1的劳动价格不会变化，仍然为10。因为在零增长的均衡中各厂商的利润必然为0，国家1的小麦厂商利润为0则劳动价格必然为10。同理，国家2的劳动与铁的价格比也不会变化，仍然为10。然为等式。 可以解得：

$$0.25 \leqslant p_2 \leqslant 4, \quad \mathbf{p}^* = (1, p_2, 10, 10p_2)^T$$
$$\mathbf{u}^* = \big(10/(1+p_2), 10p_2/(1+p_2)\big)^T, \quad \mathbf{z}^* = (1000, 0, 100, 0, 1000, 100)^T$$

均衡中国家1只生产小麦而国家2只生产铁。这里均衡价格结构有无穷多个，贸易所得在国家1和国家2间的分配也具有无穷多种可能性。 可以看到，除了两个端点外，两个国家均从国际贸易中受益。 □

算例 6.5 (有限多个均衡) 在算例6.2的经济中，假设两个国家的标准消费束分别为$\mathbf{d}^{(1)} = (1,0.25)^T$和$\mathbf{d}^{(2)} = (1,1)^T$，劳动投入系数向量分别为$\mathbf{l}^{(1)} = (0.1,0.4)$和$\mathbf{l}^{(2)} = (0.8,0.2)$。则封闭条件下两个国家的均衡为

$$u^{*(1)} = 5, \quad \mathbf{p}^{*(1)} = (1,4,10)^T, \quad \mathbf{z}^{*(1)} = (500,125,100)^T$$

$$u^{*(2)} = 1, \quad \mathbf{p}^{*(2)} = (1,0.25,1.25)^T, \quad \mathbf{z}^{*(2)} = (100,100,100)^T$$

可见国家1在小麦生产上有比较优势，而国家2在铁生产上有比较优势。通过计算可知这一两国经济中有3个国际均衡。

第一个国际均衡为

$$\mathbf{u}^* = (160/17,1)^T, \quad \mathbf{p}^* = (1,0.25,10,1.25)^T$$

$$\mathbf{z}^* = (1000,0,100,140/3,5700/17,100)^T$$

在这一均衡下，开放贸易前后国家2的价格水平没有变动，国家2没有实现专业化。而对于国家1而言，开放贸易后铁价下降了，国家1的铁生产者被淘汰，实现了专业化。

第二个国际均衡为

$$\mathbf{u}^* = (20/3, 10/3)^T, \quad \mathbf{p}^* = (1, 2, 10, 10)^T, \mathbf{z}^* = (1000, 0, 100, 0, 500, 100)^T$$

这一均衡下，两国均实际了专业化，国家1的铁生产者和国家2的小麦生产者被淘汰。

第三个国际均衡为

$$\mathbf{u}^* = (5, 4)^T, \quad \mathbf{p}^* = (1, 4, 10, 20)^T, \mathbf{z}^* = (900, 25, 100, 0, 500, 100)^T$$

这一均衡下，开放贸易前后国家1的价格水平没有变动，国家1没有实现专业化。而对于国家2而言，开放贸易后铁价上升了，国家2的全部要素被用于生产铁，小麦生产者被淘汰，实现了专业化。 □

6.4　多国经济中的偏好与要素禀赋

6.4.1　多国经济中的偏好

6.4.1.1 偏好与国际贸易

当每个国家都是单要素多部门经济时，若各国技术、增长速度相同，仅仅偏好和禀赋不同，那么根据无替代定理2.16可知在这种情形下偏好和禀赋不会影响均衡价格结构，因此各国必然具有相同的均衡价格结构。于是可知开放贸易时各国之间不会有国际贸易。

但在多要素经济中，一般来说无替代定理并不成立，此时偏好和禀赋的变动一般会影响均衡价格，这时各国即使仅有偏好或禀赋的差异也可能发生国际贸易。根据生产价格的迭代计算方法可知，当各种要素价格给定时，生产价格是唯一确定的。也就是说如果要素的均衡价格不变，那么产品的均衡价格也不会发生变化。

因此当各个国家有两种要素的情况下，如果偏好的变动不会影响均衡要素价格，那么也就不会影响各国的均衡产品价格，于是各国之间不会有国际贸易。例如，在以下几种情况下偏好的变动不会影响均衡要素价格：

(1) 两种要素是完全可替代的。这时显然两种要素的均衡价格比是固定的，这两种要素实质可以被视为仅有数量差异的同一种要素。这种情况下偏好的变动就不会导致均衡价格的变动。

(2) 两种要素**完全互补**。即任一经济主体对一种要素有需求时必然对另一种要素有需求，且需求比例等于某个常数θ。在这种情况下这两种要素以固定比例θ复合后可以视为一种要素。

(3) 两种要素中有一种始终过剩，即为免费品。

不过显然以上这几种情况要求十分苛刻，都等价于经济中实质上只有一种要素的情形，这几种情况可以划归为特殊情形。而在常见的情况下，多要素经济中偏好是会影响要素和产品的均衡价格，进而导致国际贸易的发生。不过一般来说在一个仅有偏好差异的两国经济中各国一般不会实现专业化，这是因为对产品的需求是国际化的，各厂商面对同样的需求、技术和要素禀赋，一般会有相同的产量。

算例 6.6 (偏好与贸易模式) 考虑两个具有4种商品（小麦、铁、土地和劳动）的单国多部门经济，这两个经济仅在消费者偏好上有差异。假设两个国家的土地和劳动的供给均始终为100单位，两个经济中的生产函数如下：

小麦生产者 $x_3^{0.5}x_4^{0.5}$

铁生产者 $2x_4$

从生产函数可见小麦为土地密集型产品而铁为劳动密集型产品。

假设消费者具有列昂惕夫型效用函数且只消费产品，国家1和国家2的消费者对于小麦和铁的需求比分别为1和2。两国的单位需求矩阵如下：

$$\mathbf{A}^{(1)}(\mathbf{p},\mathbf{u}) = \begin{bmatrix} 0 & 0 & u_1 & u_2 \\ 0 & 0 & u_1 & u_2 \\ \sqrt{p_4/p_3} & 0 & 0 & 0 \\ \sqrt{p_3/p_4} & 0.5 & 0 & 0 \end{bmatrix}$$

$$\mathbf{A}^{(2)}(\mathbf{p},\mathbf{u}) = \begin{bmatrix} 0 & 0 & u_1 & u_2 \\ 0 & 0 & 0.5u_1 & 0.5u_2 \\ \sqrt{p_4/p_3} & 0 & 0 & 0 \\ \sqrt{p_3/p_4} & 0.5 & 0 & 0 \end{bmatrix}$$

两国的单位供给矩阵为单位阵。

单国经济的结构均衡模型为

$$\mathbf{p}^T\mathbf{A}(\mathbf{p},\mathbf{u}) = \mathbf{p}^T$$
$$\mathbf{A}(\mathbf{p},\mathbf{u})\mathbf{z} = \mathbf{z}$$

以小麦为计价商品，解得国家1的封闭均衡为

$$\mathbf{p}^* = (1, 0.3202, 0.3904, 0.6404)^T, \quad \mathbf{u}^* = (0.2957, 0.4851)^T$$

$$\mathbf{z}^* = (78.08, 78.08, 100, 100)^T$$

国家2的封闭均衡为

$$\mathbf{p}^* = (1, 0.2832, 0.4414, 0.5664)^T, \quad \mathbf{u}^* = (0.3866, 0.4961)^T$$

$$\mathbf{z}^* = (88.28, 44.14, 100, 100)^T$$

可以看到偏好影响了均衡价格。从以上均衡价格可见，开放贸易后国家1将进口铁出口小麦，国家2正相反。

根据各国的单位需求矩阵可以写出多国经济的单位需求矩阵和单位供给矩阵（参见算例6.2）。可以看出该算例的国际均衡中不可能有商品过剩且不会有主体的活动水平为0，因此结构均衡模型中可以使用等号，即为

$$\mathbf{p}^T\mathbf{A}(\mathbf{p}, \mathbf{u}) = \mathbf{p}^T\mathbf{B} \tag{6.10}$$

$$\mathbf{A}(\mathbf{p}, \mathbf{u})\mathbf{z} = \mathbf{B}\mathbf{z} \tag{6.11}$$

以小麦为计价商品，解得国际均衡为

$$\mathbf{p}^* = (1, 0.3001, 0.4165, 0.6002, 0.4165, 0.6002)^T$$

$$\mathbf{u}^* = (0.3204, 0.4617, 0.3622, 0.5219)^T$$

$$\mathbf{z}^* = (83.31, 61.20, 100, 100, 83.31, 61.20, 100, 100)^T$$

可以看到，国家1的小麦生产增加，铁生产减少，于是土地所有者效用升高，劳动者效用下降；国家2反之。这一例子中两国的总效用都改善了。有贸易时两国的总效用水平分别为0.7820和0.8841，无贸易时分别为0.7808和0.8828。国家1小麦对铁的生产比例大于1，而消费比例等于1，因此国家1进口铁；国家2同相反。 □

6.4.1.2 要素价格均等化

在算例6.6的国际均衡中两国的初级要素的价格相等，而在封闭条件下两国的初级要素的价格是不同的。也就是说在这一算例中国际贸易导致了要素价格均等化。

在生产技术相同、产品可以自由贸易的多国经济中，假设均衡中每个国家均生产所有产品。令$\mathbf{w}$为要素价格向量，$\mathbf{p}$为产品价格向量，

$\mathbf{c}(\mathbf{w}^T,\mathbf{p}^T)$为各种产品的单位成本。这种情形下各国的产品的单位成本向量均为$\mathbf{c}(\mathbf{w}^T,\mathbf{p}^T)$。则根据收支平衡条件可知在均衡中应有下式成立：

$$\mathbf{c}(\mathbf{w}^T,\mathbf{p}^T)=\rho\mathbf{p}^T \tag{6.12}$$

若给定$\mathbf{p}$时可解得唯一的$\mathbf{w}$，即对于给定的产品价格向量有唯一的要素价格向量与之对应，则显然要素价格一定会均等化。也就是说在给定的产品价格向量下各国的要素价格向量均相同。

在算例6.6中产品价格向量即为$(p_1,p_2)^T$，要素价格向量即为$(p_3,p_4)^T$。

式(6.12) 即为：

$$\begin{aligned}2\sqrt{p_3p_4}&=p_1\\0.5p_4&=p_2\end{aligned}$$

因为这一经济是零增长经济，所以有$\rho=1$。

解得要素价格为

$$\begin{aligned}p_4&=2p_2\\p_3&=p_1^2/(8p_2)\end{aligned}$$

可见给定产品价格向量时要素价格向量是唯一的，所以这一算例中国际贸易会导致要素价格均等化。

从以上的讨论中可知，在以下情形中要素价格未必会均等化：

(1) 在式(6.12)中给定产品价格向量时解得的要素价格向量不唯一。例如，当要素种类数量多于产品种类数量时就可能出现这种情形。

(2) 各国的生产技术不同。这时各国的产品的单位成本向量一般不相同，根据产品价格向量算得的要素价格向量一般也会不同。

(3) 国际均衡中某些国家实现了专业化，即不生产某些产品。这时对于这些国家而言不生产的产品的单位成本就可能大于而非等于折现后的产品价值，即收支平衡条件中应当使用不等号而非等号成立。也就是说式(6.12)可能对某些国家成立而对另一些国家不成立，这是根据产品价格向量算得的各国的要素价格向量一般也会不同。当两个国家的要素禀赋结构有显著差异或者消费者直接消费初级要素时在国际均衡中就可能出现专业化。

当国际均衡中发生了要素价格均等化时，即使进一步开放要素贸易也不会发生实质性的要素贸易，因此这时的均衡与开放要素贸易时的国际均衡相比并不存在经济效率的损失。

6.4.1.3 多国经济的局部均衡分析方法

局部均衡分析主要考察一般均衡分析中的内生变量之间的关系，在局部均衡分析中一般均衡分析的一些内生变量被视为外生变量。例如，在开放产品贸易的两国经济中国家1的生产技术、偏好、禀赋等方面发生变动时通过产品价格、产品贸易量影响国家2，因此可以将产品价格、产品贸易量视为外生变量然后单独分析国家2；这种情形下的贸易模式可以容易地根据给定的产品价格确定。这种分析就是一种局部均衡分析。在一些情形中当给定产品价格时产品贸易量也可以随之确定，这时就只需要将产品价格视为外生变量。

当一个国家（称为本国）的出口品价格为p_{ex}而进口品价格为p_{im}时，则在均衡中本国从外国输入1单位进口商品时需要输出$\frac{p_{im}}{p_{ex}}$单位出口商品。在局部均衡分析中可以将外国简化为一个厂商，称为**进出口厂商**。进出口厂商产出1单位本国进口商品需要投入$\frac{p_{im}}{p_{ex}}$单位本国出口商品，即投入系数是本国贸易条件的倒数。[①]

例如，在算例6.6中令国际均衡中的小麦价格为1，铁价格为p_2，视为外生变量。假设p_2大于封闭条件下国家2的铁价，即$p_2 > 0.2832$，这种情形下在国际均衡中国家2将出口铁、进口小麦。假定国际均衡中国家2的小麦生产者和铁生产者的产量均为正。

单位需求矩阵为

$$\mathbf{A}(\mathbf{p},\mathbf{u}) = \begin{bmatrix} 0 & 0 & u_1 & u_2 & 0 \\ 0 & 0 & 0.5u_1 & 0.5u_2 & 1/p_2 \\ \sqrt{p_4/p_3} & 0 & 0 & 0 & 0 \\ \sqrt{p_3/p_4} & 0.5 & 0 & 0 & 0 \end{bmatrix}$$

单位供给矩阵为

$$\mathbf{B} = \begin{bmatrix} 1 & 0 & 0 & 0 & 1 \\ 0 & 1 & 0 & 0 & 0 \\ 0 & 0 & 1 & 0 & 0 \\ 0 & 0 & 0 & 1 & 0 \end{bmatrix}$$

两个矩阵中的最后一列对应代表国家1（即外国）的进出口厂商，表示进出口厂商每产出1单位小麦需要投入$1/p_2$单位铁，亦即国家1每出口1单位小麦需要进口$1/p_2$单位铁。

[①] 参见本书第6.5.1小节。

结构均衡模型为式(6.10)–(6.11)。其中

$$\mathbf{p} = (1, p_2, p_3, p_4)^T$$

$$\mathbf{z} = (z_1, z_2, 100, 100, z_5)^T$$

解得

$$z_5^* = \frac{25(16p_2^2 - p_2 - 1)}{p_2(2+p_2)}$$

其中，$p_2 > 0.2832$。这即是均衡中国家2的小麦进口量，而其铁的出品量即为z_5^*/p_2。

当国家1的禀赋量（或者说经济规模）远大于国家2、国际均衡中以小麦计价的铁价p_2接近于封闭条件下国家1的铁价0.3202时，z_5^*接近于10.78，即这种情形下国家2的小麦进口量接近于10.78。

6.4.2 多国经济中的禀赋

6.4.2.1 多要素经济中的禀赋

一国要素数量的总体水平的变动常常并不影响封闭条件下该国的均衡价格，这种情况下两个仅有要素数量总体水平差异的国家间开放贸易时并不会发生国际贸易。例如，考虑以下两种情况：

(1) 对于一个规模收益不变的封闭经济，如果其中每位消费者拥有的要素数量不变而各类消费者的数量均增长到原先的k倍，则每种初级要素的数量增加到原先的k倍，那么显然均衡中每种商品的产量、每种商品的需求量和供给量均增加到原先的k倍，而均衡价格、每位消费者的均衡效用水平不发生变化。

(2) 对于一个规模收益不变、消费者具有一次齐次效用函数的封闭经济，如果其中每位消费者拥有的要素数量增长到原先的k倍而各类消费者的数量不变，则其中每种初级要素的数量增加到原先的k倍，显然均衡中每种商品的产量、每位消费者的效用水平、每种商品的需求量和供给量均增加到原先的k倍而均衡价格不发生变化。

而如果要素数量的结构发生变化，则一般来说会导致均衡价格的变化；当然也有例外情形，例如，当两种要素完全可替代或者完全互补时均衡产品价格与要素的数量结构无关。当一种要素在经济均衡中始终过剩从而均衡价格为0时，这种要素数量的增加显然也不会影响均衡产品价格。另外，当两种产品对于消费者而言时完全可替代时，要素数量的变动也不会影响均衡产品价格。也就是说当两个国家仅在要素数量结构上有差异

时，如果要素数量结构的差异会引起产品价格的差异，则这两个国家间会有国际贸易。

而当消费者具有非位似偏好时，若消费者数量不变而每位消费者拥有的要素数量增加一倍，则消费者的收入变动可能导致其需求结构发生变动，均衡价格向量也可能随之变动。因此在这种情形下要素数量的总体水平的变动也可能导致国际贸易。

赫克歇尔－俄林（Heckscher－Ohlin）定理对两种两素、两种产品的简单情形中的贸易模式作了分析。对于两个国家的两种要素，例如土地和劳动，当国家1的土地数量与劳动数量之比大于国家2的土地数量与劳动数量之比时，称国家1是土地丰裕的而国家2是劳动丰裕的。在某些假设下（如消费者具有位似偏好等），赫克歇尔－俄林定理指出土地相对丰裕的国家会出口土地密集型产品而进口劳动密集型产品，这是因为在这些假设下土地相对丰裕会导致土地价格相对较低，而根据斯托尔珀－萨缪尔森定理2.9可知此时土地密集型产品的均衡价格相对较低。不过赫克歇尔－俄林定理的结论并不容易扩展到有更多种要素的一般情况。

在算例6.6中，如果国家2的消费者对于小麦和铁的需求比也为1（即所有消费者具有相同的偏好）且国家2的劳动供给变为10单位，那么这时国家2土地相对丰裕而劳动相对稀缺，根据赫克歇尔－俄林定理可知国家2将出口小麦而进口铁，国家1则相反，将出口铁而进口小麦。对于国家1而言，开放贸易导致铁价格相对上升而小麦价相对下降，于是根据斯托尔珀－萨缪尔森定理2.9可知开放贸易后国家1的劳动价格相对上升而铁价格相对下降，国家2则相反。可以算得国际均衡中的以小麦计价的价格向量为

$$\mathbf{p}^* = (1, 0.3566, 0.3505, 0.7133, 0.1581, 1.581)^T$$

活动水平向量为

$$\mathbf{z}^* = (70.1, 101.7, 100, 10, 31.62, 0, 100, 100)^T$$

可见与以上结论是一致的。由于两国的要素丰裕度相差较大，因此在国际均衡中国家2实现了专业化，这导致要素价格没有实现均等化。

6.4.2.2 资本品丰裕度与贸易模式

赫克歇尔－俄林定理指出在满足某些条件时土地相对丰裕的国家会出口土地密集型产品而进口劳动密集型产品。但并不能根据这一结论认为资本品相对丰裕、劳动相对稀缺的国家一般会出口资本品密集型产品而进口劳动密集型产品，这是因为资本品存量是内生变量，并不像初级要素数量那样是外生变量。下面用一个列昂惕夫型两国经济来讨论这一点。

假设国家1和国家2均只拥有一种初级要素，即劳动；两国的劳动供给量相等且固定不变；封闭条件下两国均生产小麦和铁，其中铁为挥发式损耗的固定资产（即资本品）。假设两国消费者的偏好相同而两国的生产技术不同。国家1的单位需求矩阵为

$$\mathbf{A}(u)=\begin{bmatrix}0 & 0 & u\\ \alpha+\beta & \alpha+\beta & 0\\ l_1 & l_2 & 0\end{bmatrix},0<\alpha<1,\beta\geqslant 0$$

各行分别对应小麦、铁和劳动；各列分别对应小麦生产者、铁生产者和劳动者。单位供给矩阵为单位阵。

单位供给矩阵为

$$\mathbf{B}=\begin{bmatrix}1 & 0 & 0\\ \beta & 1+\beta & 0\\ 0 & 0 & 1\end{bmatrix}$$

可见两个生产部门在单位活动水平下投入$\alpha+\beta$单位的铁，生产中损耗α单位的铁，而β为铁的占用量，即铁的损耗量与占用量之和等于投入量。α和β也可分别称为铁的损耗系数和占用系数。

结构均衡模型为

$$\mathbf{p}^T\mathbf{A}(u)=\mathbf{p}^T\mathbf{B} \tag{6.13}$$

$$\mathbf{A}(u)\mathbf{z}=\mathbf{B}\mathbf{z} \tag{6.14}$$

以劳动为计价商品，可以解得封闭条件下国家1的均衡价格向量为

$$\mathbf{p}^*=\left(\frac{al_2}{1-a}+l_1,\frac{l_2}{1-a},1\right)^T$$

可见均衡价格与铁的占用系数无关。实际上从零增长经济的结构均衡模型可以看出，对于单位需求矩阵和单位供给矩阵均加上相同的矩阵时不会对均衡价格向量和均衡活动水平向量产生影响，这也就意味着挥发式固定资产的占用系数不会对零增长均衡产生实质性的影响。

小麦和铁的价格比为

$$a+\frac{l_1(1-a)}{l_2} \tag{6.15}$$

因为均衡中的资本品丰裕度（即资本品存量与劳动量之比，亦即人均资本品存量）本身受技术的影响，所以这两个国家的生产技术的差异就可能导致这两个国家的人均资本品存量的差异。

假设国家2的单位需求矩阵与国家1相比只有劳动投入系数不同，国家2的单位需求矩阵中的2个劳动投入系数分别为l'_1和l'_2，均小于国家1。于是可知封闭均衡中国家2的均衡效用水平较高、均衡的小麦产量和铁产量较高，因此人均资本品存量也较高。

而从式(6.15)可见两国的贸易模式取决于l_1/l_2和l'_1/l'_2的大小关系，而与一国的劳动投入系数的总体水平无关。因此可见这里的贸易模式与资本品丰裕度无关。

也就是说，当一个封闭的国家的技术变动导致人均资本存量增加时，可能会出现资本品密集型产品相对于劳动密集型产品价格上升的情况，即资本品丰裕度的上升可能伴随着资本品密集型产品价格的相对上升、劳动密集型产品价格的相对下降，而这会导致该国倾向于进口资本品密集型产品、出口劳动密集型产品。

于是可见，对于国家1和国家2而言，当两国生产技术不同、封闭条件下国家2的资本品相对丰裕时，可能出现国家2在劳动密集型产品上有比较优势、在资本品密集型产品上有比较劣势的情况，这种情况下开放贸易会导致资本品相对丰裕的国家2出口劳动密集型产品。

算例 6.7 (资本品丰裕度与贸易模式) 考虑一个列昂惕夫型单国多部门常规经济（称为国家1）。假设有3种商品（小麦、铁和劳动，劳动供给量始终为100单位）、3个主体（两个厂商和劳动者），单位需求矩阵为

$$\mathbf{A}(u)=\begin{bmatrix}0 & 0 & u\\ 0.5 & 0.5 & 0\\ 0.4 & 0.2 & 0\end{bmatrix}$$

各行分别对应小麦、铁和劳动；各列分别对应小麦生产者、铁生产者和劳动者。单位供给矩阵为单位阵。由于铁的占用系数不会对零增长均衡产生实质性的影响，因此这里将其忽略。

可见，铁是资本品密集型产品而小麦是劳动密集型产品。算得以劳动计价的均衡价格向量为

$$\mathbf{p}^*=(0.6,0.4,1)^T$$

假设国家2除单位需求矩阵外其他方面均与国家1相同；其单位需求矩阵为

$$\mathbf{A}(u)=\begin{bmatrix}0 & 0 & u\\ 0.5 & 0.5 & 0\\ 0.2 & 0.1 & 0\end{bmatrix}$$

算得以劳动计价的均衡价格向量为

$$\mathbf{p}^* = (0.3, 0.2, 1)^T$$

国家2的技术比国家1先进，相对于国家1而言国家2的两个生产部门相当于发生了劳动节约型的技术进步。因为劳动节约型的技术进步会导致均衡的人均资本品存量的增加，所以封闭均衡中国家2的资本品存量高于国家1，即国家2的资本品丰裕而国家1的劳动丰裕。由于两国的产品均衡价格相同，因此这种情形下开放产品贸易后不会发生国际贸易。

国家2出口小麦的例子

现在假设国家2单位需求矩阵变为

$$\mathbf{A}(u) = \begin{bmatrix} 0 & 0 & u \\ 0.5 & 0.5 & 0 \\ 0.18 & 0.1 & 0 \end{bmatrix}$$

算得以劳动计价的均衡价格向量为

$$\mathbf{p}^* = (0.28, 0.2, 1)^T$$

这时相当于国家2的小麦生产部门又发生了较小的劳动节约型技术进步，小麦部门的劳动投入系数下降但仍高于铁部门的劳动投入系数。这时小麦的均衡价格下降了，资本品丰裕的国家2在作为劳动密集型产品的小麦上具有了比较优势，开放产品贸易后国家2将出口小麦而进口铁。

算得以国家2的劳动计价的国际均衡价格向量为

$$\mathbf{p}^* = (0.28, 0.2, 0.5, 1)^T$$

国际均衡配置如表6.2所示。

国家2出口铁的例子

现在假设国家2单位需求矩阵变为

$$\mathbf{A}(u) = \begin{bmatrix} 0 & 0 & u \\ 0.5 & 0.5 & 0 \\ 0.2 & 0.08 & 0 \end{bmatrix}$$

算得以劳动计价的均衡价格向量为

$$\mathbf{p}^* = (0.28, 0.16, 1)^T$$

表 6.2 国家2出口小麦的均衡配置（增长率为0）

	国家1铁生产者	国家1劳动者	国家2小麦生产者	国家2铁生产者	国家2劳动者	总需求
小麦需求	0	178.6	0	0	357.1	535.7
铁需求	250	0	267.9	17.86	0	535.7
劳动1需求	100	0	0	0	0	100
劳动2需求	0	0	96.43	3.571	0	100
供给	500	100	535.7	35.72	100	

注：国家1的小麦生产者停产。

这时相当于国家2的铁生产部门发生了较小的劳动节约型技术进步，铁的均衡价格相对下降了。资本品丰裕的国家2在作为资本品密集型产品的铁上具有了比较优势，开放产品贸易后国家2将出口铁而进口小麦。

算得以国家2的劳动计价的国际均衡价格向量为

$$\mathbf{p}^* = (0.28, 0.16, 0.5, 1)^T$$

国际均衡配置如表6.3所示。

表 6.3 国家2出口铁的均衡配置（增长率为0）

	国家1小麦生产者	国家1劳动者	国家2小麦生产者	国家2铁生产者	国家2劳动者	总需求
小麦需求	0	178.6	0	0	357.1	535.7
铁需求	125	0	142.9	267.9	0	535.7
劳动1需求	100	0	0	0	0	100
劳动2需求	0	0	57.14	42.86	0	100
供给	250	100	285.7	535.7	100	0

注：国家1的铁生产者停产。

由此可见，比较优势与两个国家的资本品丰裕度无关。 □

6.5 关税

6.5.1 关税与贸易条件

关税（tariff）是由政府设置的海关对进出口商品所征收的一种税。关税按征税目的可分为财政关税（也称收入关税）、保护关税和临时性的惩罚关税（也称报复关税）。

财政关税是以增加国家财政收入为主要目的而征收的关税。保护关税是以保护本国特定产业为主要目的而征收的关税，这些产业一般包括农业、劳动密集型产业或某些幼稚产业。幼稚产业是指处于发展初期、尚无国际竞争力，但在适度保护下经过一段时间的发展能够具备国际竞争力的产业。惩罚关税是指出口国违反了与进口国之间的协议，进口国海关对涉及的进口商品征收的一种临时性的进口附加税。

征收关税一般会导致多国经济中出现多重价格，即商品的进口国和出口国的经济主体面对的商品价格结构不同，因此一般会导致超额负担。因此从多国经济的整体福利角度来看，征收财政性关税有害而无利，应当被其他税种取代。这也就是说，如果不损害其他国家的福利水平并且不考虑征收关税的外部性，那么一个国家不可能从征收关税中获益。

征收关税一般来说既会导致进出口商品的价格发生变化，也会导致进出口商品的数量发生变化，这与直接对进口或出口的商品施加数量限制（即进出口**配额**政策）有基本相同的经济效果。例如，进口配额政策一般会导致进口商品供不应求，从而导致有进口权的经济主体可以提高进口商品的售价以平衡供需半径，即可在进口价格上加上一定的价差出售进口商品，这一价差相当于由有进口权的经济主体征收的关税。

征收关税会导致贸易条件发生变动。一国的**贸易条件**（terms of trade）是指一国出口商品价格和进口商品价格的比值。在两国经济中，一国的出口商品即是另一国的进口商品，因此一国的贸易条件等于另一国贸易条件的倒数。贸易条件是一个与计量单位的选择有关的指标，因此一般主要关注其变动情况而非其绝对水平。

当一国的贸易商品种类多于两种时，定义贸易条件指数为出口商品价格指数与进口商品价格指数之比。因为价格指数本身即是动态指标，所以如此定义的贸易条件系数也是动态指标，可以反映出当前贸易条件相对于基期的贸易条件的变动情况。如果贸易条件指数大于1，说明出口价格比进口价格相对上涨，出口同量商品能换回比原来更多的进口商品，该国的当前的贸易条件比基期有利，即得到改善；如果贸易条件指数小于1，说明出口价格比进口价格相对下跌，出口同量商品能换回的进口商品比原来减少，该国当前贸易条件比基期不利，即恶化了。

国内其他条件不变时，一国贸易条件的改善会一般会增加一国的福利水平；反之，贸易条件的恶化会降低一国的福利水平，但在现实中很少遇到其他条件不变而仅仅贸易条件变动的情况。因此贸易条件的改善也可能会伴随着一国的福利水平的下降。

6.5.2 单要素大国－小国经济中的关税

下面考虑一个单要素两国经济，其中一个国家是大国，在国际均衡中各种商品均生产，而另一个国家是小国，在国际均衡中只生产部分产品。

当大国征收进口或出口关税用于补贴本国消费者（在此即劳动者）时，由于无论征收关税与否，大国的（以大国劳动计价的）均衡产品价格是固定不变的，不受征收关税的影响，而现在大国劳动者除了工资外还具有了关税收入，于是其收入将增加，效用水平将提高。而因为无论征收关税与否大国的国内价格不会变动，所以大国征收进口关税将导致小国的出口商品价格下降，大国征收出口关税将导致小国的进口商品价格上升，也就是说大国税收进口或出口关税均会导致小国的贸易条件恶化，即征收关税后小国的福利水平会下降，而大国的福利水平会上升。由此可见，在这种情况下关税税负完全由小国承担。

当小国征收进口或出口关税用于补贴本国消费者时，无论是否征收关税均无法改变大国的国内价格和福利水平，也就是说小国征收关税无法降低大国的福利水平，因此自然也就无法提高小国的福利水平。也就是说小国没有必要征收财政关税。

算例 6.8 (单要素两国经济中的大国的进口关税) 在算例6.2的经济中，假设两个国家的标准消费束均为$(1,1)^T$，劳动投入系数向量分别为$\mathbf{l}^{(1)}=(0.1,0.4)$和$\mathbf{l}^{(2)}=(0.5,0.5)$，劳动供给量均始终为100单位。

在这里两国的禀赋相同，但国家1的生产率较高，经济规模相对较大；国家2的生产率较低，经济规模相对较小。可算得封闭经济的均衡为

$$u^{*(1)}=2,\quad \mathbf{p}^{*(1)}=(1,4,10)^T,\quad \mathbf{z}^{*(1)}=(200,200,100)^T$$

$$u^{*(2)}=1,\quad \mathbf{p}^{*(2)}=(1,1,2)^T,\quad \mathbf{z}^{*(2)}=(100,100,100)^T$$

未征收关税时可解得国际均衡为

$$\mathbf{p}^*=(0.25,1,2.5,2)^T,\quad \mathbf{u}^*=(2,1.6)^T,\quad \mathbf{z}^*=(360,160,100,0,200,100)^T$$

从开放前后的均衡价格向量可见国家1为大国，国家2为小国。

相对于封闭经济而言，开放后国家1的小麦生产规模扩大了，铁生产规模减小了；国家2放弃了小麦生产，铁生产规模扩大了。国家2的消费者的总效用水平为160，于是可知其消费160单位的铁，而国家2生产200单位的铁，亦即国家2出口40单位的铁。

下面来考虑征收从价关税的情况。在表示和计算这类多国经济的均衡时，被征税的商品需要被处理为两种商品，即税前品和税后品。此外还要引入税票这种金融工具。模型中还可增加海关这一生产主体。海关相当于投入税前商品（即国外产品）和税票，产出相应的税后商品（相当于国内产品）。税票则作为受补贴的主体的联产品。下面来看算例。

假设国家1对进口的铁征收税率为$\tau=0.25$的关税以补贴国家1的消费者，这相当于国家1的海关用国家2的铁和税票生产国家1的铁。此时经济中有6种商品，即小麦、国家1的铁、国家1的劳动、国家2的铁、国家2的劳动、税票；有7种经济主体，即国家1的小麦生产者、铁生产者、劳动者、国家2的小麦生产者、铁生产者、劳动者、国家1的海关。单位需求矩阵和单位供给矩阵如下：

$$\mathbf{A}(\mathbf{p},u)=\begin{bmatrix} 0 & 0 & u_1 & 0 & 0 & u_2 & 0 \\ 0 & 0 & u_1 & 0 & 0 & 0 & 0 \\ 0.1 & 0.4 & 0 & 0 & 0 & 0 & 0 \\ 0 & 0 & 0 & 0.5 & 0.5 & 0 & 0 \\ 0 & 0 & 0 & 0 & 0 & u_2 & 1 \\ 0 & 0 & 0 & 0 & 0 & 0 & \tau p_5/p_6 \end{bmatrix}$$

$$\mathbf{B}=\begin{bmatrix} 1 & 0 & 0 & 1 & 0 & 0 & 0 \\ 0 & 1 & 0 & 0 & 0 & 0 & 1 \\ 0 & 0 & 1 & 0 & 0 & 0 & 0 \\ 0 & 0 & 0 & 0 & 0 & 1 & 0 \\ 0 & 0 & 0 & 0 & 1 & 0 & 0 \\ 0 & 0 & 1 & 0 & 0 & 0 & 0 \end{bmatrix}$$

结构均衡模型为式(6.1)–(6.2)。算得国际均衡为

$$\mathbf{p}^*=(0.25,1,2.5,1.6,0.8,0.0459)^T,\quad \mathbf{u}^*=(2.076,1.524)^T$$

$$\mathbf{z}^*=(360,160,100,0,200,100,47.62)^T$$

可见征税后国家2的铁价由1下降到0.8，贸易条件恶化，国家2的消费者效用水平由1.6下降到1.524。由于增加了关税收入，国家1的消费者效用水平由2上升到2.076。国家2铁的出口量由40增加到47.62，可见对商品征收关税有可能反而增加其国际贸易数量。尽管国家2铁的出口量上升了，但以小麦计价的出口金额则下降了。

由于国家2是小国，于是无论国家2是否对进口商品征收关税均不影响国家1的商品价格，从而也不会影响国家1的消费者的效用水平。 □

尽管从增加收入的角度来看小国不应当征收关税，但出于保护国内某些产业或者国家安全等其他方面考虑，小国也有可能征收关税。

算例 6.9 (小国征收保护关税) 现在假定国家2对于进口的小麦征收关税以补贴国家2的小麦生产者。在此以铁为计价商品。

由于国家2对于进口小麦征收关税不会影响国家1的小麦价格，于是征收关税后国家2的小麦价格将上升，贸易条件恶化，税负完全由国家2的消费者承担，也就是说国家2对于进口小麦征收关税其实相当于对国家2的消费者征税。

如果关税税率很高，可能导致被征税的商品价格过高而进口量为0，这与禁止该商品进口没有区别。在本例中封闭条件下国家1的小麦价格为0.25而国家2的小麦价格为1，如果国家2对进口的小麦征收税率为$\tau = 300\%$的关税，国家2进口的小麦价格将达到1，与封闭条件下的国家2生产的小麦价格相同，此时两国将不会有国际贸易。

当税率为$0 < \tau < 3$时，享受补贴的国家2的小麦生产者将开始生产小麦。税率和补贴较高时，小麦产量会较大，关税率和补贴较低时，小麦产量会较小。

下面假设税率为$\tau = 0.05$。此时可以估算一下国家2的小麦产量。征收关税前国家2进口160单位小麦，应缴的关税总额为$160 \times 0.25 \times 0.05 = 2$元。国家2生产1单位小麦亏损$1 - 0.25 = 0.75$元，即1单位小麦需要补贴0.75元。2元可补贴$2/0.75 \approx 2.667$单位小麦。国家2少量的小麦生产将导致进口量的小幅减少，此外还将导致国家2的福利水平下降（消费者效用水平下降），于是可知从国家1进口的小麦将略低于160单位，于是国家2生产的小麦数量略低于2.667单位。

下面利用数值方法来计算国际均衡。

单位需求矩阵和单位供给矩阵如下：

$$\mathbf{A}(\mathbf{p},u) = \begin{bmatrix} 0 & 0 & u_1 & 0 & 0 & 0 & 1 \\ 0 & 0 & u_1 & 0 & 0 & u_2 & 0 \\ 0.1 & 0.4 & 0 & 0 & 0 & 0 & 0 \\ 0 & 0 & 0 & 0.5 & 0.5 & 0 & 0 \\ 0 & 0 & 0 & 0 & 0 & u_2 & 0 \\ 0 & 0 & 0 & 0 & 0 & 0 & \tau p_1/p_6 \end{bmatrix}$$

$$\mathbf{B}=\begin{bmatrix}1&0&0&0&0&0&0\\0&1&0&0&1&0&0\\0&0&1&0&0&0&0\\0&0&0&0&0&1&0\\0&0&0&1&0&0&1\\0&0&0&1&0&0&0\end{bmatrix}$$

结构均衡模型为式(6.1)–(6.2)。算得国际均衡为

$$\mathbf{p}^*=(0.25,1,2.5,2,0.2625,0.7375)^T,\quad \mathbf{u}^*=(2,1.584)^T$$

$$\mathbf{z}^*=(355.8,161.1,100,2.640,197.4,100,155.8)^T$$

可见国家2消费者的效用水平从无关税时的1.6下降到的现在的1.584。也就是说国家2对小麦产业的保护损害了其福利。当然，如果考虑到国家粮食供给的安全因素，那么国家2消费者效用水平的下降可能是值得的。此时国家2的小麦产量为2.640单位。 □

6.6 两国经济中的技术进步

6.6.1 技术进步与福利水平

当多国经济中发生技术进步时，这一经济与发生技术进步前相比，在给定的禀赋下可以生产出更多的产品，在竞争性均衡配置中会有消费者从中受益。而受益者可能只有发生技术进步国家的消费者，也可能只有未发生技术进步的国家的消费者。

当两国经济中的一个国家的出口品生产部门发生技术进步时，该部门利用给定的禀赋可以生产出更多的出口品，出口品的价格可能会随之下降，也就是说本国的贸易条件可能会随之恶化，这时外国的贸易条件就会改善，于是外国的福利水平会上升。如果出口品产量的上升导致出口品价格大幅下降、本国贸易条件严重恶化，则这一技术进步就可能导致该国福利水平比技术进步前下降。反之，如果一个国家的出口品生产部门发生技术进步时本国的贸易条件没有严重恶化，则这一技术进步就会导致本国的福利水平的上升。

当两国经济中的一个国家的进口品生产部门发生技术进步时，一般来说这一产品的总供给就会增加、价格可能会随之下降，也就是说本国的贸

易条件可能会随之改善，这时外国的贸易条件就会恶化，于是本国的福利水平会上升而外国的福利水平会下降。

算例 6.10 (技术进步导致本国福利水平下降、外国福利水平上升) 考虑包含4种商品（即小麦、劳动1、铁和劳动2）和4类经济主体（即小麦生产者、劳动者1、铁生产者和劳动者2）的两国经济，其中小麦生产者和劳动者1属于国家1，铁生产者和劳动者2属于国家2。假设劳动者1和劳动者2的人数均为100，每位劳动者供给1单位劳动。假设生产函数和效用函数如下：

小麦生产者	$(x_2^{-1}+x_3^{-1})^{-1}$
劳动者1	x_1
铁生产者	x_4
劳动者2	x_1

可见小麦生产者具有CES型生产函数。可算得单位需求矩阵为

$$\mathbf{A}(\mathbf{p},\mathbf{u})=\begin{bmatrix} 0 & u_1 & 0 & u_2 \\ 1+\sqrt{p_3/p_2} & 0 & 0 & 0 \\ 1+\sqrt{p_2/p_3} & 0 & 0 & 0 \\ 0 & 0 & 1 & 0 \end{bmatrix}$$

单位供给矩阵为单位阵。

结构均衡模型为

$$\mathbf{p}^T\mathbf{A}(\mathbf{p},\mathbf{u})=\mathbf{p}^T$$
$$\mathbf{A}(\mathbf{p},\mathbf{u})\mathbf{z}=\mathbf{z}$$

其中，$\mathbf{z}=(z_1,100,z_3,100)^T$。

以小麦为计价商品。解得均衡为

$$\mathbf{u}^*=(0.25,0.25)^T,\quad \mathbf{p}^*=(1,u_1^*,u_2^*,u_2^*)^T=(1,0.25,0.25,0.25)^T$$

$$\mathbf{z}^*=(50,100,100,100)^T$$

竞争性均衡配置如表6.4所示。

当小麦生产者发生劳动节约型技术进步、生产函数变为 $(\frac{2}{3}x_2^{-1}+x_3^{-1})^{-1}$ 时，解得均衡为

$$\mathbf{u}^*=(0.24,0.36)^T,\quad \mathbf{p}^*=(1,u_1^*,u_2^*,u_2^*)^T=(1,0.24,0.36,0.36)^T$$

表 6.4 竞争性均衡配置（增长率为0）

	小麦生产者	劳动者1	铁生产者	劳动者2	总需求
小麦需求	0	25	0	25	50
劳动1需求	100	0	0	0	100
铁需求	100	0	0	0	100
劳动2需求	0	0	100	0	100
供给	50	100	100	100	

表 6.5 技术进步后的竞争性均衡配置（增长率为0）

	小麦生产者	劳动者1	铁生产者	劳动者2	总需求
小麦需求	0	24	0	36	60
劳动1需求	100	0	0	0	100
铁需求	100	0	0	0	100
劳动2需求	0	0	100	0	100
供给	60	100	100	100	

$$\mathbf{z}^* = (60, 100, 100, 100)^T$$

技术进步后的竞争性均衡配置如表6.5所示。

可见国家1发生技术进步后，本国产品的产量增加、价格下降，贸易条件严重恶化，导致本国的福利水平比技术进步前下降了；而国家2的福利水平则上升了。

要素节约型技术进步的经济效果与禀赋增加的经济效果是类似的。就福利水平而言，显然以上讨论的技术进步与国家1的人均禀赋（在此即劳动者1的人均劳动量）增加到1.5单位、劳动供给量增加到150单位时的效果是相同的。于是可见，一国人均禀赋的增加有可能导致该国福利水平的下降。 □

6.6.2 大国－小国经济中的技术进步

在大国－小国经济中，因为国际均衡中的产品价格由大国决定，所以当大国的技术进步导致均衡产品价格结构和贸易条件发生变动时，小国的福利水平就会受到影响。当大国在其出口产品的生产上发生技术进步时，一般会导致出口产品的价格相对下降，即大国的贸易条件会恶化，而小国贸易条件会改善，这会提高小国的福利水平。反之，当大国在其进口产品的生产上发生技术进步时，会导致其贸易条件的改善，而小国出口产品的竞争力会受到削弱，贸易条件会恶化，这会降低小国的福利水平。

而当小国发生技术进步但其小国地位没有改变时，技术进步后的经济仍然是大国－小国经济，均衡产品价格仍然由大国决定，也就是说均衡产品价格和贸易条件不会发生变化，大国的福利水平也不会发生变化，但两个国家的产出和贸易量一般会发生变化。

算例 6.11 (大国－小国经济中的技术进步) 仍然考虑包含小麦和铁两种产品的两国经济。假设两个国家的标准消费束均为$(1,1)^T$，即对小麦和铁的需求比为1；生产中只使用劳动，劳动投入系数向量分别为$\mathbf{l}^{(1)}=(0.1,0.4)$和$\mathbf{l}^{(2)}=(0.5,0.5)$，即封闭经济中以劳动计价的两国的均衡价格向量分别为$(0.1,0.4,1)^T$和$(0.5,0.5,1)^T$。

假设两国的劳动供给量分别为1000和100，即国家1的经济规模较大，国家2的经济规模较小。国际均衡为

$$\mathbf{p}^*=(0.25,1,2.5,2)^T,\quad \mathbf{u}^*=(2,1.6)^T,\quad \mathbf{z}^*=(2160,1960,1000,0,200,100)^T$$

以小麦为计价商品时均衡价格即为$\mathbf{p}^*=(1,4,10,8)^T$。从均衡价格可见国家1为大国而国家2为小国。均衡中国家1出口小麦、进口铁，国家2则相反。

因为国家1是大国且出口小麦，所以当国家1的小麦生产发生技术进步时对于两国均有益。例如，当国家1的劳动投入系数向量变为$\mathbf{l}^{(1)}=(0.05,0.4)$时，开放的两国经济的均衡为

$$\mathbf{p}^*=(0.125,1,2.5,2)^T,\quad \mathbf{u}^*=(2.222,1.777)^T$$

$$\mathbf{z}^*=(2400,2200,1000,0,200,100)^T$$

从均衡效用水平向量可见技术进步导致两国福利水平均增加。国家2出口铁而进口小麦，贸易条件即为铁价与小麦价格之比；以铁计价时，在技术进步前的贸易条件为$1/0.25=4$，而在技术进步后的贸易条件为$1/0.125=8$，即国家2的贸易条件得到了改善。国家 1 的贸易条件则恶化了，但技术进步的影响超过了贸易条件的影响，因此国家1的福利水平仍然上升了。

因为国家1是大国且进口铁，所以其铁生产的技术进步会导致国家2的福利水平下降。例如，当国家1的劳动投入系数向量变为$\mathbf{l}^{(1)}=(0.1,0.2)$时，国际均衡为

$$\mathbf{p}^*=(1,2,10,4)^T,\quad \mathbf{u}^*=(3.333,1.333)^T$$

$$\mathbf{z}^*=(3467,3267,1000,0,200,100)^T$$

可见国家2的贸易条件由技术进步前的$1/0.25=4$恶化为技术进步后的$1/0.5=2$，国家2的消费者的效用水平由1.6下降到1.333。

如果国家1的小麦和铁的生产发生幅度相同的技术进步，即劳动投入系数以相同的比例减小（例如，分别由0.1和0.4减小到0.05和0.2），则由于国家1的两种产品的价格之比（亦即国际均衡中两种产品的价格之比）不变，因此国家2的贸易条件不会由于这种技术进步而发生变化，国家2的福利水平也不会变化。例如，国家1的小麦和铁的劳动投入系数分别由0.1和0.4减小到0.05和0.2时的国际均衡为

$$\mathbf{p}^*=(1,4,20,8)^T,\quad \mathbf{u}^*=(4,1.6)^T,\quad \mathbf{z}^*=(4156,3960,1000,0,200,100)^T$$

下面考虑国家2（即小国）发生技术进步的情况。

先假设国家2的小麦生产发生了技术进步。由于在原先的开放经济中国家2的小麦生产者停产，于是该厂商发生较小的技术进步（例如，劳动投入系数由0.5 减小为0.2 ）不足以改变其停产的状态，对整个经济没有影响。

若国家2的小麦厂商的劳动投入系数由0.5减小为0.125，因为封闭的两国经济中的小麦和铁的价格比均为4，所以此时两国之间将没有贸易，国家2的商品价格在技术进步前后并没有发生变化，国家2的福利水平也没有变化。

若劳动投入系数继续减小，则此时国家2的比较优势将从小麦生产转换到铁生产上，贸易模式将发生变化，国家2将出口小麦而进口铁，但此时其小国地位并不会变动。因此这种情形下国家2的福利水平会增加而国家1的福利水平不变。例如国家2的小麦厂商的劳动投入系数由0.5减小为0.1时的国际均衡为

$$\mathbf{p}^*=(0.25,1,2.5,2.5)^T,\ \mathbf{u}^*=(2,2)^T,\ \mathbf{z}^*=(1200,2200,1000,1000,0,100)^T$$

与技术进步前的国际均衡效用水平向量$\mathbf{u}^*=(2,1.6)^T$比较，可见国家1的福利水平不变而国家2的福利水平上升了。

当国家2在铁生产上发生较小的技术进步、其小国地位和贸易条件没有发生改变时，这种技术进步就只会提高国家2的福利水平而不会改变国家1的福利水平。例如，国家2的铁厂商的劳动投入系数由0.5减小为0.1时的国际均衡为

$$\mathbf{p}^*=(1,4,10,40)^T,\quad \mathbf{u}^*=(2,8)^T,\quad \mathbf{z}^*=(2800,1800,1000,0,1000,100)^T$$

可见只有国家2的福利水平得到了提高。 □

6.7 产业资本的国际流动

在之前的讨论中没有涉及产业资本和金融资本的跨国流动。金融资本的跨国流动一般表现为跨国购买股票、债券等金融资产，一般不涉及生产技术的跨国转移。产业资本不同于金融资本的重要一点是产业资本一般与特定的生产技术（包括管理技能）结合在一起，产业资本的跨国流动即为外国直接投资（Foreign Direct Investment，FDI），其主要形式为设立跨国企业（如在外国创办新企业或控制外国企业股权等），这也就意味着生产技术的跨国流动。

因此当产业资本可以跨国流动、在外国设立跨国厂商时，国际范围内生产技术上有劣势的厂商会被淘汰，各国的生产技术的差异最终将会消失。这时各国的差异就主要表现在要素丰裕度和偏好方面。

在每个国家只有劳动这一种要素的情况下，产业资本的跨国流动使得每个厂商都可以自由地使用其他国家的劳动，这与开放要素贸易、允许劳动跨国流动的效果是完全相同的。而在每个国家拥有多种要素的情形下，允许产业资本的跨国流动与开放要素贸易相比仍然有一定的局限性，即允许产业资本的跨国流动时每个厂商只允许使用一个国家的各种要素，而开放要素贸易时每个厂商可以同时使用多个国家的各种要素。

下面讨论产业资本国际流动带来的收益。首先假设经济中不存在股息因素。如果不考虑产业资本所属的国别，那么产业资本的国际流动一般来说相当于资本输入国家发生了技术进步，对于输入国家是有利的，对于整个国际经济也是有利的。但由于一国发生技术进步可能会削弱其他国家的竞争力，恶化其他国家的贸易条件，进而损害其他国家的福利，因此无股息时产业资本的国际流动可能会损害资本输出国的福利水平。

现在假设经济中存在股息。从现实角度看，竞争性的产业资本的跨国流动正是为了获取股息（或者说利润），因此这一假设更符合现实。这种情况下，资本输入国家原来享有的股息可能因本国企业被淘汰而损失，但资本输入可能导致本国的要素价格和消费者收入提高，因此资本输入国既有可能因产业资本的引入而受损，也有可能从中受益。下面通过一个算例来说明这一点。

算例 6.12 (国际产业资本流动的收益) 假设国家1的经济包含3种商品（即小麦、劳动和股票）和3类主体，生产函数和效用函数如下：

小麦生产者　$\min\{x_1/\alpha, x_2\}$，$0<\alpha<1$

劳动者　x_1

股东　x_1

假定劳动者数量和劳动供给量始终为l，股东数量和股票供给量始终为1。假定外生的均衡收益率为r；由于这是一个零增长经济，于是均衡利润率也就为r，相应的折现因子为$\rho_r := \frac{1}{1+r}$。

可算得封闭条件下国家1的均衡配置如表6.6所示。

表 6.6　封闭条件下国家1的均衡配置（增长率为0）

	小麦生产者	劳动者	股东	总需求
小麦需求	$l\alpha$	$l(\rho_r-\alpha)$	$l(1-\rho_r)=\frac{lr}{1+r}$	l
劳动需求	l	0	0	l
股票需求	1	0	0	1
供给	l	l	1	

假设国家2除了资本投入系数为$\alpha'(0<\alpha'<\alpha)$外，其他因素均与国家1相同。也就是说国家2有更先进的生产技术。

因为这一两国经济中只有一种产品，所以当开放产品贸易和产业资本流动时两个国家间可能有资本流动，但不会有国际贸易。

当国家2的产业资本流入国家1、取代国家1的小麦生产者后，国家1的生产也使用国家2的技术，国家1的劳动者总收入将变为$l(\rho_r-\alpha')$，而国家1的股东将不再存在，国家1的厂商提供的股息收入$l(1-\rho_r)$由国家2占有。显然，只要有股息（即$\rho_r<1$），这一经济中的国家2就会从资本输出中获益。

而对于资本输入国（国家1）而言，在开放前以小麦计量的总收入为$l(1-\alpha)$，而开放后的总收入即为劳动者的总收入$l(\rho_r-\alpha')$，即开放后总收入的增加量为$l(\rho_r-\alpha')-l(1-\alpha)$。

可见，当$\rho_r-\alpha'>1-\alpha$时，资本输入会改善国家1的福利；当$\rho_r-\alpha'<1-\alpha$时，资本输入会损害国家 1 的福利。

而当不存在股息（即$\rho_r=1$）时，资本输入会改善国家1的福利，但这时国家2无法从资本输出中获利、没有动机向国家1输出资本。 □

6.8　对多国经济的进一步讨论

6.8.1　规模收益递增与国际贸易

在之前的多国经济分析中假定规模收益不变。在这种情况下两个完全相同的国家开放产品贸易后不会有实质性的国际贸易；而当经济中存在规模收益递增的厂商时，这一点就未必成立。这种情形下通过国际贸易可以使得原先由各个国家不同厂商生产的同种产品集中由某个国家的一个厂商来生产，从而增加了厂商的生产规模、带来了规模收益。因此对于由多个规模收益递增的完全相同的国家构成的经济而言，其IRS均衡中可能存在国际贸易。

而如本书第4.3.2小节所示，当经济中存在递增的规模收益时，经济中的价格信号就难以发挥作用，不容易协调经济主体达到最优配置，也就是说IRS均衡配置常常不是给定经济制度下的最优配置。

算例 6.13 (规模收益递增与国际贸易) 考虑一个两国经济，其中有4种商品，即小麦、铁、国家1的劳动（下面称为劳动1）和国家2的劳动（下面称为劳动2）；有6种主体，即国家1的小麦生产者（下面称为小麦生产者1）、国家1的铁生产者（下面称为铁生产者1）、国家1的劳动者（下面称为劳动者1）、国家2的小麦生产者（下面称为小麦生产者2）、国家2的铁生产者（下面称为铁生产者2）、国家2的劳动者（下面称为劳动者2）。

假设生产函数和效用函数如下：

$$\begin{aligned} \text{小麦生产者1} \quad & \left(x_2^{0.5}x_3^{0.5}\right)^{4/3} \\ \text{铁生产者1} \quad & \left(x_2^{0.5}x_3^{0.5}\right)^{4/3} \\ \text{劳动者1} \quad & x_1 \\ \text{小麦生产者2} \quad & \left(x_2^{0.5}x_4^{0.5}\right)^{4/3} \\ \text{铁生产者2} \quad & \left(x_2^{0.5}x_4^{0.5}\right)^{4/3} \\ \text{劳动者2} \quad & x_1 \end{aligned}$$

假设劳动1和劳动2的供给量均始终为100单位。以小麦为计价商品。

单位需求矩阵为

$$\mathbf{A}(\mathbf{p},\mathbf{u},\mathbf{z}) =$$

$$\begin{bmatrix} 0 & 0 & u_1 & 0 & 0 & u_2 \\ z_1^{-0.25}\left(\frac{p_3}{p_2}\right)^{0.5} & z_2^{-0.25}\left(\frac{p_3}{p_2}\right)^{0.5} & 0 & z_4^{-0.25}\left(\frac{p_4}{p_2}\right)^{0.5} & z_5^{-0.25}\left(\frac{p_4}{p_2}\right)^{0.5} & 0 \\ z_1^{-0.25}\left(\frac{p_2}{p_3}\right)^{0.5} & z_2^{-0.25}\left(\frac{p_2}{p_3}\right)^{0.5} & 0 & 0 & 0 & 0 \\ 0 & 0 & 0 & z_4^{-0.25}\left(\frac{p_2}{p_4}\right)^{0.5} & z_5^{-0.25}\left(\frac{p_2}{p_4}\right)^{0.5} & 0 \end{bmatrix}$$

单位供给矩阵为

$$\mathbf{B}=\begin{bmatrix}1&0&0&1&0&0\\0&1&0&0&1&0\\0&0&1&0&0&0\\0&0&0&0&0&1\end{bmatrix}$$

IRS结构均衡模型为

$$\mathbf{p}^T\mathbf{A}(\mathbf{p},\mathbf{u},\mathbf{z})\geqslant\mathbf{p}^T\mathbf{B} \tag{6.16}$$

$$\mathbf{A}(\mathbf{p},\mathbf{u},\mathbf{z})\mathbf{z}\leqslant\mathbf{B}\mathbf{z} \tag{6.17}$$

解得三个IRS均衡如下：

$\mathbf{p}^*=(1,1,6.25,6.25)^T$, $\mathbf{z}^*=(625,625,100,625,625,100)^T$, $\mathbf{u}^*=(6.25,6.25)^T$

$\mathbf{p}^*=(1,1,12.5,12.5)^T$, $\mathbf{z}^*=(2500,0,100,0,2500,100)^T$, $\mathbf{u}^*=(12.5,12.5)^T$

$\mathbf{p}^*=(1,1,12.5,12.5)^T$, $\mathbf{z}^*=(0,2500,100,2500,0,100)^T$, $\mathbf{u}^*=(12.5,12.5)^T$

第一个IRS均衡中两国之间没有国际贸易。第二个和第三个IRS均衡中两国实现了完全分工，存在国际贸易。第二个IRS均衡中的IRS均衡配置如表6.7所示。

表 6.7 两国经济的一个IRS均衡配置（增长率为0）

	小麦生产者1	劳动者1	铁生产者2	劳动者2	总需求
小麦需求	0	1250	0	1250	2500
铁需求	1250	0	1250	0	2500
劳动1需求	100	0	0	0	100
劳动2需求	0	0	100	0	100
供给	2500	100	2500	100	

注：铁生产者1和小麦生产者2停产。

在给定的贸易政策（或者说经济制度）下以上均衡中的均衡配置并非最优配置，当然更不是完全开放条件下的最优配置。由于这一经济中消费者只消费小麦，因此最优配置也就是能够最大化小麦产量的配置。而最大化小麦产量就意味着最大化铁的净产出。由算例4.8的计算可知，当劳动投入量为100单位时铁的最大净产量约为1481单位，于是可以进一步算得小

表 6.8 IRS两国经济的一个最优配置（增长率为0）

	小麦生产者1	劳动者1	铁生产者2	劳动者2	总需求
小麦需求	0	1400	0	1400	2800
铁需求	1481	0	2963	0	4444
劳动1需求	100	0	0	0	100
劳动2需求	0	0	100	0	100
供给	2800	100	4444	100	

注：铁生产者1和小麦生产者2停产。

麦的最优产量。在最优配置中小麦产量可以在两国消费者间任意地分配。使得所有消费者效用水平相同的最优配置如表6.8所示。

当两国完全开放时使得所有消费者效用水平相同的最优配置如表6.9所示。 □

表 6.9 IRS两国经济完全开放时的一个最优配置（增长率为0）

	小麦生产者1	劳动者1	铁生产者2	劳动者2	总需求
小麦需求	0	1568	0	1568	3136
铁需求	2634	0	5267	0	7901
劳动需求	66.67	0	133.3	0	200
供给	3136	100	7901	100	

注：铁生产者1和小麦生产者2停产。

6.8.2 经济增长速度与国际贸易

根据结构均衡模型可知常规经济中的外生经济增长速度（亦即要素供给量的增长速度）的变动可能引起均衡价格向量结构的变动，因此经济增长速度的变动也可能引起贸易模式的变化。下面利用列昂惕夫型单要素多部门经济对这一问题作一简单讨论。

假定国家1和国家2均为包含3种商品（即小麦、铁和劳动）、3类主体（即小麦生产者、铁生产者和劳动者）的列昂惕夫型单国经济。假设国家2的单位需求矩阵如式(6.6)所示。假设国家1的单位需求矩阵为

$$\mathbf{A}(u)=\begin{bmatrix}\bar{\mathbf{A}} & u\mathbf{d}\\ \bar{\mathbf{l}}^T & 0\end{bmatrix}=\begin{bmatrix}a_{11} & a_{12} & d_1u\\ a_{21} & a_{22} & d_2u\\ l_1 & l_2 & 0\end{bmatrix} \tag{6.18}$$

则根据式(3.13)可算得以小麦计价的铁价（亦即铁与小麦的价格比）为

$$\frac{l_2(\rho-a_{11})+l_1a_{12}}{l_1(\rho-a_{22})+l_2a_{21}}$$

从上式可见，增长速度的变动一般会引起价格比的变动。

对于国家2而言，在封闭条件下当增长速度变动时其两种产品的价格比不变，始终为l_2'/l_1'；而对于国家1则不然。可见当经济增长速度发生变动时贸易模式可能会发生变动。

6.9 本章小结

多国经济与单国经济

就本书的均衡模型和动态模型而言，多国经济与单国经济的数学形式基本相同。在多国经济中，国家只是经济中若干经济主体构成的集合而已；相应地，在多国经济中各经济主体供给的商品也具有国家属性。各种经济制度（包括贸易政策）下各国经济之间的相互影响是多国经济分析中的一个重点问题。

在完全开放的、竞争性的多国经济中，均衡配置即是最优配置。而当对国家间的产品贸易和要素贸易施加限制后，均衡配置一般就不再是最优配置，也就是说相对于完全开放的、竞争性的多国经济而言发生了经济效率的损失、社会福利水平的下降。而在完全开放的、非竞争性的多国经济中，均衡配置一般不是最优配置，这时国家间的贸易限制就有可能对资源配置起到矫正作用，即带来经济效率的提高。

多国经济的结构均衡模型与单国经济的结构均衡模型是相同的，区别仅在于单位需求矩阵和单位供给矩阵不同而已。因为均衡公式相同，所以无论是多国经济还是单国经济，对结构均衡模型求数值解的方法都是相同的，均可使用本书第9章介绍的方法。

国际贸易的原因

在封闭条件下各个国家自给自足，每个国家有自己的均衡价格和均衡配置。在规模收益不变的假设下，各国的封闭均衡价格结构的差异是导致国际贸易的直接原因。当两个国家的均衡产品价格结构有差异时，每个国家就会倾向于进口国内相对昂贵而国外相对便宜的商品，倾向于出口国内相对便宜而国外相对昂贵的商品。换言之，也就是说倾向于用国内较便宜的、有比较优势的商品去换取国内较贵的、有比较劣势的商品。当存在递增的规模收益时，即使各国的封闭均衡价格结构相同也可能发生国际贸易。如无特别说明，本书总是假定规模收益不变。

既然从均衡分析的角度来看，国际贸易存在的直接原因是各国的贸易品在封闭条件下的均衡价格结构（即相对价格）有差异，那么对均衡价格有影响的各种因素都可能间接地导致国际贸易的发生，在竞争性经济中这些因素包括生产技术、要素存量（即禀赋）、消费者偏好、增长率等，而在非竞争性经济中还可能包括垄断、税收、股息、利息等因素。

贸易模式指各个国家出口、进口的商品种类。一般而言，生产某种产品的技术相对落后则该产品的均衡价格相对较高；消费者更偏好某种产品则其均衡价格相对较高；生产某种产品时所密集使用的要素相对稀缺则这种产品的均衡价格相对较高。在一些简单而特殊的情形中可以根据这些规律对贸易模式作出一些判断。不过因为影响国际贸易的因素众多且对贸易模式的影响可能相互加强或抵消（或者说叠加），所以在一般情形下需要计算出国际均衡之后才能对贸易模式作出判断。

在开放的两国两产品经济的均衡中，每个国家会生产各自具有比较优势的产品，但是未必不生产自己具有比较劣势的产品。这是因为当两国实现完全分工、各只生产一种产品时，国际市场上这两种产品的供给结构可能与消费者的需求结构不一致，在这种情况下均衡中必然有一国生产两种产品。

国际贸易与技术进步

对于多国经济中的每个国家而言，可以将其他国家视为一个厂商（即进出口厂商），本国的出口品即为进出口厂商的投入品，本国的进口品即为进出口厂商的产品。

在封闭条件下本国无法与其他国家进行交易，也就是说这时不存在进出口厂商。对于本国而言开放贸易相当于本国的经济中增加了一个进出口厂商，总生产集中增加了进出口厂商拥有的技术。也就是说对于一个国家而言开放贸易相当于引进了新的生产技术。

对于竞争性经济而言，引入新的生产技术不会导致均衡社会福利水平的下降，并且常常会导致均衡社会福利水平的上升。因此从总体上来看对于竞争性经济而言开放贸易一般是有利的。而对于非竞争性经济（例如存在利息、股息等因素的经济）而言开放贸易可能导致均衡社会福利水平的下降（参见本书第7.8节）。本章主要关注竞争性经济。

引入一项新的生产技术能否提高均衡社会福利水平与这项技术能否带

来超额利润有密切的联系。一般来说如果新技术在原先的经济均衡中可以带来超额利润（或者说对于厂商而言使用该技术有利可图），则该新技术就是一项技术进步，也就是说使用该技术会提高社会福利水平，即可以改进原先的最优配置。反过来，如果某项新技术是一项技术进步，那么该技术在原先的经济均衡中就可以带来超额利润。

贸易所得的分配

在没有消费者间的转移支付的情形下，贸易的开放显然可能会损害某些消费者的福利。不过当各国经济为竞争性经济时，只要借助各国内部适当的转移支付（如税收和补贴），开放国际贸易就可以不降低所有消费者的均衡效用水平（即不降低均衡社会福利水平），并且常常还可以带来均衡社会福利水平的提高。

开放贸易一般对于多国经济整体而言是有利的，但各个国家从开放贸易中的受益程度可能相差悬殊，甚至可能出现有的国家独占贸易所得而另一些国家未从国际贸易中受益的情况。当多国经济中存在多个国际均衡时情况更为复杂，这时各个均衡中贸易所得在各国间的分配模式一般不同，这也就意味着有时贸易所得的分配模式不能由技术、偏好、禀赋、增长率这些因素完全决定。

一个国家的经济规模主要由消费者人口、禀赋、产量等因素决定。对于两个经济规模相差悬殊的国家而言，由于受规模小的国家（称为较小国）的产量的限制，开放贸易后两国间的贸易量对于规模大的国家（称为较大国）而言是很小的，因此开放贸易对于较大国的价格结构、产量、消费者效用水平等方面影响相对较小，而对于较小国的影响相对较大。即开放贸易即使能够导致较大国的福利水平上升，其升高幅度也较小；而较小国的福利水平则有大幅上升的可能。

尽管从理论上来说在国内进行适当的转移支付可以保证开放贸易后所有消费者的均衡福利水平至少不下降，并且还可能都有所提升，但从现实的角度来看由于各类经济主体之间存在利益冲突，因此要实施合适的转移支付并非易事。

大国－小国经济

本书讨论的离散时间的大国－小国经济中的两个国家的经济规模相差较大，开放贸易后的国际均衡价格结构等于大国在封闭条件下的均衡价格结构。也就是说大国－小国经济中大国的均衡价格结构在开放贸易前后保持不变，小国对于国际均衡价格结构没有任何影响力。而在较大国－较小国经济中，国际均衡价格结构接近于但不等于大国在封闭条件下的均衡价格结构，即较小国对于国际均衡价格结构有影响力。

对于大国而言，当开放贸易前后计价商品不变时均衡中各种商品的价格也保持不变，因此消费者的收入和效用水平不会发生变化，即开放贸易前后的社会福利水平保持不变。大国的厂商一般也不会因为开放贸易而被淘汰掉，也就是说开放贸易后一般不会停产，不过开放贸易后各厂商的产量可能发生变化。

偏好与要素禀赋

当每个国家都是单要素多部门经济时，若各国技术、增长速度相同，仅仅偏好和禀赋不同，那么由无替代定理可知在这种情形下偏好和禀赋不会影响均衡价格结构，开放贸易时各国之间不会有国际贸易。

而当各国为多要素经济时，偏好差异和禀赋差异一般会导致国际贸易。当一个国家的消费者相对较为偏好某种产品时，其封闭条件下的均衡价格一般较高，因此一般会倾向于进口本国较为偏好的产品而出口外国较为偏好的产品。

当一国的某种要素禀赋相对丰裕时，在封闭条件下其均衡价格相对较低，这使得较密集使用该要素的产品的价格也相对较低，因此开放贸易时该国会倾向于出口该产品，即每个国家会出口较密集地使用自己相对丰裕的禀赋的产品。需要注意的是并不能根据这一结论认为资本品相对丰裕、劳动相对稀缺的国家会出口资本品密集型产品而进口劳动密集型产品，这是因为资本品数量是内生变量，并不像初级要素数量那样是外生变量。

大国－小国经济中的关税与技术进步

在（竞争性的）多国经济中征收关税一般会导致同一种产品在不同的国家具有不同的价格，即导致经济中出现了多重价格，这一般会导致经济效率、整体福利水平的损失。

无论征收关税与否，大国的国内价格常常不会发生变动，于是在这种情况下征收关税不会导致大国福利水平下降，而征收关税导致的福利水平的损失就完全由小国承担。如果这时关税由大国征收，那么大国就还可以因为收入增加而获益。可见一般而言征收关税对于小国是不利的。

在多国经济中发生技术进步会导致整体福利水平的上升。由于大国－小国经济中大国的国内价格不受是否开放贸易的影响，也就是说不受小国的影响，因此当小国发生技术进步时大国的福利水平不会变动，也就是说技术进步的收益全部由小国占有。而当大国在出口品（即大国有比较优势的产品）上发生技术进步时一般会导致两国受益，在进口品（即小国有比较优势的产品）上发生技术进步时一般会导致大国受益而小国受损。

产业资本的国际流动

当允许产业资本跨国流动时，国际范围内生产技术上有劣势的厂商会被淘汰，各国的生产技术的差异最终将会消失。对于技术落后的国家而言相当于发生了技术进步，这对于多国经济整体而言是有利的。但对于技术落后的国家而言可能会因国内厂商被淘汰而损失股息收入，因此当这一损失超过技术进步带来的收益时就会导致其福利水平的下降。

第7章　货币与一般均衡

7.1　货币

7.1.1　概述

7.1.1.1 货币的三种形式

就最基本的功能而言，货币是充当交易媒介和支付手段的物品。当商品数量众多时交易过程借助于货币才能迅速而顺利地进行。一般来说，在现代经济制度下货币包括流通中现金与商业银行活期存款（Handa，2009，第6页）。

支付即货币的交付。在现实世界中货币如同经济的血液，购买商品、融资、纳税等经济活动均涉及货币支付，在这些情形下货币被作为支付手段使用。而在使用货币作为交易媒介的交易过程中每位交易者常常既购买商品又出售商品，同时进行两个金额相同、方向相反的支付过程，在交易过程开始和结束时交易者持有的货币量不变，这种情形下货币被作为交易媒介使用。

货币主要有以下三种形式（参见戴国强，2001）：

(1) **商品货币**（commodity money）。即以实物商品（主要是贵金属）作为货币，该实物商品除了作为货币使用外，一般还可以作为生产品或消费品使用。在现实经济中由于短期之内商品货币的数量相对固定、难以灵活调整，因此当由于经济快速增长等原因对于货币的需求量增加较快时，商品货币的供给可能在一段时期内无法满足需求，这会妨碍交易、融资等经济活动的正常进行。现代经济制度下一般不再使用商品货币。

(2) **法定货币**（fiat money）。即中央银行发行的依赖于国家信用的法定支付手段。在法定货币制度下贵金属等实物商品彻底退出了货币领域，货币不再代表任何实物商品，货币的发行者没有将货币兑换为实物的义务。一般来说法定货币的均衡数量、均衡利率是由中央银行自主决定的外生变量。

(3) **表征货币**（representative money）。一般指商业银行以贵金属等商品货币作为准备金发行的银行券，又称为商品支持货币（commodity-backed money）。在使用法定货币的经济中商业银行以法定货币作为准备金发行的借记卡或活期存款账户等也可视为一种表征货币。一般而言表征货币与其代表的货币（即**基础货币**）间可以自由兑换，但基础货币一般具有法定偿付能力，是法律规定收款者不得拒绝接收的支付手段；而表征货币一般不具有法定偿付能力，并且其有效性依赖于发行银行的信用，当一家银行破产时其发行的表征货币也就失效了。

一般来说，商品货币既具有货币价值又具有实物商品价值，其作为货币所代表的价值主要由其作为实物商品的价值决定，也就是说其均衡的币值主要由其作为实物商品的均衡价格决定。而与商品货币不同，法定货币和表征货币的货币价值依赖于货币发行者的信用，属于信用货币（credit money）。[①]纯粹的商品货币（如自然形态的贵金属货币）具有十足的实物商品价值，其均衡币值等于其作为实物商品的均衡价格，称为足值货币。纯粹的信用货币的实物商品价值相对于其币值很小，可以忽略不计，也就是说可以认为没有实物商品价值。历史和现实中有些货币（如国家发行的不足值的贵金属铸币）具有一定的实物商品价值，但实物商品价值小于其币值；这些货币既具有商品货币的特征，又具有信用货币的特征，可以看作是商品货币和信用货币的混合物，属于不足值货币。国家发行的足值的铸币如果在流通过程中磨损严重，也会成为不足值货币。

在下文的讨论中除非另有说明，否则总是假定货币制度为法定货币制度，货币为法定货币，其供给量为外生变量。

7.1.1.2 货币作为商品的特殊性

货币与实物商品相比，具有以下特殊性：

(1) 厂商和消费者只是在交易中使用货币，而并不把货币直接用于生产和消费。也就是说货币主要作为交易媒介发挥着缩短交易时间、便利交易过程的功能，其对于生产过程和消费过程的使用价值只是间接性的，因此货币作为金融工具并不像实物商品那样直接地出现在生产集、生产函数或效用函数之中。从下文的讨论可知，从数学形式的角度而言可以把货币整合到效用函数中，把原先不包含货币的效用函数转化为包含货币的效用函数，从而对于消费者而言可以把货币视为一种普通商品。但是，并不容

[①] 参见黄达（2003，第12.1节）。

易用类似的方法把货币整合到生产函数或生产过程之中，这一困难的存在使得均衡分析中对于货币的处理和对于其他实物商品的处理有显著的不同。因此一般来说，处理货币这类金融工具的适宜方法是将其整合到需求函数中；对于厂商而言一般只能如此处理，而对于消费者而言这样处理也比将货币整合到效用函数中更为直观和方便。

(2) 在包含货币并以货币计价的经济中，实物商品的总体价格水平的变动会严重影响经济主体对于货币的需求量，而对实物商品的需求量的影响则不然。当实物商品的总体价格水平（或价格指数）上升若干倍时对于作为交易媒介的货币的需求量也通常会相应增加若干倍，而对于实物商品的需求量则可能变动很小。

(3) 在一般均衡分析中作为金融工具的货币与其他初级要素（如土地、劳动力等）一样可以出租（或称借贷）。并且法定货币的供给量也是外生变量。货币的租金即为利息，利息额与相应的货币借贷额之比即为**利率**，也就是说利率即是货币的租金率。需要注意的是一般先借入货币购买实物商品，在实物商品交易结束、货币使用之后支付利息，也就是说对于货币借贷一般采取租金后付假定而非租金预付假定，假定利息在归还本金时支付而非贷出货币时支付。

(4) 在非均衡分析中初级要素的供给量一般仍然是外生变量，而货币的供给量和利率水平则有可能变为内生变量。例如，当中央银行遵循一种公开的、确定的货币政策，基于总体价格水平、产出水平、失业率等内生变量对利率水平和货币供给量进行调节，那么这种调节模式是外生的，而利率水平和货币供给量则是内生的；而如果中央银行的货币政策不公开或不确定，则在一些非均衡经济分析中利率水平和货币供给量仍然可以被作为外生变量（参见Tobin，1991）。

7.1.1.3 利率

如前所述，在离散时间经济模型中一期的利率是贷出一定量的货币所得的利息额与本金额（即贷出的货币的价值）的比率；换言之，利率即是货币的租金率。因为假定法定货币的生产成本为0，所以法定货币的利率、租金率也就是其收益率。均衡利率和均衡收益率一般不能由技术、偏好、禀赋和经济增长速度决定。下文的算例很清楚地表明了这一点。

就一般情况而言，单位货币的价格未必等于1，这是因为在作理论分析时经济中的计价商品可以任意选取，可以选择某种实物商品而非货币作为计价商品；此外，当经济中存在多种货币并选择某一种货币作为计价商品时，其他货币的价格一般不等于1。当一单位某种货币的价格为p、利率为r时，单位货币对应的利息即为pr。当单位货币的价格为1时其对应的利息也就等于利率。

对于不考虑风险、流动性、交易费用等因素的竞争性经济，由无套利原理可知均衡中包括土地、股票、债券、货币等在内的所有资产的收益率（即收益与价格之比）必然相等，对于投资者而言各种资产之间没有实质的区别。这种情形下均衡利率和均衡收益率相等，其均衡值一般为外生变量，即为自然收益率，或称自然利率（Wicksell，[1898] 1936）。

从理论上来说，在竞争性条件不成立、货币信贷被垄断而其他部门自由竞争时，货币的均衡利率可能会偏离自然收益率。

7.1.2 交易过程中的货币

7.1.2.1 货币的流通

假设在每次（货币型）交易过程中每个主体购买实物商品时必须使用货币。在一次交易过程中每个经济主体可能发生多次交易行为，而对于一个经济主体而言一次交易行为要么是购买行为，要么是出售行为。因为经济主体在交易过程中可能既有购买行为又有出售行为、既付出货币又收入货币，有可能使用本次交易过程中出售商品所收入的货币进行购买，所以每个主体在交易过程开始时需要持有的货币额可能少于其在本次交易过程中的购买额。对于一个经济主体而言，其在一次交易过程中的购买额与交易开始时的货币持有额之比即为该经济主体在这次交易过程中的**货币流通速度**，记为v_m。

一个经济主体在某次交易过程中的购买总额为v时，在交易开始时需要持有的货币额或者说对货币的需求额即为v/v_m，也就是说货币流通速度越快则经济主体需要持有的货币量越少，即对货币的需求额越小。

除非另有说明，在本章中为了简化分析采取以下假定：

(1) 假定所有经济主体的货币流通速度始终为1。这意味着经济中的货币流通速度是唯一的、固定不变的，并且每个经济主体在交易前必须持有与期望购买的实物商品束价值相等的货币。

(2) 假定每期的生产过程和消费过程中使用的所有实物商品均需要在本期的交易过程中购买。这意味所有生产和消费过程中没有占用品。

(3) 假设经济中存在一类名为**货币所有者**的消费者；该类经济主体也可以被视为代表中央银行。货币所有者拥有（法定）货币作为其禀赋，（法定）货币数量是外生变量。

(4) 每期中包括货币所有者在内的所有经济主体在交易中所需的货币

均来自向货币所有者的借贷。[①]每期中货币的借贷过程发生在交易过程之前。就形式上来说，货币所有者会将部分货币贷给自己用来购买消费品，这部分货币可以被看作预支的利息收入。在交易过程结束之后所有经济主体偿还贷款的本金和利息。

(5)（法定）货币的利率为外生变量$r \geqslant 0$。当利率为正时，在交易中出售实物商品的经济主体的销售额大于购买额，交易结束时持有的货币量多于交易开始时持有的货币量，多出的货币将用于支付利息；如果经济中有股息、税收时还可能用来支付股息和税金。而货币所有者则相反，在交易过程中只购买而不出售，将交易开始时持有的货币全部作为支付手段用掉，这些货币转移到了其他经济主体手中；交易结束时货币所有者持有的货币量为0。这时经济主体每期的支出包括购买商品的支出和利息支出。

下面来对（价格固定不变的）零增长均衡中的货币流通作一个更详细的阐述。

零增长经济中的每期的货币供给量固定不变，记为μ。每期期初货币所有者将全部货币以利率r贷出，其中$\frac{\mu}{1+r}$贷给其他经济主体，$\frac{r\mu}{1+r}$贷给自己用于消费。在交易过程中，货币所有者持有的货币全部转移到其他经济主体手中，其他经济主体在交易过程结束时持有数量为μ的货币。在交易过程结束后，货币所有者收到其他经济主体偿还的本息为μ，其中本金为$\frac{\mu}{1+r}$，利息为$\frac{r\mu}{1+r}$，货币所有者用后者在名义上偿还自己的借贷本金。在名义上货币所有者还向自己支付数量为$\frac{r^2\mu}{1+r}$的利息。这样货币所有者名义上的利息收入为μr。

在均衡的某一期中当一个经济主体购买的实物商品价值为v时，该主体在本期交易过程开始前向货币所有者借入的货币量即为v，而交易过程结束后支付的利息为vr。由收支平衡条件可知，当该主体没有股息、税收、购买资产等其他支出时，其本期（货币形式的）收入即为$v(1+r)$，其中v用于偿还贷款本金，vr用于支付利息。当该主体将收入的一部分用于支付股息、纳税或购买资产等方面时，其本期收入会大于$v(1+r)$，多出的这部分货币收入在交易过程结束时转移到了股东、政府（或补贴享有者）、资产出售者等其他经济主体手中。

可见在货币型经济的均衡中由于消费者为了购买消费品一般要借入货币并支付相应的利息，因此其消费支出一般大于（实物商品的）消费额。

而由于假定货币流通速度为1、实物商品均需要使用货币购买、交易

[①]消费者使用信用卡进行支付即属于这种情形。

过程开始时经济主体持有的货币全部用来购买实物商品，于是在均衡的每一期中所有实物商品的供给价值和需求价值就等于货币的供给总额。

7.1.2.2 交易过程中作为支付手段的货币

本书假设货币的借贷发生在实物商品交易之前，实物商品的销售者用销售收入支付利息、股息、税收及购买要素资产。因此依赖金融资产收益或出售要素资产的收入进行消费的消费者需要像其他经济主体一样借入货币购买所需要的商品，当实物商品的交易结束后用收入偿还贷款。

货币所有者、作为消费者的政府、股东在交易中并不出售任何实物商品，但可以凭借利息、税、股息等收入购买实物商品。在实物商品交易过程中，这三类经济主体通过借贷而持有的货币转移到其他经济主体手中。然后其他经济主体再以支付利息、税、股息的形式将这些货币返还到这三类经济主体手中，这时货币被作为支付手段使用。从形式上看，可以认为其他经济主体是在用出售实物商品得到的货币购买货币使用权、税票、股票使用权。

也就是说，在交易过程中经济主体不需要为了支付利息、税金、股息等而借入货币，直接用销售收入支付即可。得到支付的经济主体将用这些收入偿还其货币借贷的本金及利息。

7.1.3 金融工具的中性与货币的实际供给量

7.1.3.1 金融工具的中性

供给量外生的法定货币和其他一些金融工具的外生供给量的大小对于均衡配置没有实质性的影响，这一性质即所谓金融工具的中性。金融工具的中性只是针对均衡分析而言的。一般来说在非均衡路径中货币供给量的变动会对资源配置产生影响。

金融工具具有中性的原因在于经济主体对于这些金融工具的需求具有特殊的性质，下面从这一角度对金融工具的中性进行定义。

定义 7.1 假设一个经济中的商品i是一种金融工具。当商品i的价格从$p_i > 0$变为$\alpha p_i > 0$而经济中的其他因素不变时，如果每位经济主体对于商品i的需求价值不变（即需求量变为原先的$1/\alpha$倍）并且对于其他商品的需求量不变，则称商品 i 为**中性金融工具**。

显然，若一个经济中某种中性金融工具的供给数量为正，当每位消费者的该金融工具的供给量变为原先的$1/\alpha > 0$倍时，对原先的均衡价格和均衡配置作以下调整即可得到新的均衡价格和均衡配置：

(1) 将该金融工具的价格调整为原先价格的α倍，保持其他商品的价格不变；

(2) 将均衡配置中每个经济主体使用的该金融工具的数量变为原先的$1/\alpha$倍。

于是可见，中性的金融工具的供给量的变动一般不会影响其他商品的均衡配置和均衡相对价格。当然，这里要求每位消费者的该金融工具的供给量以相同的比例变动。如果这一点不成立，例如，可能有些货币所有者拥有增发货币的权利而有些货币所有者没有这项权利，那么金融工具的供给量的变动就可能对均衡配置有实质性的影响。

从之前的讨论可知，法定货币、税票、股票均是中性金融工具，在均衡分析中其供给量一般不影响整个经济的均衡福利水平和实物商品的均衡配置。也就是说从均衡分析的角度来看当金融工具的外生供给量为正时，增加其外生供给量一般不会对经济有实质性的促进，不会使得均衡效用向量变大、社会福利水平增加；换句话说，金融工具本身没有内在价值。但金融工具有使用价值，即金融工具存在与否会影响到社会福利水平。

进一步，当利率水平为0时（法定）货币所有者的利息收入也为0，这时存在货币的均衡配置和不存在货币的均衡配置就实质上相同，在均衡分析中可以认为货币只不过是覆盖在实物经济上的一层薄薄的“面纱”（veil of money），其存在与否对于经济均衡没有实质性影响。

7.1.3.2 货币的实际供给量

考虑处于均衡状态的经济。记货币供给量为1时所有实物商品的以货币计价的均衡价格向量为$\mathbf{p}$，则根据货币的中性可知，当货币供给量为μ时均衡价格向量变为$\mu\mathbf{p}$，以商品i计价的货币价格即为$\frac{1}{\mu p_i}$，以商品i计价的货币的总价值即为$\mu\frac{1}{\mu p_i}=\frac{1}{p_i}$，称该值为以商品$i$计价的**货币实际供给量**或对应于商品$i$价格的货币实际供给量。可见，货币实际供给量与货币供给量μ无关。因为货币供给量为1时各种实物商品的价格为内生变量，所以货币实际供给量也是内生的。

此外，也可定义对应于某个商品束$\mathbf{b}$的货币实际供给量$\frac{1}{\mathbf{p}^T\mathbf{b}}$，或某个价格指数$\theta(\mathbf{p})$的货币实际供给量$\frac{1}{\theta(\mathbf{p})}$。

货币实际供给量反映了均衡中货币总量的购买力，或者说货币总量能够购买的商品i的数量或者某个商品束$\mathbf{b}$的数量，该数量也就是当以商品i或商品束$\mathbf{b}$作为货币时均衡中所需要的货币数量。商品束形式的货币（如由一定比例的金和银构成的货币）即所谓**复合货币**或**货币篮子**。

7.2 纯交换经济中的货币与包含货币的效用函数

对于包含货币等金融工具的消费者间的纯交换经济，可以在形式上把金融工具整合到交易者的效用函数中。

当纯交换经济中的利率水平为r、交易者i的供给价值（亦即财富数量）为w_i元时，均衡中他将借入$\frac{w_i}{1+r}$元货币用于购买实物商品，把销售收入w_i元中的$\frac{w_i}{1+r}$元用于偿还本金、$\frac{rw_i}{1+r}$元用于支付利息。这里的货币被作为交易媒介使用，相应的利息可以视为一种交易费用。

记交易者i的不包含货币的效用函数为$u_i(\mathbf{x})$。注意到交易者将销售收入的固定比例用于支付利息（或者说购买货币的使用权），这一比例为$\frac{r}{1+r}$。根据C-D型函数的性质可知当交易者具有C-D型效用函数时该交易者在各种商品上的支出比例固定，因此交易者i的行为模式相当于具有如下包含货币的效用函数：

$$u_i'(\mathbf{x},x_{n+1}) := (u_i(\mathbf{x}))^{\frac{1}{1+r}} x_{n+1}^{\frac{r}{1+r}} \tag{7.1}$$

其中，x_{n+1}代表借入货币的数量（参见Moore，2007，第9.8节）。根据C-D型效用函数的性质可知，拥有以上效用函数的消费者会将支出中比例为$\frac{r}{1+r}$的部分用于购买（或租借）第$n+1$种商品（在此即为货币），比例为$\frac{1}{1+r}$的部分用于购买（或租借）其他商品，这与交易者i的行为模式是一致的。当然，在计算交易者i的实际效用水平时仍然应当使用不包含货币的效用函数$u_i(\mathbf{x})$。

通过这种转换，纯交换经济中的货币在形式上变得与普通商品没有区别，就形式而言包含货币的纯交换经济与不包含货币的纯交换经济之间也没有了区别，对于后者适用的分析工具和结论也就可以适用于前者。

尽管对于消费者而言可以把货币通过以上的方法整合到效用函数之中[①]，但是对于厂商而言却难以用类似的方法将货币整合到生产过程或生产函数之中。当把生产函数由$f(\mathbf{x})$变为

$$f'(\mathbf{x},x_{n+1}) := \alpha\,(f(\mathbf{x}))^{\frac{1}{1+r}} x_{n+1}^{\frac{r}{1+r}}$$

时，为了避免对均衡配置产生实质性影响，这一变换对于均衡投入向量$\mathbf{x}^*$和均衡的货币使用量x_{n+1}^*应当满足$f(\mathbf{x}^*) = f'(\mathbf{x}^*,x_{n+1}^*)$，但在均衡配置

[①]在一些动态一般均衡模型中货币被直接引入了消费者的跨时效用函数（参见樊明太，2005）。除了将货币引入效用函数外，还可以使用预付现金（Cash-in-Advance，CIA）方法把货币引入经济模型（参见威肯斯，2011）。

未知时能够使得这一条件成立的α的值一般无法得到。而由于效用函数在作正单调变换后反映的偏好关系不变，因此在处理效用函数时可以简单地令$\alpha = 1$。

于是可知，对于不存在厂商的纯交换经济以及存在厂商但厂商不需要使用货币的经济，在经济中引入货币的经济效果类似于改变消费者的效用函数。

算例 7.1 (有货币的纯交换经济) 考虑一个包含3种商品（即小麦、铁和货币）、3位交易者的纯交换经济，假设交易者的效用函数如下：

交易者1　$x_1^{0.8}x_2^{0.2}$

交易者2　$x_1^{0.5}x_2^{0.5}$

货币所有者　$x_1^{0.5}x_2^{0.5}$

假设3位交易者分别供给100单位的小麦、铁和货币。以货币计价。

由于交易者的效用函数均为C-D型，于是包含货币的效用函数仍为C-D型。当利率为0.25时，根据式(7.1)可知各交易者的包含货币的效用函数如下：

交易者1　$x_1^{0.64}x_2^{0.16}x_3^{0.2}$

交易者2　$x_1^{0.4}x_2^{0.4}x_3^{0.2}$

货币所有者　$x_1^{0.4}x_2^{0.4}x_3^{0.2}$

根据效用函数可以算得相应的单位需求矩阵，单位需求矩阵的各列即为各交易者的补偿需求函数。由于每位交易者的供给量为100，于是单位供给矩阵为3阶单位阵乘以100，即$\mathbf{B} = 100\mathbf{I}$。

结构均衡模型为

$$\mathbf{p}^T\mathbf{A}(\mathbf{p},\mathbf{u}) = \mathbf{p}^T\mathbf{B} \tag{7.2}$$

$$\mathbf{A}(\mathbf{p},\mathbf{u})\mathbf{z} = \mathbf{B}\mathbf{z} \tag{7.3}$$

其中，$\mathbf{p}$表示以货币计价的价格向量，$p_3 = 0.25$表示外生的利率水平[①]；$\mathbf{z}$的各分量为1，代表各类交易者的人数。

由于这一经济为C-D型经济，于是既可以根据以上的均衡方程求解均衡价格向量，也可以根据命题 3.3 求解均衡价格向量。由命题3.3知，本例

①严格来说此处结构均衡模型中的p_3表示的是单位货币对应的利息，即单位租金；当以货币计价时货币的单位租金也就等于租金率、利率。

中的均衡收入向量（记为**w**）是如下支出结构矩阵的右P-F特征向量：

$$\mathbf{C}=\begin{bmatrix}0.64 & 0.4 & 0.4\\ 0.16 & 0.4 & 0.4\\ 0.2 & 0.2 & 0.2\end{bmatrix}$$

即$\mathbf{Cw}=\mathbf{w}$成立。由于本例中每个交易者的供给量为100单位、收入向量为价格向量的100倍，即$\mathbf{w}=100\mathbf{p}$成立，于是可知本例中的均衡价格向量为支出结构矩阵**C**的右P-F特征向量。

算得以货币计价的均衡价格向量为

$$\mathbf{p}^*=(\frac{25}{38},\frac{13}{38},0.25)^T\approx(0.6579,0.3421,0.25)^T$$

均衡配置如表7.1所示，均衡价值配置如表7.2所示。

表 7.1 C-D型纯交换货币经济的均衡配置（$r=0.25$）

	交易者1	交易者2	货币所有者	总需求
小麦需求	64	20.8	15.2	100
铁需求	30.77	40	29.23	100
货币需求	52.63	27.37	20	100
供给	100	100	100	

表 7.2 C-D型纯交换货币经济的均衡价值配置（单位：元；$r=0.25$）

	交易者1	交易者2	货币所有者	总支出
小麦支出	42.11	13.68	10	65.79
铁支出	10.53	13.68	10	34.21
利息支出	13.16	6.842	5	25
收入	65.79	34.21	25	

在这一经济中，当交易开始前交易者1和交易者2共借入80元货币用于购买商品，货币所有者（即交易者3）使用20元货币用于购买商品，交易结束后交易者1和交易者2向货币所有者偿还本金及利息共计100元。 □

在算例7.1的纯交换经济中，均衡利率水平并不能由技术、偏好和禀赋决定，给定不同的均衡利率水平时一般会得到不同的均衡配置，由此可见均衡利率可以被视为外生变量。

7.3　货币型常规经济的结构均衡模型

7.3.1　零增长均衡中的货币

因为结构均衡模型中直接使用消费者的补偿需求函数（也可使用需求函数）、厂商的单位需求束而非效用函数或生产函数，所以可以直接把货币整合到经济主体的需求函数之中。也就是说尽管可以把货币整合到消费者的效用函数中，但这种做法不是必需的。

考虑包含货币并以货币计价的零增长的经济。记其中实物商品的价格向量为$\bar{\mathbf{p}}$，一个规模收益不变的厂商在价格向量 $\bar{\mathbf{p}}$ 下选择的技术为$(\mathbf{a}(\bar{\mathbf{p}}),\mathbf{b}(\bar{\mathbf{p}}))$，其中$\mathbf{a}(\bar{\mathbf{p}})$为单位需求束，$\mathbf{b}(\bar{\mathbf{p}})$为单位供给束。当利率为 r 时，厂商为了购买单位需求束而需要的贷款额（即借入的货币数量）即为$\bar{\mathbf{p}}^T\mathbf{a}(\bar{\mathbf{p}})$，相应的利息为$r\bar{\mathbf{p}}^T\mathbf{a}(\bar{\mathbf{p}})$。于是厂商的包含货币的技术为

$$(\mathbf{a}'(\bar{\mathbf{p}}),\mathbf{b}'(\bar{\mathbf{p}})):=\Big(\big(\mathbf{a}(\bar{\mathbf{p}});\bar{\mathbf{p}}^T\mathbf{a}(\bar{\mathbf{p}})\big),\big(\mathbf{b}(\bar{\mathbf{p}});0\big)\Big)$$

包含贷款价格（即单位货币利息，以货币计价时即为利率）的价格向量即为$\mathbf{p}:=(\bar{\mathbf{p}};r)$。单位生产水平下厂商的总支出为

$$\mathbf{p}^T\mathbf{a}'(\bar{\mathbf{p}})=\bar{\mathbf{p}}^T\mathbf{a}(\bar{\mathbf{p}})(1+r)$$

而总收入为

$$\mathbf{p}^T\mathbf{b}'(\bar{\mathbf{p}})=\bar{\mathbf{p}}^T\mathbf{b}(\bar{\mathbf{p}})$$

在均衡中厂商的收支平衡，即有

$$\mathbf{p}^T\mathbf{a}'(\bar{\mathbf{p}})=\mathbf{p}^T\mathbf{b}'(\bar{\mathbf{p}})$$

成立，亦即

$$\mathbf{p}^T\mathbf{a}'(\bar{\mathbf{p}})=\bar{\mathbf{p}}^T\mathbf{a}(\bar{\mathbf{p}})(1+r)=\bar{\mathbf{p}}^T\mathbf{b}(\bar{\mathbf{p}})$$

成立，即厂商单位供给束的价值等于不含货币的单位需求束的价值的$1+r$倍，其中r倍用于支付利息。

对于消费者而言情形是类似的。当消费者的财富或者说收入为w时，消费者购买的实物商品的价值、对于货币的需求额为$\frac{w}{1+r}$，用于支付利息的收入为$\frac{wr}{1+r}$。假设消费者不包含货币的需求函数为$\mathbf{x}(\bar{\mathbf{p}},w)$。在价格向量$\mathbf{p}:=(\bar{\mathbf{p}};r)$下，消费者包含货币的需求函数即为

$$\mathbf{x}'(\mathbf{p},w):=\left(\mathbf{x}\left(\bar{\mathbf{p}},\frac{w}{1+r}\right);\frac{w}{1+r}\right)$$

显然有$\mathbf{p}\mathbf{x}'(\mathbf{p},w)=w$成立。

假设消费者不包含货币的补偿需求函数为$\mathbf{x}^h(\bar{\mathbf{p}},u)$，则消费者购买这一商品束需要的货币量为$\bar{\mathbf{p}}^T\mathbf{x}^h(\bar{\mathbf{p}},u)$。消费者包含货币的补偿需求函数即为

$$\mathbf{x}'^h(\mathbf{p},u):=\left(\mathbf{x}^h(\bar{\mathbf{p}},u);\ \bar{\mathbf{p}}^T\mathbf{x}^h(\bar{\mathbf{p}},u)\right)$$

其中，$\mathbf{p}:=(\bar{\mathbf{p}};r)$。若均衡中消费者的收入为$w$，则均衡中有$\mathbf{p}^T\mathbf{x}'^h(\mathbf{p},u)=w$成立，亦即有$\bar{\mathbf{p}}^T\mathbf{x}^h(\bar{\mathbf{p}},u)(1+r)=w$成立。

在以上的分析中以货币计价，当用其他商品计价时以上结论仍然成立。当以某种商品计价的单位货币的价格为p_m、普通商品的价格向量为$\bar{\mathbf{p}}$时，单位货币的利息为p_mr，此时包含贷款价格的价格向量即为$\mathbf{p}=(\bar{\mathbf{p}};p_mr)$。

因为货币、股票、税票都是金融工具，利息、股息、税金也是类似的，所以有货币的经济与有股票的经济、有税收的经济具有许多相似之处。厂商的利息支出类似于营业税金、股息，一般会导致经济效率的损失。而消费者的利息支出类似于收入税，相当于禀赋的产权调整，一般不会导致经济效率的损失。

算例 7.2 (有货币的C-D型零增长谷物经济的均衡) 考虑一个包含3种商品（即小麦、劳动和货币）、3类经济主体的C-D型经济。生产函数和效用函数如下：

小麦生产者 $x_1^{0.5}x_2^{0.5}$

劳动者 $x_1^{0.5}x_2^{0.5}$

货币所有者 $x_1^{0.5}x_2^{0.5}$

假设劳动者人数和劳动供给量始终为100单位。假设经济中有一位货币所有者，每期供给μ单位货币，外生利率为r。以货币为计价商品。

记

$$\mathbf{a}(\mathbf{p})=\begin{pmatrix}(p_2/p_1)^{0.5}\\(p_1/p_2)^{0.5}\\2(p_1p_2)^{0.5}\end{pmatrix} \tag{7.4}$$

单位需求矩阵和单位供给矩阵可表示如下：

$$\mathbf{A}(\mathbf{p},\mathbf{u})=\begin{bmatrix}\mathbf{a}(\mathbf{p}) & u_1\mathbf{a}(\mathbf{p}) & u_2\mathbf{a}(\mathbf{p})\end{bmatrix},\quad \mathbf{B}=\begin{bmatrix}1&0&0\\0&1&0\\0&0&\mu\end{bmatrix} \tag{7.5}$$

以上矩阵的各行分别对应小麦、劳动和货币。单位需求矩阵的第3行等于前两行乘以相应的价格后求和。可以看到，当价格上升一倍时，每个主体对于货币的需求也将上升一倍。

结构均衡模型同式(7.2)–(7.3)，其中价格向量为$\mathbf{p}=(p_1,p_2,r)^T$；活动水平向量为$\mathbf{z}=(z_1,100,1)^T$。

根据收支均衡方程即可算出均衡价格向量$\mathbf{p}^*$和均衡效用水平$\mathbf{u}^*$。

解得以货币计价的实物商品的均衡价格向量、均衡效用水平向量、均衡活动水平向量为

$$\mathbf{p}^*=\left(\frac{(1+r)^2\mu}{50},\frac{\mu}{200},r\right)^T,\ \mathbf{u}^*=\left(\frac{1}{4(1+r)^2},\frac{50r}{(1+r)^2}\right)^T$$

$$\mathbf{z}^*=\left(\frac{25}{(1+r)^2},100,1\right)^T$$

从均衡效用水平的计算结果可以知道，当利率为1时货币所有者的均衡效用水平达到最大；当利率升高到1以上时，劳动者和货币所有者的均衡效用水平均在下降。由此可见，在外生的给定的利率下，有货币的经济的均衡配置未必是帕累托最优配置，这与征收营业税时的均衡是类似的。

均衡配置如表7.3所示，均衡价值配置如表7.4所示。

表 7.3 C-D型货币型谷物经济的均衡配置（$\gamma=0$）

	小麦生产者	劳动者	货币所有者	总需求
小麦需求	$\frac{\rho_r\mu}{4p_1^*}$	$\frac{\rho_r\mu}{4p_1^*}$	$\frac{\rho_r\mu r}{2p_1^*}$	$\frac{\mu}{2p_1^*}$
劳动需求	$\frac{\rho_r\mu}{4p_2^*}$	$\frac{\rho_r\mu}{4p_2^*}$	$\frac{\rho_r\mu r}{2p_2^*}$	100
货币需求	$\frac{\rho_r\mu}{2}$	$\frac{\rho_r\mu}{2}$	$\rho_r\mu r$	μ
供给	$\frac{\mu}{2p_1^*}$	100	μ	

表 7.4 C-D型货币型谷物经济的均衡价值配置（单位：元；$\gamma=0$）

	小麦生产者	劳动者	货币所有者	总支出
小麦支出	$\frac{\rho_r\mu}{4}$	$\frac{\rho_r\mu}{4}$	$\frac{\rho_r\mu r}{2}$	$\frac{\mu}{2}$
劳动支出	$\frac{\rho_r\mu}{4}$	$\frac{\rho_r\mu}{4}$	$\frac{\rho_r\mu r}{2}$	$\frac{\mu}{2}$
利息支出	$\frac{\rho_r\mu r}{2}$	$\frac{\rho_r\mu r}{2}$	$\rho_r\mu r^2$	μr
收入	$\frac{\mu}{2}$	$\frac{\mu}{2}$	μr	

当货币供给量为100而利率为0.25时均衡价格向量为

$$\mathbf{p}^* = (3.125, 0.5, 0.25)^T$$

劳动者和货币所有者的效用水平分别为0.16和8。相应的均衡配置如表7.5所示，均衡价值配置如表 7.6 所示。此时自然收益率为0，利率高于自然收益率，这意味着货币市场中存在信贷垄断。

表 7.5 C-D型货币型谷物经济的均衡配置
（$\mu = 100, \gamma = 0, r = 0.25$）

	小麦生产者	劳动者	货币所有者	总需求
小麦需求	6.4	6.4	3.2	16
劳动需求	40	40	20	100
货币需求	40	40	20	100
供给	16	100	100	

表 7.6 C-D型货币型谷物经济的均衡价值配置
（单位：元；$\mu = 100$，$\gamma = 0$，$r = 0.25$）

	小麦生产者	劳动者	货币所有者	总支出
小麦支出	20	20	10	50
劳动支出	20	20	10	50
利息支出	10	10	5	25
收入	50	50	25	

竞争性均衡的例子

若货币市场是竞争性的，则由无套利条件可知均衡利率必然等于自然收益率。由于在这一算例中假定自然收益率为0，因此均衡利率即为0，相应的均衡价格向量为

$$\mathbf{p}^* = (2, 0.5, 0)^T$$

劳动者和货币所有者的均衡效用水平分别为0.25和0。 均衡配置如表7.7所示，均衡价值配置如表7.8所示。 □

算例 7.3 (**有货币的列昂惕夫型谷物模型**) 考虑一个包含3种商品（即小麦、劳动和货币）、3类经济主体的谷物经济，其中生产函数和效用函数如下：

小麦生产者 $\min\{x_1/\alpha, x_2/\beta\}$

表 7.7 C-D型货币型谷物经济的均衡配置

（$\mu=100,\gamma=0,r=0$）

	小麦生产者	劳动者	货币所有者	总需求
小麦需求	12.5	12.5	0	25
劳动需求	50	50	0	100
货币需求	50	50	0	100
供给	25	100	100	

表 7.8 C-D型货币型谷物经济的均衡价值配置

（单位：元；$\mu=100$，$\gamma=0$，$r=0$）

	小麦生产者	劳动者	货币所有者	总支出
小麦支出	25	25	0	50
劳动支出	25	25	0	50
利息支出	0	0	0	0
收入	50	50	0	

劳动者 x_1

货币所有者 x_1

假设劳动者人数和劳动供给量始终为l单位，货币所有者人数和货币供给量始终为μ单位，利率为r。

令$\mathbf{p}=(p_1;p_2;r)$为以货币计价的价格向量。单位需求矩阵如下：

$$\mathbf{A}(\mathbf{p},\mathbf{u})=\begin{bmatrix}\alpha & u_1 & u_2\\ \beta & 0 & 0\\ p_1\alpha+p_2\beta & p_1u_1 & p_1u_2\end{bmatrix}$$

单位供给矩阵为单位阵。

结构均衡模型为

$$\mathbf{p}^T\mathbf{A}(\mathbf{p},\mathbf{u})=\mathbf{p}^T \tag{7.6}$$

$$\mathbf{A}(\mathbf{p},\mathbf{u})\mathbf{z}=\mathbf{z} \tag{7.7}$$

也可以选择以小麦计价，此时价格向量可记为$\mathbf{p}'=(1,p_2',p_mr)$，其中$p_m$为以小麦计价的货币的价格。则小麦生产者每生产1单位小麦需要的货币数量为$(\alpha+p_2'\beta)/p_m$，每位劳动者需要的货币数量为u_1/p_m，每位货币所有者需要的货币数量为u_2/p_m。此时均衡方程不变，单位需求矩阵如下：

$$\mathbf{A}(\mathbf{p}',\mathbf{u}) = \begin{bmatrix} \alpha & u_1 & u_2 \\ \beta & 0 & 0 \\ (\alpha + p_2'\beta)/p_m & u_1/p_m & u_2/p_m \end{bmatrix}$$

当以小麦为计价商品时，与算例4.14类似，可算得均衡工资率为$(\rho_r - \alpha)/\beta$，其中比重为 $\rho_r := \frac{1}{1+r}$ 的部分用于购买小麦，其余部分用于支付利息。

算得1单位货币等价于$\frac{l(1+\rho_r-\alpha)}{\mu\beta}$单位小麦，此即以小麦计价的货币价格。亦即1单位小麦等价于$\frac{\mu\beta}{l(1+\rho_r-\alpha)}$货币，此即小麦的货币价格。

算得均衡配置如表7.9所示，以小麦计价的均衡价值配置如表7.10所示。 均衡中的一些经济指标如表7.11所示。

表 7.9 均衡配置（增长率为0）

	小麦生产者	劳动者	货币所有者	总需求
小麦需求	$l\alpha/\beta$	$l\rho_r(\rho_r-\alpha)/\beta$	$l(1-\alpha-\rho_r^2+\rho_r\alpha)/\beta$	l/β
劳动需求	l	0	0	l
货币需求	$\frac{\rho_r\mu}{1+\rho_r-\alpha}$	$\frac{\rho_r(\rho_r-\alpha)\mu}{1+\rho_r-\alpha}$	$\frac{(1-\alpha-\rho_r^2+\rho_r\alpha)\mu}{1+\rho_r-\alpha}$	μ
供给	l/β	l	μ	

表 7.10 均衡价值配置（增长率为0；以小麦计价）

	小麦生产者	劳动者	货币所有者	总支出
小麦支出	$l\alpha/\beta$	$l\rho_r(\rho_r-\alpha)/\beta$	$l(1-\alpha-\rho_r^2+\rho_r\alpha)/\beta$	l/β
劳动支出	$l(\rho_r-\alpha)/\beta$	0	0	$l(\rho_r-\alpha)/\beta$
利息支出	$rl\rho_r/\beta$	$rl\rho_r(\rho_r-\alpha)/\beta$	$rl(1-\alpha-\rho_r^2+\rho_r\alpha)/\beta$	$rl(1+\rho_r-\alpha)/\beta$
[货币需求额]	$[l\rho_r/\beta]$	$[l\rho_r(\rho_r-\alpha)/\beta]$	$[l(1-\alpha-\rho_r^2+\rho_r\alpha)/\beta]$	$[l(1+\rho_r-\alpha)/\beta]$
收入	l/β	$l(\rho_r-\alpha)/\beta$	$rl(1+\rho_r-\alpha)/\beta$	

当$\alpha=0.5$、$\beta=0.1$、$l=\mu=100$时，以货币计价的均衡价格向量为$(0.0769,0.2308,0.25)^T$，以小麦计价的均衡价格向量为$(1,3,3.25)^T$，均衡配置如表7.12所示。 □

表 7.11 有货币的列昂惕夫型谷物模型中的均衡经济指标（增长率为0）

资本投入系数	工资率与小麦价格比	人均产量	投资率	劳动者人均投资
α	$(\rho_r-\alpha)/\beta$	$1/\beta$	α	α/β
工资份额①	利息份额	小麦价格②	工资率②	小麦总产值②
$\rho_r-\alpha$	$r(1+\rho_r-\alpha)$	$\frac{\mu\beta}{l(1+\rho_r-\alpha)}$	$\frac{\mu(\rho_r-\alpha)}{l(1+\rho_r-\alpha)}$	$\frac{\mu}{1+\rho_r-\alpha}$
劳动者效用水平	劳动者利息支出份额	劳动者消费份额	货币所有者消费份额③	
$\rho_r(\rho_r-\alpha)/\beta$	$r\rho_r(\rho_r-\alpha)$	$\rho_r(\rho_r-\alpha)$	$\rho_r r(1+\rho_r-\alpha)$	

注：① 表中的份额均指占小麦总产值的比重。

② 以货币计价。

③ 易知有$\rho_r r(1+\rho_r-\alpha)\equiv 1-\alpha-\rho_r^2+\rho_r\alpha$成立。

表 7.12 均衡配置（增长率为0）

	小麦生产者	劳动者	货币所有者	总需求
小麦需求	500	240	260	1000
劳动需求	100	0	0	100
货币需求	61.54	18.46	20	100
供给	1000	100	100	

在比较均衡分析中，若经济参数变动后（如技术进步、禀赋变动或偏好变动等）所有实物商品的货币价格均上涨，则称发生了通货膨胀或**通胀**；反之，若所有实物商品的货币价格均下跌，则称发生了通货紧缩或**通缩**。从表 7.11 中的以货币计价的小麦价格（即小麦货币价格）$\frac{\mu\beta}{l(1+\rho_r-\alpha)}$和工资率（即货币工资率）$\frac{\mu(\rho_r-\alpha)}{l(1+\rho_r-\alpha)}=\frac{\mu}{l}\left(1-\frac{1}{1+\rho_r-\alpha}\right)$可以看到，经济中货币供给量的增加、初级要素供给量（在算例7.3中即劳动存量l）的减少均可能导致通胀。

7.3.2 正增长均衡中的货币

7.3.2.1 正增长货币型多部门常规经济的结构均衡模型

因为每期中的实物商品的总购买价值等于当期的货币供给量与货币流通速度之积，所以当货币流通速度保持不变、其他商品的供给量以速度γ增长时，如果货币的供给量也以相应的速度增长，那么价格水平一般就可以保持不变。

因此在增长率为γ的经济中一般假定货币的增长率也为γ。也就是说除非另有说明，本书中假定货币供给增长率与其他要素的增长率均为γ。如同其他要素的供给增长一样，一般仍然假定货币所有者的数量以速度γ增长而每位货币所有者持有的货币数量不变。当货币所有者具有一次齐次效用函数时，以上假设与假设经济中始终只有一位货币所有者、其货币供给量以速度γ增长没有实质的区别，这种情形下这位货币所有者相当于原先所有货币所有者的简单加总。

正增长货币型多部门常规经济的结构均衡模型一般可以写为

$$\mathbf{p}^T\mathbf{A}(\mathbf{p},\mathbf{u}) = \rho\mathbf{p}^T\mathbf{B} \tag{7.8}$$

$$\mathbf{A}(\mathbf{p},\mathbf{u})\mathbf{z} = \rho\mathbf{B}\mathbf{z} \tag{7.9}$$

以上模型中一般以货币计价，价格向量中对应于货币的分量为外生的利率。

算例 7.4 (有货币的C-D型正增长谷物经济的均衡) 仍然考虑算例7.2中的C-D型经济。

现在假设每位劳动者每期供给1单位劳动，每位货币所有者每期供给1单位货币；劳动和货币的初始供给量为$l = 100$和$\mu = 100$，两者每期的增长率为$\gamma = 0.1$；外生的利率为$r = 0.25$。

以货币为计价商品。单位需求矩阵如式(7.5)所示，单位供给矩阵为单位阵。

从单位需求矩阵可见，在单位生产水平下，均衡中小麦生产者的贷款额为$2(p_1p_2)^{0.5}$，于是购买的普通商品金额亦为$2(p_1p_2)^{0.5}$，当期支付的利息为$2(p_1p_2)^{0.5}r$，当期的总支出为$2(p_1p_2)^{0.5}(1+r)$。而下一期出售单位产出得到的收入为p_1，于是当期的收入为ρp_1。小麦生产者的收支均衡方程即为$2(p_1p_2)^{0.5}(1+r) = \rho p_1$。

结构均衡模型为式(7.8)–(7.9)。其中价格向量为$\mathbf{p} = (p_1, p_2, r)^T$。

对于初期而言，有$\mathbf{z} = (z_1, l/\rho = 110, \mu/\rho = 110)^T$，后两个分量分别表示期末的劳动者人数和货币所有者人数，亦即期末的劳动供给量和货币供给量。

解得以货币计价的实物商品的均衡价格向量、均衡效用水平向量、均衡活动水平向量为

$$\mathbf{p}^* = \left(\frac{2(1+r)^2\mu}{\rho^2 l}, \frac{\mu}{2l}, r\right)^T, \ \mathbf{u}^* = \left(\frac{\rho^2}{4(1+r)^2}, \frac{\rho^2 rl}{2(1+r)^2\mu}\right)^T$$

$$\mathbf{z}^* = \left(\frac{l\rho}{4(1+r)^2}, \frac{l}{\rho} = 110, \frac{\mu}{\rho} = 110\right)^T$$

将数据代入得到

$$\mathbf{p}^* = (3.781, 0.5, 0.25)^T, \mathbf{u}^* = (0.1322, 0.06612)^T, \mathbf{z}^* = (14.55, 110, 110)^T$$

均衡配置如表7.13所示，均衡价值配置如表7.14所示。

表 7.13 正增长的货币型C-D型谷物经济的均衡配置（$\gamma = 0.1, r = 0.25$）

	小麦生产者	劳动者	货币所有者	总需求
小麦需求	5.289	5.289	2.645	13.22
劳动需求	40	40	20	100
货币需求	40	40	20	100
本期供给	13.22	100	100	
下一期供给	14.55	110	110	

表 7.14 正增长的货币型C-D型谷物经济的均衡价值配置（$\gamma = 0.1, r = 0.25$）

	小麦生产者	劳动者	货币所有者	总支出
小麦支出	20	20	10	50
劳动支出	20	20	10	50
本期利息支出	10	10	5	25
本期收入	50	50	25	
下一期收入	55	55	27.5	

7.3.2.2 货币型多部门结构均衡模型的松散形式

当包含法定货币的多部门经济中没有股息和税时，其结构均衡模型可以写为如式(7.8)–(7.9)所示的紧凑形式，也可以将其写为由4组公式组成的松散形式。在此假定货币流通速度可以不等于1。

不妨假设经济中只有一位供给法定货币的货币所有者，或者说将所有货币所有者加总为一位货币所有者。可以将单位需求矩阵和单位供给矩阵写为如下形式：

$$\mathbf{A}(\mathbf{p}, \mathbf{u}) = \begin{bmatrix} \bar{\mathbf{A}}(\bar{\mathbf{p}}, \bar{\mathbf{u}}) & \mathbf{d}(\bar{\mathbf{p}}, u') \\ \bar{\mathbf{p}}^T \bar{\mathbf{A}}(\bar{\mathbf{p}}, \bar{\mathbf{u}})/v_m & \bar{\mathbf{p}}^T \mathbf{d}(\bar{\mathbf{p}}, u')/v_m \end{bmatrix}, \mathbf{B} = \begin{bmatrix} \bar{\mathbf{B}} & \mathbf{0} \\ \mathbf{0} & \mu \end{bmatrix} \tag{7.10}$$

其中，最后一行对应货币，最后一列对应货币所有者。$\mathbf{p}=(\bar{\mathbf{p}};r)^T$为价格向量，$p_n=r$为外生的利率；$\bar{\mathbf{p}}$表示实物商品的价格向量。$\bar{\mathbf{u}}$表示除货币所有者外其他消费者的效用向量。$u'$表示货币所有者的效用；$\mathbf{d}(\bar{\mathbf{p}},u')$表示货币所有者的需求束。$v_m$为货币流通速度。$\mu$为外生的货币供给量。$\bar{\mathbf{A}}(\bar{\mathbf{p}},\bar{\mathbf{u}})$为普通主体（即除货币所有者外其他经济主体）对于实物商品的单位需求矩阵；$\bar{\mathbf{B}}$为相应的单位供给矩阵，一般为单位阵。

货币型多部门结构均衡模型的松散形式为

$$\bar{\mathbf{p}}^T\bar{\mathbf{A}}(\bar{\mathbf{p}},\bar{\mathbf{u}})(1+r/v_m)=\rho\bar{\mathbf{p}}^T\bar{\mathbf{B}} \tag{7.11}$$

$$\bar{\mathbf{p}}^T\mathbf{d}(\bar{\mathbf{p}},u')(1+r/v_m)=r\rho\mu\equiv\frac{r}{v_m}\rho\mu v_m \tag{7.12}$$

$$\bar{\mathbf{A}}(\bar{\mathbf{p}},\bar{\mathbf{u}})\bar{\mathbf{z}}+\mathbf{d}(\bar{\mathbf{p}},u')=\rho\bar{\mathbf{B}}\bar{\mathbf{z}} \tag{7.13}$$

$$\bar{\mathbf{p}}^T\bar{\mathbf{A}}(\bar{\mathbf{p}},\bar{\mathbf{u}})\bar{\mathbf{z}}+\bar{\mathbf{p}}^T\mathbf{d}(\bar{\mathbf{p}},u')=\rho\mu v_m \tag{7.14}$$

其中，$\bar{\mathbf{z}}$表示普通主体的活动水平；μ为期末的外生的货币供给量。于是$\mu':=\rho\mu$即为期初的货币供给量，或者说本期的货币供给量，亦即本期的贷款额。$r\rho\mu$即为本期的利息收入。

式(7.11)表示普通主体的收支平衡。等式的左侧和右侧分别反映了各类普通主体在单位活动水平下的支出和收入（或个体收入）。等式的左侧又可写为

$$\bar{\mathbf{p}}^T\bar{\mathbf{A}}(\bar{\mathbf{p}},\bar{\mathbf{u}})+r\bar{\mathbf{p}}^T\bar{\mathbf{A}}(\bar{\mathbf{p}},\bar{\mathbf{u}})/v_m$$

向量$\bar{\mathbf{p}}^T\bar{\mathbf{A}}(\bar{\mathbf{p}},\bar{\mathbf{u}})$表示了各类普通主体在单位活动水平下对于实物商品的需求价值。向量$\bar{\mathbf{p}}^T\bar{\mathbf{A}}(\bar{\mathbf{p}},\bar{\mathbf{u}})/v_m$表示了相应的对于货币的需求额。向量$r\bar{\mathbf{p}}^T\bar{\mathbf{A}}(\bar{\mathbf{p}},\bar{\mathbf{u}})/v_m$表示了相应的利息。

式(7.12)表示货币所有者的收支平衡。等式的左侧和右侧分别反映了货币所有者的支出和收入。$\bar{\mathbf{p}}^T\mathbf{d}(\bar{\mathbf{p}},u')$反映了货币所有者对于实物商品的需求价值，加上利息支出后即为其总支出。

式(7.13)表示实物商品的供需平衡。

式(7.14)表示货币的供需平衡，其等号左侧为本期实物商品的总的需求价值（亦即供给价值、交易价值），称为实物需求价值，该值等于普通主体的实物需求价值与货币所有者的实物需求价值之和，这也就是本期的货币的购买对象、本期的实物供给价值；右侧为本期的货币供给量乘以货币流通速度。每一期中对货币的需求量等于对实物商品的需求的总价值除以货币流通速度。

7.3.2.3 货币流通速度的变动

从式(7.11)–(7.14)可以看到，货币流通速度v_m变大相当于增加了货币供给量并降低了利率。货币流通速度v_m变为原先的k倍对均衡的影响相当于货币流通速度不变、货币供给量变为原先k倍、利率变为原先的 $1/k$ 倍。当货币流通速度v_m变为原先的k倍时，为了抵消其影响，可以将货币供给量变为原先的$1/k$倍，同时将利率提高到原先的k倍。如果只需要均衡配置不变而允许价格变动，那么也可以只将利率提高到原先的k倍，这时实物商品的均衡价格将上升到原先的k倍。

因为货币数量的一次性改变不会影响均衡配置，所以货币流通速度发生一次性变动后的均衡配置相当于利率发生一次性变动后的均衡配置，也就是说货币流通速度的变动一般对于经济有实质性影响。

例如，对于算例7.2中的表7.5所示的货币流通速度为1、利率为0.25的经济，当货币流通速度为2时，需要将利率调整为0.5。这时的均衡价格向量为$\mathbf{p}^* = (6.25, 1, 0.5)^T$。均衡配置如表7.15所示，均衡价值配置如表7.16所示。

表 7.15 v_m增大时的C-D型货币型谷物经济的均衡配置
（$\mu = 100, \gamma = 0, r = 0.5, v_m = 2$）

	小麦生产者	劳动者	货币所有者	总需求
小麦需求	6.4	6.4	3.2	16
劳动需求	40	40	20	100
货币需求	40	40	20	100
供给	16	100	100	

表 7.16 v_m增大时的C-D型货币型谷物经济的均衡价值配置
（单位：元；$\mu = 100, \gamma = 0, r = 0.5, v_m = 2$）

	小麦生产者	劳动者	货币所有者	总支出
小麦支出	40	40	20	100
劳动支出	40	40	20	100
利息支出	20	20	10	50
收入	100	100	50	

从表7.15和表7.16可见，这一经济中的货币供给量为100元，货币所有者每期贷给其他经济主体80元，从其他经济主体得到40元的利息，总的利息收入为50元。与原先的经济相比，现在小麦和劳动的价格升高了一倍，

因此尽管货币所有者的利息收入、购买额增加了一倍，但是购买数量保持不变。

可以认为货币流通速度的增加是由于每期的交易过程中每位交易者的交易行为的次数的增加及利息支付次数的增加。当货币流通速度为2时在每期的交易过程中每位交易者发生两次交易行为，相应地可以把交易过程划分为两个阶段。在以上经济的交易过程的第一阶段中，普通主体用借入的80元货币购买80元的商品，出售100元商品，得到100元的货币；而货币所有者购买20元的商品。然后普通主体将利息20元货币偿还给货币所有者；而货币所有者则名义上偿还给自己5元利息。随后开始交易过程的第二阶段，这时各经济主体重复第一阶段中的行为。交易过程结束后普通主体归还贷款本金。于是货币所有者在交易过程中从其他经济主体总共得到了 40 元的利息，总的利息收入则为50元。

在均衡分析中货币流通速度可以视为一个固定不变的外生变量。而在现实中经济是非均衡的，随着经济形势的变化经济主体的交易周期、交易中所采用的支付方式等都可能发生变化，货币流通速度一般也会随之发生变化。例如，在经济的繁荣阶段，产品销售顺畅、回款迅速、交易周期较短、商业信用良好，这时厂商间交易可以较多地使用赊销或商业票据等支付方式，厂商的交易频率较高并且单位交易额所需要的货币数量较少，于是厂商的货币流通速度较快。在经济的萧条阶段情况正好相反，产品销售不畅、回款缓慢、交易周期较长、商业信用恶化，厂商间交易需要较多地使用货币，这时厂商的交易频率较低并且单位交易额所需要的货币数量较多，相应地货币流通速度较慢。

7.3.2.4 有价格水平调整的均衡路径中的实际收益率

在本书考察的均衡路径中价格一般保持不变。这就要求均衡路径中货币供给量的增长率与经济增长率相等。如果均衡路径中的其他条件不变而令货币供给量增速不同于经济增长率，并将价格水平作相应的调整，那么该路径的每一期仍然可以实现收支平衡和供需平衡，仍然可以视为是一种均衡路径，称这类路径为**有价格水平调整的均衡路径**。

在有价格水平调整的均衡路径中，以实物商品计价时的资产收益率就不同于以货币计价时的资产收益率。以实物商品计价时的资产的收益率即为**实际收益率**。货币的实际收益率即为**实际利率**。以货币计价时一单位资产本期的包含资产价格变动在内的收益与上一期的净价之比即为**名义收益率**；该值也就等于本期的以货币计价的资产全价与上一期的净价之比减去1。货币的名义收益率即为**名义利率**。

在经济增长率为γ、货币供给量的增长速度为γ_m的以货币计价的均衡路径中，每期实物商品的供给量增长到前一期的$1+\gamma$倍，而货币供给量增长到前一期的$1+\gamma_m$倍，因此单位货币的购买力变为前一期的$\xi := \frac{1+\gamma}{1+\gamma_m}$倍，实物商品的均衡价格水平每期将增长到前一期的$\frac{1}{\xi} = \frac{1+\gamma_m}{1+\gamma}$倍，通胀率即为

$$\pi_m := \frac{1}{\xi} - 1 = \frac{\gamma_m - \gamma}{1+\gamma}$$

显然有$\xi = \frac{1}{1+\pi_m}$成立。

令r为名义收益率，令$\bar{r}$为实际收益率。以实物商品计价时上一期的净价为v的一单位资产在本期的全价为$v(1+\bar{r})$元，以货币计价时本期的全价为$v(1+\pi_m)(1+\bar{r}) = v(1+r)$元。于是有

$$\bar{r} = \frac{1+r}{1+\pi_m} - 1 = \frac{(1+r)(1+\gamma)}{1+\gamma_m} - 1 \tag{7.15}$$

例如，在名义利率为$r = 10\%$的零增长的谷物经济中，若货币供给量以每期$\gamma_m = 5\%$的速度增长，小麦的均衡价格每期将增长到前一期的1.05倍，通胀率为5%。在这一经济中贷出100元的货币随后将得到的本金和利息为110元。若上一期的小麦价格为 10 元则本期将上涨到10.5元，当一位投资者在上一期通过资产交易得到等价于10单位小麦的100元货币时，本期的本息收入110元相当于$110/10.5 \approx 10.48$单位小麦，即实际利率约为$0.48/10 = 4.8\%$。

当经济中存在货币超发时，如果所有的货币所有者以同等的比例增发货币，那么因实际利率低于名义利率对每位货币所有者造成的损失就会因其超发的货币而得到弥补，这时货币超发、各期的货币供给量变动就不会对均衡配置造成实质性的影响。也就是说货币供给量的增长率变化对均衡配置也没有实质性的影响，即货币具有**超中性**。形象地说，货币中性意味着无论在每张钞票的面额数字后面加多少个0，对均衡配置均没有实质影响；超中性意味着无论以怎样的速度在每张钞票的面额数字后面加0，对均衡配置均没有实质影响。

如果仅有部分货币所有者，如中央银行，具有超发货币、制造通胀的权利，那么显然货币超发和通胀就会导致中央银行获得额外的收益而其他的货币所有者遭受损失，即货币超发相当于提高了中央银行的投资收益率而降低了其他货币所有者的投资收益率，或者说相当于中央银行向其他货币所有者征收了所谓**通胀税**。这会导致中央银行的效用水平相对上升而其他货币所有者的效用水平相对降低。

可见，在法定货币制度下，当商品价格可以及时调整、各类货币所有者享有平等的超发货币的权利时，对均衡分析而言货币就具有中性和超中性。

7.3.3 货币型经济中的收益率、利率与利润率

7.3.3.1 货币型经济中的均衡收益率

当中央银行垄断货币供给、控制货币利率时，利率未必等于均衡收益率。记利率为r。记均衡中投资者的意愿收益率为r^*，从下面的论证可知这也就是均衡收益率。

对于在均衡中某一期期初拥有全价为1元的资产的投资者而言，当出售资产进行消费时，可以购买$\rho_r = \frac{1}{1+r}$元消费品，即消费额为ρ_r。当投资者保留资产时，根据意愿收益率的定义可知投资者会得到强度为$\delta_{r^*}\rho_r$的从本期开始的消费流，亦即全价为1元的资产应提供的收益为δ_{r^*}，其中$\delta_{r^*}\rho_r$元为投资者的消费额，$\delta_{r^*}\delta = \delta_{r^*}(1-\rho_r)$元为消费者的利息支出。于是可知均衡中（竞争性的）资产的收益率即为r^*。可见无论经济是不是货币型经济，资产的均衡收益率均等于均衡中投资者的意愿收益率。

于是可知，无论经济是不是货币型经济，对于厂商而言均衡中每期发放的股息与当期的营业总成本之比即为r^*，这也就是均衡的股息率，即有

$$r_d^* = r^* \tag{7.16}$$

而均衡中每期发放的股息与上一期的营业总成本之比（即均衡整体股息率）为

$$r_{wd}^* = (1+\gamma)r^* \tag{7.17}$$

当不存在货币垄断、货币为竞争性资产时，均衡利率也就等于均衡收益率r^*。

7.3.3.2 货币型经济中的均衡利润率与营业税

因为货币型经济中的均衡股息率仍然等于均衡收益率，所以式(4.20)仍然成立。也就是说无论经济是不是货币型经济，均衡利润率均如式(4.20)所示。但货币型经济中的生产利润率一般大于无货币经济中的生产利润率，多出的部分用于支付购买投入品时借入的货币的利息。

当厂商本期的营业总成本为1元时根据利润率公式(4.20)可知下一期的产值为$(1+\gamma)(1+r^*)$元。营业总成本由生产成本和利息支出构成。而本期的生产成本为$\frac{1}{1+r}$元，利息支出为$\frac{r}{1+r}$元。于是均衡的生产利润率为

$$\pi_p = (1+\gamma)(1+r^*)(1+r) - 1 \tag{7.18}$$

在以上的分析中没有考虑税收因素。当政府按照不含税的营业总成本对厂商征收营业税时，例如，每1元不含税的营业总成本缴纳τ元税，那么生产利润中的一部分要用来缴税，生产利润率还会高于上式，这时的均衡的生产利润率为

$$\pi_p = (1+\gamma)(1+r^*)(1+r)(1+\tau)-1 \tag{7.19}$$

可见这时均衡中生产利润（即产值与生产成本之差）被划分为四部分，即留存利润、利息、税金和股息，分别流向厂商、货币所有者、政府和股东。这时厂商的营业总成本包括营业税。

当均衡中一个厂商上一期的生产成本为1时，其本期的销售收入为$(1+\gamma)(1+r^*)(1+r)(1+\tau)$，这些收入将用于以下各项支出：

(1) 购买价值为$1+\gamma$的投入品。此即该厂商本期的生产成本。

(2) 购买投入品的利息支出为$r(1+\gamma)$。前两项构成厂商本期的不含税营业总成本$(1+r)(1+\gamma)$。

(3) 缴纳营业税的部分为$\tau(1+r)(1+\gamma)$。前三项构成厂商本期的营业总成本$(1+\tau)(1+r)(1+\gamma)$。

(4) 支付股息的部分为$r^*(1+\tau)(1+r)(1+\gamma)$。其中，$r^*(1+\tau)(1+\gamma)$元被股东用于偿还货币借贷本金，$rr^*(1+\tau)(1+\gamma)$元被股东用于偿还货币借贷利息。

这四项之和等于厂商本期的销售收入。上一期的营业总成本为$(1+\tau)(1+r)$。本期的利润为$(1+\tau)(1+r)\pi$，其中用于扩大生产规模的留存利润为$(1+\tau)(1+r)\gamma$，其余部分用于发放股息。

可见，均衡中每一期的营业税金与股息之比为$\frac{\tau}{r^*(1+\tau)}$，该值大于等于0而小于$\frac{1}{r^*}$，即小于1元股息所对应的本期的营业总成本。营业税金与利润之比为$\frac{\tau(1+\gamma)}{(1+\tau)\pi}$，该值大于等于0而小于$\frac{1+\gamma}{\pi}$，即小于1元利润所对应的本期的营业总成本。

对有股息的均衡而言，每一期中厂商的营业总成本、股息、利润之间有固定的比例关系，股息与营业总成本之比为r^*，利润与营业总成本之比为$r^*+\frac{\gamma}{1+\gamma}=\frac{\pi}{1+\gamma}$。因此，根据这三者之一征税实质上是征收同一种税。也就是说对厂商的利润征税（即征收企业所得税）或征收股息税均等同于征收营业税，一般有效率损失、超额负担。于是可见，对股息征税和对初级要素收入（如工资、地租）征税有重要区别。

7.3.3.3 对资产销售收入征税

均衡中生产活动、商品交易活动等经济活动发生的频率相对固定，而

一般来说股票、土地等资产的交易对于经济主体而言并非必需的经济活动，因此其发生的频率一般并不固定。这就导致难以确定对资产交易活动征税的经济效果。例如，当对出售土地的收入征税时，如果土地所有者永远不出售其土地而只出租其土地，那么征税与否对于均衡不会有实质性的影响。如果投资者每当持有土地 k 期后会将其出售，那么投资者在购买土地时就必然要求土地的毛收益率（即含税的收益率）高于均衡收益率，将租金的一部分积累起来在出售时支付税金。k越大则毛收益率越低，k趋于无穷时毛收益率趋于均衡收益率。可见当资产的交易频率确定时，对于资产销售收入征税相当于对资产收益征税，会导致资产的毛收益率的增长，亦即租金率的增长。

算例 7.5 (有货币和股票的C-D型谷物经济的均衡) 现在在算例7.2中引入股票和股东，假设其效用函数与其他消费者相同。

假设每位劳动者、货币所有者、股东每期分别供给1单位劳动、货币和股票；外生的均衡收益率和市场利率均为$r^* = r = 0.25$。

以货币计价。记价格向量为$\mathbf{p} = (p_1, p_2, \rho r, p_4)^T$，其中$r$为利率，$p_4$为单位股票（或者说单位股票对应的生产资产）的股息（亦即租金）。

单位需求矩阵可表示如下：

$$\mathbf{A}(\mathbf{p},\mathbf{u}) = \begin{bmatrix} \mathbf{a}(\mathbf{p}) & u_1\mathbf{a}(\mathbf{p}) & u_2\mathbf{a}(\mathbf{p}) & u_3\mathbf{a}(\mathbf{p}) \\ 2\,(p_1p_2)^{0.5}\,(1+r)r^*/p_4 & 0 & 0 & 0 \end{bmatrix}$$

其中，$\mathbf{a}(\mathbf{p})$如式(7.4)所示。$c := 2\,(p_1p_2)^{0.5}$为小麦生产者的单位生产成本；$c(1+r)$为小麦生产者的包括利息支出在内的单位营业总成本；$c(1+r)r^*$为本期需要支付的单位股息。由于厂商以借入股票（或者说股票代表的资产）并支付租金的形式支付股息，1单位股票的租金（亦即股息）为p_4，于是本期单位产出需要借入的股票数量为$c(1+r)r^*/p_4$。

单位供给矩阵为单位阵。

结构均衡模型同式(7.8)–(7.9)。其中价格向量为$\mathbf{p} = (p_1, p_2, r, p_4)^T$。

零增长的例子

当劳动者、货币所有者、股东人数均始终为100人，劳动、货币和股票的供给量均始终为100单位时。这时结构均衡模型中的活动水平向量为$\mathbf{z} = (z_1, 100, 100, 100)^T$。

算得均衡价格向量为$\mathbf{p}^* = (4.883, 0.5, 0.25, 0.1)^T$，即单位股票每期获得的股息（或称租金）为0.1。

均衡活动水平向量为$\mathbf{z}^* = (10.24, 100, 100, 100)^T$。

均衡效用向量为$\mathbf{u}^* = (0.128, 0.064, 0.0256)^T$。

均衡配置如表7.17所示，均衡价值配置如表7.18所示。

表 7.17　有股息和货币的C-D型谷物经济的均衡配置（$\gamma = 0, r^* = r = 0.25$）

	小麦生产者	劳动者	货币所有者	股东	总需求
小麦需求	3.277	4.096	2.048	0.8192	10.24
劳动需求	32	40	20	8	100
货币需求	32	40	20	8	100
股票需求	100	0	0	0	100
供给	10.24	100	100	100	

表 7.18　有股息和货币的C-D型谷物经济的均衡价值配置（$\gamma = 0, r^* = r = 0.25$）

	小麦生产者	劳动者	货币所有者	股东	总支出
小麦支出	16	20	10	4	50
劳动支出	16	20	10	4	50
利息支出	8	10	5	2	25
股息支出	10	0	0	0	10
收入	50	50	25	10	

正增长的例子

当劳动者、货币所有者、股东的初始人数均为100人、每期以0.1的速度增长时，劳动、货币和股票的供给量也以0.1的速度增长，均衡增长率为$\gamma = 0.1$。因为当每期中消费者的人数增长时相应的活动水平为该期期末人数（亦即下一期的期初人数），所以这里结构均衡模型中的初期的活动水平向量为$\mathbf{z} = (z_1, 110, 110, 110)^T$。

算得均衡价格向量为$\mathbf{p}^* = (5.908, 0.5, 0.25, 0.1)^T$。

初期的均衡活动水平向量为$\mathbf{z}^* = (9.309, 110, 110, 110)^T$。

均衡效用向量为$\mathbf{u}^* = (0.1058, 0.05289, 0.02116)^T$。

初期的均衡配置如表7.19所示。均衡价值配置如表7.20所示。小麦生产者本期的投资额为40元，下一期的销售收入为55元。名义利润为15元，其中4元作为留存利润，11元用于发放股息。

表 7.19 有股息和货币的C-D型谷物经济的均衡配置（$\gamma=0.1, r^*=r=0.25$）

	小麦生产者	劳动者	货币所有者	股东	总需求
小麦需求	2.708	3.385	1.693	0.677	8.463
劳动需求	32	40	20	8	100
货币需求	32	40	20	8	100
股票需求	100	0	0	0	100
下一期供给	9.309	110	110	110	

表 7.20 有股息和货币的C-D型谷物经济的均衡价值配置（$\gamma=0.1, r^*=r=0.25$）

	小麦生产者	劳动者	货币所有者	股东	总支出
小麦支出	16	20	10	4	50
劳动支出	16	20	10	4	50
利息支出	8	10	5	2	25
股息支出	10	0	0	0	10
下一期收入	55	55	27.5	11	

采取第二种时间偏好假设、具有内生的均衡利率的例子

在以上的分析采取了第一种时间偏好假设。现在考虑采取第二种时间偏好假设时的零增长经济。

现在对以上讨论的经济中的消费者人数、禀赋和产权安排采取新的假设。假定经济中有100位消费者，分为两类；其中99位第一类消费者中的每位消费者只拥有1单位劳动，1位第二类消费者拥有1单位劳动、100单位货币和100单位股票。因为第二类消费者的禀赋、收入多于第一类消费者，所以第二类消费者的意愿收益率会低于第一类消费者，均衡收益率会等于第二类消费者的意愿收益率。在这个例子中所有消费者的效用函数相同，因此假定意愿收益率是效用水平的函数。

单位需求矩阵如下：

$$\mathbf{A}(\mathbf{p},\mathbf{u})=\begin{bmatrix} \mathbf{a}(\mathbf{p}) & u_1\mathbf{a}(\mathbf{p}) & u_2\mathbf{a}(\mathbf{p}) \\ 2(p_1p_2)^{0.5}(1+r)r^*/p_4 & 0 & 0 \end{bmatrix}$$

其中，$\mathbf{a}(\mathbf{p})$如式(7.4)所示。u_1和u_2分别为两类消费者的效用水平。

单位供给矩阵如下：

$$\mathbf{B}=\begin{bmatrix}1 & 0 & 0\\ 0 & 1 & 1\\ 0 & 0 & 100\\ 0 & 0 & 100\end{bmatrix}$$

以上矩阵的各行分别对应小麦、劳动、货币和股票。

结构均衡模型同式(7.8)–(7.9)。其中，价格向量为$\mathbf{p}=(p_1,p_2,r,p_4)^T$；活动水平向量为$\mathbf{z}=(z_1,99,1)^T$。

解得均衡价格向量为$\mathbf{p}^*=\left(2(1+r)^4,0.5,r,\frac{r}{2(1+r)}\right)^T$。

均衡活动水平向量为 $\mathbf{z}^*=\left(\frac{25}{(1+r)^4},99,1\right)^T$。

均衡效用向量为$\mathbf{u}^*=\left(\frac{1}{4(1+r)^3},\frac{200r^2+301r+1}{4(1+r)^4}\right)^T$。

假设消费者的效用水平为u时意愿收益率为$1/u$，于是均衡中投资者的意愿收益率（亦即均衡收益率、均衡利率）为其效用水平的倒数，即有$\frac{1}{u_2^*}=r$成立。

解得两个均衡收益率水平，分别为47.46和0.1423。前一个均衡收益率对应的均衡配置效率极低，将其忽略。后一个均衡收益率对应的均衡配置和均衡价值配置如表7.21和表7.22所示。

表 7.21　内生均衡收益率下的均衡配置

（$\gamma=0,r^*=r=0.1423$）

	小麦生产者	劳动者	货币所有者	总需求
小麦需求	5.626	6.363	2.694	14.68
劳动需求	38.32	43.33	18.35	100
货币需求	38.32	43.33	18.35	100
股票需求	100	0	0	100
供给	14.68	99	1,100,100 ①	

注：① 供给1单位劳动、100单位货币和100单位股票。

均衡价格向量为$\mathbf{p}^*=(3.405,0.5,0.1423,0.06229)^T$。

均衡活动水平向量为 $\mathbf{z}^*=(14.68,99,1)^T$。

均衡效用向量为$\mathbf{u}^*=(0.1677,7.031)^T$。

以上的分析中假定第二类消费者不采取垄断行为。如果第二类消费者可以任意设定收益率，那么可以算出将收益率设定在0.4379可以最大化其效用水平。　□

表 7.22 内生均衡收益率下的均衡价值配置（$\gamma=0, r^*=r=0.1423$）

	小麦生产者	劳动者	货币所有者	总支出
小麦支出	19.16	21.67	9.174	50
劳动支出	19.16	21.67	9.174	50
利息支出	5.453	6.166	2.611	14.23
股息支出	6.229	0	0	6.229
收入	50	49.5	20.96(=0.5+14.23+6.229)	

7.4 结构均衡模型与均衡汇率

7.4.1 包含多种货币的结构均衡模型

以上的分析假设经济中只有一种货币。当经济中有多种货币时，各种货币间的价格比即为汇率。在货币发展过程中的商品货币阶段，一国经济中充当货币的商品可能有多种（如金和银），但在法定货币阶段，显然除了一些特殊情况外一个国家没有必要同时发行多种货币，这时具有多种货币的经济一般即为一个多国经济。就基于结构均衡模型的一般均衡分析而言，无论具有多种货币的经济是一国经济还是多国经济，分析的方法、均衡汇率的计算方法都基本相同。

对于具有多种货币并且货币间可自由兑换的经济，可以在多种货币中任意选择一种，称其为**计价货币**，以该货币作为包括其他货币在内的所有商品的计价单位。以计价货币计量的任一种货币的价格即为该货币对计价货币的汇率，亦即1单位该货币可兑换的计价货币的数量。除非另有说明，下文中一种货币的**汇率**均指该货币对计价货币的汇率。显然计价货币的汇率为1。所有货币的汇率可以构成一个汇率向量，记为$\boldsymbol{\epsilon}$。在包含两种货币的经济模型中也可以只使用一个汇率标量ε而不使用汇率向量。

以计价货币计量的任一种货币供给量的总价值即为该货币的**以计价货币计量的实际供给量**，不致引起混淆时简称为该货币的实际供给量。当一种货币的供给量为μ而汇率为ε时，其实际供给量即为$\bar{\mu}:=\varepsilon\mu$。

在建立结构均衡模型时可以将所有商品以计价货币计价，将单位供给矩阵中各种货币的供给量转化为实际供给量，以简化分析。**包含多种货币的结构均衡模型**即为

$$\mathbf{p}^T\mathbf{A}(\mathbf{p},\mathbf{u}) \geqslant \mathbf{p}^T\mathbf{B}(\bar{\mu}) \tag{7.20}$$

$$\mathbf{A}(\mathbf{p},\mathbf{u})\mathbf{z} \leqslant \mathbf{B}(\bar{\mu})\mathbf{z} \tag{7.21}$$

其中，$\bar{\boldsymbol{\mu}}$为由各种货币的实际供给量构成的向量。因为货币的实际供给量等于其汇率乘以其外生的供给量，所以以上模型也可写为

$$\mathbf{p}^T\mathbf{A}(\mathbf{p},\mathbf{u}) \geqslant \mathbf{p}^T\mathbf{B}(\boldsymbol{\epsilon}) \tag{7.22}$$

$$\mathbf{A}(\mathbf{p},\mathbf{u})\mathbf{z} \leqslant \mathbf{B}(\boldsymbol{\epsilon})\mathbf{z} \tag{7.23}$$

当经济中有多种货币时各种货币可能有不同的利率。

在零增长的经济中，当利率由市场决定、资本项目开放、投资者可以自由地交易各国的作为竞争性资产的货币并从事跨国借贷时，由无套利原理可知各国货币的均衡利率就必然相同，否则低利率货币的持有者会将持有的货币兑换为高利率货币，并向使用高利率货币的外国经济主体放贷以获取更高的收益，也就是说将出现没有货币放贷者愿意持有低利率货币的情况。

反之，当资本项目不开放、经济主体只能向本国的货币所有者借入货币时，各国的均衡利率就可能有差异。

进一步，如果在一国内部由于信用等级等原因，不同经济主体的贷款利率也有差异，例如，一国内部存在k种利率，那么在均衡分析中该国的货币也可以被视为具有不同利率的k种货币。

7.4.2 汇率与货币供给量

由于假定经济主体借入本国货币是为了购买国内或国外的实物商品，于是在多国经济的均衡中每个国家的货币需求额等于其对实物商品的需求额。当贸易平衡、实物商品进出口额相等时，每个国家对实物商品的需求额等于其实物商品的供给额，这种情形下每个国家的货币需求额也等于其实物商品的供给额，当然也等于其货币供给额。

将均衡中两个国家对实物商品的总的需求束分别记为$\mathbf{d}_1$和$\mathbf{d}_2$；令$\mathbf{p}$为以货币1（即国家1的货币）计价的实物商品的均衡价格向量；令μ_1和μ_2为两个国家的货币供给量；令ε为货币2（即国家2的货币）的汇率。于是两国以货币1计价时的货币供给额分别为μ_1和$\varepsilon\mu_2$。因为每个国家的货币供给额等于其实物商品的需求额，所以有$\mu_1=\mathbf{p}^T\mathbf{d}_1$和$\varepsilon\mu_2=\mathbf{p}^T\mathbf{d}_2$成立。从而有

$$\varepsilon=\frac{\mu_1\mathbf{p}^T\mathbf{d}_2}{\mu_2\mathbf{p}^T\mathbf{d}_1}\equiv\frac{\mu_1\bar{\mathbf{p}}^T\mathbf{d}_2}{\mu_2\bar{\mathbf{p}}^T\mathbf{d}_1} \tag{7.24}$$

其中，$\bar{\mathbf{p}}$表示$\mathbf{p}$的结构。

因为货币中性，货币供给量不影响$\bar{\mathbf{p}}^T$、$\mathbf{d}_1$和$\mathbf{d}_2$，所以可知其他外生变

量保持不变时货币2的汇率 ε 与货币1的供给量成正比而与货币2的供给量成反比。

7.4.3 均衡汇率算例

下面通过两个例子来说明多国经济中均衡汇率的计算方法。

算例 7.6 (两国经济中的均衡汇率) 考虑一个包含6种商品和6类经济主体的两国经济。其中，国家1具有3种商品，分别是小麦、劳动1和货币1；具有3类经济主体，即小麦生产者、劳动者1和货币所有者1。国家2具有3种商品，分别是铁、劳动2和货币2；具有3类经济主体，即铁生产者、劳动者2和货币所有者2。

以国家1的货币（即货币1）作为计价货币。假设两种货币的利率均为0.1。

假设小麦和铁的生产中均需要投入铁和劳动，消费者只消费小麦，即铁为生产品，小麦为消费品；每个国家的厂商只能使用本国的劳动，每个国家的主体只能使用本国的货币。

假设生产函数和效用函数如下：

小麦生产者	$x_2^{0.5}x_4^{0.5}$
劳动者1	x_1
货币所有者1	x_1
铁生产者	$x_4^{0.5}x_5^{0.5}$
劳动者2	x_1
货币所有者2	x_1

假定两国的劳动者人数和劳动供给量均始终为100；两国各有一位货币供给者，国家1的货币供给量始终为600单位；国家2的货币供给量始终为100单位。

令ε为国家2货币的汇率，即1单位货币2可兑换的计价货币（即国家1的货币、货币1）的数量。于是以计价货币计量的国家2的货币的实际供给量为100ε。为了分析的简便，所有价格均以计价货币计量，将非计价货币的数量也转化为计价货币的数量。于是单位需求矩阵和单位供给矩阵如下：

$$\mathbf{A}(\mathbf{p},\mathbf{u})=\begin{bmatrix} 0 & u_1 & u_2 & 0 & u_3 & u_4 \\ (p_4/p_2)^{0.5} & 0 & 0 & 0 & 0 & 0 \\ 2(p_2p_4)^{0.5} & p_1u_1 & p_1u_2 & 0 & 0 & 0 \\ (p_2/p_4)^{0.5} & 0 & 0 & (p_5/p_4)^{0.5} & 0 & 0 \\ 0 & 0 & 0 & (p_4/p_5)^{0.5} & 0 & 0 \\ 0 & 0 & 0 & 2(p_4p_5)^{0.5} & p_1u_3 & p_1u_4 \end{bmatrix}$$

$$\mathbf{B}(\varepsilon)=\begin{bmatrix} 1 & 0 & 0 & 0 & 0 & 0 \\ 0 & 1 & 0 & 0 & 0 & 0 \\ 0 & 0 & 600 & 0 & 0 & 0 \\ 0 & 0 & 0 & 1 & 0 & 0 \\ 0 & 0 & 0 & 0 & 1 & 0 \\ 0 & 0 & 0 & 0 & 0 & 100\varepsilon \end{bmatrix}$$

以上两个矩阵各行分别对应小麦、劳动1、货币1、 铁、劳动2和货币2。各列分别对应小麦生产者、劳动者1、 货币所有者1、铁生产者、劳动者2和货币所有者2。

结构均衡模型为

$$\mathbf{p}^T\mathbf{A}(\mathbf{p},\mathbf{u})=\mathbf{p}^T\mathbf{B}(\varepsilon) \tag{7.25}$$

$$\mathbf{A}(\mathbf{p},\mathbf{u})\mathbf{z}=\mathbf{B}(\varepsilon)\mathbf{z} \tag{7.26}$$

其中，$\mathbf{p}=(p_1,p_2,0.1,p_4,p_5,0.1)^T$，$\mathbf{z}=(z_1,100,1,z_4,100,1)^T$。显然这一经济的均衡中不会有厂商停产，也不会有免费品，因此结构均衡模型中可以用等号。

算得均衡价格向量、均衡活动水平向量和均衡汇率为

$$\mathbf{p}^*=(8.284,1.875,0.1,7.563,1.563,0.1)^T$$

$$\mathbf{z}^*=(49.79,100,1,45.45,100,1)^T,\ \varepsilon^*=5$$

于是可知均衡中以货币1计量的货币2的实际供给量为500单位。

均衡配置如表7.23所示。均衡价值配置如表7.24所示。 □

算例 7.7 (三国经济中的均衡汇率) 考虑一个三国经济。每个国家具有4类主体：小麦生产者、铁生产者、劳动者和货币所有者。小麦和铁可

表 7.23 两国经济的均衡配置（增长率为0）

	小麦生产者	劳动者1	货币所有者1	铁生产者	劳动者2	货币所有者2	总需求
小麦需求	0	20.58	6.584	0	17.15	5.487	49.79
劳动1需求	100	0	0	0	0	0	100
货币1需求	375	170.5	54.55	0	0	0	600
铁需求	24.79	0	0	20.66	0	0	45.45
劳动2需求	0	0	0	100	0	0	100
货币2需求	0	0	0	312.5	142	45.45	500
供给	49.79	100	600	45.45	100	500	

表 7.24 两国经济的均衡价值配置（增长率为0）

	小麦生产者	劳动者1	货币所有者1	铁生产者	劳动者2	货币所有者2	总支出
小麦支出	0	170.5	54.55	0	142	45.45	412.5
劳动1支出	187.5	0	0	0	0	0	187.5
货币1利息支出	37.5	17.05	5.455	0	0	0	60
铁支出	187.5	0	0	156.2	0	0	343.7
劳动2支出	0	0	0	156.2	0	0	156.2
货币2利息支出	0	0	0	31.25	14.2	4.545	50
收入	412.5	187.5	60	343.7	156.2	50	

以自由贸易。于是这一经济中共有8种商品，即小麦、铁、3种劳动和3种货币。经济中共有12类主体。

假设3种货币的利率分别为0.01%，40%和80%。以国家1的货币作为计价货币。

假设小麦和铁的生产中均需要投入铁和劳动，消费者只消费小麦；每个国家的厂商只能使用本国的劳动，每个国家的主体只能使用本国货币。

假设所有的生产函数的形式为$10(x_1^{-1}+x_2^{-1})^{-1}$，即为CES型生产函数，其中$x_1$表示投入的铁的数量，$x_2$表示投入的本国劳动的数量。

假定三个国家的劳动者人数和劳动供给量均始终为100；三国各有100位货币所有者，每位货币所有者供给1单位货币，各国的货币供给量均为100单位。

根据以上条件不难写出单位需求矩阵$\mathbf{A}(\mathbf{p},\mathbf{u})$和单位供给矩阵$\mathbf{B}(\boldsymbol{\epsilon})$。

结构均衡模型为式(7.22)–(7.23)。

解得均衡价格向量为

$$\mathbf{p}^* = (0.08749, 0.08749, 0.4031, 0.01, 0.2448, 0.4, 0.1611, 0.8)^T$$

因为对于这一经济中的每个国家而言，小麦生产者与铁生产者的生产函数相同，面对的利率也相同，所以封闭条件下对于每个国家而言小麦和铁的均衡价格是相同的，这也就意味着开放经济后实质上不需要有国际贸易。于是可知这一经济具有多个均衡活动水平向量，各种贸易模式都有可能发生。一个均衡活动水平向量为

$$\mathbf{z}^* = (482.8, 199.4, 100, 100, 462.3, 163.5, 100, 100, 421, 154.7, 100, 100)^T$$

均衡效用向量为

$$\mathbf{u}^* = (4.562, 0.1132, 1.998, 2.587, 1.023, 3.377)^T$$

各国消费的小麦数量分别为467.5单位、458.6单位和440.0单位。在以上的均衡活动水平向量下，国家1和国家2的小麦产量大于其消费量，即均衡中国家1和国家2出口小麦、进口铁，国家3则相反。

均衡汇率向量为

$$\boldsymbol{\epsilon}^* = (1, 0.7923, 0.6648)^T$$

从计算结果可见，在该三国经济中当一国的利率水平较高时会抑制本国的汇率，这是因为利率水平较高时货币所有者的效用水平较高、劳动者的效用水平较低，于是劳动价格相对较低，厂商需要的货币量也相对较少。并且总体来看较高的利率水平会降低本国的福利水平。 □

7.5 商品货币制度下的利率

7.5.1 商品货币的生产与借贷

假定经济中直接使用某种实物商品作为货币，该商品货币在使用中可能会由于磨损、毁坏、遗失等各种原因发生挥发式损耗，于是该商品货币可被视为挥发式损耗的固定资产。

商品货币的均衡供给量一般是内生变量。当商品货币的供给量过大时，其价格相对较低，商品货币的生产厂商会陷入亏损、减少供给；反之，当商品货币的供给量过小时，其价格相对较高，商品货币的生产厂商会有较高的利润率，会增加商品货币的供给。

下面以黄金作为商品货币的代表进行讨论。

为了便于分析，在此把黄金的生产活动与黄金作为货币的租赁活动（亦即货币借贷业务）区分开来。假设黄金生产者只能从事生产活动，不能将生产出的黄金直接作为货币使用，而是需要将产出的黄金全部出售给商业银行。而作为一类厂商的商业银行从事黄金租赁活动，亦即货币借贷业务，只租赁而不出售黄金。这样黄金生产者就与其他普通商品的生产者没有区别。为了将黄金生产者销售的作为普通商品的黄金与商业银行贷出的作为货币的黄金区分开，不妨称前者为黄金，称后者为**金币**或货币。也可以把金币视为黄金的表征货币，其准备金率为1。在以下讨论中均以货币为计价商品。

于是在交易过程中所有经济主体需要使用金币来购买实物商品。交易过程中商业银行会用金币购买黄金生产者的黄金，而黄金生产者则需要借入金币购买劳动等生产过程的投入品。交易结束后黄金生产者将把销售黄金得到的金币用于偿还贷款本金及利息。

如果金币在使用中不会有任何损耗，并且黄金除铸币外没有其他用途，不会被用于消费或贮藏，那么因为在零增长均衡中对货币的需求数量是有限的，所以在零增长均衡中就不需要有黄金生产。换句话说，零增长均衡中黄金生产者将停产。如果商业银行的运营除了黄金之外不需要其他投入，那么此时的均衡利率就会等于均衡收益率，利息总额等于商业银行股东得到的股息总额。

如果金币在使用时有损耗，那么在零增长均衡中黄金生产者就需要生产黄金以弥补黄金的损耗。在这种情形下单位金币的利息除了按均衡收益率为商业银行股东提供股息之外，还需要包含对金币损耗的补偿。在这种情况下金币的利率会大于均衡收益率。

在正增长经济的均衡中黄金生产者需要生产黄金以满足不断增长的货币需求，而商业银行的营业规模也会随之扩大。

对作为金币出租者的商业银行而言金币是一种固定资产，其利率也就是金币的租金率，因此分析金币的利率前首先要分析货币型经济中固定资产的租金率。

7.5.2 货币型经济中固定资产的租金率

7.5.2.1 货币型经济中的固定资产的租赁

在无货币的经济中经济主体购买固定资产供自己使用和租赁固定资产供自己使用没有实质性的区别，对于均衡没有实质性影响。

在货币型经济中当利率为正时购买实物商品需要借入货币并支付一定的利息。这时有交易关系的两个厂商的合并就会减少这两个厂商的交易额、节省利息支出。而一个厂商购买固定资产即相当于该厂商与经营固定资产租赁的厂商合而为一，节省了每期中因支付租金而生产的利息支出。因此在利率为正的货币型经济中对于固定资产的使用者而言购买固定资产优于租赁固定资产。当然，从另一个方面来看，厂商合并导致经营规模增大，这可能带来额外的管理费用，这又会妨碍厂商的合并，不过在此不考虑这一点。

于是可知，对于货币型经济中的经营役龄式损耗的固定资产租赁的厂商而言，租赁不同役龄的固定资产的各个厂商应当合并，合并后的厂商在每期中只需要购买新的固定资产。这时对于役龄式损耗的固定资产就可以使用挥发式的处理方法。

如果将经营挥发式损耗的固定资产租赁的厂商与相应的固定资产的生产厂商合并，那么就可以节约购买固定资产时的利息支出，这时的租金率也就等于式(5.22)所示的无货币经济中挥发式损耗的固定资产的租金率。而在下文的讨论中一般假定这两类厂商相互独立。

7.5.2.2 货币型经济中挥发式损耗的固定资产的后付租金率

考虑货币型经济中一类挥发率为$\delta_v(0\leqslant\delta_v<1)$的固定资产，记其均衡价格为$p$，单位固定资产的后付租金为$\bar{p}_r$。该资产由一个厂商出租。后付租金制度意味着本期租出的资产在下一期得到相应的租金。

厂商上一期出租的固定资产在本期会有剩余，这些剩余的固定资产在本期会被继续出租，可以被视为占用品，也就是说不需要借入货币购买。而为了维持或扩大营业规模，厂商本期还需要购买一部分固定资产，相应地要借入一定量的货币。

当本期出租1单位该类固定资产时下一期期初剩余的资产数量为$1-\delta_v$。于是本期期初持有的资产数量为$a:=\frac{1-\delta_v}{1+\gamma}$。厂商在本期需要购入的资产数量为$1-a$，需要的货币数量为

$$p(1-a)=p\left(1-\frac{1-\delta_v}{1+\gamma}\right)=p\frac{\gamma+\delta_v}{1+\gamma}\tag{7.27}$$

相应的利息为$rp(1-a)$。也就是说厂商的本期的营业总成本为$p+rp(1-a)$。而相应的下一期得到的产值为

$$p(1-\delta_v)+\bar{p}_r$$

即等于损耗后剩余的$1-\delta_v$单位的固定资产的价值加上租金收入。于是有

$$\big(p+rp(1-a)\big)(1+\pi)=p(1-\delta_v)+\bar{p}_r$$

从上式中解得后付租金率为

$$\begin{aligned}\frac{\bar{p}_r}{p}&=\pi+\delta_v+r(1-a)(1+\pi)\\&=\pi+\delta_v+r(1+r^*)(\gamma+\delta_v)\end{aligned}\tag{7.28}$$

从上式可见：

(1) 当利润率$\pi=0$（这意味着增长率$\gamma=0$、自然收益率$r^*=0$）、利率$r=0$时有$\bar{p}_r=p\delta_v$，即租金只需要弥补固定资产的挥发部分即可。

(2) 当利润率$\pi=0$时有$\bar{p}_r=p(1+r)\delta_v$，即租金等于固定资产的挥发额加上购买固定资产时的利息支出。

7.5.2.3 货币型经济中挥发式损耗的固定资产的预付租金率

与租金后付相比，租金预付时租金的收取提前了一期，所以此时的租金为租金后付时的$\rho_\pi=\frac{1}{1+\pi}$倍。由于这里是厂商而非消费者收取租金，因此使用的折现因子为ρ_π而非ρ。

货币型经济中挥发式损耗的固定资产的均衡预付租金率即为

$$\begin{aligned}\frac{p_r}{p}&=\frac{(1+r^*)(1+\gamma)-1+\delta_v+r(1+r^*)(\gamma+\delta_v)}{(1+r^*)(1+\gamma)}\\&=\frac{\pi+\delta_v+r(1+r^*)(\gamma+\delta_v)}{1+\pi}\end{aligned}\tag{7.29}$$

当挥发率$\delta_v=1$时，固定资产变为非耐用品，有$p_r=(1+r)p$，即由于该商品只能出租一期，所以单位租金等于商品价格加上购买商品的利息支出。

7.5.2.4 无利息支出的情形

将以上的两个租金率公式与无货币经济中的两个相应的租金率公式(5.22)和(5.25)对比可见，货币型经济中由于固定资产的租赁厂商多了一项购买固定资产的利息支出，因此其租金率增加了弥补利息支出的部分。

当货币型经济中的利率为0或经营固定资产租赁的厂商与固定资产的生产厂商合并时，这部分利息支出即等于0，这时的租金率就与无货币经济中的租金率相同，即分别为式(5.22)和式(5.25)。

7.5.3 商品货币制度下的利率与铸币税

7.5.3.1 商品货币制度下的利率

由于假设货币借贷发生在交易过程之前，因此在本期的交易过程中购买的可作为货币的实物商品只能从下一期开始作为货币放贷。也就是说本

期购买的商品可以被作为消费品或生产品使用，但不能被作为货币使用。因此商品货币对于从事货币借贷业务的商业银行而言即是租金后付的挥发式损耗的固定资产，其租金率即是利率，记为r_{cm}。

当经营商品货币借贷的商业银行与充当货币的商品的生产厂商合并时，商品货币的利率即如式(5.25)所示，即等于均衡利润率加上商品货币的挥发率。下面讨论这两类厂商相互独立时的情形。

根据租金率公式(7.28)可知有下式成立：

$$r_{cm} = \pi + \delta_v + r_{cm}(1+r^*)(\gamma+\delta_v)$$

从上式解得商品货币制度下的商品货币的均衡利率为

$$\begin{aligned} r_{cm} &= \frac{\pi+\delta_v}{1-(1+r^*)(\gamma+\delta_v)} \\ &= \frac{r^*+\gamma+\gamma r^*+\delta_v}{1-(1+r^*)(\gamma+\delta_v)} \end{aligned} \tag{7.30}$$

在该利率的计算中忽略了商业银行的（预付）工资、地租等其他营业成本；如果考虑这些成本，利率会高于上式，这种情形下利率会受其他商品价格的影响。

从式(7.30)可见：

(1) 自然收益率、增长率和挥发率的增大均会使得式(7.30)的分子变大、分母变小，即会使得商品货币利率升高。因为在其他条件相同时，借款者只会借入利率最低的货币，所以可知低挥发率的商品更适合充当商品货币。

(2) 当没有损耗（即挥发率$\delta_v = 0$）、增长率γ为0时，商品货币的利率等于自然收益率r^*。否则商品货币的利率大于自然收益率，因为这时需要用一部分利息弥补损耗及扩大商业银行的营业规模。

(3) 根据式(7.30)中的分母可知应有$(1+r^*)(\gamma+\delta_v) < 1$成立，于是有

$$\delta_v < \frac{1}{1+r^*} - \gamma$$

成立。即挥发率满足上式的商品才有可能充当商品货币。

7.5.3.2 铸币税

利息的存在一般会导致经济效率的损失，使用法定货币的经济的均衡配置一般不是最优配置。而当使用商品货币时，由于商品货币的生产需要使用资源，因此相对于使用无成本的法定货币而言会造成经济效率的进一

步损失。一般来说，对于商品货币的生产征收铸币税、提高商品货币的相对价格会导致对于货币的均衡需求量的减少，从而会减少商品货币产量及生产商品货币的资源消耗、提高经济效率，这时铸币税就是一种。当铸币税的税率很高时，商品货币币值中税金的比重就很大，而生产成本的比重就很小，商品货币也就会接近于法定货币。当忽略掉法定货币的生产成本时，法定货币的价值就完全来自铸币税，法定货币相当于是铸币税的完税凭证。可见对于商品货币来说，可以通过调节铸币税率来调控货币的相对价格，进而改变货币的均衡供给量。

不妨假定对黄金生产者征税。因为假定所有黄金均出售给商业银行，所以对黄金生产者征税和对商业银行征税实质上是相同的。这时黄金价格中包括一部分税金，因此价格相对较高，也就是说以黄金计价时现在其他商品的价格相对较低，于是经济中需要的金币数量会减少。于是可见当经济增长时为了满足增长的货币需求、避免通货紧缩，既可以采取提高黄金产量的方法，也可以采取提高铸币税的税率的方法。显然后一种方法更有利于社会福利。

由式(7.30)可知在不考虑商业银行的（预付）工资、地租等其他营业成本时黄金和其他商品的生产成本、价格水平并不影响利率，因此无论征收铸币税与否利率水平会保持不变。

算例 7.8 (商品货币及铸币税：自然收益率为零) 考虑一个零增长经济，其中有4类主体（即小麦生产者、黄金生产者、劳动者和商业银行）和4种商品（即小麦、黄金、劳动和货币）。这里的货币为金币，这也就相当于准备金率为1的银行券。令黄金和金币的价格为1。银行购买黄金并贷出金币。

假设黄金每期的损耗率（即挥发率）为$\delta_v = 0.2$；劳动的供给量始终为100单位；自然收益率为$r^* = 0$，即不存在股息。

假设单位需求矩阵和单位供给矩阵如下：

$$\mathbf{A}(\mathbf{p},u) = \begin{bmatrix} 0 & 0 & u & 0 \\ 0 & 0 & 0 & 1 \\ 1 & 1 & 0 & 0 \\ p_3 & p_3 & p_1 u & \delta_v \end{bmatrix}, \quad \mathbf{B} = \begin{bmatrix} 1 & 0 & 0 & 0 \\ 0 & 1 & 0 & 1-\delta_v \\ 0 & 0 & 1 & 0 \\ 0 & 0 & 0 & 1 \end{bmatrix}$$

矩阵的各行分别对应小麦、黄金、劳动和货币，各列分别对应小麦生产者、黄金生产者、劳动者和商业银行。

单位需求矩阵的最后一列表示在零增长经济中商业银行在单位活动水

平下为了供给1单位货币需要投入1单位黄金和δ_v单位货币，这δ_v单位货币用于购买δ_v单位的黄金以弥补黄金损耗。在正增长经济中商业银行在单位活动水平下为了供给1单位货币需要投入的货币量可根据式(7.27)算得。这里忽略商业银行经营借贷业务时需要的劳动等其他投入。

单位供给矩阵的最后一列表示商业银行在单位活动水平下供给1单位货币，并且其投入的黄金经过一期使用后的剩余量为$1-\delta_v$。也可以认为$1-\delta_v$是商业银行在单位活动水平下收回的经历过磨损的金币数量。

结构均衡模型同式(7.2)–(7.3)。其中，$z_3 = 100$，表示劳动者人数为100；$p_2 = 1$，表示黄金的价格为1；$p_4 = r$为货币的利率。

算得以黄金为计价商品的均衡价格向量为$\mathbf{p}^* = (1,1,0.8,0.25)^T$，即商品货币的均衡利率为0.25。由于小麦和黄金的生产技术相同，所以其价格相同。

均衡活动水平向量为$\mathbf{z}^* = (64,36,100,180)^T$，即黄金均衡产量为36，货币均衡供给量为180。

劳动者的均衡效用水平为0.64。

均衡价值配置如表7.25所示。

表 7.25 均衡价值配置（增长率和自然收益率为0）

	小麦生产者	黄金生产者	劳动者	商业银行	总支出或总收入
小麦支出	0	0	64	0	64
黄金支出	0	0	0	180	180
劳动支出	51.2	28.8	0	0	80
利息支出	12.8	7.2	16	9	45
小麦收入	64	0	0	0	64
黄金收入	0	36	0	144	180
劳动收入	0	0	80	0	80
利息收入	0	0	0	45	45

铸币税的例子

现在假定对于黄金生产者征收铸币税。在此假定对于黄金生产者的营业总成本征收税率为$\tau = 1$的税，即税金等于营业总成本。假定征得的税收用于补贴劳动者。

单位需求矩阵和单位供给矩阵如下：

$$\mathbf{A}(\mathbf{p},u)=\begin{bmatrix}0 & 0 & u & 0\\ 0 & 0 & 0 & 1\\ 1 & 1 & 0 & 0\\ p_3 & p_3 & p_1u & \delta_v\\ 0 & \tau(1+r)p_3/p_5 & 0 & 0\end{bmatrix},\quad \mathbf{B}=\begin{bmatrix}1 & 0 & 0 & 0\\ 0 & 1 & 0 & 1-\delta_v\\ 0 & 0 & 1 & 0\\ 0 & 0 & 0 & 1\\ 0 & 0 & 1 & 0\end{bmatrix}$$

矩阵的各行分别对应小麦、黄金、劳动、货币和税票，各列分别对应小麦生产者、黄金生产者、劳动者和商业银行。

单位需求矩阵的最后一列表示黄金生产者在单位活动水平下需要缴纳金额为$\tau(1+r)p_3$的税，相应的需要购买的税票数量为$\tau(1+r)p_3/p_5$。纳税时使用的货币来自销售产品后得到的货币。

单位供给矩阵的最后一列表示每位劳动者供给1单位税票。

结构均衡模型同式(7.2)–(7.3)。其中，$z_3=100$，表示劳动者人数为100；$p_2=1$，表示黄金的价格为1；p_4为货币的利率。

算得以黄金为计价商品的均衡价格向量为$\mathbf{p}^*=(0.5,1,0.4,0.25,0.1)^T$。可见与不征收铸币税时相比，小麦和劳动的价格减小了一半，而均衡利率仍为0.25。税票价格为0.1，即每位劳动者每期得到0.1元的补贴。

均衡活动水平向量为$\mathbf{z}^*=(80,20,100,100)^T$。可见与不征收铸币税时相比，小麦产量由64上升到80，黄金产量由36下降到20，货币供给量由180下降到100。

劳动者的均衡效用水平为0.8，相对于不征收铸币税时的0.64提高了。

均衡价值配置如表7.26所示。 □

7.6 表征货币的利率

7.6.1 基础货币与表征货币

7.6.1.1 货币乘数

当商业银行以商品货币或法定货币为准备金发行表征货币（如银行券、银行票据）时，商品货币或法定货币即为基础货币。当准备金率为$r_r(0<r_r\leqslant 1)$时，银行每发行1元表征货币需要持有r_r元的基础货币（如黄金）作为准备金，这些被占用的准备金不能被贷出作为交易媒介和支付手段使用。

表 7.26 有铸币税时的均衡价值配置（增长率和自然收益率为0）

	小麦生产者	黄金生产者	劳动者	商业银行	总支出或总收入
小麦支出	0	0	40	0	40
黄金支出	0	0	0	100	100
劳动支出	32	8	0	0	40
利息支出	8	2	10	5	25
税支出	0	10	0	0	10
小麦收入	40	0	0	0	40
黄金收入	0	20	0	80	100
劳动收入	0	0	40	0	40
利息收入	0	0	0	25	25
税收入	0	0	10	0	10

将离散时间经济中的基础货币数量与表征货币数量之和称为**货币总量**。基础货币的全部或部分被作为准备金使用，从货币总量中扣除作为准备金使用的基础货币数量即得到**货币供给量**。也就是说货币供给量是指可以直接作为交易媒介和支付手段使用的货币量。

在现实中的交易过程、支付过程中既使用现金（即使用基础货币），也使用商业银行提供的银行卡、活期存款账户、银行票据等支付手段（即使用表征货币）。因此可以假设货币供给量中既有基础货币又有表征货币，记货币供给量中基础货币所占的比重为θ_{bm}，假设其为由支付习惯决定的外生变量。

当经济中货币供给量为μ、准备金率为r_r时，货币供给量中的基础货币数量即为$\theta_{bm}\mu$，表征货币数量即为$(1-\theta_{bm})\mu$，用作准备金的基础货币数量即为$r_r(1-\theta_{bm})\mu$，基础货币总量即为$\theta_{bm}\mu+r_r(1-\theta_{bm})\mu$。货币供给量与基础货币数量之比即为

$$m_m := \frac{\mu}{\theta_{bm}\mu+r_r(1-\theta_{bm})\mu} \tag{7.31}$$

$$= \frac{1}{\theta_{bm}+r_r(1-\theta_{bm})} = \frac{1}{r_r+\theta_{bm}(1-r_r)} \tag{7.32}$$

$$= \frac{1}{1-(1-\theta_{bm})(1-r_r)} \tag{7.33}$$

此即**货币乘数**（money multiplier）。于是：

(1) 从式(7.32)可见，货币乘数既小于等于$\frac{1}{\theta_{bm}}$，又小于等于$\frac{1}{r_r}$。当r_r趋

于0时货币乘数趋于$\frac{1}{\theta_{bm}}$。

(2) 从式(7.33)可见，货币乘数大于等于1。当$\theta_{bm}=1$（即所有支付过程必须使用基础货币）或$r_r=1$时货币乘数等于1，这意味着经济中实质上不使用表征货币。

(3) 当准备金率由中央银行决定时，中央银行就可以通过调节准备金率来调节货币乘数。

(4) 当货币供给量为μ时，基础货币供给量为

$$\mu_{bm}=\frac{\mu}{m_m}$$

在理论分析中为了简便起见有时假设货币供给量全部由表征货币构成，即$\theta_{bm}=0$，这种情形下货币乘数即为

$$m_m=\frac{1}{r_r} \tag{7.34}$$

7.6.1.2 基础货币利率、表征货币利率与复合货币利率

假设离散时间经济中的基础货币由发行法定货币的中央银行或从事商品货币借贷的商业银行供给；表征货币由商业银行供给。将基础货币和表征货币的利率分别记为r_{bm}和r_{rm}。忽略商业银行运营中的（预付）工资、地租等其他成本。假定在每一期的借贷过程中商业银行从发行基础货币的银行借入基础货币，然后立即贷出表征货币；在当期的交易过程结束后该商业银行可以用本期得到的表征货币的利息来支付本期借入的基础货币的利息。于是可见，理论上来说商业银行可以无成本地经营货币借贷业务，或者说其营业总成本为0。这种情形下从事表征货币借贷的商业银行的均衡利润也就必然为0，于是可知均衡中商业银行贷出表征货币得到的利息总额必然等于借入基础货币所要支付的利息总额。由于贷出1元表征货币需要借入r_r元基础货币，于是有下式成立：

$$r_{rm}=r_r r_{bm} \tag{7.35}$$

即忽略银行的（预付）工资、地租等其他营业成本时，表征货币利率是基础货币利率的r_r倍。在现实中使用信用卡支付时相当于从商业银行借入表征货币，这时的借贷利率相对较低；使用信用卡透支提取现金时相当于从商业银行借入法定货币、基础货币，这时的借贷利率相对较高。两种利率间的差异即体现了基础货币和表征货币间的利率差异。

当交易过程、支付过程中既使用基础货币也使用表征货币、货币供给量中既有基础货币又有表征货币时，从整体上来看交易过程、支付过

程中使用的货币实际上是由基础货币和表征货币构成的复合货币。当经济中的货币供给量为μ时，基础货币数量为μ/m_m，每期收入的利息总额为$r_{bm}\mu/m_m$，这些利息来自贷出的数量为μ、利率为r的（复合）货币，于是有

$$r_{bm}\mu/m_m = \mu r$$

于是可知（复合）货币利率即为

$$\begin{aligned} r &= \frac{r_{bm}}{m_m} \\ &= r_{bm}\big(\theta_{bm} + r_r(1-\theta_{bm})\big) \\ &= r_{bm}\theta_{bm} + r_{rm}(1-\theta_{bm}) \end{aligned} \tag{7.36}$$

也就是说（复合）货币利率等于按照其构成比例对基础货币利率和表征货币利率的加权平均。

当准备金率小于1时表征货币利率小于基础货币利率，因此经济主体自然会倾向于使用表征货币而非基础货币作为支付手段和交易媒介。也就是说除非必要，否则经济主体会使用表征货币而非基础货币。拥有基础货币的经济主体可以将基础货币贷给银行得到的相对较高的利率，而从银行借入利率相对较低的表征货币来使用。

在均衡分析中为了简便起见，有时可以根据货币乘数将经济主体使用的复合货币或表征货币折算为基础货币，然后在分析中就只需要考虑基础货币供给量和基础货币利率。

7.6.2　商品货币－表征货币制度

考虑使用商品货币（如黄金）和表征货币（如银行券）作为支付手段和交易媒介的经济。表征货币由商业银行发行，并且以商品货币作为准备金，而准备金率为外生变量。

在分析中可以假定经济中存在从事商品货币借贷的商业银行和从事表征货币借贷的商业银行两类经济主体，也可以将两者合并为一类经济主体。在前一种假设下从事商品货币借贷的商业银行购入商品货币（或者说充当货币的商品）、贷出商品货币，从事表征货币借贷的商业银行借入商品货币作为准备金而贷出表征货币；在后一种假设下商业银行购入商品货币作为准备金而贷出表征货币。这两种假设并无实质区别，本书在分析中采取后一种假设。

假定1单位表征货币代表1单位商品货币，即这两者可以自由兑换，表

征货币的价格与商品货币的价格相同，在交易过程中代表相同的价值。记准备金率为$r_r(0 < r_r \leqslant 1)$；（复合）货币的利率为r；货币乘数为m_m。

由式(7.36)可知商品货币的利率、租金率等于（复合）货币利率乘以货币乘数，即rm_m。根据租金率公式(7.28)可知有下式成立：

$$rm_m = \pi + \delta_v + r(1+r^*)(\gamma + \delta_v)$$

从上式解得商品货币－表征货币制度下的（复合）货币的均衡利率为

$$r = \frac{\pi + \delta_v}{m_m - (1+r^*)(\gamma + \delta_v)} \tag{7.37}$$

根据式(7.36)可知在商品货币－表征货币制度下商品货币的均衡利率为

$$\begin{aligned} r_{cm} &= \frac{m_m(\pi + \delta_v)}{m_m - (1+r^*)(\gamma + \delta_v)} \\ &= \frac{\pi + \delta_v}{1 - (1+r^*)(\gamma + \delta_v)/m_m} \end{aligned} \tag{7.38}$$

对比式(7.38)和式(7.30)可见，当货币乘数大于1时，只要增长率不为0或挥发率不为0，商品货币－表征货币制度下的商品货币利率就小于商品货币制度下的商品货币利率。商品货币的利率下降是因为这种情形下商业银行在购买商品货币时可以使用复合货币，其中有一部分表征货币，这会降低其营业总成本。

根据式(7.35)可知在商品货币－表征货币制度下表征货币的均衡利率为

$$r_{rm} = \frac{r_r(\pi + \delta_v)}{1 - (1+r^*)(\gamma + \delta_v)/m_m} \tag{7.39}$$

从式(7.37)、式(7.38)和式(7.39)可见：

(1) 由于准备金率下降货币乘数会增加，因此商品货币利率、表征货币利率及（复合）货币利率会与准备金率同向变动。

(2) 当准备金率趋于0时货币乘数趋于$\frac{1}{\theta_{bm}}$，这时表征货币利率会趋于0，而商品货币利率和（复合）货币利率一般不会趋于0。

(3) 当货币乘数m_m大于1时货币供给量大于商品货币数量，商业银行扮演了货币创造者的角色，这一货币创造活动使得经济中的1元商品货币可以发挥m_m元货币的职能，这类似于商品货币生产过程发生了技术进步，节约了生产商品货币的部分资源，从而导致经济效率的提高。也就是说在商品货币－表征货币制度下，其他条件不变时货币乘数越大则经济效率越高、社会福利水平越高。

上文在计算商品货币利率、表征货币利率时忽略了银行运营中的（预付）工资、地租等其他成本，如果考虑这些成本，利率会有所提高。

当全部商品货币作为准备金时，货币供给量等于表征货币数量，货币乘数等于准备金率的倒数（亦即$m_m = 1/r_r$）。根据式(7.39) 可知这种情形下表征货币的均衡利率为

$$r_{rm} = r = \frac{\pi + \delta_v}{1/r_r - (1+r^*)(\gamma + \delta_v)} \tag{7.40}$$

从上式可见，当准备金率趋于0时表征货币利率及（复合货币）利率会趋于0；当准备金率趋于1时表征货币利率及（复合货币）利率会趋于商品货币制度下的利率。由于商品货币制度下的利率常常大于自然收益率，可见一般而言表征货币的均衡利率可以大于、等于或小于自然收益率。

这种情形下商品货币的均衡利率为

$$r_{cm} = \frac{r_{rm}}{r_r} = \frac{\pi + \delta_v}{1 - (1+r^*)(\gamma + \delta_v) r_r} \tag{7.41}$$

算例 7.9 (商品货币与表征货币：自然收益率为正) 现在对算例7.8略加改动。考虑一个零增长经济，其中有4类主体（即小麦生产者、黄金生产者、劳动者和商业银行）和5种商品（即小麦、黄金、劳动、银行券和股票）。以黄金计价。

假设在交易过程中可以只使用银行券而不必使用黄金，黄金全部作为准备金使用；商业银行持有1单位黄金可发行2单位银行券，即准备金率为$r_r = 0.5$；黄金每期的损耗率（即挥发率）为$\delta_v = 0.2$；劳动的供给量始终为100单位。

假设股息率和均衡收益率为$r_d = r^* = 0.1$；劳动者兼任所有厂商的股东，每位劳动者拥有1单位股票，即股票总量为100。

此时单位需求矩阵和单位供给矩阵如下：

$$\mathbf{A}(\mathbf{p}, u) = \begin{bmatrix} 0 & 0 & u & 0 \\ 0 & 0 & 0 & 1 \\ 1 & 1 & 0 & 0 \\ p_3 & p_3 & p_1 u & \delta_v \\ r_d(1+r)p_3/p_5 & r_d(1+r)p_3/p_5 & 0 & r_d(1+r\delta_v)/p_5 \end{bmatrix}$$

$$\mathbf{B}=\begin{bmatrix}1&0&0&0\\0&1&0&1-\delta_v\\0&0&1&0\\0&0&0&1/r_r\\0&0&1&0\end{bmatrix}$$

矩阵的各行分别对应小麦、黄金、劳动、银行券和股票，各列分别对应小麦生产者、黄金生产者、劳动者和商业银行。r即为p_4。

单位需求矩阵的最后一列表明零增长经济中商业银行在单位活动水平下本期投入1单位黄金作为准备金及δ_v单位银行券用于购买黄金以弥补黄金损耗；单位供给矩阵的最后一列表明商业银行在下一期可以供给$1/r_r$单位银行券。由于从事黄金借贷的商业银行本期购买黄金后下一期才能发行金币，而从事银行券借贷的商业银行下一期租入金币后可以立即发行银行券，所以以上两类商业银行合并得到的商业银行本期购入黄金而下一期供给相应的银行券，这一过程类似于一个普通的生产过程。当分析正增长经济时商业银行在单位活动水平下需要投入的银行券量可根据式(7.27)算得。

商业银行本期在单位活动水平下的营业总成本为$1+r\delta_v$，需要支付的股息为$r_d(1+r\delta_v)$，需要借入的股票数量为$r_d(1+r\delta_v)/p_5$。

单位供给矩阵的最后一列表示商业银行在单位活动水平下供给$1/r_r$单位银行券，并且其投入的黄金经过一期使用后的剩余量为$1-\delta_v$。

结构均衡模型同式(7.2)–(7.3)。其中$z_3=100$，表示劳动者人数为100。

算得以黄金计价的均衡价格向量为$\mathbf{p}^*=(1,1,0.778,0.1685,0.1828)^T$，即银行券的均衡利率为0.1685。单位股票的股息为0.1828。

均衡活动水平向量为$\mathbf{z}^*=(82.22,17.78,100,88.9)^T$。

劳动者的均衡效用水平为0.8222。与算例7.8对比，可见在交易中用表征货币代替商品货币后，小麦的产量上升了，黄金的产量下降了，劳动者的效用水平上升了。

均衡价值配置如表7.27所示。 □

7.6.3 法定货币－表征货币制度

7.6.3.1 法定货币取代商品货币

在采用法定货币－表征货币制度的离散时间经济中，法定货币取代了商品货币，这时中央银行供给法定货币，而商业银行以法定货币作为准备金供给表征货币。中央银行发行的法定货币即为基础货币，其中一部分被

表 7.27 均衡价值配置（增长率为0，自然收益率为0.1）

	小麦生产者	黄金生产者	劳动者	商业银行	总支出或总收入
小麦支出	0	0	82.22	0	82.22
黄金支出	0	0	0	88.9	88.9
劳动支出	63.97	13.83	0	0	77.8
利息支出	10.78	2.331	13.86	2.997	29.97
股息支出	7.475	1.616	0	9.19	18.28
小麦收入	82.22	0	0	0	82.22
黄金收入	0	17.78	0	71.12	88.9
劳动收入	0	0	77.8	0	77.8
利息收入	0	0	0	29.97	29.97
股息收入	0	0	18.28	0	18.28

商业银行作为准备金使用，其余部分被经济主体作为支付手段和交易媒介使用。

在法定货币取代商品货币后，中央银行（或者说政府）可以几乎无成本地发行任意数量的基础货币，从而可以通过调节基础货币数量和准备金率等手段迅速、灵活地调控货币供给量和利率，而这一点在使用商品货币时是很难做到的。因此在使用商品货币时可能出现短期之内由于商品货币需求量猛增、供给量基本不变而导致的严重货币短缺、利率高企的现象，而这又可能严重阻碍整个经济的正常运行，导致全面的金融危机（Mishkin，1997）。而法定货币取代商品货币后由于货币供给量可以迅速调整，这种情形就可以避免。

另外，在商品货币制度下作为货币使用的商品不再能发挥作为生产品和消费品的作用，相当于闲置、浪费了这部分资源。而使用法定货币则克服了这一缺陷，提高了经济效率。

因为法定货币的生产成本、使用中的损耗远远低于商品货币，可以忽略不计，所以理论上来说中央银行可以凭借其垄断地位无成本地获得利息收入，这些收入可用于政府开支。因此在模型中可以将中央银行视为一个消费者，其消费代表政府消费。

7.6.3.2 法定货币－表征货币制度下的利率

在离散时间经济中商业银行可以用利息收入购买法定货币作为准备金，这种情形类似于商品货币制度下购买商品货币（如黄金）作为准备金的情形；也可以从中央银行（或其他拥有法定货币的经济主体）借入法定货币作为准备金，以下称这种获得法定货币的方式为**再贷款**。当然也可以两种方式混合使用。对于均衡分析而言这两种方式没有实质区别。以下假设准备金全部来自再贷款。

令r_{fm}为法定货币利率，或称再贷款利率；r_r为准备金率。这两者均由中央银行决定。均衡中再贷款利率可以偏离自然收益率，而中央银行可以通过行政手段来阻止这种偏离导致的套利行为。现实中的银行间同业拆借利率即可视为是法定货币利率、再贷款利率。

当忽略银行的（预付）工资、地租等其他营业成本时，由式(7.35)可知法定货币－表征货币制度下表征货币的均衡利率即为$r_r r_{fm}$，而（复合）货币的利率也可根据式(7.36)算得。如果考虑到银行的（预付）工资、地租等其他营业成本时，表征货币的均衡利率还会受自然收益率及其他商品价格的影响。

算例 7.10 (以法定货币为准备金的表征货币) 考虑一个零增长经济，其中有4类主体（即小麦生产者、中央银行、劳动者和商业银行）和4种商品（即小麦、法定货币、劳动和表征货币）。劳动供给量和法定货币供给量均为100。

假定法定货币全部作为商业银行的准备金使用；中央银行将法定货币利息收入用于公共支出。可以将中央银行视为一个消费者。商业银行为厂商。假定再贷款利率为$r_{fm}=0.05$，准备金率为$r_r=0.5$。以法定货币为计价商品，此时表征货币（如信用卡额度）的价格也为1。

单位需求矩阵和单位供给矩阵如下：

$$\mathbf{A}(\mathbf{p},\mathbf{u})=\begin{bmatrix}0 & u_1 & u_2 & 0\\ 0 & 0 & 0 & r_r\\ 1 & 0 & 0 & 0\\ p_3 & p_1u_1 & p_1u_2 & 0\end{bmatrix},\quad \mathbf{B}=\begin{bmatrix}1 & 0 & 0 & 0\\ 0 & 1 & 0 & 0\\ 0 & 0 & 1 & 0\\ 0 & 0 & 0 & 1\end{bmatrix}$$

矩阵的各行分别对应小麦、法定货币、劳动和表征货币；各列分别对应小麦生产者、中央银行、劳动者和商业银行。

单位需求矩阵和单位供给矩阵的最后一列表示商业银行在单位活动水平下投入$r_r=0.5$单位法定货币，供给1单位的表征货币。

结构均衡模型同式(7.2)–(7.3)。其中$p_2=0.05$，为再贷款利率；$z_3=1$，表示中央银行的数量为1；$z_3=100$，表示劳动者人数为100。

算得均衡价格向量为$\mathbf{p}^*=(1.012,0.05,0.9876,0.025)^T$，即均衡利率为0.025。

均衡活动水平向量为$\mathbf{z}^* = (100,1,100,200)^T$。商业银行的活动水平（即产量）为200，也就是说其发行的银行券的数量为200。

均衡效用向量为$\mathbf{u}^* = (4.819,0.9518)^T$。

均衡价值配置如表7.28所示。 □

表 7.28 均衡价值配置（增长率和自然收益率为0，再贷款利率为0.05，准备金率为0.5）

	小麦生产者	中央银行	劳动者	商业银行	总支出
小麦支出	0	4.878	96.35	0	101.2
再贷款利息支出	0	0	0	5	5
劳动支出	98.76	0	0	0	98.76
贷款利息支出	2.469	0.1219	2.409	0	5
收入	101.2	5	98.76	5	

7.6.3.3 货币乘数与货币流通速度

如前所述，在均衡分析中为了简便起见，可以根据货币乘数将经济主体使用的复合货币或表征货币折算为基础货币，这样在分析中就只需要考虑基础货币供给量和基础货币利率。

例如，当将表征货币折算为基础货币时，算例7.10中的单位需求矩阵和单位供给矩阵即可写为：

$$\mathbf{A}(\mathbf{p},\mathbf{u}) = \begin{bmatrix} 0 & u_1 & u_2 \\ p_3/m_m & p_1u_1/m_m & p_1u_2/m_m \\ 1 & 0 & 0 \end{bmatrix}, \quad \mathbf{B} = \begin{bmatrix} 1 & 0 & 0 \\ 0 & 1 & 0 \\ 0 & 0 & 1 \end{bmatrix}$$

矩阵的各行分别对应小麦、法定货币和劳动；各列分别对应小麦生产者、中央银行和劳动者。这时经济中不再有表征货币和商业银行。在原先的经济中使用1单位表征货币相当于在现在的经济中使用$1/m_m$单位法定货币。在这个例子中全部基础货币被作为准备金使用，因此$1/m_m$等于准备金率。根据以上单位需求矩阵和单位供给矩阵算得的均衡与原先的均衡没有实质区别。

这种情形下经济主体购买v元实物商品时需要借入的基础货币数量为v/m_m。当货币流通速度v_m不为1时，经济主体购买v元实物商品时需要借入的基础货币数量为$\frac{v}{v_m m_m}$。

因为除了单位需求矩阵外均衡模型的其他部分不含有货币流通速度和货币乘数，所以对于均衡而言可知有：

(1) 货币乘数的改变相当于货币流通速度的改变；货币乘数变为原先的k倍对于均衡的影响相当于货币流通速度变为原先的 k 倍对于均衡的影响。

(2) 从第7.3.2小节对于货币流通速度的讨论可知，货币乘数变大相当于增加了货币供给量并降低了利率。货币乘数变为原先的k倍对均衡的影响相当于货币供给量变为原先的k倍、利率变为原先的$1/k$倍。

(3) 当全部基础货币被作为准备金使用时，货币乘数为准备金率的倒数。这种情形下当准备金率和货币流通速度以相同的比例发生变动、两者之比保持不变时，均衡中其他变量的值不会发生变化。

(4) 当全部基础货币被作为准备金使用时，准备金率上升相当于减少了货币供给量并提高了利率。准备金率变为原先的k倍对均衡的影响相当于准备金率不变、货币供给量变为原先的$1/k$倍、利率变为原先的k倍。

(5) 当全部基础货币被作为准备金使用时，准备金率变为原先的$1/k$倍、利率变为原先的k倍相当于货币供给量变为原先的 k 倍，这时的均衡价格水平将变为原先的k倍。

7.6.3.4 使用货币的成本

在有表征货币、货币流通速度为v_m的离散时间经济中，经济主体在交易过程中每购买1元实物商品需要持有$\frac{1}{v_m}$元（复合）货币。也就是说普通主体（即除货币所有者外的其他经济主体）每购买1元实物商品需要向货币所有者支付的利息为

$$\underline{r} := \frac{r}{v_m} \equiv \frac{r_{bm}}{v_m m_m} \tag{7.42}$$

其中，r为（复合货币）利率，r_{bm}为基础货币利率。$\underline{r}$从一个角度反映了均衡中每一期使用货币的相对成本大小，称之为**使用货币的成本率**。

也就是说普通主体每购买1元实物商品时货币所有者即可以购买$\underline{r}$元实物商品。即均衡中货币所有者每期购买的实物商品额是其他经济主体每期购买的实物商品额的$\underline{r}$倍。货币所有者在实物商品的总购买额中得到的份额即为 $\frac{\underline{r}}{1+\underline{r}}$；这也是本期的货币供给量在交易过程开始时由货币所有者持有的比例。而其他经济主体在实物商品的总购买额中得到的份额即为$\frac{1}{1+\underline{r}}$；这也是本期的货币供给量在交易中由其他经济主体使用的部分。

当货币供给量为μ时，实物商品的总购买价值即为$\mu v_m m_m$。货币所有者每期的利息收入即为$r\mu$，这时的利息收入包括货币所有者因自己使用货币购买消费品而名义上支付给自己的利息。于是可见，利率r等于本期利息收入与本期货币供给量之比，而$\underline{r}$等于本期利息收入与本期总购买价值（亦即总交易价值）之比。

利率r不变时，货币流通速度越快（即v_m越大）则使用货币的成本率越小，于是普通主体分得的实物商品额比重越大，货币所有者分得的比重越小。而货币供给量不影响分配比例。

7.7 非持久性支付与债券

7.7.1 非持久性支付与非持久性均衡

消费者在离散时间经济的均衡中每期都可以得到的收入称为**持久性收入**（permanent income），如工资、地租、股息、税收、贷出货币所得的利息等；只能在有限的一段时期内获得的收入称为**非持久性收入**，如出售持有的土地、股票、黄金等资产得到的收入。由于每位消费者持有的资产数量有限，因此其资产出售行为一般只能持续有限期。也就是说非持久性收入只能持续有限的时间，而持久性收入则从理论上来说可以无限期地持续。类似地，可以定义持久性支付与非持久性支付、持久性借贷与非持久性借贷、持久性经济行为与非持久性经济行为、持久性均衡与非持久性均衡等。

当一位消费者可以通过在一段时期内向其他消费者借贷来获得非持久性收入并将其用于消费时，这段时期内该消费者的消费额会大于其持久性消费额，这类消费性借贷即属于**非持久性借贷**。而作为贷出方的消费者在这一段时期内的消费额会小于其持久性消费额。也就是说当消费者之间在一段时期内发生消费性借贷时，一部分消费额会相应地从贷出者转移到借入者。当这种消费性借贷发生在具有一次齐次效用函数的同类消费者之间时，这类消费者的整体收入、支出与消费并不会发生变化，因此不会对均衡产生实质性的影响；当这种消费性借贷发生在不同类的消费者之间或具有非位似偏好的消费者之间时，就可能对均衡产生实质性的影响，例如，当借贷双方属于不同的国家时消费性借贷就可能导致均衡汇率发生变动。

当厂商的盈利能力欠佳时，厂商的经营性借贷可能导致其负债的增长速度超过其资产的增长速度，这种情形下的经营性借贷也属于非持久性借贷（参见算例4.15）。

由于非持久性收入只持续有限的时间，因此当均衡中有非持久性收入时这一均衡路径只能持续有限期，而不能像普通的均衡路径那样无限期地持续下去，这样的均衡即为**非持久性均衡**。在非持久性均衡中一些经济主体拥有的资产或负债会持续地增加或减少，而当资产或负债的存量达到一定水平时就可能导致非持久性支付的数量或支付方向发生变动。例如，当贷款发放完毕、借款者开始偿还贷款本息时，资金的流向就与发放贷款时相反，这时经济可能进入另一种非持久性均衡状态，直到贷款还清为止。

在动态的一般均衡模型中可以用以下方式刻画经济主体间的非持久性支付：

(1) 实物划拨方式。对于简单的情形可以采取实物划拨的处理方式，即将支付方拥有的一部分商品划拨给收款方。在均衡状态下，这也就相当于支付方将其部分收入支付给收款方。例如，当在一段时期内厂商向劳动者借入资金、劳动者进行支付时，可以直接将劳动者拥有的部分劳动划拨给厂商。当在一段时期内厂商向劳动者支付利息或偿还资金时，可以直接将厂商的部分产品划拨给劳动者。

(2) 金融交易方式（或称资产交易方式）。这种处理方式引入债券（或者说支付凭证）等金融工具，将支付行为视为债券的交易行为，即支付方付出资金、得到债券，收款方得到资金、付出债券。经济主体付出资金、得到债券的过程既可以代表发放贷款、债权债务积累的过程，也可以代表偿还贷款、赎回债券、债权债务减少的过程。

在使用金融交易方式描述支付过程时，可以假定支付者购买债券等金融工具的过程发生在实物商品的交易过程之后，这时支付者只需要持有购买实物商品的货币量，而可以用其销售商品后的部分收入进行支付。

算例 7.11 (债券与货币) 考虑一个列昂惕夫型的零增长经济，其中有4类经济主体（即小麦生产者、劳动者1、劳动者2和中央银行）、4种商品（即小麦、劳动、债券和货币）。各经济主体直接使用中央银行发行的法定货币进行交易。中央银行将利息收入用于政府消费。以货币计价。

生产函数和效用函数如下：

小麦生产者	x_2
劳动者1	x_1
劳动者2	x_1
中央银行	x_1

假设劳动者2将其收入的一半用于购买小麦并支付为购买小麦而借入的货币的利息，另一半用于购买债券。于是当其效用水平为u_2时购买小麦及支付相应利息的支出为$(1+r)p_1u_2$，购买债券的金额也是这么多。

单位需求矩阵如下：

$$\mathbf{A}(\mathbf{p},\mathbf{u})=\begin{bmatrix}0 & u_1 & u_2 & u_3\\ 1 & 0 & 0 & 0\\ 0 & 0 & (1+r)p_1u_2/p_3 & 0\\ p_2 & p_1u_1 & p_1u_2 & p_1u_3\end{bmatrix}$$

单位需求矩阵的各行分别对应小麦、劳动、债券和货币，各列分别对应小麦生产者、劳动者1、劳动者2和银行。

第3列中$(1+r)p_1u_2/p_3$为劳动者2购买债券的数量。p_1u_2为其因购买小麦而需要持有的货币量；由于假定债券交易活动发生在实物商品交易活动之后，可以用销售实物商品得到的货币购买债券，不需要因购买债券而借入额外的货币，因此这也是其需要持有的总的货币量。劳动者2把一半销售收入用于购买债券，这也就相当于转让其拥有的一半劳动量。

单位供给矩阵为

$$\mathbf{B}=\begin{bmatrix}1 & 0 & 0 & 0\\ 0 & 1 & 1 & 0\\ 0 & 1 & 0 & 0\\ 0 & 0 & 0 & 100\end{bmatrix}$$

第2列表示每位劳动者1除供给1单位的劳动外还供给1单位的债券，即在均衡中每位劳动者2每期将用其部分收入买入1单位债券，也就是将其部分收入储蓄起来。这1单位债券所对应的借贷金额（即p_3，债券价格）为内生变量，受劳动者2的（非持久性的）储蓄意愿的影响。第5列表示中央银行供给100单位货币。

结构均衡模型同式(7.2)–(7.3)。均衡方程中$p_4=0.1$，为外生的中央银行设定的利率水平；$\mathbf{z}=(z_1,100,100,1)^T$，后3个分量分别表示劳动者1的人数、劳动者2的人数和中央银行的数量。

算得均衡价格向量为$\mathbf{p}^*=(0.2619,0.2381,0.119,0.1)^T$。即债券价格为0.119，这也就是每位劳动者每期的借贷金额。

均衡活动水平向量为$\mathbf{z}^*=(200,100,100,1)^T$。

均衡效用水平向量为$\mathbf{u}^*=(1.24,0.4132,34.71)^T$。

均衡价值配置如表7.29所示。

这一均衡配置中劳动者2借入的10.82元货币全部用于购买小麦；在实物交易活动结束后得到的23.81元销售收入中一半用于购买债券（即储蓄），另一半用于偿还借入的货币的本息。

表 7.29 发行债券时的均衡价值配置（增长率为0，利率为0.1）

	小麦生产者	劳动者1（借入者）	劳动者2（贷出者）	中央银行	总支出或总收入
小麦支出	0	32.47	10.82	9.091	52.38
劳动支出	47.62	0	0	0	47.62
债券支出（贷出资金）	0	0	11.9	0	11.9
利息支出	4.762	3.247	1.082	0.9091	10
小麦收入	52.38	0	0	0	52.38
劳动收入	0	23.81	23.81	0	47.62
债券收入（借入资金）	0	11.9	0	0	11.9
利息收入	0	0	0	10	10

在以上均衡配置对应的均衡路径中，随着时间的推移贷款余额将不断积累。如果假定贷款余额存在一个外生的上限，那么这一均衡状态可以维持的时间是有限的，在一段时间之后劳动者1将开始还贷，包含放贷活动的均衡将转换为包含还贷活动的均衡，均衡中劳动者1和劳动者2间的价值转移的方向将发生反转。

在这里没有考虑借贷期间的利息的支付，这相当于假定利息在偿还本金时支付。 □

7.7.2 多国经济中的非持久性支付

在多国经济中，非持久性支付可以发生在同一国家的经济主体之间，也可以发生在不同国家的经济主体之间；就模型处理而言，这两者并无不同。而当发生在不同国家间时，非持久性支付就可能影响汇率。这也就意味着可以通过非持久性支付（例如购买外国资产或向外国出售资产等）来调控汇率。

对于一个经济主体而言，非持久性支付的存在意味着**（实质性）收支失衡**，即从长期来看其收支状况是不可持续的。而国家之间的非持久性支付的存在也就意味着**国际收支失衡**，这时一国可能在一段时间内持续地出售本国拥有的资产或购买外国拥有的资产。

如果不存在实质性收支失衡，那么即是处于实质性收支平衡状态。实质性收支平衡不同于会计意义上的收支平衡，结构均衡模型中的收支平衡是会计意义上的平衡，对于每位经济主体而言会计意义上的收支平衡始终成立。因此当发生实质性收支失衡时均衡公式仍然成立，仍然可以利用结构均衡模型来求解非持久性的均衡。也就是说收支失衡总是指实质性收支失衡，亦即收支状况的长期不可持续性。

在两国经济中，当一国通过购买外国债券向外国消费者发放消费贷款时，这一行为一般会导致均衡中本国实物商品消费量的相对下降、外国实物商品消费量的相对上升，于是根据式(7.24)可知这会对本国货币形成贬值压力。

算例 7.12 (国际收支失衡与汇率) 考虑算例7.6中的经济。现在将货币所有者视为中央银行。假定每期中中央银行1（即国家1的中央银行）发行1单位债券，中央银行2（即国家2的中央银行）将其全部收入用于购买该债券。这时中央银行2的效用函数即为x_7，x_7表示其购买的债券数量。仍然以国家1的货币（即货币1）作为计价货币。

单位需求矩阵为

$$\mathbf{A}(\mathbf{p},\mathbf{u}) = \begin{bmatrix} 0 & u_1 & u_2 & 0 & u_3 & 0 \\ (p_4/p_2)^{0.5} & 0 & 0 & 0 & 0 & 0 \\ 2(p_2p_4)^{0.5} & p_1u_1 & p_1u_2 & 0 & 0 & 0 \\ (p_2/p_4)^{0.5} & 0 & 0 & (p_5/p_4)^{0.5} & 0 & 0 \\ 0 & 0 & 0 & (p_4/p_5)^{0.5} & 0 & 0 \\ 0 & 0 & 0 & 2(p_4p_5)^{0.5} & p_1u_3 & 0 \\ 0 & 0 & 0 & 0 & 0 & u_4 \end{bmatrix}$$

单位供给矩阵为

$$\mathbf{B}(\varepsilon) = \begin{bmatrix} 1 & 0 & 0 & 0 & 0 & 0 \\ 0 & 1 & 0 & 0 & 0 & 0 \\ 0 & 0 & 600 & 0 & 0 & 0 \\ 0 & 0 & 0 & 1 & 0 & 0 \\ 0 & 0 & 0 & 0 & 1 & 0 \\ 0 & 0 & 0 & 0 & 0 & 100\varepsilon \\ 0 & 0 & 1 & 0 & 0 & 0 \end{bmatrix}$$

以上两个矩阵的各行分别对应小麦、劳动1、货币1、铁、劳动2、货币2和债券。各列分别对应小麦生产者、劳动者1、中央银行1、铁生产者、劳动者2和中央银行2。中央银行1购买实物商品，所以需要持有货币；中央银行2以利息收入购买债券，所以不需要持有货币。

结构均衡模型同式(7.25)–(7.26)。其中

$$\mathbf{p} = (p_1, p_2, 0.1, p_4, p_5, 0.1, p_7)^T, \quad \mathbf{z} = (z_1, 100, 1, z_4, 100, 1)^T$$

算得均衡价格向量为$\mathbf{p}^*=(7.701,1.743,0.1,7.03,1.452,0.1,42.25)^T$。即债券价格为42.25，或者说每期债券的发行额为42.25。

均衡汇率为$\varepsilon^*=4.225$，而算例7.6中的均衡汇率为5，即国家2购买国家1的债券导致本国货币贬值。

均衡活动水平向量为$\mathbf{z}^*=(49.79,100,1,45.45,100,1)^T$。

均衡效用水平向量为$\mathbf{u}^*=(0.2058,12.07,0.1715,1)^T$。

均衡价值配置如表7.30所示。其中中央银行1的收入中60元为货币1的利息，42.45元为发行债券的收入。 □

表 7.30 有国际借贷的两国经济的均衡价值配置（增长率为0，利率为0.1）

	小麦生产者	劳动者1	中央银行1	铁生产者	劳动者2	中央银行2	总支出
小麦支出	0	158.5	92.96	0	132	0	383.5
劳动1支出	174.3	0	0	0	0	0	174.3
货币1利息支出	34.86	15.85	9.296	0	0	0	60
铁支出	174.3	0	0	145.2	0	0	319.5
劳动2支出	0	0	0	145.2	0	0	145.2
货币2利息支出	0	0	0	29.05	13.2	0	42.25
债券支出	0	0	0	0	0	42.25	42.25
收入	383.5	174.3	60+42.25	319.5	145.2	42.25	

7.7.3 间接融资

非银行的经济主体之间的债券交易（或者说借贷）可以以商业银行作为中介，这种情形即为**间接融资**。可以将间接融资看作是商业银行分别和借贷双方进行债券交易。经济主体向银行存款相当于购买银行发行的债券，而从银行贷款相当于银行购买借款人发行的债券。

算例 7.13 (以商业银行为中介的间接融资) 仍然考虑算例7.11中的经济，现在假定消费者间的借贷通过作为中介的商业银行进行，劳动者2将其一半收入用于购买债券（即储蓄）。

现在经济中包含5类经济主体，即小麦生产者、劳动者1、劳动者2、中央银行和商业银行；包含5种商品，即小麦、劳动、私人债券、银行债券、（法定）货币。这里不存在银行券，不考虑商业银行的货币创造、货币借贷职能。

在这里中央银行是货币发行者，被视为消费者；而商业银行扮演着信贷中介的角色，被视为厂商。劳动者2存款到商业银行，而商业银行贷款给劳动者1。也就是说，商业银行向劳动者2出售银行债券（可视为存款凭证），而购买劳动者1发行的私人债券（可视为贷款凭证）。假定商业银行每购买1单位私人债券即供给1单位银行债券。

这时的单位需求矩阵为

$$\mathbf{A}(\mathbf{p},\mathbf{u})=\begin{bmatrix}0 & u_1 & u_2 & u_3 & 0\\ 1 & 0 & 0 & 0 & 0\\ 0 & 0 & 0 & 0 & 1\\ 0 & 0 & (1+r)p_1u_2/p_4 & 0 & 0\\ p_2 & p_1u_1 & p_1u_2 & p_1u_3 & 0\end{bmatrix}$$

单位供给矩阵为

$$\mathbf{B}=\begin{bmatrix}1 & 0 & 0 & 0 & 0\\ 0 & 1 & 1 & 0 & 0\\ 0 & 1 & 0 & 0 & 0\\ 0 & 0 & 0 & 0 & 1\\ 0 & 0 & 0 & 100 & 0\end{bmatrix}$$

以上两个矩阵的各行分别对应小麦、劳动、私人债券、银行债券和货币，各列分别对应小麦生产者、劳动者1、劳动者2、中央银行和商业银行。

单位需求矩阵第3列中$(1+r)p_1u_2/p_4$为劳动者2购买银行债券的数量，其中p_4为银行债券的价格；相应的金额为$(1+r)p_1u_2$。劳动者2将其收入的一半用于购买小麦并支付为购买小麦而借入的货币的利息，两者分别为p_1u_2和rp_1u_2；另一半用于购买银行债券。

单位供给矩阵第2列表示每位劳动者1每期发行1单位债券。

结构均衡模型同式(7.2)–(7.3)。

均衡方程中$\mathbf{p}=(p_1,p_2,p_3,p_4,0.1)$，其中$p_3$为私人债券的价格，$p_4$为银行债券的价格，0.1为利率；$\mathbf{z}=(z_1,100,100,1,z_5)^T$，各分量分别为小麦的产量、劳动者1人数、劳动者2人数、中央银行的数量及商业银行的活动水平（亦即发行的商业银行债券数量）。

算得均衡价格向量为$\mathbf{p}^*=(0.2619,0.2381,0.119,0.119,0.1)^T$。即私人债券价格和银行债券价格均为0.119。

均衡活动水平向量为$\mathbf{z}^*=(200,100,100,1,100)^T$。

均衡效用水平向量为$\mathbf{u}^* = (1.24, 0.4132, 34.71)^T$。

均衡价值配置如表7.31所示。

从计算结果可见，这时的均衡与算例7.11中的均衡实质是相同的。

表 7.31 间接融资时的均衡价值配置（增长率为0，货币利率为0.1）

	小麦生产者	劳动者1(借入者)	劳动者2(贷出者)	中央银行	商业银行	总支出或总收入
小麦支出	0	32.47	10.82	9.091	0	52.38
劳动支出	47.62	0	0	0	0	47.62
购买私人债券支出①	0	0	0	0	11.9	11.9
购买银行债券支出②	0	0	11.9	0	0	11.9
货币利息支出	4.762	3.247	1.082	0.9091	0	10
小麦收入	52.38	0	0	0	0	52.38
劳动收入	0	23.81	23.81	0	0	47.62
出售私人债券收入③	0	11.9	0	0	0	11.9
出售银行债券收入④	0	0	0	0	11.9	11.9
货币利息收入	0	0	0	10	0	10

注：① 即商业银行发放贷款。
② 即向商业银行存款。
③ 即获得商业银行贷款。
④ 即商业银行吸收私人存款。

间接融资的准备金的例子

在以上的例子中没有考虑商业银行经营信贷中介业务所需要的准备金。现在假定商业银行在经营信贷中介业务时按照吸收的存款金额需要向中央银行缴纳比例为$\bar{r}_r$的准备金。这里$\bar{r}_r$相当于定期存款的准备金率，而发行表征货币的准备金率相当于活期存款的准备金率。

这时商业银行可以将其吸收的部分存款作为（信贷中介业务的）准备金，于是商业银行的存款额会大于贷款额、银行债券的价格（或者说面额）会高于私人债券。

假定每一期中商业银行向中央银行支付准备金时得到1单位的支付凭证，不妨称这一支付凭证为准备金券。

这时的单位需求矩阵如下：

$$\mathbf{A}(\mathbf{p},\mathbf{u}) = \begin{bmatrix} 0 & u_1 & u_2 & u_3 & 0 \\ 1 & 0 & 0 & 0 & 0 \\ 0 & 0 & 0 & 0 & 1 \\ 0 & 0 & (1+r)p_1u_2/p_4 & 0 & 0 \\ p_2 & p_1u_1 & p_1u_2 & p_1u_3 & 0 \\ 0 & 0 & 0 & 0 & \bar{r}_r p_3/p_6 \end{bmatrix}$$

单位供给矩阵为

$$\mathbf{B} = \begin{bmatrix} 1 & 0 & 0 & 0 & 0 \\ 0 & 1 & 1 & 0 & 0 \\ 0 & 1 & 0 & 0 & 0 \\ 0 & 0 & 0 & 0 & 1 \\ 0 & 0 & 0 & 100 & 0 \\ 0 & 0 & 0 & 1 & 0 \end{bmatrix}$$

以上两个矩阵的第6行对应准备金券。

单位需求矩阵中$\bar{r}_r p_3$为商业银行在单位活动水平下需要支付的准备金；p_6为准备金券的价格（或者说支付的准备金总额）；$\bar{r}_r p_3/p_6$为需要购买的准备金券数量。

结构均衡模型同式(7.2)–(7.3)。

均衡方程中$\mathbf{p}=(p_1,p_2,p_3,p_4,0.1,p_6)$；$\mathbf{z}=(z_1,100,100,1,z_5)^T$。

令准备金率为0.2。

算得均衡价格向量为$\mathbf{p}^*=(0.2619,0.2381,0.09921,0.119,0.1,1.984)^T$。即私人债券价格为0.09921，银行债券价格为0.119，每期中支付的准备金（总额）为1.984。银行债券价格为私人债券价格的1.2倍，多出的0.2倍用于支付准备金。

均衡活动水平向量为$\mathbf{z}^*=(200,100,100,1,100)^T$。

均衡效用水平向量为$\mathbf{u}^*=(0.1171,0.4132,41.6)^T$。可见与准备金率为0时相比，劳动者1（即借入者）的效用水平下降了，而中央银行的效用水平上升了。这是由于一部分商业银行缴纳准备金使得中央银行的收入增加了，而劳动者1借入的资金减少了。也就是说劳动者2的存款被分给了中央银行和劳动者1；在偿还贷款时资金则由中央银行和劳动者1流向劳动者2。

均衡价值配置如表7.32所示。

表 7.32 有定期存款准备金时的均衡价值配置（增长率为0，货币利率为0.1，准备金率为0.2）

	小麦生产者	劳动者1(借入者)	劳动者2(贷出者)	中央银行	商业银行	总支出或总收入
小麦支出	0	30.66	10.82	10.89	0	52.38
劳动支出	47.62	0	0	0	0	47.62
购买私人债券支出①	0	0	0	0	9.921	9.921
购买银行债券支出②	0	0	11.9	0	0	11.9
货币利息支出	4.762	3.066	1.082	1.089	0	10
定期存款准备金支出	0	0	0	0	1.984	1.984
小麦收入	52.38	0	0	0	0	52.38
劳动收入	0	23.81	23.81	0	0	47.62
出售私人债券收入③	0	9.921	0	0	0	9.921
出售银行债券收入④	0	0	0	0	11.9	11.9
货币利息收入	0	0	0	10	0	10
定期存款准备金收入	0	0	0	1.984	0	1.984

注：① 即商业银行发放贷款。
② 即向商业银行存款。
③ 即获得商业银行贷款。
④ 即商业银行吸收私人存款。

当劳动者1偿还贷款、劳动者2提取存款、银行的信贷余额减少时，准备金会从中央银行流向商业银行，这相当于中央银行在向商业银行偿还其贷款。 □

7.8 利率、均衡影子价格与国际贸易

7.8.1 禀赋中的产品

在本书之前的分析中一般假设一种实物商品要么是初级要素，要么是产品，也就是说其供给量要么是外生变量，要么是内生变量（参见假设S1和假设S2）。现实中也存在同一种实物商品兼具初级要素和产品的特征的情况，其一部分供给量为外生变量，其余部分供给量为内生变量。例如，树木的一部分是自然资源（即天然林），另一部分是产品（即人工林）；动物资源一部分是野生的，另一部分是人工养殖的；环境资源一部分是自然资源，另一部分是环保企业通过处理污染物获得的（参见算

例5.10）。又如，一些消费者可能每期接受来自经济外部的一定数量的无偿赠与的产品，或者购买一定数量的产品无偿赠与经济外部的主体，那么这部分为正或为负的供给量也为外生变量。当消费者用每期购买数量固定的产品向外赠与时，因为这部分产品并非用于自身消费、与其效用水平无关，所以在模型中不宜处理为其需求，而应当处理为负的供给。

当经济中具有这类部分供给量外生的产品时，其外生供给部分由消费者供给，而其余部分由厂商供给；这时均衡模型的形式与不具有这种产品时的形式是相同的。这种情形下每期中每位消费者的禀赋可能包含初级要素、金融工具和产品。

当然，也可以将兼具初级要素和产品的特征的商品处理为两种可以相互完全替代的商品，即将其由消费者供给的部分作为一种商品，由厂商供给的部分作为另外一种商品。不过一般而言没有必要作这种处理。

7.8.2 商品的均衡影子价格

当经济中的禀赋、社会福利函数和资源配置方式给定时，可以计算出均衡社会效用水平，该效用水平受禀赋数量的影响，也就是说可以将均衡社会效用水平表示为禀赋束$\boldsymbol{\omega}$的函数，记为$u_s(\boldsymbol{\omega})$，称为**社会禀赋效用函数**。

选择一种实物商品作为计价商品，将在给定的禀赋束下根据社会禀赋效用函数算得的禀赋束中各种商品对计价商品的边际替代率称为**均衡影子价格**。在本书中选择劳动作为均衡影子价格的计价商品，这时一种商品的均衡影子价格即为社会禀赋效用函数中该商品对于劳动的边际替代率。

各种商品的均衡影子价格的相对大小反映了增加1单位各种商品的外生供给时对于社会福利水平的相对影响程度，或者说反映了单位商品的相对边际（社会）福利价值。当禀赋束中一种商品的数量发生微小变动时若社会福利水平保持不变，则其均衡影子价格即为0。

均衡影子价格有以下特点：

(1) 均衡影子价格依赖于资源配置方式、经济制度。例如，一个经济中不同税率、利率、股息率下的均衡影子价格结构可能不同。

(2) 一般而言在竞争性均衡中均衡影子价格与均衡价格一致，或者说均衡影子价格结构等于均衡价格结构，而在非竞争性均衡中均衡影子价格与均衡价格不一致。

(3) 除了一些简单情形外，并不容易求得社会禀赋效用函数的解析式，因此一般需要使用数值方法计算均衡影子价格。

算例 7.14 (有货币的C-D型零增长谷物经济中的均衡影子价格) 现在将算例7.2中的所有消费者加总为一位消费者，即总消费者。因为原先的所有消费者的效用函数相同，所以总消费者的效用函数仍然为$u(\mathbf{x})=x_1^{0.5}x_2^{0.5}$。

当总消费者的禀赋包括s_1单位小麦、s_2单位劳动和μ单位货币时，单位需求矩阵和单位供给矩阵如下：

$$\mathbf{A}(\mathbf{p},u)=\begin{bmatrix}(p_2/p_1)^{0.5} & u(p_2/p_1)^{0.5}\\(p_1/p_2)^{0.5} & u(p_1/p_2)^{0.5}\\2(p_1p_2)^{0.5} & 2u(p_1p_2)^{0.5}\end{bmatrix},\mathbf{B}=\begin{bmatrix}1 & s_1\\0 & s_2\\0 & \mu\end{bmatrix} \tag{7.43}$$

结构均衡模型同式(7.2)–(7.3)。其中价格向量为$\mathbf{p}=(p_1,p_2,r)^T$；活动水平向量为$\mathbf{z}=(z_1,1)^T$。

解得均衡价格向量为

$$\mathbf{p}^*=\left(\frac{2(1+r)^2\mu}{s_2},\frac{\mu}{2s_2},r\right)^T$$

均衡小麦产量为

$$z_1^*=\frac{s_2}{4(1+r)^2}-s_1$$

总消费者的均衡效用水平为

$$u^*=\frac{1+2r}{4(1+r)^2}s_2+s_1 \tag{7.44}$$

根据式(7.44)可知小麦对于劳动的边际替代率、（以劳动计价的）小麦的均衡影子价格为

$$p_1^\circ=\frac{4(1+r)^2}{1+2r} \tag{7.45}$$

当利率为$r=0.25$时即有 $p_1^\circ=\frac{25}{6}\approx 4.167$。

效用水平中并没有出现货币供给量，可见货币的均衡影子价格为0。

通过一些简单计算可知：

(1) 以劳动计价的小麦的均衡价格为$4(1+r)^2$。当利率为0时该值为4、等于p_1°，这也就是小麦的竞争性均衡价格。

(2) 当利率为正时（以劳动计价的）小麦的均衡价格大于小麦的均衡影子价格p_1°，而p_1°则大于小麦的竞争性均衡价格。小麦的均衡价格大于均衡影子价格是由于生产小麦所需的利息支出；直接增加小麦的外生供给时包括货币所有者在内的消费者直接得到小麦，小麦价格中包含的利息会减少，或者说获取小麦所需要的成本会减小。小麦的均衡影子价格大于竞争

性均衡价格是因为生产小麦所需的利息支出导致了价格扭曲和经济效率的损失，而直接增加小麦的外生供给则减小了价格扭曲、提高了经济效率。

(3) 当利率上升时p_1°增大。也就是说利率越高则小麦的均衡影子价格越高。

(4) 小麦产量不可为负，因此根据算得的均衡小麦产量公式可知需要有

$$\frac{s_2}{s_1} \geqslant 4(1+r)^2 \tag{7.46}$$

成立，这时以上的结论才能成立。否则均衡中小麦生产者将停产，此时结构均衡模型的收支平衡公式中的等号应换为不等号。这种情况下全部小麦和劳动被用于消费，总消费者的均衡效用水平为

$$u^* = \sqrt{s_1 s_2}$$

此时小麦的均衡影子价格为

$$p_1^\circ = \frac{s_2}{s_1} \tag{7.47}$$

□

7.8.3 均衡影子价格、国际贸易与利率

因为均衡影子价格反映了均衡配置下单位商品的社会福利价值，所以在多国经济中一个国家为了提高本国福利水平应当出口均衡影子价格较低的商品而进口均衡影子价格较高的商品。然而因为贸易模式由封闭条件下的均衡价格而非均衡影子价格决定，所以当均衡价格结构与均衡影子价格结构不一致时，实际的贸易模式可能与理想的贸易模式相反，即一个国家可能出口均衡影子价格较高的商品而进口均衡影子价格较低的商品，从而导致该国福利水平的下降，称这种情况为**不公平贸易**。

因为在使用法定货币的经济中外生的利率水平会影响均衡价格，所以当两个国家其他方面均相同而仅有利率不同时也可能发生国际贸易。因为利率为正时的均衡配置一般不是最优配置，所以这时均衡影子价格一般与均衡价格不一致。于是可知这两个国家间可能发生不公平贸易，即贸易后可能出现一个国家的福利水平下降的情况。

算例 7.15 (均衡影子价格与不公平贸易) 现在将算例7.14中的经济视为国家1。假设国家2和国家1除利率外其他方面均相同。令劳动供给量、货币供给量均始终为100；令两国利率分别为0.25和0.1。假设小麦和劳动可以自由贸易。

单位需求矩阵和单位供给矩阵如下：

$$\mathbf{A}(\mathbf{p},\mathbf{u}) = \begin{bmatrix} (p_2/p_1)^{0.5} & u_1(p_2/p_1)^{0.5} & (p_2/p_1)^{0.5} & u_2(p_2/p_1)^{0.5} \\ (p_1/p_2)^{0.5} & u_1(p_1/p_2)^{0.5} & (p_1/p_2)^{0.5} & u_2(p_1/p_2)^{0.5} \\ 2(p_1p_2)^{0.5} & 2u_1(p_1p_2)^{0.5} & 0 & 0 \\ 0 & 0 & 2(p_1p_2)^{0.5} & 2u_2(p_1p_2)^{0.5} \end{bmatrix} \tag{7.48}$$

$$\mathbf{B} = \begin{bmatrix} 1 & 0 & 1 & 0 \\ 0 & 100 & 0 & 100 \\ 0 & 100 & 0 & 0 \\ 0 & 0 & 0 & 100 \end{bmatrix} \tag{7.49}$$

矩阵各行分别对应小麦、劳动、国家1的货币和国家2的货币。各列分别对应国家1的小麦生产者、国家1的（总）消费者、国家2的小麦生产者、国家2的（总）消费者。

结构均衡模型为式(7.22)–(7.23)。其中价格向量和活动水平向量分别为$\mathbf{p} = (p_1, p_2, 0.25, 0.1)^T$和$\mathbf{z} = (z_1, 1, z_3, 1)^T$。

算得均衡价格向量为$\mathbf{p}^* = (4.84, 1, 0.25, 0.1)^T$，均衡汇率为3。

均衡中国家1的小麦生产者停产，而国家2的均衡小麦产量为41.32。

两国消费者的均衡效用水平分别为22.73和26.86。

国家1的小麦均衡消费量、进口量为10.33。

均衡价值配置如表7.33所示。

表 7.33 两国经济的均衡价值配置（增长率为0，利率为0.25、0.1）

	小麦 生产者1	消费者1	小麦 生产者2	消费者2	总支出
小麦支出	0	50	90.91	59.09	200
劳动支出	0	50	90.91	59.09	200
货币1利息支出	0	25	0	0	25
货币2利息支出	0	0	18.18	11.82	30
收入	0	100+25	200	100+30	

根据式(7.44)可知封闭条件下两国消费者的均衡效用水平分别为 24 和 24.79； 国家1以劳动计价的小麦均衡价格为6.25，小麦均衡影子价格为4.167。可见开放贸易后国家1的福利水平下降了，而国家2的福利水平上升了。由于两国经济中以劳动计价的小麦均衡价格为4.84，介于6.25和4.167之间，因此国家1进口了小麦，而这导致其福利水平下降。

小麦进口量与社会效用水平的例子

下面假设国家1可以自主地决定以出口劳动换取进口小麦的数量，4.84单位劳动可以换取1单位小麦。而小麦的国内价格则由市场决定。

由于国家1的总的劳动供给量为100单位，因此当国家1的小麦进口量为s_1时，其国内可用的劳动供给量即为

$$s_2 = 100 - 4.84s_1$$

当国家1的小麦产量大于0时，根据式(7.44)、上式和$r = 0.25$可知国家1的社会效用水平为

$$u^* = 24 - 0.1616s_1$$

当国家1的小麦进口量小于约9.017时式(7.46)成立，国家1的小麦生产者尚未停产，以劳动计价的小麦均衡影子价格为4.167，此时国家1以4.84的价格进口小麦是不利的，其福利水平随着进口量的上升而下降。当小麦进口量大于约9.017时，以劳动计价的小麦均衡影子价格如式(7.47)所示，这时大于4.84，国家1的福利水平随着进口量的增加而上升，但达到均衡进口量时仍未能回升到封闭条件下的福利水平。

图7.1显示了随着小麦进口量的变化国家1的社会效用水平的变动情况以及小麦均衡影子价格的变动情况。 □

7.9　均衡的存在性

瓦尔拉斯（Walras，1874）对竞争性均衡的存在性作了初步分析后，经过卡塞尔（Cassel，1923）、冯·诺依曼（von Neumann，1945）、瓦尔德（Wald，1951）、阿罗和德布鲁（Arrow，Debreu，1954）、麦肯齐（McKenzie，1954）等诸多学者的努力，不包含货币的竞争性经济中一般均衡的存在性问题得到了较为圆满的解决（参见Arrow，1989）。

而从本章的讨论可见，经济中无论存在货币（及其他金融工具）与否结构均衡模型是相同的，因此一般来说经济中是否存在货币不会影响到均衡的存在性，换句话说，对于不包含货币的竞争性经济中一般均衡存在性的分析和证明（如Arrow, Debreu，1954；Debreu，1959）也同样适用于货币型经济。下面对一般均衡存在性的证明方法作一简要说明。

7.9.1　对应的上半连续性

在经济分析中厂商或消费者的需求束常常是一个对应而非函数，这种

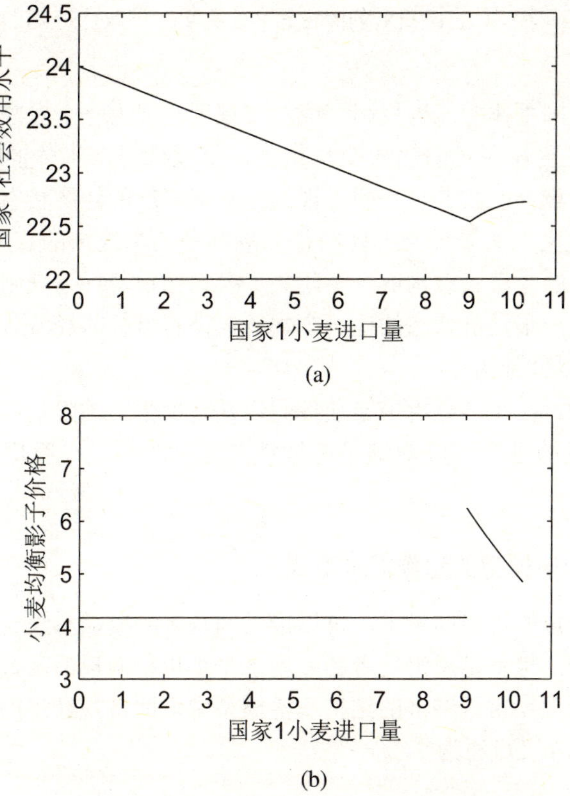

图 7.1 国家1的社会效用水平与小麦均衡影子价格

情况下当给定价格和产量时厂商可能有多个需求束，当给定价格和效用（或收入）时消费者也可能有多个需求束。

一般均衡分析中涉及的对应主要是**紧值对应**，亦即将点映射为紧集[①]的对应。因此下文只关注紧值对应，并且主要关注值域T是紧集的紧值对应。

对于函数$F : \mathsf{S} \to \mathsf{T}$，其连续性蕴含着其图$\{(\mathbf{x},\mathbf{y})|\mathbf{x} \in \mathsf{S}, \mathbf{y} = \mathsf{F}(\mathbf{x})\}$是闭的。若集合T是紧集，则函数的连续性和其图的闭性是等价的（Carter，2001，第212页）。与函数的连续性类似，对于紧值对应可以用以下方式定义上半连续性（Carter，2001，第227页）。

定义 7.2 令$\mathscr{F} : \mathsf{S} \to\to \mathsf{T}$为一个紧值对应，S是$\mathbb{R}^n$中的闭集，T是$\mathbb{R}^k$中

①就经济分析所涉及的问题而言紧集即是指$\mathbb{R}^k$中的有界的闭集（参见刘树林，2008，第6.2.4小节）。

的有界的闭集，若 $\mathscr{F}$ 的图$\{(\mathbf{x},\mathbf{y})|\mathbf{x}\in\mathsf{S},\mathbf{y}\in\mathsf{T},\mathbf{y}\in\mathscr{F}(\mathbf{x})\}$是闭的，则称其是**上半连续的**。

如果把经济主体的行为规则（或决策规则）视为一个对应，该对应的定义域为经济主体面对的输入变量集合，值域为经济主体的输出变量集合，那么两个集合的笛卡尔积即可视为是所有可行的经济状态集合。于是根据以上的定义，如果经济主体的行为规则是上半连续的有界紧值对应，那么所有可行的经济状态构成一个闭集。换句话说，行为规则的上半连续性意味着如果一个经济状态的任一个邻域内都有可行的经济状态，那么这个经济状态也是可行的。

一般来说，在经济分析中连续性假设是一个很弱的限制性条件。在经济分析中常见的函数一般均满足连续性，常见的对应一般均满足上半连续性。

7.9.2 均衡模型的超额需求形式

在一个给定的价格向量下，可以根据消费者的禀赋和收支平衡条件解得其效用水平，也就是说消费者的效用水平是价格向量的函数，因此效用水平可以不出现在常规经济的结构均衡模型中，即常规经济的结构均衡模型 (3.27)–(3.28) 又可写为[①]

$$\mathbf{p}^T\left(\mathbf{A}(\mathbf{p})-\rho\mathbf{B}(\mathbf{p})\right)\geqslant\mathbf{0} \tag{7.50}$$

$$\left(\mathbf{A}(\mathbf{p})-\rho\mathbf{B}(\mathbf{p})\right)\mathbf{z}\leqslant\mathbf{0} \tag{7.51}$$

令$\bar{\mathbf{A}}(\mathbf{p}):=\mathbf{A}(\mathbf{p})-\rho\mathbf{B}(\mathbf{p})$，则均衡公式即

$$\mathbf{p}^T\bar{\mathbf{A}}(\mathbf{p})\geqslant\mathbf{0} \tag{7.52}$$

$$\bar{\mathbf{A}}(\mathbf{p})\mathbf{z}\leqslant\mathbf{0} \tag{7.53}$$

就活动水平向量$\mathbf{z}$而言，当经济主体i为厂商时，z_i为内生变量；当经济主体i为消费者时，z_i为外生变量，其值等于该类消费者的人数。对于内生变量z_i和任一给定的价格向量$\mathbf{p}$，当$\mathbf{p}^T\bar{\mathbf{A}}(\mathbf{p})$的第$i$个分量大于0时，厂商$i$的超额利润率小于0，此时令$z_i=0$，即厂商$i$停产；当$\mathbf{p}^T\bar{\mathbf{A}}(\mathbf{p})$的第$i$个分量等于0时，厂商$i$的超额利润率等于0，此时令$z_i$取任意非负实数，即厂商$i$可以以任意的生产水平生产；当$\mathbf{p}^T\bar{\mathbf{A}}(\mathbf{p})$的第$i$个分量小于0时，厂商$i$的超额利润

[①] 亦即$\mathbf{p}^T\left(\mathbf{A}-\rho\mathbf{B}\right)\geqslant\mathbf{0}$，$(\mathbf{A}-\rho\mathbf{B})\mathbf{z}\leqslant\mathbf{0}$，$(\mathbf{A},\mathbf{B})\in(\mathbf{A}(\mathbf{p}),\mathbf{B}(\mathbf{p}))$。

率大于0，此时令$z_i = +\infty$，即厂商选择无穷大的生产水平。则此时活动水平是价格向量的对应，记为$\mathscr{L}(\mathbf{p})$，称为**活动水平对应**。

将活动水平对应 $\mathscr{L}(\mathbf{p})$ 代入供需平衡公式 (7.53) 中的超额需求向量 $\bar{\mathbf{A}}(\mathbf{p})\mathbf{z}$，超额需求即为$\bar{\mathbf{A}}(\mathbf{p})\mathscr{L}(\mathbf{p})$，这是价格向量的对应。但因为$\mathbf{z}$的分量可能取$+\infty$，这导致超额需求可能为无穷大，所以这一对应不是紧值对应，这会给分析带来困难。为了解决这一问题，需要对这一对应作**截角**（truncation）处理，即当超额需求大于某个很大的常数c时，将其修改为c（参见Starr，2011）。将截角后的超额需求对应记为$\mathbf{e}(\mathbf{p})$。于是根据$\mathbf{e}(\mathbf{p})$的定义可知有下式成立，该式称为弱瓦尔拉斯条件：

$$\forall \mathbf{p}^T \mathbf{e}(\mathbf{p}) \leqslant 0 \tag{7.54}$$

供需平衡公式即为

$$\exists \bar{\mathbf{A}}(\mathbf{p})\mathscr{L}(\mathbf{p}) \leqslant \mathbf{0} \tag{7.55}$$

亦即[①]

$$\exists \mathbf{e}(\mathbf{p}) \leqslant \mathbf{0} \tag{7.56}$$

式(7.56)即为超额需求形式的均衡模型，满足该式的价格向量即为均衡价格向量。式(7.56)意味着在均衡价格向量下存在一个小于等于$\mathbf{0}$的超额需求向量，换句话说，在均衡价格向量下每期中每种商品的需求量均小于等于其供给量。利用式(7.56)便于进行均衡的存在性分析。

7.9.3 角谷不动点定理和GND引理

不动点定理是证明一般均衡存在性的基本工具，而在一般均衡的证明中起到关键作用的GND引理（Gale-Nikaido-Debreu引理）也可借助角谷静夫的不动点定理来证明。

定理 7.1 (角谷不动点定理) 设S是$\mathbb{R}^n$的一个非空紧凸子集，$\mathscr{F}$是从S到自身的上半连续对应，且对于任意的$\mathbf{x} \in$ S，集合$\mathscr{F}(\mathbf{x})$是非空凸集。则存在一个$\mathbf{x}^* \in$ S满足$\mathbf{x}^* \in \mathscr{F}(\mathbf{x}^*)$。

利用角谷不动点定理可以证明以下GND引理（参见Debreu，1959），利用GND引理即可直接证明均衡的存在性（Gale，1955）。

定理 7.2 (GND引理) 令S是$\mathbb{R}^n$的一个有界闭子集。如果$\mathbf{e}(\mathbf{p})$是一个从归一化的n维半正向量集合Δ到S的上半连续的对应，使得对任意$\mathbf{p} \in \Delta$，集

[①] 式(7.56)又可写作 $\mathbf{e} \in \mathbf{e}(\mathbf{p}), \mathbf{e} \leqslant \mathbf{0}$。

合$\mathbf{e}(\mathbf{p})$都是（非空）凸的且满足$\forall \mathbf{p}^T\mathbf{e}(\mathbf{p}) \leqslant 0$，那么存在$\mathbf{p}^* \in \Delta$使得$\exists \mathbf{e}(\mathbf{p}^*) \leqslant \mathbf{0}$（参见Gale，1955；Nikaido，1956；Debreu，1959）。

就均衡存在性的证明而言，定理中的S即超额需求向量构成的集合；$\mathbf{e}$即超额需求对应，而以上定理中主要的条件有以下几个：

(1) 超额需求向量集合S是有界的。

(2) 超额需求对应$\mathbf{e}(\mathbf{p})$是上半连续的。

(3) 超额需求对应$\mathbf{e}(\mathbf{p})$是凸值的。

(4) 弱瓦尔拉斯条件：$\mathbf{p}^T\mathbf{e}(\mathbf{p}) \leqslant 0$。

根据这些条件就可以推导出一个存在均衡的经济需要满足的前提假设。反过来，当一个经济满足这些前提假设时，就可以保证均衡的存在性。具体的论证过程可参见相关文献（Debreu，1959；Starr，2011；李子江，1995）。

7.10 本章小结

货币

货币可以分为商品货币、法定货币和表征货币三类。现代经济中主要使用法定货币和表征货币，前者是由中央银行代表国家发行的以国家信用为保障的信用货币，而后者是由商业银行发行的以发行银行信用为保障的信用货币。在经济活动中使用现金进行支付即为使用法定货币支付，而使用银行卡、活期存款账户等商业银行提供的支付手段即为使用表征货币进行支付。对于本书的离散时间经济的均衡分析而言，经济中只使用法定货币（即采取法定货币制度）与经济中同时使用法定货币和表征货币（即采取法定货币—表征货币制度）区别不大，因此本书主要考察经济中只使用法定货币这种情形。

货币是一种金融资产，其收益（或者说租金）即为利息，而收益率（亦即租金率）即为利率。本书的离散时间经济的均衡利率和均衡收益率一般不能由技术、偏好、禀赋和经济增长速度决定，因此在均衡分析中一般被视为外生变量。在现代经济中法定货币的供给量和利率一般由中央银行决定。由于中央银行对于法定货币的垄断，法定货币的均衡利率未必等于竞争性资产的均衡收益率（即自然收益率）。

在本书中的采取法定货币制度的均衡模型中（法定）货币具有中性和超中性，即货币供给量及其增长速度的变化不影响均衡配置。

使用货币的交易过程

在本书的货币型经济的分析中一般假定所有货币由货币所有者拥有，而其他经济主体则需要向货币所有者借入货币。在使用货币作为交易媒介和支付手段的交易过程中，每个经济主体均需要使用货币来购买实物商品，因此需要在交易过程开始前向货币所有者借入货币。在交易过程中货币所有者、股东、税收的享有者只购买实物商品而不出售实物商品，其持有的货币将转移到其他经济主体手中，而其他经济主体出售实物商品得到的货币额多于其购买额，多出的部分将用于支付利息、股息和税收。

当利率给定时，在均衡中每个经济主体需要将其收入的固定比例用于支付利息，这对于厂商而言类似于征收营业税。由于营业税一般会导致经济效率的损失，因此利息的存在一般也会导致经济效率的损失。而当利率为0时，货币的存在与否对于均衡配置没有影响，这时货币就像罩在实物经济上的一层面纱。

对于包含货币的纯交换经济，可以把货币整合到交易者的效用函数中。通过这种转换，纯交换经济中的货币在形式上变得与普通商品没有区别，就形式而言包含货币的纯交换经济与不包含货币的纯交换经济之间也没有了区别，对于后者适用的分析工具和结论也就可以适用于前者。而对于常规经济，则可以直接将货币整合到单位需求矩阵和单位供给矩阵中。

引入货币之后交易过程中有可能出现所有实物商品均供大于求而只有货币供不应求的情形，即出现普遍的供给过剩或者说需求不足。

法定货币的均衡利率

在本书的离散时间经济中，当（法定货币的）利率由中央银行决定时均衡利率即为外生变量，并且可以不同于竞争性资产的均衡收益率。由于中央银行不以营利为目的，因此在现实中倾向于将法定货币的均衡利率设置在不高于均衡收益率的水平，甚至会倾向于设置在接近于0的水平。

如果利率完全由市场决定，那么均衡利率就等于均衡收益率。在第一种时间偏好假设下，均衡收益率为外生变量，因此均衡利率也为外生变量。除非另有说明，本书均采取第一种时间偏好假设。

在第二种时间偏好假设下，均衡收益率为内生变量，因此均衡利率也为内生变量。在这种情形下，投资者在不同的效用水平下期望得到不同的收益率，这相当于对均衡配置施加了一个额外的限制条件。在各种收益率下可以算得相应的（预备性）均衡配置和相应的（预备性）均衡效用水平，然后根据这一限制条件即可筛选出部分（预备性）均衡配置作为最终的均衡配置，相应的收益率即为均衡收益率，也就是均衡利率。

货币流通速度

在本书的离散时间经济中，货币流通速度为每次交易过程中的购买额与交易开始时的货币持有额之比，亦即单位货币在一次交易过程中的周转次数。也就是说，每个经济主体在交易过程开始时需要持有的货币额等于其购买额除以货币流通速度，需要持有的货币额与其购买额成正比，而与货币流通速度成反比。在本书的分析中货币流通速度一般被视为外生变量，如无特别说明一般假设其为1。

货币流通速度变大相当于增加了货币供给量并降低了利率。货币流通速度变为原先的k倍对均衡的影响相当于货币供给量变为原先k倍、利率变为原先的$1/k$倍。

均衡汇率

当经济中有多种货币时，各种货币间的价格比即为汇率。在多种货币中可以任意选择一种作为计价货币，这时每种货币的价格即为该货币（对计价货币）的汇率。每种货币的（外生的）供给量乘以汇率即为其（以计价货币计量的）实际供给量。在均衡分析中可以将所有商品以计价货币计价，将各种货币的供给量转化为实际供给量。

在包含多种货币的均衡模型中各种货币的实际供给量为未知变量。根据结构均衡模型即可解得各种货币的实际供给量，进而可以算出各种货币的均衡汇率。

商品货币

在商品货币制度下经济中直接使用某种实物商品作为货币。商品货币的均衡供给量一般是内生变量。因此，在商品货币制度下不能像在法定货币制度下那样通过直接调节货币供给量来调节物价总水平。

商品货币在使用中一般会发生损耗，可以被视为挥发式损耗的固定资产。商品货币的利率即为其后付租金率，其水平受均衡收益率、均衡增长率和挥发率等因素的影响。

在最简单的情形下，商品货币的均衡利率等于均衡利润率加挥发率，即利息的一部分用来补偿货币损耗，其余部分为利润。可见商品货币的均衡利率一般高于均衡利润率和均衡收益率。 如果考虑到银行经营中需要使用部分货币，那么均衡利率会高于均衡利润率与挥发率之和。当进一步考虑到银行经营中的（预付）工资、地租等其他营业成本时均衡利率水平会更高。

对于商品货币征收铸币税会提高其均衡的币值、减少其均衡产量，一般会导致经济效率的提高。征收铸币税一般不会影响商品货币的均衡利率水平。法定货币的币值可视为完全来自铸币税。

表征货币的利率

在本书的使用表征货币的离散时间经济中，货币供给量为表征货币数量和没有作为准备金使用的基础货币数量之和，这些货币可以直接作为交易媒介和支付手段使用。货币供给量与基础货币数量之比即为货币乘数。

对于均衡中的商业银行而言，贷出1元表征货币需要占用的基础货币数量等于准备金率，于是在忽略银行的（预付）工资、地租等其他营业成本时表征货币利率等于基础货币利率乘以准备金率。可见一般情况下表征货币利率低于基础货币利率。当交易中同时使用表征货币和基础货币时相当于在使用复合货币，货币利率等于基础货币利率除以货币乘数，亦即为基础货币利率和表征货币利率的加权平均，该值介于基础货币利率和表征货币利率之间。

在使用商品货币的经济中引入表征货币（如银行券）会导致货币供给量增加、利率降低，使得商品货币（如黄金）的产量可以减少，这会节约生产商品货币的部分资源，从而导致经济效率、社会福利水平的提高。而在法定货币制度下中央银行可以近似无成本地调整法定货币供给量和利率，因此是否引入表征货币对于社会福利水平一般没有影响。

可见，商品货币－表征货币制度优于商品货币制度。而法定货币制度下则完全节省了生产商品货币所需要的资源，进一步提高了社会福利水平，因此法定货币制度优于商品货币－表征货币制度。

货币乘数与货币流通速度

当离散时间经济中使用表征货币时，货币乘数的变动相当于货币流通速度的变动。货币乘数变为原先的k倍对于均衡的影响相当于货币流通速度变为原先的k倍。这也就意味着货币乘数变为原先的k倍对均衡的影响相当于货币供给量变为原先的k倍、利率变为原先的$1/k$倍。

经济中使用货币的成本的相对大小可以用每一期中货币所有者与其他经济主体分得的实物商品价值之比来衡量，该值等于货币利率除以货币流通速度，也等于基础货币利率除以货币乘数再除以货币流通速度，称其为使用货币的成本率。

非持久性收入与非持久性均衡

在本书的均衡分析中一般假设消费者的消费额等于其持久性收入，不考虑消费者通过借贷等方式获得非持久性收入进行消费的情形，亦即不考虑消费性借贷。当允许均衡中存在这种情形时，相应的均衡即为一种非持久性均衡。

在非持久性均衡中一些经济主体拥有的资产或负债存量会持续地增加或减少，而当资产或负债的存量达到一定水平时就可能导致非持久性支付的数量或支付方向发生变动。这也就意味着非持久性均衡状态只能持续有限期，而不能像普通的均衡状态（即持久性均衡状态）那样无限期地持续下去。

对于一个经济主体而言，非持久性支付的存在意味着收支失衡，亦即收支状况不具有长期可持续性。而国家之间的非持久性支付的存在也就意味着国际收支失衡，这可能导致非持久性均衡中的汇率水平偏离持久性均衡中的汇率水平。

均衡影子价格

各种商品的均衡影子价格的相对大小反映了增加1单位各种商品的外生供给时对于社会福利水平的相对影响程度，或者说反映了单位商品的相对边际（社会）福利价值。一般而言在竞争性均衡中均衡影子价格与均衡价格一致，或者说均衡影子价格结构等于均衡价格结构，而在非竞争性均衡中均衡影子价格一般与均衡价格不一致。

在多国经济中，一个国家为了提高本国福利水平应当出口均衡影子价格较低的商品而进口均衡影子价格较高的商品。然而因为贸易模式是由封闭条件下的均衡价格而非均衡影子价格决定，所以当一个国家具有非竞争性经济时，开放贸易后在国际均衡中该国可能出口均衡影子价格较高的商品而进口均衡影子价格较低的商品，从而导致该国福利水平的下降，即经济开放后发生了不公平贸易。

货币型常规经济中的经济活动

在本书中的货币型常规经济中，每期中一般依次发生以下经济活动：

(1) 在期初，上一期开始的生产过程完成并得到相应的产出。这些产出和本期的要素等构成本期的供给。

(2) 经济主体向货币所有者借入货币。

(3) 经济主体利用持有的货币进行实物商品交易，也就是说供给通过交易过程在各经济主体间进行分配。

(4) 经济主体利用出售实物商品得到的货币购买资产（如债券等金融工具）、偿还之前借入的货币的本息。

(5) 各厂商将得到的商品投入生产过程，各消费者将得到的商品用于消费。

第8章 交易过程与交易函数

8.1 动态经济中的交易过程

在离散时间的动态市场经济中，每一期的资源配置主要通过经济主体之间的交易过程来实现。在一次交易过程中各种商品的供给量、各经济主体的需求函数一般是固定不变的。而根据每次交易过程中的交易价格是否可以根据本次交易中的供需状况灵活调整可以将交易过程分为以下几种:

(1) 市场出清交易过程。这类交易过程假设交易价格具有内生性和充分的灵活性，可以根据供需情况迅速进行调整使得供需实现平衡，这样的交易价格称为**市场出清价格**。交易者将按照市场出清价格进行交易。供需平衡意味着除免费品外所有商品的供需相等，而对于免费品而言需求小于等于供给。

(2) 固定价格交易过程。在这类交易过程中交易价格为外生变量，每次交易过程中的供需状态不会影响本次交易中的价格，但可能影响到之后发生的交易过程中的交易价格。这也就意味着每期的交易价格的制订（或者说价格调整）一般发生在本期的交易过程开始之前或结束之后；价格一般基于已经发生的交易过程中的供需状况进行调整，或者说基于之前的交易结果进行调整。

(3) 黏性价格交易过程。在这类交易过程中价格只能在有限的范围内变动，也就是说其价格的灵活性介于市场出清交易过程和固定价格交易过程之间。这种情况下的交易价格可以设定为市场出清价格和某个外生价格（如前一期的交易价格）的加权平均，也可以设定为根据供需状态对外生价格施加一定幅度调整后得到的价格。

固定价格交易过程和黏性价格交易过程中的交易价格一般为非市场出清价格，交易过程中供需可能无法达到平衡。在下文的分析中主要考察市场出清交易过程和固定价格交易过程。

以上各类交易过程的交易结果分别称为**市场出清交易配置**、**固定价格交易配置**和**黏性价格交易配置**。

需要注意的是各期交易过程中的市场出清价格未必是整个经济的均衡价格。一般而言动态经济的均衡路径中每一期均实现了收支平衡和供需平衡，并且价格结构始终固定不变。当动态经济中采用市场出清交易过程时，即使每一期均能实现收支平衡和供需平衡，但各期的供给结构可能不同，这使得各期的价格结构也可能不同，这时这一路径就不是均衡路径。而当动态经济中只有供给始终不变的消费者而没有厂商时，采用市场出清交易过程时各期的价格结构也就相同，这样的动态路径会始终运行在均衡路径上。

在动态经济模型中使用市场出清交易过程来描述交易环节有以下缺点：

(1) 市场出清价格一般不容易计算。计算市场出清价格也就相当于计算一个纯交换经济的均衡价格，当商品种类和经济主体种类众多时并不容易计算，即使能够算出结果计算量也会很大。而动态经济模型中每一期都要进行一次交易，这就会使得模型仿真的计算量很大。

(2) 市场出清价格可能不唯一。纯交换经济的均衡价格结构可能有无限多个，在这种情况下就面临交易价格的选择问题。不同的交易价格会导致不同的配置。

(3) 价格能够迅速而灵活地调整这一假设脱离经济现实。市场出清交易过程假定所有商品的市场价格可以根据供需情况灵活调整而没有黏性，并且总可以在交易进行之前被调整到市场出清价格，而这些假设与现实中的交易过程并不一致。现实中的交易一般发生在非市场出清价格下，市场常常出现供大于求或供不应求的情况。如果要求所有商品的市场价格调整到市场出清价格后才允许进行交易，那么任何交易都不可能在现实世界中发生。

(4) 一些短期之内供大于求的商品的市场出清价格可能等于0。这一点也不符合现实。在现实中供给者在对商品的定价时既会考虑短期的供需状况，也会考虑长期的供需状况及产品的生产成本等因素，当认为当前价格过低时可能会采取推迟出售的策略。从建模的角度来看，0价格也可能给动态经济模型的运行带来一些问题，例如，某些生产部门可能会由于产品价格为0、销售收入为0而无法继续进行生产。

由此可见，无论从经济现实的角度来看，还是从理论分析的角度来看，对于固定价格交易过程、黏性价格交易过程等非市场出清价格下的资源配置过程的研究都是十分必要的（Benassy，1982）。

8.2 纯交换经济的均衡

纯交换经济只包含消费者而不包含厂商，其中所有商品的供给量均为外生变量，这一点与纯生产经济恰好相反。纯生产经济中所有供给量均为内生变量。而常规经济则介于两者之间，部分商品的供给量内生，部分商品的供给量外生。

在一个离散时间的纯交换经济中，当每一期中每个交易者（亦即消费者）拥有的禀赋数量不变而各类交易者的数量以外生的速率$\gamma \geqslant 0$增加时，所有商品的供给量即以速率γ增加，这种情况下纯交换经济的规模虽然增加了但其结构保持不变，显然均衡价格不会发生任何变化，均衡配置也没有实质性的变动。因此对于纯交换经济而言一般只需考虑零增长的情况，即一般假设各期交易者的数量、禀赋均保持不变。在这种情况下，单位供给矩阵是固定不变的，该矩阵的第i列表明了每个第i类消费者的禀赋（亦即供给商品束）。

对于纯交换经济来说，结构均衡模型与常规经济并无不同。因为纯交换经济中没有厂商，更不会出现停产的厂商，所以收支均衡方程中的大于等于号可以换为等号，即结构均衡模型可写作：

$$\mathbf{p}^T\mathbf{A}(\mathbf{p},\mathbf{u}) = \mathbf{p}^T\mathbf{B} \tag{8.1}$$

$$\mathbf{A}(\mathbf{p},\mathbf{u})\mathbf{z} \leqslant \mathbf{B}\mathbf{z} \tag{8.2}$$

其中，$\mathbf{z}$的各分量表示了各类消费者的人数。若供给随价格变化，则式中$\mathbf{B}$换为$\mathbf{B}(\mathbf{p})$。

对于任意的价格向量$\mathbf{p}$，可以根据收支均衡公式(8.1)解出各类消费者的效用水平，解得的效用向量是价格的函数，记为$\mathbf{u}(\mathbf{p})$。将效用向量代入单位需求矩阵$\mathbf{A}(\mathbf{p},\mathbf{u})$得到新的单位需求矩阵$\mathbf{A}(\mathbf{p}) := \mathbf{A}\left(\mathbf{p},\mathbf{u}(\mathbf{p})\right)$，此时结构均衡模型(8.1)–(8.2)就可以写为

$$\mathbf{A}(\mathbf{p})\mathbf{z} \leqslant \mathbf{B}\mathbf{z} \tag{8.3}$$

此时的超额需求对应即为

$$\mathbf{e}(\mathbf{p}) := \mathbf{A}(\mathbf{p})\mathbf{z} - \mathbf{B}\mathbf{z} \tag{8.4}$$

当$\mathbf{A}(\mathbf{p})$为函数而非对应时，每个价格向量$\mathbf{p}$下的超额需求向量是唯一的，这种情况下超额需求对应即为超额需求函数。

于是结构均衡模型(8.1)–(8.2)又可写为

$$\mathbf{e}(\mathbf{p}) \leqslant \mathbf{0} \tag{8.5}$$

也就是说在一个纯交换经济中，当且仅当在一个价格向量下有一个超额需求向量小于等于**0**时，该价格向量为均衡价格向量。

由收支平衡条件可知有下式成立：

$$\mathbf{p}^T \mathbf{A}(\mathbf{p})\mathbf{z} - \mathbf{p}^T \mathbf{B}\mathbf{z} = 0 \tag{8.6}$$

亦即

$$\mathbf{p}^T \mathbf{e}(\mathbf{p}) = 0 \tag{8.7}$$

该式称为瓦尔拉斯条件或瓦尔拉斯定律。

算例 8.1 (列昂惕夫型纯交换经济的均衡：均衡咖啡问题) 列昂惕夫型纯交换经济中所有消费者具有列昂惕夫型效用函数、需求商品束结构固定。下面通过**均衡咖啡问题**(参见Bapat, Raghavan，1997) 来介绍这类交易过程。

假设有3位消费者，编号为1、2、3，分别拥有1单位咖啡粉、1单位牛奶和1单位糖。3位消费者的供给束构成一个单位供给矩阵：

$$\mathbf{B} = \begin{bmatrix} 1 & 0 & 0 \\ 0 & 1 & 0 \\ 0 & 0 & 1 \end{bmatrix}$$

假设消费者具有列昂惕夫型的效用函数，换句话说，消费者冲调每杯咖啡时需要的咖啡粉、牛奶和糖的数量固定不变，如以下单位需求矩阵所示：

$$\mathbf{A}(\mathbf{u}) = \begin{bmatrix} 0.05u_1 & 0.05u_2 & 0.10u_3 \\ 0.10u_1 & 0 & 0.10u_3 \\ 0 & 0.15u_2 & 0.05u_3 \end{bmatrix}$$

假设热水可以免费获得。 于是3位消费者为了喝到符合自己偏好的咖啡，彼此之间需要进行交易。

注意到单位需求矩阵的各行和之等于0.2，也就是说为每位消费者冲调一杯咖啡总共需要0.2单位咖啡粉、0.2单位牛奶和0.2单位糖，于是经济中的禀赋（或者说总供给）可供3位交易者每人喝5杯咖啡。不过当资源按照某个市场价格向量配置时，交易结果中有的消费者可能喝多于5杯的咖啡，有的消费者可能喝少于5杯的咖啡。

均衡咖啡问题即为寻找使得供需平衡的均衡价格向量。

以糖为计价商品，根据式(8.3)可以算得均衡价格向量为①

$$\mathbf{p}^* = (0.6, 0.9, 1)^T$$

均衡配置如表8.1所示，此时3位交易者每人喝5杯咖啡，每位交易者的效用水平为5。均衡价值配置如表8.2所示。 □

表 8.1 咖啡问题中的均衡配置

	消费者1	消费者2	消费者3	总需求
咖啡粉需求	0.25	0.25	0.5	1
牛奶需求	0.5	0	0.5	1
糖需求	0	0.75	0.25	1
供给	1	1	1	

表 8.2 咖啡问题中的均衡价值配置

	消费者1	消费者2	消费者3	总支出
咖啡粉支出	0.15	0.15	0.3	0.6
牛奶支出	0.45	0	0.45	0.9
糖支出	0	0.75	0.25	1
收入	0.6	0.9	1	

针对以上算例中的经济，下文还将讨论以下**固定价格咖啡问题**（或称**非均衡咖啡问题**）：如果当前市场价格向量为$(1,1,1)^T$，那么在这一价格向量下会有怎样的交易结果？或者说每位交易者能喝几杯咖啡？

8.3 支出结构矩阵与C-D型市场出清交易过程

8.3.1 支出结构矩阵与交易过程

考虑一个包含n种商品m个交易者的纯交换经济。令n维向量$\mathbf{p}$表示市场价格，$n \times m$矩阵$\mathbf{S}$表示供给矩阵。n种商品供给量可以用供给向量$\mathbf{s} := \mathbf{S1}$表示。

①这一经济中的均衡价格可利用数值方法计算，参见算例8.7。

$\mathbf{w} := \mathbf{S}^T\mathbf{p}$即为**收入向量**（或称**财富向量**），反映了价格向量$\mathbf{p}$下交易者拥有的禀赋价值，亦即当各交易者的供给售罄时可得到的收入。

令$n \times m$矩阵$\mathbf{C}(\mathbf{p})$表示交易者的支出结构矩阵，该矩阵的第(i, j)个元素反映了在价格向量$\mathbf{p}$下交易者j的支出中用于商品i的比重。该矩阵每列中的元素之和等于1，即有$\mathbf{1}^T\mathbf{C}(\mathbf{p}) = \mathbf{1}^T$成立。

$\mathbf{C}(\mathbf{p})\mathbf{w}$即反映了消费者的收入向量为$\mathbf{w}$时对各种商品的需求价值。而$\hat{\mathbf{p}}\mathbf{s}$反映了每种商品的总供给价值。在均衡中每种商品的需求价值等于供给价值，即有

$$\mathbf{C}(\mathbf{p})\mathbf{w} = \hat{\mathbf{p}}\mathbf{s} \equiv \hat{\mathbf{s}}\mathbf{p} \tag{8.8}$$

将$\mathbf{w} := \mathbf{S}^T\mathbf{p}$代入上式，并在等式两侧左乘$\hat{\mathbf{s}}^{-1}$，可得到

$$\hat{\mathbf{s}}^{-1}\mathbf{C}(\mathbf{p})\mathbf{S}^T\mathbf{p} = \mathbf{p} \tag{8.9}$$

从上式可见$\mathbf{p}$是n阶矩阵 $\mathbf{E}(\mathbf{p}) := \hat{\mathbf{s}}^{-1}\mathbf{C}(\mathbf{p})\mathbf{S}^T$ 的对应于特征值1的一个特征向量。也就是说市场出清价格向量满足下式：

$$\mathbf{E}(\mathbf{p})\mathbf{p} = \mathbf{p} \tag{8.10}$$

由于有下式成立：

$$\mathbf{s}^T\mathbf{E}(\mathbf{p}) = \mathbf{s}^T\hat{\mathbf{s}}^{-1}\mathbf{C}(\mathbf{p})\mathbf{S}^T = \mathbf{1}^T\mathbf{C}(\mathbf{p})\mathbf{S}^T = \mathbf{1}^T\mathbf{S}^T = \mathbf{s}^T$$

于是可知$\mathbf{s}^T$是矩阵$\mathbf{E}(\mathbf{p})$的对应于特征值1的一个左特征向量。

8.3.2 C-D型市场出清交易过程

8.3.2.1 市场出清价格

一般来说式(8.10)的具体形式可能较为复杂，并不太容易根据该式求解出市场出清价格向量。但对于交易者均具有C-D型需求函数的C-D型交易过程，市场出清价格向量的求解相对简单。这种情况下支出结构矩阵不受价格的影响，于是根据式(8.10)可知有以下命题：

命题 8.1 在$n \times m$的C-D型市场出清交易过程中，令$\mathbf{S}$为$n \times m$半正供给矩阵，满足供给向量 $\mathbf{s} := \mathbf{S}\mathbf{1}$ 为正；$\mathbf{C}$为支出结构矩阵；$\mathbf{E} := \hat{\mathbf{s}}^{-1}\mathbf{C}\mathbf{S}^T$；$\mathbf{p}$为市场出清价格；则有$\mathbf{E}\mathbf{p} = \mathbf{p}$成立。

当$\mathbf{C}\mathbf{S}^T$不可分解时，由于供给向量$\mathbf{s}$为正向量，显然矩阵$\mathbf{E}$也不可分解，市场出清价格向量即为$\mathbf{E}$的右P-F特征向量。由佩龙－弗罗贝尼乌斯定理可知归一化的市场出清价格向量是唯一的，且为正向量。

8.3.2.2 供给矩阵为对角阵的C-D型市场出清交易过程

在包含n种商品、n个交易者、每个交易者供给一种商品、供给矩阵为n阶对角矩阵的情况下，有$\mathbf{S}=\hat{\mathbf{s}}$和$\mathbf{w}=\hat{\mathbf{s}}\mathbf{p}$成立，此时在市场出清交易配置中对第$i$种商品的需求价值也就等于交易者$i$的收入，即有下式成立：

$$\mathbf{C}\mathbf{w}=\mathbf{w}$$

即收入向量是$\mathbf{C}$的右特征向量。当$\mathbf{C}$不可分解时，根据佩龙－弗罗贝尼乌斯定理可知有唯一的归一化的正向量$\mathbf{w}^*$满足上式，且不存在其他的满足上式的归一化的非负向量。

于是根据$\mathbf{w}=\hat{\mathbf{s}}\mathbf{p}$可知 $\hat{\mathbf{s}}^{-1}\mathbf{w}^*$即为市场出清价格。再根据命题3.3可知以下命题成立：

命题 8.2 对于供给矩阵为n阶对角矩阵的C-D型纯交换经济，令供给向量为$\mathbf{s}(\gg\mathbf{0})$（于是供给矩阵为$\hat{\mathbf{s}}$），$\mathbf{w}$为（效用函数中的$\beta$系数构成的）不可分解的支出结构矩阵$\mathbf{C}$的任意一个右P-F特征向量；$\mathbf{E}:=\hat{\mathbf{s}}^{-1}\mathbf{C}\hat{\mathbf{s}}$；则有

(1) 市场出清价格$\mathbf{p}$满足$\mathbf{E}\mathbf{p}=\mathbf{p}$，即$\mathbf{p}$为$\mathbf{E}$的右P-F特征向量。

(2) 归一化的均衡价格向量为$\langle\hat{\mathbf{s}}^{-1}\mathbf{w}\rangle$。

(3) 均衡购买矩阵为$\mathbf{X}=\hat{\mathbf{s}}\widehat{\mathbf{C}\mathbf{w}}^{-1}\mathbf{C}\hat{\mathbf{w}}$，其第$(i,j)$个元素反映了交易者$j$购买商品$i$的数量。其中矩阵$\widehat{\mathbf{C}\mathbf{w}}^{-1}\mathbf{C}\hat{\mathbf{w}}$的各行反映了商品被交易者购买的比重，即第$(i,j)$个元素反映了交易者$j$购买的商品$i$的数量占其供给量的比重。

算例 8.2 (**C-D型市场出清交易过程**) 假设有3位消费者，分别供应咖啡粉、牛奶和糖，供给向量为$\mathbf{s}=(100,60,100)$。效用函数如下：

消费者1 $5x_1^{0.6}x_2^{0.1}x_3^{0.3}$

消费者2 $3x_1^{0.4}x_2^{0.4}x_3^{0.2}$

消费者3 $x_1^{0.2}x_2^{0.7}x_3^{0.1}$

于是单位需求矩阵和单位供给矩阵分别为

$$\mathbf{A}(\mathbf{p},\mathbf{u})=\begin{bmatrix}u_1\mathbf{a}^{(1)}(\mathbf{p}) & u_2\mathbf{a}^{(2)}(\mathbf{p}) & u_3\mathbf{a}^{(3)}(\mathbf{p})\end{bmatrix},\quad \mathbf{B}=\begin{bmatrix}100 & 0 & 0\\ 0 & 60 & 0\\ 0 & 0 & 100\end{bmatrix}$$

其中，$\mathbf{a}^{(1)}(\mathbf{p})$、$\mathbf{a}^{(2)}(\mathbf{p})$和$\mathbf{a}^{(3)}(\mathbf{p})$如式(2.19)–(2.21)所示。

结构均衡模型为式(8.1)–(8.2)，而因为C-D型经济中不会有免费商品，因此式(8.2)中的不等号可换为等号。模型中向量$\mathbf{z}$的分量表示3类主体的人数，这里每类主体均只有一个，因此$\mathbf{z}=\mathbf{1}$。

根据命题8.2可知可以通过如下方法求得均衡价格：

(1) 将各消费者效用函数中的β系数构成如下的支出结构矩阵：

$$\mathbf{C}=\begin{bmatrix}0.6 & 0.4 & 0.2\\0.1 & 0.4 & 0.7\\0.3 & 0.2 & 0.1\end{bmatrix} \tag{8.11}$$

(2) 算出支出结构矩阵$\mathbf{C}$的一个右特征向量$\mathbf{w}$，如$\mathbf{w}=(4,3,2)^T$，此即为一个均衡收入向量。

(3) 将$\mathbf{w}$的各分量除以供给向量$\mathbf{s}=(100,60,100)^T$的相应分量即得到一个均衡价格向量$(0.04,0.05,0.02)^T$。以糖计价的均衡价格向量即为$(2,2.5,1)^T$，归一化的均衡价格向量为$(0.3636,0.4545,0.1818)^T$。

根据命题8.2可知均衡购买矩阵为:

$$\mathbf{X}=\hat{\mathbf{s}}\widehat{\mathbf{C}\mathbf{w}}^{-1}\mathbf{C}\hat{\mathbf{w}}=\begin{bmatrix}60 & 30 & 10\\8 & 24 & 28\\60 & 30 & 10\end{bmatrix}$$

可见计算C-D型纯交换经济的均衡价格和均衡配置相对容易。 □

8.4 固定价格交易过程与交易函数

8.4.1 非均衡价格下的资源配置

在现实经济中，商品的价格由于各种原因可能具有一定的黏性（stickiness，rigidity），也就是说在一定时期内只能根据市场供需情况调整有限的幅度，甚至可能完全无法调整；有些商品价格甚至在长达一年的时期内保持不变（Carlton，1997）。导致价格黏性的因素包括：

(1) 厂商调整价格会带来一定的成本，这种成本称为**菜单成本**；并且制订新的价格可能需要耗费一定的时间。厂商为了改变产品价格可能需要作一些市场调研、与客户进行价格谈判、重新签订合约等，均会产生费用并耗费一定的时间。并且频繁的价格调整也不利于维护稳定的客户关系。

(2) 价格调整对于厂商的销售量、利润的影响具有不确定性。这种不确定性在一定程度上会妨碍厂商的价格调整。

(3) 政府的价格管制或某些垄断企业的价格操纵导致某些商品价格难以根据供需关系迅速调整。例如，劳动价格（或者说工资水平）受到法定最低工资的限制；一些关乎民生的重要消费品（如自来水、天然气、电力、公共交通等）的价格也受到管制。

另外，即使现实中的所有商品价格能够根据市场供需情况迅速灵活地调整，但因为现实中的商品种类数以万计，并且商品的供给者并不知道整个经济的市场出清价格向量、价格调整具有一定的试探性和盲目性，所以所有商品的价格几乎不可能恰好同时调整得等于或接近于市场出清价格。因此在现实中的普通商品市场、证券市场或其他资产市场中，无论市场价格是否是市场出清价格都会有交易发生，并且由于价格调整的试探性和盲目性，一般来说交易总是基于非市场出清价格进行的。

由此可见，一般来说经济现实的交易过程都是固定价格交易过程或黏性价格交易过程，市场出清交易过程是一种远离现实的理想状况，交易者不可能像市场出清交易过程描述的那样等到各种商品的价格都调整到位再进行实际的交易。相应地，现实中的交易结果一般来说不会是市场出清交易配置，供需不平衡是常态而非例外。

因此为了描述现实中的交易过程、构建具有现实性的动态经济模型，就需要研究非市场出清价格下的交易过程（或者说非市场出清价格下的的资源配置方式），而固定价格下的资源配置方式或者说固定价格交易过程则是其中基本而重要的一类。这方面的研究可参见相关文献（Benassy，1975，1982； Dreze，1975； Younes，1975； Hahn，1978）。

8.4.2 交易函数

8.4.2.1 固定价格下资源配置方式的设计原则

在设计或选择固定价格下的各种资源配置方式时，需要考虑三个方面的因素：

(1) 现实性。配置方式应当接近现实，能够较好地刻画现实中价格完全固定或相对固定时的资源配置结果。

(2) 简单性。配置方式对应的计算过程应当较为简单，便于应用。

(3) 配置效率。资源配置结果应当在一些给定的约束条件下是有效率的或者说帕累托最优的，也就是说是有条件帕累托最优配置。如果不是有条件帕累托最优配置，至少应当接近于有条件帕累托最优配置。

下面来分析一种形式和计算过程较为简单的固定价格资源配置方式。

8.4.2.2 固定价格交易过程的基本概念和假设

假设交易过程中包含n种商品、m个交易者；市场价格向量在交易过程中固定不变，记为$\mathbf{p}$。这一交易过程可以视为发生在一个交易所中，所有交易者将其供给的全部商品委托该交易所出售，而交易者所需要的所有商品亦委托该交易所购买，即该交易所是这一交易过程中的资源配置者。

令$\mathbf{S}$表示$n\times m$的供给矩阵，其第(i,j)个元素表示主体j供给的商品i的数量。令$\mathbf{s}:=\mathbf{S1}$表示供给向量，假定其为正。

为了简单起见，对于在此讨论的固定价格交易过程采取以下5个假设，而在讨论更为复杂的固定价格交易过程时可以放松这些假设：

(1) **固定需求结构假设**。即假设每个交易者在交易之前根据给定的价格向量$\mathbf{p}$及自己的财富数量（即自己的供给束的价值）确定自己的需求结构，这一需求结构在交易过程中将固定不变。

也就是说，交易者i在交易之前确定一个可以反映其需求结构的半正向量$\mathbf{a}^{(i)}$，称为他的**标准需求束**；交易过程结束后交易者i购买到的商品束必然为$z_i\mathbf{a}^{(i)}$，其中z_i为非负实数，称z_i为交易者i的**交易量**或**购买量**。令$\mathbf{z}$表示m个交易者的购买量构成的向量，称$\mathbf{z}$为**交易向量**或**购买向量**。

对于具有列昂惕夫型效用函数的消费者而言，其需求结构本来就是固定不变的，因此施加固定需求结构假设并不会对其造成实质性的限制。对于具有非列昂惕夫型效用函数的消费者而言，固定需求结构假设相当于在给定的价格下将其效用函数转化为一个列昂惕夫型效用函数，或者说在给定价格下将该消费者近似处理为一个列昂惕夫型消费者，这类似于数学中在一定条件下将非线性函数用线性函数来近似。

m个交易者的标准需求束构成一个$n\times m$的**标准需求矩阵**[①]，记为$\mathbf{A}$。若一个经济中所有消费者具有位似的效用函数，单位需求矩阵为$\mathbf{A}(\mathbf{p},\mathbf{u})$，则将给定的价格向量$\mathbf{p}$和$\mathbf{u}=\mathbf{1}$代入其中即可得到一个标准需求矩阵。

称$\mathbf{A}\hat{\mathbf{z}}$为**购买矩阵**，其第$(i,j)$个元素反映了交易者$j$购买的商品$i$的数量。称$\mathbf{Az}$为**商品销售向量**，其第$i$个分量反映了商品$i$的销售数量（亦即购买数量）。

(2) **等销售率假设**。如果在一种资源配置方式下两个供给和需求完全相同的交易者具有不同的交易结果，例如，一个交易者供给的商品售罄而另一个则完全没有出售，那么这一配置方式存在交易者歧视，或者说不满足平等待遇（equal-treatment）条件；相反，如果同类型的所有交易者有相同的交易结果，则称其满足**平等待遇条件**。下文只考虑满足平等待遇条件的资源配置方式。

对于固定价格配置方式而言，为了保证平等待遇可以对配置方式施加**等销售率条件**：对于每种商品其所有的供给者具有相同的销售率。等销售

---

①单位需求矩阵、标准需求矩阵的各列反映了经济主体的需求结构，不致引起混淆时这两种矩阵可以统称为**需求结构矩阵**，尽管其各列一般并不是严格意义上的结构（即每列之和一般并不为1）。单位供给矩阵也可称为**供给结构矩阵**。

率条件保证了供给相同商品的交易者具有平等的销售机会，结合收支平衡条件等即可以保证交易者得到平衡待遇。但等销售率条件并非是保证平等待遇的必要条件，这一点将在下文讨论。在此首先考虑满足等销售率条件的配置方式，下文再对这一配置方式进行改进。

在固定价格交易过程中每个交易者未必能够售罄自己的供给，也就是说每个交易者供给的每种商品的销售量可能小于其供给量。一种商品的销售数量占供给数量的比例即为**销售率**。在市场出清交易过程中非免费品的销售率均为1，而在固定价格交易过程中各种商品的销售率介于0和1之间。n种商品的销售率可以构成一个n维**销售率向量**，记为$\mathbf{q}$。根据销售率的定义可知，销售率向量的各分量等于商品销售向量$\mathbf{Az}$的各分量除以供给向量$\mathbf{s}$的相应分量，亦即

$$\mathbf{q} \equiv \hat{\mathbf{s}}^{-1}\mathbf{Az} \tag{8.12}$$

m个交易者销售掉的n种商品的数量可以构成一个$n \times m$的**销售矩阵**。供给矩阵与销售矩阵之差即是未能出售的商品的数量构成的**存货矩阵**，记为$\mathbf{Q}$。于是存货向量为$\mathbf{Q1}$，**存货率**（即存货量占供给量的比重）向量为$\hat{\mathbf{s}}^{-1}\mathbf{Q1}$。销售率等于1减去存货率，于是销售率向量为

$$\mathbf{q} \equiv \hat{\mathbf{s}}^{-1}\mathbf{Az} \equiv \mathbf{1} - \hat{\mathbf{s}}^{-1}\mathbf{Q1} \tag{8.13}$$

显然在等销售率假设下，当供给矩阵为$\mathbf{S}$、销售率向量为$\mathbf{q}$时，销售矩阵为$\hat{\mathbf{q}}\mathbf{S}$，存货矩阵为

$$\mathbf{Q} = \mathbf{S} - \hat{\mathbf{q}}\mathbf{S} = (\mathbf{I} - \hat{\mathbf{q}})\mathbf{S} = \widehat{\mathbf{1} - \mathbf{q}}\mathbf{S} \tag{8.14}$$

(3) **购买量不大于供给量假设**。交易结果中每种商品的购买量不会大于其供给量，亦即有$\mathbf{Az} \leqslant \mathbf{s}$成立。在该式成立的前提下，如果对于每种非免费品（即给定的价格向量中该商品的价格为正），其购买量均等于供给量，那么说明交易过程实现了供需平衡，即给定的价格向量恰好是一个市场出清价格向量，这一交易过程是一个市场出清交易过程。

(4) **收支平衡假设**，或称**等价交易假设**。在给定价格向量$\mathbf{p}$下，交易者的购买矩阵和销售矩阵分别为$\mathbf{A}\hat{\mathbf{z}}$和$\hat{\mathbf{q}}\mathbf{S}$，反映各交易者的购买价值和销售价值的向量分别为$\mathbf{p}^T\mathbf{A}\hat{\mathbf{z}}$和$\mathbf{p}^T\hat{\mathbf{q}}\mathbf{S}$。假设每个交易者的购买的价值等于其销售的价值，即有$\mathbf{p}^T\mathbf{A}\hat{\mathbf{z}} = \mathbf{p}^T\hat{\mathbf{q}}\mathbf{S}$，于是根据式(8.12)可知有下式成立：

$$\mathbf{p}^T\mathbf{A}\hat{\mathbf{z}} = \mathbf{p}^T\widehat{\hat{\mathbf{s}}^{-1}\mathbf{Az}}\mathbf{S} \tag{8.15}$$

基于该式即可对交易向量$\mathbf{z}$进行求解。

(5) **最大交易量假设**。假设每位交易者都希望尽可能多地出售其供给、尽可能多地购买所需要的商品。也就是说当存在多个满足假设(1)至假设(4)的交易向量时，应当在其中选择最大的交易向量。

8.4.2.3 交易函数的具体形式

当式(8.15)成立而$\mathbf{S}^T\mathbf{A}$不可分解时[①]，以下命题表明有且只有一个归一化的交易向量。

命题 8.3 令$\mathbf{A}$和$\mathbf{S}$为$n\times m$半正矩阵，满足$\mathbf{s}:=\mathbf{Se}$为正和$\mathbf{S}^T\mathbf{A}$不可分解。令$\mathbf{p}$为n维正向量而$\mathbf{z}$为m维半正向量，$\mathbf{q}:=\hat{\mathbf{s}}^{-1}\mathbf{Az}$。则：

(1) 以下矩阵为不可分解的非负矩阵，且其P-F特征值为1[②]：

$$\mathbf{Z}:=\widehat{\mathbf{p}^T\mathbf{A}}^{-1}\mathbf{S}^T\hat{\mathbf{s}}^{-1}\hat{\mathbf{p}}\mathbf{A} \tag{8.16}$$

(2) 当且仅当$\mathbf{z}$为$\mathbf{Z}$的右P-F特征向量，即$\mathbf{Zz}=\mathbf{z}$成立时，$\mathbf{z}$满足收支平衡条件(8.15)；而且，如果$\mathbf{z}$满足收支平衡条件(8.15)则$\mathbf{z}$为正。

(3) 若收支平衡条件(8.15)成立则有$\mathbf{Mq}=\mathbf{q}$，其中

$$\mathbf{M}:=\hat{\mathbf{s}}^{-1}\mathbf{A}\widehat{\mathbf{p}^T\mathbf{A}}^{-1}\mathbf{S}^T\hat{\mathbf{p}}$$

(4) 若$\mathbf{AS}^T$不可分解，则$\mathbf{q}$为矩阵$\mathbf{M}$的右P-F特征向量。

证明 (1) 因为$\mathbf{S}^T\mathbf{A}$是不可分解的，所以$\mathbf{A}$的每列必然是半正的。于是$\mathbf{p}^T\mathbf{A}$为正向量，且$\widehat{\mathbf{p}^T\mathbf{A}}^{-1}$、$\hat{\mathbf{s}}^{-1}$和$\hat{\mathbf{p}}$的主对角线上的所有元素为正。因此如果$\mathbf{S}^T\mathbf{A}$的$(i,j)$元素为正那么$\mathbf{Z}$的$(i,j)$元素也为正。因此$\mathbf{Z}$为不可分解的。

而且可以验证$\mathbf{p}^T\mathbf{AZ}=\mathbf{p}^T\mathbf{A}$成立。根据佩龙－弗罗贝尼乌斯定理，$\mathbf{Z}$的P-F特征值等于1，而且$\mathbf{p}^T\mathbf{A}$为$\mathbf{Z}$的左P-F特征向量。

---

①在每个交易者都有需求、每种商品都有供给的情况下，若$\mathbf{S}^T\mathbf{A}$的第(i,j)个元素不为0，则说明第j个交易者对第i个交易者供给的商品有需求。若$\mathbf{S}^T\mathbf{A}$不可分解，则说明所有交易者不能划分成两组，其中第一组中的任一交易者对第二组中的每个交易者供给的商品都没有需求。反之，若$\mathbf{S}^T\mathbf{A}$可分解，则有一个群体对与群体外的交易者的供给没有需求。

②这里的矩阵$\mathbf{Z}$其实是支付结构矩阵的一个相似矩阵。支付结构矩阵$\mathbf{C}^\circ:=\mathbf{S}^T\hat{\mathbf{s}}^{-1}\hat{\mathbf{p}}\mathbf{A}\widehat{\mathbf{p}^T\mathbf{A}}^{-1}\equiv\langle\mathbf{S}^T\rangle\langle\hat{\mathbf{p}}\mathbf{A}\rangle$的第$(i,j)$个元素表示第$j$个交易者每1元的支出中交易者$i$得到的金额。其中$\hat{\mathbf{p}}\mathbf{A}\widehat{\mathbf{p}^T\mathbf{A}}^{-1}$的各列之和为1，其第$i$列反映了交易者$i$每1元支出中用于购买各种商品的比重。$\mathbf{S}^T\hat{\mathbf{s}}^{-1}$第$i$列反映了商品$i$的总供给量中每个交易者供给量的比重。可以验证有$\mathbf{1}^T\mathbf{C}^\circ=\mathbf{1}^T$成立，即该矩阵的各列和为1。对于销售收入向量$\bar{\mathbf{w}}:=\mathbf{p}^T\mathbf{A}\hat{\mathbf{z}}=\mathbf{p}^T\hat{\mathbf{q}}\mathbf{S}$显然有$\mathbf{C}^\circ\bar{\mathbf{w}}=\bar{\mathbf{w}}$成立。

(2) 显然下式成立：

$$\mathbf{p}^T\mathbf{A}\hat{\mathbf{z}} = \mathbf{p}^T\widehat{\mathbf{s}^{-1}\mathbf{A}\mathbf{z}}\mathbf{S} \Leftrightarrow \mathbf{p}^T\mathbf{A}\hat{\mathbf{z}} = \mathbf{p}^T\widehat{\mathbf{A}\mathbf{z}}\hat{\mathbf{s}}^{-1}\mathbf{S} \tag{8.17}$$

$$\Leftrightarrow \widehat{\mathbf{p}^T\mathbf{A}}\mathbf{z} = \mathbf{S}^T\hat{\mathbf{s}}^{-1}\hat{\mathbf{p}}\mathbf{A}\mathbf{z} \tag{8.18}$$

$$\Leftrightarrow \widehat{\mathbf{p}^T\mathbf{A}}^{-1}\mathbf{S}^T\hat{\mathbf{s}}^{-1}\hat{\mathbf{p}}\mathbf{A}\mathbf{z} = \mathbf{z} \tag{8.19}$$

$$\Leftrightarrow \mathbf{Z}\mathbf{z} = \mathbf{z} \tag{8.20}$$

因此根据佩龙－弗罗贝尼乌斯定理可知命题成立。

(3) 对式(8.19)等号两侧左乘$\hat{\mathbf{s}}^{-1}\mathbf{A}$得到

$$\hat{\mathbf{s}}^{-1}\mathbf{A}\widehat{\mathbf{p}^T\mathbf{A}}^{-1}\mathbf{S}^T\hat{\mathbf{s}}^{-1}\hat{\mathbf{p}}\mathbf{A}\mathbf{z} = \hat{\mathbf{s}}^{-1}\mathbf{A}\mathbf{z}$$

亦即

$$\hat{\mathbf{s}}^{-1}\mathbf{A}\widehat{\mathbf{p}^T\mathbf{A}}^{-1}\mathbf{S}^T\hat{\mathbf{p}}\hat{\mathbf{s}}^{-1}\mathbf{A}\mathbf{z} = \hat{\mathbf{s}}^{-1}\mathbf{A}\mathbf{z}$$

亦即

$$\mathbf{M}\hat{\mathbf{s}}^{-1}\mathbf{A}\mathbf{z} = \hat{\mathbf{s}}^{-1}\mathbf{A}\mathbf{z}$$

既然$\mathbf{q} \equiv \hat{\mathbf{s}}^{-1}\mathbf{A}\mathbf{z}$，于是有

$$\mathbf{M}\mathbf{q} = \mathbf{q}$$

(4) 根据(3)是显然的。 □

令$\mathbf{x}$表示$\mathbf{Z}$的归一化的右P-F特征向量。则根据命题8.3(2)可知有$\mathbf{z} = \xi\mathbf{x}$成立，其中$\xi$为非负实数。由于每种商品的销售数量不大于其供给数量，即$\mathbf{A}\mathbf{z} \leqslant \mathbf{s}$成立，于是有$\xi\mathbf{A}\mathbf{x} \leqslant \mathbf{s}$。因此$\xi$不大于$\widehat{\mathbf{A}\mathbf{x}}^{-1}\mathbf{s}$的最小分量。所有交易者试图获得最大交易数量，而唯一的最大交易向量可通过以下步骤求得：

步骤1 计算矩阵$\mathbf{Z} := \widehat{\mathbf{p}^T\mathbf{A}}^{-1}\mathbf{S}^T\hat{\mathbf{s}}^{-1}\hat{\mathbf{p}}\mathbf{A}$；
步骤2 计算$\mathbf{Z}$的归一化的右P-F特征向量，由$\mathbf{x}$表示；
步骤3 计算$\widehat{\mathbf{A}\mathbf{x}}^{-1}\mathbf{s}$的最小分量，由$\xi$表示；
步骤4 计算交易向量$\mathbf{z} := \xi\mathbf{x}$。

于是交易过程可表示如下的函数：

$$(\mathbf{q},\mathbf{z}) = Z(\mathbf{A},\mathbf{p},\mathbf{S}) \tag{8.21}$$

其中，$\mathbf{A}$、$\mathbf{S}$和$\mathbf{p}$满足命题8.3中的假设，而$\mathbf{z}$由以上步骤计算，$\mathbf{q}$等于$\hat{\mathbf{s}}^{-1}\mathbf{A}\mathbf{z}$。称函数Z为**交易函数**。这一函数可以被视为一种**非均衡交易模型**。

算例 8.3 (**非均衡咖啡问题，固定价格咖啡问题**) 现在来考虑算例8.1提到的非均衡咖啡问题，或称固定价格咖啡问题。

对于算例8.1中的经济，供给矩阵和标准需求矩阵分别为

$$\mathbf{S}=\begin{bmatrix}1&0&0\\0&1&0\\0&0&1\end{bmatrix},\quad \mathbf{A}=[\mathbf{a}_{\bullet 1}\ \mathbf{a}_{\bullet 2}\ \mathbf{a}_{\bullet 3}]=\begin{bmatrix}0.05&0.05&0.10\\0.10&0&0.10\\0&0.15&0.05\end{bmatrix}\tag{8.22}$$

标准需求矩阵中的3列分别反映了3位消费者的标准需求束。对于这一经济中的每位消费者而言，标准需求束包含了冲调一杯咖啡所需要的咖啡粉、牛奶和糖的数量。每位消费者的交易量即为其购买到的标准需求束的数量，换句话说，即是该消费者最终可以冲调的咖啡杯数。

当交易向量为**z**时各种商品的购买量构成如下的购买矩阵:

$$\mathbf{A}\hat{\mathbf{z}}=[\mathbf{a}_{\bullet 1}z_1\ \mathbf{a}_{\bullet 2}z_2\ \mathbf{a}_{\bullet 3}z_3]=\begin{bmatrix}0.05z_1&0.05z_2&0.10z_3\\0.10z_1&0&0.10z_3\\0&0.15z_2&0.05z_3\end{bmatrix}$$

利用交易函数Z可算得在价格$(1,1,1)^T$下的购买向量和销售率向量为

$$\mathbf{z}=(6.25,5,3.75)^T,\ \mathbf{q}=(0.9375,1,0.9375)^T$$

交易过程可表示为

$$\left((0.9375,1,0.9375)^T,(6.25,5,3.75)^T\right)=Z\left(\mathbf{A},(1,1,1)^T,\mathbf{S}\right)$$

固定价格配置如表8.3所示。

表 8.3　价格向量$(1,1,1)^T$下的配置

	消费者1	消费者2	消费者3	总需求
咖啡粉需求	0.3125	0.25	0.375	0.9375
牛奶需求	0.625	0	0.375	1
糖需求	0	0.75	0.1875	0.9375
供给	1	1	1	

因为所有价格为1，所以这种情况下的价值配置与数量配置是一样的。

从计算结果中可以看到仅有牛奶售罄。若交易之后3种商品的价格基于这一交易结果发生变动，则牛奶价格将相对上升而其他两种商品价格将相对下降。

而市场出清交易过程可以表示为

$$\left((1,1,1)^T,(5,5,5)^T\right)=Z\left(\mathbf{A},(0.6,0.9,1)^T,\mathbf{S}\right)$$

□

8.4.3 固定价格下的C-D型交易过程

在不同的市场价格向量$\mathbf{p}$下，交易者的财富数量和需求结构可能发生变动，这时标准需求矩阵可以视为价格向量的函数，写为$\mathbf{A}(\mathbf{p})$，而交易函数Z可写为

$$(\mathbf{q},\mathbf{z})=Z(\mathbf{A}(\mathbf{p}),\mathbf{p},\mathbf{S}) \tag{8.23}$$

算例 8.4 (**C-D型固定价格交易过程**) 考虑算例8.2中的经济，这一经济中以糖计价的均衡价格向量为$(2,2.5,1)^T$。于是以牛奶计价的均衡价格向量为$(0.8,1,0.4)^T$。

假设当前市场价格向量为$\mathbf{p}=(1,1,1)^T$。将$\mathbf{p}=(1,1,1)^T$和$\mathbf{u}=(1,1,1)^T$代入单位需求矩阵$\mathbf{A}(\mathbf{p},\mathbf{u})$可得到一个标准需求矩阵。标准需求矩阵和供给矩阵分别为

$$\mathbf{A}=\mathbf{A}(\mathbf{1},\mathbf{1})=\begin{bmatrix}0.2945 & 0.3829 & 0.4459\\ 0.0491 & 0.3829 & 1.5607\\ 0.1473 & 0.1914 & 0.2230\end{bmatrix},\quad \mathbf{S}=\begin{bmatrix}100 & 0 & 0\\ 0 & 60 & 0\\ 0 & 0 & 100\end{bmatrix}$$

利用交易函数Z可算得在价格$(1,1,1)^T$下的购买向量和销售率向量为

$$\mathbf{z}=(163.0,62.68,17.94)^T,\ \mathbf{q}=(0.8,1,0.4)^T$$

可以看到，销售率向量恰好等于以牛奶计价的均衡价格向量，这一点并非偶然。其实在这一经济中当在给定的价格向量$\mathbf{p}$下销售率向量为$\mathbf{q}$时，$\hat{\mathbf{p}}\mathbf{q}$必然为一个市场出清价格向量，也就是说当价格向量全为1时销售率向量即为一个均衡价格向量。下文将讨论这一点。

固定价格配置如表8.4所示。 □

对包含n种商品、m个具有C-D型需求函数的消费者的交易过程有以下命题:

命题 8.4 在$n\times m$的固定价格的C-D型交易过程中，令$\mathbf{S}$为$n\times m$半正矩阵，满足$\mathbf{s}:=\mathbf{S}\mathbf{1}$为正；$\mathbf{p}$为正的价格向量；$\mathbf{A}(\mathbf{p})$（可简记为$\mathbf{A}$）为C-D型$n\times m$标准需求矩阵，$\mathbf{C}$为支出结构矩阵，且$\mathbf{C}\mathbf{S}^T$不可分解；$\mathbf{q}$和$\mathbf{z}$为价格向量 $\mathbf{p}$ 下的销售率向量和交易向量，则:

表 8.4　价格向量$(1,1,1)^T$下的配置

	消费者1	消费者2	消费者3	总需求
咖啡粉需求	48	24	8	80
牛奶需求	8	24	28	60
糖需求	24	12	4	40
供给	100	60	100	

(1) $\hat{\mathbf{p}}\mathbf{q}$为市场出清价格向量。

(2) 销售价值向量$\hat{\mathbf{q}}\mathbf{Az}$（亦即$\hat{\mathbf{p}}\hat{\mathbf{s}}\mathbf{q}$）为$\mathbf{CS}^T\hat{\mathbf{s}}^{-1}$（此矩阵为$\hat{\mathbf{s}}^{-1}\mathbf{CS}^T$的相似矩阵）的右P-F特征向量。

证明 (1) 当标准需求矩阵为$\mathbf{A}(\mathbf{p})$时，对其各行乘以相应的价格，然后再将其各列除以各列之和，即得到支出结构矩阵，亦即有

$$\hat{\mathbf{p}}\mathbf{A}(\mathbf{p})\widehat{\mathbf{p}^T\mathbf{A}(\mathbf{p})}^{-1} \equiv \mathbf{C}$$

根据命题8.3(3)有

$$\hat{\mathbf{s}}^{-1}\mathbf{A}\widehat{\mathbf{p}^T\mathbf{A}}^{-1}\mathbf{S}^T\hat{\mathbf{p}}\mathbf{q} = \mathbf{q}$$

于是可知有

$$\begin{aligned}
&\hat{\mathbf{p}}\hat{\mathbf{s}}^{-1}\mathbf{A}\widehat{\mathbf{p}^T\mathbf{A}}^{-1}\mathbf{S}^T\hat{\mathbf{p}}\mathbf{q} = \hat{\mathbf{p}}\mathbf{q}\\
\Rightarrow &\hat{\mathbf{s}}^{-1}\hat{\mathbf{p}}\mathbf{A}\widehat{\mathbf{p}^T\mathbf{A}}^{-1}\mathbf{S}^T\hat{\mathbf{p}}\mathbf{q} = \hat{\mathbf{p}}\mathbf{q}\\
\Rightarrow &\hat{\mathbf{s}}^{-1}\mathbf{CS}^T\hat{\mathbf{p}}\mathbf{q} = \hat{\mathbf{p}}\mathbf{q}
\end{aligned} \tag{8.24}$$

由于$\hat{\mathbf{s}}^{-1}\mathbf{CS}^T$不可分解，于是$\hat{\mathbf{p}}\mathbf{q}$为$\hat{\mathbf{s}}^{-1}\mathbf{CS}^T$的右P-F特征向量。根据命题8.1可知$\hat{\mathbf{p}}\mathbf{q}$为市场出清价格向量。

(2) 由式(8.24)和式(8.12)可得：

$$\begin{aligned}
&\hat{\mathbf{s}}^{-1}\mathbf{CS}^T\hat{\mathbf{p}}\mathbf{q} = \hat{\mathbf{p}}\mathbf{q}\\
\Rightarrow &\mathbf{CS}^T\hat{\mathbf{s}}^{-1}\hat{\mathbf{s}}\hat{\mathbf{p}}\mathbf{q} = \hat{\mathbf{s}}\hat{\mathbf{p}}\mathbf{q}\\
\Rightarrow &\mathbf{CS}^T\hat{\mathbf{s}}^{-1}\hat{\mathbf{p}}\hat{\mathbf{s}}\mathbf{q} = \hat{\mathbf{p}}\hat{\mathbf{s}}\mathbf{q}\\
\Rightarrow &\mathbf{CS}^T\hat{\mathbf{s}}^{-1}\hat{\mathbf{p}}\mathbf{Az} = \hat{\mathbf{p}}\mathbf{Az}
\end{aligned}$$

于是可知命题成立。 □

8.4.4 供给矩阵为对角阵时的交易函数

当供给矩阵$\mathbf{S}$为n阶对角矩阵时根据矩阵$\mathbf{Z}$的定义式(8.16)可知有

$$\mathbf{Z}=\widehat{\mathbf{p}^T\mathbf{A}}^{-1}\hat{\mathbf{p}}\mathbf{A} \tag{8.25}$$

且有以下命题。

命题 8.5 令供给矩阵$\mathbf{S}$为$n\times n$，满足供给向量$\mathbf{s}\equiv\mathbf{Se}$为正。令$\mathbf{A}$为$n\times n$的不可分解的半正矩阵而$\mathbf{p}$为正的$n$维价格向量。对于式(8.21)所示的交易函数$(\mathbf{q},\mathbf{z})=Z(\mathbf{A},\mathbf{p},\mathbf{S})$有：

(1) 当且仅当$\mathbf{p}$为$\mathbf{A}$的左P-F特征向量时$\mathbf{z}$为$\mathbf{A}$的右P-F特征向量。

(2) 如果$\mathbf{Az}=\mathbf{s}$成立（即供需平衡）而$\mathbf{p}$为$\mathbf{A}$的左P-F特征向量，则$\mathbf{s}$为$\mathbf{A}$的右P-F特征向量。

(3) 如果$\mathbf{Az}=\mathbf{s}$成立，$\mathbf{A}$非奇异，且$\mathbf{s}$为$\mathbf{A}$的右P-F特征向量，则$\mathbf{p}$为$\mathbf{A}$的左P-F特征向量。

证明 (1) 首先，假设$\mathbf{p}$为$\mathbf{A}$的一个左P-F特征向量。令λ为相应的P-F特征值，于是有

$$\mathbf{Z}=\widehat{\mathbf{p}^T\mathbf{A}}^{-1}\hat{\mathbf{p}}\mathbf{A}=\widehat{\lambda\mathbf{p}^T}^{-1}\hat{\mathbf{p}}\mathbf{A}=\mathbf{A}/\lambda$$

成立。根据式(8.21)所示的交易函数的定义可知$\mathbf{z}$为$\mathbf{Z}$的右P-F特征向量，于是可知$\mathbf{z}$必然为$\mathbf{A}$的右P-F特征向量。

其次，给定正交易向量$\mathbf{z}$，有

$$\begin{aligned}\mathbf{Zz}=\mathbf{z}&\Leftrightarrow\widehat{\mathbf{p}^T\mathbf{A}}^{-1}\hat{\mathbf{p}}\mathbf{Az}=\mathbf{z}\\&\Leftrightarrow\hat{\mathbf{p}}\mathbf{Az}=\widehat{\mathbf{p}^T\mathbf{A}}\mathbf{z}\\&\Leftrightarrow\widehat{\mathbf{Az}}\mathbf{p}=\hat{\mathbf{z}}\mathbf{A}^T\mathbf{p}\\&\Leftrightarrow\mathbf{p}=\widehat{\mathbf{Az}}^{-1}\hat{\mathbf{z}}\mathbf{A}^T\mathbf{p}\end{aligned} \tag{8.26}$$

于是根据式(8.26)和P-F定理可知一个正交易向量$\mathbf{z}$对应唯一的归一化正价格向量$\mathbf{p}$。当$\mathbf{z}$为$\mathbf{A}$的右P-F特征向量时，根据式(8.26)显然$\mathbf{p}$为$\mathbf{A}$的左P-F特征向量。

(2) 论断(2)和论断(3)为论断(1)的直接结果。 □

8.4.5 包含金融工具的固定价格交易过程

当经济中包含货币、股票、税票等金融工具时，支付利息、股息和税金的过程均可以看作利用支付款项购买或租借相应的金融工具的过程，也就是说可以看作交易过程。

就每一期中经济活动发生的时间顺序而言，既可以假定金融工具的交易过程发生在实物商品的交易过程之前，也可以假定发生在其之后。本书一般假定每一期中货币的借贷过程发生在实物商品的交易过程之前。尽管逻辑顺序有先后，但在数学处理上可以认为金融工具的交易过程和实物商品的交易过程同时发生。也就是说可以将金融工具的交易过程和实物商品的交易过程视为一个统一的交易过程，在计算交易结果时统一处理。因为对金融工具的需求量总是受价格的影响，所以此时标准需求矩阵为价格的函数，交易函数如式(8.23)所示。

对于包含货币和固定价格交易过程的动态经济，当某一期的货币供大于求时，如果下一期的市场价格将根据本期的供需情况进行调整，那么货币的实际利率会下降。如果货币的名义利率是外生变量、始终固定不变，那么下一期中货币的购买力就有下降的倾向，换句话说，经济中有发生通胀的倾向。

算例 8.5 (有货币的固定价格交易过程) 考虑算例7.2中的包含3种商品（即小麦、劳动和货币）、3类经济主体的C-D型经济，生产函数和效用函数如下：

小麦生产者 $x_1^{0.5}x_2^{0.5}$

劳动者 $x_1^{0.5}x_2^{0.5}$

货币所有者 $x_1^{0.5}x_2^{0.5}$

以货币为计价商品，记价格向量为$\mathbf{p}=(p_1,p_2,r)^T$。令单位需求矩阵(7.5)中的效用水平u_1、u_2均等于1，即得到标准需求矩阵：

$$\mathbf{A}(\mathbf{p})=\begin{bmatrix}(p_2/p_1)^{0.5} & (p_2/p_1)^{0.5} & (p_2/p_1)^{0.5}\\(p_1/p_2)^{0.5} & (p_1/p_2)^{0.5} & (p_1/p_2)^{0.5}\\2(p_1p_2)^{0.5} & 2(p_1p_2)^{0.5} & 2(p_1p_2)^{0.5}\end{bmatrix} \tag{8.27}$$

假设某一期中小麦的供给量为16单位、劳动和货币的供给量均为100单位。假定价格向量为 $\mathbf{p}=(1,1,0.25)^T$，其中$p_3=0.25$即为利率。此时标准需求矩阵为

$$\mathbf{A}=\begin{bmatrix}1 & 1 & 1\\1 & 1 & 1\\2 & 2 & 2\end{bmatrix} \tag{8.28}$$

而供给矩阵为

$$\mathbf{S}=\begin{bmatrix}16 & 0 & 0\\0 & 100 & 0\\0 & 0 & 100\end{bmatrix} \tag{8.29}$$

将**A**、**p**和**S**代入交易函数(8.21)，得到销售率向量和交易向量为

$$\mathbf{q}=(1,0.16,0.32)^T,\ \mathbf{z}=(6.4,6.4,3.2)^T$$

即这一交易过程中只有小麦售罄了，而劳动和货币供大于求。当经济主体将购得的普通商品用于生产或消费时，小麦生产者的产量为6.4，劳动者和货币所有者的效用水平分别为6.4和3.2。

销售矩阵和购买矩阵即为

$$\hat{\mathbf{q}}\mathbf{S}=\begin{bmatrix}16 & 0 & 0\\ 0 & 16 & 0\\ 0 & 0 & 32\end{bmatrix},\ \mathbf{A}\hat{\mathbf{z}}=\begin{bmatrix}6.4 & 6.4 & 3.2\\ 6.4 & 6.4 & 3.2\\ 12.8 & 12.8 & 6.4\end{bmatrix}$$

可见，小麦生产者和劳动者在交易过程中（从逻辑顺序上讲是交易过程前）均借入12.8元货币用于购买普通商品，而交易中其销售收入均为16元，其中12.8元用于偿还本金、3.2元用于支付相应的利息。偿还本息的时间从逻辑顺序上讲是在交易之后。类似地，就逻辑顺序而言，货币所有者在交易前向自己借入6.4元用于购买普通商品，总共贷出32元货币；交易结束后利息收入为 8 元，其中6.4元用于偿还本金、1.8元用于支付相应的利息。□

8.4.6 扩展型交易函数

在上文讨论的基于（基本型）交易函数的固定价格交易过程中，为了简单起见使用了等销售率假设以保证交易者可以得到平等待遇。但这一假设的限制性较强，在某些情况下可能导致效率损失，即此时的交易结果可能不是一个有效率的配置，换句话说，在用平等待遇假设代替等销售率假设时交易者有可能获得更大的交易量。为了获得一个固定价格下的有效率的配置，可以使用以下步骤描述的交易方式：

步骤1 市场中的交易者首先基于供给的商品量、按照交易函数进行一次交易。

步骤2 根据交易结果对交易者作退出市场和继续交易这两种处理。当一个交易者需求的某种商品已经售罄，或者没有交易者对其剩余的存货有需求，或者其供给的商品售罄，则这一交易者没有进一步的交易机会，令其携带其购买到的商品和剩余的存货退出市场。

步骤3 如果市场中没有剩余的交易者，那么结束整个交易过程；如果市场中还有剩余的交易者，那么这些交易者需求的商品有供给，并且对其存货均有需求，于是这些交易者可以基于自己的存货、按照交易函数再进行下一次的交易，交易之后返回步骤2。

这一交易过程可以用如下函数来表示：

$$(\mathbf{Q},\bar{\mathbf{z}}) = \bar{Z}(\mathbf{A},\mathbf{p},\mathbf{S}) \tag{8.30}$$

其中，$\mathbf{A}$、$\mathbf{p}$和$\mathbf{S}$分别为单位需求矩阵、价格向量和供给矩阵；$\mathbf{Q}$和$\bar{\mathbf{z}}$分别为存货矩阵和交易向量。称函数$\bar{Z}$为**扩展型交易函数**，相应的交易过程称为**扩展型固定价格交易过程**。扩展型固定价格交易过程相当于由多个基本型固定价格交易过程构成，或者说按照基本型交易函数进行了多个阶段的交易。

扩展型固定价格交易过程中的销售率向量$\mathbf{q}$仍然可以根据式(8.13)算得。扩展型固定价格交易过程与基本型固定价格交易过程的一个区别在于在前者的交易结果中对于同一种商品而言各经济主体的销售率可能不同。也就是说对于商品i而言可能出现各供给者的销售率不等于q_i的情况，这种情况下有的供给者的销售率高于q_i而有的供给者的销售率低于q_i，式(8.14)也不再成立，即这时不能根据销售率向量和供给矩阵算得存货矩阵$\mathbf{Q}$及销售矩阵$\mathbf{S}-\mathbf{Q}$。

如果在一个交易过程中按照扩展型交易函数进行交易时得到的交易结果满足等销售率条件，即对于每种商品其所有的供给者具有相同的销售率，那么显然在这一交易过程中按照基本型交易函数进行交易也会得到相同的交易结果。于是可知对于以下情形按照基本型交易函数和扩展型交易函数得到的交易结果是相同的：

(1) 每种商品的供给者只有一个。

(2) 每种商品的供给者都是同质的交易者。同质的交易者具有相同的供给，也具有相同的需求。

(3) 给定的价格为市场出清价格，且所有商品的市场出清价格均为正。按照市场出清价格进行交易时所有商品的销售率均为1，这种情形下扩展型固定价格交易过程的交易结果自然满足等销售率条件。

(4) 按照扩展型交易函数进行交易时得到的交易结果中销售率小于1的每种商品的供给者都是同质的交易者。这自然也就意味着交易结果满足等销售率条件。

(5) 按照基本型交易函数进行交易时得到的交易结果中销售率小于1的每种商品的供给者都是同质的交易者。这时如果存在进一步的交易机会，那么对于进行交易的每种商品而言，其交易者的销售率均相同，即交易结果必然满足等销售率条件。因此这种情况下按照扩展型交易函数进行交易时所有交易者均满足等销售率条件。

扩展型固定价格交易过程既保证了交易者得到平等待遇，又使得交易机会得到充分利用、交易结果具有效率。不过与基本型固定价格交易过程相比，扩展型固定价格交易过程的计算相对复杂一些。

算例 8.6 (扩展型固定价格交易过程) 考虑一个包含3种商品、4位交易者的固定价格交易过程，假设商品价格全为1，即$\mathbf{p}=(1,1,1)^T$。标准需求矩阵和供给矩阵如下：

$$\mathbf{A}=\begin{bmatrix}0&1&0&1\\1&0&0&0\\0&0&1&0\end{bmatrix},\ \mathbf{S}=\begin{bmatrix}10&0&20&0\\0&10&0&0\\0&0&0&10\end{bmatrix}$$

可见，交易者1和交易者3均供给商品1，而交易者2和交易者4是商品1的需求者。交易者1只对交易者2供给的商品有需求，交易者3只对交易者4供给的商品有需求。也就是说交易者可以分为两组：交易者1和交易者2为一组，交易者3和交易者4为另一组，交易机会实际上只存在于各组内部，而组间没有交易机会。

根据（基本型）交易函数算得固定价格交易过程的销售率向量和交易向量分别为

$$\mathbf{q}=(0.5,0.5,1)^T,\mathbf{z}=(5,5,10,10)^T$$

而购买矩阵和存货矩阵分别为

$$\mathbf{A}\hat{\mathbf{z}}=\begin{bmatrix}0&5&0&10\\5&0&0&0\\0&0&10&0\end{bmatrix},\ \widehat{\mathbf{1}-\mathbf{q}}\mathbf{S}=\begin{bmatrix}5&0&10&0\\0&5&0&0\\0&0&0&0\end{bmatrix}$$

可见，在给定的价格下，交易者3只能销售其供给量的一半；由于（基本型）交易函数采取等销售率条件，要求对于每种商品其所有的供给者具有相同的销售率，于是这时交易者1也只销售掉其供给量的一半，此时商品1的销售率为0.5。

从存货矩阵可见，在这一阶段的交易完成后交易者4由于商品售罄而退出市场，而交易者3由于需求的商品3已经售罄，因此也退出市场。而交易者1和交易者2可以再按照（基本型）交易函数进行下一阶段的交易，其剩余的存货可以全部出售，两位交易者的交易量均为5。于是扩展型固定价格交易过程的交易向量为$\bar{\mathbf{z}}=\mathbf{z}+(5,5,0,0)^T=(10,10,10,10)^T$，购买矩阵

为

$$\mathbf{X}=\mathbf{A}\widehat{\mathbf{z}}=\begin{bmatrix}0 & 10 & 0 & 10\\ 10 & 0 & 0 & 0\\ 0 & 0 & 10 & 0\end{bmatrix}$$

而存货矩阵为

$$\mathbf{Q}=\begin{bmatrix}0 & 0 & 10 & 0\\ 0 & 0 & 0 & 0\\ 0 & 0 & 0 & 0\end{bmatrix}$$

销售率向量为$\mathbf{q}=(2/3,1,1)^T$。

可见在扩展型固定价格交易过程中商品1的两个供给者具有不同的销售率，交易者1的销售率为1，而交易者3的销售率为0.5。 □

8.5 动态价格模型与动态交易模型

在分析市场价格的变动时，可以使用离散时间的动态价格模型或动态交易模型来描述价格的波动过程，而均衡价格则是这些模型的不动点。

动态价格模型一般只考虑基于供需关系的价格变动而不考虑非均衡价格下的交易过程和交易结果，也就是说当供给量固定不变时模型中每期发生价格变动的原因是本期交易者需求的变动而非上一期的交易结果。

而在**动态交易模型**的每一期中既发生价格调整也发生交易，即交易可以发生在非均衡的市场价格下，价格变动的原因是上一期的交易结果中供需的失衡。显然这两类模型中动态交易模型更为接近现实一些。

8.5.1 动态价格模型：摸索过程

瓦尔拉斯提出的摸索过程（tatonnement process）即是一种动态价格模型。离散时间的摸索过程采取以下假设：

(1) 每位交易者各期供给的各种商品的数量固定不变，即供给矩阵始终不变。

(2) 经济中具有超额需求函数而非超额需求对应。

(3) 第$t+1$期中交易者根据上一期的价格向量$\mathbf{p}^{(t)}$向交易所（或者说拍卖者）提出本期的需求，然后交易所根据需求和供给计算出本期的超额需求向量$\mathbf{e}(\mathbf{p}^{(t)})$，根据超额需求向量调整价格，得到本期的价格向量$\mathbf{p}^{(t+1)}$。

(4) 当且仅当超额需求向量小于等于$\mathbf{0}$（即上一期的价格向量$\mathbf{p}^{(t)}$为这一纯交换经济的均衡价格向量）时交易所不调整价格。

这一动态价格模型可以用以下差分方程表示：

$$\mathbf{p}^{(t+1)} = G\big(\mathbf{p}^{(t)}, \mathbf{e}(\mathbf{p}^{(t)})\big) \tag{8.31}$$

其中，超额需求函数$\mathbf{e}(\mathbf{p})$如式(8.4)所示，反映了给定价格下对于各种商品的需求量和供给量之差。

根据模型的假设可知相应的纯交换经济的均衡价格向量为这一模型的不动点。

动态价格模型(8.31)的一种具体形式如下（Varian，1992，第321页）：

$$p_i^{(t+1)} = \frac{p_i^{(t)} + \max\{0, e_i(\mathbf{p}^{(t)})\}}{1 + \sum\limits_{k=1}^{n} \max\{0, e_k(\mathbf{p}^{(t)})\}},\ i = 1, \cdots, n \tag{8.32}$$

一般来说摸索过程的动态是非常复杂的，可能会收敛到均衡价格，也可能趋于某条周期路径，甚至可能出现混沌（Day，1994，第225页）。

8.5.2　基于交易函数的动态交易模型

考虑一个离散时间的纯交换经济，其每期的交易过程为一个固定价格交易过程，并作以下假定：

(1) 每位交易者各期供给的各种商品的数量固定不变，即供给矩阵始终不变。

(2) 每一期进行一次价格调整和一次固定价格交易过程，各种商品的价格调整过程（或者说定价过程）发生在交易之前，交易过程中价格固定不变；价格调整过程中每种商品的价格变动取决于该商品上一期的价格和销售率，即价格调整过程可以表示为$\mathbf{p}^{(t+1)} = P\big(\mathbf{p}^{(t)}, \mathbf{q}^{(t)}\big)$，称$P$为**价格调整函数或调价函数**。

(3) 每一期未能出售的商品完全报废，不进入下一期的供给。

动态交易模型可以写为

$$\mathbf{p}^{(t+1)} = P\big(\mathbf{p}^{(t)}, \mathbf{q}^{(t)}\big) \tag{8.33}$$

$$\big(\mathbf{q}^{(t+1)}, \mathbf{z}^{(t+1)}\big) = Z\big(\mathbf{A}(\mathbf{p}^{(t+1)}), \mathbf{p}^{(t+1)}, \mathbf{S}\big) \tag{8.34}$$

其中，$\mathbf{z}^{(t+1)}$在模型中并没有使用，可以删去。当消费者具有一次齐次效用函数而标准需求矩阵各列对应的是单位效用水平下的消费束时，显然$\mathbf{z}^{(t+1)}$即是第$t+1$期各消费者效用水平构成的向量。

除非另有说明，当下文中利用以上模型进行仿真时，均设置初始销售率向量为$\mathbf{1}$。

下面介绍两种具体的价格调整函数。

第一种是以下的**固定幅度调价函数**：

$$p_i^{(t+1)} = \begin{cases} p_i^{(t)} & q_i^{(t)} > \bar{q} \\ (1-\zeta)p_i^{(t)} & q_i^{(t)} \leqslant \bar{q} \end{cases}, \quad i = 1,2,\cdots,n \tag{8.35}$$

其中，$0 < \bar{q} < 1$是一个接近于1的数字（如0.99），表示触发价格调整的销售率的上限，也就是说当销售率大于$\bar{q}$时价格保持不变，当销售率小于等于$\bar{q}$时价格会发生变动。而$0 < \zeta < 1$是反映价格调整快慢的系数，称为**调价速度系数**。当它的值较大时，价格调整幅度也较大。这一调价过程中当一种商品接近售罄时价格不变；否则价格的下降幅度为原先价格的ζ倍。因此当且仅当所有商品接近售罄时价格向量保持不变。如果上一期交易结果中某些商品的销售率小于等于$\bar{q}$，则本期中这些商品的价格将下降，而接近售罄的商品的价格将相对上升。在以上的调价方式中每种商品的价格不会上涨，不过在不包含货币的经济中只需要关注商品的相对价格，因此这一点并不会带来问题。

第二种为**可变幅度调价函数**。此时销售率的高低影响价格的调整幅度。当一种商品的销售率较高、销售情况较好时，价格下降幅度较小；当销售率较低、销售情况较差时，价格下降幅度较大。函数的形式如下所示：

$$\mathbf{p}^{(t+1)} = (1-\zeta)\mathbf{p}^{(t)} + \zeta\widehat{\mathbf{q}^{(t)}}\mathbf{p}^{(t)} \tag{8.36}$$

又可写为

$$\mathbf{p}^{(t+1)} = \mathbf{p}^{(t)} - \zeta(\mathbf{I} - \widehat{\mathbf{q}^{(t)}})\mathbf{p}^{(t)} \tag{8.37}$$

在以上的调价方式中，$\zeta(0 < \zeta < 1)$为调价速度系数；当它的值较大时，价格调整幅度也较大。除非另有说明，下文的仿真中使用可变幅度调价函数时将设置调价速度系数为$\zeta = 0.15$。

在可变幅度调价函数中也可以假定不同的商品具有不同的调价速度系数，此时各种商品的调价速度系数构成一个n维向量$\boldsymbol{\zeta}(\mathbf{0} \ll \boldsymbol{\zeta} \ll \mathbf{1})$，调价函数为

$$\mathbf{p}^{(t+1)} = \left((\mathbf{I} - \hat{\boldsymbol{\zeta}}) + \hat{\boldsymbol{\zeta}}\widehat{\mathbf{q}^{(t)}}\right)\mathbf{p}^{(t)} \tag{8.38}$$

显然，在可变幅度调价函数中对于价格大于0的商品而言，当且仅当其销售率为1时不发生价格调整。

算例 8.7 (咖啡经济中的价格变动) 利用动态交易模型(8.33)–(8.34)可以计算出算例8.1中的列昂惕夫型咖啡经济中的均衡价格。

在此使用式(8.36)所示的可变幅度调价函数，并令所有商品的初始价格为1。供给矩阵和标准需求矩阵如式(8.22)所示。

算得的以糖计价的各期的咖啡粉和牛奶价格如图8.1(a)所示，各消费者各期购买到的咖啡杯数（亦即交易量、效用水平）如图8.1(b)所示。

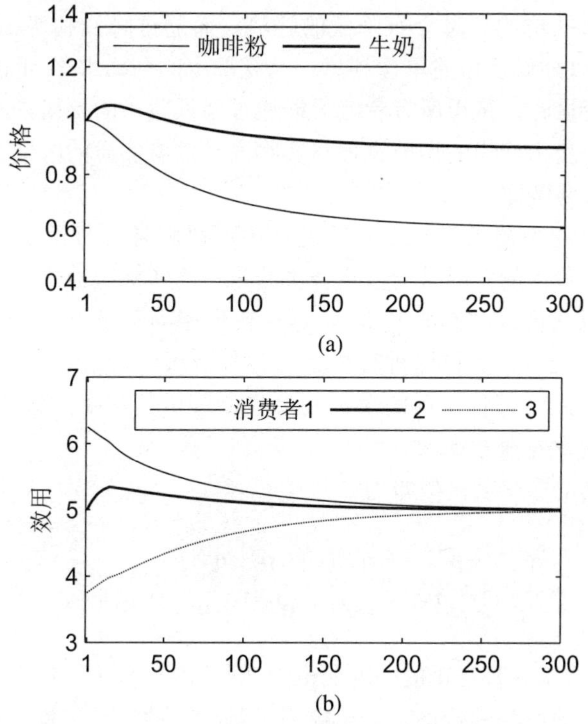

图 8.1 动态交易过程中的价格与效用水平（交易量）

可见，在第300期中市场价格向量已经十分接近均衡价格向量$\mathbf{p}^* = (0.6, 0.9, 1)^T$，每位消费者的效用水平也十分接近均衡效用水平5。 □

8.5.3 货币型动态交易模型

对于一个具有竞争性货币市场的货币型经济，可以任意选取一种货币作为计价货币。当然，如果经济中只有一种货币，那么该货币即是计价货币。下文的货币经济的算例中如无特别说明均以计价货币计价。以计价货币计价的所有货币的价格可以构成汇率向量$\boldsymbol{\epsilon}$。尽管货币型经济中常常以货币计价，但从理论分析的角度来看是否以货币计价并不重要，有时以实物商品计价反而更便于分析；当以实物商品计价时$\boldsymbol{\epsilon}$即为货币的价格向量。

当某种货币的汇率（或者说价格）为ε而利率为r时，单位货币的利息（即单位利息、单位租金）即为εr，这也就是1单位货币的使用权的价格（或者说贷款价格），该价格类似于工资率、地租率。当在某一期中该货币出现供大于求的情况（即该货币的销售率小于1）时，由于货币供给者间的竞争，货币的单位利息会有降低的趋势。而通过降低利率r或者降低货币价格ε都可以降低货币的单位利息。当经济中的利率水平r是由中央银行控制的外生变量时，货币所有者就只能通过降低货币的价格来降低货币的单位利息。而货币价格的调整过程与实物商品没有实质的区别，可以采取相同的价格调整函数。

为了分析的简便起见，在交易过程中可以将各种货币换算为计价货币，即用各种货币的实际供给量代替供给量，而实际供给量也就是将货币的供给量除以其价格（亦即汇率）。这种转换相当于对于各种货币作了一个计量单位的变换，经过这种转换之后各种货币的价格均等于1，而利率则保持不变，此时每种货币的单位利息也就等于其利率。除非另有说明，下文均采取这种处理方式。

有货币的动态交易模型即为

$$\left(\boldsymbol{\epsilon}^{(t+1)},\mathbf{p}^{(t+1)}\right)=P\left(\boldsymbol{\epsilon}^{(t)},\mathbf{p}^{(t)},\mathbf{q}^{(t)}\right) \tag{8.39}$$

$$\left(\mathbf{q}^{(t+1)},\mathbf{z}^{(t+1)}\right)=Z\left(\mathbf{A}(\mathbf{p}^{(t+1)}),\mathbf{p}^{(t+1)},\mathbf{S}^{(t+1)}\right) \tag{8.40}$$

其中，$\boldsymbol{\epsilon}$中包含了各种货币的汇率，$\mathbf{p}$中包含了各种货币的利率（或者说单位利息）及其他商品的价格。如果模型只包含一种货币，那么模型中的汇率向量可以略去。

价格调整过程中仍然使用式(8.36)所示的可变幅度价格调整方法。当一种货币的价格和利率均可以自由调整时，价格和利率均可以根据其销售率（即借贷量与供给量之比）按照式(8.36)进行调整；当价格可以自由调整、利率为外生变量时，可以根据其销售率仅仅调整价格。在价格调整过程中，先将包括货币在内的所有商品的价格根据销售率进行调整，然后再将得到的所有价格除以计价货币的价格，这样就得到了调整之后的以计价货币计价的价格向量。

当经济中存在多种货币时，价格调整过程结束之后按照汇率向量和各种货币的外生供给量计算出各种货币的实际供给量；$\mathbf{S}^{(t+1)}$中各种货币的供给量即是指实际供给量。这时各种货币的利率即为其单位利息，交易过程中各种货币即按照其单位利息进行交易（或者说借贷）。如果不作这种调整，在交易过程中使用各种货币的外生供给量而非实际供给量，那么交易过程中使用的各种货币的单位利息即等于其价格乘以利率。

算例 8.8 (包含一种货币的动态交易模型) 考虑一个纯交换经济，其中有4位列昂惕夫型消费者，分别拥有1单位的咖啡粉、牛奶、糖和货币。即单位供给矩阵**B**为4阶单位阵。假设经济中利率水平始终为0.25；以货币计价；单位需求矩阵为

$$\mathbf{A}(\mathbf{p},\mathbf{u})=\begin{bmatrix} 0.05u_1 & 0.05u_2 & 0.1u_3 & 0.1u_4 \\ 0.1u_1 & 0 & 0.1u_3 & 0.1u_4 \\ 0 & 0.15u_2 & 0.05u_3 & 0.1u_4 \\ (0.05p_1+ & (0.05p_1+ & (0.1p_1+0.1p_2+ & 0.1(p_1+p_2+ \\ 0.1p_2)u_1 & 0.15p_3)u_2 & 0.05p_3)u_3 & p_3)u_4 \end{bmatrix}$$

标准需求矩阵即为$\mathbf{A}(\mathbf{p}):=\mathbf{A}(\mathbf{p},\mathbf{1})$。

结构均衡模型为式(8.1)–(8.2)。

可以利用结构均衡模型直接求解均衡价格向量和均衡配置，也可以利用货币型动态交易模型(8.39)–(8.40)求解均衡价格向量和均衡配置。在此借助货币型动态交易模型来求解均衡。此时动态交易模型中的供给矩阵**S**即为4阶单位阵。

将以货币计价的3种普通商品的初始价格均设为0.5。算得各期的以货币计价的3种实物商品的价格如图8.2(a)所示，可见各种商品的价格逐渐收敛于均衡价格。消费者各期的效用水平（亦即交易量）如图8.2(b)所示。

算得均衡价格向量和均衡效用水平向量（亦即均衡价格向量下的交易向量）分别为

$$\mathbf{p}^*=(0.24,0.36,0.4,0.25)^T,\ \mathbf{u}^*=\mathbf{z}^*=(4,4,4,2)^T$$

均衡购买矩阵为

$$\mathbf{A}(\mathbf{p}^*)\widehat{\mathbf{z}^*}=\begin{bmatrix} 0.2 & 0.2 & 0.4 & 0.2 \\ 0.4 & 0 & 0.4 & 0.2 \\ 0 & 0.6 & 0.2 & 0.2 \\ 0.192 & 0.288 & 0.32 & 0.2 \end{bmatrix}$$

以上矩阵的最后一行显示了各消费者借入的货币数量。

均衡价值配置如表8.5所示。 □

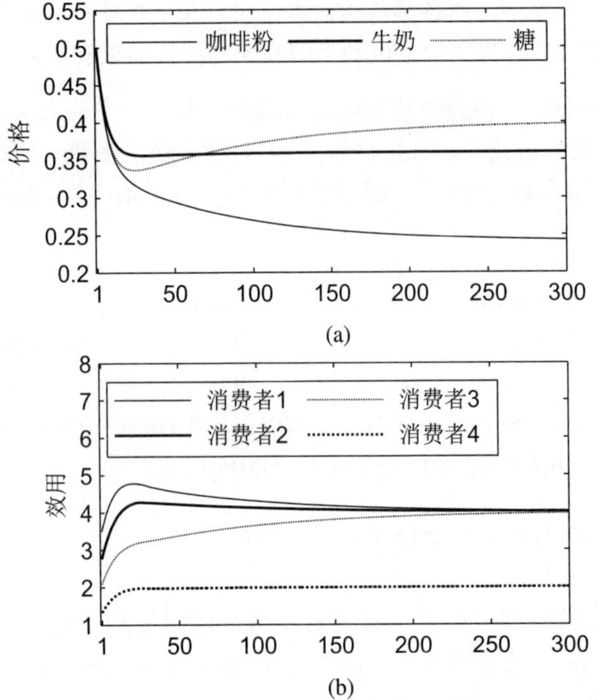

图 8.2　单货币动态咖啡经济中的价格与消费者效用水平

表 8.5　单货币动态咖啡经济中的均衡价值配置（增长率为0）

	消费者1	消费者2	消费者3	消费者4	总支出
咖啡粉支出	0.048	0.048	0.096	0.048	0.24
牛奶支出	0.144	0	0.144	0.072	0.36
糖支出	0	0.24	0.08	0.08	0.4
利息支出	0.048	0.072	0.08	0.05	0.25
收入	0.24	0.36	0.4	0.25	

算例 8.9 (包含多种货币的动态交易模型)　现在对算例8.8中的经济略作修改，假设经济中有两种货币，分别称为货币1和货币2，其数量分别为3单位和1单位，分别由消费者4和消费者5供给。选择货币1作为计价货币，即所有商品均以货币1计价。

假设两位货币所有者具有相同的列昂惕夫型效用函数，效用函数与算例8.8中消费者4的效用函数相同。假设消费者1、2和4属于一个货币区，购买商品时均支付货币1，消费者3和5属于另一个货币区，购买商品时均支

付货币2。假设两种货币的利率水平均始终为0.25。根据这些条件可知单位需求矩阵为

$$\mathbf{A}(\mathbf{p},\mathbf{u}) = \left[\begin{array}{ccccc} 0.05u_1 & 0.05u_2 & 0.1u_3 & 0.1u_4 & 0.1u_5 \\ 0.1u_1 & 0 & 0.1u_3 & 0.1u_4 & 0.1u_5 \\ 0 & 0.15u_2 & 0.05u_3 & 0.1u_4 & 0.1u_5 \\ (0.05p_1+0.1p_2)u_1 & (0.05p_1+0.15p_3)u_2 & 0 & 0.1(p_1+p_2+p_3)u_4 & 0 \\ 0 & 0 & (0.1p_1+0.1p_2+0.05p_3)u_3 & 0 & 0.1(p_1+p_2+p_3)u_5 \end{array}\right]$$

单位供给矩阵为

$$\mathbf{B}(\boldsymbol{\epsilon}) = \begin{bmatrix} 1 & 0 & 0 & 0 & 0 \\ 0 & 1 & 0 & 0 & 0 \\ 0 & 0 & 1 & 0 & 0 \\ 0 & 0 & 0 & 3 & 0 \\ 0 & 0 & 0 & 0 & \varepsilon_2 \end{bmatrix}$$

其中，$\boldsymbol{\epsilon} = (1,\varepsilon_2)^T$为汇率向量，$\varepsilon_2$为货币2的汇率。

结构均衡模型为

$$\mathbf{p}^T\mathbf{A}(\mathbf{p},\mathbf{u}) = \mathbf{p}^T\mathbf{B}(\boldsymbol{\epsilon}) \tag{8.41}$$

$$\mathbf{A}(\mathbf{p},\mathbf{u})\mathbf{z} \leqslant \mathbf{B}(\boldsymbol{\epsilon})\mathbf{z} \tag{8.42}$$

其中，$\mathbf{p} = (p_1,p_2,p_3,0.25,0.25)^T$；$\mathbf{z} = \mathbf{1}$，该活动水平向量的各分量表示各类交易者的人数。

仍然利用货币型动态交易模型(8.39)–(8.40)来求解均衡。将以货币1计价的3种实物商品的初始价格均设为0.5，货币2的初始价格（即汇率）设为1。算得各期的货币2的汇率水平如图8.3(a)所示。货币所有者各期的效用水平如图8.3(b)所示。

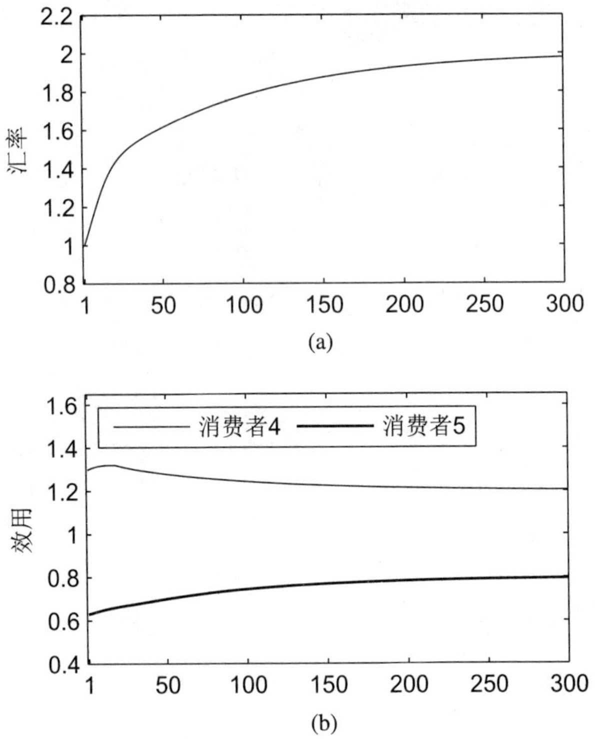

图 8.3 多货币动态咖啡经济中的汇率与货币所有者效用水平

算得货币2的均衡汇率为$\varepsilon_2^* = 2$。均衡价格向量和均衡效用水平向量（亦即均衡价格向量下的交易向量）为

$$\mathbf{p}^* = (1.2, 1.8, 2, 0.25, 0.25)^T,\ \mathbf{u}^* = \mathbf{z}^* = (4, 4, 4, 1.2, 0.8)^T$$

此处的$\mathbf{z}$为动态交易模型中的交易向量，并非结构均衡模型中的活动水平向量。均衡购买矩阵为

$$\mathbf{A}(\mathbf{p}^*)\widehat{\mathbf{z}^*} = \begin{bmatrix} 0.2 & 0.2 & 0.4 & 0.12 & 0.08 \\ 0.4 & 0 & 0.4 & 0.12 & 0.08 \\ 0 & 0.6 & 0.2 & 0.12 & 0.08 \\ 0.96 & 1.44 & 0 & 0.6 & 0 \\ 0 & 0 & 1.6 & 0 & 0.4 \end{bmatrix}$$

其中，$\mathbf{A}(\mathbf{p})$为标准需求矩阵，即$\mathbf{A}(\mathbf{p}) := \mathbf{A}(\mathbf{p}, \mathbf{1})$；$\mathbf{z}^*$为动态交易模型中的均衡交易向量。注意购买矩阵中货币2的数量已经被转换为以货币1计量的数量；转换后的货币2的总供给量为2单位。

均衡价值配置如表8.6所示。 □

表 8.6 多货币动态咖啡经济中的均衡价值配置（增长率为0）

	消费者1	消费者2	消费者3	消费者4	消费者5	总支出
咖啡粉支出	0.24	0.24	0.48	0.144	0.096	1.2
牛奶支出	0.72	0	0.72	0.216	0.144	1.8
糖支出	0	1.2	0.4	0.24	0.16	2
货币1利息支出	0.24	0.36	0	0.15	0	0.75
货币2利息支出	0	0	0.4	0	0.1	0.5
收入	1.2	1.8	2	0.75	0.5	

8.6 本章小结

交易过程

在本书的离散时间市场经济中，各期的资源配置主要通过包括厂商、消费者在内的所有经济主体之间的交易过程来实现。

根据每次交易过程中的交易价格是否可以基于本次交易中的供需状况灵活调整，可以将交易过程分为市场出清交易过程、固定价格交易过程和黏性价格交易过程。在市场出清交易过程中交易价格总能够灵活调整而使得交易结果中的商品的供需达到平衡，而在固定价格交易过程和黏性价格交易过程的交易结果中可能出现某些商品供不应求而另一些商品供大于求的情况。在固定价格交易过程中交易价格保持不变；而在黏性价格交易过程中交易价格只能在有限的范围内变动，即这种情形下的价格灵活性介于其他两种交易过程之间。

固定价格交易过程中的“固定”是指每次交易过程中的供需状况不会影响本次交易中的交易价格，而在每次交易过程开始之前或结束之后价格可能会根据交易结果发生变动，也就是说价格调整发生在各次交易过程之间。在动态经济模型的各期之中价格一般是变动的而非固定的。

与市场出清交易过程相比，固定价格交易过程和黏性价格交易过程更为接近现实，而在这两种交易过程中前者形式较为简单，更便于分析。本书的动态模型中的交易过程一般采用固定价格交易过程。

纯交换经济的均衡

本书的离散时间纯交换经济中的经济主体均为消费者，所有商品的供给量均为外生变量，这一点与纯生产经济恰好相反。由于常规经济可以转换为消费者间交换禀赋的纯交换经济，因此对于常规经济的许多问题的研究可以借助于纯交换经济进行。

在常规经济中增长率的变动会影响到均衡价格结构，而在纯交换经济中由于所有供给均为外生变量，因此当各种商品的供给量以相同速率增长时增长率的变动对于均衡没有实质性的影响，这时只需要考虑零增长经济，即一般假设供给固定不变。纯交换经济中任一期的交易过程的市场出清价格也就是整个经济的均衡价格，而在常规经济中则不然。

纯交换经济的结构均衡模型与常规经济的结构均衡模型并无显著区别。因为常规经济可以转换为纯交换经济，所以可见就一般情况而言求解纯交换经济的均衡并不比求解常规经济的均衡更容易。由于C-D型纯交换经济的特殊性，其均衡相对容易求解。而不包含金融工具的C-D型常规经济一般可以转化为C-D型纯交换经济，因此其均衡求解也相对容易。

固定价格交易过程与交易函数

固定价格交易过程可以用一个交易函数来刻画，函数的自变量为价格、供给和在给定价格下的需求结构（或需求），而因变量为由交易量和销售率反映的交易结果。当交易者的供给量、需求函数和价格给定时，根据交易函数即可算得相应的固定价格交易配置。当价格为市场出清价格时，固定价格交易配置也就是市场出清价格配置。在固定价格交易过程中至少有一种商品会售罄。

在固定价格交易过程中当其他条件不变而每位经济主体对于每种商品的供给量变为原先的k倍时，销售率会保持不变而交易量会变为原先的k倍，即供给结构和价格保持不变时交易量与供给量成正比，在这个意义上可以说供给创造需求。

（基本型）交易函数采取了等销售率假设，以保证交易者在交易过程中可以得到平等待遇，但这一假设的限制性较强，有时会导致交易结果的效率损失。而扩展型交易函数则克服了这一缺点，不过其计算相对复杂一些。

动态交易模型

动态的纯交换经济可以用一个动态交易模型来描述。在本章的动态交易模型中每位交易者各期供给的各种商品的数量固定不变，即供给矩阵始终不变。交易者的偏好也始终保持不变。而交易价格和相应的交易结果则一般会随时间发生变动。

在动态交易模型的每期中市场价格根据上一期的交易情况进行调整。上一期交易结果中销售率小于1（即供大于求）的商品的价格一般会相对下降，其余商品的价格一般会相对上升。交易价格确定后即可按照交易函数进行固定价格交易，求得本期的配置。

当上一期交易过程中所有商品均售罄、销售率均为1时，本期的价格会保持不变，这时动态交易模型即达到了均衡。当动态交易模型能够收敛到均衡时，就可以利用该模型来求解纯交换经济的均衡。

货币型动态交易模型

当动态交易模型中包含货币时，对于货币的处理方式与对于实物商品的处理方式基本相同，也就是说货币型动态交易模型与不包含货币的动态交易模型具有基本相同的形式。无论动态交易模型包含一种货币还是多种货币，模型的形式也基本相同。货币型动态交易模型可以用来计算货币型纯交换经济的均衡。

在本书的货币型动态交易模型中交易的是货币的使用权而非货币的所有权，也就是说经济主体是在借贷货币；相应地，交易过程中货币的价格是指其使用权的价格而非所有权的价格。货币的使用权的价格也就是1单位货币的利息（或者说单位利息、单位租金），亦即1单位货币的所有权价格乘以利率。由于可能以实物商品或其他种类的货币计价，一种货币的所有权价格未必等于1，单位利息未必等于其利率；当货币的所有权价格等于1时单位利息也就等于利率。

经济主体借入货币的目的是购买实物商品，从逻辑顺序上来说经济主体会先借入货币，然后用借入的货币购买实物商品，不过这一点并不需要在动态交易模型中体现。动态交易模型可以假定借入货币和购买实物商品同时进行，只需要保证每位经济主体借入的货币额等于其购买的实物商品的价值即可。这也就意味着在给定的价格下每位经济主体在交易过程中的货币需求量与对其他每种商品的需求量之间的比例关系也是固定的，这些比例关系由标准需求矩阵来反映。

在包含多种货币的动态交易模型中可以选择一种货币作为计价货币。在交易过程中可以按照本期的汇率向量将每种货币换算为计价货币，将所有商品均用计价货币计价，以便简化分析。

第9章　结构动态经济模型

9.1　动态经济模型与资源配置方式

9.1.1　均衡模型与动态模型

均衡模型描述了动态经济中的均衡状态或均衡路径，在均衡模型中时间因素往往被省略了；均衡模型主要被用于分析均衡的存在性、唯一性、最优性等等。而动态经济模型则可以描述诸如经济趋于均衡的过程或者经济的波动过程等非均衡路径，可以用来分析均衡状态的稳定性或平抑经济波动的经济政策等。

对于一个贴近经济现实的动态经济模型而言，如果该模型是渐近稳定的，也就是说这一模型从非均衡的初始状态开始运行后会逐渐收敛于均衡路径，那么就可以利用这一模型来计算均衡[①]；如果在某些初始条件下该模型会呈现持续的波动而不会收敛于均衡路径，那么这一模型就有可能被用来解释经济波动或经济周期。

9.1.2　动态模型中的资源配置方式

各种动态经济模型的差别常常体现在不同的资源配置方式上，因此可以说资源配置是动态经济模型的中心环节。离散时间动态模型可以使用以下几种资源配置方式：

(1) 计划型配置方式（或称行政型配置方式）。这种情形下模型中的资源配置由一部分经济主体（比如政府或消费者）决定，模型中没有交易过程，在资源配置过程中价格不发挥作用。例如，离散时间的索洛

[①]计算均衡时除了借助于动态经济模型这种方法外，也可以使用其他专门的软件，如GAMS等（参见霍尔斯，曼斯博格，2009；张欣，2010；细江敦弘，长泽建二，桥本秀夫，2014）。

（Solow）增长模型的配置过程即属于这一类，在这一模型中劳动全部用于生产并且产品用于投资的比重为外生变量，各期的投资量不是由市场机制决定的（参见Acemoglu，2009，第35页）。一些动态投入产出模型和动态随机一般均衡模型中的资源配置过程也可看作一种计划型配置（参见张金水，2000；刘斌，2010）。

(2) 利用市场出清交易过程进行资源配置。在这种情形下资源配置完全由市场机制决定，所有经济主体通过市场机制进行互动。在使用市场出清交易过程的动态模型中，每期的交易过程中市场均是供需平衡的。但各期的市场出清价格向量可能并不相同，未必是这一模型的均衡价格向量。也就是说尽管在每期中市场均实现了供需平衡，但因为各期的供给和需求可能发生变动，所以价格可能会持续波动，这一模型仍然可能运行在非均衡路径上。

(3) 利用固定价格交易过程或黏性价格交易过程进行资源配置。在固定价格交易过程中交易价格为外生变量，不需要计算，只需要根据价格计算出配置即可；而在黏性价格交易过程中还需要根据供需情况确定交易价格，然后再根据交易价格确定配置，相对复杂一些，因此下文一般只考虑固定价格交易过程。市场出清交易过程、固定价格交易过程和黏性价格交易过程均属于市场型配置方式。

(4) 混合型配置方式。以上的配置方式也可以混合使用，即模型中的部分资源的配置使用一种配置方式，另一部分资源的配置使用另一种配置方式；或者模型中在某些时期中使用一种配置方式，在另一些时期中使用另一种配置方式。当利用市场配置资源但对部分商品价格（如水价、电价等）施加限制时，相应的资源配置方式也属于混合型配置方式。

在下文的讨论可以看到，一般来说市场型配置方式的效率优于计划型配置方式，不过市场型配置方式下的收入分配未必符合社会公平的要求；而且在某些情况下（例如，当经济中存在递增的规模收益等非竞争性因素时）市场机制可能失灵，无法使得经济达到最优配置，或者会使得经济陷入持续波动而导致经济效率的损失，在这些情况下就可能需要采用混合型配置方式。

9.1.3 结构动态模型

在上一章中已经考察了动态的交易模型，这类模型中不包含厂商和生产过程。在动态的交易模型中加入厂商和生产过程，即可以得到动态的常规经济模型。

在下文讨论的离散时间的动态常规经济模型中，每一期的经济运行一般包含两个依次发生的主要阶段或者说主要环节：

(1) 交易过程。包含厂商、消费者在内的所有经济主体将其供给的商品投入市场进行交易。当使用固定价格交易过程时，交易过程开始前会有一个基于上一期交易结果的价格调整过程。当价格完全由市场决定时交易过程即为市场型资源配置过程；当部分商品价格由政府管制时，交易过程即为混合型资源配置过程。

(2) 生产和消费过程。各经济主体将在交易过程中购买到的商品投入生产或用于消费。生产过程的产出将被投入下一期的市场。

下文把以上这种显式地而非隐含地包含交易环节和生产过程的动态经济模型称为**结构动态模型**或**结构增长模型**。本书第8.5.2小节和第8.5.3小节讨论的动态交易模型可以被视为结构动态模型在纯交换经济下的退化的特例。

9.2 基于市场出清交易过程的结构动态模型

9.2.1 模型的一般形式

本节介绍一种使用市场出清交易过程作为资源配置方式、每期中所有商品均售罄的结构动态模型。

假设经济中有n种商品、m类经济主体。模型的第t期中的经济状态可由以下变量来表示：

$\mathbf{Y}^{(t)}$ 为$n\times m$的产出矩阵。当第j类经济主体为厂商时，其第(i,j)个元素代表第t期中该厂商生产的商品i的数量；当第j类经济主体为消费者时，其第j列为$\mathbf{0}$。

$\mathbf{S}^{(t)}$ 为$n\times m$的供给矩阵。其第(i,j)个元素代表第t期中主体j供给的商品i的数量。令$\mathbf{S}'^{(t)}$和$\mathbf{S}''^{(t)}$分别表示厂商和消费者的供给矩阵，则有$\mathbf{S}^{(t)}\equiv\mathbf{S}'^{(t)}+\mathbf{S}''^{(t)}$。厂商的供给矩阵$\mathbf{S}'^{(t)}$为内生变量，消费者的供给矩阵$\mathbf{S}''^{(t)}$为外生变量。假设每期中所有商品均售罄，于是厂商每期中的供给等于上一期的产出，即有$\mathbf{S}'^{(t+1)}=\mathbf{Y}^{(t)}$成立，于是有

$$\mathbf{S}^{(t+1)}=\mathbf{Y}^{(t)}+\mathbf{S}''^{(t+1)} \tag{9.1}$$

$\mathbf{X}^{(t)}$ 为$n\times m$的购买矩阵。其第(i,j)个元素代表第t期中主体j购买的商品i的数量。令$\mathbf{X}'^{(t)}$和$\mathbf{X}''^{(t)}$分别表示厂商和消费者的购买矩阵，则有

$$\mathbf{X}^{(t)}\equiv\mathbf{X}'^{(t)}+\mathbf{X}''^{(t)} \tag{9.2}$$

使用市场出清交易过程作为资源配置方式、每期中所有商品均售罄的结构动态模型可以写为如下形式:

$$\mathbf{X}^{(t+1)} = M\left(\mathbf{Y}^{(t)} + \mathbf{S}''^{(t+1)}\right) \tag{9.3}$$

$$\mathbf{Y}^{(t+1)} = F\left(\mathbf{X}'^{(t+1)}\right) \tag{9.4}$$

式(9.3)又可写为

$$\mathbf{X}^{(t+1)} = M\left(\mathbf{S}^{(t+1)}\right) \tag{9.5}$$

对于模型中的各式解释如下:

(1) 式(9.3)中的函数$M(\mathbf{S})$表示市场出清交易过程，其中$\mathbf{S}$为供给矩阵。上一期的厂商的产出$\mathbf{Y}^{(t)}$和本期的数量外生的初级要素供给$\mathbf{S}''^{(t+1)}$构成本期的供给矩阵$\mathbf{S}^{(t+1)}$，这些商品经过市场出清交易配置方式配置给厂商和消费者。这一模型中厂商没有未出售的存货（即积压商品），厂商的供给矩阵等于上一期厂商的产出矩阵，而消费者的供给矩阵$\mathbf{S}''^{(t+1)}$为外生变量。厂商和消费者的购买矩阵$\mathbf{X}'^{(t+1)}$和$\mathbf{X}''^{(t+1)}$分别表明了配置给各厂商和各消费者的商品数量。

(2) 式(9.4)中$F(\mathbf{X}')$为（所有厂商的）生产函数，即在此假设每个厂商的生产过程可以用定义在$\mathbb{R}_+^n$上的生产函数表示。该式表示各厂商将购买到的商品投入生产，得到本期的相应的产出。

9.2.2 基于市场出清交易过程的C-D型结构动态模型

计算市场出清价格和市场出清交易配置一般来说并不容易，不过对于C-D型经济而言，根据命题8.1和命题8.2可知计算相对简单。根据命题8.2可知，在单一供给的C-D型经济中市场出清交易过程(9.5)可写为

$$\mathbf{X}^{(t+1)} = \mathbf{S}^{(t+1)}\bar{\mathbf{X}} \tag{9.6}$$

其中，$\bar{\mathbf{X}} := \widehat{\mathbf{C}\mathbf{w}}^{-1}\mathbf{C}\hat{\mathbf{w}}$，$\mathbf{C}$为支出结构矩阵，$\mathbf{w}$为$\mathbf{C}$的任一右P-F特征向量。

这一经济中各种商品分配给各经济主体的比例是固定不变的，于是这一配置方式满足命题2.9的条件，因此具有市场出清型配置过程的C-D型经济会收敛于均衡。

下面来看两个算例。

算例 9.1 (基于市场出清交易过程的结构动态模型：C-D型谷物经济) 考虑包含2种商品（即小麦和劳动）和2类经济主体（即小麦生产者和劳动者）的谷物经济。假设劳动的供给量始终为100单位。生产函数和效用函数如下:

小麦生产者　$x_1^{0.5}x_2^{0.5}$

劳动者　x_1

这种情况下小麦的（竞争性）均衡产量为50单位，以小麦计价的均衡价格向量为$\mathbf{p}^* = (1, 0.25)^T$。

此时支出结构矩阵$\mathbf{C}$和矩阵$\bar{\mathbf{X}}$为

$$\mathbf{C} = \begin{bmatrix} 0.5 & 1 \\ 0.5 & 0 \end{bmatrix},\ \bar{\mathbf{X}} := \widehat{\mathbf{C}\mathbf{w}}^{-1}\mathbf{C}\hat{\mathbf{w}} = \begin{bmatrix} 0.5 & 0.5 \\ 1 & 0 \end{bmatrix}$$

即在市场出清交易配置方式下，每期的小麦供给将有一半被配置给厂商，另一半被配置给消费者。

注意到劳动的供给量始终为100单位。令$y^{(t)}$表示第t期的小麦产量，则此时模型(9.3)–(9.4)可写为

$$y^{(t+1)} = 10\left(0.5y^{(t)}\right)^{0.5}$$

易知当给定任一正的初始小麦产量时，这一经济中的小麦产量会收敛到均衡产量。□

算例 9.2 (基于市场出清交易过程的结构动态模型：C-D型三部门经济) 考虑包含3种商品（即小麦、铁和劳动）和3类经济主体（即小麦生产者、铁生产者和劳动者）的经济。假设劳动的供给量始终为100单位。生产函数和效用函数如下：

小麦生产者　$x_2^{0.5}x_3^{0.5}$

铁生产者　$x_2^{0.5}x_3^{0.5}$

劳动者　x_1

此时小麦和铁的均衡产量均为25单位，以小麦计价的均衡价格向量为$\mathbf{p}^* = (1, 1, 0.25)^T$。

此时支出结构矩阵$\mathbf{C}$和矩阵$\bar{\mathbf{X}}$为

$$\mathbf{C} = \begin{bmatrix} 0 & 0 & 1 \\ 0.5 & 0.5 & 0 \\ 0.5 & 0.5 & 0 \end{bmatrix},\ \bar{\mathbf{X}} := \widehat{\mathbf{C}\mathbf{w}}^{-1}\mathbf{C}\hat{\mathbf{w}} = \begin{bmatrix} 0 & 0 & 1 \\ 0.5 & 0.5 & 0 \\ 0.5 & 0.5 & 0 \end{bmatrix}$$

可见在市场出清交易配置方式下，每一期铁的供给中一半被配置给小麦生产者，另一半被配置给铁生产者；劳动的配置亦是如此。而全部小麦供给被配置给消费者。令$y_1^{(t)}$表示第t期的小麦产量、$y_2^{(t)}$表示第t期的铁产

量，则第$t+1$期中的小麦产量为

$$y_1^{(t+1)} = \sqrt{\frac{y_2^{(t)}50}{2}} = 5y_2^{(t)0.5}$$

第$t+1$期中的铁产量也等于这一值。

此时模型(9.3)–(9.4)可写为

$$\left(y_1^{(t+1)}; y_2^{(t+1)}\right) = 5\left(y_2^{(t)0.5}; y_2^{(t)0.5}\right)$$

易知当给定任一正的初始铁产量时，这一经济中的铁产量会收敛到均衡产量，进而可知小麦产量也会收敛到均衡产量。 □

9.3 基于固定价格交易过程的结构动态模型

当模型中使用固定价格交易过程作为资源配置方式时，结构动态模型具有以下特点：

(1) 交易过程中每个交易者的供给未必能够售罄。

(2) 每期与前一期相比，其价格、技术都可能发生变化。但每期的价格和技术的调整发生在交易过程和生产过程之前，在每一期的交易过程和生产过程中价格、技术是固定不变的。

(3) 每期中价格调整、交易和生产等经济活动依次发生。

9.3.1 变量

第t期中的经济状态包含以下变量，其中各矩阵的行数均等于商品的种类数，各矩阵的列数均等于经济主体的种类数：

$\mathbf{p}^{(t)}$ 为正的价格向量，由第t期中n种商品的价格构成。

$\mathbf{q}^{(t)}$ 为销售率向量，由第t期中n种商品的销售率构成。

$\mathbf{Y}^{(t)}$ 为产出矩阵。当第j类经济主体为厂商时，其第(i,j)个元素代表第t期中该厂商生产的商品i的数量；当第j类经济主体为消费者时，其第j列为$\mathbf{0}$。

$\mathbf{S}^{(t)}$ 为供给矩阵，其第(i,j)个元素代表第t期中主体j供给的商品i的数量。有$\mathbf{S}^{(t)} \equiv \mathbf{S}'^{(t)} + \mathbf{S}''^{(t)}$，其中$\mathbf{S}'^{(t)}$和$\mathbf{S}''^{(t)}$分别为厂商和消费者的供给矩阵。在厂商的供给矩阵中消费者所对应的列均为$\mathbf{0}$，在消费者的供给矩阵中厂商所对应的列均为$\mathbf{0}$。

$\mathbf{z}^{(t)}$ 为交易向量，反映了第t期中各主体购买的标准需求束的数量。这些标准需求束将被各主体在第t期的生产或消费中使用。交易向量可以分为两部分，即厂商的交易向量$\mathbf{z}'^{(t)}$和消费者的交易向量$\mathbf{z}''^{(t)}$。在厂商的交易向量中，消费者对应的分量为0；在消费者的交易向量中，厂商对应的分量为0。有$\mathbf{z}^{(t)}=\mathbf{z}'^{(t)}+\mathbf{z}''^{(t)}$成立。当（规模收益不变的、单一生产的）各厂商的一个标准需求束对应1单位产出时，厂商的交易向量也就是厂商的产出向量。当各消费者具有一次齐次的效用函数且一个标准需求束对应1单位效用水平时，消费者的交易向量也就是消费者的效用向量。

$\mathbf{A}(\mathbf{p}^{(t)})$为标准需求矩阵。标准需求矩阵可分为两部分，即厂商的标准需求矩阵和消费者的标准需求矩阵。

厂商的标准需求矩阵实质上即是厂商的单位需求矩阵（亦即投入系数矩阵），也就是说厂商的标准需求束即为厂商的单位需求束。

而对于具有一次齐次效用函数的消费者，一般将其在单位效用水平下的需求束作为其标准需求束，称之为（消费者的）第一类标准需求束。对于具有非位似的效用函数的消费者，可以将其需求函数作为其标准需求束，也就是说根据给定的价格和其供给束算得其预期收入，然后根据给定的价格和其预期收入算得其需求束，将该需求束作为其标准需求束[①]，称这种标准需求束为（消费者的）第二类标准需求束。

因为第二类标准需求束的计算需要考虑到消费者的供给束等因素，因此比第一类标准需求束的计算复杂一些。对于具有一次齐次效用函数的消费者也可以使用第二类标准需求束，不过为了计算简便起见下文总是使用第一类标准需求束。

在均衡中每一类消费者的标准需求束与交易量相乘即为该类消费者的均衡总需求束。当所有消费者的标准需求束均为第二类时，均衡中的标准需求矩阵即等于均衡单位需求矩阵，在均衡中每一类消费者的交易量即等于该类消费者的人数，而均衡中的交易向量即为均衡活动水平向量；当消费者具有一次齐次效用函数、标准需求束为第一类时，在均衡中其交易量即为该类消费者的人数乘以效用水平。

$\mathbf{B}'(\mathbf{p}^{(t)})$为厂商的单位供给矩阵。该矩阵中消费者所对应的列均为$\mathbf{0}$。

9.3.2 模型

假设第$t+1$期中经济运行如下：

[①] 在折现因子为ρ的正增长经济中，由于消费者需要将其收入与子女共享，因此其当期的预期收入一般为当期的供给束价值的ρ倍。

首先，是价格调整过程，在第t期的价格向量和销售率的基础上形成第$t+1$期的价格向量，该价格向量反映了n种商品在第$t+1$期中的市场价格。

其次，是供给的形成过程，第t期的产出和经过损耗及折旧的第t期的存货（即积压产品）构成第$t+1$期的产品供给。产品供给矩阵和外生的要素供给矩阵构成总的供给矩阵。

再其次，是固定价格下的交易过程，经济主体在第$t+1$期的市场价格下交易供给矩阵中的商品，得到第$t+1$期的交易向量和销售率向量。未售出的产品构成第$t+1$期的存货，存货将经历损耗及折旧并成为下一期供给的一部分。

最后，每个主体将其在市场中购买的商品用于生产或消费，并得到第$t+1$期的产出。

基于固定价格交易过程的结构动态模型可写为如下形式：

$$\mathbf{p}^{(t+1)} = P\left(\mathbf{p}^{(t)}, \mathbf{q}^{(t)}\right) \tag{9.7}$$

$$\mathbf{S}^{(t+1)} = \mathbf{Y}^{(t)} + Q\left(\widehat{\mathbf{1}-\mathbf{q}^{(t)}}\mathbf{S}'^{(t)}\right) + \mathbf{S}''^{(t+1)} \tag{9.8}$$

$$\left(\mathbf{q}^{(t+1)}, \mathbf{z}^{(t+1)}\right) = Z\left(\mathbf{A}(\mathbf{p}^{(t+1)}), \mathbf{p}^{(t+1)}, \mathbf{S}^{(t+1)}\right) \tag{9.9}$$

$$\mathbf{Y}^{(t+1)} = \mathbf{B}'(\mathbf{p}^{(t+1)})\widehat{\mathbf{z}^{(t+1)}} \tag{9.10}$$

其中，有$\mathbf{S}'^{(t+1)} \equiv \mathbf{Y}^{(t)} + Q\left(\widehat{\mathbf{1}-\mathbf{q}^{(t)}}\mathbf{S}'^{(t)}\right)$。消费者的供给矩阵$\mathbf{S}''^{(t+1)}$一般为外生变量，本书中一般假设$\mathbf{S}''^{(t+1)} = \mathbf{S}''^{(0)}$或$\mathbf{S}''^{(t+1)} = (1+\gamma)^{t+1}\mathbf{S}''^{(0)}$，也就是说假设消费者的供给量要么不变，要么以外生的固定速率增长。

下面依次来解释以上各式。

式(9.7)代表市场价格的调整过程，其中P为价格调整函数。这里假定价格是基于供给和需求来调整的，调价函数的形式可以是固定幅度调价函数或可变幅度调价函数。在某些情况下也可假定一些商品的价格是外生变量。[①]

①对于现实中的短期价格调整过程而言，产品和初级要素有所不同。一般来说，产品的价格的调整除了受供需情况的影响外，还受到生产成本的影响；而初级要素的价格调整则主要受供需情况的影响（Kalecki，1954，第11页）。一种产品的供需情况和生产成本的变动都可能导致其价格的上涨，前者为需求拉动型的上涨，后者为成本推动型的上涨。产品价格下调时生产成本的影响可能更大些；当产品价格已经降到生产成本附近或以下时，价格就难以再大幅下降。而对于劳动者而言，向下调整工资时也存在工资下限，这一下限为法定最低工资或维持基本生活需要的收入水平。本书为了简

式(9.8)表示供给的形成。当产品的销售率向量不全为1时第t期中有未售罄的产品。第t期的厂商的供给矩阵与销售矩阵之差即为当期的存货矩阵，为$\widehat{\mathbf{1}-\mathbf{q}^{(t)}}\mathbf{S}'^{(t)}$，该矩阵反映了第$t$期中厂商的存货数量（即积压产品数量）。$Q(\mathbf{Q})$表示存货损耗函数（或称存货折旧函数），反映存货的损耗过程。当存货的损耗均为挥发式时，存在损耗函数满足$\mathbf{0} \leqslant Q(\mathbf{Q}) \leqslant \mathbf{Q}$，其中$\mathbf{Q}$为存货矩阵。下文的仿真中将假定存货的损耗均为挥发式，并且存货折旧函数一般使用$Q(\mathbf{Q}) := \kappa\mathbf{Q}\ (0 \leqslant \kappa \leqslant 1)$的形式，其中$\kappa$为**存货折旧系数**。除非另有声明，下文的仿真中存货折旧系数取0.8。

厂商的第t期的产出矩阵加上经过损耗的第t期的存货矩阵，形成第$t+1$期的厂商的供给矩阵$\mathbf{S}'^{(t+1)}$。

式(9.9)表示交易过程，Z为交易函数。其中供给矩阵由厂商的供给矩阵和消费者的供给矩阵构成。消费者的供给矩阵是外生变量。

式(9.10)表示生产过程。由于厂商的交易向量表明了各厂商主体在第$t+1$期购买的单位需求束的数量，而一个单位需求束对应1单位活动水平，于是厂商的交易向量也就表明了厂商在第$t+1$期的活动水平。该式也可以写为$\mathbf{Y}^{(t+1)} = \mathbf{B}'(\mathbf{p}^{(t+1)})\widehat{\mathbf{z}'^{(t+1)}}$；因为厂商的单位供给矩阵中消费者所对应的列均为$\mathbf{0}$，所以这两种写法是等价的。

在以上模型中，如果将式(9.8)写作如下形式则式(9.10)可略去：

$$\mathbf{S}^{(t+1)} = \mathbf{B}'(\mathbf{p}^{(t)})\widehat{\mathbf{z}^{(t)}} + Q\left(\widehat{\mathbf{1}-\mathbf{q}^{(t)}}\mathbf{S}'^{(t)}\right) + \mathbf{S}''^{(t+1)} \tag{9.11}$$

以上模型可以进一步写为如下的紧凑形式：

$$\mathbf{p}^{(t+1)} = P\left(\mathbf{p}^{(t)}, \mathbf{q}^{(t)}\right) \tag{9.12}$$

$$\left(\mathbf{q}^{(t+1)}, \mathbf{z}^{(t+1)}\right) = Z\left(\mathbf{A}(\mathbf{p}^{(t+1)}), \mathbf{p}^{(t+1)}, \mathbf{B}'(\mathbf{p}^{(t)})\widehat{\mathbf{z}^{(t)}} + Q\left(\widehat{\mathbf{1}-\mathbf{q}^{(t)}}\mathbf{S}'^{(t)}\right) + \mathbf{S}''^{(t+1)}\right) \tag{9.13}$$

下文将利用这一模型进行仿真。仿真中将设置所有商品的初始销售率为1，即有$\mathbf{q}^{(0)} = \mathbf{1}$，第1期的供给矩阵即为$\mathbf{B}'(\mathbf{p}^{(0)})\widehat{\mathbf{z}^{(0)}} + \mathbf{S}''^{(1)}$。

下面来看一个纯生产经济的算例。

算例 9.3 (纯生产经济中的经济周期) 考虑一个由小麦生产者铁生产组成的两部门列昂惕夫型纯生产经济，单位需求矩阵如下 （参见 Sraffa，

单起见在价格调整过程中只考虑供需因素，而不考虑生产成本等其他因素对于价格调整过程的影响。

1960，第2章第5节）：

$$\mathbf{A}=\begin{bmatrix}\frac{56}{115} & 6\\ \frac{12}{575} & \frac{2}{5}\end{bmatrix}\approx\begin{bmatrix}0.4870 & 6\\ 0.02087 & 0.4\end{bmatrix} \tag{9.14}$$

设置模型(9.12)–(9.13)的初始值 $\mathbf{p}^{(0)}$和 $\mathbf{z}^{(0)}$分别为 $\left(\frac{1}{15},1\right)^T$和$(575,20)^T$。模型中使用固定幅度调价函数(8.35)，其中$\bar{q}=0.99$，$\zeta=0.02$。第1期到第100期的仿真结果如图9.1所示，其中的总产值是使用均衡价格计量的。可见这一经济的运行呈现周期性波动，换句话说，这一经济具有经济周期。而经济周期会导致经济效率的损失。在纯生产经济中经济效率损失主要表现为平均增长率降低到均衡增长率之下，例如，在本例中总产值的平均增长率低于0.25；在常规经济中经济效率损失主要表现为消费者效用水平的相对下降。 □

价格是市场机制下资源配置的关键因素，价格调整方式对于经济动态有很大的影响。在以上算例中使用了固定幅度调价函数，下面来看一个使用可变幅度调价函数的算例。

算例 9.4 **(谷物经济中的经济周期)** 现在将算例9.3中小麦－铁两部门经济中的铁换为劳动，这样即得到一个谷物模型，此时的单位需求矩阵如下：

$$\mathbf{A}(u)=\begin{bmatrix}\frac{56}{115} & 6u\\ \frac{12}{575} & \frac{2u}{5}\end{bmatrix}\approx\begin{bmatrix}0.4870 & 6u\\ 0.02087 & 0.4u\end{bmatrix} \tag{9.15}$$

标准需求矩阵即为

$$\mathbf{A}(1)=\begin{bmatrix}\frac{56}{115} & 6\\ \frac{12}{575} & \frac{2}{5}\end{bmatrix}\approx\begin{bmatrix}0.4870 & 6\\ 0.02087 & 0.4\end{bmatrix} \tag{9.16}$$

假设劳动的外生供给量始终为190单位。

以劳动为计价商品。可算得均衡的小麦产量为3450单位，小麦的均衡价格为$\frac{12}{295}\approx 0.0407$。

设定初始价格为均衡价格，小麦的初始产量为3400单位。使用可变幅度调价函数(8.36)，并设置调价速度系数为$\zeta=0.2$。运行结果如图9.2所示。而当调价速度系数较小（如$\zeta=0.1$）时这一经济将收敛到均衡。

从图9.2(a)可以看到这一经济大约在第600期之后呈现出规律性的周期波动。

从图9.2(b)可以看到，在第812期产量达到一个谷底，而在第835期产量达到下一个谷底。将第813期到第835期视为一个经济周期，则这一经济周期可分为以下四个阶段：

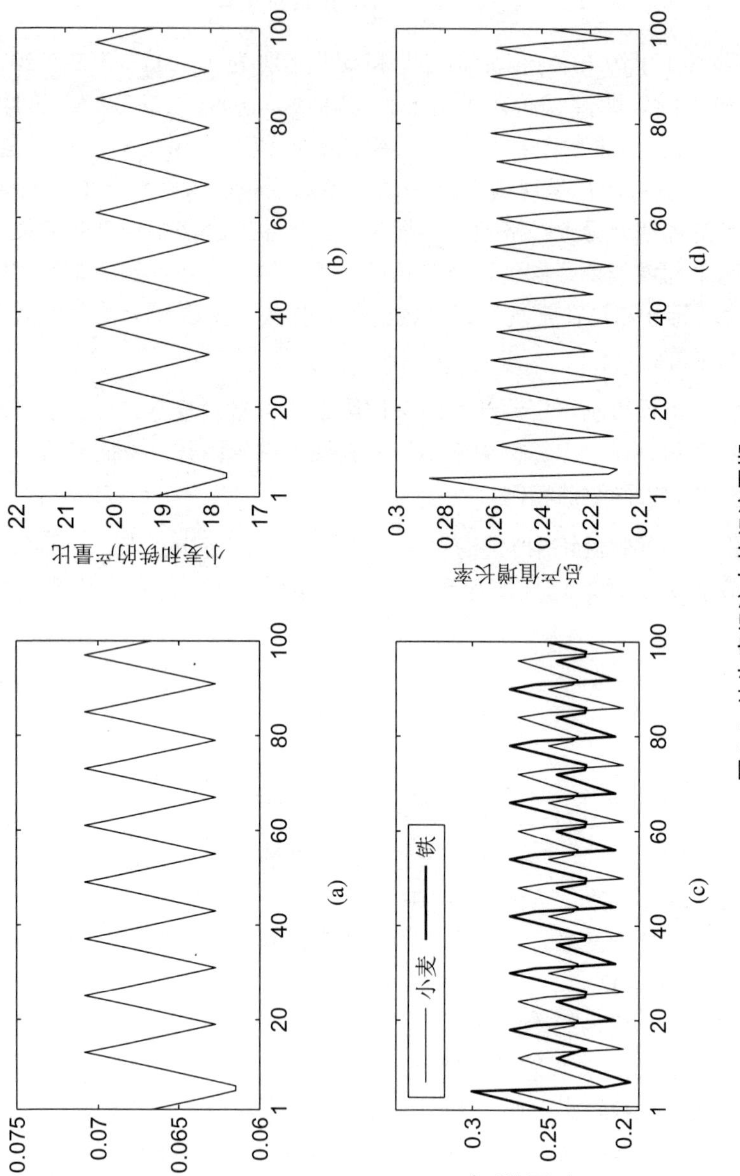

图 9.1　纯生产经济中的经济周期

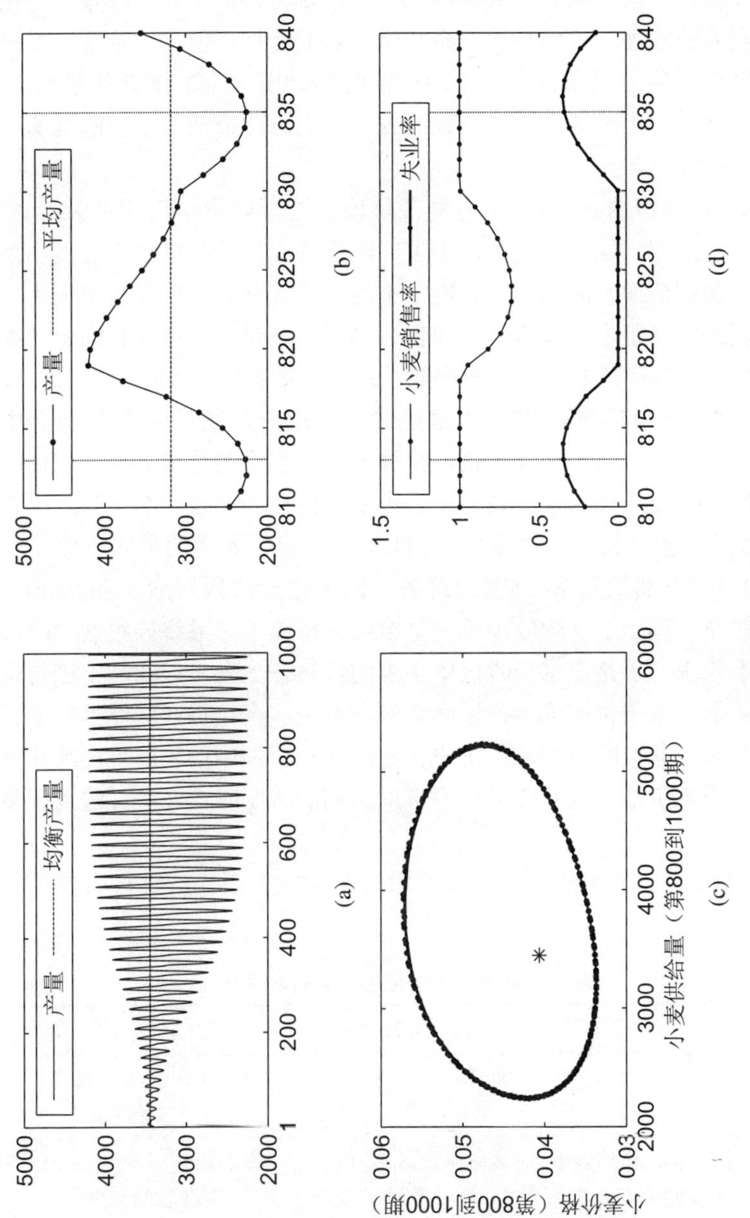

图 9.2 谷物经济中的经济周期

(1) 从第813期到第816期为复苏阶段，这一阶段对应于图9.2(c)中环形路径的左上部，在这一环形路径中经济沿顺时针方向运行。这一阶段中小麦处于供不应求的状态，其价格上升。小麦价格的上升又导致小麦生产者的利润率的增加，进而导致产量和供给量的增加，但这一阶段产量仍低于长期平均产量。这里的长期平均产量指第600期到第1000期的平均产量，约为3277单位；由于经济周期导致的效率损失，该值低于小麦的均衡产量（即3450单位）。

(2) 从第817期到第819期为繁荣阶段，这一阶段对应于图9.2(c)中环形路径的右上部。这一阶段中由于上一阶段小麦供给的持续上升而出现小麦供大于求的情况，所以这一阶段中小麦价格在下降，但此时小麦价格仍然相对较高、高于生产成本，厂商仍有利润，产量仍在增加且高于长期的平均产量。复苏阶段和繁荣阶段构成了这一周期中的扩张阶段。

(3) 从第820期到第827期为危机阶段，这一阶段对应于图9.2(c)中环形路径的右下部。由于小麦价格的持续下降、供给的持续上升及积压产品的上升最终导致厂商出现亏损，于是小麦的价格和产量均在下降。尽管这一阶段中产量在下降，但产量仍然相对较高、高于长期的平均产量。

(4) 从第828期到第835期为萧条阶段，这一阶段对应于图9.2(c)中环形路径的左下部。上一阶段中小麦供给量的持续下降最终导致这一阶段中小麦供不应求。于是在这一阶段中小麦的价格在上升，但此时小麦价格仍然相对较低、低于生产成本，厂商仍然在亏损，产量仍在降低且低于长期的平均产量。危机阶段和萧条阶段构成了这一周期中的收缩阶段或称衰退阶段。当小麦价格上升到使得厂商可以赢利的水平时，经济又进入了复苏阶段。

表9.1总结了这一经济的经济周期的各阶段中小麦的价格与供给量的变动情况。

表 9.1　谷物经济中经济周期的4个阶段

	小麦供不应求的阶段	小麦供大于求的阶段
厂商赢利、供给扩张的阶段	复苏阶段:小麦价格上升、供给增加	繁荣阶段:小麦价格下降、供给增加
厂商亏损、供给收缩的阶段	萧条阶段:小麦价格上升、供给减少	危机阶段:小麦价格下降、供给减少

由此可见，当一种商品的价格与数量同时变动时，两者未必能够同时达到均衡值。

另外，从图9.2(b)中可以看到，这一经济中相邻的两个周期之间有少许差异；在这一周期的复苏阶段的最后一期（第816期）产量距离平均产量较远，而在下一周期的复苏阶段的最后一期（第839期）产量则很接近平均产量。

经济中的投资率与小麦价格如图9.3所示。这一经济中小麦用于投资的数量与小麦供给量之比即为投资率。每期中小麦的投资量可分为有效投资与无效投资（即积压产品）两部分。有效投资量与小麦供给量之比即为有效投资率。 □

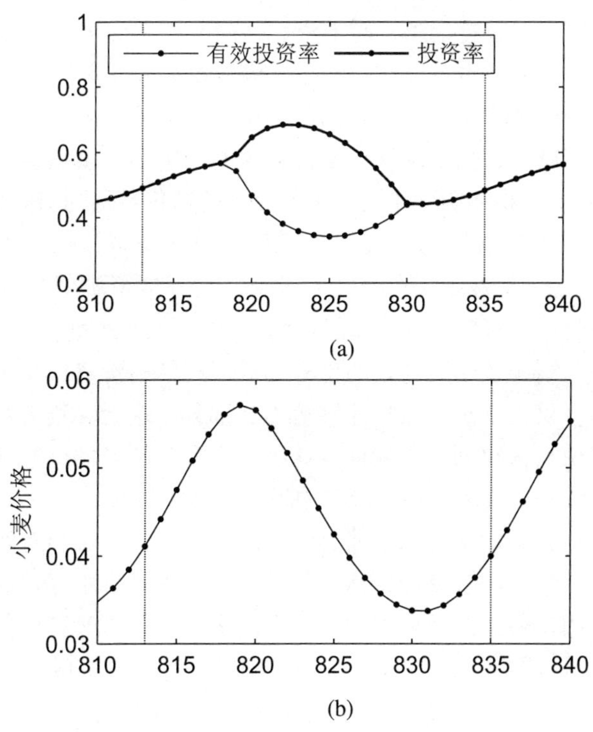

图 9.3 投资率与小麦价格

从以上两个算例可以看到，一个没有货币、固定资产的两部门经济中也可能出现经济周期。

如前所述，因为市场出清价格一般来说并不容易计算，并且现实中的交易过程一般也不是市场出清交易过程，所以基于市场出清交易过程的结构动态模型适用范围较窄。与之相反，基于固定价格交易过程的结构动态模型则适用范围较广，因此下文主要讨论基于固定价格交易过程的结构动态模型。除非另有说明，下文中的结构动态模型均指此类模型。

9.4　对于动态经济的进一步讨论

9.4.1　价格管制均衡

9.4.1.1 利用结构动态模型求解价格管制均衡

经济现实中政府、垄断厂商或垄断组织可能会对某些商品价格进行管制。[①]在现实中较为常见的价格管制有两种形式，即设定价格上限或价格下限，例如，对房租设置上限，对工资、某些农产品价格等设置下限。在建模时为了简单起见，也可以假定某些价格被设置为固定值。

在价格管制的情形下，部分商品的均衡价格可能是外生变量，并且均衡中某些商品可能出现供需失衡的情况，这类均衡即为**价格管制均衡**（参见贝纳西，2015）。将均衡中供大于求的商品的销售量称为**有效供给量**。

一般来说，当价格管制导致初级要素的价格偏高、产品的价格偏低时，价格管制均衡中初级要素会供大于求，这种情形类似于要素垄断行为，也就是说类似于对要素供给量的控制。

而当价格管制导致初级要素的价格偏低、产品的价格偏高时，价格管制均衡中产品会供大于求，而只能够售出一部分，这会导致消费者效用水平偏低，或者说社会福利水平偏低。这种情形下产品虽然供给量较高，但有效供给量较低，实质上类似于经济中发生了技术退步。

显然，价格管制均衡与相应的竞争性均衡相比，一般会有经济效率的损失。而对非竞争性经济施加价格管制可能对原先经济中存在的扭曲起到一定的矫正作用，带来经济效率的提高。现实中的价格管制可能导致商品供给量和商品质量的变化、黑市、商品的配给制等，经济后果较为复杂。

结构动态模型(9.12)–(9.13)可以用来描述部分商品价格外生的动态经济。

算例 9.5 (利用结构动态模型求解价格管制均衡) 考虑算例4.1中的经济，该经济包含3种商品（即小麦、土地和劳动）和3类经济主体（即小麦生产者、土地所有者和劳动者）的谷物经济。假设土地和劳动的供给量始终为100单位。以小麦为计价商品。

[①]在此只关注影响均衡价格的长期的价格管制。在经济现实中，由于自然灾害等原因某些商品价格可能在短期之内出现大幅波动，这时政府也可能对其施加期限较短的价格管制。

生产函数和效用函数如下：

小麦生产者 $x_2^{0.5}x_3^{0.5}$

土地所有者 x_1

劳动者 x_1

可算得均衡价格向量为$\mathbf{p}^* = (1, 0.5, 0.5)^T$。

有失业的价格管制均衡的例子（要素价格偏高、产品价格偏低）

若这一经济中的劳动的供给量始终为64单位而非100单位，则可算得均衡价格向量为$\mathbf{p}^* = (1, 0.4, 0.625)^T$。

现在假设劳动的供给量始终为100单位而政府规定最低工资率为0.625。这一最低工资水平高于竞争性均衡工资水平（即0.5）。由于劳动的供给量为64单位时均衡工资率等于0.625，于是可知价格管制均衡中劳动的销售率将为64%，即失业率将为36%，这一均衡是一个有失业的均衡。[①]均衡价格向量为

$$\mathbf{p}^* = (1, 0.4, 0.625)^T$$

可以利用模型(9.12)–(9.13)来仿真这一经济的运行。仿真时在每一期的价格调整过程结束后需要将价格向量除以小麦价格，这样即得到以小麦计价的价格向量。若此时的工资率小于0.625，则将工资率设置为0.625。设置所有商品的初始价格为1、小麦初始产量（即第0期的产量、第1期的供给量）为100单位，使用可变幅度调价函数。算得的各期的地租率、工资率和销售率如图9.4所示。

均衡配置如表9.2所示，均衡价值配置如表9.3所示。

表 9.2 有失业的价格管制均衡配置（增长率为0）

	小麦生产者	土地所有者	劳动者	总需求
小麦需求	0	40	40	80
土地需求	100	0	0	100
劳动需求	64	0	0	64
供给	80	100	100	

有生产过剩的价格管制均衡的例子（要素价格偏低、产品价格偏高）

[①] 第4章的讨论表明，在某些情况下通过控制劳动的供给量可以提高劳动者的总收入水平，这种情形下失业的存在对于劳动者整体而言是有利的，不过这一算例并不属于这种情形。

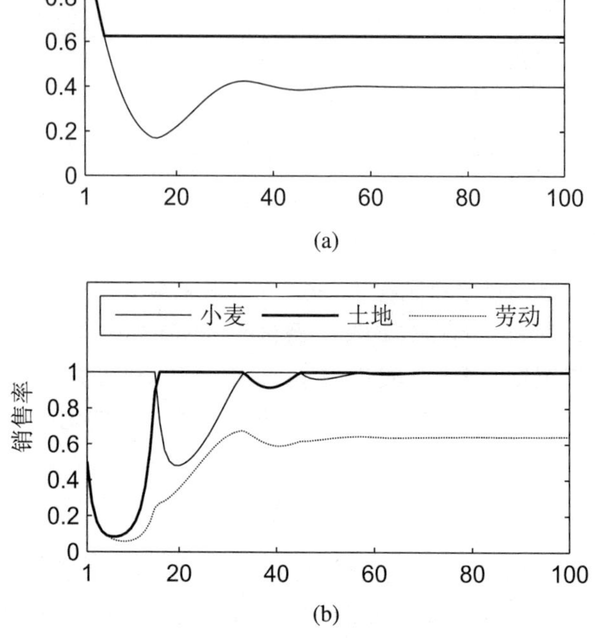

(a)

(b)

图 9.4 有失业的价格管制均衡

表 9.3 有失业的价格管制均衡价值配置（增长率为0）

	小麦生产者	土地所有者	劳动者	总支出
小麦支出	0	40	40	80
土地支出	40	0	0	40
劳动支出	40	0	0	40
收入 [供给价值]	80	40	40 [62.5]	

若这一经济中发生了技术退步、小麦生产者的生产函数为$0.5x_2^{0.5}x_3^{0.5}$，则可算得均衡价格向量为$\mathbf{p}^*=(1,0.25,0.25)^T$。均衡配置如表9.4所示。

现在假设在原先的经济中政府规定价格向量为$\mathbf{p}^*=(1,0.25,0.25)^T$。用仿真方法可以算得均衡配置如表9.5所示。这时每期的小麦产出为100单位，但每期只能售出50单位，即有效供给量为50单位；当考虑到未出售的小麦可能保存到下一期时，每期的（名义）供给量可能远大于100单位。

当关注有效供给量而非名义供给量时，可以看到表9.5所示的有生产过剩的价格管制均衡配置与表9.4所示的发生技术退步时的均衡配置是相同

表 9.4 发生技术退步时的均衡配置（增长率为0）

	小麦生产者	土地所有者	劳动者	总需求
小麦需求	0	25	25	50
土地需求	100	0	0	100
劳动需求	100	0	0	100
供给	50	100	100	

的。即这里政府价格管制的经济效果相当于技术退步的经济效果。 □

表 9.5 有生产过剩的价格管制均衡配置（增长率为0）

	小麦生产者	土地所有者	劳动者	总需求
小麦需求	0	25	25	50
土地需求	100	0	0	100
劳动需求	100	0	0	100
产出	100	100	100	

9.4.1.2 利用结构均衡模型求解价格管制均衡

除了利用仿真方法求解价格管制均衡外，对于简单的情形也可以利用结构均衡模型来求解价格管制均衡。这时首先需要根据给定的价格向量判断出在均衡中哪些商品会供大于求，然后在均衡公式中用这些商品的未知的有效供给量替代其供给量。

例如，在以上的算例中当均衡中劳动过剩时则将每位劳动者的有效供给量设为未知量s，即单位供给矩阵为

$$\mathbf{B}(s)=\begin{bmatrix}1 & 0 & 0\\ 0 & 1 & 0\\ 0 & 0 & s\end{bmatrix}$$

结构均衡模型为

$$\mathbf{p}^T\mathbf{A}(\mathbf{p},\mathbf{u})=\mathbf{p}^T\mathbf{B}(s) \tag{9.17}$$

$$\mathbf{A}(\mathbf{p},\mathbf{u})\mathbf{z}=\mathbf{B}(s)\mathbf{z} \tag{9.18}$$

根据以上方程即可解得均衡。当$\mathbf{p}=(1,p_2,0.625)$、$\mathbf{z}=(z_1,100,100)$时可解得$s=0.64$。进而可以解得土地的均衡单位租金和小麦的均衡产量。

在以上的算例中当均衡中小麦过剩时则将小麦在单位活动水平下的有

效供给量设为未知量s，即单位供给矩阵为

$$\mathbf{B}(s) = \begin{bmatrix} s & 0 & 0 \\ 0 & 1 & 0 \\ 0 & 0 & 1 \end{bmatrix}$$

当$\mathbf{p} = (1,0.25,0.25)$、$\mathbf{z} = (z_1,100,100)$时可解得$s = 0.5$。进而可以解得小麦的均衡产量。

9.4.2 谷物经济中技术进步后的资本积累与利润率变动

当一个处于均衡中的谷物经济在某一期中发生要素节约型技术进步时，均衡的人均产量和人均资本存量将增加，均衡产品价格相对均衡要素价格将下降（参见命题3.2）。也就是说现有的人均资本存量小于均衡值，资本存量相对不足；以要素为计价商品时当前的产品价格则高于新的均衡产品价格。在这种情况下厂商现在的利润率就会高于均衡利润率，于是厂商的产出将有较高的增长速度。

如果发生技术进步后经济能够平稳地过渡到新的均衡状态，则在这一过渡过程中厂商的产量、人均资本存量将稳步增加，以要素为计价商品的产品价格也会逐渐下降到均衡水平。在这一过程中厂商的利润率会逐步降低，人均资本增长速度逐渐减慢，直到厂商的利润率降低至均衡利润率、人均资本存量达到均衡水平为止。

如果发生技术进步后经济的过渡过程有较大的波动，则在资本积累的过程中可能出现一定时期内资本过度积累（即过度投资）、人均资本存量大于均衡值的情况。在这种情况下产出和资本存量在达到均衡水平前会出现较大幅度的波动。这也就是说，技术进步有可能导致经济波动；如果经济中不断地发生技术进步，就可能出现持续的经济波动。

算例 9.6 (谷物经济中的技术进步与资本积累) 考虑包含2种商品（小麦和劳动）和2类经济主体（小麦生产者和劳动者）的谷物经济。假设劳动的供给量始终为100单位。生产函数和效用函数如下：

小麦生产者 $x_1^{0.5}x_2^{0.5}$

劳动者 x_1

可算得小麦均衡产量为 50单位，以小麦计价的均衡价格向量为 $\mathbf{p}^* = (1,0.25)^T$。

当发生技术进步、小麦生产者的生产函数变为$1.2x_1^{0.5}x_2^{0.5}$时，可算得小麦均衡产量为72单位，以小麦计价的均衡价格向量为$\mathbf{p}^* = (1,0.36)^T$。

在模型(9.12)–(9.13)中设置初始价格向量为$(1,0.25)^T$，设置小麦初始产量（即第0期的产量、第1期的供给量）为50单位，即初期的经济处于技术进步前的均衡路径中。使用可变幅度调价函数。

首先，令存货损耗系数为0.5。技术进步后的小麦产量和小麦供给量的增长率如图9.5所示。可以看到这种情况下经济的过渡过程是相当平稳的。因为技术发生后小麦的均衡产量从50单位提高到72单位，相应地均衡资本存量从25单位提高到36单位，所以在技术进步发生后的一段时间内资本存量相对不足、厂商利润率相对较高，这一时期发生了持续的资本积累，在这段时间内小麦生产者的供给增长率较高。随着资本的积累，小麦生产者的利润率逐渐下降。

由式(1.14)易知当小麦生产者的生产函数为$1.2x_1^{0.5}x_2^{0.5}$时其生产过程所对应的利润率（即生产利润率）为$0.6\sqrt{\frac{p_1}{p_2}}-1$，其中$p_1$和$p_2$分别为小麦和劳动的价格；该利润率的计算不考虑厂商的积压产品这一无效投资。由于小麦生产者将全部销售收入均投入生产过程，于是以小麦计价时，每期中小麦的供给量也就等于该期小麦生产者的总投资额，其中未销售的小麦数量即等于无效投资额，销售掉的小麦数量则等于有效投资额；而下一期小麦供给量的增长量即为投资收益，增长率即为考虑无效投资后的利润率(即投资利润率)。各期小麦生产者的生产利润率如图9.5(c)所示，可见各期的利润率在平稳下降。从图中可见各期的生产利润率高于小麦供给的增长率（即投资利润率），这是因为小麦未能全部出售。各期小麦的销售率如图9.5(d)所示。

其次，令存货损耗系数为1，这意味着存货不发生损耗。技术进步后的小麦产量和小麦供给量的增长率如图9.6所示。可以看到在这种情况下经济的过渡过程有较大的波动，在某些时期内出现了过度生产、过度投资的情况。 □

9.4.3 固定资产与经济周期

对于在给定条件下会收敛于均衡的一个经济系统而言，如果当该经济系统中的某个（或某些）因素改变而其他条件不变时出现了经济周期，则称这个（或这些）因素是这一经济系统中经济周期的原因。可见本书所说的经济周期的原因是针对一定条件下的特定经济系统（或者说经济模型）而言的，或者说是针对特定条件而言的。一般来说经济周期的原因可能有多个。下面的算例表明固定资产在特定条件下是经济周期的原因。

算例 9.7 (固定资产与经济周期) 考虑一个包括3种商品（即小麦、铁

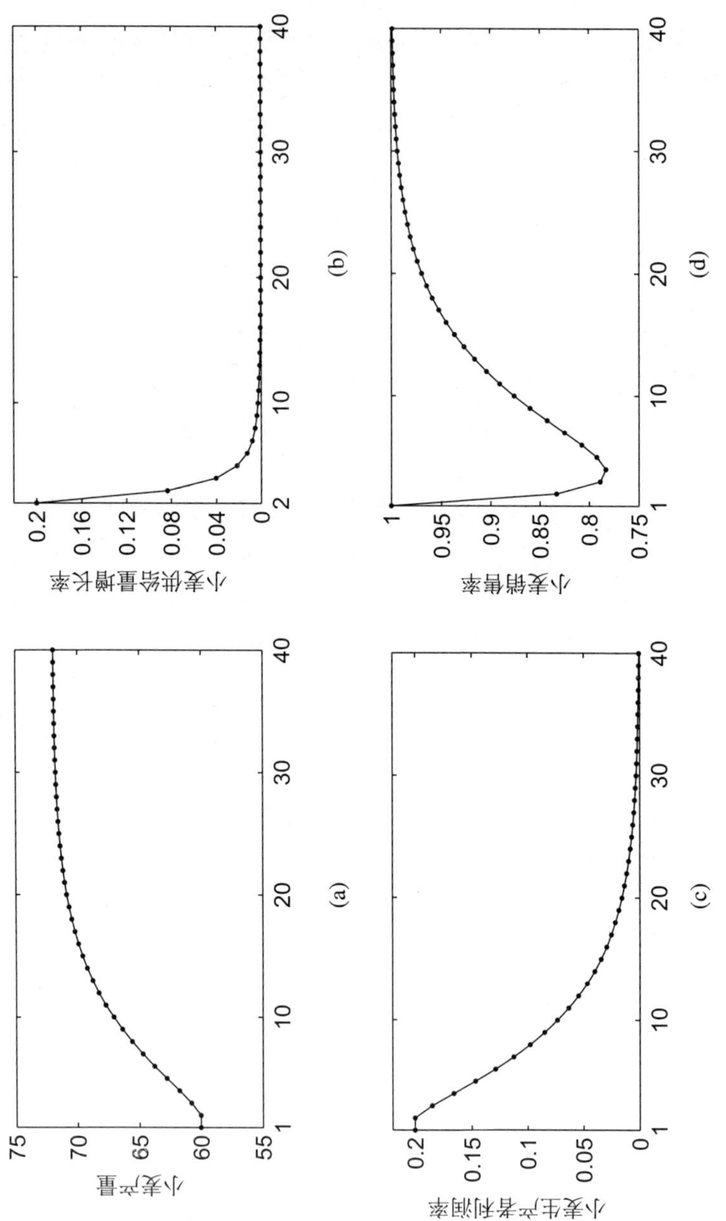

图 9.5 技术进步后经济的平稳过渡

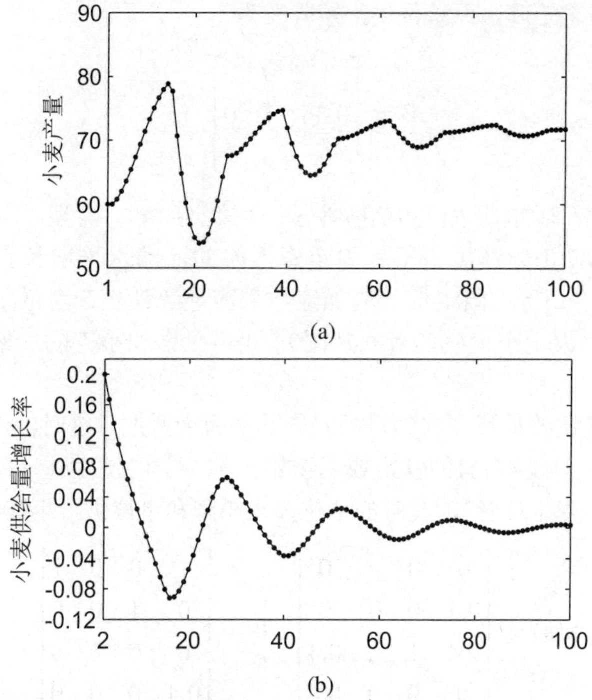

图 9.6 技术进步后的经济波动

和劳动)、3类经济主体的经济。假设劳动的供给量始终为100单位。单位需求矩阵如下，单位供给矩阵为单位阵：

$$\mathbf{A}(u)=\begin{bmatrix}0 & 0 & 0 & u\\ 0.4 & 0 & 0 & 0\\ 0.4 & 1 & 0 & 0\end{bmatrix}$$

可以算得以小麦计价的均衡价格向量为$(1,1.25,1.25)$，小麦和铁的均衡产量分别为125和50。将初期产品供给量均设为100，初期价格向量均设为1，价格调整速度系数设为0.05。算得各期的活动水平如图9.7(a)所示，可见经济最终收敛于均衡。由于这一经济中没有联合生产，因此活动水平也就是产量。

现在假设这一经济中的铁为固定资产，其损耗方式为挥发式，挥发率为0.1，亦即铁每使用一期后数量减少十分之一。此时的单位需求矩阵仍为

之前的单位需求矩阵，而单位供给矩阵变为

$$\mathbf{B}=\begin{bmatrix}1 & 0 & 0\\ 0.36 & 1 & 0\\ 0 & 0 & 1\end{bmatrix}$$

此时各期的活动水平如图9.7(b)所示，可见经济中出现了周期波动。图9.7(c)和图9.7(d)分别显示了有固定资产时的活动水平增长率和价格增长率。从图9.7(c)可见固定资产的加速数效应导致铁生产者活动水平的总体波动程度远大于小麦生产者。从图9.7(d)可见铁和小麦的价格波动程度相差不大。

现在假设铁的损耗方式为役龄式，其寿命为两期，这时经济中新增加了一种商品（即役龄为1的铁，或称旧铁）和一类经济主体（即使用旧铁进行生产的小麦生产者）。此时的单位需求矩阵和单位供给矩阵为

$$\mathbf{A}(u)=\begin{bmatrix}0 & 0 & u & 0\\ 0.4 & 0 & 0 & 0\\ 0.4 & 1 & 0 & 0.4\\ 0 & 0 & 0 & 0.4\end{bmatrix},\ \mathbf{B}=\begin{bmatrix}1 & 0 & 0 & 1\\ 0 & 1 & 0 & 0\\ 0 & 0 & 1 & 0\\ 0.4 & 0 & 0 & 0\end{bmatrix}$$

两个矩阵的第四行对应旧铁，第四列对应使用旧铁进行生产的小麦生产者（以下称之为小麦生产者2），而第一列对应使用新铁进行生产的小麦生产者（以下称之为小麦生产者1）。

此时各期的活动水平如图9.8所示。可见此时的经济中仍然出现了周期波动。

于是可见，当经济中存在固定资产时经济的波动可能会加剧，甚至可能导致出现经济周期。 □

9.4.4 动态经济中的资本市场

当厂商扩大生产规模时，其资本来源除了留存利润外，还可以利用资本市场发行股票或债券向消费者进行股权融资或债权融资，也就是说消费者可以将其工资、地租等初级要素收入中的一部分用于投资。在不考虑风险因素的情况下，股权融资和债权融资区别不大，下面只讨论零增长经济中的股权融资。

当一个厂商主要通过留存利润调整生产规模、不利用资本市场融资时，称其为**稳健型厂商**。对于稳健型厂商而言，当留存利润为正时生产规模扩大，留存利润为负时生产规模缩小。

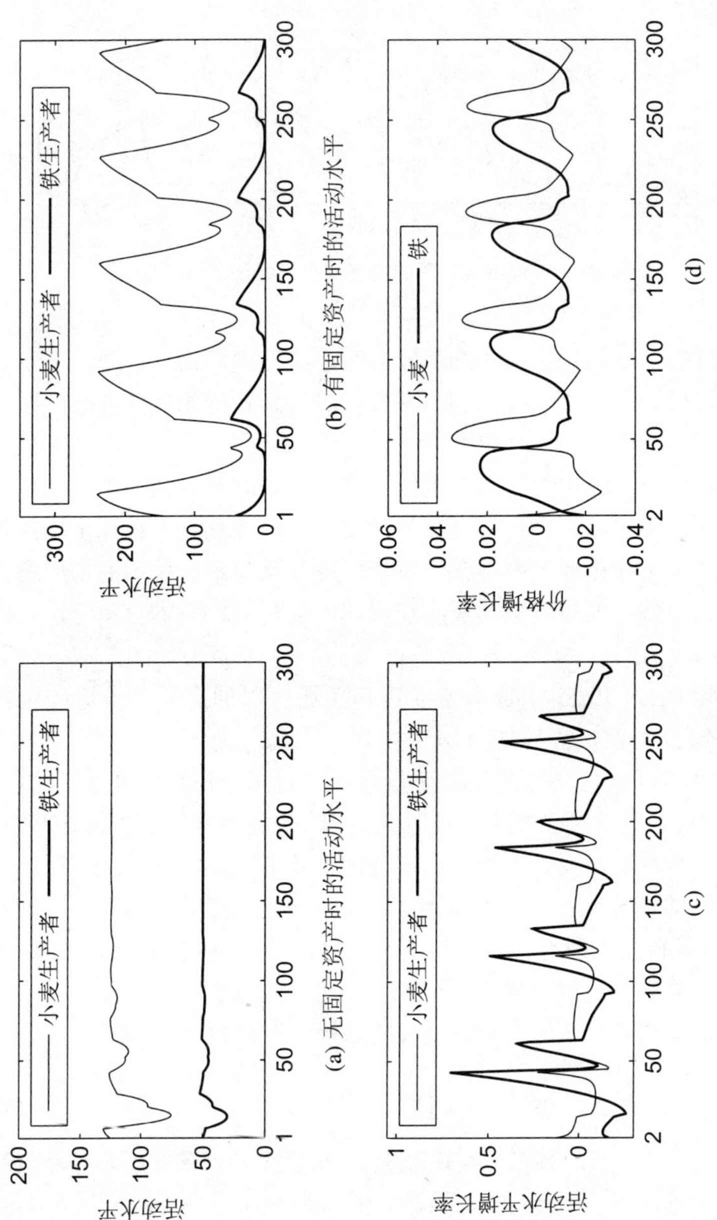

图 9.7 挥发式损耗的固定资产与经济周期

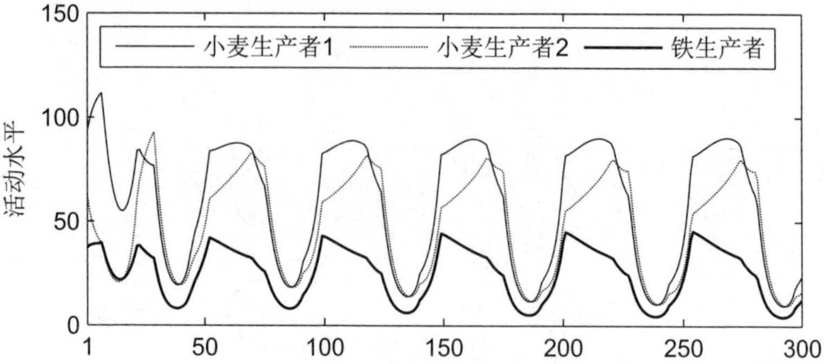

图 9.8 役龄式损耗的固定资产与经济周期

与稳健型厂商相反，当利润率较高时，**进取型厂商**可以通过增发股票筹措资本以扩大生产规模；当利润率较低时情形正好相反，进取型厂商可以通过回购股票以缩小生产规模。

一般来说当经济中的资本存量低于均衡水平时产品的生产规模相对较小、供给相对不足，产品价格会相对较高，厂商的利润率会高于均衡利润率。这种情况下如果经济中存在进取型厂商和愿意融出资本的初级要素所有者，那么经济中的投资率和资本积累速度会较高，资本存量可以较快地接近均衡水平。

在模型(9.12)–(9.13)中资本的借贷和偿还可以通过将供给矩阵中的商品在借贷双方间直接划拨的方法来处理。也就是说当厂商需要向消费者融入资本时，可以在交易之前将消费者供给的部分初级要素划拨给厂商。划拨比重为ξ的初级要素相当于把比重为ξ的初级要素销售收入（即工资、地租等）借给厂商。反之，当厂商需要向消费者偿还资本时，可以在交易之前将厂商的部分产品划拨给消费者。划拨比重为ξ的产品相当于把比重为ξ的产品销售收入付给消费者。而在交易过程中若产品未售罄，则消费者在下一期的借贷过程中将其拥有的积压产品返还给厂商。

于是可以得到以下包含借贷过程的结构动态模型：

$$\mathbf{p}^{(t+1)} = P\left(\mathbf{p}^{(t)}, \mathbf{q}^{(t)}\right) \tag{9.19}$$

$$\mathbf{S}'^{(t+1)} = \mathbf{B}'(\mathbf{p}^{(t)})\widehat{\mathbf{z}^{(t)}} + Q\left(\widehat{\mathbf{1}-\mathbf{q}^{(t)}}\mathbf{S}'^{(t)}\right) \tag{9.20}$$

$$\mathbf{S}^{(t+1)} = C(\mathbf{S}'^{(t+1)} + \mathbf{S}''^{(t+1)}) \tag{9.21}$$

$$\left(\mathbf{q}^{(t+1)}, \mathbf{z}^{(t+1)}\right) = Z\left(\mathbf{A}(\mathbf{p}^{(t+1)}), \mathbf{p}^{(t+1)}, \mathbf{S}^{(t+1)}\right) \tag{9.22}$$

其中式(9.21)表示借贷过程。存在借贷过程时，第$t+1$期的供给矩阵 $\mathbf{S}^{(t+1)}$

一般不再等于$\mathbf{S}'^{(t+1)}+\mathbf{S}''^{(t+1)}$。

算例 9.8 (资本市场与资本积累) 仍然考虑算例9.6中的经济。现在在其中增加一个小麦生产者，假设其生产函数与原先的小麦生产者相同。称原先的小麦生产者为厂商1，假设其为稳健型厂商，始终不利用资本市场融资；称新增的小麦生产者为厂商2，假设其由劳动者拥有。

当厂商2为进取型时，假设其每期的融资策略如下：当前一期的利润率大于0.01时厂商得到劳动者的收入的10%用于投资；当利润率小于−0.01时厂商将其销售收入的10%偿还给劳动者（或者说作为股息发放给劳动者）；当利润率介于−0.01和0.01之间时厂商不进行融资活动。

设置初始价格为$(1,0.25)^T$，设置两个小麦生产者的初始产量（即第0期的产量、第1期的供给量）均为1单位。令存货损耗系数为0.5。仿真结果如图9.9所示。

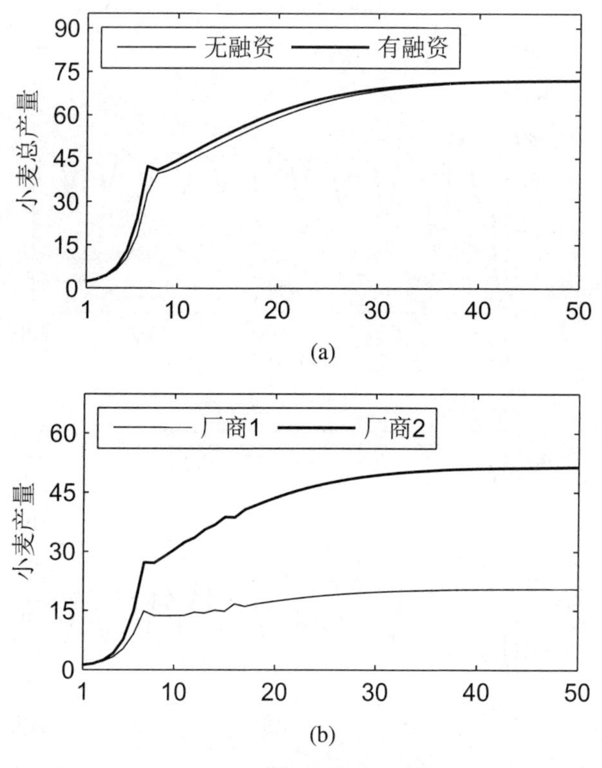

图 9.9 资本市场与资本积累

图9.9(a)分别显示当厂商2为进取型和稳健型（即利用资本市场融资和不利用资本市场融资）时经济中的总产量动态。图9.9(b)显示了当厂商2为

进取型（即有融资）时两个厂商的产量动态。

从图中可以看到，当厂商2为进取型时在开始阶段厂商2的产量增长快于厂商1，使得厂商2可以占有更大的市场份额。 □

资本市场的存在可以加速资本的积累，但可能加剧经济波动。当利润率较高、厂商利用资本市场迅速扩大投资时，产量可以较快地增长；当利润率较低、厂商利用资本市场迅速缩减投资时，产量可以较快地下降。而产量的迅速变动可能会加剧经济的波动，甚至导致经济周期。

算例 9.9 (资本市场与投资波动) 仍然考虑算例9.8中的经济。现在令存货损耗系数为1，即存货不发生损耗，其他条件不变。仿真结果如图9.10所示。图9.10(a)分别显示当厂商2为进取型和稳健型（即有融资和无融资）时经济中的总产量动态。图9.10(b)显示了当厂商2为进取型（即有融资）时两个厂商的产量动态。

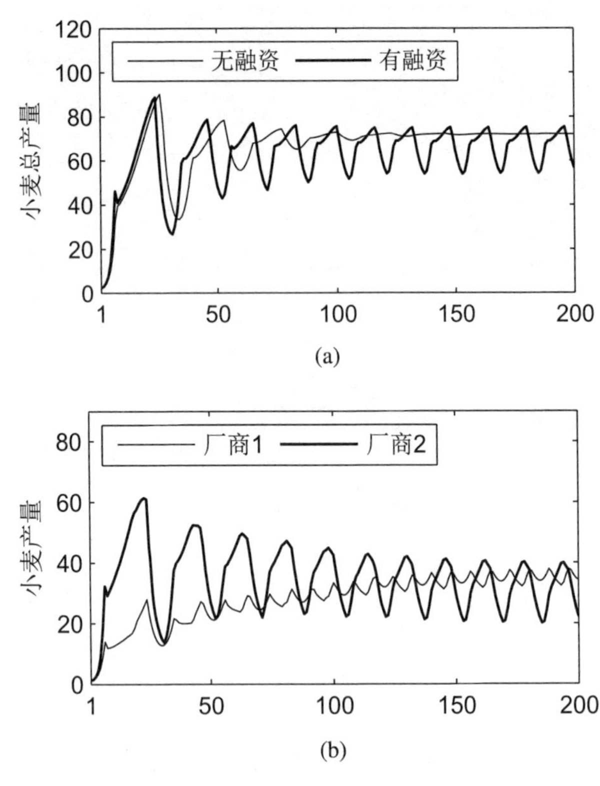

图 9.10　资本市场与经济波动

可以看到，当厂商2为进取型厂商、利用资本市场融资时，经济最终

陷入了持续的波动之中，也就是说经济中出现了经济周期。此时厂商2的产量波动幅度远大于厂商1。 □

在经济现实中资本市场的借贷活动如同商品市场的交易活动一样，需要以货币作为交易媒介，在本小节的讨论中为了简单起见没有考虑这一点。就实质而言，资本市场的最终借贷对象主要是实物商品而非货币，正如商品市场的最终交换对象是实物商品一样，货币在这两个市场都扮演着类似于润滑剂的作用。

9.4.5 有货币的动态常规经济

9.4.5.1 有货币的结构动态模型

根据本书第8.5.3小节的讨论可知，无论有无货币，结构动态模型的形式都是类似的。有货币的结构动态模型可以写为

$$\left(\boldsymbol{\epsilon}^{(t+1)},\mathbf{p}^{(t+1)}\right)=P\left(\boldsymbol{\epsilon}^{(t)},\mathbf{p}^{(t)},\mathbf{q}^{(t)}\right) \tag{9.23}$$

$$\mathbf{S}^{(t+1)}=\mathbf{B}'(\mathbf{p}^{(t)})\widehat{\mathbf{z}^{(t)}}+Q(\widehat{\mathbf{1}-\mathbf{q}^{(t)}}\mathbf{S}'^{(t)})+\mathbf{S}''^{(t+1)} \tag{9.24}$$

$$\left(\mathbf{q}^{(t+1)},\mathbf{z}^{(t+1)}\right)=Z\left(\mathbf{A}(\mathbf{p}^{(t+1)}),\mathbf{p}^{(t+1)},\mathbf{S}^{(t+1)}\right) \tag{9.25}$$

其中，供给矩阵中每种货币的供给量是以计价货币计量的实际供给量，亦即其外生的货币供给量乘以相应汇率得到的数量。

算例 9.10 (货币型经济中的经济周期) 考虑如下的列昂惕夫型三部门货币经济的例子。这一经济中包含小麦、劳动和货币三种商品。以货币计价。生产函数和效用函数如下：

小麦生产者 $\min\{2x_1,2x_2\}$

劳动者 $\min\{2x_1,2x_2\}$

货币所有者 $\min\{2x_1,2x_2\}$

单位需求矩阵为

$$\mathbf{A}(\mathbf{p},\mathbf{u})=\begin{bmatrix}0.5 & 0.5u_1 & 0.5u_2\\ 0.5 & 0.5u_1 & 0.5u_2\\ 0.5(p_1+p_2) & 0.5(p_1+p_2)u_1 & 0.5(p_1+p_2)u_2\end{bmatrix}$$

交易过程中的标准需求矩阵即为

$$\mathbf{A}(\mathbf{p}):=\mathbf{A}(\mathbf{p},\mathbf{1})=\begin{bmatrix}0.5 & 0.5 & 0.5\\ 0.5 & 0.5 & 0.5\\ 0.5(p_1+p_2) & 0.5(p_1+p_2) & 0.5(p_1+p_2)\end{bmatrix}$$

假设劳动和货币的供给量始终为100单位，外生的利率始终为0.25。可以算得均衡价格向量为$\mathbf{p}^* = (0.625, 0.375, 0.25)$，而小麦的均衡产量为100单位。均衡配置如表9.6所示。

表9.6 有货币的列昂惕夫型谷物经济的均衡（$\gamma = 0, r = 0.25$）

	小麦生产者	劳动者	货币所有者	总投入
小麦投入量 [支出]	50 [31.25元]	30 [18.75元]	20 [12.5元]	100 [62.5元]
劳动投入量 [支出]	50 [18.75元]	30 [11.25元]	20 [7.5元]	100 [37.5元]
货币投入量 [利息]	50 [12.5元]	30 [7.5]	20 [5元]	100 [25元]
供给 [收入]	100 [62.5元]	100 [37.5元]	100 [25元]	

现在利用货币型结构动态模型(9.23)–(9.25)作仿真。令初始价格向量为均衡价格向量，即$\mathbf{p}^{(0)} = (0.625, 0.375, 0.25)$，$\tilde{\mathbf{p}}^{(0)} = (0.625, 0.375, 1)$；初始产量为95单位，并使用可变幅度调价函数。当调价速度系数为$\zeta = 0.1$时模型将收敛到均衡路径。而当$\zeta = 0.3$时模型则陷入了经济周期，图9.11显示了这种情形下的一个经济周期。图中的存货率指存货量占供给量的比重，等于1减去销售率；劳动的存货率即为**失业率**。 □

9.4.5.2 利用利率政策稳定经济

在以上讨论的有货币的经济中，因为货币所有者将全部利息收入用于消费，所以当利率较高时每期的产出中相对较大的比例用于消费而投资率相对较低；反之，当利率较低时相对较小的比例用于消费而投资率相对较高。如果当产出水平相对较高时中央银行调高利率水平，就可以在一定程度上抑制投资和产出；当产出水平相对较低时中央银行调低利率水平，就可以在一定程度上促进投资和产出。这种逆周期的利率政策就可能抑制甚至消除经济中的产出波动、熨平经济周期。

在没有技术进步、要素数量恒定不变的常规经济（即均衡增长率为0的经济、零增长经济）的非均衡路径中，可以用当前产量（当有多种产品时使用产量指数）与之前一段时间内的平均产量（或产量指数）之比来反映当前产量的相对高低程度。令$y^{(t)}$为第t期的产量（或产量指数）；$\bar{y}^{(t)}$为第t期之前一段时间的平均产量（或平均产量指数）。定义（零增长经济中的）**相对产量指数**如下：

$$\upsilon^{(t)} := y^{(t)} / \bar{y}^{(t)} \tag{9.26}$$

相对产量指数大于1意味着当前产量相对较高，相对产量指数小于1意味着当前产量相对较低。

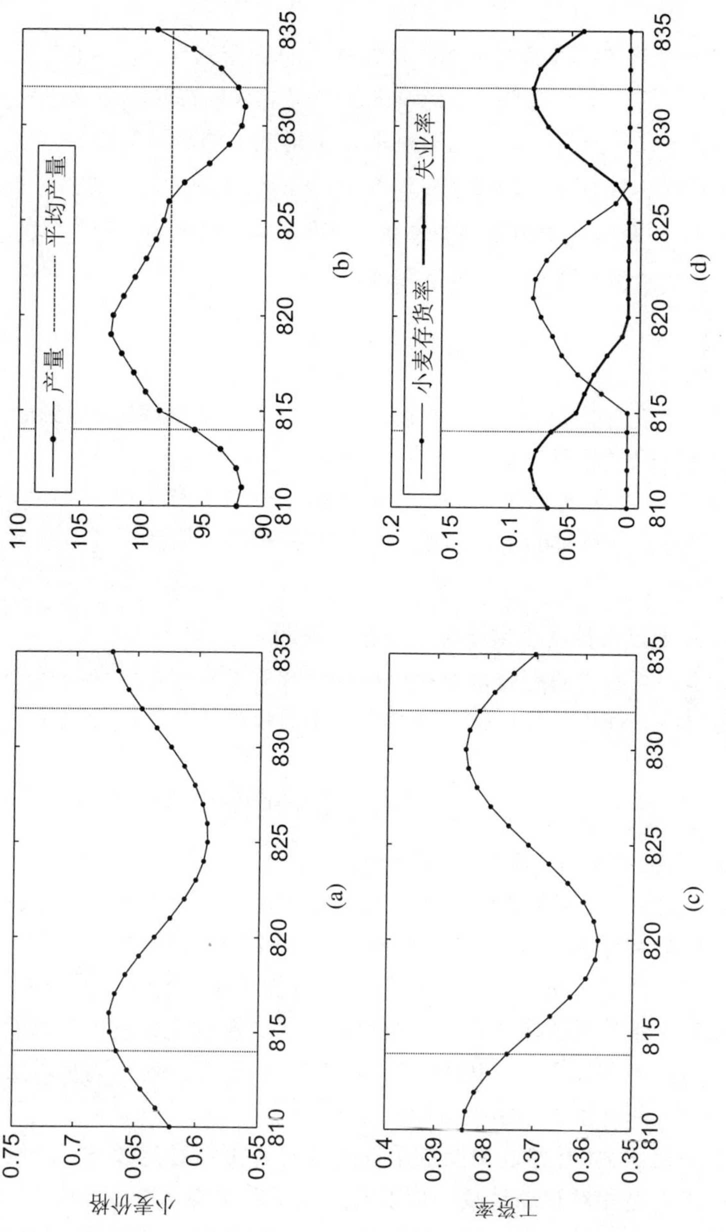

图 9.11 货币经济中的经济周期

为了稳定经济，在单一货币的零增长经济中可以使用如下的利率调整函数：

$$r^{(t+1)} = \max\left\{r^* + \zeta_r \ln \upsilon^{(t)},\ 0\right\} \tag{9.27}$$

其中，$r^{(t+1)}$表示第$t+1$期的利率；r^*为外生的均衡利率；$\zeta_r > 0$为利率调整速度系数。这一利率调整函数意味着当产量相对较高时利率水平将高于均衡利率水平，当产量相对较低时利率水平将低于均衡利率水平，当产量保持不变时利率水平将等于均衡利率水平。

算例 9.11 (利用利率政策稳定经济) 对于算例9.10中的三部门经济，使用如下的利率调整函数来熨平经济周期：

$$r^{(t+1)} = \max\left\{0.25 + 0.5\ln \upsilon^{(t)},\ 0\right\} \tag{9.28}$$

其中，$\upsilon^{(t)} = z_1^{(t)}/\bar{z}_1^{(t)}$，$z_1$即小麦产量；令$\bar{z}_1^{(t)}$为第$t-49$期到$t$期这50期的平均产量。这里的$r^{(t+1)}$亦即$p_3^{(t+1)}$。

从600期开始实施上述规则，图9.12(a)为不调整利率时的小麦产量，图9.12(b)为调整利率时的小麦产量，可见实施利率政策后经济周期被熨平了。 □

9.4.5.3 通过调控货币供给量熨平经济周期

当货币所有者为政府时，政府可以保持利率不变而通过调整货币供给量来稳定经济。在单一货币的零增长经济中可以使用如下的货币量调整函数：

$$\mu^{(t+1)} = \mu^{(t)}\left(1 - \zeta_\mu \ln \upsilon^{(t)}\right) \tag{9.29}$$

其中，$\mu^{(t+1)}$表示第$t+1$期的货币供给量；$\zeta_\mu > 0$为货币量调整速度系数；$\upsilon^{(t)}$为第t期的相对产量指数。这一货币量调整函数意味着当产量相对较高时货币供给量将减小；当产量相对较低时货币供给量将增加；当产量保持不变时货币供给量不变。也可以采取可变的货币量调整速度系数，例如，令其为相对产量指数的函数。不妨假设货币供给量的调整发生在每期的交易过程之前。当利率为正、货币供给量增加时，短期来看作为货币所有者的政府的收入和支出也会相应增加。

当利率始终为0时通过调控货币供给量也有可能稳定经济。一种具体做法是：当产量相对较高时减少货币供给，即采取紧缩的货币政策，使得经济主体的货币需求只能得到部分满足，这样即抑制了需求和产量增长；而当产量相对较低时不干预经济。如以下算例9.12所示，这种干预方式有可能使得经济波动幅度逐步减小，导致经济最终收敛于均衡。当货币供给

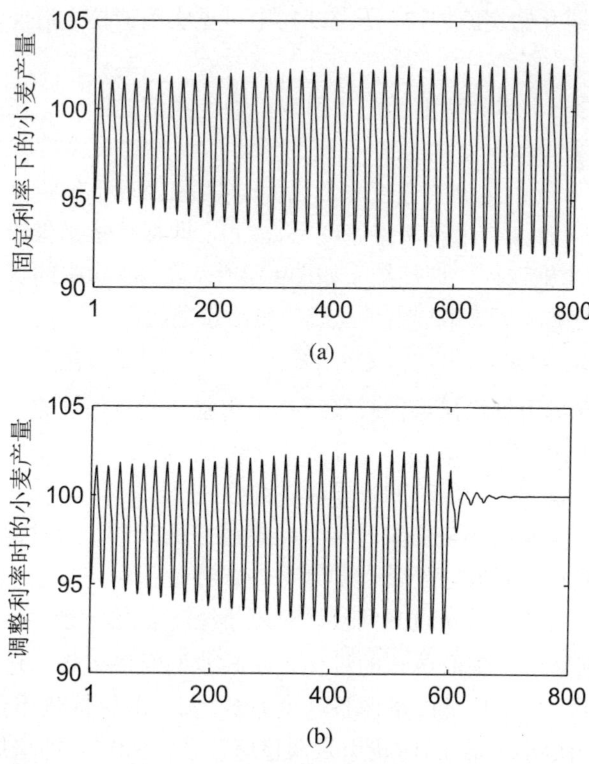

图 9.12 利用利率政策熨平经济周期

量不能满足需求时就会出现**信贷配给**（credit rationing）现象，即供给的货币在其需求者间按某种规则进行分配。在本书的模型中信贷配给仍然是一种非均衡价格下的资源配置，与其他商品的配给没有实质区别，可以一并使用交易函数处理。

与上述做法相反的是在零利率下采取单纯的**量化宽松**（quantitative easing）政策，即当产量相对较高时不干预经济，而当产量相对较低时则增发货币。然而每一期中经济主体对于货币的需求量是有限的，因此如果货币供给量除了满足所有经济主体的货币需求外还有剩余（即出现**货币超发**），那么再增发货币只能导致通货膨胀而不可能再对产量有促进作用。

算例 9.12 **(通过调控货币供给量稳定经济)** 对于算例9.10中的三部门经济，假设其中货币所有者为政府，政府使用货币量调整函数(9.29)来熨平经济周期，并设置货币量调整速度系数$\zeta_\mu = 0.5$；使用与算例9.11相同的相对产量指数。

从第600期开始实施调控，从图9.13中可见实施调控之后经济周期被熨平了。

接下来看一个零利率下通过货币政策稳定经济的例子。在上述的三部门经济中令利率始终为0并采取可变的货币量调整速度系数。当相对产量指数大于1时令货币量调整速度系数为0.5，即减少货币供给；当相对产量指数小于等于1时令货币量调整速度系数为0，即保持货币供给量不变。从第600期开始实施调控，调控结果如图9.14所示。图9.14中的货币销售率即是指货币贷出率，即货币贷出量与货币供给量之比。

从图9.14中可见：

(1) 采取货币供给量调控政策后货币售罄（即货币被完全贷出）的期数显著增加了。

(2) 这一政策在一段时期内导致了通缩。

(3) 政策实施前小麦产量时常大幅超过均衡产量，即时常出现**经济过热**，而政策实施后消除了经济过热现象，最终使得经济趋于均衡。也就是说这一政策通过克服经济过热间接地克服了经济衰退。

图9.15则显示了采取单纯的量化宽松政策的经济效果。这一例子中当相对产量指数大于1时货币量调整速度系数为0，即保持货币供给量不变；当相对产量指数小于等于1时货币量调整速度系数为0.5，即增加货币供给。从第600期开始实施调控。

从图9.15中可见：

(1) 采取量化宽松政策后货币的销售率（即贷出率）始终小于1，即货币始终供大于求。

(2) 这一政策的实施导致了通胀，但并没有稳定经济，产量波动幅度反而有所扩大。 □

9.4.5.4 通过财政政策稳定经济

除了借助货币政策稳定经济外，政府也可以通过调节税收和政府财政收支等财政政策来稳定经济。

当产量相对较高时，政府可以对厂商征收相对较重的税以降低厂商的投资；而当产量相对较低时，政府可以对厂商征收相对较轻的税以提升厂商的投资。当各个生产部门（或者说产业）的产量的结构严重偏离均衡产量结构，或者产品的价格结构严重偏离均衡价格结构时，可以针对各个产业采取差异化的税收政策，以期起到对产量结构或价格结构的纠正作用。

算例 9.13 (通过税收政策稳定经济) 对于算例9.10中的三部门经

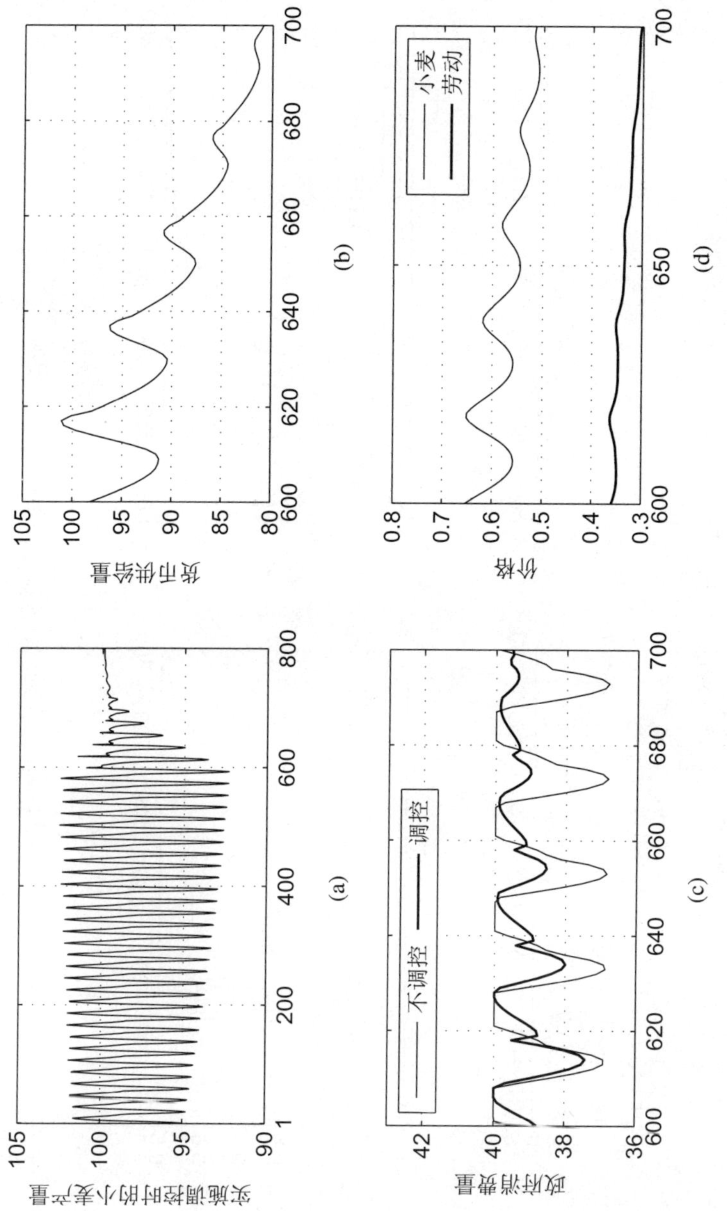

图 9.13 通过调控货币供给量熨平经济周期

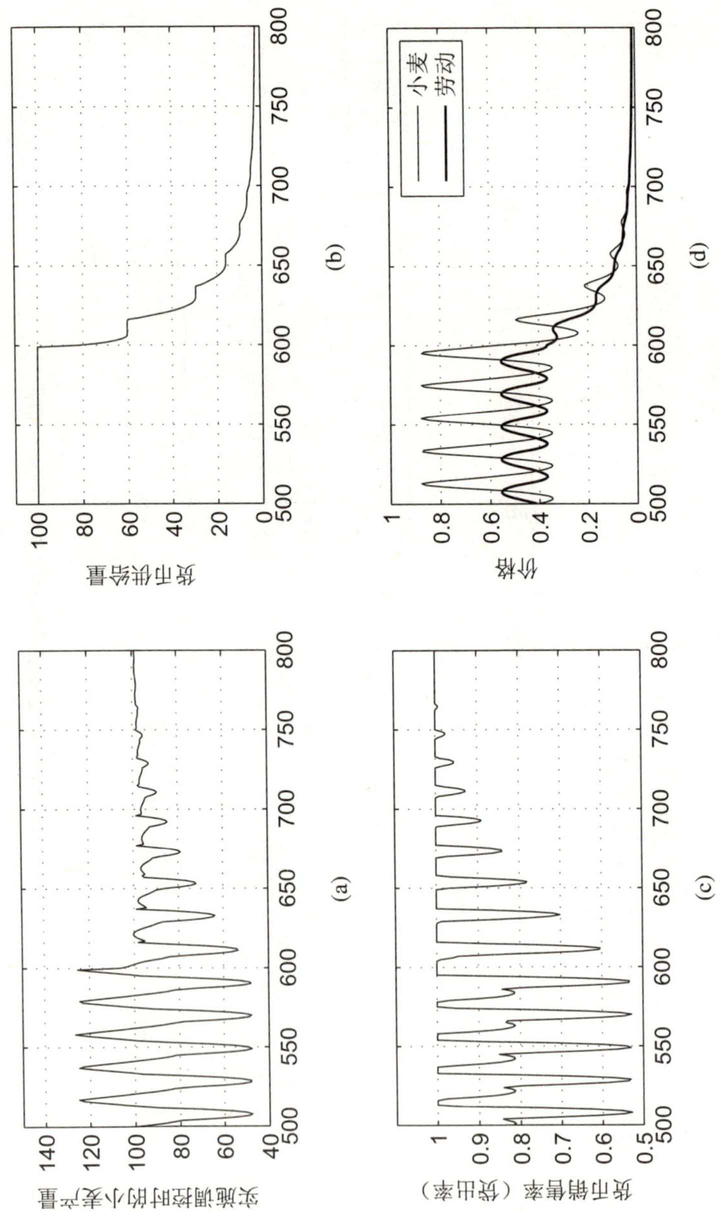

图 9.14 零利率下通过调控货币供给量熨平经济周期

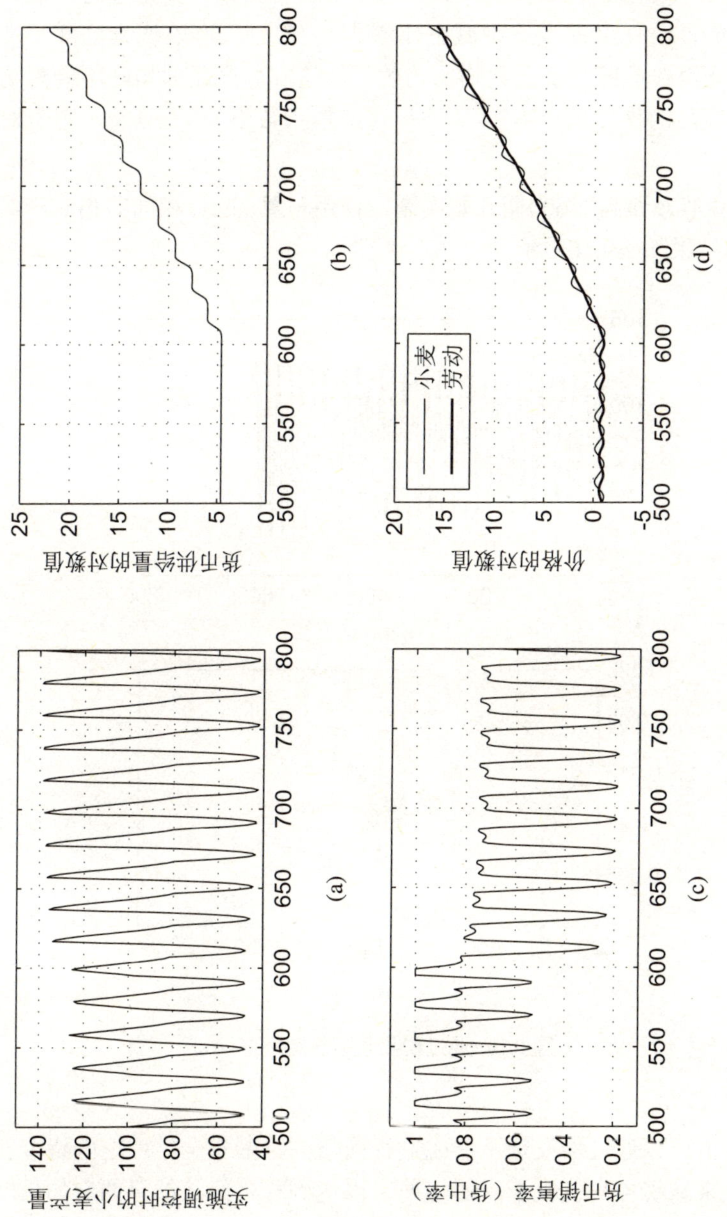

图 9.15 零利率下的单纯的量化宽松政策

济，可以使用税收政策来熨平经济周期。具体来说，当第t期的相对产量指数$\upsilon^{(t)}$大于1时，在第$t+1$期对厂商的供给价值征收税率为$\tau := \min\{0.5\upsilon^{(t)}-0.5, 0.2\}$的税，亦即最高税率为20%。在模型处理时采取在交易过程开始前将厂商的供给中减去比重为τ的部分。可以认为这部分产品完全由政府消费掉或用于公共物品的生产，这部分产品的扣除不会影响到本期其他商品的供给量。当第t期的相对产量指数小于等于1时，则不对厂商征税。

假设税收政策自第600期开始实施。使用与算例9.11相同的相对产量指数。仿真结果如图9.16所示。 □

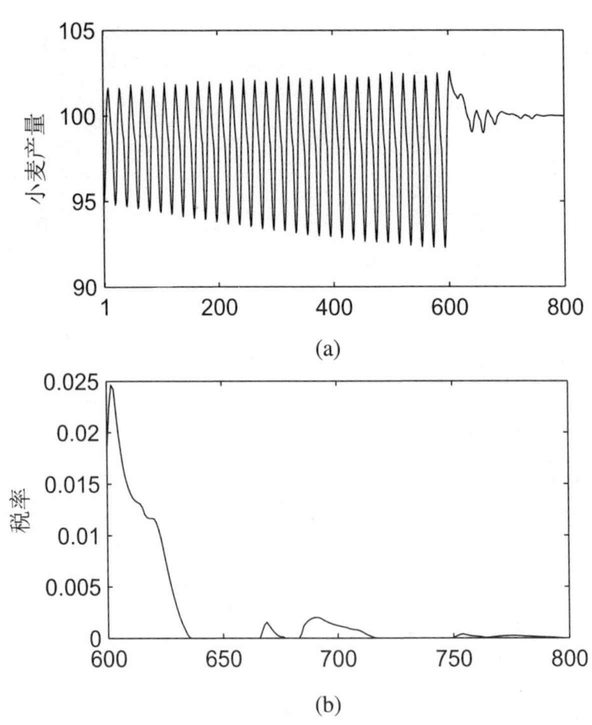

图 9.16 通过税收政策稳定经济

政府也可以通过增发货币（或发行国债）筹措资金，用这些资金直接购买商品来减缓市场供大于求的情况，以达到稳定经济的目的。如果产品市场出现严重的供大于求的情况，厂商的产品严重滞销（即销售率很低，比如说等于40%），那么厂商可能主动停产或者大幅减产、减少投资、解雇员工，这就会导致失业率大幅上升、工资总额大幅下降，而劳动者收入总额的大幅减少则会进一步导致对厂商的产品的需求下降，这种恶性循环就可能导致经济的严重萧条甚至崩溃。为了避免这种情况，政府可以在产品市场发生严重供大于求时通过扩大政府支出来扩大对产品的需求。这种情况下增发的货币被政府用于购买商品而非用于借贷，即政府出让了这部分货币的所有权。而其他经济主体则用商品换得了作为资产的货币。而在货币政策的货币增发中政府只出让货币的使用权而不出让所有权。

算例 9.14 (通过增发货币、扩大政府支出来稳定经济) 现在将算例9.10中的三部门经济的价格调整速度系数设置为0.5；在这一经济中，随着价格调整速度系数的增加，经济的波动幅度将加大。从图9.17中可见，厂商的销售率有时低至0.4左右，而如此低的销售率对于经济稳定是相当危险的。

假设政府在小麦销售率低于0.95时将以市场价格购买比重为4%的小麦供给量用于政府消费或公共产品生产，而所需资金完全来自货币增发。不妨假设货币所有者持有厂商的股权，于是在这种情况下货币所有者将得到这些增发的货币。也就是说当上一期的小麦销售率低于0.95时，本期交易过程之前厂商的供给量将减少4%，同时货币所有者的货币供给量将增加相应的数量。假设这一财政政策自第400期开始实施。

仿真结果如图9.17和图9.18所示。

从图9.17可见，这一财政政策稳定了经济。与此同时，货币的持续增发使得经济中出现了持续的通胀。

从图9.18可见，随着经济趋于稳定，货币累积增发额与小麦产值之比也趋于稳定。 □

9.5 局部规模收益递增下的市场型与计划型配置方式

市场机制可以看作一种简单的且相当有效率的搜索均衡配置或者最优配置的算法。不过在一些较为复杂的经济中市场机制也有可能失效。例如，当厂商具有复杂的规模收益、经济中具有多种均衡配置时，即使市场机制可以使得经济趋于均衡配置，也未必能够保证经济会趋于最优的均衡配置。

9.5.1 生产函数的局部规模收益和规模弹性

除了从整体的角度考察生产函数的规模收益之外，也可以考察生产函数的局部的规模收益，也就是说生产函数可能在不同区域有不同的规模收

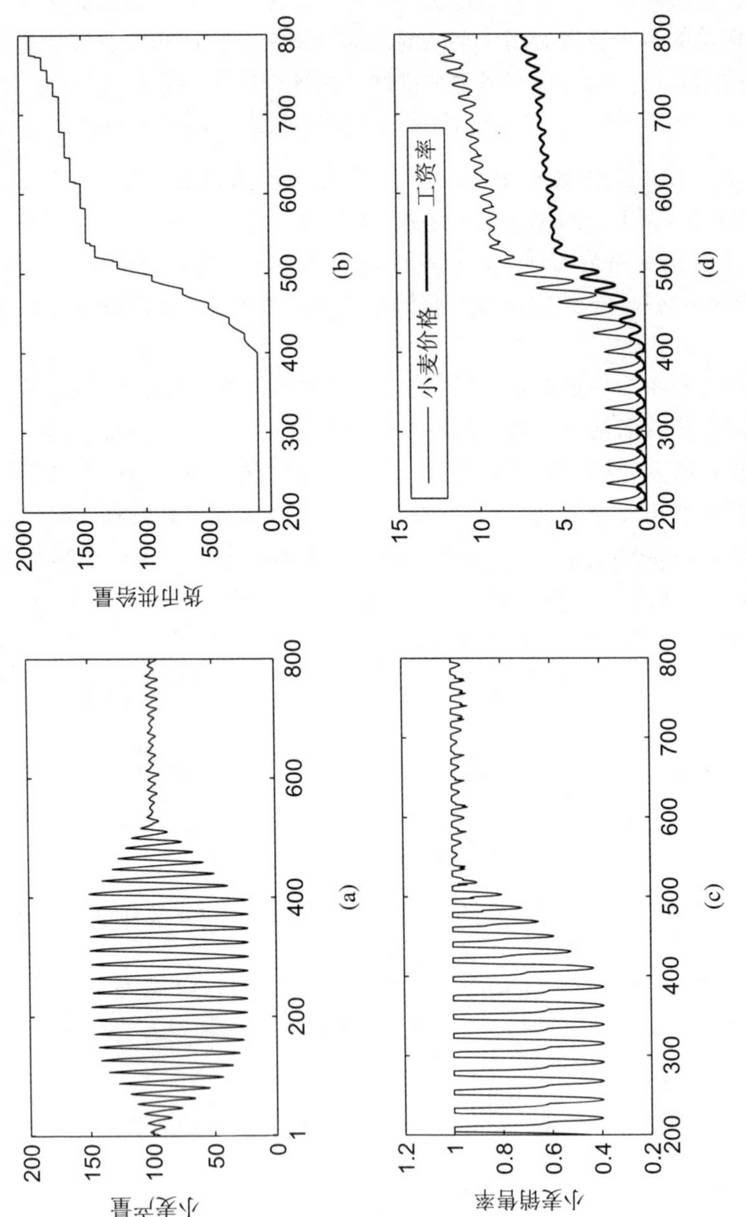

图 9.17 通过增发货币、扩大政府支出来稳定经济

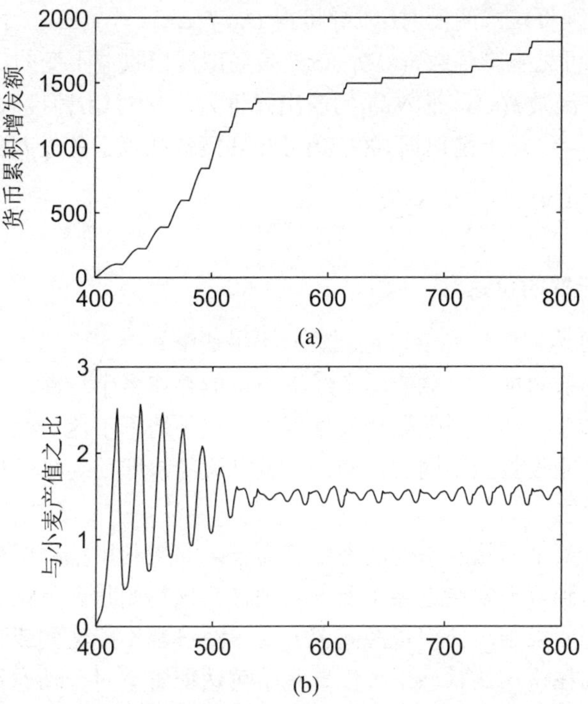

图 9.18 货币累积增发额及其与小麦产值之比

益。对于生产函数定义规模弹性和局部规模收益如下（参见Jehle，Reny，2011）：

定义 9.1 生产函数$f(\mathbf{x})$在点$\mathbf{x}$处的**规模弹性**为

$$
\begin{aligned}
\mu(\mathbf{x}) &:= D_{\ln\alpha} \ln f(\alpha\mathbf{x})|_{\alpha=1} = D_\alpha f(\alpha\mathbf{x}) \frac{\alpha}{f(\alpha\mathbf{x})}\bigg|_{\alpha=1} \\
&= D_{\alpha\mathbf{x}} f(\alpha\mathbf{x})\mathbf{x} \frac{\alpha}{f(\alpha\mathbf{x})}\bigg|_{\alpha=1} = \frac{D_\mathbf{x} f(\mathbf{x})\mathbf{x}}{f(\mathbf{x})}
\end{aligned}
\tag{9.30}
$$

当生产函数$f(\mathbf{x})$在点$\mathbf{x}$处的规模弹性$\mu(\mathbf{x})$等于1时称这一生产函数在$\mathbf{x}$处具有**局部不变的规模收益**，大于1时称具有**局部递增的规模收益**，小于1时称具有**局部递减的规模收益**。

式(9.30)中的α称为**规模系数**。从式(9.30)可见，规模弹性即为产量对规模系数的弹性。注意式(9.30)中最后一项的分子是行向量$D_\mathbf{x} f(\mathbf{x})$乘以列向量$\mathbf{x}$得到的一个标量。

若生产函数$f(\mathbf{x})$对于点$\mathbf{x}$和位于1的某个邻域内的任意α有 $f(\alpha\mathbf{x}) =$

$\alpha f(\mathbf{x})$ 成立，则将该式两侧对α求导可得 $D_{\alpha\mathbf{x}}f(\alpha\mathbf{x})\mathbf{x} = f(\mathbf{x})$，令$\alpha = 1$则有$\frac{D_{\mathbf{x}}f(\mathbf{x})\mathbf{x}}{f(\mathbf{x})} = 1$，可见生产函数$f(\mathbf{x})$在点$\mathbf{x}$处是局部规模收益不变的。

对于生产函数$f(\mathbf{x})$，投入品i的**产出弹性**为产量对第i种投入品的弹性，即$\mu_i(\mathbf{x}) := \frac{D_{x_i}f(\mathbf{x})x_i}{f(\mathbf{x})}$。于是根据式(9.30)可知规模弹性等于各投入品的产出弹性之和，即有$\mu(\mathbf{x}) \equiv \sum_{i=1}^{n} \mu_i(\mathbf{x})$成立。

9.5.2 配置的可达性

9.5.2.1 可达配置、完全可达配置与不可达配置

在具有复杂的规模收益的动态经济中可能存在多个均衡，而多种均衡配置中可能只有一部分是帕累托最优配置。这种情形下这一经济在不同的初始状态下可能收敛到不同的均衡，也就是说经济即使会趋于均衡也未必会趋于最优配置。

对于具有某个初始状态的动态经济而言，如果利用某种资源配置方式该经济可以达到或无限接近某个配置，则称在该初始状态下该配置是**可达配置**；反之，如果利用任何资源配置方式该经济都不能达到或无限接近某个配置，则称在该初始状态下该配置是**不可达配置**。对于动态经济中的一个配置，若初期中每种商品都有供给时该配置总是可达的，则称该配置为**完全可达配置**。

一般来说在具有不变的规模收益的竞争性的常规经济中，最优配置是完全可达的，但当经济中存在局部规模收益递增时某些最优配置可能不是完全可达的。下面通过一个谷物经济来说明这一点。

算例 9.15 (谷物模型：隔绝的非扩张区间和非完全可达的最优配置) 考虑一个包含2种商品（即小麦和劳动）、2个经济主体（即小麦生产者和劳动者）的谷物经济。假定劳动者只消费小麦，劳动供给量始终为1，小麦生产者的生产函数为

$$f(\mathbf{x}) = \begin{cases} \sqrt{x_1}\sqrt{x_2}, & 0 \leqslant x_1 < 4 \\ (2.6x_1 - 8.4)\sqrt{x_2}, & 4 \leqslant x_1 < 9 \\ 5\sqrt{x_1}\sqrt{x_2}, & 9 \leqslant x_1 \end{cases} \tag{9.31}$$

可见当小麦的投入量较小（即小于4单位）和较大（即大于等于9单位）时生产函数均具有不变的局部规模收益。

当小麦的投入量x_1介于4单位和9单位之间时，可算得生产函数$f(\mathbf{x})$的规模弹性为$\mu(\mathbf{x}) = \frac{39x_1 - 42}{26x_1 - 84}$，易知此时规模弹性大于1，即此时生产函数具

有局部递增的规模收益。

于是可见生产函数$f(\mathbf{x})$相当于通过一个局部规模收益递增的过渡区域把两个规模收益不变的C-D型生产函数拼接在一起。

显然，在这一经济的最优配置中劳动会全部被用于生产，而相应的最优产量会使得净产量$f(x_1,1)-x_1$达到最大。可算得最优产量为15，其中9单位被用于生产、6单位被用于消费。

现在假设这一经济采取计划型资源配置方式，每期中所有的劳动全部配置给厂商，而小麦产出中的一部分用于生产，其余用于消费，并且经济中的投资率是固定的，记为s。记第t期的产量为$y^{(t)}$。这一经济中的产量动态可写为

$$y^{(t+1)}=f\left(sy^{(t)},1\right)$$

投资率等于1（即$s=1$，所有小麦被用于生产）时产量函数$g(y):=f\left(y,1\right)$的图像如图9.19所示。通过计算可知$g(y)$在区间$(0,+\infty)$中有3个不动点，即1、5.25和25；而$(0,5.25)$和$(5.25,+\infty)$为两个非扩张区间，也就是说从这两个区间中的任一个区间内出发的路径将始终位于该区间之内。[①]

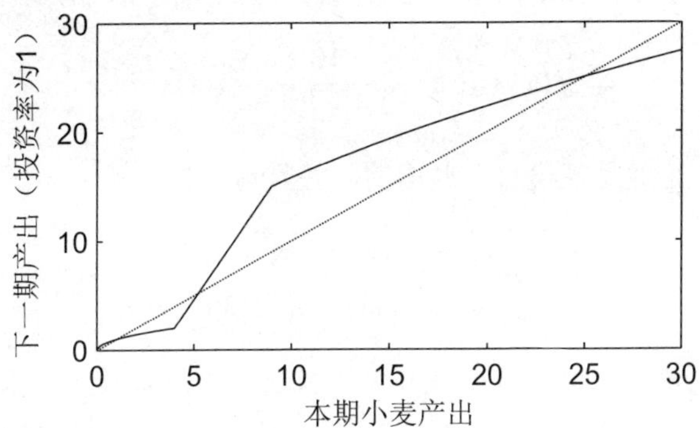

图 9.19 产量函数$g(y):=f\left(y,1\right)$的图像

于是可知当小麦的初始产量（或者说供给量）位于区间$(0,5.25)$内时，即使投资率等于1、全部产出用于投资，小麦产量也将始终处于区间$(0,5.25)$内，而当投资率小于1、部分产出用于消费时，各期的小麦产量自然也不可能大于等于5.25。

进而可知，在没有外部因素干预的前提下，当这一经济的初期产量位

[①] 因为函数$g(y)$是单调的，根据本书第2.8.2小节的讨论可知从区间$(0,5.25)$中出发的路径会趋于不动点1，而从区间$(5.25,+\infty)$中出发的路径会趋于不动点25。

于区间$(0,5.25)$内时，无论选择怎样的资源配置方式，这一经济必然无法到达产量区间$[5.25,+\infty)$和最优产量15。也就是说在任何资源配置方式下这一经济中的最优配置都不是完全可达的。 □

从以上算例可见，当经济中存在局部规模收益递增时最优配置可能在任何资源配置方式下都不是完全可达的，也就是说对于某些经济而言，在某些初始状态下无论使用何种资源配置方式都无法达到最优配置。由此可见某些经济为了达到最优配置可能需要外界的援助，例如，在过渡阶段从外界借入资源而完成过渡后予以偿还。

在有些情况下，尽管某些最优配置是完全可达的，但在市场型资源配置方式下可能是不可达的，也就是说为了达到最优配置可能需要借助于计划型资源配置方式。例如，当市场型资源配置方式下投资率较低而经济越过规模收益递增的过渡区域需要的投资率较高时就可能出现这种情形。下面通过一个算例来说明这一点。

算例 9.16 (连通的非扩张区间与市场失灵) 考虑一个包含2种商品（即小麦和劳动）、2个经济主体（即小麦生产者和劳动者）的谷物经济。假定劳动者只消费小麦，劳动供给量始终为1。假定小麦生产者的生产函数为

$$f(\mathbf{x})=\left(5+\frac{10}{1+e^{20-x_1}}\right)\sqrt{x_1x_2} \tag{9.32}$$

显然这一生产函数是规模收益递增的。并且易知有

$$f(\mathbf{x})\approx\begin{cases}5\sqrt{x_1x_2} & x_1\in[0,14]\\15\sqrt{x_1x_2} & x_1\in[26,+\infty)\end{cases}$$

即当小麦投入量位于以上两个区间之内时这一生产函数近似为规模收益不变的。可见与式(9.31)中的生产函数类似，这一生产函数也相当于通过一个局部规模收益递增的过渡区域把两个规模收益不变的C-D型生产函数拼接在一起。

假设劳动始终被全部配置给厂商，而各期的投资率取决于前一期的产量y，即投资率可记为$s(y)$。这一动态经济中的产量动态可写为

$$y^{(t+1)}=f\left(s(y^{(t)})y^{(t)},1\right)$$

当投资率始终为1（即所有小麦被用于生产）时函数$g(y):=f\left(y,1\right)$的图像如图9.20(a)所示。通过一些简单计算可知$g(y)$在区间 $(0,+\infty)$ 内有一个不动点，其值约为225。也就是说当所有小麦被用于生产时，小麦的均衡

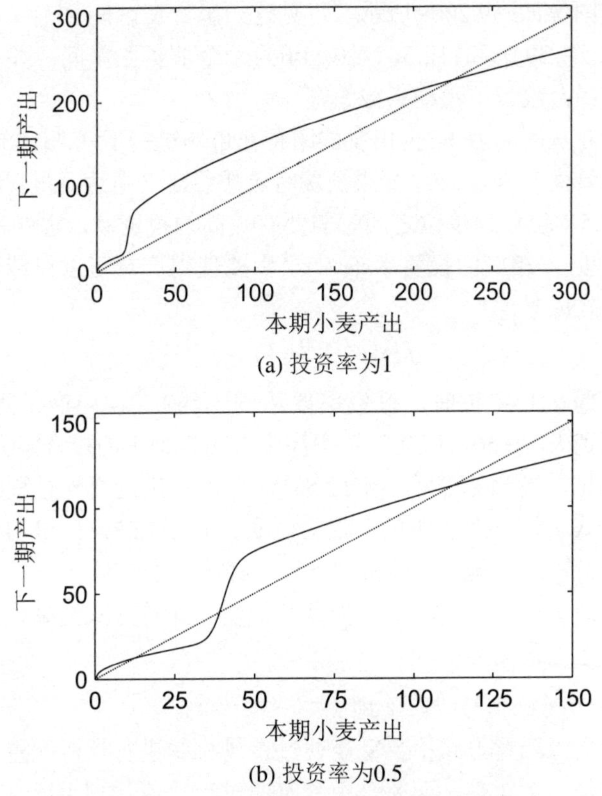

(a) 投资率为1

(b) 投资率为0.5

图 9.20 产量函数$f(y,1)$和$f(0.5y,1)$的图像

产量约为225。这意味着在各种资源配置方式下，经济所能达到的最大均衡产量即为225。

由生产函数的形式可知，在最优配置中这一经济中的投资率（即最优投资率）约为0.5，产量（即最优产量）约为112.5。因为投资率为1时经济可以达到的均衡产量为225，所以只要投资率足够高，无论经济的初始状态如何，最优产量112.5总是可以达到的。然而市场机制下的投资率可能过低，以至于当初始产量小于等于14单位时各期的产出将始终小于等于14单位。

当小麦的产量和投入量均小于等于14单位、生产函数近似为$5\sqrt{x_1x_2}$时，在市场出清型资源配置方式下，经济中的投资率始终为0.5（参见算例9.1）。也就是说此时这一经济中的产量动态可写为

$$y^{(t+1)} = f\left(0.5y^{(t)}, 1\right)$$

这一函数的图像如图9.20(b)所示。可见这一函数在区间 $(0,+\infty)$ 内有3个不动点，即12.5、39.05和112.5。而$(0,14]$为一个非扩张区间，并且从这个区间出发的路径会收敛于不动点12.5。

这意味着从区间$(0,14]$内出发的路径在市场机制下（即0.5的投资率下）不可能达到最优产量112.5。如果消费者希望经济产量达到最优产量，则当产量处于12.5单位和14单位之间时需要有较高的投资率，也就是说当第t期的产量为$y^{(t)}$时，相应的投资率$s(y^{(t)})$至少要使得产量可以保持增长，即至少要使得下式成立：

$$f\left(s(y^{(t)})y^{(t)},1\right) > y^{(t)}$$

例如，当产量为13单位时，投资率要达到大约0.52；当产量为14单位时，投资率要达到大约0.56，这些投资率高于市场机制下的投资率0.5。

因此可见，当初始产量小于12.5时，在市场出清交易过程这一市场型资源配置方式下这一经济中的产量会增长、趋于12.5，但当初始产量位于区间$(12.5,14)$时，在这一市场机制下这一经济中的产量会下降、趋于12.5，并不会趋于最优产量，此时需要借助其他资源配置方式提高投资率以使得产量增长、趋于最优产量。 □

9.5.2.2 市场机制与政府干预

在各种资源配置方式中，完全通过市场机制进行资源配置、政府完全不干预经济是一个极端，而完全由政府通过行政或计划手段进行资源配置则是另一个极端。从本章中的算例和讨论可见这两种资源配置方式各有优势，一般来说需要结合起来使用。

首先，当利用计划型配置方式使得经济达到或接近最优配置（或竞争性均衡配置）时，作为计划者的政府需要了解所有厂商的生产函数和所有消费者的效用函数，并在此基础上计算出最优配置、制订动态的资源配置方案，显然这在实现中是不可能实现的。现实中的政府不可能如此地全知全能、了解所有经济主体的情况，因此不可能计算出合理的资源分配方案，也就是说对于现实中的经济而言，完全依赖计划型配置方式达到资源的最优或接近最优的配置是极其困难的，一般来说使用纯粹的计划型配置方式时经济中的配置可能会始终远离最优配置。而在市场型配置方式中决策行为是分散化的，各个厂商和消费者根据自身的技术和偏好及市场价格进行决策，不存在复杂的信息获取和计算问题。对于不存在规模收益递增等复杂因素的经济而言，市场型配置方式在经济主体分散化决策的条件下一般会为经济提供趋向最优配置（或竞争性均衡配置）的向心力，尽管并不能保证经济收敛于最优配置，但往往会使得经济中的配置位于最优配置的附近；这正是市场机制的主要优点之一。

其次，从本章的算例可见市场型配置方式下可能出现经济周期或经济波动，换句话说，市场型配置方式下经济未必具有渐近稳定性，而在计划型资源配置方式下由于计划者可以全面地控制包括产量在内的各种经济变量，所以可以很容易地避免经济周期和经济波动。

再其次，市场型配置方式比计划型配置方式能够更好地激励技术创新。在市场型配置方式下，通过技术创新和技术垄断厂商或其股东可以获取超额收益，这有利于创新型企业在竞争中获取优势，也会激励企业增加研发投入。可见市场机制为技术创新提供了激励机制，推动了技术进步，这是市场机制的另一个主要优点。而在计划型配置方式下厂商一般不以营利为目的，缺乏创新的动力，不利于技术进步。

最后，尽管一般来说市场型配置方式的效率远高于计划型配置方式，但在某些情况下市场型配置方式也会失灵，例如，在具有局部规模收益递增的经济中，市场型配置方式可能无法引导经济渡过局部规模收益递增的过渡区域而达到或接近最优配置，此时为了达到最优配置可能需要借助于计划型资源配置方式或特定的经济政策、外部援助等。

因为现实中的经济规模巨大、十分复杂，所以一般来说需要将两种资源配置方式结合起来使用，采取以市场配置方式为主、政府干预为辅的配置方式（林毅夫，2012，第95页）。

9.6 均衡计算方法

对于一般均衡的计算可以采用以下两类方法：

(1) 直接根据均衡方程求解均衡。[①]对于规模较小的问题可以利用Matlab、Maple等通用数学软件求解，这些软件不但可以用来求数值解，对于一些简单的情形还可以用来求解析解。对于规模较大的问题可以利用GAMS等专门软件来求解。直接求解方法的优点在于对于较为简单的情形可以求得解析解；当存在多个解时有可能确定解的个数并求得所有的解。本书中的一些简单算例即求得了解析解。直接求解方法的缺点在于难

[①]数值求解算法主要有四种：约翰森-欧拉（Johansen-Euler）算法、牛顿（Newton）算法、不动点算法和规划算法。而**斯卡夫（Scarf）算法**是一种著名的不动点算法，这一算法具有较为重要的理论意义，但效率不高，并不实用（王铮，薛俊波，朱永彬，吴静，朱艳鑫等，2010；郑玉歆，樊明太等，1999）。对于斯卡夫算法可参见谌贻庆，陶春峰（2014）；王则柯（1994）；斯卡夫（Scarf，1967，1973）。

以利用通用软件处理较为复杂的情况，对于较为复杂的情况往往只能借助专门软件来求解，此时不但要学习使用专门软件，而且难以了解求解过程中使用的具体算法和技术，这些求解算法和技术也没有经济含义。

(2) 使用模拟市场机制的数值方法求解。经济实践证明，市场机制提供了经济趋于均衡的向心力。这就启发我们建立动态模型模拟市场经济的运行，如果这类动态模型能够收敛到均衡，那么就可以利用这类模型来计算均衡。本书建立的结构动态模型即属于这类动态模型。结构动态模型的一个显著特点是显式地包含市场型的资源配置过程。通过对数十个算例的计算，我们发现利用结构动态模型来计算均衡是一种简单有效的方法。虽然受篇幅所限，本书中给出的算例的规模均较小，但我们也对一些包含上百个经济部门的较大规模的算例作了计算，计算结果表明这一计算方法也仍然是有效的。模拟求解方法的优点在于原理简单易懂，易于借助各种通用语言（如Matlab语言、R语言等）实现，并且可以直观地显示出经济趋于均衡的动态过程，具有明确的经济含义。而缺点在于只能求解数值解，当经济中具有多重均衡时未必能够确定解的个数并求得所有的解。

我们使用经济研究领域较为流行的Matlab语言和R语言编制了利用结构动态模型和模拟求解方法计算均衡的程序，以方便熟悉Matlab语言或R语言的读者使用。

当利用结构动态经济模型求解均衡时，可以通过以下方法来改善收敛速度：

(1) 调节模型中的价格调整速度。价格调整速度的快慢会影响收敛速度，因此可以尝试使用不同的价格调整速度进行仿真，以便找到价格调整速度的合适值。

(2) 将迭代过程划分为多个阶段，调节每个阶段的价格向量的初始值，例如，用上一阶段的所有价格向量的平均值作为本阶段的价格向量的初始值。当价格向量围绕均衡价格向量波动时，一般来说价格向量的平均值会相对接近于均衡价格向量。对各阶段的产出向量的初始值也可以使用这种方法进行设置。

(3) 调节单位需求矩阵和单位供给矩阵的变动速度。当价格发生微小变动时经济主体的需求结构也可能发生剧烈变动，例如，当消费者具有线性效用函数时即是如此。在这种情况下仿真中的单位需求矩阵和单位供给矩阵可能会剧烈波动，从而妨碍模型的快速收敛。这时可以将本期价格下的单位需求矩阵与上一期的单位需求矩阵加权平均，同时对单位供给矩阵作相应的调整，以减缓单位需求矩阵和单位供给矩阵的波动。这相当于假定厂商和消费者根据价格调整需求结构和供给结构时有一定的滞后。

9.7 本章小结

动态经济模型与资源配置方式

资源配置方式是本书的离散时间动态经济模型的核心。离散时间动态经济模型可以采用计划型配置方式（或称行政型配置方式）、市场型配置方式或混合型配置方式。

在行政型配置方式下资源在各主体间的分配比例、各种用途间的分配比例一般均可视为外生变量，这种情形下厂商和消费者这些经济主体的决策范围受到严重的限制。

在市场型配置方式下经济主体可以自由地根据价格信号作出决策。市场出清交易过程、固定价格交易过程和黏性价格交易过程均属于市场型配置方式。包含交易过程、生产过程和消费过程的动态经济模型即为结构动态模型（或称结构增长模型）。本书的结构动态模型主要采用固定价格交易过程，个别情况下采用市场出清交易过程。因为市场出清价格一般来说并不容易计算，并且现实中的交易过程一般也不是市场出清交易过程，所以基于市场出清交易过程的结构动态模型适用范围较窄；而基于固定价格交易过程的结构动态模型则适用范围较广。

结构动态模型中每一期的经济活动一般包括价格调整过程、固定价格交易过程、生产过程和消费过程。每一期中首先根据以往的交易状况进行价格调整，然后所有经济主体按照调整后的价格进行交易，最后各经济主体将得到的商品投入生产或用于消费。由于结构动态模型中的变量一般采用向量或矩阵形式，因此该模型的形式较为简洁而功能较强，可以用来描述包含n类商品、m类主体的动态经济。

动态经济模型的均衡路径与非均衡路径

动态经济模型可能收敛于均衡路径，在这种情形下该模型就可以被用来计算均衡；也可能最终陷入经济周期，产量、价格等经济变量呈现较为有规律的周期性波动，在这种情形下该模型就可以被用来解释经济周期；也可能最终陷入混沌路径，经济变量呈现无规律的波动；还可能最终陷入崩溃，越来越远离均衡。

本章提出的动态经济模型和仿真结果表明，市场经济可能是不稳定的，未必会收敛到均衡路径。而利用货币政策、财政政策或者产业政策进行干预有可能达到稳定经济的效果。利用结构动态模型和仿真方法可以对货币政策、财政政策或者产业政策的经济效果进行分析。

价格管制均衡

当结构动态模型中存在价格管制时，某些商品的价格（或者说某些商品价格之间的比例）会被始终限制在特定区间或特定值，这类模型中的不动点或平衡增长路径即为价格管制均衡。这类模型中使用的资源配置方式为混合型配置方式而非市场型配置方式。

当经济主体按照被管制的价格决定需求和供给时，均衡中一些商品的供需就可能失衡，也就是说这类均衡未必满足供需平衡条件。收支平衡条件是指各经济主体的需求价值等于供给价值，在供需失衡的情况下收支平衡条件也就无法满足。这种情形下均衡中对各种商品的需求量等于其有效供给量（即可出售的供给量），各经济主体的需求价值等于其有效供给的价值。如果能够根据价格管制情况判断出在均衡中哪些商品会供大于求，那么就可以在结构均衡模型中用这些商品的未知的有效供给量替代其供给量，然后即可利用均衡公式求解均衡。与普通的结构均衡模型相比，有价格管制的结构均衡模型中减少了一些未知的商品价格，增加了一些商品的未知的有效供给量。

经济周期

在市场经济中，市场机制一般会对经济施加一种趋于均衡的牵引力，换句话说，在市场机制下经济中的均衡路径对于经济状态有一种引力，不妨称之为均衡引力。当均衡引力较大时就可能使得经济迅速地收敛到均衡路径，而当均衡引力较小时经济就可能在很长时间内围绕均衡路径持续波动。

对于在给定条件下会较快地收敛于均衡的一个经济系统（或者说经济模型）而言，如果当该经济系统中的某个（或某些）因素改变而其他条件不变时经济在很长时期内陷入了周期波动，就可以称这个（或这些）因素是这一经济系统中经济周期的原因。本章中的仿真结果表明，在结构动态模型中较快的价格调整速度、融资活动、固定资产等因素均可能导致经济周期。

在谷物经济中可以根据产品供给是否在增加、产品价格是否在相对于要素价格上升而将经济周期划分为复苏、繁荣、危机、萧条这四个阶段。在复苏和繁荣阶段小麦供给增加，在危机和萧条阶段小麦供给减少。在复苏和萧条阶段小麦价格相对上升，在繁荣和危机阶段小麦价格相对下降。

由于经济波动一般会导致经济效率的损失，因此当经济出现持续波动而不能较快地收敛到均衡时，政府就可以考虑通过干预经济将其在较短时间内引导到均衡附近，以减少经济效率的损失。政府干预即使无法消除经济周期，也可以减缓经济波动幅度，使得出现经济衰退时经济软着陆而非硬着陆。

货币型结构动态模型中稳定经济的政策

在货币型结构动态模型中可以利用货币政策或财政政策来稳定经济、熨平经济周期。货币政策包括对利率和货币供给量的调控等。财政政策包括调节税收和政府财政收支等。

当产出水平相对较高时中央银行调高货币利率水平可以在一定程度上增加厂商的营业总成本、抑制产出；当产出水平相对较低时中央银行调低货币利率水平可以在一定程度上降低厂商的营业总成本、提升产出。采取这类利率政策有时可以消除经济中的产出波动、熨平经济周期。利用税收政策稳定经济与此类似：当产量相对较高时，政府可以对厂商征收相对较重的税以抑制产出；而当产量相对较低时，政府可以对厂商征收相对较轻的税以提升产出。

当利率固定不变时通过调控货币供给量也有可能稳定经济。当产量相对较高时可以减少货币供给，使得经济主体的货币需求只能得到部分满足，这样即抑制了需求和产量增长；而当产量相对较低时则需要保证货币供给能够满足需求。由于经济增长会受到相对短缺的商品供给量的限制，但不会受到供大于求的商品供给量的促进，因此货币供不应求时会抑制经济增长，但在货币供给满足需求之后再增加货币供给一般并不会促进经济增长。

在货币型结构动态模型中，政府也可以在产品市场发生严重供大于求时通过增发货币（或发行国债、扩大财政赤字）、扩大政府支出来增加对于产品的需求，进而达到稳定经济的目的。这种情况下增发的货币被政府用于购买商品而非用于借贷，即政府出让了这部分货币的所有权。而其他经济主体则用商品换得了作为资产的货币。

局部规模收益递增与动态经济

本书讨论的动态模型中一般假设规模收益不变。由于规模收益递减可以转换为规模收益不变，因此这种情形不需要另外讨论。而当经济中存在规模收益递增时一般而言无论是均衡分析还是动态分析都会十分复杂，因此本书对于规模收益递增仅仅讨论了一些简单的特殊情形。

在规模收益不变的动态经济中均衡产量总是完全可达的，也就是说即使初期的各种产品的产量较小，在适合的资源配置方式下产量总可以到达均衡值。但在具有局部规模收益递增的经济中却未必如此。这时经济中可能存在多个均衡，有的均衡产量较大而有的均衡产量较小，一般而言前一种均衡配置自然会优于后一种均衡配置。而存在局部规模收益递增的产量区间可能会阻碍动态经济中产量的增长，也就是说可能出现以下情况：只有当经济中初期的产量较高时产量才可能最终达到较高的均衡值，而当初期的产量较低时无论如何配置资源也无法使得产量达到较高的均衡值。这意味着在存在规模收益递增的市场经济中市场机制可能无法引导经济渡过局部规模收益递增的过渡区域而达到或接近最优配置，这也就从一个角度表明了市场机制的局限性。

第10章　结语

10.1　本书的主要研究内容与理论贡献

10.1.1　主要研究内容

一般均衡理论与动态经济理论数十年来一直属于经济学研究的中心领域。这方面的最新研究可参见文建东, 潘亚柳（2013）；杨农, 郭辉铭（2013）；邓翔, 吕一清, 路征（2013）；王松奇, 刘玚（2014）；华昱（2015）；吴福象, 朱蕾（2014）；王彬, 马文涛, 刘胜会（2014）；等等。

本书将经济视为经济主体间的商品流和价值流交织成的动态系统，在这一背景下使用矩阵理论、不动点理论、动态系统理论、计算机仿真方法等对一般均衡与动态经济模型的一些基础理论问题进行了研究。各章的主要内容如下。

第1章介绍、梳理了本书的经济分析中涉及的一些基本概念和基础知识，包括将规模收益递减转换为规模收益不变的方法等。经过这种规模收益的转换之后，在建立一般均衡模型和动态模型时就可以主要考虑规模收益不变和规模收益递增这两种情形，而不再需要考虑规模收益递减的情形。

第2章介绍、梳理了纯生产的一般均衡模型和纯生产的动态模型及其相关的一些概念、定理、命题、证明等。讨论了正向的产量模型(2.8)–(2.9)、非列昂惕夫型多部门纯生产经济的均衡模型(2.15)–(2.16)等。分析了冯・诺依曼均衡模型的一种简化形式。

第3章提出了包含效用参数的单位需求矩阵的概念，基于这种单位需求矩阵建立和分析了一类可以包含生产和消费的、动态的、矩阵形式的一般均衡模型（即结构均衡模型），这类模型以简洁的形式描述了较为复杂的包含多类主体、多种商品的动态经济的均衡。讨论了动态经济中的各种投资率、一般常规经济的均衡、正增长经济与零增长经济的对应关系、产品包含的要素数量、将常规经济转化为纯交换经济的方法等问题。

第4章阐述了将非竞争性因素引入一般均衡分析的一些方法。简要讨论了利用结构均衡模型分析要素垄断行为、产品垄断行为和技术垄断行为及递增的规模收益等问题的方法。提出了通过引入税票、股票等商品将税收、股息等因素整合进结构均衡模型的方法，讨论了用这类模型分析超额负担、经济效率损失等问题的方法。分析了离散时间经济中的资产收益率、整体收益率、意愿收益率、自然收益率、时间偏好、储蓄率等。由于现实中的经济并非完全的竞争性的经济，因此分析现实经济问题的一般均衡模型常常包含非竞争性因素，这些因素有垄断行为、税收、股息、递增的规模收益等。当一般均衡模型中存在非竞争性因素时，一般均衡配置就可能不再是帕累托最优配置，也就是说可能发生经济效率的损失。

第5章讨论了以联合生产的形式将固定资产、污染物等因素引入一般均衡分析的方法。梳理、重新阐述了与固定资产相关的一些概念、命题等。讨论了一般均衡模型中固定资产的两种处理方式：役龄式处理方式和挥发式处理方式；分析了役龄式损耗的固定资产的折旧、无货币经济中挥发式损耗的固定资产的租金率。提出了结构均衡模型中役龄式损耗的固定资产的挥发式处理方法、固定资产租赁的处理方法、计算效率式损耗的固定资产寿命的一种方法。

第6章讨论了针对离散时间的多国经济建立结构均衡模型的方法，以及利用结构均衡模型分析两国经济中的技术进步、关税等问题的方法。

第7章提出了将货币引入一般均衡分析的一种方法，及利用结构均衡模型计算均衡汇率的一种方法。利用货币型结构均衡模型分析了离散时间经济中法定货币、商品货币和表征货币的均衡利率；讨论了离散时间经济中的货币流通速度、铸币税、使用货币的成本率；分析了非持久性均衡、均衡影子价格、不公平贸易等。从结构均衡模型的角度简要讨论了一般均衡的存在性。

第8章分析了经济主体之间的交易过程，特别是固定价格交易过程，构建了一种交易函数，该函数以简洁的形式描述了固定价格下的交易过程，可以被视为一种非均衡交易模型。讨论了扩展型交易函数和扩展型固定价格交易过程。建立了一种基于固定价格交易过程的动态交易模型，这一模型可以用来计算一些不包含货币的纯交换经济和货币型纯交换经济的均衡价格。

第9章建立了一种包含交易过程、生产过程和消费过程的动态经济模型，即结构动态经济模型，其中的交易过程主要采用固定价格交易过程。

并阐述了利用这种模型计算一般均衡、模拟经济的动态运行、分析一些动态经济问题（如利用货币政策、财政政策稳定经济）的方法。讨论了价格管制均衡、动态经济中的局部规模收益递增等问题。

本书构建了数十个一般均衡和动态经济算例，利用Matlab和R语言计算了算例中经济的均衡或对算例中的经济进行了仿真。

10.1.2 主要创新和学术贡献

本书的主要内容属于基础理论研究范畴，主要创新体现在提出了一些新的经济模型（包括结构均衡模型、非均衡交易模型、结构动态模型等）和方法（包括一般均衡的计算方法等），探讨了这些模型和方法的应用，并利用这些模型和方法分析了一些经济理论问题。本书建立的结构均衡模型和结构动态模型可以与投入产出表的数据相结合被直接用来分析现实中的一些经济问题。

本书的主要理论贡献体现在以结构均衡模型为核心的一般均衡建模方法、结构动态经济模型和一般均衡的求解方法这三个方面。下面分别进行阐述。

10.1.2.1 （可计算）一般均衡模型的建模方法

本书系统地建立了一种具有不等式形式、矩阵形式、可计算的、形式简洁的一般均衡模型（即结构均衡模型），这种模型可以包含生产、消费、固定资产、税、股息、货币、增长率等因素。并且基于这类模型重新梳理、表述和扩展了与均衡分析相关的一些命题、结论、证明，分析了一些经济问题。

瓦尔拉斯提出一般均衡模型之后，起初学者们建立的一般均衡模型的形式为联立方程，或者说形式为等式。随后有学者（Neisser）指出根据等式形式的一般均衡模型可能解出负的均衡价格和负的商品数量，从经济学的角度来看这是不可接受的；为了解决这一问题，一些学者（Stackelberg、Zeuthen、 Schlesinger 和 Wald等）正确地指出一般均衡模型的一般形式应当为不等式而非等式（参见Arrow, Debreu, 1954, 第6节）。冯・诺依曼（von Neumann，1945）建立了一个影响深远的不等式形式的一般均衡模型，并利用不动点定理证明了均衡的存在性（参见Kemeny, Morgenstern, Thompson, 1956；McKenzie, 2002）。

冯・诺依曼均衡模型包含了一些重要的一般均衡建模思想：

(1) 把一般均衡模型表示为两组不等式方程的形式，即一组收支平衡不等式方程和一组供需平衡不等式方程。

(2) 在一般均衡模型中引入了内生的增长率和相应的折现因子等因素，将均衡视为动态经济的平衡增长路径。

(3) 使用矩阵形式表达一般均衡模型，从而使得一般均衡模型可由两个简洁的（不等式形式的）方程构成。

但冯·诺依曼均衡模型也有一些明显的缺点，最主要的缺点在于该模型是一个纯生产模型，忽略了消费，也未考虑金融工具等因素。

本书对冯·诺依曼均衡模型作了扩展，建立了可以包含消费、金融工具等因素的一般均衡模型（即结构均衡模型；参见本书第3.4节及第4章至第7章）。与现有的各种（可计算）一般均衡模型相比，本书建立的结构均衡模型有以下特点：

(1) 模型形式十分简洁、逻辑关系清晰。目前的可计算一般均衡模型动辄包含数十、甚至成百上千个方程，形式和逻辑关系相当复杂，这使得建立实用的可计算一般均衡模型成为一项烦琐复杂的工作。本书建立的结构均衡模型的形式类似于冯·诺依曼均衡模型，其一般形式仅包含两个矩阵形式的、不等式形式的方程（参见本书第3.4节）。这一模型形式简单、逻辑清晰，且具有较强的表达能力，模型中可以包含固定资产、税收、股息、利息、汇率等因素。

(2) 模型的一般形式为不等式，等式形式为其特例。在一些简单情况下（例如，分析不可分解的单国多部门经济时）可以使用等式形式。当经济中有部门（或厂商）停产时或者存在免费商品时一般需要使用不等式形式的结构均衡模型。

(3) 本书的（有消费的）结构均衡模型包含外生的折现因子和增长率，是一个动态模型。在冯·诺依曼均衡模型中折现因子是内生变量，而与之不同的是在本书提出的结构均衡模型中折现因子和增长率主要由外生的要素供给增长率或技术进步率决定，因此是外生变量。而具有零增长率、零利润率的一般均衡模型可以视为折现因子等于1的一种特例（参见本书第3.1.2小节中的例子）。

(4) 将支付过程在形式上转化为交易过程。例如，将纳税过程在形式上转化为税票的交易过程。经过这样的处理所有的价值流动均具有与之相对应的商品流动。

（可计算）一般均衡模型是分析现实经济问题的一种主流工具，而本书提出的动态的一般均衡建模方法可以使得一般均衡模型的形式更为简洁、求解更为便捷、适用范围更广，有助于推动一般均衡模型的进一步发展及其在动态分析中的应用。

10.1.2.2 结构动态经济模型

鉴于经济现实中的交易过程一般发生在非均衡价格下，本书提出了一种交易函数来描述价格固定的非均衡交易过程；非均衡交易过程也就是基于市场机制的非均衡资源配置过程（见本书第8.4.2小节）。

在构建了交易函数后，本书基于交易函数建立了一种包含市场型资源配置过程的离散时间动态经济模型，称之为结构动态（经济）模型，这类模型具有以下特点：

(1) 结构动态模型中每一期的经济运行可以分为两个环节：首先是资源配置过程，即基于市场机制将本期的资源在各经济主体间进行分配；其次是生产和消费过程，即在资源配置过程结束后各经济主体利用获得的商品进行生产或消费。

(2) 结构动态模型既可以描述动态的常规经济，也可以描述动态的纯交换经济、纯生产经济。

(3) 结构动态模型与本书提出的结构均衡模型一样，均使用矩阵形式，从而厂商和商品的种类数不会影响模型形式，也就是说可以描述包含任意有限多的厂商和商品的动态经济。

(4) 结构动态模型既可以用来描述经济在均衡路径上的运行，也可以描述经济在非均衡路径上的运行。当模型的初始状态为均衡状态时模型即会运行在均衡路径上，否则即运行在非均衡路径上；当然，在有些情形下非均衡路径会逐渐收敛于均衡路径。这类模型也可以用来描述经济周期（参见本书的算例9.4）。

(5) 结构动态模型既可以描述不包含货币的动态经济，也可以描述货币型动态经济，因此可以用来对货币政策等问题进行动态分析（参见本书第9.4.5小节）。这类模型也可以用来描述货币型多国经济，可以用来对汇率政策进行动态分析。由于模型对金融工具和实物商品采用大致相同的形式进行处理，因此无论包含货币与否模型的形式基本相同。

(6) 结构动态模型与描述一般均衡的结构均衡模型具有密切的联系：结构动态模型中的不动点和平衡增长路径即是一般均衡；也就是说结构均衡模型可以被视为描述结构动态模型中的不动点或平衡增长路径的模型。

(7) 结构动态模型可以用来作为计算一般均衡的一个工具，也就是说可以用来求解结构均衡模型。当对于一个给定的经济建立相应的结构动态模型后，如果在某些参数下该模型是渐近稳定的，也就是说这一模型从非均衡的初始状态开始运行后会逐渐收敛于均衡路径，那么就可以利用这一模型来计算一般均衡。

从结构动态模型的这些特点可见，这类模型可以作为动态经济分析的一个有力工具。

10.1.2.3 一般均衡的求解方法

本书提出了一种基于结构动态经济模型的一般均衡计算方法。

基于结构动态模型与一般均衡模型的密切联系，本书提出了一种通过模拟市场经济运行机制来求解一般均衡的数值方法。经济实践证明，市场机制提供了使经济趋于均衡的向心力。这就启发我们建立结构动态模型来模拟市场经济的运行，如果这类动态模型能够收敛到均衡，那么就可以利用这类模型来计算均衡。本书第9章即建立了一些这样的结构动态模型，这些模型的一个显著特点是显式地包含市场型的资源配置过程。

本书中数十个算例的计算表明，利用结构动态模型来计算均衡是一种简单有效的方法。我们还对一些包含上百个经济部门的较大规模的算例作了计算，计算结果表明这一计算方法也是有效的。受篇幅所限，本书没有讨论这些较大规模的算例。

相对于利用GAMS等专门软件或其他算法（例如，约翰森－欧拉算法、牛顿算法、规划算法以及包括斯卡夫算法在内的各种不动点算法）等一般均衡的计算方法，本书提出的模拟市场经济运行的求解方法的优点在于原理简单易懂，易于借助各种通用语言（如Matlab语言、R语言等）实现，并且可以直观地显示出经济趋于均衡的动态过程，具有明确的经济含义。我们使用经济研究领域较为流行的Matlab语言和R语言编制了利用结构动态模型计算一般均衡的程序，以供熟悉Matlab语言或R语言的读者使用。

10.2 模型与公式总结

下面对本书所讨论的主要模型和主要公式作一总结。这些模型大体可以分为均衡模型和动态模型两类；均衡模型致力于描述动态经济中的均衡状态或均衡路径，而动态模型则致力于描述动态经济中的非均衡路径（诸如经济趋于均衡的过程或者经济的波动过程）。

10.2.1 均衡模型总结

本书讨论的结构均衡模型是一种矩阵形式的一般均衡模型，这种模型可以从多个角度进行分类：

(1) 根据模型中包含厂商和消费者的情况，可以分为纯生产经济的结构均衡模型（即冯・诺依曼均衡模型）、常规经济的结构均衡模型和纯交换经济的结构均衡模型。纯生产经济只包含厂商，纯交换经只包含消费者，常规经济既包含厂商又包含消费者。

(2) 根据是否包含非竞争性因素（如垄断行为、规模收益递增、税、股息、利息、信贷、交易障碍、价格管制、信息不完全等）可分为竞争性结构均衡模型和非竞争性结构均衡模型。

(3) 根据是否包含金融工具（如股票、货币、税票、债券等）可以分为实物型结构均衡模型和金融型结构均衡模型。

(4) 根据是否包含多个国家可以分为单国结构均衡模型和多国结构均衡模型。

(5) 根据是否包含货币可以分为无货币的结构均衡模型和货币型结构均衡模型。

(6) 根据是否包含非持久性收入等因素可分为持久性结构均衡模型和非持久性结构均衡模型。如无特别说明，本书中的结构均衡模型一般是指持久性结构均衡模型。

(7) 根据是否包含价格管制，可分为无价格管制的结构均衡模型和有价格管制的结构均衡模型。有价格管制的结构均衡模型允许均衡状态中供需处于不平衡状态。如无特别说明，本书中的结构均衡模型一般是指无价格管制的结构均衡模型。

以下列出了本书讨论的主要的均衡模型，其中大部分是结构均衡模型。而结构均衡模型彼此之间的差异时常体现为单位需求矩阵和单位供给矩阵的具体形式的差异。

式(1.4)为不动点均衡模型，可以被视为本书所讨论的结构均衡模型、一般均衡模型的一种抽象形式。平衡增长路径在形式上也可以被变换为不动点。

式(1.5)是一个抽象的均衡模型，其形式比式(1.4)具体一些。该模型反映了均衡中有些变量保持不变，而有些变量则以固定速率持续增长，也就是说该模型的均衡路径为平衡增长路径。

式(2.15)–(2.16)为（不可分解的）多部门纯生产的结构均衡模型。

式(2.22)–(2.23)为冯・诺依曼均衡模型的一种简化形式。这一模型是一个纯生产模型，是本书建立结构均衡模型的出发点，也就是说本书提出、讨论的结构均衡模型以该模型为基础。

式(2.27)–(2.28)为与式(2.22)–(2.23)等价的另一种形式的冯・诺依曼均衡模型，在这种形式中显式地表示出了式(2.22)–(2.23)所蕴含的互补松弛条件。

式(2.29)–(2.30)为投入和产出系数矩阵可变的纯生产的均衡模型。

式(3.27)–(3.28)是结构均衡模型的基本形式。与冯·诺依曼均衡模型相比，该模型考虑了消费，并且允许单位需求矩阵和单位供给矩阵可变。

式(3.29)–(3.30)是与式(3.27)–(3.28)等价的模型，其中显式地表示出了式(3.27)–(3.28)所蕴含的互补松弛条件。

式(4.7)–(4.8)是一个IRS（规模收益递增）结构均衡模型。当存在递增的规模收益时，厂商的单位需求束可能受活动水平（或产量）的影响，因此这时单位需求矩阵可能包含活动水平（或产量）作为参数。

式(4.10)–(4.11)是一个包含税收的结构均衡模型。由于通过引入税票这一金融工具，纳税（及享受补贴）等支付过程被处理为税票的交易过程，因此是否包含税收不会影响到结构均衡模型的形式，而只会影响单位需求矩阵和单位供给矩阵的具体形式。当结构均衡模型包含股息时情形是类似的。

式(5.15)–(5.16)是一个对役龄式损耗的固定资产应用挥发式处理的纯生产经济均衡模型。在这一模型中，单位供给矩阵受内生的均衡增长率的影响。

式(5.17)–(5.18)是一个包含固定资产的常规经济结构均衡模型。

式(5.19)–(5.20)是一个包含股息和固定资产租赁的结构均衡模型。

式(5.26)–(5.27)是一个包含污染物的结构均衡模型。这一模型中污染物的均衡价格可以为负值。

式(5.28)–(5.29)是一个消费者的效用函数中包含环境资源的结构均衡模型。

式(6.1)–(6.2)为不包含货币的多国经济结构均衡模型，该模型的形式与式(3.27)–(3.28)相同。

式(6.16)–(6.17)是一个不包含货币的具有递增规模收益的多国零增长经济的结构均衡模型。

式(7.2)–(7.3)是一个有（法定）货币的纯交换经济的结构均衡模型。

式(7.6)–(7.7)是一个有货币的列昂惕夫型谷物经济的结构均衡模型。

式(7.8)–(7.9)为正增长货币型多部门常规经济的结构均衡模型，其中价格向量中对应于货币的分量为外生的利率。

式(7.11)–(7.14)为松散形式的货币型多部门结构均衡模型。

式(7.22)–(7.23)为包含多种货币的结构均衡模型。

式(7.25)–(7.26)是一个两国货币型结构均衡模型。

式(7.56)为超额需求形式的均衡模型。

式(8.1)–(8.2)为纯交换经济的结构均衡模型。

式(8.3)和式(8.5)为纯交换经济的均衡模型的另外两种形式。

式(8.41)–(8.42)为包含货币的纯交换经济的结构均衡模型。

式(9.17)–(9.18)为具有价格管制的结构均衡模型。

10.2.2 动态模型总结

式(1.1)可以被视为本书所讨论的动态模型的抽象形式。

式(1.2)–(1.3)比模型(1.1)具体一些，反映了动态经济中每一期主要包含资源配置过程、生产和消费过程。

式(2.1)为产量模型的抽象形式。

式(2.3)为逆向的产量模型的一种抽象形式。

式(2.5)为列昂惕夫型多部门纯生产经济的逆向产量模型。

式(2.6)为列昂惕夫型多部门纯生产经济的正向产量模型。

式(2.8)–(2.9)为两阶段的正向产量模型；两阶段分别为资源配置过程和生产过程。

式(2.10)为紧凑形式的两阶段的正向产量模型。

式(2.38)为归一化的逆向线性产量模型。

式(2.40)是一个有消费的逆向线性产量模型。

式(8.31)是一个动态价格模型。

式(8.33)–(8.34)是一个动态交易模型。

式(8.39)–(8.40)为有货币的动态交易模型。

式(9.3)–(9.4)为使用市场出清交易过程作为资源配置方式、每期中所有商品均售罄的结构动态模型的抽象形式。

式(9.7)–(9.10)为（基于固定价格交易过程的）结构动态模型。

式(9.7)、式(9.11)和式(9.9)构成结构动态模型的另一种形式。

式(9.12)–(9.13)为结构动态模型的紧凑形式。

式(9.19)–(9.22)是一个包含借贷过程的结构动态模型。

式(9.23)–(9.25)是一个货币型结构动态模型。

10.2.3 主要公式总结

式(1.26)和式(1.27)分别为（均衡配置的）收支平衡条件和供需平衡条件。根据均衡公式解得的均衡配置满足这两个条件。

式(2.11)为列昂惕夫型多部门纯生产经济的正向产量模型蕴含的配置函数。

式(2.12)表示劳动供给总量（亦即人力资本数量）与劳动者供给的总劳动时间的关系，亦即劳动供给总量等于劳动复杂度乘以劳动者供给的总劳动时间。

式(2.32)为生产价格方程。该方程定义了生产价格向量。

式(2.33)为生产中只使用初级要素时的生产价格方程。

式(2.52)为纯生产经济中的成本－价格迭代过程。

式(2.57)为多部门常规经济中的成本－价格迭代过程。

式(3.13)为不可分解的列昂惕夫型单要素n部门常规经济中的均衡产品价格向量。

式(3.16)表明了均衡增长率与人口增长率、技术进步率之间的关系。

式(4.14)表明了存在营业税的零增长的列昂惕夫型单要素多部门常规经济中的均衡产品价格向量。这里以劳动为计价商品。

式(4.16)为整体股息率的定义式，反映了整体股息率和股息率之间的关系。

式(4.17)表明均衡利润率等于整体股息率与留存利润率之和；也反映了利润率与股息率、增长率及留存利润率之间的关系。

式(4.18)表明了均衡利润率与均衡股息率、均衡增长率之间的关系。

式(4.19)表明了资产的整体收益率与收益率间的关系。

式(4.20)表明了均衡利润率与均衡收益率、均衡增长率之间的关系。

式(4.22)为意愿收益率的定义式。

式(4.23)为意愿贴现率的定义式。

式(4.24)反映了投资者的均衡储蓄率与均衡收益率之间的关系。

式(5.7)为役龄式损耗的固定资产的后付均衡租金率的计算公式。

式(5.8)为役龄式损耗的固定资产的预付均衡租金率的计算公式。

式(5.12)和式(5.13)为役龄式损耗的固定资产的折旧比率的两个计算公式。这两个公式是等价的。

式(5.14)为役龄式损耗的固定资产的均衡挥发率的计算公式。

式(5.22)为无货币经济中挥发式损耗的固定资产的均衡预付租金率的计算公式。

式(5.25)为无货币经济中挥发式损耗的固定资产的均衡后付租金率的计算公式。

式(7.1)为包含货币的效用函数。

式(7.16)表明货币型经济中的均衡股息率等于均衡收益率。

式(7.17)表明了货币型经济中的均衡整体股息率与均衡收益率之间的关系。

式(7.18)为（无税的）货币型经济中的均衡的生产利润率的计算公式。

式(7.19)为征收营业税的货币型经济中的均衡生产利润率计算公式。

式(7.24)表明了两国经济中汇率与货币供给量之间的关系。

式(7.28)为货币型经济中挥发式损耗的固定资产的后付租金率的计算公式。

式(7.29)为货币型经济中挥发式损耗的固定资产的预付租金率的计算公式。

式(7.30)为商品货币制度下的均衡利率。

式(7.31)为货币乘数的定义式。

式(7.32)和式(7.33)为货币乘数的计算公式。

式(7.34)为货币供给量全部由表征货币构成时的货币乘数计算公式。

式(7.35)表明了表征货币利率与基础货币利率间的关系。

式(7.36)为存在表征货币时的（复合）货币利率的计算公式。

式(7.37)为商品货币－表征货币制度下的（复合）货币的均衡利率计算公式。

式(7.38)为商品货币－表征货币制度下商品货币均衡利率计算公式。

式(7.39)为商品货币－表征货币制度下表征货币均衡利率计算公式。

式(7.40)为商品货币－表征货币制度下全部商品货币作为准备金时的商品货币的均衡利率的计算公式。

式(7.41)为商品货币－表征货币制度下全部商品货币作为准备金时的表征货币的均衡利率的计算公式。这也就是这种制度下的均衡利率。

式(7.42)反映了经济中使用货币的相对成本，即使用货币的成本率。

式(8.7)为瓦尔拉斯定律。

式(8.13)为销售率向量的计算公式。

式(8.14)为存货矩阵的计算公式。

式(8.21)为固定价格下的（基本型）交易函数。

式(8.23)为标准需求矩阵可变的交易函数。

式(8.30)为扩展型交易函数。

式(8.35)为固定幅度调价函数。

式(8.36)和式(8.37)分别为可变幅度调价函数和其另一种形式。

式(8.38)为各种商品具有不同的调价速度系数的可变幅度调价函数。

参考文献

Acemoglu, D. (2009) Introduction to Modern Economic Growth. Princeton University Press.

Aghion, P., Howitt, P. (1992) A Model of Growth through Creative Destruction. Econometrica, 60. pp:323–351.

Aghion, P., Howitt, P. (1998) Endogenous Growth Theory. MIT Press.

Arrow, K. J. (1951) Alternative Proof of the Substitution Theorem for Leontief Models in the General Case. In Activity Analysis of Production and Allocation. T.C. Koopmans (ed.). New York: John Wiley. pp:155–164.

Arrow, K. J. (1989) Von Neumann and the Existence Theorem for General Equilibrium. In John von Neumann and Modern Economics. M. Dore, S. Chakravarty, R. Goodwin (eds.). Clarendon Press. pp:15–28.

Arrow, K. J., Debreu, G. (1954) Existence of An Equilibrium for a Competitive Economy. Econometrica, 22. pp:265–290.

Bapat, R. B., Raghavan, T. E. S. (1997) Nonnegative Matrices and Applications. Cambridge University Press.

Benassy, J. (1975) Neo-Keynesian Disequilibrium Theory in a Monetary Economy. The Review of Economic Studies. pp:503–523.

Benassy, J. (1982) The Economics of Market Disequilibrium. New York: Academic Press.

Carlton, D. W. (1997) Price Rigidity. In Business Cycles and Depressions: An Encyclopedia. D. Glasner (ed.). Garland.

Carter, M. (2001) Foundations of Mathematical Economics. MIT Press.

Cassel, G. (1923) The Theory of Social Economy. New York: Harcourt Brace.

Cordella, T., Ventura, L. (1992) A Note on Redistributions and Gains from Trade. Economics Letters, 39. Elsevier. pp:449–453.

Day, R. H. (1994) Complex Economic Dynamics, Volume I: An Introduction to Dynamical Systems and Market Mechanisms. MIT Press.

Debreu, G. (1959) Theory of Value: An Axiomatic Analysis of Economic Equilibrium. Yale University Press.

Debreu, G., Herstein, I. N. (1953) Nonnegative Square Matrices. Econometrica, 21. pp:597–607.

Dietzenbacher, E. (1988) Perturbations of Matrices: A Theorem on the Perron Vector and its Applications to Input-output Models. Journal of Economics, 48. Springer. pp:389–412.

Dixit, A., Norman, V. (1980) Theory of International Trade: A Dual, General Equilibrium Approach. Cambridge University Press.

Dreze, J. H. (1975) Existence of an Exchange Equilibrium under Price Rigidities. International Economic Review. pp:301–320.

Fazzari, S. M. (1997) Investment. In Business Cycles and Depressions: An Encyclopedia. D. Glasner (ed.). Garland.

Gale, D. (1955) The Law of Supply and Demand. Mathematica Scandinavica, 3. pp:155–169.

Ginsburgh, V., Keyzer, M. (2002) The Structure of Applied General Equilibrium Models. MIT Press.

Grandmont, J., McFadden, D. (1972) A Technical Note on Classical Gains from Trade. Journal of International Economics, 2. Elsevier. pp:109–125.

Hahn, F. (1978) On Non-Walrasian Equilibria. The Review of Economic Studies. pp:1–17.

Hammond, P. (1998) The Efficiency Theorems and Market Failure. In Elements of General Equilibrium Analysis. A. Kirman (ed.). Oxford: Blackwell. pp: 211–260.

Handa, J. (2009) Monetary Economics, 2nd edition. Routledge.

Horn, R. A., Johnson, C. R. (2012) Matrix Analysis. Cambridge University Press.

Hua, L. (1984) On the Mathematical Theory of Globally Optimal Planned Economic Systems. Proceedings of the National Academy of Sciences, 81. National Acad Sciences. pp:6549–6553.

Jehle, G. A., Reny, P. J. (2011) Advanced Microeconomic Theory. Pearson.

Kaldor, N. (1957) A Model of Economic Growth. The Economic Journal, 67. pp:591–624.

Kaldor, N. (1963) Capital Accumulation and Economic Growth. In Proceedings of a Conference Held by the International Economics Association. Friedrich

A. Lutz and Douglas C. Hague (eds) . London: Macmillan.

Kalecki, M. (1954) Theory of Economic Dynamics. New York: Renehart.

Kemp, M. C. (1962) The Gain from International Trade. The Economic Journal. pp:803–819.

Koopmans, T. C. (1951) Alternative Proof of the Substitution Theorem for Leontief Models in the Case of Three Industries. In Activity Analysis of Production and Allocation. T.C. Koopmans (ed.). New York: John Wiley. pp:147–154.

Lager, C. (1998) Prices of 'Goods' and 'Bads': An Application of the Ricardian Theory of Differential Rent. Economic Systems Research, 10. pp:203–223.

Lemmens, B., Nussbaum, R. (2012) Nonlinear Perron-Frobenius Theory. Cambridge University Press.

Lemmens, B., Nussbaum, R. (2013) Birkhoff's Version of Hilbert's Metric and Its Applications in Analysis. arXiv preprint arXiv:1304.7921.

Lucas, R. E. (1988) On the Mechanics of Economic Development. Journal of Monetary Economics, 22. pp:3-42.

Luenberger, D. (1979) Introduction to Dynamic Systems: Theory, Models, and Applications. Wiley.

Marx, K. (1885) Capital, vol. 2. English translation by S. Moore and E. Aveling, revised by E. Untermann. Charles H. Kerr & Co., Chicago, 1906.

Mas-Colell, A. (1991) On the Uniqueness of Equilibrium Once Again. In Equilibrium Theory and Applications. W. Barnett, B. Cornet, C. D'Aspremont, J. Gabszewicz, and A. Mas-Colell (eds). pp:275–296.

Mas-Colell, A., Whinston, M. D., Green, J. R. (1995) Microeconomic Theory. Oxford University Press (New York).

McKenzie, L. (1954) On Equilibrium in Graham's Model of World Trade and Other Competitive Systems. Econometrica, 22. pp:147–161.

McKenzie, L. W. (1959) On the Existence of General Equilibrium for a Competitive Market. Econometrica. pp:54–71.

McKenzie, L. W. (2002) Classical General Equilibrium Theory. MIT press.

Mirrlees, J. A. (1969) The Dynamic Nonsubstitution Theorem. The Review of Economic Studies. pp:67–76.

Mishkin, F. S. (1997) Interest Rates. In Business Cycles and Depressions: An Encyclopedia. D. Glasner (ed.). Garland.

Moore, J. C. (2007) General Equilibrium and Welfare Economics: An Introduction. Springer.

Nikaido, H. (1956) On the Classical Multilateral Exchange Problem. Metroeconomica, 8. pp:135–145.

Nikaido, H. (1968) Convex Structures and Economic Theory. New York: Academic Press.

Quesnay, F. (1972) Quesnay's Tableau Economique [1759]. M. Kuczynski and R. L. Meek (eds). London: Macmillan.

Rath, K. (1986) On Non-linear Extensions of the Perron-Frobenius Theorem. Journal of Mathematical Economics, 15. Elsevier. pp:59–62.

Romer, P. M. (1990) Endogenous Technological Change. Journal of Political Economy, 98. pp:71–102.

Samuelson, P. (1951) Abstract of a Theorem Concerning Substitutability in Open Leontief Models. In Activity Analysis of Production and Allocation. T.C. Koopmans (ed.). New York: John Wiley. pp:142–146.

Samuelson, P. A. (1939) The Gains from International Trade. Canadian Journal of Economics and Political Science, 5. pp:195–205.

Samuelson, P. A. (1989) A Revisionist View of von Neumann's Growth Model. In John von Neumann and Modern Economics. M. Dore, S. Chakravarty, R. Goodwin (eds.). Clarendon Press. pp:100–122.

Scarf, H. (1967) The Approximation of Fixed Points of a Continuous Mapping. SIAM Journal of Applied Mathematics, 153. pp:1328–1343.

Scarf, H. (1973) The Computation of Economic Equilibria. New Haven: Yale University Press.

Shoven, J. B., Whalley, J. (1984) Applied General-Equilibrium Models of Taxation and International Trade: An Introduction and Survey. Journal of Economic Literature. pp:1007–1051.

Solow, R. M. (2000) Growth Theory: An Exposition. Oxford University Press.

Solow, R. M., Samuelson, P. A. (1953) Balanced Growth under Constant Returns to Scale. Econometrica, 21. pp:412–424.

Solow, R. M., Tobin, J., von Weizsacker, C. C., Yaari, M. (1966) Neoclassical Growth with Fixed Factor Proportions. The Review of Economic Studies, 33. pp:79–115.

Sraffa, P. (1960) Production of Commodities by Means of Commodities: Prelude to a Critique of Economic Theory. Cambridge University Press.

Starr, R. M. (2011) General Equilibrium Theory: An Introduction. Cambridge University Press.

Stiglitz, J. E. (1970) Non-substitution Theorems with Durable Capital Goods. The Review of Economic Studies. pp:543–553.

Tian, G. (2010) Implementation of Marginal Cost Pricing Equilibrium Allocations with Transfers in Economies with Increasing Returns to Scale. Review of Economic Design, 14. Springer. pp:163–184.

Tieben, B. (2012) The Concept of Equilibrium in Different Economic Tradition. Edward Elgar.

Tobin, J. (1991) On the Endogeneity of Money Supply. In Nicholas Kaldor and Mainstream Economics. E. J. Nell and W. Semmler (eds.). Macmillan.

Uzawa, H. (1962) Walras's Existence Theorem and Brouwer's Fixed-point Theorem. Economic Studies Quaterly, 13. pp:59–62.

Varian, H. R. (1992) Microeconomic Analysis. W. W. Norton & Company.

von Neumann, J. (1945) A Model of General Economic Equilibrium. The Review of Economic Studies, 13. pp:1–9. English translation of von Neumann (1937).

Wald, A. (1951) On Some Systems of Equations of Mathematical Economics. Econometrica. pp:368–403. English translation of Wald (1936).

Walras, L. (1874) Elements d'economie politique pure. Lausanne: Corbaz. Definitive edition translated by W. Jaffe, Elements of Pure Economics (1954), London: Allen and Unwin.

Wicksell, K. ([1898] 1936) Interest and Prices: A Study of the Causes Regulating the Value of Money. Translated by R.F. Kahn. London : MacMillan.

Younes, Y. (1975) On the Role of Money in the Process of Exchange and the Existence of a Non-Walrasian Equilibrium. The Review of Economic Studies. pp:489–501.

贝纳西(Benassy, J.)著, 淡远鹏, 封进, 葛劲峰, 陈磊译 (2015) 不完全竞争与非市场出清的宏观经济学:一个动态一般均衡的视角. 上海: 格致出版社.

陈公宁 (1990) 矩阵理论与应用. 北京: 高等教育出版社.

陈锡康, 杨翠红 (2011) 投入产出技术. 北京: 科学出版社.

谌贻庆, 陶春峰 (2014) 数理经济学理论与应用. 北京: 科学出版社.

戴国强 (2001) 货币银行学. 上海: 上海财经大学出版社.

邓翔, 吕一清, 路征 (2013) 动态随机一般均衡模型的反思与改进. 经济学动态, (8). 第121–126页.

邓祥征 (2011) 环境CGE模型及应用. 北京: 科学出版社.

樊明太 (2005) 金融结构与货币传导机制: 一个一般均衡框架的机理分析和实证研究. 北京: 中国社会科学出版社.

高山晟著, 杨斌, 魏二玲, 何宗炎, 王鑫, 马赞甫译 (2009) 数理经济学. 中国人民大学出版社.

龚六堂, 苗建军 (2014) 动态经济学方法(第三版). 北京: 北京大学出版社.

郭多祚 (2012) 数理经济学: 经济均衡分析的原理与方法. 北京: 清华大学出版社.

华罗庚 (1987) 计划经济大范围最优化数学理论. 北京: 中国财政经济出版社.

华昱 (2015) 动态随机一般均衡模型的研究进展与展望. 南京师大学报(社会科学版), (2). 第48–57页.

黄达 (2003) 金融学. 北京: 中国人民大学出版社.

黄钧 (1987) 华氏经济数学基本定理的几点注记. 优选与管理科学, 3. 第27–32页.

霍尔斯, 曼斯博格(Roland-Holst, D., van der Mensbrugghe, D.)著, 李善同, 段志刚, 胡枫译 (2009) 政策建模技术: CGE模型的理论与实现. 北京: 清华大学出版社.

凯乐(Keller, W. J.)著, 郭庆旺, 赵志耘译 (1996) 税收归宿: 一般均衡方法. 北京: 中国财政经济出版社.

李楚霖, 林少宫 (1985) 微观经济的数理分析导引. 武汉: 华中工学院出版社.

李子江 (1995) 数理经济: 一般经济均衡理论与方法. 北京: 中国社会科学出版社.

林毅夫(2012) 新结构经济学: 反思经济发展与政策的理论框架. 北京: 北京大学出版社.

刘斌 (2010) 动态随机一般均衡模型及其应用. 北京: 中国金融出版社.

刘树林 (2008) 数理经济学. 北京: 科学出版社.

秦昌波 (2014) 中国环境经济一般均衡分析系统及其应用. 北京: 科学出版社.

苏振东 (2008) 基于一般均衡理论的贸易投资一体化模型研究. 北京: 经济科学出版社.

孙林 (2011) 汽车相关能源、环境和交通政策研究: 混合CGE 模型的构建和应用. 上海: 上海社会科学院出版社.

藤森赖明, 李帮喜 (2014). 马克思经济学与数理分析. 北京: 社会科学文献出版社.

王彬, 马文涛, 刘胜会 (2014) 人民币汇率均衡与失衡: 基于一般均衡框架的视角. 世界经济, (6). 第27–50页.

王敬峰 (2012) 中国税收CGE建模及其在税收改革中的应用: 以增值税转型为例. 北京: 经济科学出版社.

王松奇, 刘玚 (2014) 动态随机一般均衡理论的新进展. 当代经济研究, (9). 第26–32页.

王则柯 (1994) 经济均衡理论与算法. 北京: 科学出版社.

王铮, 薛俊波, 朱永彬, 吴静, 朱艳鑫等 (2010) 经济发展政策模拟分析的CGE技术. 北京: 科学出版社.

威肯斯(Wickens, M.)著, 段鹏飞, 刘安禹, 吴德燚译 (2011) 宏观经济理论: 动态一般均衡方法. 大连: 东北财经大学.

文建东, 潘亚柳 (2013) 动态随机一般均衡方法的形成与发展. 经济学动态, (8). 第104–111页.

吴福象, 朱蕾 (2014) 可计算一般均衡理论模型的演化脉络与应用前景展望. 审计与经济研究, (2). 第95–103页.

细江敦弘, 长泽建二, 桥本秀夫著, 赵伟, 向国成译 (2014) 可计算一般均衡模型导论: 模型构建与政策模拟. 大连: 东北财经大学出版社.

夏明, 张红霞 (2013) 投入产出分析: 理论、方法与数据. 北京: 中国人民大学出版社.

肖恩(Shone, R.)著, 国汉芬译 (2005) 动态经济学导论. 北京: 对外经济贸易大学出版社.

徐利 (2010) 中国税收可计算一般均衡模型研究: 兼评增值税转型改革对中国经济的影响. 北京: 中国财政经济出版社.

杨农, 郭辉铭 (2013) 动态随机一般均衡模型理论与实证研究进展. 经济学动态, (8). 第112–120页.

张金水 (2000) 可计算非线性动态投入产出模型: 中国六部门经济最优增长轨道的计算. 北京: 清华大学出版社.

张金水 (2008) 数理经济学. 北京: 高等教育出版社.

张卫平 (2012) 货币政策理论: 基于动态一般均衡方法. 北京: 北京大学出版社.

张衔 (2009) 动态经济学导论. 成都: 四川大学出版社.

张晓光 (2009) 一般均衡的理论与实用模型. 北京: 中国人民大学出版社.

张欣 (2010) 可计算一般均衡模型的基本原理与编程. 上海: 格致出版社.

张阳 (2007) 中国税负归宿的一般均衡分析与动态研究. 北京: 中国税务出版社.

赵永, 王劲峰 (2008) 经济分析CGE模型与应用. 北京: 中国经济出版社.

郑玉歆, 樊明太等 (1999) 中国CGE模型及政策分析. 北京: 社会科学文献出版社.

符号表

$\equiv$　恒等于。

$:=$　定义为。

$\Leftrightarrow$　等价于，当且仅当。

$\backslash$　集合差：A\B为在集合A中而不在集合B中的元素构成的集合。

$\|\mathbf{x}-\mathbf{y}\|$　向量$\mathbf{x}$与向量$\mathbf{y}$的距离。

$d_H(\mathbf{x},\mathbf{y})$　向量$\mathbf{x}$与向量$\mathbf{y}$的希尔伯特（Hilbert）距离。

$d_T(\mathbf{x},\mathbf{y})$　向量$\mathbf{x}$与向量$\mathbf{y}$的汤普森（Thompson）距离。

$\mathbf{x}\geqslant\mathbf{y}$　向量$\mathbf{x}$的每个分量大于或等于向量$\mathbf{y}$的相应分量。若$\mathbf{x}\geqslant\mathbf{0}$则称$\mathbf{x}$为非负向量；类似地可以定义非负矩阵。

$\mathbf{x}>\mathbf{y}$　向量$\mathbf{x}$的每个分量大于或等于向量$\mathbf{y}$的相应分量，且至少有一个分量大于$\mathbf{y}$的相应分量。若$\mathbf{x}>\mathbf{0}$则称$\mathbf{x}$为半正向量；类似地可以定义半正矩阵。

$\mathbf{x}\gg\mathbf{y}$　向量$\mathbf{x}$的每个分量大于向量$\mathbf{y}$的相应分量。若$\mathbf{x}\gg\mathbf{0}$则称$\mathbf{x}$为正向量；类似地可以定义正矩阵。

$\hat{\mathbf{x}}$，$\mathrm{diag}(\mathbf{x})$　以向量$\mathbf{x}$为主对角线的对角阵。

$\langle\mathbf{x}\rangle$　对半正向量$\mathbf{x}$归一化得到的向量。亦即相当于$\mathbf{x}/\sum_i x_i$和$\mathbf{x}/(\mathbf{1}^T\mathbf{x})$。归一化向量的所有分量和等于1。有时称$\langle\mathbf{x}\rangle$为半正向量$\mathbf{x}$的结构。可知对任意正实数$\xi$有$\langle\xi\mathbf{x}\rangle=\langle\mathbf{x}\rangle$成立。

$\langle\mathbf{M}\rangle$　对矩阵$\mathbf{M}$的每列归一化后得到的矩阵。

$\langle F(\mathbf{x})\rangle$　将函数$F(\mathbf{x})$归一化后得到的函数，即$F(\mathbf{x})/\left(\mathbf{1}^T F(\mathbf{x})\right)$。

$(x_1,x_2,\cdots,x_n)$　由$x_1,x_2,\cdots,x_n$构成的行向量。

$(\mathbf{x};\mathbf{y})$　列向量$\mathbf{x}$和$\mathbf{y}$构成的列向量$\begin{pmatrix}\mathbf{x}\\ \mathbf{y}\end{pmatrix}$。

$D_{\mathbf{x}}f(\mathbf{x})$　标量值函数$f(\mathbf{x})$的梯度。当$\mathbf{x}$的维度为1（即为标量）时，即为导数。

$D_{\mathbf{x}}F(\mathbf{x})$　向量值函数$F(\mathbf{x})$的雅可比（Jacobi）矩阵。

$F^l(\mathbf{x})$　函数$F(\mathbf{x})$的l次迭代。

$\max\{x_1,\cdots,x_n\}$　$x_1,\cdots,x_n$中的最大值。

$\min\{x_1,\cdots,x_n\}$　$x_1,\cdots,x_n$中的最小值。

$M(\mathbf{x}/\mathbf{y})$　两个向量的对应分量相除得到的所有值中的最大值。

$m(\mathbf{x}/\mathbf{y})$　两个向量的对应分量相除得到的所有值中的最小值。

$\mathbf{a}_{i\bullet}$, $\mathbf{a}_{\bullet i}$, a_{ij}　分别为矩阵$\mathbf{A}$的第i行、第i列和第(i,j)个元素。

$\mathbf{x}^{(t)}, \mathbf{X}^{(t)}$ 表示第t期的经济变量。

h 劳动复杂度（或称劳动力复杂度）。

n 商品种类数量。

m 经济主体种类数量或经济主体的数量。

m_m 货币乘数。

p° 均衡影子价格。

p_m 以商品计价的货币价格。

p_r （预付）租金。

$\bar{p}_r$ 后付租金。

r 利率，收益率；不致引起混淆时也可代表均衡利率、均衡收益率。

r^* 均衡收益率；当不存在货币垄断、货币为竞争性资产时，均衡利率也就等于均衡收益率。当为外生变量时又称自然利率、自然收益率。

$\bar{r}$ 实际收益率，实际利率。

r_c 商品货币的均衡利率。

r_{cr} 以商品货币为准备金的表征货币的均衡利率。

r_d 股息率。

r_{wd} 整体股息率。

r_r （外生的）准备金率，满足$0 < r_r \leqslant 1$。

r_{re} 意愿收益率。

v_m （外生的）货币流通速度。

γ 经济增长率。一般为非负标量，有时也可在区间$(-1, +\infty)$内取值。在纯生产经济中为一般为内生变量，在常规经济中一般为外生变量。

γ_m （外生的）法定货币供给量增长率。

δ_r 贴现率$\frac{r}{1+r}$。

δ_{r^*} 自然贴现率$\frac{r^*}{1+r^*}$。

δ_d 固定资产的折旧率。

δ_v 固定资产的挥发率。

ε 汇率。

$\boldsymbol{\epsilon}$ 汇率向量。

ζ 调价速度系数。

ζ_r 利率调整速度系数。

ζ_μ 货币量调整速度系数。

η 技术进步系数。

κ 存货折旧系数。

μ （外生的）法定货币供给量。

$\bar{\mu}$ （内生的以计价货币计量的）法定货币的实际供给量。

π 均衡利润率，即$r^* + \gamma + \gamma r^*$。

π_r 留存利润率。

π_m 通胀率。

ρ 折现因子$\frac{1}{1+\gamma}$。

ρ_π 折现因子$\frac{1}{1+\pi}$。

ρ_r 折现因子$\frac{1}{1+r}$。

ρ_{r^*} 折现因子$\frac{1}{1+r^*}$。

$\rho(\mathbf{M})$ 不可分解非负方阵$\mathbf{M}$的P-F(Perron-Frobenius)特征值，亦即其谱半径。

τ 税率。

υ 相对产量（或活动水平）指数。

ω 初级要素数量。

$\mathbf{0}$ 零向量或零矩阵。

$\mathbf{1}$ 分量全为1的列向量，即$(1, 1, \cdots, 1)^T$。

$\mathbf{1}^T\mathbf{M}$, $\mathbf{M1}$ 对矩阵$\mathbf{M}$左乘或右乘分量全为1的向量，亦即对矩阵$\mathbf{M}$各列或各行求和。

$\mathbf{e}$ 超额需求向量。即需求向量与供给向量之差。

$\mathbf{p}$ 价格向量。一般为n维半正向量，反映n种商品的价格。

$\mathbf{q}$ 销售率向量。其第i个分量代表商品i的销售率，即商品i的销售量与供给量之比。

$\mathbf{s}$ 供给向量。

$\mathbf{u}$ 效用向量。

$\mathbf{y}$ 产出向量。一般为n维半正向量，反映商品的产量。

$\mathbf{z}$ 在均衡分析中代表活动水平向量。一般为m维半正向量，反映m个（或m类）主体的活动水平。对于厂商而言，无联合生产时的活动水平即为其产量。在固定价格交易过程、结构动态模型中$\mathbf{z}$代表交易向量。

$\mathbf{p}^*,\mathbf{y}^*,\mathbf{u}^*,\mathbf{z}^*$ 分别为均衡价格、产出、效用、活动水平向量。

$\mathbf{I}$ 单位矩阵。

$\mathbf{A}$ 单位需求矩阵（在纯生产经济中也称投入系数矩阵）或标准需求矩阵。一般为$n\times m$或$n\times n$半正矩阵。单位需求矩阵反映单位活动水平下各类经济主体的需求量，一般用于均衡分析；标准需求矩阵反映交易过程中各经济主体的需求结构，一般用于非均衡分析；不致引起混淆时这两种矩阵可以统称为需求结构矩阵。

$\mathbf{A}',\mathbf{A}''$ 分别为厂商的单位需求矩阵和消费者的单位需求矩阵。有$\mathbf{A}\equiv\mathbf{A}'+\mathbf{A}''$成立。

$\mathbf{A}^\circ$ 要素完全投入系数矩阵。

$\mathbf{B}$ 单位供给矩阵（或称供给结构矩阵）；在纯生产经济中也称产出系数矩阵。一般为$n\times m$或$n\times n$半正矩阵。反映单位活动水平下各类经济主体的供给量。

$\mathbf{B}',\mathbf{B}''$ 分别为厂商的单位供给矩阵和消费者的单位供给矩阵。有$\mathbf{B}\equiv\mathbf{B}'+\mathbf{B}''$成立。

$\mathbf{C}$ 支出结构矩阵。

$\mathbf{Q}$ 存货矩阵。其第(i,j)个元素代表交易过程中主体j未能售出的商品i的数量。

$\mathbf{S}$ 供给矩阵。其第(i,j)个元素代表主体j对商品i的供给量。

$\mathbf{S}',\mathbf{S}''$ 分别为厂商的供给矩阵和消费者的供给矩阵。有$\mathbf{S}\equiv\mathbf{S}'+\mathbf{S}''$成立。

$\mathbf{X}$ 投入矩阵或购买矩阵，其第(i,j)个元素代表经济主体j使用的或购买的商品i的数量。

$\mathbf{X}',\mathbf{X}''$ 分别为厂商的购买矩阵和消费者的购买矩阵。有$\mathbf{X}\equiv\mathbf{X}'+\mathbf{X}''$成立。

$\mathbf{Y}$ 产出矩阵，其第(i,j)个元素代表厂商j生产的商品i的数量。

$u_s(\omega)$ 社会禀赋效用函数。

A 资源配置函数。

$H(\mathbf{y})$ 产量（变迁）函数，反映整个纯生产经济的产出变动规律。

$G(\mathbf{x})$ （经济）变迁函数，反映经

济状态的演进方式。

$P(\mathbf{p},\mathbf{q})$ 价格调整函数（或称调价函数）。

$P(\boldsymbol{\epsilon},\mathbf{p},\mathbf{q})$ 包含汇率的价格调整函数（或称调价函数）。

$Q(\mathbf{Q})$ 存货损耗函数（或称存货折旧函数）。

Y 生产和消费函数，反映经济整体的生产和消费过程；在纯生产经济中为反映经济整体的生产过程的生产函数。

$Z(\mathbf{A},\mathbf{p},\mathbf{S})$ 交易函数。

$\bar{Z}(\mathbf{A},\mathbf{p},\mathbf{S})$ 扩展型交易函数。

$\mathscr{F}$ 对应（或称多值函数、集值函数）。

$\mathscr{F}(\mathbf{x}^*)\geqslant\mathbf{0},\ \exists\mathscr{F}(\mathbf{x}^*)\geqslant\mathbf{0}$ $\mathscr{F}(\mathbf{x}^*)$中至少有一个向量大于等于$\mathbf{0}$。

$\forall\mathscr{F}(\mathbf{x}^*)\geqslant\mathbf{0}$ $\mathscr{F}(\mathbf{x}^*)$中所有向量大于等于$\mathbf{0}$。

$\mathbf{e}(\mathbf{p})$ （截角的）超额需求函数（或对应）。

Δ 所有归一化的（亦即分量之和等于1的）n维半正向量构成的集合，亦即$n-1$维的单位单纯形。

$\mathbb{R}^n$ n维向量空间。

$\mathbb{R}^n_+$ 即$\{\mathbf{x}\in\mathbb{R}^n|\mathbf{x}\geqslant\mathbf{0}\}$，$n$维非负向量集合。

$\mathbb{R}^n_{++}$ 即$\{\mathbf{x}\in\mathbb{R}^n|\mathbf{x}\gg\mathbf{0}\}$，$n$维正向量集合。

T 技术集。

Y 生产集。

Y_i 厂商i的生产集。

C-D Cobb-Douglas。

CES Constant Elasticity of Substitution，不变替代弹性。

IRS Increasing Returns to Scale，规模收益递增。

P-F Perron-Frobenius。

索 引

图书在版编目（CIP）数据

一般均衡与结构动态研究：新结构经济学视角/李武著．
—北京：经济科学出版社，2019.4
ISBN 978-7-5218-0422-5

Ⅰ.①一…　Ⅱ.①李…　Ⅲ.①结构经济学-研究
Ⅳ.①F014.6

中国版本图书馆 CIP 数据核字（2019）第 061583 号

责任编辑：周国强
责任校对：隗立娜
责任印制：邱　天

一般均衡与结构动态研究：新结构经济学视角

李　武　著

经济科学出版社出版、发行　新华书店经销

社址：北京市海淀区阜成路甲 28 号　邮编：100142

总编部电话：010-88191217　发行部电话：010-88191522

网址：www.esp.com.cn

电子邮件：esp@esp.com.cn

天猫网店：经济科学出版社旗舰店

网址：http://jjkxcbs.tmall.com

固安华明印业有限公司印装

710×1000　16 开　30.25 印张　550000 字

2019 年 4 月第 1 版　2019 年 4 月第 1 次印刷

ISBN 978-7-5218-0422-5　定价：148.00 元

（图书出现印装问题，本社负责调换。电话：010-88191510）